U0116068

廬山慧遠研究

李幸玲◎著

目　　次

第一章　緒論

　　中國佛教史上有兩位著名的慧遠法師，史傳爲區別二者之不同，習以其所居地名或寺名冠於法號之前。東晉時期樓居於廬山東林寺的是廬山慧遠（334-417，雁門人），另一位則是隋代長住於河南淨影寺的淨影寺慧遠（523-592，敦煌人）。二者法號相同，作品名稱亦相近，東晉慧遠有《大乘大義章》等輯著傳世，隋代慧遠則著有《大乘義章》等作品[1]，皆著稱於世，然觀其思想進路，卻大不相同，前者以般若學爲根砥，後者以眞常思想爲基礎。

　　廬山慧遠法師在中國佛教史傳中常被推尊爲淨土教的初祖，並有〈法性論〉、《大乘大義章》、《沙門不敬王者論》等名著傳世，在早期佛教史上具有奠定南方譯經與佛學研究重鎮、足與北方羅什長安道場齊名的重要地位。東晉末年，慧遠與鳩摩羅什分別領導南北方僧團，建立起其別具特色的佛學重鎮。由於慧遠與鳩摩羅什（Kumārajīva，344-413，一說350-409）往來的書信被後人輯爲《大乘大義章》，廣爲流傳，其中許多重要佛學概念、觀點的討論，諸如有關法性、法身、聲聞授記、實法概念的認識分析、識的相續理論、般舟三昧定境中所見之佛是外來還是自

---

[1] 東晉至隋，計有三位慧遠，除晉末、隋代各一，南齊還有一位慧遠，但未若東晉廬山慧遠及隋淨影寺慧遠知名。稍晚於廬山慧遠的淨影寺慧遠（523-592，敦煌人，俗姓李，史上亦名爲北遠），曾爲諸大乘經義疏，作有《大般涅槃經義記》、《無量壽經義疏》、《法華經疏》、《華嚴經疏》等凡二十部百餘卷，並作《大乘義章》二十六卷，疏解佛典名相，闡釋佛法大義，爲佛教百科全書式之著作，對隋唐佛學有相當的影響，其傳記詳《續高僧傳》卷八・頁489下-492中。《高僧傳》卷十有南齊慧遠之略傳，爲曇印之弟子，因信出家，行般舟之業勤苦，能分身赴請及預記興亡等，以神異聞名。大正藏第50冊，頁393下。

身妄念所現等主題的精彩對談，極有助於後人對東晉時期中國學僧佛學思想深度的瞭解。

慧遠與淨土教的關係，是後世研究淨土思想者經常探論的主題之一。然而，淨土教的始祖究竟應該推溯爲結社念佛的慧遠，還是建立思想基礎的曇鸞，就學界間研究的成果看來，並未有明確的共識。隋唐以後，淨土教與禪宗在中國的蓬勃發展，成爲中國佛教的二大重要宗派，乃至後來在日本的發揚光大，就其法脈之深，影響面之廣而言，淨土教在溯源的過程中必推言慧遠，其思想當有其殊勝之處，就這一點來看，慧遠的思想的確值得推究。

佛教自東漢傳入中國以後，兩晉西來的譯經僧漸多，至東晉時，佛教漸漸較爲中國人所接受，佛典的翻譯，也開始有中國人加入譯經的工作，對於佛理的領解，較之前期良好，故在譯本品質的要求上也比較高，加之帝王盛倡，所以兩晉佛典的譯經事業十分興盛。東晉時期，分別主持盧山、長安南北兩大佛學重鎮的慧遠與羅什，也各自在譯經及佛法的弘傳、研究上，有相當的成就。而兩人之間忘年相惜的深厚情誼，也表現在其書往的贈偈上。慧遠承繼道安警覺到格義佛學之不當，進而自覺地融鑄出自己的思想特色，寫下了傳世的《法性論》，並與羅什展開名震史上的鋒利對談《大乘大義章》。而羅什門下「解空第一」的高足僧肇，也針對《法性論》內容與慧遠有過一番筆論。值得慶幸的是，二人的部分觀點至今仍保存於僧肇〈般若無知論〉一文中。這對於研究慧遠與羅什師徒思想間的異同，有極重要的價值。

慧遠以悃悃自肅之道德形象，以及深厚的內外學修養而名重於當世。同時期的重要政治人物、學僧、知識份子，幾皆曾赴盧山親訪慧遠。孤明先發提出佛性思想的道生，曾三入盧山，向慧遠問學，往返於長安僧團與盧山道場之後，抉擇久居於盧峰，並終老於此。許多西來的大小乘譯經僧如僧伽提婆（Saṃghadeva）、佛馱跋陀羅（Buddhabhadra 意譯爲覺賢，佛賢）、曇摩流支也先後來到盧山，因慧遠之請，譯出部分部派時

期及大乘佛教的重要典籍。慧遠晚年，求法東還的法顯到訪，除與慧遠相談甚歡外，其指導佛影窟的建造，更使慧遠得以一償夙願，見到少時隨侍道安時，由西域僧人處所聽聞到的傳說中的佛影。而當世掌握兵權的政治野心家，如殷仲堪、桓玄、劉裕也數至盧峰向慧遠諮議名理、政事。此外，碩儒、隱者如雷次宗、宗炳、周續之、劉遺民等人也都曾是慧遠傳授世典時座下的弟子。

慧遠一生的遊歷豐富，在追隨道安的二十餘年間，致力於般若典籍的研讀，這段時期對佛理的深入扎根，對其思想的奠基，有無可忽視的影響。其後在幽棲於盧峰與名士僧俗的談辯間，激盪出許多智慧的火花。東晉佛學的南北兩大僧團，北以羅什為首的長安僧團，以及南以慧遠為首的盧山僧團，幾乎囊括了東晉佛學研究的全部。慧遠與當時著名的佛教名僧間的交遊論學，猶如精彩的圓桌對話。分析慧遠與時人的爭議論題，猶如走入歷史，重新去咀嚼漢末佛教東傳至兩晉以來所累積的佛教議題，和慧遠與時並進地去解答這些歷史課題的實況，即如實可見慧遠在這方面所曾有過的苦心積累。

慧遠在教制上的首創結社念佛、組織私人譯經壇場，參與攸關禮教、政治的沙門是否應禮敬王者、沙門袒服及形神論爭等時事議論，使慧遠在中國佛教早期的奠基上，都有無可取代的地位與貢獻。慧遠除一生的弘法護教工作外，其於盧山東林寺中建置禪林、緣山壁建造佛影龕等，這些成果為中國佛教建築藝術啟發了先聲，而這些佛教藝術在完成的時間上，較之於大同的石佛及龍門的石窟要早上六十年，在佛教思想及建築藝術的發展上來說，毋寧有相當的價值。

隋唐以後，關於慧遠之傳說陸續增衍。現存宋人所繪之〈虎溪三笑圖〉，雖延續唐人三教圖的題材取向，但在儒釋道三教代表人物的取擇上，則有了極大的變革，一改過去所習用的三教開山祖師孔子、老子及釋迦牟尼的板滯印象，而選擇了東晉名僧慧遠、退隱儒士陶淵明及金陵道士陸修靜三者，作為畫作中三教的代表人物，其調和三教之用心可知，

而慧遠被推尊爲調和三教的佛教代表，其在佛教史歷史地位之提昇，不言可喻。

第一節　前人研究回顧及研究問題的提出

一、前人研究回顧

（一）依論文形式分

有關前人對盧山慧遠的研究，就數量上，中文及日文的相關論著約各佔其半。有關慧遠的研究論文，依論文形式可分成四方面來看：

1・慧遠研究之專著

目前頗受學界重視的一套專著，是由木村英一博士主編日本京都大學人文科學研究所研究報告《慧遠研究》，共二冊，分爲遺文篇及研究篇。遺文篇主要搜羅慧遠散見古籍中的作品全文或殘文，考校原文出處，並作日文翻譯及校證的工作。遺文篇分兩部分，除收入後人輯錄慧遠與羅什書信筆談而成的《大乘大義章》全文外，第二部分是收錄慧遠單篇文章，名爲「慧遠文集」的部分，蒐羅慧遠散見於《弘明集》、《廣弘明集》、《出三藏記集》及梁《高僧傳》等其他各處的文章及書信，共計二十九篇。慧遠與時人書信往來的部分，詳附時人寫與慧遠的書信，以利讀者比對閱讀。書末並附重要語詞之索引・對照表，就讀者使用上而言，十分便利。唯此書以慧遠本身之作品爲主要蒐羅對象，並無時人及後人對慧遠傳記、評價或碑、銘文之輯錄，稍有不足。不過，其他中文方面近代對慧遠作品及相關資料的輯本研究，或可補此缺憾。有關近人輯本的部分，擬於第二章第二節詳論，故今暫述至此。

　　另外，《慧遠研究》研究篇一書收錄日本近代有關廬山慧遠的研究名篇十四篇。除最後一篇爲表列之慧遠年譜外，其餘十三篇是輯錄過去日本著名佛教學者已發表的名著，包括：塚本善隆〈中國初期佛教史上における慧遠〉、梶山雄一〈慧遠の報應說と神不滅論〉、橫超慧日〈大乘大義章研究序說〉、L.ハーヴィッツ〈大乘大義章に於ける一乘三乘の問題について〉、藤吉慈海〈慧遠の淨土教思想〉、野上俊靜〈慧遠と後世の中國淨土教〉、安藤俊雄〈廬山慧遠の禪思想〉、木全德雄〈慧遠と宗炳をめぐって〉、村上嘉實〈慧遠の方外思想〉、福永光司〈慧遠と老莊思想〉、島田虔次〈桓玄－慧遠の禮敬問題〉以及牧田諦亮〈慧遠著作の流傳について〉等。惟此書受限於論文集的形式，無法要求論文集中諸篇論文之間，對慧遠思想理論能有一致性及完整性的探討。但瑕不掩瑜，此十四篇精闢的研究論文，洵爲近數十年來日本有關慧遠研究之菁華，爲現代的慧遠研究學者不能錯失的一本重要參考著作。

　　在中文專著方面，皆旨在綜述慧遠的生平事蹟，並討論慧遠佛學思想，各書依史料及哲學發揮比重，及觀點立場異差而略有不同。依出版時間次序有田博元的《廬山慧遠學述》，除了簡介慧遠行蹟外，並總括介紹慧遠的佛學思想，屬於綜論性質的專著。[2]方立天的《慧遠及其佛學》一書，性質稍偏重哲學性議題的處理，著重史料及文本的詳細分析爲其特色，立場偏向主張慧遠所受小乘實有論者影響頗多，思想體系內部仍有矛盾。[3]區結成的《慧遠》一書，偏重於追溯慧遠學思形構的歷程，強調慧遠兼攝大小乘學，但對於如何兼攝，似並未具體詳述。[4]劉貴傑《廬山慧遠大師思想析論》是第四本中文研究專著，主張慧遠兼融空有二系，旨在彌補方立天及區結成之論點，企圖爲慧遠學說作更圓融的詮釋；在

[2]　田博元《廬山慧遠學述》，臺北：文津出版社，1974年。
[3]　方立天《慧遠及其佛學》，北京：中國人民大學出版社，1984年。
[4]　區結成《慧遠》，臺北：東大圖書公司，1987年。

資料蒐羅的豐富度雖不如前三本，但書末錄有唐人變文《廬山遠公話》全文，爲其特有之蒐集。[5]有關這四本專著詳細的觀點比較，請詳本節下文。上述中文的慧遠研究專著的研究成果，不但較日文多，其較具備理論完整性的這一點，正可補上述日文研究專著不足處。

2・思想史及其他專著中以慧遠爲章節的部分

這部分的論述雖不若專書詳細，但許多早期中日文的佛教史論著中，亦不乏專章專節相當分量的介紹。例如稍早的日文佛教史著作中，境野黃洋的《支那佛教精史》爲多達千餘頁的煌煌巨著，把慧遠置於第一編羅什以前的古譯時代來介紹，居於羅什之後，第二章廬山與道場寺的第一節及第二節。第一節以主題式的方式介紹慧遠生平及其請譯的佛典，第二節處理慧遠的般舟三昧念佛思想，並與道安的淨土思想作比較。以兩小節總計達八十二頁的篇幅介紹慧遠，較之於介紹鳩摩羅什的篇幅（頁341-418，計七十八頁）還多，足可見慧遠受到重視。[6]

湯用彤在《漢魏兩晉南北朝佛教史》上冊第十一章全章對慧遠的介紹，主要戮力於生平著作及事蹟的考證，並以思想史背景襯托慧遠學說在時代之風下的特色。章首即羅列慧遠簡略年歷，續而考證慧遠行蹟，慧遠與時人交遊、論諍，並及於後人《十八高賢傳》中所載等佚事之考察，參校之史傳資料十分豐富，爲諸佛教史中較爲詳備者。對於慧遠佛學思想的看法，則認爲是以般若學基礎。[7]

佐佐木憲德的《漢魏六朝禪觀發展史論》一書分爲序論、本論及餘論。序論除整體介紹佛教的禪觀外，也把禪觀在印度的發展史作一簡略介紹，並比較外道禪法及佛教禪法之不同。本論研究的範圍包括漢魏至六朝中國佛教禪觀的發展，以時代先後分五篇（漢魏西晉、東晉前期、

5　劉貴傑《廬山慧遠大師思想析論》，臺北：圓明出版社，1996年。

6　境野黃洋《支那佛教精史》，（東京：境野黃洋博士遺稿刊行會，昭和10年12月〔1935〕），頁419-501。

7　湯用彤《漢魏兩晉南北朝佛教史》上冊，（臺北：台灣商務印書館，1938年初版，1991年9月臺二版，）頁341-393。

東晉後期、宋齊、梁陳）依人物爲序的方式介紹著名僧俗禪觀。慧遠的
禪觀也被獨立於第八章題名爲「開發時期」的「東晉後期」中介紹，此
時期的介紹還包括了羅什及門下、佛馱跋陀羅及門下、還有被佐佐木目
爲慧遠弟子的竺道生的禪觀。此書先略述慧遠生平傳記，次論其禪法特
色，並歸納出慧遠禪觀爲「色如不二觀」。[8]

　　常盤大定在《支那佛教研究》第一（東京：名著普及會，1979 年 11
月 20 日覆刻版）中，除了介紹慧遠的行蹟及思想外，還實地考察了慧遠
的墓塔，這是目前有關慧遠墓塔研究最早，也最詳實的一篇考證文章。

　　呂澂《中國佛學思想概論》一書，[9]對慧遠的觀點前後十分一致，認
爲慧遠佛學的基礎是小乘毘曇學，特別是說一切有部的實有論對他影響
很大。呂澂的這個觀點，對於近代大陸學者的慧遠研究，或佛教史編著
中介紹慧遠佛學的部分，也有不少的影響力。

　　鎌田茂雄所著的《中國佛教通史》（第二卷）共計四章，以第三章介
紹羅什，以第四章介紹慧遠。[10]鎌田氏書中大部分的整理，多出自《慧遠
研究・研究篇》中十四篇論文的研究成果，此外也旁參近代日本佛學研
究專著、期刊等知名佛教學者之論文，如：板野長八、塚本善隆、島田
虔次、橫超慧日、望月信亨及松本文三郎等人。尤其在史料細部考證的
成果引用上，並註有出處，對於想核對原文的讀者來說，是極爲便利的。

　　任繼愈《中國佛教史》第二卷，[11]在第三章以第五節及第六節的篇幅
介紹慧遠，第五節介紹慧遠所處的東晉時代背景，第六節以議題爲導向

---

[8]　佐佐木憲德《漢魏六朝禪觀發展史論》，（東京：ピタカ株式会社，昭和 53 年〔1
　　978〕），頁 152-155。

[9]　呂澂《中國佛學思想概論》，（臺北：天華圖書出版公司，1982 年）。此書原名爲
　　「中國佛學源流略講」，後改版爲「中國佛學思想概論」，本文中所引書均依後版，
　　故此處以後者初版年爲序。

[10]　鎌田茂雄《中國佛教史》第二卷，關世謙譯，（高雄：佛光出版社，1985 年），
　　頁 321-417。

[11]　任繼愈《中國佛教史》第二卷，（北京：中國社會科學出版社，1985 年）。

介紹慧遠的佛教思想體系，討論的包括時事議題：沙門不敬王者論、神不滅論、佛教業報說，以及與羅什僧團的法身、四大與五根與法性議題討論。任書之基本立場，是認爲慧遠的宗教思想基礎是魏晉的本體論。這個看法，與呂澂的看法有類似之處。

　　郭朋《中國佛教思想史》上卷，在第十二章以三小節的內容來介紹慧遠。第一、二節分別是生平及思想，第三節是慧遠在當時的社會地位及其影響。郭朋先是依《祐錄》本傳說到慧遠的思想特質是「不拘一格的」，又對慧遠思想的極特殊見解，在於認爲慧遠不可能不受到「一切眾生」都有「如來藏」（"佛性"）之義的影響。[12]不過，據其引據佛經之一，如晉譯六十《華嚴·如來性起品》，此經譯出時，慧遠已去世一兩年，當無可能閱及此經，如何可說受其「影響」。此或郭書中引證之小疵。

　　以上諸史中對慧遠的研究，都有相當分量的介紹及考證。其他散見於近人佛教專著中的慧遠相關研究文章甚多，惟限於本節篇幅，不及一一詳述，故擬於本文相關討論中引用時，採隨文附註方式說明之。

3·學位論文

　　近二十年來在臺灣及香港地區，與慧遠研究直接或間接相關的學位論文，約計九篇。其中，直接以慧遠名篇的學位論文有四篇，依完成的時間先後次序，包括：盧笑芳《慧遠佛教思想研究》、[13]陳廣芬《慧遠思想中般若學與毘曇學之關涉》、[14]陶文本《慧遠與僧肇般若學的比較研究》、[15]林素瑜《慧遠形神思想之研究》，[16]以及盧桂珍《慧遠僧肇聖人學

---

[12] 郭朋《中國佛教思想史》上卷，（福州：福建人民出版社，1994 年），頁 372、375。

[13] 盧笑芳《慧遠佛教思想研究》，香港：能仁書院哲學研究所碩士論文，1983 年。

[14] 陳廣芬《慧遠思想中般若學與毘曇學之關涉》，高雄：國立中山大學中國文學研究所碩士論文，1993 年。

[15] 陶文本《慧遠與僧肇般若學的比較研究》，臺北：國立臺灣師範大學國文研究所碩士論文，1995 年。

[16] 林素瑜《慧遠形神思想之研究》，臺北：私立中國文化大學哲學研究所碩士論文，1997 年。

研究》等五篇學位論文。[17]這些論文研究的論題主要有兩方面：一是慧遠佛學思想內在的問題的探討，包括思想體系的建構、般若學與毘曇學的交涉，二是圍繞在慧遠與時人的論辯上的研究，包括慧遠與羅什、僧肇的論辯，慧遠參與形神論諍的立場等。

　　其他四篇皆與慧遠思想的研究有間接的關係，包括：楊俊誠《兩晉佛學之流傳與傳統文化之交流》、[18]胡梅子《鳩摩羅什與大乘般若空慧》、[19]拙稿《六朝神滅不滅論與佛教輪迴主體之研究》，[20]及賈忠婷《東晉南北朝的形神問題》等，[21]此四篇學位論文主要是把慧遠置於中國思想史，或就慧遠在形神論諍中的思想特點上來討論的。相關觀點的討論或援引，當於本文討論中詳述。

4 · 期刊論文

　　在期刊論文方面的成果，數量上相當多，中日文論文約計近二百篇，其中又以日文單篇論文居多，主要圍繞在慧遠佛學思想問題的討論，數量集中在慧遠般若學及禪法的研究上。中文期刊方面的論文也不少，不過，大多在慧遠生平的介紹或思想綜論，以及與淨土宗關係的考察。僅少數深入討論到慧遠佛學思想細部分析，所幸量少而質精。有關期刊論文的研究，將於引用相關研究成果時，採隨文附註說明。

---

[17] 盧桂珍《慧遠僧肇聖人學研究》，臺北：國立臺灣大學中文研究所博士論文，1999年。

[18] 楊俊誠《兩晉佛學之流傳與傳統文化之交流》，臺北：臺灣師範大學國文研究所碩士論文，1991年。

[19] 胡梅子《鳩摩羅什與大乘般若空慧》，臺中：私立東海大學哲學研究所博士論文，1993年。

[20] 李幸玲《六朝神滅不滅論與佛教輪迴主體之研究》，臺北：國立臺灣師範大學國文研究所碩士論文，1994年。

[21] 盧桂珍《慧遠僧肇聖人學研究》，臺北：國立臺灣大學中文研究所博士論文，1999年。

（二）依研究內容分

由上述四種形式的相關研究論著的敘述可知，前人的研究成果斐然可觀，足以借鑑之處甚多，內容大抵集中在：考據校勘、佛學思想及與淨土宗淵源的關係三方面。

1 · 考據校勘方面

與慧遠相關的一些考據校勘方面的成果，主要在於慧遠散佚作品的輯錄、校勘、慧遠年譜及慧遠墓塔的實物考證三部分。

（1）慧遠作品輯本、校勘

有關廬山慧遠的研究專著當中，目前最受到學界重視的研究成果，是日本的創文社分別在昭和三十七年（1962）及昭和 56 年（1981）所出版，由木村英一所主編的《慧遠研究》「遺文篇」及「研究篇」。「遺文篇」主要是慧遠的作品集，蒐羅慧遠散見於古籍中作品的全文或殘文，並為之繫年，所依據的古本也標明出處地點，考證十分仔細；全書分為中文原典及日譯兩部分，文中附註有詳細的日文校勘說明。「研究篇」則是將近年日本佛學研究者對有關慧遠所作的研究作品，擇要輯錄十三篇研究名著，第十四篇為竺沙雅章所編輯之慧遠年譜，書末附有該書索引，以供查索。

其他近人輯錄慧遠作品輯本，皆旨在輯佚，未有對慧遠作品作進一步的注疏或校勘，因而本文不擬納入研究成果中論之。將於第二章第二節慧遠作品考證的現存輯本部分時，再詳加論述。

（2）慧遠年譜、年表

近人編考的慧遠年譜或表列的年表，主要有六種。

第一種是《慧遠研究·研究篇》書末所收錄日人竺沙雅章表列的年譜，出現的時間較晚（1981），考校精詳，表格內分為七欄：西元、干支、東晉年號、慧遠年齡、事蹟、思想史記事、時事紀要等七項，內容包含以慧遠年齡繫年之生平事蹟及重大歷史事件，詳注原始資料來源出處，

並有部分作品繫年。不過，部分有爭議的事件並無另外作文字說明。主張慧遠卒年爲八十三歲。

第二種是陳統〈慧遠大師年譜〉，是文字敘述式的年譜。[22]由於此年譜是陳統未完成的遺稿，因此只寫到慧遠六十九歲止。詳列出慧遠生平的每一年，唯繫年部分，無西元紀年，但列干支、慧遠歲數，內容包含慧遠個人及時代背景紀事，並註明出處，間有部分詳細考證。

第三種是方立天《慧遠及其佛學》書末附錄表列的「慧遠年譜」，僅羅列相關年份事蹟背景，主張慧遠卒年八十三。[23]

第四種是湯用彤《漢魏兩晉南北朝佛教史》上冊，在介紹慧遠思想部分，繫年簡列慧遠生平事蹟，敘述極爲簡略。提到卒年有八十三或八十四歲二種記載，僅云「未知孰是」，未作進一步考證。[24]

第五種是區結成《慧遠》於書末附錄二「慧遠年表」，自出生至卒年，每一年皆列出，並有相關背景事件略述。主張慧遠卒年八十三。[25]

第六種是劉貴傑《廬山慧遠大師思想析論》，書末附錄五爲慧遠簡略年表，僅列出相關年份事蹟背景，敘述極簡要。主張慧遠卒年八十三。[26]

前人從事年譜考校的原因，不外由於東晉去日已久，史籍文獻散佚頗多，記載慧遠事蹟的相關一手資料鮮少，又由於慧遠所處年代正值佛教譯經在中國興盛的年代，佛典的大量譯出，關涉到佛理在中國傳播的先後性及地域性，例如：涅槃類的經典，遲至慧遠去世後才被傳譯出來，

---

[22] 原載於《史學年報》第二卷第三期（1936 年 11 月），頁 3-17，後收錄於張曼濤主編現代佛教學術叢刊第六十五冊《淨土宗史論》（臺北：大乘文化出版公司，1980 年），頁 189-225，附錄於演培法師〈慧遠大師之生平及念佛思想〉（頁 177-188）之後。

[23] 方立天《慧遠及其佛學》，（北京：中國人民大學出版社，1984 年），頁 179-193。

[24] 湯用彤《漢魏兩晉南北朝佛教史》上冊，（臺北：臺灣商務印書館，民國 80 年 9 月臺二版），頁 342-343。

[25] 區結成《慧遠》，（臺北：東大圖書出版公司，1987 年），頁 147-153。

[26] 劉貴傑《廬山慧遠大師思想析論》，（臺北：圓明出版社，民國 85 年），頁 203-208。

即關係到佛性思想在中國傳布的時間先後問題。因此，一份考校精詳的
年譜，不僅有助於了解慧遠個人的生平事蹟及思想的形成，也有助理解
佛教思想在東晉傳譯的情形。

　　以上的年譜研究，除了湯用彤及劉貴傑的簡略年譜外，其餘四個年
譜或年表都做了相當的考校工夫。前輩學者在慧遠年譜的研究上，已有
相當的成果，本文僅能就部分有待釐清的細節考校，輔助本文在考察慧
遠佛學思想時所需要的相關事件繫年，尤其是慧遠部分重要作品繫年的
考證，關係著慧遠思想架構的形成，故雖為枝末之事，但實為本文的基
礎工作。

（3）慧遠墓塔的實物考據

　　目前有關慧遠墓塔的實物考據工作，僅有日本常盤大定曾實地前往
西林寺考察實物後所作研究論文一篇，[27]其他散見於專著中略提到慧遠墓
塔的文章，也僅寥寥數語，[28]不若常盤考察之詳盡。由於筆者目前未曾去
過大陸實地探察，因此無法就這方面給予第一手的資料，實有不足處。
不過，本文企圖儘可能就常盤氏所提供的資料，考察慧遠墓塔形式與慧
遠思想之間的某些可能的繫聯，以及東晉末的墓塔形式所透顯的思想史
意義，希望能夠對於這方面的研究有所增益。

2．佛學思想方面

　　近人對於慧遠的相關研究論著，就數量上來說，大多集中在慧遠佛
學思想的研究上。慧遠的佛學思想，向來是研究的爭議重心。問題的焦
點尤其在慧遠佛學立場的定位，以及其思想內在的一致性上。

---

[27]　（日）常盤大定《支那佛教研究》第一，（東京：名著普及會，1979 年 11 月 20
　　日覆刻版），頁 149-153。

[28]　民國吳宗慈翻修的《盧山志》（收錄於二處：1.臺北縣永和鎮：文海出版社，民國
　　60 年；2.《中國佛寺志‧山西省》）蒐羅歷代與盧山相關的史料文獻，原始資料甚
　　豐，不過，與慧遠相關的資料雖多，但多為重複輯錄。另外，周鑾書著《盧山史
　　話》（南昌：江西人民出版社，1996 年）、周鑾書，趙明選注《盧山遊記選》（南
　　昌：江西人民出版社，1996 年），有關於慧遠事蹟及相關實物記載，惟敘述簡略。

　　具體地說，學者間所爭議的是慧遠佛學的基本立場，約可分爲三派：主張慧遠的基本立場是以般若學爲依歸的如湯用彤；[29] 主張慧遠是以毘曇學的實有論爲基柢的如呂澂、[30] 方立天，[31] 及任繼愈；[32] 主張慧遠爲兼攝大小乘學的如田博元、[33] 區結成，[34] 及陳廣芬等人。[35] 此外，除了以上三派，郭朋與劉貴傑獨排眾議地主張慧遠融合了空、有二系，[36] 是較特殊的觀點。

　　不過，以上主要的這三派觀點背後，也有他們各自要面對的理論內部結構的合理性問題。因爲如果主張慧遠的佛學根本立場是般若學，應如何處理毘曇學在慧遠佛學思想中的位置呢？另外，慧遠所謂的神不滅論，放在般若學中，又如何可以得到合理的安排？而慧遠般若學的中心思想內容如何？表現在何處？換言之，此派主張的難題在於如何說明何

[29] 湯用彤《漢魏兩晉南北朝佛教史》上冊，第十一章，（臺北：臺灣商務印書館，1991 年 9 月臺二版），頁 239。以下學者間的詳細論述，將於第三章慧遠佛學思想的相關討論中談到，此處暫不詳述。

[30] 呂澂《中國佛學思想概論》第四章，（臺北：天華出版社，1982 年 7 月初版），頁 91。

[31] 方立天認爲慧遠思想有前後期轉變，前期以毘曇學爲基礎，後期受到羅什影響而以般若學爲學理根本，但是仍存在理論內在的矛盾，不脫實有立場。方立天《慧遠及其佛學》，（北京：中國人民大學出版社，1984 年），頁 42。相關詳細的觀點爭議部分，請詳第三章之論述。

[32] 任繼愈《中國佛教史》第二卷，（北京：中國社會科學出版社，1985 年初版），頁 700。任的觀點，大抵接踵呂、方二位之立場而發。

[33] 田博元《廬山慧遠學述》，（臺北：文津出版社，1974 年）及《中國歷代思想家(17)——道安，慧遠，竺道生，陶弘景》的「慧遠」部分，（臺北：台灣商務印書館，1979）。田博元以爲慧遠的學說是融合大小乘學的，不過，書中僅作介紹性的敘述，並未具體地說明如何融合大小乘學。

[34] 區結成《慧遠》，（臺北：東大圖書公司，1987 年），頁 92。

[35] 陳廣芬《慧遠思想中般若學與毘曇學之關涉》，（中山大學中文所碩士論文，1993 年 1 月），頁 157。

[36] 郭朋《中國佛教思想史》上卷（福州：福建人民出版社，1994 年），頁 372、375。劉貴傑《廬山慧遠大師思想析論》，（臺北：圓明出版社，1996 年），頁 86。

以慧遠大加弘揚毘曇學，而毘曇學在慧遠佛學思想上的融入方式及程度如何，也是應思考的。不過，有關這一點，在湯用彤的著作中，並未作處理。

又如慧遠的基本立場不是般若學，而是毘曇學，那麼，又如何能合理地說明慧遠採用的般舟三昧禪法時，應該如何修習畢竟空三昧？而結社念佛，禮敬阿彌陀佛，願生西方淨土的大乘思想，又如何合理地安放在小乘毘曇學之中呢？有關這些問題，在呂澂及方立天的論著中，也未見處理。

而第三派主張慧遠融合大小乘學者，較之前二派觀點背後肯斷慧遠思想內在必然具有一貫性的這一點，基本上已注意到慧遠思想的具有歷程性及其多元性，由此，也考量到慧遠在吸納各種學說時的自我調整。不過，慧遠是如何來融合般若學及毘曇學之間的差異，也就是此派主張的重要課題。在此，區結成與陳廣芬的主張有些許不同：區結成認為慧遠的融攝大小，是以毘曇學對法數的分析來理解般若學，不止是方法上，也及於內容上的援用，因此混淆大小乘概念，流於言語戲論，並不能契入般若學真義，存在著思想內在無法統一的矛盾；而陳廣芬則以為慧遠對毘曇學的融攝，僅止於形式，並涉不及內容。然而，區結成所論，乃依慧遠在《大乘大義章》中提問《大智度論》中有關「因緣有」及「實法有」的舉例不當而發，[37]但區先生只抓緊「實法有」一詞，而未暇詳閱《大乘大義章》中慧遠前後文義，即以之問難，不無厚誣古人之嫌。陳廣芬認為慧遠對毘曇學的融攝，僅止於毘曇學「形式」上的運用而已，不過，陳文中並未具體詳論如何運用。又，這「形式」所指的若如陳文中所提到的法數、名相，在運用時如何可以不涉及「內容」，仍是必須詳論的。這些問題當是此派主張慧遠融大小乘所要處理到的難題。

---

[37]區結成《慧遠》，（臺北：東大圖書公司，1987年），頁119。

二、研究問題的提出

　　隨著閱讀前人的研究成果之際，本文的問題意識也隨著漸漸地成形。不過，上述提出的問題，乃針對前人對慧遠思想基本立場的觀點而來的，是貫串慧遠思想內部的核心問題。然而，就外緣而言，把慧遠置於一個大時代的環境中來看，更能看出慧遠思想的成因以及他與當時思想潮流間的同異處，也才能看到更完整的慧遠。

　　近人研討慧遠思想時具爭議性的論題，可以歸納爲三類論題：慧遠佛學思想的內容及性質等問題、慧遠參與時人交遊談辯主題，及後人對慧遠的認識及評價等三方面。

　　在介紹這三個研究議題之前，本文首先提出一個極重要的分判——有關慧遠著作的分類問題。過去在分析慧遠著作時的路數，多是將慧遠所遺留的所有著作，完全視爲齊等於一個層次來談，於是導致詮解上誤解橫生的結果。誠如前述，慧遠著作的對象，是有教內、外區分的：包括與高僧羅什、僧肇等人深入教內佛學義理的討論，如：《法性論》、《大乘大義章》等；以及對應於教外世俗、白衣所提因果業報及受報主體等問題的應俗文字，如答桓玄的《沙門不敬王者論》（含〈沙門不盡王者論〉、〈形盡神不滅論〉等五篇）、答戴逵的〈三報論〉、〈明報應論〉等。慧遠精嚴的佛學研究，表現在《法性論》及《大乘大義章》中，此二者主要以般若學爲基底，由緣起、性空談中道實相、法身等問題。但在《大乘大義章》第十六章〈次問後識追憶前識并答〉中，慧遠對於《大智度論》中談到識體相續可能說法，也表示相當的興趣，因此提出識體相續的三種可能以就教於學統相似的羅什，而羅什回答時三次引「（復）有人言」心念相續的各異說法，亦未能肯定地給予慧遠答覆。此實因唯識經典是時方興於印度，尚未傳至中土，故此等固非羅什個人學統之問題。而亦由此事可見慧遠在佛理研究上的博學用功，及用詞慎謹。但是，在回應一般世俗時的文字表現，則與以上專業的佛理研究，有極大的不同。慧

遠可以與教內的羅什、僧肇深談法性、法身、念佛三昧、授記、菩薩遍學等問題，但與一般的大眾，卻無法如此弘法，因此，爲應俗方便，慧遠在答覆桓玄、戴逵等人的書信中，明顯有儒道用語添用，目的不外是以比喻的方式接引學人。換言之，基本上這兩類文字的用語精嚴度及對應的問題，是完全不同的，自不宜任意歸納爲同一層次的內容來看待。而此即本文所以一在強調有別於過去研究者之處。此一釐清文本層次的作法，對本文第三章慧遠的佛學思想的全章結構，亦有極重要的意義，故不可輕易忽略。

其次，退一步由思想史的角度來說，過去的研究當中也有將慧遠判定爲「格義佛學」或「玄學化」僧人，以及認爲慧遠的佛學是毫無中心思想的研究結果。關於這個部分，本文擬提出更多的資料及多元的研究角度，來重新認識慧遠在般若學上專一的努力。

（一）慧遠佛學思想方面

慧遠的佛學思想方面，值得討論的議題，分爲六項來談，包括：慧遠對「格義」的態度、毘曇學對慧遠的意義、慧遠對「法性」的理解、慧遠的般若學與念佛思想的關係、慧遠對淨土的看法，以及慧遠對戒律的堅持等。

後人對慧遠思想的評論，早自唐道宣在《續高僧傳》卷二十云「慧遠標宗，孤往獨征」的簡文論斷，[38]乃至近人佛學研究專著《慧遠研究》的數十萬言之詳考評騭，除呈顯出不同時代之人同樣對廬山慧遠的重視，也表現慧遠在思想上頗受爭議的性格。

慧遠思想受爭議之處，主要在佛學思想的定位上。在過去的研究成果中，對於慧遠佛學思想基本立場的定位之爭，如前述至少有三派。甚

---

[38] 唐・道宣《續高僧傳》卷二十〈習禪篇五〉，大正藏第 50 冊，頁 596 上。

至還有學者根本完全抹殺慧遠思想中以佛學爲根本的可能性，例如任繼愈即說到：「魏晉玄學的本體論是慧遠的佛教宗教哲學的思想基礎」。[39]

　　在檢討前人的說法前，首先，本文想先由慧遠是否算是一個「玄學化」的僧人談起。依任繼愈的說法，慧遠之所以被定位爲一位「玄學化」的僧人，是因爲他的作品中使用了不少三玄用語。如果使用三玄用語是構成「玄學化」的充分且必要的條件，那麼，「玄學化」指的又是什麼？

　　在玄風瀰漫的時代下，使用約定俗成的用語習慣，以達到溝通及藝術趣味的效果，並不難理解，而這裏所指的「玄學化」有一種不能抽離其歷史背景爲語境要件的必要性，然而，極重要的一點須注意的是：考察魏晉人物使用三玄語詞，雖必須縮結其背景語境爲必要件，但卻不可以此時代背景爲其充分條件。所謂的「玄學化」若只單就當時名士間普遍的三玄用語習慣，而不論其個人用語是以何種語境氛圍爲前提條件，再談其用語內容指涉三玄的程度如何的話，是不能深入問題的所在。況且，三玄用語的使用，並非慧遠之特色，是一個時代的普遍現象，就連被喻爲「解空第一」的羅什高足——僧肇，在其著作《肇論》中，雖對慧遠般若學觀點有強烈的批判，卻也在其著作中的語詞使用上，不避諱地以三玄的虛邈排比瑰麗的文字，[40]這樣一來，是否也「符合」了「玄學化」的條件呢？這並非一句對僧肇評價反語，而是值得深入探查的線索，同時也是一個大課題。[41]

---

[39] 任繼愈《中國佛教史》第二卷，（北京：中國社會科學出版社，1985 年初版），頁700。

[40] 東晉・僧肇《肇論・般若無知論》：「是以至人處有而不有，居無而不無。雖不敢於有無，所以和光塵勞，周旋五趣，寂然而往，怕爾而來，恬淡無爲而無不爲。」（大正藏第 45 冊），頁 154 中。此外僧肇在〈答劉遺民書〉中，也有相同的文字表現：「且夫心之有也，以其有有。有不自有，故聖心不有有。不有有，故有無有，有無有故，則無無；無無故，聖人不有不無；不有不無，其神乃虛。」（大正藏第 45 冊，頁 156 上。

[41] 有關魏晉南北朝時期佛學與玄學的交涉問題，非本文處理之主題，在此雖暫不作引伸之討論，但在第三章第三節「慧遠的般若學」中，將處理到慧遠與羅什、僧

換言之,「玄學化」與否,並不以文字上引用三玄用語為充分且必要條件。實際去探究文字所指涉的內涵,才是判斷思想深層結構是否被異化的重點。而這一點,正是一個當時普遍的時代課題,並非慧遠所獨專的特色。所以,要探究這個所謂「玄學化」的問題,仍要著眼於兩晉佛學思背景的考察,就深層的文字脈絡意義的分析,才能獲致更趨近原始語境的詮釋。本文的作法,首先初步判別慧遠的觀點,再進一步考求慧遠佛學的特質,判別慧遠將自己的佛學定位在何種宗派基本立場的可能性。並輔以其他面向的多元研究,包括東林寺藝術及碑記等實物考察的結果,更全面而深刻地重新來判斷慧遠的佛學立場。

(二) 慧遠參與護教論辯方面

慧遠曾參與的論辯,包括:形神關係、沙門禮敬王者與否、沙門袒服是否合乎禮法等三個主題。慧遠一方面為了承繼道安遺命,積極地在教內建立僧尼的生活軌則,另一方面對教外宣弘佛教因果業報思想,並試圖藉兼弘內外典,來調和佛教文化對中國禮法之士所造成的思想衝擊。而參與護教論辯的這個部分,正是慧遠對外弘法工作的一部分。

由於對教外的一般世俗之眾弘法,存在著佛教名相解說上的隔閡,因此,慧遠採取較為通俗的語言來宣說其主張,是極為自然的事。但也因而造就後人詮解時的誤讀,尤為甚者,即是將慧遠的「形盡神不滅」斷章取義為「神不滅」,乃至再節取「神不滅」為「不滅」二字,套於慧遠〈法性論〉的文字之上,而謂其為實有論者。此等推述,不論在方法上或詮釋上,都極有可議之處。此外,慧遠因應中國禮法之士、政治權

肇師徒對「法性」詮解的異同。此外,亦可參考各思想史專著,以及部分單篇論文之討論。例如:林傳芳〈格義佛教思想之史的展開〉,華岡佛學學第 1 卷第 2 期,民國 61 年、楊政河〈魏晉北朝佛學思想玄學化之研究〉,華岡佛學學第 1 卷第 5 期,民國 70 年、拙稿〈格義新探〉,中國學術年刊第 18 期,民國 86 年 3 月。

謀者的詰難，在為佛教不敬王者、右袒的服儀文化，尋找中國式的詮釋時，其結合儒道的應答，也頗有溢出佛教思考之處。致使儒學分位在慧遠思想中的探討，變得重要起來。

（三）慧遠對蓮社傳說、佛教藝術的影響

有關後人對慧遠的認識及評價的這個部分，梳釐慧遠與後世淨土教有相關的幾個傳說，對於慧遠與淨土教關係的廓清，有一定的幫助。慧遠被定位為淨土宗初祖是否合宜的問題，也同樣地受到後人爭議。在晚近的研究著作中，部分學者認定淨土宗的初祖應是慧遠。[42]若以念佛法門、往生西方淨土為訴求而論，固可如此說，然而就後世所成立的淨土宗教義而言，在基本教義的奠基上，仍要歸功於曇鸞。因此，慧遠與後世淨土宗的淵源，恐需詳加考察，不宜驟下定論。而慧遠傳說與東林寺佛教藝術間，所存在著相互影響的關係，也值得加以探討。此外，慧遠創立唱導形制，對唐宋俗講有不可忽略的影響。

慧遠博學慎思，交遊遍及僧俗，在儒釋道三家學派界限模糊的時代裏，織就出慧遠思想內在的豐富度及特殊性，而使得慧遠這麼一位在性格上嚴己厚人、精進篤行的中國學僧，得以在亂世之中，與相交的僧俗、名士撞衝擊出精神思想上精彩的火花，而卓然屹立於南方的宗教文化領

---

[42] 列舉數例，如鎌田茂雄著《中國佛教通史》（二），關世謙譯（高雄：佛光出版社，民國 75 年 4 月初版，頁 396）、望月信亨《中國淨土教理史》釋印海譯，（臺北：正聞出版社，民國 80 年 4 月三版，頁 17）、郭朋《中國佛教思想史》上卷，（福州：福建人民出社，1994 年第 1 版，頁 395）、田博元《中國歷代思想家》第十七冊道安・慧遠・竺道生・陶弘景，（臺北：臺灣商務印書館，民國 76 年 8 月三版，總頁 1861）等。有關結社念佛十八賢之具體傳記及一百二十三人之傳說，並未見於中唐以前典籍記載。且據近人考證結果，十八賢者之名字及事蹟，部分應為後人所杜撰，相關考證詳見松本文三郎著，許洋主譯《佛教史雜考》，〈東林十八高賢傳的研究〉（臺北：華宇出版社，民國 73 年 10 月初版），頁 43-73。

域。慧遠的一生行持嚴謹，不但是一位佛學研究者，更是精進於身體力行的實踐家，這一點特別表現在其戒律觀及禪觀上。考察慧遠思想的個殊性以及慧遠思想的歷史定位，並試圖探究上述前賢研究所遺未解的問題，即是本文立意所在。

第二節 研究範圍的界定

一、研究材料

　　過去研究材料的範圍，幾乎都單一局限在慧遠作品本身的研究。本文研究材料的範圍極廣，包括直接與間接的材料。直接的材料包括兩部分：其一是慧遠本身的著作，其二是東林寺內部的佛教藝術。慧遠現存的著作，主要是《大乘大義章》、《法性論》、《沙門不敬王者論等五篇并序》、《明報應論》及《三報論》等，其次是慧遠所作的經論序、銘文等，以及寫給桓玄、戴逵、劉遺民等人的書信及專論。與羅什在《大乘大義章》中的十八章問答外，及散見於《祐錄》與《肇論》中的《法性論》殘文，是研究慧遠般若思想的重要資料。其次，東林寺內部由慧遠一手建立佈局的佛教藝術，而其間的佛雕、經變、彩繪等佛教藝術實物，則是慧遠佛學思想具體落實在寺院藝術中表現，也是研究慧遠佛學思想取向的重要佐證資料。

　　間接的材料包括：常盤大定實際走訪慧遠墓塔時，記錄〈常惣碑〉、〈慧瑄碑〉等兩篇東林寺出土重要石碑全文資料、敦煌本宋代話本〈廬山遠公話〉、宋代名家李龍眠〈虎溪三笑〉、〈廬山蓮社圖〉畫筆下的慧遠、回鶻文的〈慧遠傳〉殘葉，以及歷代中國佛教史傳目錄中慧遠作品及相關傳記資料等。

　　歷來所爭訟的慧遠佛學思想定位，須藉此全面性的研究，更足以透顯其思想立場。因此，除由慧遠作品探求其佛學思想，也藉由東林寺佛教藝術的路向及近代碑記實物的發現，輔助本文作一全面整體性的研究。

二、研究範圍

故本文之討論範圍，可說綜括慧遠作品本身所涉領域（佛學義理、佛教文學、繪畫）的內在思想，以及其對外圍（唐宋俗講、墓塔形制等）的影響。較之於現階段的研究專著，本文企圖作一完整的慧遠研究。也就是說，只要與慧遠相關的內外圍研究，都納入本文的範圍當中。不過，有關實物方面的部分考據工作，暫不擬列爲討論的重點，仍以現階段前人已有的實物考據（例如東林寺、墓塔）成果爲依憑，就討論的重心而言，仍是放在慧遠思想的探究，包括慧遠的佛學思想及文藝思想。其中，又以佛學思想的定位爲討論的中心，因此在研究篇幅的比例上，第三章慧遠佛學思想的研究仍佔有相當多的篇幅。

而佛學思想的討論，是以慧遠的作品、以及慧遠與時人討論的內容爲主要的研究對象。慧遠的生平及相關的作品考證，將置於第二章中探討。作品的部分，將有細部的分析，而慧遠與時人的討論，還可以分成兩部分：一是慧遠與羅什、僧肇有關般若學的對話，二是慧遠與桓玄、何無忌、戴逵等人，針對佛教禮制及形神問題的交談。

由於慧遠在出家前曾爲儒生，又善長流行於當世的老莊學說，所以有相當程度的外學根基，這方面的基礎即表現在慧遠後來在廬山時，對弟子們的儒經教學，包括了流行於兩晉的《喪服經》（原爲《儀禮》中的一篇，後單行於世）、《毛詩》、《三禮》、《周易》等，以及與僧俗討論莊老、儒典上。因此，本文除了探討慧遠的佛學思想，也旁及慧遠的經學及老莊思想。不過，在現存慧遠儒經思想方面的直接資料及弟子所保留下來之間接資料皆不甚豐富的情況下，慧遠儒學思想的研究，可能較顯得片斷而單薄。而慧遠與老莊思想關係的研究，《慧遠研究》所輯福永光司之文，考校甚詳，不但羅列慧遠引用老莊之語，並比對老莊原書之出處，結論指出慧遠的援引莊老，僅止於修辭，而非發揮莊老學說。故本

文以爲，此部分的研究，與慧遠應俗之弘法有關，有一定的研究價值，擬於格義佛學、儒學在慧遠思想中的分位等相關議題部分論述。

　　此外，慧遠及其教團的文藝活動，所呈顯的名士之風及佛教藝術造詣，表現在慧遠晚年與僧俗共賞廬峰之美，賦詩題詠山水，並於東林寺建置禪林、於山壁彩繪佛影，在慧遠親作的〈佛影銘〉中，即具體地勾勒其佛畫美學的理想。關於這個部分，由於在前人研究中鮮少被注意到的，本文擬獨立於第五章中介紹。

　　其次，由於後人對慧遠的初步認識，多半來自「蓮社」傳說或宋人「虎溪三笑」圖的認識，足見傳說故事的影響力。然而，這些傳說內容，並非完全信實，有釐清之必要。第六章即是對於此一部分的整理及釐清。有關慧遠對後世影響的檢討，包括教內「蓮社」系統的傳說與後世淨土教淵源的關係，也是探究的對象。最後，有關慧遠故事在後世文學史上的演變，例如：唐人詩文及宋話本中，慧遠被與許多人物傑出的生平事蹟結合起來，並有神格化的傾向。慧遠被視爲傳奇而勵志的典型，更說明慧遠人格受到後人重視。而慧遠形象在宋話本〈廬山遠公話〉中的神格化，也直接的影響到淨土教所宗的重要典籍，元‧普度輯撰的《蓮宗寶鑑》中對慧遠的認識，對前代慧遠傳記及其相關論述之蒐羅十分豐富，因而此部分亦列入本文的討論範圍。

第三節　研究方法及進路

一、研究方法

　　就晚近中國幾位著名思想家對中國哲學的研究方法，所提出的方法論來看，不管是主張以問題為導向而提出「基源問題研究法」的勞思光，重視由中西哲學之「解析」而對比出中國哲學特質的唐君毅，強調建立「系統性」的牟宗三，或是由問題產生動機的「發生論」角度來談的傅偉勳，都有其提出該方法論的用心和目的。而這些方法所指向的研究對象，皆是中國哲學，擴而廣之，亦適用於所有的哲學研究。然而，對於部分溢出哲學範疇之外的宗教學領域，仍有其規矩方圓無法可及之處。

　　本文研究方法，以思想史研究方法為主。所謂的思想史方法，據吳汝鈞《佛學研究方論》所言，研究的範圍很廣泛，「它是思想與歷史的結合，與考據和哲學都有關係」。換言之，思想史研究所跨的領域，是包括歷史、考據及哲學三方面的，而思想史方法的研究的重點，則在「順著歷史發展的脈絡，而描述其思想的流變」。[1]本文所以採思想史研究方法的原因，在於考量研究主體廬山慧遠在佛教史上的許多特質，必須對照於佛教史的發展，方足以凸顯其在思想史及藝術史上的價值；慧遠乃晉末之人，部分後世相關文獻史料，因循徵引，不乏錯謬，因此，其作品及相關文獻史料的校勘、考證，勢在所難免。

　　以慧遠作為專家研究的主題，本文有別於過去以往所有採取單一面向的片面研究，而採取全面性的研究，誠如前述，有必要而不可忽略的因素。慧遠在中國佛教史上多元化的表現，豐富有如百科全書，擇其一

---

[1] 吳汝鈞《佛學研究方法論》上冊，（臺北：學生書局，民國 85 年 7 月增訂版），頁121。

隅的片面研究，極易導致臆想揣測紛紜的結論。例如慧遠佛學立場之判定，若單就慧遠部分作品考察，則兩極化的推論互見。全面而整體性的研究，正可適切地彌補這方面的不足。兼顧到文獻、實物的考據及哲學的分析，毋寧研究慧遠此一多元表現之學僧較爲理想的方式。

慧遠多元化的性格，表現在以「連類」取代三玄格義、廣弘毘曇學、蒐譯廣律，對來訪的政治人物桓玄、劉裕等人提出建議，與名士殷仲堪論易體，對高士名隱講授儒典，回應時人形神論諍以說明因果業報不虛，復與羅什詳論三藏深義，甚至建制禪林、結社念佛共修，築般若講經臺、彩繪佛影，作詩品吟山水等事蹟上。就其個人思想具有的多樣性而言，若單只做哲學式的研究，固然極具思辯性，但卻無法凸顯慧遠與兩晉玄佛思想互動的過程、慧遠在文學藝術領域的造詣、及慧遠建置禪林對後世寺院園林的影響，因此，採取思想史方法研究與深具時代性思想的慧遠，是較爲適當的方法。一方面顧全個人思想內在的橫剖面，注意到廣度與深度的探索；一方面將專人研究置於歷史的定位上來談，凸顯其思想值得研究的特殊性，也就是不割離個人性格思想與歷史背景關係的事實，來談一個人的價值與定位，相信較能夠完整而有效地對慧遠進行全面性的探討。

二、研究進路

本文採取「問題導向」的進路來貫串全文各章節。由重新思考前輩研究者所留下未決的問題，並加以分類，作爲各章節名篇的根據。因此，這些問題原則上是隱形於各章標題之內的，也是成爲架構本文的基本骨骼。

一般人對「專人研究」最重視的專人思想本身是否具有「系統性」的問題，同樣地在本文的研究架構上，也是重要的課題。事實上，研究論文開始下筆的同時，也意味著資料已消化到一定程度，並作出相當價

值判斷的結果。換言之，任何的文本詮釋都只能夠做到要求相對的客觀，「絕對客觀」並無法存在於任何的文本詮釋中。然而，強調以資料本身的合理詮釋爲基本原則，卻是學術研究應有的精神。本於此一基本原則下，本文也試圖爲慧遠思想是否有系統性，是否有貫穿其多元思想的中心找尋答案。

初步的工作是簡擇文本層次的差異。可以將慧遠著作的文本層次區分爲：與教內高僧的討論與對教外大眾的應俗兩類。如此一來，更可清楚看到《法性論》與〈形盡神不滅〉等文，不但在對應的問題上有所不同，前者旨在申明《般若經》的法性思想，後者旨在對應世俗質疑因果業報有無的問題，更可以看出二文書寫時所設定的閱讀對象也大不相同。據此，可釐清過去將不同文本以歸納法置於同一層次來談所致之矛盾情形。

其次，相關多元輔助材料的補充使用，也是幫助本文試圖重探慧遠思想體系的重要材料。諸如東林寺內的佛影壁畫的內容、以《般若經》爲題材的五幅般若經變圖、阿彌陀像、文殊像、近代東林寺內的石碑等實物資料，對於本文認爲慧遠以般若學爲基底之初步假設的證成，也有相當程度的證明價值。

在論文的架構上，本文分爲七章，前後二章分別爲緒論及結論，第二章爲慧遠生平事蹟及其相關的考證，第六章處理慧遠對後世的影響，中間的第三、四、五等三章爲本文的重點所在，主要在探討慧遠思想的特色。以下分述各章擬討論的內容大綱。

第一章緒論，分爲三節。第一節先以介紹前人研究成果爲引導，藉此提出前人研究成果中有待進一步研究的問題。第二節由此說明本文研究範圍的界定。第三節說明本文採用思想史研究法，及以問題爲導向的研究進路。

第二章慧遠生平及其著作，分爲兩節。第一節先介紹慧遠的學思歷程，一方面爲以下章節舖陳背景，另一方面將部分細瑣的考證問題在這

一節處理完畢，例如關鍵重要事蹟及作品繫年、慧遠卒年考證，以免在下文的敘述中，由於摻雜這些細碎的考證問題而影響到其他問題的整理。第二節處理的是現存慧遠作品及目錄的考證，包括古籍史傳目錄所載慧遠文集的卷次篇目本身、慧遠作品目前存佚狀況及出處等相關考證。本章的處理關係到第三、四、五章的義理背景，因此，本章的考校工作可謂本文一切考察工作之基礎。

第三章慧遠的佛學思想，是本文比例較重的一章，分爲六節。第一節探討慧遠的反對「格義」，並說明慧遠如何使用「連類」來區別於「格義」。慧遠承襲安公對「格義」佛學的反對，爲了以佛法研究佛法，乃棄「格義」而取「毘曇」。慧遠基於要求正確地明了佛法，因此在佛學名相的解釋，力求不援引儒、道用語，故對於以分析佛學名相建構思想體系的毘曇學，大爲弘揚。

第二節主要探討毘曇學在慧遠佛學思想中的位置。又分爲兩部分來說，慧遠如何在毘曇學中汲取其對治「格義」佛學的方法，並積極建構其受報主體思想的理論基礎。

第三節探究慧遠的般若學，分三部分來談。首先介紹慧遠般若學思想代表作《法性論》的思想，其次從慧遠與羅什在《大乘大義章》問答及僧肇《般若無知論》對慧遠的批難入手，比較三者般若學的差異。

第四節探討慧遠所採行的般舟三昧禪法，如何與般若學緊密的結合並行。第五節由慧遠的結社念佛以及禪法中所提到的淨土觀入手，進行慧遠與淨土宗淵源的考察。第六節探討慧遠何以極重視戒律之原因，及其所依律典，並考察慧遠的戒律觀。

第四章慧遠弘法護教之時事論辯，分爲四節。第一節處理的是慧遠參與名動當時的形神論諍時所提出的「神不滅」思想，討論「神不滅」說在慧遠佛學思想架構中的分位。

第二節至第四節處理的主題是慧遠對儒經的融攝，慧遠不廢儒經，表現在對弟子僧俗的儒經教育，以及對君王提出沙門不敬王者主張、對

俗世說明沙門袒服如何合乎佛門及儒家禮儀。第二節以慧遠《沙門不敬王者論》中的佛教禮敬問題與儒家政治之間的衝突爲研究對象，並論及桓玄欲沙汰沙門事件。

第三節則以《沙門袒服論》爲例，探討佛教僧服與中國禮制間的文化衝突，以及慧遠如何以中國式的詮釋，圓滿地解決此問題。第四節則以慧遠與時人談辯儒典，及對僧俗的儒經教育爲研究的範圍。

第五章慧遠教團與佛教藝術中國化的趨向，分三節敘述。第一節主要處理慧遠的佛教文學。由慧遠作品中所呈顯對山水之樂的品賞吟詠，以及慧遠詩偈所表現的文學藝術形式。

第二節具體處理東林道場內的佛教藝術品。以東林寺的寺院建築、禪林建置、佛像及佛畫藝術爲主要材料。探討東林道場佛教藝術與般若經系禪觀的關係。

第三節介紹近代慧遠墓塔遺跡的發現。由近代常盤大定的考古發現，對照史傳所載晉末慧遠墓塔形式，考察中印僧伽喪葬習俗之差別。由墓塔附近二碑的出土，挖掘東林寺定位在兩宋的重大變革。

第六章慧遠對後世的影響，分兩節論述。第一節探討慧遠與淨土教關係的傳說。慧遠留給後世的，主要在佛學思想的啓發，尤其是與後世淨土教的關係，歷來衆說紛紜。本節旨在由歷代累積而來的：慧遠結「白蓮社」，有東林十八賢及道俗等百餘人參與盛會等相關傳說，也因歷時久遠，史料錯謬，備增釐清工作之難度。

第二節處理後世文藝作品中的慧遠形象。隋唐以後，開始出現以慧遠生平故事爲題材的文藝作品，包括以完美人格化身的形象出現在文學及藝術史上的變文、話本、繪畫等。中國文學史上現存最早的話本〈廬山遠公話〉，以及敦煌話本〈惠遠外傳〉、北宋的〈虎溪三笑圖〉，即是最佳的例證；而另外，現存的回鶻文〈慧遠傳〉殘葉，可能是慧遠故事經往來譯經僧及商人流傳至中亞一帶後，而被以書寫下來的文字資料，這也是慧遠廣受後人重視的證據。

　　第七章結論，總結全文，並進一步反省本文處理可能未臻完滿之處，以作爲來日研究之參考。

第二章 慧遠生平及其著作

第一節 慧遠之生平事蹟

由於慧遠之世距今已久，資料佚失的情形甚多，加之歷朝對慧遠事蹟傳說的增衍，致使慧遠部分的事蹟相關資料，充斥真僞難辨的情形。因此，初步的生平事蹟及著作的考證，乃基礎且必須之工作。本文依慧遠生平，次第逐步考證、釐清其事蹟眉目、單篇著作寫成時間、以及《大乘大義章》之成立。

慧遠的家世，正史上並沒有記載，只在後人所作的僧傳中有並不完整的介紹。因慧遠部分的生平事蹟記載模糊，致部分作品著作的寫成時間難以確定。本文擬依慧遠作品本身、慧遠與時人間的交遊對話、時人爲慧遠所作的銘、誄、碑等，以及後人所寫的傳記等資料線索，將慧遠的生平事蹟逐步還原到盡可能清楚的程度。本文所使用到的慧遠傳記資料，主要包括：晉·張野〈遠法師銘〉（劉孝綽《世說新語·文學》注引）、劉宋·謝靈運〈廬山慧遠法師誄〉（《廣弘明集》卷二十三）、〈廬山法師碑〉（《佛祖統紀》卷二十六）、《出三藏記集》卷十五〈慧遠法師傳〉、《高僧傳》卷六〈晉廬山釋慧遠傳〉、宋·陳舜俞編撰《廬山記》卷三、宋·志磐《佛祖統紀》卷二十六〈東林十八賢傳〉、〈慧遠傳〉、元·普度編《廬山蓮宗寶鑑》卷四〈遠祖師事實〉、〈辨遠祖成道事〉（《卍續藏經》第 135 冊）、清·彭希涑等著《淨土聖賢錄》卷二（《卍續藏經》第 135 冊）等。

一、幾個疑點

在介紹慧遠生平之前，在此先提出慧遠生平資料中的幾個疑點，包括：文獻資料記載上的差異，以及資料本身未說明清楚之部分這兩方面。有關文獻資料記載上的差異有二部份：一是慧遠生平事蹟，二是慧遠的卒年考證。

劉宋‧劉孝標在為《世說新語》文學篇作注解時，引用到與慧遠相交甚篤的張野（350-418）所作的〈遠法師銘〉全文，可說是現存最早的慧遠傳記資料，文字雖精簡，但事蹟介紹詳及慧遠求法入道，化育僧俗，終老廬山等事：

> 沙門釋慧遠，雁門樓煩人。本姓賈氏，世為冠族。年十二，隨舅令狐氏遊學許、洛。年二十一，欲南渡就學范宣子，道阻不通，遇釋道安以為師；抽簪落髮，研求法藏。釋曇翼每資以燈燭之費。識鑒淹遠，高悟冥頤。安常歎曰：『道流東國，其在遠乎？』襄陽既沒，振錫南遊，結宇靈岳。自年六十，不復出山。名被流沙，彼國僧眾，皆稱漢地有大乘沙門，每至然香禮拜，輒東向致敬。年八十三而終。[1]

張野的這篇銘文記載，後來極可能成為僧祐及慧皎在撰寫僧傳時的重要參考資料，因為張野所敘述的這些事蹟、道安說的話、以及文字表達風格，後來在《祐錄》及梁《高僧傳》的慧遠傳中有相當篇幅被引用。而劉宋‧謝靈運（385-433）作的〈慧遠法師誄〉、[2]〈廬山法師碑〉[3]也是同時期的作品，誄文前之序言文字，敘述較之張野更簡鍊，但誄文以四言形式寫成，計一百一十一句，徵引儒佛典故，舖張華美，頗符謝氏出水芙蓉式之文風；而碑文作於東晉元熙二年（420），包括傳記及銘辭兩部分。傳記部分所述事蹟極詳，較之張野銘文內容豐富，推測慧皎作《高

---

[1] 劉宋‧劉義慶著‧劉孝標注《世說新語‧文學》注引。余嘉錫箋疏《世說新語箋疏》，（上海：上海古籍出版社，1993 年修訂本），頁 240。

[2] 《廣弘明集》卷二十三，大正藏第 52 冊，頁 267 上中。

[3] 《佛祖統紀》卷二十六，大正藏第 49 冊，頁 270 上-下。

僧傳》時，可能依謝靈運〈廬山法師碑〉中的原始傳記，並增補《祐錄》所載而成。

　　劉宋之後，較完整的慧遠傳記資料，見於二處：一是載於梁‧僧祐（445-518）所編撰的《出三藏記集》卷十五‧〈慧遠法師傳第三〉，另外是梁‧慧皎（497-554）稍晚依《祐錄》增補資料所編著的《高僧傳》，於卷六載有〈晉廬山釋慧遠傳〉（大正藏第 50 冊）。這兩處的資料內容大抵相符，不過，部分內容猶有出入，差異的部分主要在慧遠作〈法性論〉的動機，以及慧遠部分事蹟的繫年。兩傳之間的差異，將於以下生平介紹部分時討論，採隨文附註方式說明。

　　有關慧遠的卒年，目前學界幾乎都採用梁‧慧皎在《高僧傳》中的說法，認爲慧遠卒於東晉義熙十二年八月六日（416），年八十三。[4]而對於與慧遠同時期的謝靈運在〈慧遠法師誄〉中所云：「春秋八十有四，義熙十三年秋八月六日薨。」[5]明確說到慧遠年八十四，卒於義熙十三年（417），卻忽視或存而不論。不過，筆者發現在法顯《佛國記》末所附的〈跋〉當中，或許爲謝靈運所作〈誄〉文中的說法，提供了新的證據。有關這部分的考證，將於下文中詳述。

　　另外，現存慧遠生平相關傳記資料中，本身即有未說明清楚的部分，例如：慧遠出家時間的疑義？安公遣慧遠去問候臥病在江陵的竺法汰時，與曇壹共斥道恒的心無義是在何時？又，慧遠隨道安南下逃難於各地的時間？修書通好羅什爲何年？羅什卒年的考察也關係到《大乘大義章》十八章內容繫年問題等。此外〈法性論〉寫作時間？慧遠何時讀到僧肇的〈般若無知論〉等，這些有待進一步查證的問題，都是在介紹慧遠生平事蹟之前，所必須預先詳考的基本工作。在整理出慧遠生平資料中的幾個疑點後，將有助於下文認識慧遠生平事蹟時要掌握的重心。同

4　梁‧慧皎撰《高僧傳》卷六‧〈晉廬山釋慧遠傳〉云：「以晉義熙十二年八月初動散，至六日困篤，……春秋八十三矣。」大正藏第 50 冊，頁 361 中。

5　《廣弘明集》卷二十三，（大正藏第 52 冊），頁 267 中。

樣地，相關的疑點的釐清必要時將採隨文附註的方式說明。

二、慧遠的生平事蹟

　　慧遠，佛典目錄中或作惠遠，俗姓賈，雁門樓煩（今山西省寧武縣
東北陽方口）人，生於東晉咸和九年（334），年少時為儒生，二十歲左
右遇道安後出家，隨安公遊方宣法二十餘載後分別，幽棲盧峰三十年，
不再入跡俗世。卒於東晉義熙十二年（416），一說義熙十三年（417），
世壽八十三歲，一說八十四歲。

　　本文擬依慧遠以上生平行跡，將慧遠的生平分為三個時期：出家之
前、追隨道安門下二十餘年、及幽居盧山三十年等三個時期加以介紹。
而引用資料以張野〈遠法師銘〉、《祐錄》及梁《高僧傳》慧遠傳為主，
其中又以資料最詳的《高僧傳》為底本，並參照各相關資料以為考校。
未免附註過多，文中若有未註明出處者，即引自《高僧傳》慧遠本傳，
以下不另說明。此外，慧遠部分作品寫成時間的繫年，也於相關事件的
考察中一併註明。

（一）出家之前（334-351左右）

1・生於雁門樓煩

　　東晉咸和五年二月（330），後趙石勒統一黃河中下游一帶，自立為
大趙天王，九月進而稱帝。次年（331），東晉與後趙訂下和議，以淮水
為界，南北和平共處。後趙的石勒生性殘暴，跋扈，以殺戮為威，沙門
遭殺害者甚眾，佛圖澄聞至點化，自此遂信服於佛圖澄，而使佛教此後
在北方之弘傳，稍不致受壓制。不過，石勒對佛圖澄的恭謹，並非以佛
教居士身分自居。在史傳的記載中，佛圖澄的事蹟呈現出相當神異性格
的特色，或許正因其神異特性而能攝服桀驁不馴的石勒。東晉咸康元年

（335）九月，石虎將遷都至鄴（今河北省安陽市），佛圖澄隨石虎入鄴，[6]不久，道安（314-385，一說 312-385，十二歲出家）自冀（今河北省冀縣）遊學至鄴，入中寺遇佛圖澄，遂事師佛圖澄。[7]時石虎乃特許後趙國內的漢人出家。

咸和九年（334），慧遠出生於五臺山下雁門樓煩（今山西省寧武縣附近）的賈家。這一年，後趙石勒才剛去世（東晉咸和八年七月，後趙建平四年，333），其子石弘在正月繼位，改元延熙；至三月時，石勒之姪石虎已有謀反之心，乃遣將攻打關中，十一月，廢石弘之位，自稱居攝天王，旋而殺石弘及石勒之妻自立，政局愈形不安。在中國南北分裂呈現東晉與後趙對峙，而政局不安的時代，慧遠出生於後趙。慧遠出生在後趙北方與鮮卑遊牧民族領土交界的地方，由傳記資料及其舅的姓氏，[8]或可推測慧遠血液中帶有鮮卑人積極率直的性格。

2 · 世為冠族

張野在《遠法師銘》中提到慧遠的祖先「世為冠族」。雖然這個說法未見於其他的傳記資料中，例如《高僧傳》中只說慧遠「**本姓賈氏，雁門樓煩人也。弱而好書，珪章秀發。**」[9]由於這是目前較早的傳記資料，或許可依此推測：慧遠的父祖曾為中原世族，後因避難或遭流放而到山西省五臺山下定居[10]，至慧遠出生後，北方諸小國雖紛紛稱藩於石虎，後

---

[6]　梁《高僧傳》卷九·〈竺佛圖澄〉傳，（大正藏第 50 冊），頁 384 下。

[7]　梁《高僧傳》卷五·〈釋道安〉傳，（大正藏第 50 冊），頁 351 下。

[8]　慧遠的舅舅姓令狐，據此推測慧遠的母親可能具有北方鮮卑人的血統。

[9]　梁·慧皎《高僧傳》卷六·〈晉廬山釋慧遠〉傳，大正藏第 50 冊，頁 357 下。

[10]　有關慧遠的祖先是否為「世為冠族」之推測，任繼愈在《中國佛教史》第二卷中提到慧遠曾與盧循的父親盧瑕同為書生，而盧瑕的祖父盧諶分別曾仕事於西晉、後趙，官至司空從事中郎、中書侍郎、國子祭酒、中書監等，由此推論慧遠早年已與士族有交往。頁 601。因此，筆者認為張野〈銘〉云慧遠「世為冠族」之事，雖可能是推測之詞，慧遠也可能並非世族之後，但如任先生所云，慧遠早年與士族已有交往，卻是事實。若慧遠本身是世族之後，那麼其與盧瑕就可能是士族間的交遊；若慧遠不是士族，則可能是只由於與盧瑕同為儒生之故而交遊。而再相較於在石虎治下數十萬被徵調的民兵，若無相當家世背景，慧遠兄弟如何能隨其

趙勢力日強，慧遠的父親雖有能力給予慧遠兩兄弟良好的教育，但對於石虎在亂世貧瘠之中，還大肆徵調二十六萬民力，擴建洛陽宮室，並強徵民女三萬餘配東宮及公侯等事所招引的民怨，而對後趙的局勢，仍感憂心，於是希望把兩個兒子送到許、洛求學，於是其舅令狐氏帶著慧遠和小慧遠三歲的慧持這兩兄弟來到中原的許、洛。[11]

3・少為儒生

慧遠與慧持兩兄弟在十二、三歲時（345、346），[12]隨其舅令狐氏來到中原的許、洛（今河南省許昌縣及洛陽市東北一帶）遊學，修習儒經，成為儒生。《祐錄》卷十五、梁《高僧傳》卷六本傳中說他「博綜六經」，也說到他「尤善莊老」[13]；尤其當郭象注《莊》，莊學儼然成為南方的顯學後，慧遠亦不例外地修習此學。本傳談到慧遠的胸襟開闊，風鑒朗拔，為學勤奮，且好深思。在年少時期即為當時的碩儒才彥所看重。慧遠至京洛的短短幾年中，在儒典及《老》《莊》思想上的浸淫，為慧遠奠下相當的儒、道思想基礎。這點對後來慧遠於二十四歲登座講實相義，或於廬山與僧俗論《易》、《禮》、《毛詩》等事蹟，都有很大的影響。

4・求隱途阻

母舅優遊於許洛求學，幸運地難逃一劫，凡此說明慧遠若非冠族，極可能來自書香世家。

[11] 梁《高僧傳》卷六〈晉蜀龍淵寺釋慧持〉傳云：「年十八出家，與兄共伏事道安法事。」（大正藏第 50 冊），頁 361 中。本傳中未言慧持之生年，但云慧持寂於「晉義熙八年（412）」「春秋七十有六」（頁 362 上），由此推其生年當為東晉咸康二年（336），又由慧遠從道安出家時是二十一歲，推斷慧持小慧遠三歲。

[12] 慧遠至許洛遊學的時間，有十二歲及十三歲兩種記載。張野〈慧遠法師銘〉（楊勇《世說新語校箋》（臺北：正文書局，1992 年），頁 189）及《廬山蓮宗寶鑑》卷四〈遠祖師事實〉（大正藏第 47 冊，頁 320 中）皆云十二歲。梁《高僧傳》卷六本傳中云：「年十三，隨舅令狐氏遊學許洛，故少為諸生，博綜六經，尤善莊老。」，《東林十八高賢傳》（一名《蓮社高賢傳》，卍續藏經第 135 冊，頁 2 下，中國佛教會印經會）及《佛祖統記》卷二十六（大正藏第 49 冊，頁 261 上），皆載年十三。

[13] 《祐錄》卷十五・〈慧遠法師傳第三〉，頁 109 中。慧皎《高僧傳》卷六〈晉廬山釋慧遠傳〉，（大正藏第 50 冊），頁 356 下。

而當年輕的慧遠以儒生的身份，並以求知的態度來修習這些儒典及魏晉新學，冀自此能一展抱負，修世濟世時，卻漸漸開始明白流行於當世的隱遁思想背後更深沈的原因——知識份子有再強的風骨氣節，終不敵政治迫害一死，或苟全於在位者的政治利益中時，不得不以風流狂誕以保全身命，而開展出另一種扭曲而無奈的生命情態。身為知識份子的慧遠，面對如此的局勢，既無法成務濟世，遂心生隱遁之志。因企慕世有賢名，隱居於豫章（今河南省臨漳縣）的范宣，[14]乃南下欲追隨之。但因路阻未能成行，於途中值道安講《波若經》，乃豁然而悟，遂從道安出家。不過，就文獻上有關慧遠傳記云其出家的因緣，與其師道安相遇的時地記載來看，有幾個矛盾的疑點。

5 · 追隨道安

（1）相遇的地點

首先就慧遠與道安相遇之地點來看，有「關左」及「太行恒山」二說。《祐錄》卷十五慧遠傳言慧遠南下豫章時遭阻：「王路屯阻，有志不果，乃於關左遇見安公。」到了慧皎《高僧傳》卷六慧遠本傳時卻說，慧遠兄弟在南下時，因耳聞道安於「太行恒山」法風甚著，而往歸之。既是慧遠與道安二人相遇，當可由二人生平事蹟相關處是否相符比對起。由於史傳中對於慧遠出家前的記載十分有限，而對道安的行跡的介紹較詳，因此先由道安的行跡入手。

道安有兩段期間的行跡，文獻記載模糊，但對慧遠出家時地的考察來說，卻是十分關鍵的資料，以下擬據相關資料先考察道安與慧遠兩人相遇的地點著手。道安於西元 335 年左右入鄴都，事師佛圖澄（232－248）。第一段期間是從佛圖澄去世前，[15]離開鄴都（未詳時日），與同學

---

[14] 新校本《晉書》卷九十一·儒林·〈范宣傳〉記載：范宣，字宣子，陳留人，博綜經書，尤善三禮，隱居豫章，以講誦為業，譙國戴逵亦聞風而至。（臺北：鼎文書局），頁 2360。

[15] 佛圖澄在後趙建武十四年（東晉永和四年，348）十二月，寂於鄴都。梁《高僧傳》卷九〈佛圖澄〉傳,（大正藏第 50 冊），頁 385。

竺法汰（320－387）四處遊化弘法，[16]到他受招於石遵（349）華林園這段期間；第二段期間是道安離開華林園，到四十五歲回冀都受業寺（359）宣法的期間，這兩段近二十年時間的遊化行跡，史傳中並無詳載，僅能於道安自撰的經序及與他人的傳記中得到一些線索。其遊跡曾到之處包括：太行恒山（今山西省北與河北省交界處，太行山脈西北）（《高僧傳・慧遠傳》）、飛龍山（恒山與太行山之間）（《高僧傳・僧光傳》）及濩澤（今山西省陽城縣）（〈大十二門經序〉、〈陰持入經序〉，《祐祿》卷六；〈道地經序〉，《祐錄》卷十）等地，活動範圍約在今河北、山西和河南一帶。關於道安所到這些地點的次第先後，任繼愈認爲道安是由南向北行的：先到濩澤（349），繼至飛龍山（351），再到太行恒山（354），認爲慧遠是在道安停於太行恒山時，受業出家的。[17]

　　不過，本文推測合理的方向可能正好相反，道安的行跡應是由北向南的。原因有二：一方面，道安在此（避難於王屋、女林山）後的移動方向一直是往南而下的，例如：遷至荊州陸渾（河南省嵩縣東北）、因燕軍追陸渾而下至南陽（河南省鄧縣東南），接著是到新野（河南省新野縣南），最後到達襄陽（湖北省襄樊縣），道安後來還停留在襄陽長達十五年，從事譯經講經的活動。二方面，因爲慧遠自十二、三歲起，活動的範圍一直在山西省的南方許、洛一帶，至慧遠二十一歲時又因企慕居於豫章的范宣，而欲南下追隨，所以就慧遠可能行遊的方向而言，沒有理由是往北走的，更不可能走回到比自己的家鄉還東北方的恒山去，因此，就慧遠與道安相遇的地點來說，應非《高僧傳》本傳中所說的「太行恒山」，而當是近於《祐錄》本傳所說的「關左」。歷史上所稱「關東」、「關左」、「關中」等「關」字，指的是函谷關，位於陝西省西境。故慧遠行至「關左」，即是進入到東有函谷關、南有武關、西有散關、北有武關的「關中」地區。就當時的城邑而言，也就是在洛陽至長安之間的地區。

---

[16] 梁《高僧傳》卷五・〈晉長安五級釋道安〉傳，(大正藏第 50 冊)，頁 352 上。

[17] 《中國佛教史》第二卷（北京：中國社會科學出版社，1985 年），頁 155-158。

因此，由慧遠行遊的方向來看，慧遠在「關左」隨道安出家的合理性，顯然是高於「太行恆山」的。

（2）出家的時間

後趙太寧元年（東晉永和五年，349）四月石虎卒，石氏內亂開始。同年五月石遵殺自己的弟弟——太子石世自立，招請道安至華林園，並爲之廣修房舍，[18]這一年，道安三十五歲。不過，很快地，石遵於同年十一月被石鑒所殺，次年正月石閔（後易姓李、冉，史稱冉閔）囚殺石鑒，石閔改姓李，自立爲帝，改元永興，國號魏。自此至冉魏永興三年被前燕慕容儁所滅（352），戰事與饑荒並至，冉魏永興二年至前燕元璽三年間（東晉永和七年至十年，秦始皇建始元年至四年，351－354），中原及鄴都由於連年天災旱蝗，寇賊縱聚，而發生人相食，乃至趙時宮裏的人被食略盡之事，道安乃有感於世亂，而遂率徒眾遷至王屋山（今山西省與河南省交界，太行山西方）、女林山（一作女機山、女休山，在今河南省濟源縣西北）附近。

若依張野〈遠法師銘〉、《祐錄》及《高僧傳》慧遠傳所言，慧遠在二十一歲遇道安而出家的，在慧持傳中也說小慧遠三歲的慧持是在十八歲出家的，看來慧遠理應是在二十一歲（前燕元璽四年，東晉永和十年，354）出家。但是，若配合其師道安的傳記來看，《祐錄》卷十五〈道安傳〉云：

> 四方學士，競往師之，受業弟子法汰、慧遠等五百餘人。及石氏之亂，乃謂其眾曰：「今天災旱蝗，寇賊縱橫，聚則不立，散則不可。」遂率眾入王屋女機山（案：金陵本《高僧傳》作女林山）。[19]

---

[18] 梁《高僧傳》卷五·〈晉長安五級釋道安〉傳，(大正藏第 50 冊)，頁 352 上。本傳中說道安卒於晉太元十年（385），享年七十二歲。如依此線索推算，道安出生於西元 314 年（一說 312 年，依其〈四阿鋡暮抄序〉及〈鞞婆沙序〉推論，則享年七十四歲），石遵招道安至華林園事在西元 349 年，時道安應是三十五歲，這一年慧遠才十五歲。

[19] 《祐錄》卷十五〈道安法師傳〉，(大正藏第 55 冊)，頁 108 上。

依《祐祿》所言，慧遠是在石氏之亂（349-351）前，已在道安門下。當時慧遠才十六歲至十八歲，換言之，依《祐錄》所載推測，慧遠有可能在二十一歲前，就已追隨道安出家。這個說法，和張野〈遠法師銘〉、《祐錄》及《高僧傳》慧遠傳所言二十一歲出家，有三歲之差的少許出入。

再看《高僧傳》卷五〈道安傳〉所云：

> 至年四十五，復還冀都，住受業寺，徒眾數百，常宣法化。時石虎已死，彭城王石遵墓襲嗣立，遺中使竺昌蒲請安入華林園，廣修房舍。安以石氏之末，……遂復率眾入王屋、女林山。[20]

依《高僧傳》語序，似說道安在四十五歲時（359），受石遵招請，接著歷經石氏內亂，到了西元 354 年這年，道安乃率眾南下王屋、女林山避難。但是，這裏有一個疑點：發生在 359 年之事，何以置於 354 年事之前？就後趙的政治更替而言，後趙太寧元年（東晉永和五年，349）四月石虎死，後趙石氏開始爭權位之內亂，五月，石遵殺太子自立，旋於同年十月遭石閔廢殺。因此，石遵招請道安之事，萬不可能晚於西元 349 年石遵被殺（時道安三十五歲）之後，因此，《高僧傳》所云「至年四十五」以下事蹟，應非隨次第繫年的。所以，文中「至年四十五，復還冀都，住受業寺」三句，本文推測：是指道安受招住在華林園，在石遵死後（349）一直到了四十五歲（359，時慧遠為二十六歲），才又回到冀都受業寺居住。

而果如前述《祐錄》所云，慧遠應是在道安離開華林園後，到道安四十五歲回受業寺之前，從道安出家的。再考《祐錄》道安所言「天災旱蝗，寇賊縱橫」二句：前一句「天災旱蝗」當是指發生於西元 351 至 352 年，以及 354 年分別在中原、鄴中發生旱蝗致成饑荒，甚至有人相食之事，及關中大饑，米價高漲，市有米一升值布一匹之情形；後一句「寇賊縱橫」恐指戰事頻仍，民生困蔽所致情況。根據前引道安自述當時曾

---

[20]　《高僧傳》卷五〈釋道安〉傳，（大正藏第 50 冊），頁 352 上。

遭天災人禍等事推測，道安此語應說於西元 354 年之後，此時道安正欲率眾人避難至王屋、女林山。而這時侯，慧遠已在其門下。因此，若依《祐錄》道安傳所言，慧遠在二十一歲前即已隨道安出家。

因此，依《祐錄》所載資料而作的推論，慧遠十二、三歲到許洛求學，於十八歲左右時，即帶著當時十五歲的弟弟一起出家。但若據《高僧傳》道安與慧遠兩人之傳記所言，也與《祐錄》所言相符，結論都指向：慧遠在二十一歲前就已經在道安門下。如此一來，不論張野〈遠法師誄〉、《祐錄》還是《高僧傳》等慧遠傳記中，雖有明白指出慧遠出家於二十一歲之說，都恐怕有待商榷。承上文所考，本文認為慧遠可能在十八歲至二十歲之間，與其弟慧持從道安在關左出家。而到了二十一歲時（354），即已和慧持追隨道安眾人前往王屋、女林山避難。所以，有可能不是如諸傳所言到這年才從道安出家的。本文在慧遠出家的年代上，僅提供出推測為十八至二十歲之間的結果，是以文獻記錄所云「二十一歲」隨道安避難所作的推測，然而，確切的年代，亦不能強斷，故下文的年份換算上，仍以二十一歲為出家時間作為統一換算的基準，以利閱讀。

慧遠從出生，一直到追隨道安至王屋、女林山，都是在後趙（西元 351 年亡）、前燕(西元 352 年 11 月建國)治下的領土範圍中活動，尚未曾南渡至晉土。

（二）侍奉道安（354-379）

《高僧傳》言慧遠聽道安講《波若經》後，豁然開悟，自云：「儒道九流皆糠秕耳」，自此乃與弟慧遠從道安出家。[21]對道安「一面盡敬，以

---

[21] 又據《比丘尼傳》卷一〈何后寺道儀尼傳〉（大正藏第 50 冊，頁 937 上）曾載慧遠之姑，道儀尼於二十二歲出家，「誦《法華》經，講《維摩》《小品》，精義妙理，因心獨悟，戒行高峻，神氣清邈」，可知慧遠或可能受其姑行止之影響。

為真吾師也」。這些記載似暗示：慧遠在聽了以般若學聞名的「印手菩薩」
道安宣法後，在思想歷程上有一個重大的改變，自此貶抑儒道九流，而
以推崇佛法為至高之理。由魏晉士族與佛道交往頻密的時空背景，和慧
遠後來在廬峰上也兼論儒家禮制及治道來看，慧遠仍未完全摒棄儒典，
故獨見於《高僧傳》慧遠「儒道九流皆糠秕耳」之歎，或恐只是僧傳作
者慧皎尊佛抑儒的書寫立場而已。

1・常以大法為己任

慧遠出家後，仍秉承初為諸生時之志，卓然不同於凡俗，以精進之
求學態度自期，不僅常欲將所習佛法理為綱要，並渴求習得完備之各種
學說，常以承遞佛法為一生職志。乃不捨晝夜精進地誦持佛典，欲早日
完成心願。因夜以繼日地閱讀，因所費燈油不貲，常無以為繼。時道安
門下另一弟子曇翼，[22]即時時濟助慧遠燈油之資，道安聽到後，欣喜地說：
「你真是慧眼識人啊！」此外，慧遠也是道安門下傑出弟子之一，尤在
般若義學領解及戒學實踐方面，令道安至感欣慰，因而安公常歎言：「欲
使佛法得以於中國流傳，當必端賴慧遠！」[23]

2・登座宣講實相義

出家後數年，慧遠二十四歲時（東晉升平元年，357），道安漸肯定
慧遠於般若學之用功，乃欲其登座宣講實相義。原本年輕之慧遠登座宣
法，聽者已心存質疑，故於剛開始宣講般若實相義時，即有客聽講問難，
雙方幾經往復推移，益增疑昧之際，慧遠不得已，乃以其所長之莊學來

22　梁・寶唱撰《名僧傳抄》（《大日本續藏經》第壹輯第貳編乙第七套第壹冊，臺北：
　　新文豐出版公司，1975年，頁7），載有曇翼傳，但僅云「年十六師事道安」及「年
　　八十二，義熙中卒」。未詳其確實生卒年。

23　《祐錄》卷十五・〈慧遠法師傳〉：「既入乎道，厲然不群，常欲總攝綱維，以大法
　　為己任，精思諷持，以夜續書。沙門曇冀時給以鐙燭之資，安公聞而喜曰：『道士
　　誠知人矣！』遠藉慧解於前因，資勝心於曠劫，故能神明英越，機鑒遐深。無生
　　實相之玄，般若中道之妙，即色空慧之祕，緣門寂觀之要，無微不析，無幽不暢。
　　志共理冥，言與道合。安公常歎曰：『使道流東國，其在遠乎？』」，（大正藏第55
　　冊），頁109中。

「連類」般若學[24]，作爲方便，於是聽者乃豁然明白，同門由是方服其論。由此事可知，在當時，慧遠對於精通般若學的道安所傳授的教法，不但已有自己的領解，還能在宣法時融會運用，只不過眾人仍依於三玄來理解的舊習，一時仍未能盡除，所以慧遠才用變通的方式來讓眾人明瞭他所要指涉的佛理。但是，由於道安門下本是不許以外書來傳授佛法的。[25]但面對此刻，道安也不得不「特許」慧遠「不廢俗書」，允許可以用比類的方式（連類）[26]進行講學，以適應大眾仍舊以三玄理解般若實相義的思維模式。也由此可以看出以改革「格義」佛學自期的道安對慧遠般若思想的信心，和對時眾仍未能跳脫格義舊習的無奈。

3・斥道恒心無義

　　慧遠在登座講實相義之後二年（359），隨安公、法汰及徒眾南下至陸渾（河南省嵩縣東北），繼因燕軍逼進至黃河、洛水一帶欲南取洛陽，陸渾因此受迫。次年（360）春，燕主慕容俊儁卒於鄴，眾人乃離陸渾南行至新野（河南省新野縣南），[27]共商行止後，竺法汰受安公命，率弟子先沿沔南下，途中因遇疾暫停於荊州江陵東邊的揚口（沔水旁）。於是仍停於新野的安公乃遣慧遠南下探視竺法汰，這時慧遠才生平第一次離開前燕治下的土地，南下前往當時位於東晉領土內的江陵（今湖北省江陵縣）。慧遠在夏末到達揚口探視竺法汰之後，聽竺法汰說當時有一位沙門

---

[24] 《高僧傳》卷六·〈釋慧遠〉傳：「年二十四便就講說，嘗有客聽講難實相義，往復移時，彌增疑昧，遠乃引莊子義爲連類，於是惑者曉然。是後安公特聽慧遠不廢俗書。」（大正藏第 50 冊），頁 358 上。

[25] 有關道安對「格義」之態度與立場的探討，請參考第三章第一節慧遠與「格義」佛學。

[26] 《高僧傳》卷六本傳：「年二十四，便就講說，嘗有客聽講，難實相義，往復移時彌增疑昧，遠乃引莊子義以爲「連類」，於是惑者曉然，是後安公特聽慧遠不廢俗書。」頁 358 上。慧遠使用「連類」莊學說明般明實相義的作法，固與當時流行談論莊子的逍遙義有關，但「連類」與「格義」之間，有著根本的差異，此部分之論述，請詳本文第三章第一節。

[27] 《祐錄》卷十五，（大正藏第 55 冊），頁 108 上。《高僧傳》卷六·〈釋道安〉傳，（大正藏第 50 冊），頁 352 上。

道恆（347-418）大弘心無義，但因時人困於其言辭巧辯，益增其慢，所以慧遠決定向道恆提出辯論，駁斥道恆的心無義，此時為東晉升平四年（360）秋。[28]在《高僧傳》卷五的〈竺法汰傳〉中對此事件過程的記載，十分生動：

> 時沙門道恆，頗有才力，常執心無義，大行荊土。汰曰：「此是邪說，應須破之。」乃大集名僧，令弟子曇壹難之。據經引理，析駁紛紜。恆仗其口辯，不肯受屈，日色既暮，明旦更集。慧遠就席，設難數番，關責鋒起。恆自覺義途差異，神色微動，麈尾扣案，未即有答。遠曰：「不疾而速，杼柚何為？」座者皆笑矣。心無之義，於此而息。[29]

由此段引文可發現慧遠斥道恆一家心無義，其精彩之處在於道恆引用《易繫》「不疾而速」之語來說心念的不可把捉，反被慧遠所詰為落於行跡（線依於杼軸才能移動）。固然，慧遠此處所言，似未正面論述心無不能成立之因，僅引易傳之語批難，但時人不求甚解，但詠文字之美的態度，正是「六家」得以興起之主因。所以慧遠不過是在文字上以子之矛，攻子之盾，在氣勢上略勝一疇，便足以駁倒道恆心無義，《高僧傳》中「心無之義，於此而息」所說被平息的「心無之義」，指的應只是三家心無義中道恆這一家的心無義，而非晉時三家心無義全就此而止息。

4．勤習《放光》十五載

---

[28] 梁《高僧傳》卷五〈竺法汰傳〉記載了道安遣慧遠問疾於荊州（停江陵時）的竺法汰，而慧遠並與曇壹共斥道恆心無義之事。（大正藏第50冊，頁354下）但並未詳述此事發生於何年，有關前人在這方面的研究中有四說：區結成《慧遠》以為是西元357年，年24歲時事；林顯庭〈慧遠與道恆辯難「心無義」之時間的考察〉（中國文化月刊，第96期，頁73-90，1987年10月）則以為是西元360年，慧遠27歲時之事。林文中不僅詳考史料，並檢討湯用彤先史《漢魏兩晉南北朝佛教史》及陳寅恪〈支愍度學說考〉（丁節）中的觀點得失，羅列道安等人自東晉穆帝升平三年（359）至哀帝興寧二年(364)的行跡，附有手繪相關地名位置的地圖，本文以為其論述足資證明其觀點；相對於林文，區文僅作結論，並無論據，故本文依從林說。

[29] 梁《高僧傳》卷五〈竺法汰傳〉，（大正藏第50冊），頁354下。

　　東晉升平五年（360）末，慧遠返至新野。次年春，安公與昔時好友僧光共議南下與竺法汰會合後至晉平，自是年秋天起至晉平，宣法弘化年餘，乃於興寧元年（363）夏，眾人聯袂返抵荆州；秋，安公、竺法汰及僧光等人各自而行，竺法汰東下往京都，安公與僧光、慧遠等北向襄陽，而慧遠的同學慧永（332-414）則往廬山，後並於西元 367 年主持西林寺。該年底，道安等眾人抵達襄陽，先暫住白馬寺，後張殷捨宅建檀溪寺安置道安。慧遠隨安公居於襄陽開始長達十五年弘法譯經事業，一直到前秦將苻丕攻陷襄陽（秦建元十五年，東晉太元四年，379）前，安公每年都講《放光般若經》，若時有餘裕，經常是講兩遍的。但對於常講的《放光經》中譯語滯礙不通之處，常深思不已，卻也恨不能親見譯者。[30]道安長久來的這點困惑，對於後來慧遠所以極重視各種異譯本的蒐求，以及經本文句的詳考，都有重大的影響。

　　東晉寧康二年（374）道安撰寫出中國佛教史上第一本佛典目錄《總理眾經目錄》，蒐錄漢末至東晉之間漢譯之佛典，對於中國東晉以前早期佛典翻譯及目錄學研究，有很重要的意義，該錄後雖已亡佚，但在梁・僧祐所編寫的《出三藏記集》仍保留相當的資料。次年（375）二月八日，道安鑄丈六釋迦佛像。[31] 隔年（376），安公鑄佛像成，慧遠為之作〈晉襄陽丈六金像讚序〉。[32]五月，《光讚般若經》續至襄陽，道安讀後，乃與昔時所讀的《放光般若經》做比較，並撰寫〈合放光、光讚隨略解〉。[33]道安在襄陽的這段期間，曾為《般若經》撰著許多注疏，並廣為經序，[34]因

30　〈摩訶鉢羅若波羅蜜經抄序〉：「昔在漢陰十有五載，講《放光經》歲常再遍。及至京師，漸四年矣，亦恒歲二，未敢墮息。然每至滯句，首尾隱沒，釋卷深思，恨不見護公、叉羅。」《祐錄》卷八，（大正藏第 55 冊），頁 52 中。區結成附錄年表，列此事於西元 366 年。

31　《高僧傳》卷五・〈釋道安〉傳，（大正藏第 50 冊），頁 352 中。

32　《廣弘明集》卷十五・〈晉襄陽丈六金像讚序〉，（大正藏第 55 冊），頁 198 中下。

33　《祐錄》卷七・〈合放光光讚隨略解序〉第四，（大正藏第 50 冊），頁 48 上中。

34　《祐錄》卷五載有道安著作六部：《光讚折中解》一卷、《光讚抄解》一卷、《放光般若析疑准》一卷、《放光般若折疑略》二卷、《放光般若起盡解》一卷、《道行經

此，慧遠比之於前期流離之時的片斷修習，此時想必更得以深入般若精髓。

5 · 與道安分別

　　慧遠從出家後，一直跟隨著道安避難及四處弘法（354－379）。慧遠拜入道安門下不久後，才第一次離開他過去所熟悉的前燕領土，由黃河流域南下至長江流域，而與安公同在襄陽的這段時期，朝夕受道安般若學深刻的薰陶，此時期，慧遠始應安公之命而作〈晉襄陽丈六金像讚序〉，這也是慧遠現存作品中最早的一篇。一直到東晉孝武帝太元四年（379）二月，前秦苻丕攻陷襄陽，道安在與習鑿齒被擄往長安前，[35]分散徒眾，各隨所之。《高僧傳》本傳說到：臨別前，諸長德皆蒙道安叮囑，唯向來為道安所稱許的慧遠未得一言誨約，慧遠不免心中大為不安困惑，憂懼地向老師請罪，道安則示之：精進如你，我己毋須再擔憂了。僧傳特地記載這一段師徒二人間的一番對話，有意地透顯出慧遠在道安教誨的日子下，在佛法修習上已日益熟稔，但依然謙退自守。實際上在慧遠離開道安的這一年，已四十五歲，應是可以有一番作為的年齡，不待師命而可自決的。道安對慧遠的這番話，可說具有儀式性的意義，道安肯定慧遠的為人及修學態度，並期勉慧遠在離開後，應該可以不辱師命，從此開展出自己的生命方向。果然，日後慧遠並不負師誨，不但傳承師學，也由此開展出中國淨土信仰的一片新天地。

　　慧遠自此時與道安分開後，再無相見。但是，在兩人相處達四分之一世紀的時間裏，道安的般若學及戒學對慧遠佛學思想的建基，可謂有

集異注》一卷；卷七及卷八載有兩篇序：〈合放光光讚略解序〉及〈摩訶鉢羅若波羅蜜經抄序〉；卷十二載有四篇：《實相義》、《道行指歸》、〈般若折疑略序〉及〈大品序〉。另外，元康《肇論疏》提及道安作有〈性空論〉。

[35] 《祐錄》卷十五〈慧遠法師傳〉作：「後堅攻襄陽，安與朱序俱獲於堅。」（大正藏第55冊，頁108中)朱序為梁州刺史，秦將苻丕陷襄陽時擄朱序、道安及習鑿齒。後復使道安及習鑿齒居於長安城內的五重寺（一名五級寺），時僧眾數千人，大弘法化，一時佛法興盛。

深遠的影響。而這些影響，也表現在日後慧遠的求法態度及佛學基本立場之中。

（三）隱居廬山（379-381，381-417）

1．避居荊州上明寺

　　此時期，本文在西元紀年上分二部分，是因為慧遠自與朝夕相處二十五年的老師道安分開後，曾與慧持、曇徽及弟子數十人暫避亂於荊州上明寺（位於今湖北省江陵縣）兩年（379-381）。[36]時，曾資助慧遠燈燭費用的曇翼，與慧遠同赴上明寺。這兩年的時間，慧遠住於荊州上明寺，尚未到廬山，所以不應算在隱居廬山的時期當中；但若要將這兩年別立一期，又恐無此需要，故勉強將之列於此時期中，作為前引。

　　慧遠隱居於廬山三十餘年之中，最主要的特色是有別於前期在道安門下，僅是出家人間的講經求道，而是慧遠的兼化僧俗。所謂「兼化」，不只是說弘法對象包括了緇素二眾，也是指慧遠兼弘儒道思想的特色。這或許是安公與慧遠兩人學思歷程有別之故，安公在十二歲即已出家，儒學思想的根基或影響或許沒有年少時曾經為儒生的慧遠來得深厚，因此，二人不僅在弘化的對象上，或弘法內容上，都因而有所不同。唯相同的是慧遠繼承師學的嚴守自持，弘倡禪、律。這是慧遠居於廬山時期的最大特色。

2．南至潯陽龍泉精舍

　　太元六年（381）正月，晉孝武帝「初奉佛法，立精舍於殿內，引諸

---

[36] 《高僧傳》卷六〈釋慧遠〉傳，（大正藏第50冊），頁358上。湯用彤《漢魏兩晉南北朝佛教史》（上冊，臺北：臺灣商務印書館，1991年臺二版，頁345）主張苻丕陷襄陽獲道安事在西元377年，恐有誤。

沙門以居之。」[37]或因聽聞晉帝奉佛初盛，慧遠兄弟乃離開上明寺南行，二人本欲邀居於廬山西林寺慧永共南下羅浮山（廣東省博羅、增城二縣境內，博羅縣西北，接增城縣界），但行至潯陽時（江西省九江市西南），因見廬山幽靜，又應慧永之挽留，始留住於龍泉精舍。而慧遠留住龍泉精舍時，有二則相關的神異傳說。慧遠始留住在龍泉精舍時，因仍胸懷南下之志，於是乃以杖扣地說：「如果這裏是我可得以棲立的地方，當使土壤中抽涌出清泉來！」言畢，一陣清流由地底源涌而出，最後成爲小溪流，於是慧遠乃決定留住於精舍。傳說慧遠居於精舍後不久，潯陽水源地發生嚴重的乾旱，慧遠來到水池邊讀《海龍王經》，忽然有巨蛇由池水竄出至天空，很快地便下起滂沱大雨。慧遠在精舍住了年餘，於是時人便稱其所住的精舍爲龍泉寺。[38]

3·幽棲廬山東林寺

東晉太元九年(384)，慧永以「慧遠方當弘道，徒屬已廣，而來者方多」，而西林寺狹不足相處爲由，而請求當時的刺史桓伊於廬山東面，建立房寺。就在東林寺完成的前一年（苻秦建元二十一年，385）二月八日，慧遠的受業恩師道安法師，寂於長安五級寺，享年七十二。[39]道安逝世後，同年三月，呂光迎羅什，自龜茲還師。太元十一年（386），東林寺落成，[40]慧遠自此即長住於此三十年，終生不出廬峰。[41]這一年慧遠五十三歲。

---

[37] 新校本《晉書·孝武帝紀》，（臺北：鼎文書局），頁231。

[38] 慧遠居龍泉精舍時之事蹟傳說，除可參見《高僧傳》卷六本傳（大正藏第50冊，頁358上）外，亦可見於宋·志磐《佛祖統紀》卷二十六〈蓮社七祖〉，（大正藏第49冊，頁261中）、宋·戒珠《淨土往生傳》上（卍續藏經第135冊，中國佛教會印經會，頁17下）等處。不過，元·普度在《廬山蓮宗寶鑑》〈遠祖師事實〉（大正藏第47冊，頁320中），將慧遠於池邊讀《海龍王經》改爲講《涅槃經》。不過，慧遠在世時，《涅槃經》尚未在中土譯出，因此，普度在此編纂慧遠事蹟時所作改易，實有不當。

[39] 《祐錄》卷十五·〈道安法師傳〉，（大正藏第55冊），頁109上。

[40] 《高僧傳》卷六〈釋慧遠〉傳載有慧遠在東林寺落成後，爲東林寺迎請阿育王像之神異事蹟。昔陶侃得獲自漁人之阿育王像，送武昌寒溪寺，一日寺遭回祿，僅存像屋。侃後移鎮，以像有威靈，欲遣使迎而船屢覆，不能竟獲。及遠寺成，祈

此時，僧伽提婆與法和自苻秦長安至洛陽譯經。而往昔常與安公、慧遠師徒等人同行宣法弘化的竺法汰，在次年（387）寂於京都瓦官寺，得年六十八。[42]

4・寶雲訪廬山

據《名僧傳抄》所說，寶雲在太元十四年（389）十八歲時，來到廬山東林寺拜訪慧遠，當時般若臺精舍正在營造中。[43]此處的般若臺精舍不但是慧遠後來日常講經之處，也是慧遠集僧俗一百二十三人，結社念佛，共期西方之處。[44]這個著名的事蹟，在中國佛教史上淨土宗的淵源探討時，鮮少不被提及。而好學多聞的寶雲到訪，可能爲精進博學的慧遠帶來些佛典翻譯的新資訊，這對後來慧遠在廬峰倡導的譯經事業，許是一個好因緣。日後每遇有西域來僧人，輒恭請出經，有疑義輒懇惻諮訪，

心奉請，乃往還無梗。時有風謠，云爲慧遠神感之故。(大正藏第 50 冊，頁 358 下)

[41] 張野〈遠法師銘〉云「自年六十，不復出山。」(慧遠六十歲，西元 393 年)，但《祐錄》卷十五本傳「自卜居廬阜，三十餘載，影不出山，跡不入俗」（大正藏第 55 冊，頁 110 下）及《高僧傳》卷六本傳同樣的說法（大正藏第 50 冊，頁 363 上）。依東林寺落成時間及慧遠卒年估計，慧遠住進東林寺在西元 386 年，若如《高僧傳》言三十年不出廬山，則卒年應是西元 416 年，符合張野〈遠法師銘〉及《高僧傳》本傳云卒年八十三歲（義熙十二年，416）之說。若云自六十歲不出廬山，則約二十三年跡不入俗。與三十年不出廬山之說稍有出入。不過，不論是自六十不出廬山，還是三十年影不出山之說，或都可能是約計之數，因此，不必過拘於此處二說之精粗可也。

[42] 《高僧傳》卷五〈竺法汰〉，（大正藏第 50 冊），頁 355 上。

[43] 寶雲後來曾遊方至西域諸國，專精數種佛典譯語，曾於張掖鎮遇到將西行求法的法顯等人。梁・寶唱撰《名僧傳抄》（《大日本續藏經》第壹輯第貳編乙第七套第壹冊，臺北：新文豐出版公司，1975 年，頁 18）記載：「寶雲，河北人，志局簡正，師友稱之。太元十四年入廬山，時年十八矣，值造波若臺。通債少僧，貞石築土，雲投一石，石相擊，誤中一犢子死，慚恨惘悵，彌歷年所。」寶雲之生卒年，陳援庵《釋氏疑年錄》作西元 376 年至 449 年，依此推算十八歲時爲西元 393 年，與《名僧傳抄》所載西元 389 年（太元十四年）不同，然《名僧傳抄》此段引文中明確指陳寶雲年十八時爲太元十四年，故此據《名僧傳抄》。

[44] 《高僧傳》卷六本傳載有慧遠命居士劉遺民作共期西方的誓文全文，本文將於第三章詳述。

又令弟子西行廣蒐佛典，這都顯現慧遠孜孜爲道、熱誠求法的精神。

5 · 迎請僧伽提婆

太元十六年（391），慧遠五十八歲時，罽賓沙門僧伽提婆自洛陽遊化至廬山。慧遠有感於昔安公在長安請曇摩難提所出的《阿毘曇心論》舊譯，頗多疑滯，乃恭請僧伽提婆重譯說一切有部法勝尊者所造的《阿毘曇心》，以及犢子部山賢尊者所作《三法度論》，慧遠並爲二論作序。[45]呂澂以爲，慧遠即是在這年受此二論影響而作〈法性論〉。[46]

6 · 與殷仲堪共論易

次年（太元十七年，392）冬，殷仲堪在往荊州途中，曾過山會晤慧遠，對他表示尊敬之意，二人並共臨北澗相論「易體」於松間，相談投契，雖時逝而不疲，殷乃歎云：「師智識深明，實難庶幾」。後殷氏以「銅山西崩，靈鐘東應」相詢易體內容，慧遠初示易以寂感爲體，不以神蹟顯幽微，後再詢，遠乃笑而不答。[47]仲堪巧思辯博，慧遠因指泉水云：「君之辯，如此泉涌。」後世乃名慧遠所喻指之泉爲「聰明泉」。[48]

7 · 遣法淨等西行廣求經本

同年，慧遠有感於江東佛典未備，禪法無聞，律藏殘闕，而慨其道缺，乃遣弟子法淨、法領西去求法。後法領等果獲六十卷《華嚴》等二百餘梵典而回。同時，僧伽提婆於廬峰重校去歲所出的《阿毘曇心論》。

8 · 與戴逵論因果業報

在六十歲這年（太元十八年，393）的秋天，以工於繪畫及佛像製作

---

[45] 《祐錄》卷十錄〈阿毘曇心序〉〈三法度序〉全文，（大正藏第 55 冊），頁 72 中下、73 上。

[46] 呂澂《中國佛學思想概論》，（台北，天華圖書出版公司，1982 年初版），頁 90。

[47] 殷仲堪（?-399），《晉書》卷八十四有傳。桓玄與殷仲堪先相結交，後又反目。後殷戰敗，被玄所俘，玄令其自殺。殷堪仲與慧遠論易體事見《世說新語·文學》及《高僧傳》卷六慧遠本傳。

[48] 《廬山記》卷一，大正藏第 51 冊，頁 1029 下。慧遠所言，一作「君侯聰明，若斯泉矣」。

聞名的處士戴逵來書，寄所作〈釋疑論〉質疑佛教業報說乃勸教方便，並非眞實，周續之見書作〈難釋疑論〉代慧遠作覆，逵來書再辯。於是，慧遠乃於次年（太元十九年，394），手書戴逵談〈釋疑論〉，[49]并示以周續之〈重難戴逵書〉，並附己作之〈三報論〉。[50]太元十九年（395），慧遠作〈明報應論〉以重述業報之說。[51]同時在這一年，戴逵（335-395）去世。[52]

9．劉遺民，竺道生入廬山

慧遠六十三歲（太元二十年，396）時，時稱「尋陽三隱」之一的隱士劉遺民來到廬山，與慧遠論學。[53]次年（太元二十一年，397），僧伽提婆離開廬山至建康。[54]同時，慧遠的弟弟慧持，亦隨提婆至京師譯場助譯《中阿含經》，[55]之後又重返廬山。東晉隆安(397-401)中，後獨闡《涅槃經》幽微的竺道生（355-434）也來到廬山，問學於慧遠。[56]

10．桓玄訪廬山

---

[49] 《廣弘明集》卷十八・〈遠法師與戴書〉并答（一，二）（大正藏第 52 冊），頁 222 中、224 上。

[50] 《弘明集》卷五・〈遠法師因俗疑善惡無現驗三報論〉，（大正藏第 52 冊），頁 34 中下。

[51] 《弘明集》卷五・〈遠法師答桓玄明報應論〉，（大正藏第 52 冊），頁 27 中下。

[52] 新校本《晉書》卷九十四・〈戴逵傳〉，頁 2457。

[53] 《廣弘明集》卷二十七・〈沙門釋慧遠與劉遺民〉，（大正藏第 52 冊），頁 304 上中。「尋陽三隱」指：劉遺民（352 或 354-410）、周續之（357-423）及陶淵明（372-427），事見新校本《宋書》卷九十三・〈周續之傳〉，頁 2280。

[54] 《祐錄》卷十三〈僧伽提婆傳〉：「至隆安元年，遊於京師。」（大正藏第 55 冊），頁 99 下。

[55] 慧持隨僧伽提婆至建康，於王珣爲提婆所建之精舍譯出《中阿鋡經》事，見《祐錄》卷九・道慈〈中阿鋡經序〉，（大正藏第 55 冊），頁 64 上。

[56] 《祐錄》卷十五・〈道生法師傳〉：「初住龍光寺，下帷專業。隆安中，移入廬山精舍，幽棲七年，以求其志。常以爲入道之要，慧解爲本。」大正藏第 55 冊，頁 110 下。道生曾三入廬岳，此處所云入廬山幽棲七年，是第二次，是因爲不滿於羅什長安僧團教說，而回到廬山來。最後一次入廬山後，則於精舍講經，終老於斯。因此，道生與廬山的淵源不可謂不深厚。

　　六十六歲（東晉隆安三年，399）這年六月，桓玄為江州刺史，在往征討殷仲堪軍時，[57]途經廬山，命慧遠出虎溪迎見，慧遠稱疾不堪，桓玄不得已，乃自入山。左右事先告訴桓玄，之前桓玄的對頭殷仲堪入山見慧遠時，曾因見慧遠容止嚴峻而禮敬他，為建立起新政權上的威信，最好不要禮敬慧遠。桓玄聽了，豪莽地表示自己不同於殷仲堪，不會向慧遠禮敬。但是到見到慧遠蕭穆清容之時，卻不自覺地向慧遠敬拜起來，但隨即發現自屈於下，為扳回顏面而尖銳地質問慧遠道：「身體髮膚受之父母，不敢毀傷，是基本的孝道，而何至於剪削髮鬚，出家為僧？」慧遠乃答以《孝經》首章「立身行道」之語，意指不敢毀壞髮膚，只是孝之始，而孝道的最終目的不就是在立身行道，以顯揚父母之恩嗎？出家弘法化眾，所行正是立身行道。這樣的回答，對於一個自詡以孝立國的為政者而言，毋寧是最佳的答案，因此得到桓玄由衷的讚許。本來桓玄還有些想質難的話，因此而不再說。於是轉移話題，主動對慧遠說明此行征討的目的，但慧遠並沒有回答。桓玄並不死心，續之又問：「你有什麼心願呢？」慧遠回答：「希望檀越您能平安，也希望殷仲堪能平安。」桓玄結束談話出來之後，告訴左右的人說：這真是我一生中所未見過的人！後來桓玄還以震主之威的名目，[58]勸慧遠還俗，欲延慧遠入仕，[59]但慧遠絲毫不為所動。

11・慧持西行弘法

　　同年，在慧遠晚年來到廬山的法顯，動身前往印度求法。[60]這年，與慧遠相依多年的胞弟才由京師回廬山，聽聞四川省成都土地豐沃，民生富足，志欲前往弘化，兼觀睹名山峨嵋盛地，慧遠苦留不止，遂歎曰：「人生來是喜愛相聚的，而獨只你卻喜愛分離，是為什麼呢？」慧持亦悲言：

---

[57] 《晉書》卷十三，〈志第三・天文下〉，（臺北：鼎文書局），頁381。

[58] 《高僧傳》卷六・慧遠本傳，頁360中。

[59] 《弘明集》卷十一・〈廬山慧遠法師答桓玄勸罷道書〉，（大正藏第52冊），頁75上。

[60] 《高僧傳》卷三・〈釋法顯〉，（大正藏第50冊），頁337下。

「若滯於情、愛、聚者，本來就不應該出家，今天既然已割捨了這些而立意求道，正應以往西方而行爲期待的方向啊！」於是兄弟倆乃收淚憫默而別。[61]

１２·盧循來訪

自此年（東晉隆安三年，399）開始，孫恩，盧循等人奉五斗米道，沿海作亂，歷時十一年四個月。盧循的父親盧嘏，是慧遠年少在許洛爲儒生時的同窗，因此，當盧循聽說父親的昔日好友在廬山，在初據江州城後，便往廬山拜見慧遠。[62]慧遠見到盧循後，歡喜地與之話舊，因二人朝夕音問，於是有僧徒向慧遠進諫：「盧循是叛國賊，與他交往深厚，能不讓人懷疑嗎？」慧遠回答：「佛法中對諸有情的對待是無差別取捨的，難道不會被有識者所察覺嗎？這沒什麼足以憂懼的。」後來宋武追討盧循，設帳在桑尾時，左右對宋武說：「慧遠素王廬山，與盧循交情深厚。」宋武則回答：「慧遠是出世之人，必無彼此分別。」派遣使者送書對慧遠表達敬意，並贈金錢食米。於是遠近方服於慧遠之遠識明見。

１３·沙門慧義造訪

曾有沙門慧義法師，對於時人有關慧遠之評價甚高，恃其強正少憚，欲造訪慧遠疑難之，謂慧遠弟子：「諸君庸才，望風推服。今試觀我如何？」至東林寺，正值慧遠講《法華經》，每當欲難問時，輒心悸流汗，竟不敢說話。又有沙門欲持竹如意呈慧遠，但立於其門前聞慧遠講經，因受其威儀所攝而不敢入內，乃置如意於門前而疾走。[63]由此些事蹟觀之，不只呈現出時人對慧遠學問的景仰，也顯現慧遠講經時，不怒而威足以懾人

61　《高僧傳》卷六〈釋慧持〉傳，（大正藏第 50 冊），頁 363 下。《廬山志》卷十二上載此事爲隆安二年，與梁《高僧傳》所載隆安三年有異，恐爲筆抄之誤。

62　《晉書》卷一百·列傳第七十〈盧諶傳〉載及盧循生平和慧遠對盧循人格的觀感：「盧循字于先，小名元龍，司空從事中郎諶之曾孫也。雙眸冏徹，瞳子四轉，善草隸弈棋之藝。沙門慧遠有鑒裁，見而謂之曰：『君雖體涉風素，而志存不軌。』」頁 2634。

63　《高僧傳》卷六本傳，（大正藏第 50 冊），頁 359 上。

的氣度。

１４・與徒眾遊石門

六十七歲（隆安四年，400）夏，慧遠與徒眾等三十餘人出遊至石門（今江西九江市南廬山西南）。石門以鐵船峰、天池山二山對峙如門，故名之。據傳慧遠與社賢每遊此峰嶺，而患去水甚遠，他日再遊此峰，見虎自石邊跑過，泉水自石涌出，後名爲虎跑泉。慧遠南遊至此，因有所感，乃作〈廬山詩〉，同遊者爲之和詩。[64]而慧遠亦約於此年間作〈廬山略紀〉，[65]記載廬山所處地理位置，抒寫山勢之美，並明古來爲神仙居所。文中引有道家神仙人物，因此或有疑此篇爲道教神仙方家所僞託者。然則山水遊仙詩盛於晉末，品詠山水仙居者，未必盡神仙家者，況若尋思屈子寄懷，亦未可知，何以必爲僞託。

１５・與王謐書

司徒王謐四十歲左右時，修書向慧遠致敬，並歎自己時日無多。慧遠覆書勉之：古人不歎壽短，恐學業之不修而已，勸其珍惜寸陰修行。短短數十言之中，即引述《論語》、《莊子》、《淮南子》等三書之語。[66]

１６・與羅什通好書返

次年（東晉隆安五年，後秦弘始四年，401）九月，桓玄逆旨陵上篡位，京都兵亂大饑，造成人相食，百姓流亡。至年底十二月二十日，羅什自涼州至長安。翌年（弘始五年，402），慧遠欣聞羅什入關，修書通好羅什，並贈法衣、天籙等法器，以示敬意。羅什覆信，亦回贈鍮石雙

---

[64] 〈廬山諸道人遊石門詩序〉、〈游廬山〉、〈奉和劉隱士遺民〉、〈奉和王駕臨〉、〈和張常侍〉等五首，並統稱〈廬山東林雜詩〉，（重修）《廬山志》依《方輿紀要》訂爲慧遠所作。五首詩收於陳舜俞《廬山記》卷四，（（大正藏第 51 冊），頁 1042 中下。

[65] 《景印文淵閣四庫全書》史部十一・宋・陳舜俞《廬山記》（三卷）後附有慧遠〈廬山略記〉，頁 585-42 至 585-44。〈廬山略記〉篇末亦收有《廬山東林雜詩》。

[66] 〈與王謐書〉，《高僧傳》卷六本傳（大正藏第 50 冊，頁 359 中）及《祐錄》卷十五本傳(大正藏第 55 冊，頁 110 上)皆錄。

口澡灌，並以偈句一章，表示感謝。[67]後慧遠聞法識道人云羅什有意離開中土回國，乃再致書羅什，遣偈一章和羅什之句，表達知音難得、挽留之意，並列舉出數十條問題，冀取決於羅什。而此後數年間（約西元402年至409年羅什卒，一說413年之間）二人之書信往返內容，爲梁人輯成《大乘大義章》三卷十八章。

17・與桓玄書論沙汰沙門及沙門禮敬王者

晉安帝元興元年（弘始五年，402）二月，羅什於西明閣逍遙園譯出《阿彌陀經》等衆經。[68]桓玄發兵入京師建康；三月改元大亨，自爲太尉。因佛門勢力日益龐大，許多爲避災、避稅之人及逃兵僞廁佛門，致使僧人素質不齊，桓玄欲沙汰賊住比丘，造成衆情惶惑，桓玄於是書問慧遠的意見。慧遠覆書論料簡沙門得失。[69]對於桓玄欲整頓佛門穢雜，使世人明其涇渭，表示贊同，並具體地廣制條例標準，提供給桓玄，桓玄也從其議。但對於向持守甚嚴的廬山教團，則云不在搜簡之列，足見慧遠及廬山僧團形象之清嚴。四月，桓玄倡議沙門敬拜王者，與八座書討論事宜，八座桓謙等勸阻，桓玄致書慧遠，並附八座書。慧遠於次年覆書反對敬拜，[70]王謐亦與桓玄往復論敬拜事。

---

[67] 《祐錄》卷十四，《高僧傳》卷二，《肇論》諸說皆未明言何年遠修書通好羅什，僅能據此年乃羅什至中土之年推論。此年羅什至中土已近年底，故由慧遠得知羅什至，乃至修書通好之間的時間差來看，修書通好羅什可能是隔年402年。又，慧遠在402年得姚嵩書，知羅什在長安，因此可能在這年致書通好羅什。羅什得書後，乃遣使贈衣裁法物，秦主姚興欽慧遠德風，贈以龜茲國細縷雜變像，又令姚嵩獻珠像。此後慧遠與羅什書信往返，直至羅什寂而止，終未親身面見。慧遠修書羅什通好之事有其他不同說法，《慧遠研究》以爲是403年事；區結成說以爲405年事。

[68] 《祐錄》卷十四，（大正藏第55冊），頁101中；《高僧傳》卷二，（大正藏第50冊）頁332上中。

[69] 慧遠作〈與桓玄論料簡沙門書〉，全文錄於《弘明集》卷十二，（大正藏第52冊，頁85上）以及《高僧傳》卷六本傳，（大正藏第50冊，頁360中）。此事湯用彤列爲西元404年，七十一歲時事，但本文以爲此書作於桓玄與慧遠交往頻繁之際，本文依桓玄提問時間推測此書應作於402年。

[70] 元興二年（403）年，慧遠七十歲，作〈答桓玄論沙門不應敬王者書〉，全文見《弘

18・廬山共修念佛

同一年，三吳發生饑荒，人口幾減至半，臨海、永嘉幾無糧口。面對如此戰禍頻連人間煉獄，悲憫眾生之不幸，祈求人間淨土之到來，亦人之常情。七月廿八日，慧遠與劉遺民等一百廿三人，群集於廬山般若精舍阿彌陀像前，結社念佛，期集以眾人共修之力，而待往生西方淨土。慧遠命隱士劉遺民爲作誓文，[71] 同時亦令眾人依修念佛三昧之心得，各作念佛三昧詩，並輯爲《詩集》，慧遠乃爲之作〈念佛三昧詩集序〉。[72]

19・作《沙門不敬王者論》，請譯《十誦律》未竟

元興三年（弘始六年，404）年，慧遠感於桓玄屢申令沙門敬拜王者，乃著《沙門不敬王者論》五篇并序，[73] 表達自己之立場。其中桓玄對於〈神不滅論〉所述形滅無損於神的觀點，不表認同，復書往申問形神關係及玄學自然概念與求宗不順化之問題。未久，慧遠乃作〈明報應論〉及〈三報論〉申述佛教業報觀。二月，劉裕，何無忌等義兵舉討桓玄，玄敗走潯陽，挾安帝往江陵，途中（五月）桓玄被斬。同時，羅什譯出《百論》，僧肇爲之作〈序〉；[74] 四月二十三日，羅什譯出《大品般若經》。[75] 僧肇自《大品經》譯出後，開始著手寫〈般若無知論〉。十月，弗若多羅口誦《十誦律》，羅什爲之譯爲晉語，譯至三分之二時，弗若多羅圓寂。對於漢譯第一部完整律典《十誦律》譯事未竟，慧遠深爲抱憾。

20・答晉安帝書

次年（東晉義熙元年，後秦弘始七年，405）三月，安帝自江陵返建康，途經廬山召慧遠，何無忌勸慧遠出山覲帝，遠稱疾不行，安帝遣書

明集》卷十二，（大正藏第 52 冊），頁 83 中-85 上。

71　《祐錄》卷十五本傳（大正藏第 55 冊，頁 109 下-110 上）及《高僧傳》卷六本傳（大正藏第 50 冊，頁 358 下-359 上）均錄有全文。

72　《廣弘明集》卷三十，（大正藏第 52 冊），頁 351 中。

73　《弘明集》卷五，（大正藏第 52 冊），頁 836 中下。

74　《祐錄》卷十一・僧肇〈百論序〉，，（大正藏第 55 冊），頁 77 下。

75　《祐錄》卷八・僧叡〈大品經序〉，（大正藏第 55 冊），頁 53 中。

使勞問，慧遠乃修書答安帝。[76]

21・雷次宗注《喪服》引慧遠義

雷次宗入廬山求學於慧遠。[77]《高僧傳》慧遠傳曾記載有關雷次宗與宗炳曾從慧遠修習儒典之事：「時遠講《喪服經》，雷次宗、宗炳等，並執卷承旨。次宗後別著義疏，首稱雷氏，宗炳因寄書嘲之曰：「昔與足下共於釋和上間，面受此義，今便題卷，首稱雷氏乎？」其化兼道俗，斯類非一。」[78]慧遠化眾，並不拘於佛典，亦兼授儒經，實時風所致。司馬氏出身儒學世家，崇盛儒學，晉武帝標舉以孝立國，並設經學博士十九人。然而晉祚之內，南北戰火頻仍，死生大事，猶爲儒家親親所重。《喪服》乃《儀禮》中之一篇，至兩晉，獨立成篇，而廣傳習於君民間，儒生亦無不勤習此典。若此處所言雷氏以慧遠喪服之學而爲己有，受到同學宗炳嘲諷之事屬實，則雷氏喪服之學，即爲慧遠之學矣。

22・讀《大智度論》，作〈大智論抄序〉

是年（弘始七年，405）秋，曇摩流支入長安。十二月廿七日，羅什譯出《大智度論》百卷，[79]乃遣使遺此論一部與慧遠。慧遠得《大智度論》後，費時六年，詳覽百卷《智論》後，仍以爲太繁，乃於西元 411 年略抄其要成二十卷，惟此二十卷《大智論抄》現已佚，無法窺其全貌，僅於佛典目錄中得見其異名有《般若經問論集》與《大智論要略》等。慧遠於完成此要抄後，並作有〈大智論抄序〉。[80]同時，羅什把去年譯出的《大品經》作了最後的校正。此年，僧肇完成其聞名後世的《肇論》中

76　《高僧傳》卷六本傳錄有全文，（大正藏第 50 冊），頁 53 中。

77　新校下《宋書》卷九十三・〈雷次宗傳〉，頁 153。新校本《南史》，卷七十五，頁1867。

78　《高僧傳》卷六本傳，（大正藏第 50 冊），頁 360 上。

79　《祐錄》卷十・出論後〈大智論記〉，（大正藏第 55 冊），頁 75 中。「(弘始)七年（405）十二月二十七日乃訖。」羅什雖譯出百卷巨著，仍是去繁爲精，捨去三分之二後的版本。

80　《祐錄》卷十，（大正藏第 55 冊），頁 75 中下-76 上。

的第一篇文章——〈般若無知論〉。[81]

２３・《十誦律》譯竟，答盧循書

次年（東晉義熙二年，後秦弘始八年，406），姚興致書請慧遠作〈大智度論序〉，慧遠謙辭，作〈答姚興書〉。[82]慧遠聞曇摩流支善律典，遂遣曇邕請曇摩流支至盧山，完成弗若多羅未譯竟的《十誦律》。[83]同年，羅什譯出《妙法蓮華經》及維摩詰所說經。

２４・讀僧肇〈般若無知論〉

義熙三年（後秦弘始九年，407），慧遠七十四歲，道生自長安南歸，攜回的僧肇〈般若無知論〉示劉遺民，劉遺民閱而歎曰：「不意方袍，復有平叔。」[84]劉以是論呈慧遠，眾人共披尋玩味。僧肇繼作《維摩經》注解。[85]

２５・答何無忌論沙門袒服，致書僧肇

同年中，有時人問沙門袒服事於慧遠，慧遠作〈沙門袒服論〉回應。何無忌見此〈論〉，乃就沙門袒服是否合乎中國禮法等事再問於慧遠，慧遠爲之覆信重申袒服之義。[86]次年（弘始十年，408）四月三十日羅什譯校《小品般若》訖。[87]十二月，劉遺民致書僧肇，信中雖對〈般若無知論〉內容有所諮難，但書末有意調停長安與盧山教團有關〈般若無知論〉中

---

[81]　《高僧傳》卷六〈釋僧肇〉傳，（大正藏第 50 冊），頁 365 上。

[82]　《祐錄》卷十五本傳：「《釋論》初出，興送《論》并遺書曰：『《大智論》新訖，此既龍樹所作，又是方等旨歸，宜爲一序，以宣作者之意。然此道士咸相推謝，無敢動手。法師可爲作序，以貽後之學者。』遠答云：『欲令作〈大智論序〉以申作者之意，貧道聞懷大非小渚所容，汲深非短綆所測。披省之日有愧高命，又體羸多病，觸事有廢，不復屬意已來其日爾久。緣來告之重，粗綴所懷，至於研究之美，當復寄諸明德。』」，（大正藏第 55 冊），頁 110 中。

[83]　《高僧傳》卷六本傳，（大正藏第 50 冊），頁 360 上。

[84]　《高僧傳》卷六〈釋僧肇〉傳，（大正藏第 50 冊），頁 365 上。

[85]　《祐錄》卷八・僧肇〈維摩詰經序〉，（大正藏第 55 冊），頁 58 中。

[86]　《弘明集》卷五・〈沙門袒服論〉，（大正藏第 52 冊），頁 32 中下。頁 32 下錄有〈何無忌難〉，及〈遠法師答〉（頁 32 下-33 上）。

[87]　《祐錄》卷八・僧叡〈小品經序〉，（大正藏第 55 冊），頁 55 上。

彼此的歧見，隨書並附慧遠〈念佛三昧詩集序〉。[88]據傳此年，慧遠與結社諸賢遊上方塔，正患離河水仍太遠時，有一虎奔過，而於虎所出之石，涌出泉水，此泉水後乃名爲虎跑泉。[89]

26・〈與隱士劉遺民等書〉

義熙五年（409），遠作〈與隱士劉遺民等書〉，文中提及自己的爲學心路歷程：「每尋疇昔，游心世典，以爲當年之華苑也；及見老莊，便悟名教是應變之虛談耳。以今而觀，則知沉冥之趣，豈得不以佛理爲先。」[90]考其文義，頗符於前述慧遠求法入道因緣之說。慧遠年少時修習儒經大義，以爲聖人之教，即爲修身立命之據；及得老莊，而悟於亂世中，聖人設教立意雖高，卻僅是應世虛談，無法落實於眞實生命，而不得不如莊子筆下的漁夫，與世浮沈，不可能學屈子爲求得自身皭潔無染，而投身魚腹；及至慧遠晚年自觀之，而知人生最高的境界，豈能不以佛理爲安頓身心？同年中秋，僧肇致書答劉遺民，並贈以《維摩經注》。[91]這年，道生回到廬山，已第三年。

義熙六年（410），盧循據江州一帶，欲往攻建康，途經廬山，曾損軍餉以布施東林道場財物，並往訪父親的這位昔時故友。慧遠因答謝盧循施贈，而作〈答盧循書〉。[92]

27・迎請覺賢譯《禪經》

義熙七年（弘始十三年，411），慧遠已七十八高齡。此年，佛馱跋陀羅（Buddhabhadra 意譯爲覺賢、佛賢，359-429）因在關中預言有五艘

[88] 《肇論・般若無知論》附〈答劉劉遺民書〉，頁 155 下-156 上。有關劉書諮難的內容，元康《肇論疏》認爲此書雖劉遺民所作，但爲慧遠之意耳。大正藏第 45 冊，頁 181 下。

[89] 《廬山志》卷十二上。

[90] 《廣弘明集》卷廿七・〈與隱士劉遺民等書〉，（大正藏第 52 冊），頁 304 上中。

[91] 《肇論・般若無知論》附〈答劉遺民書〉，頁 155 下-156 上。

[92] 唐・歐陽詢編《藝文類聚》卷八十七・〈答盧循書〉，（臺北：文光出版社），頁 1498。

自天竺來的船將至，不爲時僧所信，又因弟子言行所累，而見擯於長安
教團之外。因應慧遠之請，乃與慧觀由長安南下廬山，而其後預言果然
應驗，時人乃歎服其遠見。覺賢至廬山後，慧遠不但出面向長安僧團說
明此事，爲之解圍，並請覺賢譯出《禪經》，慧遠爲此經作有〈廬山修行
方便禪經統序〉。[93]四月，曾至廬山拜訪慧遠的盧循，敗死於交州。[94]

　　義熙八年（弘始十四年，412）慧持寂，享壽七十六。[95]佛馱跋陀羅
與慧觀離廬山，適荊州江陵，欲往建康道場寺譯經。[96]此時，法顯自西域
返國，攜回六卷本《泥洹》及諸梵經，遠聞其在西域曾見佛影，欲邀法
顯至廬山。竺道生因讀六卷本《泥洹》而悟云一闡提人亦可成佛道，而
遭時人指斥。但此事遲至西元 418 年覺賢與法顯共譯出《大般涅槃經》
之後，時人乃歎服道生的「孤明先發」。[97]

28 · 晚年講經

　　義熙九年（413），僧肇作〈涅槃無名論〉，[98]羅什傳說卒於此年四月。
[99]次年（414），僧肇、慧永相繼去世。[100]《世說新語·規箴第十》說，此

---

[93]　《祐錄》卷九·〈廬山修行方便禪經統序〉，（大正藏第 55 冊），頁 65 中下-66 上。
　　覺賢所譯原只名爲《禪經》，「廬山出修行方便」七字爲後人所加。

[94]　《晉書·安帝紀》卷第十，（臺北：鼎文書局），頁 262：「義熙七年……夏四月，
　　盧循走交州，刺史杜慧度斬之。」

[95]　《淨土聖賢錄》卷二·〈往生比邱第三之一慧遠〉傳附慧持，（卍續藏經第 135 冊，
　　中國佛教會印經會），頁 107。「義熙八年（412）入寂，年七十六。」

[96]　《祐錄》卷十四〈佛馱跋陀傳第四〉：「以夏迄冬，譯出禪數諸經。佛賢志在遊化，
　　居無求安，以義熙八年（412），遂適荊州。」（大正藏第 55 冊，頁 104 上）；《高僧
　　傳》卷二〈晉京師道場寺佛馱跋陀羅〉說：「賢志在遊化，居無求安，停止歲餘，
　　遂西適江陵。」（大正藏第 50 冊，頁 335）。

[97]　《高僧傳》卷七·〈竺道生〉傳，（大正藏第 50 冊），頁 366 下。

[98]　《高僧傳》卷六·〈釋僧肇〉，（大正藏第 50 冊），頁 365 中下。

[99]　有關羅什的卒年，早在慧皎作《高僧傳》時即有數種不同傳說，有 409 年及 413
　　年等說法。本文此處採湯用彤之說，原因是羅什之卒年與《大乘大義章》遠什二
　　人書信往返的時間有關，本文採用較晚的卒年說法，意在保存較寬泛的時間期限。
　　換言之，本文以現存《大乘大義章》中之書信，約當完成於西元 402 年至 413 年
　　之間。

時的慧遠「雖老，講論不輟」，「執經登坐，諷誦朗暢，詞色甚苦。高足之徒，皆肅然增敬。」[101]這樣的記載，彷彿讓我們看到一位精神鑠鑠的老人，仍高座於講堂中孜孜不倦地求法弘化，慧遠堅毅求道的決心，自入佛門至此，始終不變。

29．卒年的爭議

慧遠建佛影龕，作〈佛影銘〉時間的繫年，與慧遠之卒年有關。關於卒年時間的認定，學者間向來多依張野《遠法師銘》「年八十三而終」、梁《高僧傳》卷六本傳「春秋八十三矣」、宋‧陳舜俞《廬山記》卷三及南宋‧志磐《佛祖統紀》卷二十六〈十八賢傳〉、〈慧遠傳〉等資料，斷言慧是在東晉義熙十二年（416）八月六日去世的。

但在《祐錄》的慧遠傳中，卻只記載「義熙末卒於廬山精舍，春秋八十有三」。[102]此處雖亦云慧遠世壽八十三，但未詳述其生卒年。然而，謝靈運在〈廬山慧遠法師誄〉中有不一樣的說法：「春秋八十有四，義熙十三年秋八月六日薨」。[103]對於謝靈運〈誄〉所言，任繼愈甚至明白指出此記載應當是錯誤的。[104]但是，本文查索到一些資料，或足資證明謝靈運的記載可能沒有錯。

在慧遠晚年所作的最後一篇作品〈佛影銘〉的序文當中，曾經提到：

---

[100] 《高僧傳》卷六‧〈釋僧肇〉傳，（大正藏第 50 冊），頁 366 上；〈釋慧永〉傳，頁 362 中。

[101] 余嘉錫箋疏《世說新語箋疏‧規箴第十》（上海：上海古籍出版社，1993 年修訂本），頁 572 載：「慧遠在廬山中，雖老，講論不輟。弟子中或有惰者，慧遠曰：『桑榆之光，理無遠照，但願朝陽之暉，與時並明耳。』執經登座，諷誦朗暢，詞色甚苦，高足之徒，皆肅然增敬。」

[102] 《祐錄》卷十五本傳，（大正藏第 55 冊），頁 110 下。

[103] 謝靈運〈廬山慧遠法師誄〉，《廣弘明集》卷二十三，（大正藏第 52 冊），頁 267 上中。有關《嵩仲靈鈔書記》云謝靈運曾欲入社而遭慧遠拒絕之傳說，雖於此誄文中略曾提及謝靈運欲為慧遠弟子而未能如願之謙辭，但未言及謝欲入社之事，或恐僅為傳記，而非史實。

[104] 任繼愈編《中國佛教史》第二卷，（北京：中國社會科學出版社，1985 年），頁 600 云：「此當有誤」。

遠昔尋先師，奉侍歷載，雖啟蒙慈訓，託志玄籍，每想奇聞以篤其
誠。遇西域沙門，輒餐遊方之說，故知有佛影，而傳者尚未曉然。
及在此山值罽賓禪師、南國律學道士，與昔聞既同，並是其人遊歷
所經，因其詳問，乃多有先徵。然後驗神道無方，觸像而寄，百慮
所會，非一時之感。於是悟徹其誠，應深其信，將援同契，發其真
趣，故與夫隨喜之賢，圖而銘焉。[105]

　　這一段慧遠臨流造佛影龕，於山壁上繪佛影之記載中，談到「罽賓
禪師」及「南國律學道士」。[106]「罽賓禪師」指的是由罽賓來到中土的僧
伽提婆，罽賓位於印度的西北部，爲今喀什米爾（Kaśmīra）附近地方之
古稱。中國的史書中曾有相關記載，最早見於《漢書》卷六十九的〈西
域傳〉中。自漢末至兩晉間，此地佛教倡盛，所傳以上座部所分出來的
說一切有部的思想爲主。僧伽提婆來自罽賓，想必也親自聞見過佛影之
事。而「南國道士」指的是由南路經海上回中土的法顯，法顯在《佛國
記》中曾提到在西域諸國親見佛影及聽聞佛影相關傳說，[107]而慧遠在〈佛
影銘〉前的這篇序文說到，以往曾聽說佛影之事，只是由於未親見相睹，
不免心有遺憾，直到提婆、法顯的到來，見證了這些傳說，慧遠乃滿心
歡喜地營築龕室，又請工匠彩繪佛影於山壁。並於建成後書銘文以爲紀

---

[105] 《廣弘明集》卷十五・〈佛影銘〉，（大正藏第 52 冊），頁 197 下-198。《高僧傳》
卷六本傳亦著載〈佛影銘〉全文，惟僅云乃著〈銘〉，而未若《廣弘明集》此處題
名爲〈佛影銘〉。《高僧傳》卷本所云與此稍有不同：「天竺有佛影，是佛昔化毒龍
所留之影。在北天竺月氏國那竭呵城南，古仙人石室中。經道取流沙，西一萬五
千八百五十里。每欣感交懷，志欲瞻覩。會有西域道士，敘其光相，遠乃背山臨
流，營築龕室。妙算畫工，淡彩圖寫，色疑積空，望似煙霧，暉相炳曖，若隱而
顯。遠乃著銘曰……（下略）。」大正藏第 50 冊，頁 358 中。

[106] 有關「罽賓禪師」及「南國律學道士」爲何人之揣測，近人的研究中有五種說法，
詳細專文之討論，請參考（日）金子寬哉〈廬山慧遠の『佛影銘』における「罽
賓禪師」について〉，《印度學佛教學研究》第 21 卷第 1 號，1972 年 12 月，頁 1
38－139。

[107] 《高僧法顯傳》，（大正藏第 51 冊），頁 859 上、862 下-863 上、864 上中。

念。[108]而此事始末，在謝靈運〈佛影銘并序〉當中詳載：

> 法顯道人至自祇洹，具說佛影偏為靈奇，幽巖嵯壁若有存形，容儀端莊相好具足，莫知始終常自湛然。廬山法師聞風而悅，於是隨喜幽室，即考空巖。北枕峻嶺，南映澐澗，摹擬遺量，寄託青采。豈唯象形也篤，故亦傳心者極矣。道秉道人遠宣意旨命余暇銘，以充刊刻。[109]

由此可知，法顯曾於慧遠晚年時來到廬山，與慧遠分享西域見聞之事，應是可以確定的。在附於《高僧法顯傳》（一名《佛國記》）文末的〈跋〉文中，也可以發現：法顯在西行求法回國後，於慧遠晚年應邀來到廬峰與慧遠相見，二人曾有相當的深談，跋文中並留有二人相見時的記載。可喜的是〈跋〉中詳細地記錄了法顯來到廬山的時間，以及停留在廬山的時間：「還經三年，達青州，……是歲甲寅，晉義熙十二年矣。歲在壽星，夏安居末，慧遠迎法顯道人。既至，留共冬齋。因講集之際，重問遊方。其人恭順，言則依實。由是先所略者，勸令詳載。顯復具敘始末。」[110]此處的「歲在壽星」，是與前句分開的。前兩句，「是歲甲寅，晉義熙十二年矣」是說法顯是在甲寅年回到中國的，但若法顯回國的時間是歲次甲寅的話，應是東晉義熙十年，而不是十二年。因此，這二句是說法顯回國的這一年是義熙十年（414）。而「歲在壽星」一句，則是

---

[108]　《廣弘明集》卷十五〈佛影銘〉末附有跋文，此為《高僧傳》卷六本傳中所無。文中有「共立此臺」之語，未詳其所立之臺為何，《廣弘明集》在其前述序文僅云「圖而銘之」，未言及立臺之事，又同一段文字，在《高僧傳》作「遠乃背山臨流，營築龕室，妙算畫工，淡彩圖寫」（大正藏第50冊，頁358中），也未有立臺之記載。而廬山東林寺著名的般若臺，也於西元402年以前即已竣工，因此，《廣弘明集》跋文此處記載所立之臺，未詳為何，又跋文中繼續說到此臺之完成是在東晉義熙八年（412）五月一日，至次年「歲次星紀」（義熙九年，癸丑年，413）的九月三日乃詳檢「別記」，銘之於石等等，這些記述皆未見於其史傳中，《廣弘明集》此跋文之記載內容所指恐與佛影龕之築繪無涉，或恐為東林寺中其他講經臺竣工時所為之記載，但後人誤錄於〈佛影銘〉末。

[109]　《廣弘明集》卷十五，大正藏第52冊，頁199中。

[110]　《高僧法顯傳》，(大正藏第51冊)，頁857上-866下。

因為辰年的歲次之星為「壽星」，所以說「歲在壽星」，於甲寅年後的第
一個辰年，是丙辰年，也就是義熙十二年（416）年。法顯是慧遠在世時，
最後接見的外賓。

　　法顯在義熙十年回到中國青州，先應長廣郡太守李嶷之請，入郡受
供養。慧遠聽說於天竺見佛影的法顯回到中國來了，慧遠早在追隨於安
公身旁時，聽聞西域有佛影之事，即十分欣慕，乃於義熙十二年（416）
的夏安居（農曆四月十六日至七月十五日）末邀請法顯至廬峰一敘。估
其行程，法顯約當於秋天至廬山，慧遠乃留共冬齋（冬安居的時間始自
十月十六日受歲，至隔年正年十五日解歲）。因此，就時間上推算，義熙
十二年冬，法顯還留在廬山與慧遠共度冬齋，應非如《高僧傳》等所云
慧遠卒於該年八月六日。因此，若《法顯傳‧跋》所述屬實，則《高僧
傳》等諸多文獻所云，慧遠卒於義熙十二年（416）之說，當應改易矣。
而過去被忽略、或被指為錯誤的謝靈運〈廬山慧遠法師誄〉所載義熙十
三年（417）之說，顯然較符於事實。[111]

　　而西元 416 年這一年的秋冬兩季，法顯將自己在西域所見所聞，如
實地告訴慧遠。企慕多時的佛影相關細節，慧遠在詳審細聽之外，依法
顯之指導，就廬山建佛影龕，並於壁上彩繪佛影。建繪完成，慧遠乃作
〈佛影銘〉以為紀念。隔年，義熙十三年（417）八月初遇疾，至六日病
篤，長德僧俗勸飲藥酒、米汁均不許，後勸進蜜汁，慧遠乃命律師翻閱
律典，查看是否犯戒，未及查閱完成，即從容逝於廬山東林寺，世壽八
十四。潯陽太守阮侃於山之西嶺鑿壇開塚，謝靈運、殷仲堪為造碑文，[112]

---

[111] 另外《釋氏稽古略》言慧遠逝於西元 415 元(己卯)，壽八十四。此說卒年與世壽
　　即已不合，恐為傳抄之誤。

[112] 本傳云謝靈運作〈碑〉文，學者間或有存疑，以為謝氏僅作〈誄〉文，〈誄〉文
　　全文今錄於《廣弘明集》卷二十三。而殷仲堪所造碑及碑文，唐貫休作詩云「廬
　　楞伽畫苔漫漫，殷仲堪碑雨滴穿」時仍見此古物，但至南宋陳舜俞作《廬山記》
　　補正時已湮滅不存。《廬山記》卷一，大正藏第 51 冊，頁 1030 上。

宗炳爲立碑於寺門。[113]而慧遠之墓，宋代受封，敕名爲凝寂之塔，後人更於慧遠墓後植五杉，立有五杉閣以紀念之。

三、結語

《高僧傳》言慧遠善於屬文，「辭氣清雅，席上談吐，精義簡要」，慧遠遺作，至梁慧皎作《高僧傳》時已輯成文集「十卷，五十餘篇，見重於世」，作品形式包括所著之論、序、銘、贊、詩、書等類。僧傳並云慧遠神韻嚴肅，容止方棱，不怒而威，容儀端整，風彩灑落等語，由現行明人所繪慧遠像觀之，其精神氣象寫意傳神。而被後人擬想爲儒道釋代表人物陶淵明、陸修靜及慧遠，三家思想在中國融合完滿理想化境的「虎溪三笑」傳說，足見慧遠人格典型受後人所重視的地位。由此觀之，慧遠留與後人的，豈僅是足以豐厚生命精深的智慧法語，毋寧更是佛子精進力行求道的人格典範。

---

[113] 本文此處慧遠卒年事蹟據《高僧傳》卷六本傳，《祐錄》卷十五本傳無「南陽宗炳又立碑寺門」之語。

第二節　慧遠著作目錄考證

　　慧遠的著作，雖在梁時已經整理成輯本，但經歷朝兵燹天災的劫禍，梁輯本的原貌已無復可見。現所通行慧遠著作的保存狀態，約有三種：或爲今人考校輯本，或僅以單篇流通的單行本，或散見諸古籍間的斷簡殘語等。本節的目的，除整理現存慧遠著作的各種版本外，主要探察慧遠著作自晉末至今，在歷朝被整理保存的狀態。其中，慧遠主要著作之一的《大乘大義章》，其篇數的形成，以及歷朝目錄纂修者對此輯本的整理、變動篇名背後的意識形態。

　　慧遠著作最早經後人整理，而被賦予集名，可在梁・慧皎所編著的《高僧傳》卷八〈釋道慧傳〉找到相關的記載。道慧在讀了《慧遠集》之後，深受感動而前往廬山：「釋道慧……至年十四，讀廬山《慧遠集》，迺慨然歎息，恨有生之晚，遂與友人智順沂流千里，觀遠遺跡，於是憩廬山西寺。涉歷三年，更還京邑。」[1]可知最晚至齊時，道慧即已讀過名爲《慧遠集》或《廬山慧遠集》的慧遠文集。

　　不過，在稍早的《祐錄》卷十五的慧遠傳中及慧皎自撰的《高僧傳》慧遠本傳當中，卻都只說慧遠有文集留世，並未記載其文集之名：「所著論、序、銘、讚、詩、書，集爲十卷，五十餘篇，並見重於世。」[2]《高僧傳》慧遠本傳有關著作集的記載部分，慧皎或只是直接抄自僧祐的資料，而未加改飾，或未有相關資料增補，所以二者這個部分的內容完全相同。但是在釋道慧傳時，卻指出廬山《慧遠集》之集名，因而，本文推測慧遠著作集在僧祐著《祐錄》時已輯成，而在稍晚慧皎寫《高僧傳》

---

[1]　《高僧傳》卷八・〈釋道慧〉傳，（大正藏第 50 冊），頁 375 中。

[2]　《祐錄》卷十五，（大正藏第 55 冊）頁 110 下；《高僧傳》卷六，（大正藏第 50 冊），頁 363 中。

時，即有名爲廬山《慧遠集》的集本流行於當世。

　　由上可知，慧遠著作在梁朝有輯本流通，同時，其卷帙數量爲「十卷，五十餘篇」。此後歷朝史傳資料有關慧遠文集之卷帙數量，輒有不同之說。以下即考察慧遠文集在歷朝所載總卷帙數。

一、慧遠文集的卷數與集名

　　由歷朝史傳目錄資料中，多載有慧遠文集之卷數，可知慧遠文集流通之廣遠。自梁以降，歷朝正史經籍志所載慧遠文集卷數，有五種不同記載：或有未詳卷數者，或有十卷、十二卷、十五卷及兩冊者。著作所以有卷、冊數之別，或可能因抄錄者分卷份量不同、或採用卷、冊等材材工具及計量單位有別、或抄錄者別有簡擇等因素所致。著作集又分：有著作集名者，及未詳集名者。有集名者，集名也略有不同。爲方便比較，以下將史傳載慧遠著作集卷數、著錄之史傳或目錄及著作集名稱整理後，列爲簡表如下。

卷冊數	著錄之史傳或目錄	著作集名
十卷 五十餘篇	1.《出三藏記集》卷十五	十卷，五十餘篇，無集名。
	2.《高僧傳》卷六	十卷，五十餘篇，無集名。
	3.《歷代三寶紀》卷七	集十卷，無集名。
	4.《大唐內典錄》卷三	別集十卷，無集名。
	5.《宋史・藝文志》卷二百八	《晉惠遠廬山集》
	6.《廬山蓮宗寶鑑》卷四	《匡山集》十卷
	7.《崇文總目》	《慧遠廬山集》十卷
十二卷	1.《隋書・經籍志》卷三十五	《晉沙門釋惠遠集》

	2.焦竑《國史‧經籍志》	《廬山集》
十五卷	1.《舊唐書‧經籍志》卷四十七	《沙門惠遠集》
	2.《新唐書‧藝文志》卷六十	《惠遠集》
二十卷	《廬山記》卷一	《匡山集》
二冊	《菉竹堂書目》	《廬山集》
不詳	1.《高僧傳》卷八〈釋道慧傳〉	《廬山慧遠集》，無卷數。
	2.《遂初堂書目》	《廬山集》，無卷數

　　上表錄所載慧遠著作集之名，不外《(晉)沙門(釋)惠遠集》、《惠遠集》、《(晉)慧(一作惠)遠廬山集》、《廬山集》、《廬山慧遠集》及《匡山集》等六種，輯本命名的方式，不外直以慧遠法名為名，或以慧遠幽居三十年的廬山為名，抑或兼俱二者為名。而《匡山集》則是以廬山古之別名「匡山」名之，故同於《廬山集》之命名方式。

　　自《祐錄》慧遠本傳言慧遠十卷文集的內容包括「論、序、銘、讚、詩、書」後，歷朝史傳所載慧遠文集內容大抵不出這些文類。但由於未詳僧祐所言的這「十卷，五十餘篇」的具體篇名，因此，不知僧祐所見聞之慧遠文集的內容，是否與以上歷朝傳錄所載慧遠文集輯本內容相同？還是除了《祐錄》所云的「論、序、銘、讚、詩、書」之外，歷朝輯本中還包括部分可能不同於《祐錄》所云輯本之外的輯佚？

　　現存全文或殘文的慧遠著作有二十九篇及《大乘大義章》十八章與羅什的書信，表面上就篇數(五十餘篇)上算來，似乎散佚的著作不多。但是實際上，這些篇數背後存在著二個問題：其一、各朝卷本之份量多寡不一，如何以卷數定多少？其二、以上各史傳所載文集內容及篇幅是否相同，實難比對。

　　此外，還有另一個重要的問題：以上史傳中所言慧遠文章的輯本(包

括以上各種卷冊數的版本），內容中是否包括梁時已輯成單行本的《大乘大義章》的內容？[3]不過，這個問題，恐已非今日能答。史傳中雖載有慧遠的著作卷數，卻無詳細篇次、內容可考。因此，本文僅能就史傳目錄所提供的線索，考校古人目錄資料與現存著作、篇名間的關係。

就《東林十八高賢傳》中云慧遠《法性論》有十四篇，[4]但就現存的二十九篇文章及與羅什的書信中，僅存不到一篇的〈法性論〉的殘文二句，以及散見於陳・慧達及唐・元康《肇論・般若無知論疏》中的數句斷句殘語，可知僅就《法性論》而論，即十去其九而不止。因此，若單就卷數、篇數等數量上來考求慧遠文集內容的存佚情形，勢必存在極大的困難。所以必當更就篇名細目上考求精細的存佚狀況，才有可能瞭解到目前我們所掌握到的資料的真實狀況。

以下即就現存於諸錄中的詳細篇目，以及尚存的著作全文資料，進行慧遠現存著作篇目，以及現存著作全文篇目之整理工作。

二、慧遠著作之輯成

在判別慧遠在史傳目錄中全部的詳細著作篇名現存或已佚之前，必須先將目前相關目錄中仍存在的詳細慧遠著作篇名，整理成表，以利於以下對慧遠著作成立時間的考察及分類。其中，尤以《大乘大義章》各章經後人整理的成立時間，以及此論集歷代所訂立的不同集名背後的意識型態，最值得注意。

以下篇名詳目出處有五：梁・僧祐《出三藏記集》（內含劉宋・陸澄

---

[3] 有關慧遠與羅什問答後來輯成之版本，有不同的集名：《大正藏》錄名為《鳩摩羅什法師大義》（三卷）（T45,編號.1856）；《大唐內典錄》名為《問什師大乘義》（三卷）；又或名《慧遠問大乘中深義十八科並羅什答》（三卷，十八章）。不同集名背後之意識型態，詳本節下文。

[4] 《東林十八高賢傳》，(卍續藏經第150冊，臺北：中國佛教會卍續藏印經會)，頁4：慧遠「乃著〈法性論〉十四篇。」

《法論》目錄及僧祐《弘明集》目錄）、梁・慧皎《高僧傳》、隋・費長房《歷代三寶紀》、唐・道宣《大唐內典錄》及清・嚴可均輯《全晉文》。而列表體例，略說如下：以下各表皆分為「存／佚」、「編號」、「篇名」、「卷次」及「頁數」五欄。表格中第一欄「存/佚」為筆者所加註，表示該篇著作目前的存佚狀況，第二欄為筆者所編著作編號，第三欄為著作篇名，第四欄為著作在該目錄中的卷次，第五欄為著作所在頁數，由於本文所引版本為大正藏本，故頁數後之上中下，表示在該頁之上、中、下欄。又，「存／佚」欄中的「存文」表示該篇全文存於該錄卷次頁數所指之處。「存目」表示該篇在該著錄的目錄中僅錄存其篇目，該篇全文雖不存於該錄中，但存於其他文獻資料中。「佚」表示該篇全文已佚，僅存其目。「大」表示該篇現存《大乘大義章》有篇名相符者可比對者。篇名後有"＊"符號者，可詳表格下備註之說明。有"◎"符號者，表示該篇重複前已有之篇名，"◎"符號後的數字表示該表中篇名編號。

（一）梁・僧祐《出三藏記集》

僧祐《出三藏記集》（大正藏第 55 冊）卷五，錄有慧遠佚作《般若經問論集》二十卷（即《大智論抄》，或云《要論》、《略論》或《釋論》）之篇名卷數，卷九及卷十所收慧遠著作四篇全文，以經序為主，完全未收書信。卷十二所錄陸澄《法論目錄》（以下簡稱《法論》）及僧祐自著之《弘明集》，全為目錄，僅列篇名，未載全文。共錄有四十七篇篇名（《祐錄》本身錄有五篇（《大智論抄》、《般若經問論集》各算一篇），《法論》三十四篇，《弘明集》七篇），扣除八篇重複者，計錄有慧遠著作篇名三十七篇，其中五篇經序及論鈔序皆錄有全文。

而《祐錄》裏所收的劉宋・陸澄（425-494）奉帝詔而編的《法論》，詳細記載慧遠與羅什間的書信，經過時人或陸澄本人整理，而成為一篇篇有主題的單篇問答，這些資料對於後人在研究《大乘大義章》輯成的

歷史過程部分，有莫大的幫助。《法論》中與《大乘大義章》有關的篇章
計有十一篇。

　　此外，錄於《法論》中值得注意的四篇序文：〈法社節度序〉、〈外寺
僧節度序〉、〈節度序〉及〈比丘尼節度序〉，「節度」是慧遠爲其僧團所
制定的僧團軌則，亦即慧遠因地制宜爲廬山僧團所制有關僧伽的生活規
範，可歸別於慧遠有關佛門清規之創制。

存/佚	編號	篇　　　　　　名	卷　次	頁　數
佚	1	《大智論抄》二十卷(一名《要論》)◎2	卷二	13 下
佚	2	《般若經問論集》二十卷*◎1	卷五	38 上
存文	3	〈廬山修行方便禪經統序〉第十四,慧遠法師	卷九	65 中-66 上
存文	4	〈阿毘曇心序〉第十一,慧遠法師	卷十	72 中-73 上
存文	5	〈三法度序〉第十二,慧遠法師	卷十	73 上
存文	6	〈大智論抄序〉第二十一,慧遠法師	卷十	75 中-76 中
以下收錄於〈宋明帝敕中書侍郎陸澄撰《法論目錄》序第一〉　83 上				
佚	7	〈法性論〉上下，釋慧遠	卷十二	83 上
大	8	〈問實法有〉釋慧遠，鳩摩答	卷十二	83 上
大	9	〈問如法性真際〉釋慧遠,什法師答	卷十二	83 上
大	10	〈問分破空〉釋慧遠,什答	卷十二	83 上
存目	11	〈般若經問論序〉釋慧遠*	卷十二	83 中
佚	12	〈與釋慧遠書論真人至極〉釋慧遠答*	卷十二	83 中
大	13	〈問法身佛盡本習〉釋慧遠，什答	卷十二	83 下
佚	14	〈妙法蓮華經序〉釋慧遠	卷十二	83 下

佚	15	〈無三乘統略〉釋慧遠	卷十二	83 下
存目	16	〈三法度經序〉釋慧遠＊◎3	卷十二	83 下
佚	17	〈法社節度序〉釋慧遠	卷十二	84 上
佚	18	〈外寺僧節度序〉釋慧遠	卷十二	84 上
佚	19	〈節度序〉釋慧遠	卷十二	84 上
佚	20	〈比丘尼節度序〉釋慧遠	卷十二	84 上
存目	21	〈桓敬道與釋慧遠書往反三首〉＊	卷十二	84 上
存目	22	〈釋慧遠答桓敬道論料簡沙門事〉	卷十二	84 上
存目	23	〈沙門不敬王者論〉釋慧遠	卷十二	84 上
存目	24	〈沙門袒服論〉釋慧遠	卷十二	84 上
存目	25	〈禪經序〉釋慧遠◎3	卷十二	84 中
佚	26	〈釋神足〉釋慧遠	卷十二	84 中
大	27	〈問念佛三昧〉釋慧遠,什答	卷十二	84 中
存目	28	〈阿毘曇心序〉釋慧遠◎4	卷十二	84 中
大	29	〈重問遍學〉釋慧遠,什答	卷十二	84 中
大	30	〈問遍學〉釋慧遠,什答	卷十二	84 中
大	31	〈問羅漢受〉釋慧遠,什答	卷十二	84 中
大	32	〈問住壽〉釋慧遠,什答	卷十二	84 下
存目	33	〈釋三報論〉釋慧遠	卷十二	84 下
存目	34	〈明報應論〉釋慧遠	卷十二	84 下
佚	35	〈辯心意識〉釋慧遠	卷十二	84 下
佚	36	〈釋神名〉釋慧遠	卷十二	84 下
佚	37	〈驗寄名〉釋慧遠	卷十二	84 下
佚	38	〈問論神〉釋慧遠	卷十二	84 下
大	39	〈問後識追憶前識〉釋慧遠,什答	卷十二	84 下
大	40	〈問四相〉釋慧遠	卷十二	85 上

以下收錄〈《弘明集》目錄序第八・釋僧祐撰〉93 下

存目	41	〈遠法師沙門不敬王者論五篇〉◎23	卷十二	93下
存目	42	〈遠法師沙門袒服論〉何鎮南并答◎24	卷十二	93下
存目	43	〈遠法師答桓玄明報應論〉◎34	卷十二	93下
存目	44	〈遠法師因俗疑善惡無現驗三報論〉◎33	卷十二	93下
存目	45	〈廬山遠法師答桓玄論沙門不應敬王者書一首〉并桓玄書二首	卷十二	94上
存目	46	〈廬山遠法師答桓玄論料簡沙門書一首〉并桓玄教一首◎22	卷十二	94上
存目	47	〈廬山遠法師答桓玄勸罷道書一首〉并桓書一首	卷十二	94上

＊備註：

2：僧祐在此論下寫有註語：「即《大智論抄》，或云《要論》，或云《略論》，或云《釋論》。右一部，凡二十卷。廬山沙門釋慧遠，以論文繁積學者難究故略要抄出。」由此註語可發現僧祐卷五所錄《般若經問論》即是《高僧傳》所說慧遠抄《大智度論》菁華而成二十卷的《大智度論抄》，也就是《祐錄》卷二所載的《大智論抄》。唯此要鈔至隋代費長房之時，已僅存其目而無全文。

10：此篇即〈大智度鈔序〉。

11：〈與釋慧遠書論真人至極〉釋慧遠答：似有自問自答之意，但未知祐錄此處抄錄是否有誤，惟因此文已佚，僅存其目，而未悉其原題，姑就其原載列為慧遠之作。

14：此處〈三法度經序〉將《三法度論》寫作《三法度經》。

21：桓敬道即桓玄。

（二）梁・慧皎《高僧傳》

　　《高僧傳》卷六（大正藏第50冊）的慧遠本傳中引錄慧遠著作十篇，

包括：〈佛影銘〉、〈答王謐書〉、〈通好羅什書〉、〈重與羅什書〉（并附偈一章）、〈法性論〉、〈答姚興書〉、〈與桓南郡書〉、〈答桓太尉書〉、〈沙門不敬王者論〉與〈答晉安帝書〉等十篇。其中或全文引出，或部分引用。而只餘「至極以不變為體，得性以體極為宗」二句殘文的〈法性論〉，部分作於羅什入關前，《高僧傳》引用此兩句殘文，當為其要義所在。

存/佚	編號	篇　　　　　　名	卷　次	頁　數
存文	1	〈佛影銘〉	卷六	358 中-下
存文	2	〈答王謐書〉	卷六	359 中
存文	3	〈通好羅什書〉	卷六	359 中 -359 下
存文	4	〈重與羅什書〉并附偈一章	卷六	359 下 -360 上
殘文	5	〈法性論〉二句	卷六	360 上
存文	6	〈答姚興書〉	卷六	360 上-中
存文	7	〈與桓南郡書〉	卷六	360 中
存文	8	〈與桓太尉書〉	卷六	360 下
存文	9	〈沙門不敬五者論〉五篇	卷六	360 下 -361 上
存文	10	〈答晉安帝書〉	卷六	361 上

（三）隋・費長房《歷代三寶紀》

費長房於隋朝開皇十七年（576）所撰集的《歷代三寶紀》（大正藏第 49 冊）當中，所錄慧遠著作，全無重複，但亦無全文，僅存篇名，計錄有慧遠著作「十四部，合三十五卷」，其中包括未見錄於前朝的著作篇名《問大乘中深義十八科》，即是後來更名為《大乘大義章》的遠、什書

信問答，此輯本所錄內容是否已完整地蒐羅了慧遠及羅什書信返往，雖已不得而知，但就費氏此錄是文獻上第一個記載了遠什書信輯本《問大乘中深義十八科》之篇名而言，是深具歷史價值的。另外《祐錄》載名為《般若經問論集》、《大智論抄》慧遠對《大智度論》的整理，在此錄中被更名為《大智論要略》，另亦云其名為《釋論要抄》。

　　本文由費長房的記載進一步發現：自劉宋・陸澄的《法論》開始記載遠、什書返的單篇問答以來，這些經過整理的單篇問答，至少到了隋代，已再次經過整編，並輯成專書，而依內容分為十八科，有了固定的集名。對此，費氏《問大乘中深義十八科》的這筆記載，可謂費氏此錄在慧遠著作著錄上的最大貢獻。不過，費長房並未載錄此集本有多少卷數，在稍晚法經所編的《眾經目錄》卷六，載慧遠、羅什問答之集本有兩卷，[5]正可彌補此不足。

存/佚	編號	篇　　　　　　　名	卷　次	頁　數
佚	1	《大智論要略》二十卷（亦云釋氏要抄）*	卷七	72 上
存目	2	《問大乘中深義十八科》合三卷(并羅什答)*	卷七	72 上
存目	3	〈阿毘曇心序〉一卷	卷七	72 上
佚	4	〈妙法蓮華經序〉一卷	卷七	72 上
存目	5	〈廬山修行方便禪經統序〉一卷	卷七	72 上
存目	6	〈三法度經序〉一卷	卷七	72 上
存目	7	〈法性論〉一卷	卷七	72 上
存目	8	〈明報應論〉一卷	卷七	72 中
存目	9	〈釋三報論〉一卷	卷七	72 中

5　隋・法經《眾經目錄》卷六載：「答問論二卷，羅什答慧遠問。」大正藏第 55 冊，頁 146 上。

佚	10	〈辯心識論〉一卷	卷七	72 中
存目	11	〈不敬王者論〉一卷	卷七	72 中
存目	12	〈沙門袒服論〉一卷	卷七	72 中
存目	13	〈大智論抄序〉一卷（秦王姚興遙請述）	卷七	72 中
存目	14	〈佛影讚〉一卷＊	卷七	72 中

＊備註：

1：《大智論要略》：此部《要略》即僧傳所云慧遠讀《大智度論》後抄其要義而成二十卷之《大智論抄》。諸傳目錄中首見於《祐錄》中，名為《般若經問論集》，費氏此錄更名為《大智論抄》，後來《大唐內典錄》所錄亦循費氏此錄之論名。

2：《問大乘中深義十八科》：費長房《歷代三寶紀》此處所錄《問大乘中深義十八科》為最早遠、什書信之集名。

14：費長房此處錄為〈佛影讚〉，在《高僧傳》卷六慧遠傳云遠公作〈佛影銘〉，惟只載銘，而未載其〈序〉；《廣弘明集》所載為〈佛影銘〉，皆與費氏錄為〈讚〉類不同。

　　費長房此錄除載錄慧遠著作有貢獻外，此錄卷七也記錄了慧遠在廬山提倡譯經事業，而大有所成的重要資料：「沙門釋慧遠十四部（三十五卷論讚）」[6]相較於同期或稍早其他譯者所出之數量來看，除羅什外，其他譯者多則如支遁七部，僧伽提婆六部，少則如法勇等人都只有一部，就經典譯出的數量而言，慧遠弘倡譯經的成果毋寧是豐碩的。

　　與費氏同時的法經撰有《眾經目錄》七卷，但全書僅在卷五錄有慧遠請譯佛典兩部之記載：

　　　《阿毘曇心論》四卷　晉太元＊年，僧伽提婆
　　　　　　　　　共惠遠於廬山譯

6　大正藏第 49 冊，頁 68 下。

《三法度論》　三卷　晉太元＊年，僧伽提婆
共惠遠於廬山譯[7]

　　法經目錄的特色，是以佛典之同經異譯本，並列而陳，並非以譯人或朝代區分。且多數譯本皆未載明譯者、譯出時間、地點，僅云該經被譯出之卷數，頗有對勘譯本之意，然惟所載不詳，爲其不足之處。

（四）唐・道宣《大唐內典錄》

　　道宣此錄卷三及卷十載錄慧遠著作相關資料，附有慧遠小傳，謂慧遠有詩書集十卷，五十餘篇，見重於世。[8]說法大致與《祐錄》、《高僧傳》相符。在慧遠著作篇名詳目部分，承襲費長房《歷代三寶紀》之著錄。而唐代同期及之後的經錄如《開元釋教錄》卷四、《貞元新定釋教目錄》所載慧遠著作詳目及小傳，皆襲錄自《大唐內典錄》之內容。

存/佚	編號	篇　　　　　　　　名	卷　次	頁　數
佚	1	《大智論要略》二十卷（亦云《釋論要鈔》）	卷三	248 上
存目	2	《問什師大乘義》三卷＊	卷三	248 上
存目	3	〈阿毘曇心序〉	卷三	248 上
佚	4	〈妙法蓮華經序〉	卷三	248 上
存目	5	〈修行方便禪經序〉＊	卷三	248 上
存目	6	〈三法度序〉	卷三	248 上
存目	7	〈法性論〉	卷三	248 上
存目	8	〈明報應論〉爲晉太尉桓玄作	卷三	248 上
存目	9	〈釋三報論〉	卷三	248 上

---

[7]　隋・法經《眾經目錄》卷五，大正藏第 55 冊，頁 142 中。此段引文中的＊號，爲大正藏本身所有，非筆者所加。

[8]　唐・道宣《大唐內典錄》卷三，（大正藏第 55 冊），頁 248；卷十，頁 330。

佚	10	〈辯心意識〉	卷三	248 上
存目	11	〈不敬王者論〉	卷三	248 上
存目	12	〈沙門袒服論〉	卷三	248 上
存目	13	〈大智論序〉（秦主姚興遙請述）	卷三	248 上
存目	14	〈佛影讚〉	卷三	248 上

＊備註：

1：道宣此處將遠、什書信集名由費長房《問大乘中深義十八科》改成《問
　　什師大乘義》。基本上，立於認爲慧遠只是作爲提問者的角度來命名的，
　　並未注意到慧遠在此書信集中，同時也是以作爲批判者發表論難的對等
　　位置。

5：道宣此篇名前少費氏《錄》「廬山」二字，後少「統」字。

（五）清・嚴可均輯《全晉文》

　　清人嚴可均所輯《全晉文》卷一六一及一六二，收錄慧遠著作全文
或殘文二十九篇，包括慧遠與時人往返的書信、慧遠所作的經序、詩序、
論、記、銘、讚等。嚴可均所輯各篇文章全文（或殘文）出處，涵蓋歷
代至清朝史傳諸書（世說新語、高僧傳）、論集（弘明集、廣弘明集）、
類書（初學記、北堂書鈔、藝文類聚、太平御覽）等出處，較之前人目
錄中僅存篇目或數篇全文，嚴氏輯錄的全文是較完整的。尤其嚴氏錄自
類書的全文部分，是前人較少引及的。

存/佚	編號	篇　　　　　　　名	卷　　次	頁　數
存文	1	〈答秦王姚興書〉	卷一六一	2390 上
存文	2	〈答王謐書〉	卷一六一	2390 上
存文	3	〈答戴處士書〉	卷一六一	2390 上
存文	4	〈又與戴處士書〉	卷一六一	2390 上下

存文	5	〈與隱士劉遺民等書〉	卷一六一	2390 下
存文	6	〈遣書通好鳩摩羅什〉	卷一六一	2390 下
存文	7	〈重與鳩摩羅什書〉	卷一六一	2390 下至 2391 上
存文	8	〈遣書通好曇摩流支〉	卷一六一	2391 下
存文	9	〈答桓玄書〉＊	卷一六一	2391 上
存文	10	〈與桓玄書論料簡沙門〉	卷一六一	2391 下至 2392 上
存文	11	〈答桓玄書〉＊	卷一六一	2392 上下
存文	12	〈與晉安帝書〉	卷一六一	2392 下
存文	13	〈答盧循書〉	卷一六一	2392 下
存文	14	《沙門不敬王者論》五篇并序	卷一六一	2392 下至 2395 下
存文	15	〈沙門袒服論〉＊	卷一六二	2396 上
存文	16	〈答何無忌難沙門袒服論〉＊	卷一六二	2396 上下
存文	17	〈明報應論〉	卷一六二	2397 下至 2398 上
存文	18	〈三報論〉	卷一六二	2398 上下
存文	19	《廬山記》＊	卷一六二	2398 下至 2399 上
存文	20	〈遊山記〉＊	卷一六二	2399 上
存文	21	〈阿毘曇心序〉	卷一六二	2399 上下
存文	22	〈三法度經序〉	卷一六二	2399 下至 2400 上
存文	23	〈大智論抄序〉	卷一六二	2400 上至 2401 上
存文	24	〈廬山出修行方便禪經統序〉	卷一六二	2401 上至

				2402 上
存文	25	〈念佛三昧詩集序〉	卷一六二	2402 上至下
存文	26	〈晉襄陽丈六金像頌〉并序＊	卷一六二	2402 上下
存文	27	〈曇無竭菩薩讚〉＊	卷一六二	2402 下
存文	28	〈佛影銘〉并序	卷一六二	2402 下至2403 下
存文	29	〈澡灌銘序〉＊	卷一六二	2403 下

＊備註：

9：此篇〈答桓玄書〉與第 11 號篇名相同，但內容不同。慧遠曾多次覆書桓玄，而可由桓玄寫信時所居官位之不同來區分二書有別。此篇原錄於《弘明集》卷十一，一名〈答桓南郡〉。

11：〈答桓玄書〉錄於《弘明集》卷十二，一名〈答桓太尉論書〉。

15：〈沙門袒服論〉，錄於《弘明集》卷五，大正藏第 52 冊，頁 32 中下。文末附有何無忌書問全文。

16：〈答何無忌難沙門袒服論〉錄於〈沙門袒服論〉後附何無忌書問之末。所答內容簡於〈沙門袒服論〉。

19：〈廬山記〉：《世說新語・規箴注》、《水經・廬江水注》皆作〈廬山記〉，一名〈廬山略記〉，見宋・陳舜俞《廬山記》。

20：〈遊山記〉，錄於《太平御覽》卷四十一。

26：〈晉襄陽丈六金像頌〉并序，全文亦見錄於《廣弘明集》卷十五，惟《廣弘明集》標題名為〈晉襄陽丈六金像讚序〉。

27：〈曇無竭菩薩讚〉，全文亦見錄於《初學記》卷二十三。

29：〈澡灌銘序〉，銘文已佚，序文亦見錄於《北堂書鈔》卷一三五。

　　總結以上史傳目錄所載慧遠僅有篇名的詳目，或載有全文的篇目，以下擬依著作的存佚情況，歸納成三類，並進一步探討現存著作輯本的

情形。

三、慧遠著作的存佚情形

　　依上述考察，慧遠著作的存佚情況，歸納成三類：第一類是篇名存，著作全佚；第二類是篇名及著作俱存，包括全文或殘文有留存下來的，現存的著作幾乎都屬於這一類；第三類是未見諸史傳目錄有該篇名，但卻有全文或殘文留存的，這個部分的資料多出現在唐宋以後。

（一）篇名存，全文佚的著作

　　下表為整理上述各史傳目錄中所載慧遠僅存篇名，但全文已佚的著作篇目，去其重複者，可得十三篇，其中包括二十卷的《大智度論要略》（算成一篇）。加上錄於僧肇《肇論・般若無知論》末附〈答劉遺民書〉中所云的〈三昧詠〉，[9]共計有十四篇。

存/佚	編號	篇　　　　　　　名	卷　次	頁　數
佚	1	《大智論抄》二十卷（載於《祐錄》，T55）　即《般若經問論集》（載於《祐錄》，T55）　亦即《大智論要略》，（載於《歷代三寶紀》，T49）	卷二　卷五　卷七	13 下　38 上　72
以下錄自陸澄《法論》，（收於梁・僧祐《出三藏記集》，大正藏第 55 冊）				
佚	2	〈與釋慧遠書論真人至極〉釋慧遠答	卷十二	83 中

9　僧肇《肇論・般若無知論》附〈答劉遺民書〉：「威道人至，得君〈念佛三昧詠〉，并得遠法師〈三昧詠〉及〈序〉。……君與法師當數有文集，因來何少？」（大正藏第 45 冊），頁 155 下。這裏提到慧遠作有〈三昧詠〉及〈序〉，但現僅存〈念佛三昧詩集序〉，疑即僧肇所云之〈序〉，但是〈三昧詠〉本身已不存。

佚	3	〈妙法蓮華經序〉釋慧遠	卷十二	83下
佚	4	〈無三乘統略〉釋慧遠	卷十二	83下
佚	5	〈法社節度序〉釋慧遠	卷十二	84上
佚	6	〈外寺僧節度序〉釋慧遠	卷十二	84上
佚	7	〈節度序〉釋慧遠	卷十二	84上
佚	8	〈比丘尼節度序〉釋慧遠	卷十二	84上
佚	9	〈釋神足〉釋慧遠	卷十二	84中
佚	10	〈辯心意識〉釋慧遠	卷十二	84下
佚	11	〈釋神名〉釋慧遠	卷十二	84下
佚	12	〈驗寄名〉釋慧遠	卷十二	84下
佚	13	〈問論神〉釋慧遠	卷十二	84下
佚	14	〈三昧詠〉	《肇論》	155下

　　以上所錄諸篇慧遠著作雖佚，但由篇名或可獲得慧遠思想的一些相關線索。依篇名推測各篇可能內容，將上述佚作依內容大略區分為四類：除慧遠與時人的問答外，還有慧遠所作經序、酬酢之序文，自釋著作中之概念的專文，及讀《大智度論》後所鈔之二十卷《要略》。上表第二篇未詳與何人對談，就其篇名論「真人至極」而言，似乎是討論當時流行的莊子學，若由僧傳曾載慧遠出家前為儒生，並好善莊老來看，不無可能，不過，就慧遠《法性論》言「至極以不變為性」、〈阿毗曇心論〉「己性定於自然，則達至當之有極」及《高僧傳》載慧遠歎云：「佛是至極」所談到「至極」一語的脈絡意義，「至極」在慧遠著作中特別指的是「佛」。因此，篇名中雖有莊子用語「真人」，但「真人至極」一語，若與慧遠其他著作中「至極」的意義一致，則此篇所論恐與《法性論》相類。

　　其次，慧遠佚作中特別值得注意的是〈般若經問論序〉這一篇，以及〈妙法蓮華經序〉與〈無三乘統略〉兩篇之間的關係。般若學是引領慧遠進入佛門的重要關鍵，因此慧遠承道安學風，固不足為奇，但此序

名爲「般若經問論序」，實際上依前述《祐錄》卷十二所載註語，知《般若經問論》即是慧遠鈔《大智度論》而成的《要鈔》二十卷，因此，此《要鈔》之序，即是慧遠自著的〈大智度抄序〉。另外，由慧遠作有〈妙法蓮華經序〉，以及慧遠曾在《大乘大義章》第八章針對《大智度論》與《法華經》對菩薩與阿羅漢的區分不同，就《法華經》載佛爲阿羅漢授記的獨特教說向羅什請教，推知慧遠應是讀過《法華經》的。《法華經》闡釋區分三乘（聲聞，緣覺及菩薩）爲方便設教，而佛乘才是究竟的教法當中，其對阿羅漢的態度，有別於諸大乘經以爲阿羅漢只求自度，缺乏慈悲心，不若菩薩乘自利利他，特別強調阿羅漢也蒙佛授記，能夠作佛。因此，慧遠的〈無三乘統略〉，可能受到《法華經》「開三顯一」思想的啓發，而視諸大乘經中三乘之區分爲權舉，而以佛乘爲究竟，所以說「三乘」乃權設方便，終歸於佛乘，三者終之所至，實無區分。[10]

〈釋神足〉一篇，推測是慧遠對於禪修所得各種神通之闡釋。慧遠所習禪法爲「般舟三昧」，其中特別強調可以於「定中見佛」，親自決疑於諸佛菩薩面前，因此，在《大乘大義章》第十一章〈次問念佛三昧并答〉中羅什也談到了天眼見佛及般舟三昧見佛之不同；另外，在第七章〈問法身感應并答〉時，也討論到法身菩薩神通不須假四大五根仍有施用，與世間神通須依四大五根而施作的差別。[11]可知慧遠對依修習禪定而獲得的神通力，有相當的研究興趣。此外，陸澄《法論》也載錄有竺法汰向道安問「六通」及「神」二篇文章的篇名。[12]道安的老師佛圖澄，在史傳的記載中也素以神異聞名，道安追隨其門下，多少或曾親見神異事

---

[10] 《世說新語‧文學》載支道林曾升座辨三乘（聲聞，緣覺，菩薩），並作辨三乘之文章。余嘉錫《世說新語箋疏》（上海：上海古籍出版社），頁 224。顯見三乘區判的問題，早已爲受到西晉人注意。時至東晉，慧遠對此議題，猶據《法華經》而有進一步的發揮。

[11] 《大乘大義章》卷中，大正藏第 45 冊，頁 130 上中。

[12] 《大唐內典錄》卷十錄《法論》中收有竺法汰所作兩篇問道安的文章篇名：〈問釋道安六通〉及〈問釋道安神〉，大正藏第 55 冊，頁 329 中。

蹟，而一直追隨在道安身邊的慧遠，其師叔及師父之間的問答，也許或因此啓發慧遠些許思索的靈感，也未可知。不過，此篇〈釋神足〉主要的寫作動機，推測還是慧遠由修習般舟三昧禪法而引伸出對禪定問題所作的探討。

　　此外，在上述慧遠佚作中可能與其神不滅思想有關的，有〈釋神名〉及〈問論神〉兩篇，惜全文於劉宋後已佚，雖未能窺知全貌，但就其篇名推測，可能是慧遠針對其〈形盡神不滅論〉所說的「神」字的進一步詮解；又或可能是慧遠參與形神論諍當中，在完成〈神不滅論〉前，先後所寫下有關闡述「神」這個概念的著作。

　　〈辯心意識〉一篇，推測是慧遠對於「心」、「意」、「識」之分析。依《大乘大義章》第十六章〈次問後識追憶前識并答〉，慧遠在此章中問到「前識」與「後識」間的相續性，文中分別提到「心」、「念」及「識」三個字：「前心非後心故，心心不相知。前念非後念，雖同而兩行，而《經》有憶宿命之言，後識知前識之說，義可明矣。」[13]然而，「心」、「念」及「識」這三個字在慧遠此處的句子裏，似乎只是修辭上的美學要求，實際上三字的內容意義，並無分別。此與佛教在印度嚴分三者的態度，是有不同的。不過，此處依文本的脈絡意義來看，應是不會被混淆的。而慧遠此篇〈辯心意識〉佚作，疑與羅什問答的《大乘大義章》第十六章內容間有關聯性，或可能是慧遠在與羅什討論「識」的相續性及「念」的刹那滅性後，仍覺得有說不清楚之處，而作此篇抒發一見之看法。

　　〈驗寄名〉此篇篇名的「寄名」一詞，在《大乘大義章》第十四章〈次問造色法〉中慧遠同樣使用了「寄名」這個詞語，[14]用於批判《大智

13　《大乘大義章》卷中，大正藏第 45 冊，頁 130 中。

14　《大乘大義章》卷下：「《大智論》推疊心本，以至毛分，唯毛分以心原是極微，極微即色香味觸是也。此四味觸有之。色香味觸則不得，謂之寄名。然則極微之說，將何所據？爲有也爲無也？若有實法，則分破之義，正可空疊，猶未空其本，本不可空，則是天摧之，墮于常見；若無實法，則是龜毛之喻，入乎斷見，二者非中道，並不得謂之寄名。」大正藏第 45 冊，頁 137 中。

度論》引四大、極微爲喻說明大乘空理之不當。因此,本篇〈驗寄名〉之內容,可能與《大乘大義章》此章所論不無關係。

(二)篇名、全文（殘文）俱存的著作

慧遠這個部分的著作是篇名和全文（或殘文）俱存的。這部分的著作,主要收錄在《出三藏記集》、《弘明集》《廣弘明集》和《高僧傳》卷六。以下僅列出篇目,去除諸史傳目錄中重複者,包括《大乘大義章》(只算成一篇),計有四十一篇。詳細的著作出處及繫年,請參見附錄:廬山慧遠年譜及作品繫年表。

存/佚	編號	篇　　　　　　名	卷　次	頁　　數
以下篇名及全文錄於《祐錄》(大正藏第 55 冊)				
存文	1	〈廬山修行方便禪經統序〉第十四,慧遠法師	卷九	65 中-66 上
存文	2	〈阿毘曇心序〉第十一,慧遠法師	卷十	72 中-73 上
存文	3	〈三法度序〉第十二,慧遠法師	卷十	73 上
存文	4	〈大智論抄序〉第二十一,慧遠法師	卷十	75 中-76 中
以下篇名錄於《祐錄》〈宋明帝敕中書侍郎陸澄撰《法論目錄》序第一〉83 上				
殘文	5	〈法性論〉上下,釋慧遠	卷十二	83 上
大	6	〈問實法有〉釋慧遠,鳩摩答	卷十二	83 上
大	7	〈問如法性真際〉釋慧遠,什法師答	卷十二	83 上
大	8	〈問分破空〉釋慧遠,什答	卷十二	83 上
大	9	〈問法身佛盡本習〉釋慧遠,什答	卷十二	83 下
大	10	〈問念佛三昧〉釋慧遠,什答	卷十二	84 中
大	11	〈重問遍學〉釋慧遠,什答	卷十二	84 中
大	12	〈問遍學〉釋慧遠,什答	卷十二	84 中

大	13	〈問羅漢受〉釋慧遠,什答	卷十二	84 中
大	14	〈問住壽〉釋慧遠,什答	卷十二	84 下
大	15	〈問後識追憶前識〉釋慧遠,什答	卷十二	84 下
大	16	〈問四相〉釋慧遠	卷十二	85 上
以下全文錄於《弘明集》(大正藏第 52 冊)				
存文	17	〈沙門不敬王者論五篇〉遠法師	卷五	29 下-32 中
存文	18	〈沙門袒服論〉遠法師,何鎮南并答	卷五	32 中-33 中
存文	19	〈答桓玄明報應論〉遠法師	卷五	33 中-34 中
存文	20	〈三報論〉(因俗人疑善惡無現驗作)遠法師	卷五	34 中-下
存文	21	〈廬山遠法師答桓玄論沙門不應敬王者書〉并桓玄書二首	卷五	83 中-85 上
存文	22	〈廬山遠法師答桓玄勸罷道書一首〉并桓書一首	卷十一	75 上-中
存文	23	〈廬山遠法師答桓玄論料簡沙門書一首〉并桓玄教	卷十二	85
以下費長房《歷代三寶紀》(大正藏第 49 冊)				
存目	24	《問大乘中深義十八科》合三卷	卷七	72 上
以下《廣弘明集》(大正藏第 52 冊)				
存文	25	〈佛影銘〉	卷十五	197 下-198 中
存文	26	〈晉襄陽丈六金像讚序〉	卷十五	198 中下
存文	27	〈遠法師答〉(與戴處士書)	卷十八	222 中
存文	28	〈遠法師書〉(重與戴處士書)	卷十八	224 上
存文	29	〈念佛三昧詩集序〉	卷二十七	351 上中
存文	30	〈與隱士劉遺民等書〉	卷三十	304 上中
以下清‧嚴可均《全晉文》				

存文	31	〈答秦王姚興書〉	卷一六一	2390 上
存文	32	〈答王謐書〉	卷一六一	2390 上
存文	33	〈遣書通好鳩摩羅什〉	卷一六一	2390 下
存文	34	〈重與鳩摩羅什書〉	卷一六一	2390 下 -2391 上
存文	35	〈遣書通好曇摩流支〉	卷一六一	2391 上
存文	36	〈與晉安帝書〉	卷一六一	2392 下
存文	37	〈答盧循書〉	卷一六一	2392 下
存文	38	《廬山記》	卷一六二	2398 下 -2399 上
存文	39	〈遊山記〉	卷一六二	2399 上
存文	40	〈曇無竭菩薩讚〉	卷一六二	2402 下
存文	41	〈澡灌銘序〉	卷一六二	2403 下

　　關於部分保留於梁・慧皎《高僧傳》中的著作，與錄於梁・僧祐《弘明集》的著作有重複的情形，是因為僧祐（上 D445-上 D518）稍早於慧皎（上 D497-上 D554），且同時是《出三藏記集》（簡稱《祐錄》）與《弘明集》的編撰者，因此慧皎在編寫《高僧傳》時，想必參考過稍早僧祐完成的此二部宏著，所以部分資料之文字及內容完全相同，是極為合理的。

1・大乘大義章的成立與討論主題

　　世人習稱為《大乘大義章》的部分，現存存於《大正藏》第 45 冊，題名為《鳩摩羅什法師大義》（三卷）。此輯本現存最早的題名見於隋朝費長房《歷代三寶紀》卷三，名為《問大乘中深義十八科》（合釋慧遠問，并羅什答）。至唐代道宣編《大唐內典錄》時，更名為《問什師大乘義》（三卷）。至近人中國佛教歷史博物館刊印人邱檗先生校勘本書時，又將

之更名爲《遠什大乘要義問答》。元時傳至日本的版本，被更名爲《大乘大義章》後，爲學界襲用至今。不過，這些篇名背後的意識型態，值得深思。

　　《歷代三寶紀》中名爲《問大乘中深義十八科》，是站在慧遠問，羅什答的立場而題名的，這與慧遠自己在〈重與羅什書〉中所說「今輒略問數十條事」相符，[15]想費長房編此錄時所見聞的版本以此題名，可能即參考了《高僧傳》本傳中慧遠自己所說的話而編此題名。這個立場後來也爲唐代道宣的《大唐內典錄》所承，道宣雖將之更名爲《問什師大乘義》，但也不外由是慧遠發問這個立場名篇的。到了近人邱檠先生重校此書時，更名爲《遠什大乘要義問答》，則明顯地提高慧遠的地位，與云爲遠什二人對大乘要義的問答，題名背後的意識型態顯有轉變，或可謂與慧遠學說於近人研究中日益受到重視，不無關係。

　　由於《大乘大義章》是慧遠與羅什間往來書信的輯本，所以一開始並不是以專書形式出現的。經過後屢屢的編修，而有現今的樣貌。依上文所考，現存的《大乘大義章》版本中的內容，是否完整蒐錄遠什二人之書信，仍是令人存疑的。後人的史傳目錄中有關《大章大義章》的相關資料，最早是出現在陸澄《法論》的目錄當中，當中載有十一篇已經後人整理成單篇書信問答體的文章，[16]其篇名與現存《大乘大義章》十八章中的篇名十分相近。現存於《大正藏》的《鳩摩羅什法師大義》，計分爲上中下三卷，共有十八章（篇），每章的問題常不止一個，經常是慧遠自設問答，而求決於羅什的形式，除第十七章〈問遍學〉計十項往返問答外，餘皆一問（包括一系列的問題）一答的書問形式。《大正藏》所載

---

[15]　《高僧傳》卷六〈釋慧遠〉傳，（大正藏第 50 冊），頁 360 上。

[16]　（白話版）《大乘大義章》陳揚炯釋譯，（高雄：佛光出版社，1996 年），頁 8 云陸澄《法論》載有遠什書信文書十八項，但並未列出詳細篇目，據本文所考，《法論》目錄僅載十一篇與《大乘大義章》相符之文章，未知陳書此說所據爲何，恐爲誤列。

的十八篇與陸澄《法論》中所載的十一篇篇名，甚爲相近，現列表比較如下：

編號	法論篇目(T55)	頁 數	大正藏篇目(T45)	頁數
1	〈問實法有〉	83 上	〈14.次問答實法有并答〉	136 中-137 中
2	〈問如法性真際〉	83 上	〈13.次問答如法性真際〉	135 下-136 中
3	〈問分破空〉	83 上	〈15.次問答分破空并答〉	137 中-138 中
4	〈問法身佛盡本習〉	83 下	〈8.次問答法身佛盡本習并答〉	130 下-131 中
5	〈問念佛三昧〉	84 中	〈11.次問答觀佛三昧并答〉	134 中-135 上
6	〈重問遍學〉	84 中	〈17.次問答遍學并答〉	139 上-142 中
7	〈問遍學〉	84 中		
8	〈問羅漢受〉	84 中	〈10.次問答羅漢受決并答〉	133 上-134 中
9	〈問住壽〉	84 下	〈4.次問答法身壽量并答〉〈18.次問答經壽并答〉	126 中-127 上 142 中-143 中
10	〈問後識追憶前識〉	84 下	〈16.次問答後識追憶前識并答〉	138 中-下
11	〈問四相〉	85 上	〈12.次問答四相并答〉	135 上-135 下

12		〈1.初問答真法身〉	122 下 -123 上
13		〈2.次重問答法身并答〉	123 上 -125 中
14		〈3.次問答法身像類并答〉	125 中 -126 中
15		〈5.次問答三十二相并答〉	127 上 -129 上
16		〈6.次問答受決并答〉	129 上 -129 下
17		〈7.次問答法身感應并答〉	129 下 -130 下
18		〈9.次問答造色法〉	131 中 -133 上

　　本文依現存《大乘大義章》十八篇名及內容，與《法論》所載篇名相對應後，在二者篇幅的對應及內容上發現三點值得注意之處：

　　1．現存《大正藏》《鳩摩羅什法師大義》版本，第十七篇是〈次問答遍學并答〉，篇幅較多，往返問答計達十次，可能是合《法論》第六篇〈重問遍學〉及第七篇〈問遍學〉而成。

　　2．《法論》第九篇〈問住壽〉未詳所問住壽內容，推測可能包含現存《大正藏》《鳩摩羅什法師大義》之第四篇〈次問答法身壽量并答〉及第十八篇〈次問答經壽并答〉兩篇。

　　3．現存《鳩摩羅什法師大義》中許多與法身相關的篇章，未見於劉宋·陸澄《法論》目錄中。但經整理後發現這些未見於陸澄《法論》的七篇問答中，除〈次問答造色法〉一篇外，其餘六篇都是與法身或佛身有關的問答，幾乎現存《大乘大義章》中八篇（包括第一至八章）談

論到佛身問題的部分，都集中在劉宋・陸澄《法論》中所未見的部分中。不過，由於這些討論佛身的篇章，在近人有關《大乘大義章》研究中，十分受到重視，幾乎被認為是《大乘大義章》中最重要的討論議題。[17]因此，這些著作何時開始受到世人重視，亦當是重要的。

就目前諸錄所載有關《大乘大義章》輯本的篇目，陸澄《法論》不但是最早，也是較詳的，因為在隋唐以後諸錄所載，都已經是成為專論後的集名而已，未能得其詳目。現存最古的版本，是存於日本京都東山禪林寺永觀堂所藏西元 1293 年之抄本，約當於是元代的抄本，也就是目前《大正藏》所採用作為底本的本子，隋至元間各時代的輯本版本內容、詳目已無法考求。因此，就目前僅能掌握的資料推測判斷：這些有關法身論題的書信，或許存於遠、什問答的輯本中，但自齊梁至元之間，才漸受到重視，而紛紛被別立成章，另立章名。換言之，有關法身的問題，可能是在齊梁之後，大乘真常系統三藏陸續傳譯至中土，開始凸顯出法身在空有二系義理中的問題時，這部分的書信問答，才漸漸受到重視而被獨立成章。

（三）篇名不存，全文（殘文）現存的著作

最後一部分的著作是著作篇名原不存於早期諸錄中，但至唐、宋類書中，始有題為廬山慧遠法師作的著作。不過，這部分的著作多是慧遠傳記資料中曾載有相關事蹟，卻未有全文著錄的著作，以及部分未見諸於傳記資料中，卻有該篇著作留世者。計有五篇：

---

[17] 橫超慧日在〈大乘大義章研究序說〉中論及〈大乘大義章〉主要討論議題是佛、菩薩的法身以及大小乘的問題。《慧遠研究・研究篇》木村英一編，頁 121-168。此外，陳揚烱釋譯白話本的《大乘大義章》時，也談到：「本書所討論的問題很廣泛，涉及到大乘要義的各個方面，但中心問題是法身觀、色法觀、法性觀及大小乘觀。」（高雄：佛光出版社，1996 年），頁 8。

編號	篇　　　名	出　　　處	卷次	存/佚
1	盧山東林雜詩(五首)	《盧山記》	卷四	存文
2	〈遊山記〉	《太平御覽》	卷四十一	存文
3	〈曇無竭菩薩讚〉	《初學記》	卷二十三	存文
4	〈澡灌銘序〉	《北堂書鈔》	卷一三五	存文
5	〈遺誡〉	《盧山蓮宗寶鑑》〈遠祖師事實〉	卷四	存文

　　錄於宋人陳舜俞補訂之《盧山記》卷四中的〈盧山東林雜詩〉，計有五首，原載為雜詩，乃因不明作者之故，但近人編修《盧山志》時，則考訂為慧遠著作。而《太平御覽》卷四十一所載錄之〈遊山記〉，也題為慧遠所作。

　　不過，收在《初學記》卷二十三，八句四言偈句的〈曇無竭菩薩讚〉也載為慧遠之作，是值得商榷的。曇無竭菩薩是《般若經》系統中所出現的菩薩之名，「曇無竭」中文意譯有法上（《放光經》採用）、法來（《大明度無極經》採用）及法盛（《大智度論》採用）等幾種譯名，在慧遠所常展讀的《放光般若經》中所採用的譯名是法上，而《道行般若經》、《小品般若經》及玄奘譯的《摩訶般若波羅密經》中則採用曇無竭之譯名。除去慧遠不可能讀到較晚出的經本外，在早期的《般若經》譯本中，依慧遠的閱讀習慣推測，比較可能接觸到的經本應是道安凡習所常講的屬於大品經系統的《放光經》，而不是小品經系統的《道行經》。因此，本文以為此讚文中所採用菩薩之譯名，固在慧遠之前已有，但依慧遠所讀經本譯名習慣推測，此讚之作者是否即為慧遠，未即可定論；此外，此讚於諸史傳目錄中皆未錄載，其出現時間又晚，因此，本文採取較保守推測，僅疑為慧遠著作，不下斷論。

　　依慧遠本傳所載，慧遠與羅什曾互贈禮物偈句，以示友好。羅什曾

以 石雙口澡罐（亦名軍持、君持，盛裝非飲用水之水瓶）回贈慧遠所贈法衣器物，此篇〈澡罐銘序〉疑即慧遠爲紀念此事所作。現存於《北堂書鈔》的〈澡罐銘序〉銘已不存，僅存其序文：「得摩羅勒石澡罐一枚，故以此銘答之。」

收錄於《廬山蓮山寶鑑・遠祖師事實》中的〈遺誡〉，未見錄於現存前代文獻資料。篇中所載，乃以慧遠自述口吻，表達年壽將盡，命弟子循古制厝骨於松林，以嶺爲墳的想法，雖與《高僧傳》所述相符，未詳爲慧遠自著，抑或後人依梁傳所僞託之作，故亦暫列於此，疑爲慧遠著作之一。

（四）慧遠著作的總篇數

由以上的整理，慧遠現存的著作篇數，包括上述第二類(四十一篇，含《大乘大義章》──只算成一篇)及第三類（五篇），就數量而言，共計四十六篇。加之前述第一類篇文全佚的十六篇（含《大智度論要略》，算成一篇），總計慧遠被載於史傳目錄中的著作總數是六十二篇。但是，若就前述相關考察及《祐錄》所云慧遠著作集爲十卷，五十餘篇來看，卻是超出了「五十餘篇」的總數。本文推測現存著作總數超出梁時「五十餘篇」之記載，有兩種可能：其一、梁時僧祐及慧皎所聞見的慧遠文集「十卷，五十餘篇」的內容，因爲去時未久，其基本篇章可能包括了稍早劉宋・陸澄《法論》所載的三十四篇著作。惟《法論》所載的這三十四篇著作當中，有十六篇論、序現已全佚。因此，這「五十餘篇」當中扣掉可能錄有陸澄所載的三十四篇外，還有二十餘篇的詳細篇目，是無法得知的。加之，梁至元間，廬山東林寺幾經戰火改建，原存於寺中

的慧遠文集輯本因戰亂有變動後人之改編後，[18]已不復原貌，故今輯本篇數無法完全符於梁本當亦可解。其二、慧遠文集幾經後人編修，繼而廣蒐佚文，重新添入，亦不無可能，因此，今本篇數較之梁時爲多，亦應屬合理推測。

　　以上是對慧遠著作在史傳目錄中詳細篇目及卷篇數的考察。今就現存全文或殘文的慧遠著作，依文類來整理區分爲：論、銘、序、贊、詩、書、記、誠等八類，詳列於下表：

文類	篇　　　　　名	全(殘) 文 出　　處
論	法性論	《高僧傳》卷六，《肇論疏》
	沙門不敬王者論(五篇並序)	《弘明集》卷五
	明報應論	《弘明集》卷五
	三報應論	《弘明集》卷五
	沙門袒服論	《弘明集》卷五
銘	佛影銘	《高僧傳》卷六、《廣弘明集》卷十五
序	晉襄陽丈六金像讚序	《廣弘明集》卷十五
	阿毘曇心序	《出三藏記集》卷十
	三法度序	《出三藏記集》卷十
	大智度鈔序	《出三藏記集》卷十
	廬山出修行方便禪經統序	《出三藏記集》卷九
	念佛三昧詩集序	《廣弘明集》卷三十
	澡罐銘序	《北堂書鈔》卷一百三十五
	廬山諸道人遊石門詩序	《全晉詩》卷七、《先秦漢魏晉

---

[18] 唐僖宗廣明元年（880），藏於東林寺之白居易文集、慧遠《廬山集》等均毀於高駢之亂。據周鑾書《廬山史話》，（九江：江西人民出版社，1996年），頁162，廬山年表。

		南北朝詩》卷二十
讚	曇無竭菩薩讚	《初學記》卷二十三
詩	1.廬山東林雜詩	《廬山志》卷四
	遊廬山	《廬山志》卷四
	廬山諸道人遊石門	《讀史方輿紀要》卷八十三
	2.致書羅什所附詩偈一章	《高僧傳》卷六
書	與羅什通好書	《高僧傳》卷六
	重與羅什法師書	《高僧傳》卷六
	答姚興書	《高僧傳》卷六
	與王謐書	《高僧傳》卷六
	答何鎮南	《弘明集》卷五
	遠法師答(與戴處士書)	《廣弘明集》卷十八
	遠法師書(重與戴處士書)	《廣弘明集》卷十八
	答桓南郡書(勸罷道)	《弘明集》卷十一
	答桓太尉書（沙門不敬王者）	《弘明集》卷十二
	與桓太尉論料簡沙門書	《弘明集》卷十二，《高僧傳》
	與隱士劉遺民等書	卷六
	與曇摩流支通好書	《廣弘明集》卷二十七

	與晉安帝書	《高僧傳》卷二
	覆盧循書	《高僧傳》卷六
	《鳩摩羅什法師大義》（三卷）	《藝文類聚》卷八十七
		《大正藏》第 45 冊
記	盧山略記	《盧山志》卷一、大正藏第 51 冊、《全晉文》、《四庫全書》
	遊山記	《太平御覽》卷四十一、《世說新語・規箴》注引
誡	遺誡	《盧山蓮宗寶鑑》卷四

四、依慧遠寫作對象區分

在慧遠現存的著作中，依慧遠寫作時所預設書寫的對象，可以分爲教內和教外兩類。教內一類，例如與羅什書信往來，討論精細的佛教義理，主要以佛典觀點差異之比較，甚至佛教內部對於識的相續性的探討等深刻的討論議題。教外一類，指爲宣教方便而與時人論佛理，例如對桓玄、戴逵等人討論禮敬、形神、因果業報等問題，使用的語言較爲通俗，也較不若與羅什、僧肇交談時多爲專門的佛學名相概念。

換言之，當慧遠在寫作時，是明確區分出兩類不同對象的。慧遠是十分清楚對應深明佛理的高僧大德，是可以談論較深的佛法義理的；然而，對應於方外俗世之賓，則爲接引方便，而採用較爲通俗應世的言語。兩類著作在文字表現特色相比較下，可以很清楚地看出二者的差異。因此，在慧遠著作義理的詮釋要求上，本文也採取必要地善巧區分。

五、近人所輯的慧遠著作集

　　近人所整理的慧遠著作輯本，分成：單獨錄載《大乘大義章》者、完整收錄慧遠現存所有著作者、只輯錄慧遠單篇著作者，及只單篇著作單行者等四類。

（一）單獨錄載《大乘大義章》者

　　這一類是以後人輯錄的慧遠與羅什之間的書信對話──《大乘大義章》為主的本子，並未收錄慧遠其他著作。例如：

1・《鳩摩羅什法師大義》

　　這是收錄於大正藏第四十五冊（No.1856）的本子，所據版本為京都大學附屬圖書館轉寫自增上寺文庫本，亦即續藏經所據版本，非《慧遠研究》中所據之永觀堂本，本文以下各章節中所引即以此大正藏所錄版本為據。此版本正文前的序文，錄有此輯本編輯者對慧遠及羅什生平之簡述，並說明此輯本區分遠、什問答為「十八事」（實則不止十八事），計分上中下三卷，上卷六事，中卷七事，下卷五事等各卷分配之情形。此外，編者在序文介紹慧遠生平時，誤將生卒於東晉的慧遠，記載為「（劉）宋國」人一事，亦說明現存此版本輯於劉宋之後的明證。

2・《遠什大乘要義問答》

　　〔宋〕釋慧遠，〔後秦〕鳩摩羅什同撰，有三個本子，題慧遠為宋人之誤，當亦受大正藏版本影響之故。二本是 1955 年在臺灣出版的，出版單位分別是：臺北市淨土宗善導寺翻印，及臺灣印經處。善導寺本，中研院傅斯年圖書館中文圖書區現有該藏本。

　　〔宋〕釋慧遠，〔後秦〕鳩摩羅什同撰。三卷。此本子由四川省成都市巴蜀書社於 1993 年出版。中研院傅斯年圖書館大陸圖書區藏有該本。

3・《大乘要義問答》

　　由苗栗縣無量壽出版社在 1980 年出版的這個本子，是依據前述善導寺本翻印的。

4・《大乘大義章》

　　此本子是由佛光出版社於 1996 年出版的白話翻譯本。本書爲現存唯一的白話翻譯本，編譯者是陳揚炯先生。此書編譯者並未採用全本翻譯，而是節譯數章，就完整性而言，是有不足處。而其中部分題解說明，或經本義理之闡釋，似與原典所載稍有出入。或可能因其目的在以白話本推廣讀經，故於體例或內容上稍有變通之舉。

（二）完整收錄慧遠著作者

　　這類的本子，是較完整收錄慧遠著作的輯本，亦即不但收錄《大乘大義章》，也收錄慧遠其他散見於古籍中的單篇著作。例如：

1・《慧遠研究・遺文篇》

　　由（日）木村英一主編的《慧遠研究・遺文篇》（東京都：創文社，1960-1962 年 3 月）一書，所收錄內容分爲兩部分，一是《大乘大義章》，收錄的《大乘大義章》版本是以京都東山禪林寺永觀堂所藏，1293 年抄本爲底本，並以續藏本（增上寺文庫本）、龍谷大學本及據續藏本而補正刪改的丘檗氏校刊本，三本加以校勘而成的新式標點排印版；二是《慧遠文集》，所錄著作爲慧遠單篇文章二十九篇，其中並有慧遠與時人書信相關附文十三篇。

　　全書包括中文原文及日文翻譯、校勘及注釋。書末並附中日文重要語詞之索引，查索上十分便利。此本子的優點在於嚴守只收慧遠本身的著作，並作十分詳細的考校，其注釋甚詳，排版印刷上十分精美，易於閱覽，足可作爲工具書查覽，是目前學界公認最好的慧遠著作輯本。不過由於並未收入同時期之人爲慧遠所作的銘、誄、碑文或慧遠傳記等相關資料，對於有意利用史傳資料對慧遠生平作初步瞭解的讀者而言，稍顯不便。

2．《慧遠大師文集》

華梵佛學研究所主編的《慧遠大師文集》（臺北：泉原出版社，民國79年7月初版），內容上和《慧遠研究・遺文篇》相似，也是收錄了《大乘大義章》及慧遠散見各處文章的較完整輯本，只是沒有附錄時人相關書信這點與《慧遠研究・遺文篇》不同。

本書的特點主要是慧遠著作的蒐羅，將原文略加新式標點，重新編排，於各篇末下附小字註明原典出處，並為著作繫年，文末有附陳統先生所作的慧遠年譜。本書的輯錄，主要不在為著作注疏，因此著作內容部分並沒有相關的考校註解。通書以楷書排版，但未以字體區隔標題及本文，版面之字稍小，各篇內容未區分段落，閱讀上不甚便利。

（三）只輯錄慧遠單篇著作成文集者

1．《增篇廬山慧遠法師文鈔》

基隆法嚴寺的本子《增篇廬山慧遠法師文鈔》（基隆市：法嚴寺，1998年），是在近人項智源先生在經民國周紫垣居士、及其師沙健庵先生的輯錄之上蒐補軼事殘文而成的。本書正文前附有印光大師所作的〈晉蓮宗初祖廬山慧遠法師文鈔排印流通序〉，略述印此《文鈔》廣為流通之意。繼有項智源先生的〈重編廬山慧遠法師文鈔序〉，序中說明此版本《文鈔》篇帙蒐錄之緣起始末，十分詳盡。這個本子的內容，分兩部分：一是慧遠本身的著作，二是時人及後人對慧遠的評價、論述。在慧遠著作的部分，僅錄載慧遠單篇著作，未收錄《大乘大義章》；在時人及後人的評論部分，則廣蒐自東晉以迄民國的相關文獻，為其他諸輯本所無，惟引錄部分資料時，未註明出處，或有少許錯字外，其對隋唐以後時人有關慧遠詩文之蒐羅，洵為諸本中最詳。惟本書並無相關考校或註疏。

2．《中國佛教思想資料選編》

由北京市中華書局於1981年所編輯的《中國佛教思想資料選編》分

爲二冊，在第一冊中，輯錄的慧遠單篇著作數篇。

（四）單篇著作單行者

除《大乘大義章》外，慧遠單篇著作被單獨著錄於古籍或叢集當中的，有《沙門不敬王者論》和《廬山紀略》兩種。

1·《沙門不敬王者論》

(晉)釋慧遠述。此本收於北京市北京出版社於 1996 年（民 85）出版的叢書：《佛學精華》當中。中研院傅斯年圖書館大陸藏書區現存有此藏本。

2·《廬山紀略》

據傳爲慧遠著作的《廬山紀略》，除此題名外，還有其他題名，例如：《廬山記略》、《廬山略記》及《匡遊廬山記》等四種題名。現依本篇上述四種題名，略述各種版本及藏書現況。

（1）〈廬山紀略〉

現存以此題名，並載爲「宋·釋惠遠撰」的有三個本子：第一個本子—大正藏本、藝文本及廣文本。大正藏本收於《大正藏》第 51 冊，〈廬山紀略〉抄錄於宋·陳舜俞《廬山記》卷一之中。其二、藝文印書館本，收錄於《百部叢書集成》五十二，守山閣叢書第六函，由臺北市藝文印書館於民國 57 年（1968）出版。依據的版本，爲清道光錢氏據墨海金壺刊版重編增輯本影印。現於中研院文哲所圖書館線裝書室有藏本。其三、廣文書局本，此本所據版本未詳，但將惠遠誤爲宋人，則失之未審。慧遠寂於東晉末，尚未及於南朝劉宋，因此不論是將慧遠題爲宋人或劉宋時人，皆不正確。本書是由臺北廣文書局於民國 58 年（1969）出版的本子。

（2）《廬山記略》

題名爲《廬山記略》，並載爲「宋·釋惠遠」撰的版本有四種本子：

藝文本、中華本、博古齋本及新文豐本等四種。其一、藝文印書館本是由臺北市的藝文印書館於民國五十七年(1968)出版。此本據嚴一萍選輯自《守山閣叢書》，原刻影印百部叢書集成初編第五十二冊（編號.2998），而此刻本乃據清道光錢熙祚校刊線裝本影印。其二、北京中華書局本，由北京市中華書局於 1985 年[民 74]出版的這個版本來源與上述藝文印書館本同，惟經過重新排印。此本現於中研院文哲所參考室叢書區有藏本。其三、上海博古齋景印本，此本爲上海博古齋於民國十一年(1922)景印本，爲線裝書，計四頁。此本錄於《守山閣叢書・史部・56》，據據清道光二十四年(1844)金山錢氏本影印。現於中研院傅斯年圖書館古籍線裝書區有此藏本。其四、新文豐本，此本收於臺北市新文豐圖書公司於民國 74 年（1985）出版的《叢書集成新編・史地類》第 90 冊，據守山閣叢書本排印。中研院傅斯年圖書館中文圖書區現有此藏本。

（3）《廬山略記》

宋・釋惠遠撰。以此題名者有二本：四庫本及臺灣商務本。其一、四庫全書本，本書藏於景印文淵閣四庫全書，第 585 冊，頁 13-41。附錄於宋・陳舜俞輯補的《廬山記》之後。此出處中的題名，稍異於其餘諸本，「紀略」二字作「略記」。其二、臺灣商務本由臺北市臺灣商務印書館出版於民國 72 年（1983）。此本據國立故宮博物院藏本影印。

（4）《匡遊廬山記》

由上海市的中華書局於民國 13 年（1924）出版，錄於《古今遊記叢鈔》第 5 冊。現藏於中研院傅斯年圖書館中文圖書區。此本題名《匡遊廬山記》與諸本不同，名爲「魏僧慧遠」所作，亦誤也。慧遠生卒於東晉，既非曹魏亦非南北朝之人。

第三章　慧遠的佛學思想

　　慧遠的佛學思想取向，向來是學界研究的爭議重心。問題集中在慧遠佛學立場的定位，以及其思想是否具有內在的一致性上。就慧遠的佛學思想立場的定位而言，學者間有三派看法：一派主張慧遠的佛學思想是繼承道安般若學為基砥的，例如湯用彤；第二派主張慧遠佛學的根本立場是小乘毘曇學實有論，例如呂澂及方立天等；第三派則在調和或折衷前兩派說法，認為慧遠是兼攝大小乘學的，例如區結成、劉貴傑及陳廣芬等。前兩派學者的觀點，目的在統括出慧遠佛學思想的特色，因此，背後似預設慧遠佛學思想具有貫通於內在的統一性。第三派觀點，由慧遠學思歷程的轉變，注意到慧遠在各時期佛學思想的歷時性，因此，對於般若學與毘曇學在慧遠佛學思想中所居的地位，也有相當的處理。換言之，主張第三派觀點的學者，已開始注意到慧遠佛學思想前後期是否具備內在一致性，以及有無統貫其思想的中心概念等問題。

　　但不論以上何種主張，或許還存在著一些理論內部有待進一步處理的問題。具體地說，若如第一派學者所主張，慧遠的根本思想是般若學的話，首要面臨到的問題，即是如何處理慧遠所曾修習的毘曇學，在慧遠佛學思想中占有何等的地位。這個毘曇學在呂澂及方立天等學者的研究中，是被引證作為慧遠是極微實有論的例證。此外，這也關涉到慧遠在與桓玄討論當時所流行的形神是一元還是二元的論諍中，主張「神不滅」，其所謂的「神」與「不滅」二詞在其義理體系中的定義問題。尤其，慧遠在遍學博覽大小乘學派的觀點後，如何重新看待往昔所修習的般若學，也值得進一步探究。總之，由主張慧遠佛學思想立基於般若學所提引的以下疑慮，可能是主張此派觀點的學者在理論背後，所無法逃避的問題。

　　若就第二派學者觀點，慧遠的基本立場如果不是般若學，而是毘曇學，將如何說明慧遠的禪法，何以是採取般若系統的「般舟三昧」？另外，結社念佛，禮敬阿彌陀佛，願生西方淨土的大乘思想，又如何合理地安放在小乘毘曇學之中呢？此爲主張慧遠的佛學是立基於毘曇學之論者，所須面對的論題。

　　此外，上述第三派學者雖已關注到慧遠佛學思想的發展進程，也試圖爲慧遠的佛學思想建構系統性，並說明其思想可能存在的「矛盾」或「駁雜」。較之於前二派學者的研究進路，是屬於由宏觀角度來觀察的，但在文獻的具體解讀及詮釋上，細微的分析反而較之前兩派不足。

　　本章處理慧遠佛學思想的相關問題，主要分成六節。

　　第一節檢討慧遠與「格義」佛學的關係。本文擬由有關道安、慧遠師徒被慧達視爲「本無宗」，以及慧遠與鳩摩羅什使用「連類」之事例，分析慧遠的「本無義」，以及「格義」與「連類」的區別。

　　第二節是探討毘曇學在慧遠佛學思想中的位置，這個問題由來已久，前人的研究仍有可商榷之處，故本文別爲一節，獨立出來處理這個問題。本文以爲慧遠重視毘曇學，可能是來自於慧遠繼承道安對當時「格義」佛教的反省。援用的資料包括：慧遠曾登座說般若實相義，在不得已時引用莊子學以爲「連類」，以及曾奉師命至江陵探視臥病的竺法汰時，與曇壹共斥道恒心無義等事的分析，由此來檢討慧遠運用毘曇學的基本立場。

　　第三節分三部分處理：一是處理慧遠研修般若學而寫的《法性論》的思想。二是慧遠與羅什般若學之比較，重點放在《大乘大義章》及相關作品的解讀上；三是慧遠與僧肇般若學之比較，文本分析放在《法性論》及〈般若無知論〉中所保留兩人思想殘文的討論。

　　第四節處理的主題是慧遠的禪法，本節順著前三節問題繼續而下，處理慧遠般若學與羅什、僧肇之同異後，分析毘曇學在慧遠般若學中的位置，再談慧遠建立在般若空觀基礎上的般舟三昧禪法。般舟三昧談體

證畢竟空三昧，也強調六度，解行並進的大乘禪法。在慧遠的〈大智論抄序〉、〈念佛三昧詩序集〉及〈廬山出修行方便禪經統序〉等相關作品中，除介紹曾接觸的禪法外，也談到自己的禪觀。而屢爲後世敬崇爲淨土宗初祖的慧遠，其主張的般舟三昧，卻與後世淨土宗所宗的稱名念佛，有所不同。

　　第五節是主要處理的是慧遠佛學思想中的淨土觀。由於淨土思想原本在印度是散見於大乘經典的思想，並未成爲獨立的宗派，在大乘經論傳入中國後，淨土思想漸漸受到中國佛教徒的重視後，淨土宗才成立爲一個獨立的宗派。因此，考察早期中國佛教淨土思想的發展，（例如慧遠佛學思想中的淨土觀），並不一定要在後世所宗的淨土宗三經一論中找到根據，實則在慧遠的般若學師承中，已可蒐集到淨土思想的相關線索。由於本章以處理慧遠佛學思想爲主，因此，有關慧遠與淨土宗淵源關係的考察，將另置於第六章第一節中詳論。

　　第六節處理的是慧遠的戒律觀。承繼安公嚴持教戒之師承，重視律典蒐譯的慧遠，曾立有「遠戒」及持戒事蹟，至臨終前，都不敢稍有放鬆，乃至爲恐死後弟子不依其遺志露屍松下，而事先親製遺誡等，都表現出他在戒律行持上的嚴謹，本書依此些線索考察其戒律觀。

第一節　慧遠與「格義」佛學

一、東晉格義佛學的反動

　　漢末佛教初傳中國，多比附道家神仙方術，佛被視能昇天不死的仙人，而受帝王歡迎。[1] 據傳爲第一部漢譯佛典的《四十二章經》，經中談到

---

[1]　《後漢書》·〈孝桓帝紀〉、〈楚王英傳〉載有帝王及諸侯奉老子、浮屠事，其中描述佛之形相及特徵爲：「佛身長一丈六尺，黃金色，項中佩日月光，變化無方，無

修行者如何依循修習階次而達至阿羅漢果，經中對「阿羅漢」的描述是「能飛天變化，曠劫壽命，住動天地」，但據湯用彤考證，在巴利文的《四十二章經》當中，並沒有這段說到阿羅漢能飛天之記述。[2]因此可見，佛經傳譯的過程中，譯經者爲弘法之目的而有意識地迎合時俗的傾向。

佛法漸弘於中土後，佛教與中國文化間的價值衝突問題，也開始浮現出來。社會上對於佛教許多教戒、制度，諸如剃髮、服制、不婚等開始有許多的反對聲浪，認爲與中國的儒家禮教有很大的衝突。當時即有以佛教徒立場自居的牟融，編撰這些問難，並一一予以解答，集成《理惑論》。[3]至三國時期，外國譯經僧康僧會在編譯《六度集經》時，即已開始用儒家的一些基本德目來解釋佛教的「六度」，並認爲儒家《易》學所云積善餘慶，積不善餘殃之理，與佛教因果報應之理是相通的，因此說「儒典之格言，即佛教之明訓也。」[4]試圖將佛教與中國本土原有的思想與禮制結合起來，以作爲勸說在位者（孫浩）的方式。此外，孫綽「製《道賢論》，以天竺七僧，方竹林七賢」，[5]以佛教人物比類中土名士的作法，也都是爲了宣教方便而作。不過，這些對於佛教教戒制度的問難，都還不是以佛教義理爲主體的，由於對佛教的認識不深，因此只能立於以儒道思想爲根據，外依佛教徒剃髮、服制、無後等事而論，內以神靈等概念來談輪迴的因果報應說，論佛教各方面與中國文化的牴合之處，判定儒道佛聖者、禮法高下，但究論其內容，實仍談不上有能力自覺地去分別儒釋兩家思想上的根本差異。

所不入，故能化通萬物，而大濟群生。」此述猶將佛德配於天地，同於天子。而牟子《理惑論》直接將佛之名號比附於古帝賢王：「佛者，謚號也。猶名三皇神，五帝聖也。」就這些內容而言，或不及於佛教義理的「格義」，但也可視爲一種比附。

2　湯用彤《漢魏兩晉南北朝佛教史》上冊，第五章佛道，頁100。
3　《弘明集》卷一，大正藏第52冊，頁1上-7上。
4　《祐錄》卷十三‧大正藏第55冊，頁96下。
5　《高僧傳》卷一‧〈竺法護傳〉，大正藏第50冊，頁327下。

　　佛教傳入中國，歷經漢末清談議論國事、品鑒人物，三國至西晉玄學興盛後，因佛教譯經事業發達，中國知識份子參與佛教活動，漸漸產生六家釋般若實相義的「格義」佛學，此種玄佛合流的佛教學派發展至東晉達到頂點，直到東晉末道安對「格義」佛學的反省，始開啓中國人正視佛教眞實義諦的探求。而在此之前，佛法在中國的傳譯，是附庸於儒道二家而被接受、理解的。[6]

　　若不論佛教與中國文化的差異，單就兩晉時期佛教思想與中國思想文化間的關係，學者間多以爲：由於玄學是產生於本土顯學思想，外來思想要進入中國，必當是以玄學作爲比附的階梯，是玄學影響了佛學，所以產生了格義佛學，所此階段的佛學又往往被稱爲是「玄學化」的佛學。但是，如果我們就佛教於漢末即已傳入中土，和西晉才發展成規模的玄學思想比較，兩者在中國發展的時間上，佛典在中土的傳譯是要比玄學（尤指三玄用語的成熟階段）在中國的發展來得早的。並且早期佛經譯講並施的譯經形式，也允許聽者於講經的同時，可以提出質問，而隨著佛教傳佈的普及，如此譯講同施的譯經形式對於原本中土即已流行的玄談風氣，或不無影響。因此，究竟是「格義」佛學被「玄學化」了，還是「玄學」的發展曾受到佛理的影響，都還是具有爭議性的問題。無論如何，玄學作爲中國知識份子接受佛學的橋樑，是可以確知的。

（一）格義佛學的產生

　　若回顧「格義」現象的產生，最初是和佛典的翻譯有密切關係的。例如早期《放光般若經》的譯出，即有梵漢音訓難通的情形，西元 303 年，竺法寂與竺叔蘭自以所得胡本，共同校對先前無羅叉所譯得自朱士行弟子所攜回胡本《放光經》的漢譯，經此胡漢對譯後，仍發現：

6　道安〈鼻奈耶序〉：「以斯邦人莊老教行，與方等經兼忘相似，故因風易行也。道安常恨，三藏不具，以爲闕然。」大正藏第 24 冊，頁 851 上。

> 經義深奧，又前後寫者，參校不能善悉。……晉胡音訓，暢義難
> 通，諸開士大學文生，寫書供養誦讀者，願留三思，恕其不逮也。
> [7]

在西晉時期，佛典的漢譯，仍多仰賴外國譯經僧學習漢語嫻熟後，才進行翻譯工作，因此，不但需要譯經者費時曠日地學習中文，並理解中國文化，其譯典文字表達上的晦澀不通，實際上也表現出文化的隔閡。因此，在上述未詳作者的〈放光經記〉中不但說到佛典音義轉達上的困難，也告訴讀者往後在閱經時，仍必須要自己留心經旨，以補譯筆不足之處。而自道安閱讀早期的《般若經》譯本，即有經旨文義不明的困惑，恨不能面見支讖、竺法護而詳索。直到道安為符堅獲至長安，主持譯場後，大量譯出上座部經論，譯本品質的問題，方才較為改善。而道安也因為主持譯場，有所感悟，乃整理出佛典翻譯時「五失本三不易」之難處。[8]佛典的漢譯品質，開始有實質上的改善。

佛教在傳譯時，因對於外來文字的不甚理解，一開始被注意到的可能是胡漢音譯上問題。然而，佛典的漢譯，當不僅為單純文字翻譯上的問題。僧祐在《出三藏記集》卷一的〈譯經音義同異記〉當中，即由後設的態度去分析早期的譯經：

> 夫神理無聲，因言辭以寫意；言辭無跡，緣文字以圖音。故字為
> 言蹄，言為理荃，音義合符，不可偏失。是以文字應用，彌綸宇
> 宙；雖跡繫翰墨而理契乎神。……譯者，釋也。交釋兩國，言謬
> 則理乖矣。自前漢之末，經法始通，譯音胥訛，未能明練，故「浮
> 屠」「桑門」，遺謬漢史，音字猶然，況於義乎？[9]

文字固然為假以載道的工具，似具有一定的客觀性，但是不同的語言，也就意味著不同的文化，語言本身就是文化的一部份。不同民族之

---

7 《祐錄》卷七‧未詳作者〈放光經記〉第三，頁 47 下。

8 《祐錄》卷八‧〈摩訶鉢羅若波羅蜜經抄序〉第一，大正藏第 55 冊，頁 52 中下。

9 《祐錄》卷一‧〈譯經音義同異記第四〉，頁 4 中。

間語言的轉譯，表面上看來可行，事實上，在轉譯過程中極可能存在著文化差異被漠視、被強制地等同的情形。早期的譯經僧雖然有過轉譯上的困惑，但在以弘法爲目的宗教情操上，這些問題很快地就被「克服」了——以所傳法地「在地的」思想觀念來比附，即能夠有效地達到傳教的目的。而此階段，譯經者還未自覺到語言對人的支配性，文化的差異性仍然是被忽略的。僧祐在這段批判的文字當中，即是針對早期譯經的這個問題而發。

早期的佛典漢譯，多是稍闇漢語的外國譯經僧在口誦胡文經本（各種西域文字或梵語）後，再進行翻譯及解說的工作，此時期漢地闇胡語之漢人參與佛典翻譯工作者少。因此，早期的佛典漢譯者在譯講並進的形式中，或許只是想求忠實地呈現經典原來的意思，但發現到在傳譯的民族中並無相應之語詞時，或以音譯保留原來佛典的字句，或只有找相類的語詞暫代時，即可能產生文化認知或意識型態上的問題，漸漸地，外國譯經僧來華日久，嫻熟漢語，以及漢人參與譯經工作漸多，譯典語言受譯者文化思考的主觀介入情形，也隨之增加。換言之，「格義」是作爲中國人理解佛法的手段？還是一個意識型態上根本的移轉？即是十分值得思考的問題。

在異質文化進入到一文化體系時，即可能與本土文化在各種層面上發生互動，實難完全斷論是誰影響了誰。就佛典在中國的傳譯而言，或許就兩種文化交涉初期而言，語言作爲工具性質的意味較濃，但久之，互動到達成某種共識之際，語言反客爲主地成爲支配性極強的意識型態的表現。此時，語言已不單純是翻譯的工具，而是主導意識型態的表達主體。至此，佛學已不再是早期冀借用三玄語詞的工具性來受到中國人肯定的外來宗教文化，而是在中國開宗立派，具有「混血」身分的中國佛學了。兩晉釋般若實相義的六家七宗即是其代表。過去的學者，多以佛學的「純粹性」或「正確性」來看待或要求六家七宗佛學觀點，而納其爲「玄學化」的佛教，甚至斷定其不具佛教應有的正觀。固然以「純

粹性」或「正確性」來要求這段歷史中的諸宗諸派學說，是合理的要求，不過這樣的觀點，也是很後設的。必當是這樣「不夠純粹的」、「不夠正確的」學派出現在史上一段時間後，後世「更純粹」、「更正觀」的觀點出現後，才可能產生從這種觀點而來的反省。道安即是在這樣一片以「格義」爲手段，開宗立派的奇辭詭說之風中，力排眾說，嚴斥「格義」不當的第一人。

（二）道安晚年的反對「格義」

　　談到道安反對「格義」之前，必須瞭解到道安之前的「格義」現象。首先，佛典在中土的傳譯，據傳始自東漢明帝求法，[10]而玄學（非漢末清談）的宣倡則始於魏晉之際，就二事發生時間而言，佛典的傳譯是要比玄學早的，因此，至多也只能說佛教最早在中國的傳遞，是被視爲道家、神仙方術的一種，而被皇族所接受的，並不是經由義理上「玄學化」而被接受的，因此，還談不上是「玄學化」的佛學。至漢魏之際，始有「格義」佛學的產生，據《祐錄》卷五‧慧叡（355-439）〈喻疑論〉所載，漢魏之際，已有「格義」講傳：

> 漢末魏初，廣陵彭城二相出家，並能任持大照，尋味之賢始有講次，而恢之以格義，迂之以配說。下至法祖、孟詳、法行、康會之徒。撰集諸經，宣暢幽旨，粗得充允，視聽暨今，附文求旨，義不遠宗，言不乖實，起之於亡師。[11]

　　此處所說的「格義」，是時人在譯經之外，另單獨設有講次，宣說佛法，以迂曲地「配說」方式來講解佛經，亦即：漢魏時的「格義」，並不直接以佛教內典來說解佛理，而是迂曲地以世學來解釋佛典。可見「格

---

[10] 湯用彤《漢魏兩晉南北朝佛教史》上冊，（臺北：臺灣商務，民國 80 年 9 月臺二版），頁 29-30。

[11] 《祐錄》卷五，（大正藏第 55 冊），頁 41 中。

義」的產生，與漢魏時譯經形式有密切關係，弘法講經有時也可獨立於譯經之外，而單獨地設有講次宣法。但發展至東晉道安的同學竺法雅之時，「格義」的方法及內容有了部分的轉變。竺法雅的「格義」，是弘法師在為諸生說解佛典事數時，援引外典作為例證，加以配合講解。[12]竺法雅講經的對象是弟子（僧徒），不但與漢魏的講經「格義」對外弘法的對象（貴冑、一般教徒）不同，就方法而言，竺法雅特別「以經中事數擬配外書」，也比漢魏之際寬泛地說以外典來「配說」佛理，要規定得更清楚些。據慧叡所說，到了道安晚年已對「格義」方法有所反省，並說到道安「附文求旨，義不遠宗，言不乖實」實事求是的解經態度。「附文求旨」是就文字本身其探求其意義，「義不遠宗」是不離開佛法之外探求義理，「言不乖實」是力求忠實於原義的推解，不妄作詮釋。換言之，道安對於「格義」的反省，在於原則性地守住佛法的根本研究精神，不假外求於世學。這是慧叡依觀察當時的現況，而對其師道安的評價。

　　依史傳所載，道安的反對「格義」，具體表現在兩件事上：一是在飛龍山與僧光相聚時（AD349），曾對僧光表示反對前人「格義」的不當；其次是「特許」慧遠不廢俗書。前者由道安與僧光兩人的對話，可看出其明確的態度；[13]後者，論者或以為道安「特許」慧遠用俗書講經，不正是「格義」的表現嗎？本文以為不然，史傳載「特許」一詞，正說明平時是「不許」用俗書的，因道安對慧遠而特別許用俗書，足見慧遠對般若實相的領解，是得到道安肯定與信任的。

---

[12] 《高僧傳》卷三・〈竺法雅〉傳，（大正藏第 50 冊），頁 347 上。另有關「格義」之詳考，請參考拙稿〈格義新探〉，《中國學術年刊》第 18 期，民國 83 年 3 月。另外《陳寅恪先生全集》上冊，（臺北：九思出版社），也談到竺法雅「格義」的「為生解之例」，可能與漢文典籍訓詁注疏的形式有關。

[13] 《高僧傳》卷五・義解二・〈飛龍山釋僧光〉傳：「因共披文屬思，安曰：『先舊格義，於理多達。』光曰：『且當分析逍遙，何容是非先達？』安曰：『弘贊理教，宜令允愜，法鼓競鳴，何先何後？』」（大正藏第冊），頁 355 上。此段「格義」資料的相關討論，請參考拙稿〈格義新探〉，《中國學術年刊》第 18 期，127-157。

二、慧遠對道安反對「格義」的繼承與發展

（一）慧遠對應「格義」佛學所採取的對策

1・以「連類」取代「格義」

慧遠在剛入道安門下不久後，安公即令登座講般若實相義。在過程中屢有客僧提問，兩人往復推移，愈增疑昧時，慧遠不得已只好用當時流行的莊子義來「連類」，則「惑者曉然」。[14]這個事件的背後，我們或可觀察到：當時的聽眾仍處於以外書比附佛理的思惟模式上，因此，當慧遠引外書「連類」之後，表面上看來，原本的疑惑都已迎刃而解了。不過，當進一步問：惑者所「曉」的內容，又是什麼呢？是否可能落入以「指」為「月」的語言陷阱？實則，慧遠在此情境下為引渡眾人而採用了「連類」法，或只能說是一種「方便」，並不是究竟的目的。而這樣的方法，由安公乃「特許」其不廢俗書，也表明了此非安公門下所許用的方法，只因於安公對於慧遠般若學的肯定與讚賞，所以才允許慧遠在不得已的情況下，可以用此法為時眾解答困惑。由此可看出道安治學嚴謹的態度，不僅是對當時「格義」佛學的反省，對弟子弘法態度的教育，也具有嚴格的標準。而在面對廣大受格義之風影響的群眾時，採取的是以「方便」接引進入佛教的態度，期以積學之功改易時風。

若直以「連類」等同於「格義」，事實上是不正確的。在《高僧傳》的記載中也曾提到鳩摩羅什使用「連類」，來為他昔時在西域修習小乘學的老師盤頭達多說法：

> 什得師至，欣遂本懷，為說《德女問經》，多明因緣空假，昔與師俱所不信，故先說也。師謂什曰：「汝於大乘見何異相，而欲尚之？」什曰：「大乘深淨，明有法皆空，小乘偏局多諸漏失。」師曰：「汝

---

[14] 《高僧傳》卷六·〈釋慧遠〉傳：「遠乃引莊子義為連類，於是惑者曉然。」（大正藏第 50 冊），頁 358 上。

說一切皆空，甚可畏也。安捨有法而愛乎空？如昔狂人，令績師
績線，極令細好，績師加意，細若微塵，狂人猶恨其麤，績師大
怒，乃指空示曰：『此是細縷。』狂人曰：『何以不見。』師曰：『此
縷極細，我工之良匠，猶且不見，況他人耶！』狂人大喜，以付
織師，師亦効焉。皆蒙上賞，而無實物。汝之空法，亦由此也。」
什乃連類而陳之，往復苦至，經一月餘日，方乃信服。[15]

　　在這段記載中說到羅什爲其小乘師說大乘方等空義，由於無法乍然
令其接受，於是只好用「連類」的方式來進行解說。慧皎這裏的「連類」
一詞，是指羅什以小乘義理比附方等空理所進行的講經方法，與在說明
慧遠以莊子義「連類」般若實相義時，所用的語辭是相同的。換言之，
依慧皎使用「連類」一詞的情況，並非指限於以外書比附佛理，也通於
用小乘義說大乘法，這一點是很重要的。因爲，在前人論述的觀點中，
以爲慧遠受到道安的「特許」，可以不廢俗書來講解佛理，是「格義」的
一種表現。如果我們允許羅什用「連類」來講經的方式並非「格義」的
表現，而只是一種講經立場上的方便，並非講經者本身刻意對義理有溢
出的詮解，那麼，當不宜以雙重標準來看慧遠的「連類」。更何況，此二
例皆同是《高僧傳》作者慧皎所作，其用語之內容及外延，應是相當的。

　　若平等地肯定遠、什兩人的「連類」方法，都是在「方便」下的施
設，那麼，即可以進一步探問：「連類」與「格義」兩者的根本差異何在？
本文以爲「格義」原開始可能只是翻譯的問題，是以類似詞語 B 比附外
來概念 A 的意思，後乃至以比附所用之詞義本身（b），即爲被比附之詞
語的本意（a）。用符號來表示的話，原來是說 A（佛家的空）很類似 B
（道家的無）（此指漢末的格義），但後來甚至變成：B=A，進而成爲 b=a
（六家七宗之實相義即此類）。而「連類」則是在講解 B 很像是 A 時（B
≒A），同時說明這兩者之間仍是不等同的（b≠a），比附的概念與被比附
的概念間，乃存在著本質上的差異。

15　《高僧傳》卷二〈鳩摩羅什〉傳，（大正藏第 50 冊），頁 331 上中。

「格義」與「連類」這兩種方法之間乍看下，極為類似，但不論就方法的精神上、或義理的根本上說，是完全不同的。即便是博學深思如羅什，在遇到像昔日小乘師時，也不得不用「連類」的方式來解說大乘法，乃至往復達月餘之久，師徒兩人之間猶是佛教內部的義理高下之爭，更何況慧遠所面對的，幾乎是對佛學不太理解的聽眾呢？而這些聽眾，還擁有各自累積的思想背景？顯見用「連類」方法講經，由於講解上較為曲折，在理解上也需要花費一番工夫，不過，也不至於讓聽者混淆比附及被比附二者的界限。相較之下，「格義」就顯得直接而容易多了，不必花費力氣去試圖達到忠實地說解佛教名相的原始目的，只要使用當時流行的語詞，闡發自己的見解，自立學派就好，此中已非徒求翻譯如實，多少有創造性詮釋的意思在，本質上也已多少改變。

2・駁斥道恒「心無義」

由《高僧傳》本傳所載，慧遠曾駁斥當時主張「心無義」的釋道恒，就此看來，慧遠是反對「六家」的格義之說的；不過，到陳・慧達在《肇論・不真空論疏》對「六家」作歸納時，卻把道安與慧遠都歸在「本無宗」內。但事實上，慧遠對於「格義」的看法與立場，又究竟如何？

首先就慧遠曾在揚口與曇壹共斥道恒「心無義」事來談。據本文第二章生平事蹟所考，此事約發生於東晉升平四年（360）秋。慧遠受師命往江陵探視遇病的師叔竺法汰，因聽聞竺法汰告知道恒大闡「心無邪說」於揚口，應該要破斥之，乃與法汰弟子曇壹共斥道恒「心無義」。依陳寅恪所考，晉時執「心無義」的有：支愍度，道恆及竺法溫（法蘊）等三家，三人所處時代，以支愍度最早，而斷此義為支愍度所創。[16] 本文依《高僧傳》慧遠本傳已知：慧遠與曇壹所共斥之心無義為道恆一家。而本傳還說到：「慧遠設席而玄風止」，似肯定慧遠繼承道安破斥「格義」之不當的遺志。

---

16 湯用彤《漢魏兩晉南北朝佛教史》引陳寅恪《支愍度學說考》，（上冊，臺北：臺灣商務印書館，1991 年臺二版），頁 267。

3・慧遠本無義並非六家中「本無宗」義

在陳・慧達作《不眞空論疏》時，對於東晉僧肇《肇論》中所破「六家七宗」中的三家義，又有進一步的闡釋，認爲僧肇所斥三家爲：心無宗（竺法溫），即色宗（支道林），本無宗（釋道安及慧遠）。原來《肇論》中並無明指三家代表人物。至慧達始明指出各家代表人物。到唐・元康《肇論疏》中，所指的三家，與慧達所說已不同：心無（支愍度），即色（支道林），本無（竺法汰）。僧肇、慧達及元康所指三宗代表人物，簡單表列如下：

	心無宗	即色宗	本無宗
僧肇《肇論》	未明指代表人物	未明指代表人物	未明指代表人物
慧達《肇論疏》	竺法溫	支道林	道安及慧遠
吉藏《中論疏》	竺法溫	關內即色義	竺法深
元康《肇論疏》	支愍度	支道林	竺法汰

依上表，將道安師徒列於本無宗的始於陳朝的慧達，在唐代元康分判三家當中，列爲本無宗的是竺法汰。而隋代的吉藏在《中觀論疏》卷二，則以爲僧肇《肇論》中所評的三家心無宗（竺法溫）、即色宗（破關內即色義，非支道林一家）及本無宗（竺法深），其中，並不包括道安。吉藏談到羅什入關前，中土的本無義有三家，不過，吉藏只明白指出兩家本無義代表人物的名字，一是道安本無義、二是竺法深本無義。吉藏並說到僧肇在《不眞空論》中所破的是竺法深的本無義，而認爲道安本無義與羅什、僧肇師徒之釋方等深義無異：

> 什師未至長安本有三家義：一者釋道安明本無義，謂「無在萬化之前，空爲眾形之始，夫人之所滯，滯在未有，若詫（案：記疑當爲宅）心本無，則異想便息。」睿法師云：「格義迂而乖本，六家偏而未即」，師云：「安和上鑿荒途以開轍，標玄旨於性空，

以爐冶之功驗之，唯性空之宗最得其實。」詳此意安公明本無者，
一切諸法本性空寂，故云本無，此與方等經論什肇山門義無異
也。次琛法師云，本無者未有色法，先有於無故從無出有，即無
在有先有在無後，故稱本無，此釋為肇公不真空論之所破。[17]

　　由以上的敘述，足見復興中觀三論的吉藏，對道安師徒思想的理解
是極不同於以僧肇後學自居的慧達與元康的。其等視羅什師徒與道安師
徒對般若學理解的態度，不單因其復興三論的身份，也就此一異於其他
《肇論》繼承者的判斷結果，都是值得玩味的。被僧肇之末學視爲本無
宗的道安、慧遠，甚至是竺法汰，基本上是來自同一學統的一群人。道
安與竺法汰都是佛圖澄的弟子，尤其在佛圖澄的弟子當中，道安與法汰
兩人的情誼最爲深厚，自離開佛圖澄後四處弘法，兩人即結伴同行，直
到道安至荆襄弘法，竺法汰也都相隨左右；道安的弟子慧遠，也是自出
家後即隨侍在道安的身邊，一直到安公爲符堅所獲，兩人才分開。因此，
長安僧團視爲本無宗的道安、竺法汰和慧遠，在學統上可說是以《放光
經》爲宗同一學統之學僧。再進一步說，道安等人之被名爲「本無義」
的代表人物，是因爲他們常講《放光經》，而《放光經》中輒以「本無」
（羅什以前的譯語）名「空」（羅什譯語）之故。因此，就慧達《肇論疏‧
不眞空論疏》云：「廬山遠法師本無義，云『因緣之所有者，本無之所無。
本無之所無者，謂之本無。本無與法性同實而異名也。』」[18]

　　就此而言，慧遠說「本無義」，並非如「六家」的「本無宗」本體論
式的以「本無」爲萬物的根源，而是就「緣起性空」與「法性」的角度
來說本無的。依慧達此處所引，意思是說：有之所以存在，是因緣和合
而成；既是因緣和合而有，即可明白法無自性，故當體即空。所以說「本
無」和「法性」是「同實而異名」的。事實上，誠如吉藏在《中觀論疏》
中所明白說到的，僧肇所破本無一家，並非指道安本無義，而是竺法深。

因此，慧達雖將道安與慧遠師徒視為是格義六家中的「本無」一家，然而，就慧達自己所引的這段慧遠「本無義」的引文，卻正足以證明慧遠的「本無義」並不是如後來曇濟在〈六家七宗論〉中「本無宗」所說的「本無義」。由此，慧遠非為「六家」中的「本無」一家，是可以確定的。換言之，慧遠駁斥道恒，乃承自師門（道安、竺法汰）反對「格義」之不當而發的。其斥「心無義」時，非執「本無宗」之義而論，是可知的。[19]

根據《高僧傳》卷五〈竺法汰傳〉所載慧遠斥道恒「心無義」一事，可以看出慧遠對於「心無宗」所提出「不疾而速」說法的批駁。[20]有關慧遠在此辯論中，被節錄下來的精彩對話「不疾而速」的相關資料，在慧達及元康《肇論疏》中留有一些記載（詳本文第四章第二節），但資料片斷不全。慧遠此處所批判的「不疾而速」，原典引自《易·繫辭傳上》的「唯幾也，故能成天下之務；唯神也，故不疾而速，不行而至。」依儒家的說法，此文謂易以寂感為體，見微知著，開物成務；而此易體又是神應萬物，為不疾而速，不行而至的。不過，因未詳慧遠所批判的道恆的原文為何，故難以判定慧遠此處論及織布機上的「杼柚」的目的何為。若配合慧遠後來在與羅什的書信中所提到的「若法身獨運，不疾而速，至於會應群粗，必先假器。假器之大，莫大於神通」來看，「不疾而速」指的是佛法身的變化妙用，為圓應於眾生所需，而作種種變化身。由此發現：慧遠對於自己的意見說法，表現於文字或言談時，經常是隨著對象層次的不同而應機說法的。像在斥道恆心無義時，由於聽講大眾的玄談偏好及通俗之程度，慧遠即以世俗意義上能解的方式來破斥其說，基本上重點並不在發明新義，或澄清義理，而在於破斥該說而已。而在對

19　黃德昌《觀色悟空——佛教中觀智慧》一書中談到：「道安的高足弟子慧遠，也是一個以“格義”的方法去弘揚“本無”宗的佛教領袖。」（成都：四川人民出版社，1995 年 4 月第 1 版），頁 142。即僅就字面上有「本無」二字而論，並未就義理上深究。

20　原引文請參考第二章第一節，註 29。

教內者如羅什等人談話時，則表現出深厚的佛學基礎，例如在《大乘大義章》各章，則無不探討較爲深入的佛理議題。若能釐清慧遠此二種態度，對於解讀慧遠作品，當有莫大的幫助。

　　道恆有關心無義之相關論述，現已不存。但依吉藏《中觀論疏》卷二末所錄的支愍度心無義來看，所謂「心無」，是指「無心於萬物，萬物未嘗無」，雖謂在心的修持上不執於萬有，但仍肯定萬物本身的實有性，如此一來，已非佛教由緣起說明諸法性空之眞諦。而慧遠對於心無義的破斥，有重要的意義：慧遠般若學立場是堅定的，並不同意在緣起性空的眞理之外，諸法別有自性存在。慧遠依般若學的觀點，破斥實有說，實屬自然。一直到慧遠後來接觸到毘曇學，發現佛典中也有類似實有說的觀點，十分地驚訝，乃進而思索諸佛典及佛教各學派思想彼此間所可能具有的差異性，而就教於羅什。

　　慧皎記載慧遠破心無義後，接著並下了一個結論，說「心無之義，於此而息」。然而，六家中的心無義是否由此遂息，或不盡然，因心無義有三家（支愍度、竺法溫及道恆），慧遠所破只爲道恆一家而已，又「六家」發展至劉宋曇濟作〈六家七宗論〉時，顯然已擴展爲「七宗」；又，《祐錄》卷十二所收錄的陸澄《法論目錄》中，載有「〈心無義〉桓敬道，王稚遠難，桓答」及「〈釋心無義〉，劉遺民」二條，桓玄與劉遺民與慧遠同時，其二人宗心無義，晚於慧遠斥道恆心無義，可知心無義並未完全止息，故上述慧皎所稱，恐爲溢美之辭。

4・三玄用語與「格義」的關係

　　吾人不能由作品文字特色來判斷思想上「格義」與否，舉例而言，秦人所云「解空第一」的僧肇，在他傳世的《肇論》及《維摩經注》當中，其相當份量的三玄用語，恐怕較之慧遠作品所用的還有過之而無不及，只不過，世人還是不懷疑他佛學思想的正統性。但是，同時期作者的作品中若有三玄用語，輒屢被視爲「格義」。其間差別的標準何在？

若檢視僧肇在早期完成的《般若無知論》中的文字特色:「是以至人處有而不有,居無而不無。雖不敢於有無,所以和光塵勞,周旋五趣,寂然而往,怕爾而來,恬淡無為而無不為。」[21]及〈答劉遺民書〉所言:「且夫心之有也,以其有有。有不自有,故聖心不有有。不有有,故有無有,有無有故,則無無;無無故,聖人不有不無;不有不無,其神乃虛。」[22]其大量引用《老子》及《莊子》書中「至人」、「聖人」、「有」、「無」等概念,以有無論聖人之心,說到「至人」不但能如老子所云的聖人一樣和光同塵,竟然還能和佛教輪迴說的「周旋五趣」結合,並說「無為而無不為」,雖則我們可以盡可能「合理地」去推測詮釋:僧肇所說的「至人」、「聖人」,指的即是「佛」。不過,這樣的文字表述方式,較之於慧遠引用《莊》、《老》用語的程度,猶有過之。

由僧肇此例觀之,僧肇猶被其師羅什及時人視為對佛教有正知見的義學僧,都尚且引用三玄用語若此,更何況如《世說新語》所言當時一般不辯義理,僅愛好其談風之美的世俗大眾?因此,在某些場合使用三玄用語講談佛理,是否足以作為判定為「格義」的唯一標準,是有待商榷的。基本上,由作者完整的作品來歸納其用語習慣,及其立論主旨,可以推知該語在其語境脈絡意義上的特殊定義,進而可依此判定該用語「格義」的可能性。然而事實上,若就三玄用語的使用情形來比較慧遠與僧肇使用「格義」的可能性,僧肇的可能性是高於慧遠的。

(二)由連類外書到內典法數正解

綜上述道安及慧遠師徒對「格義」的態度,慧遠與道安已稍有不同。道安自西元 349 年在飛龍山與僧光一席談話後,其堅持「附文求旨,義不遠宗,言不乖實」的解經態度,始終未有改易。但自慧遠,中國義學僧

---

[21]　大正藏第 45 冊,頁 154 中。
[22]　大正藏第 45 冊,頁 156 上。

開始試圖不假求於外書，而自就佛學義理內在的疑思，展現其特有佛學
理論，闡發屬於中國佛學所特有的思想特質。而其不廢俗書的教學，可
謂融貫《十誦律》所特有的不廢俗書義理，才能攝服攻難的外道。[23]其不
廢俗書，在印度本來是在於收服外道義理的方便上所採取的策略，到了
中國，這個策略也同樣的被運用了，只不過，慧遠同時的六家七宗，完
全地採用外書之學來詮釋佛理，在本質上已被「同化」。而慧遠並不如此，
所以，當他以佛理說解般若實相義時，並未被時人所理解，直到他以「連
類」爲方便的手段時，惑者乃豁然而解。這裏的「連類」，只不過是比喻
而已，並不是指等同，換言之，A 只是很像 B 而已，但並不是 B。聽聞
的人，是得到具體的比喻，於是覺得自己已經明白了。不過，這惑者豁
然而解的，眞的是慧遠所要告訴衆人的實相義嗎？是很耐人尋味的。

　　事實上，慧遠的「連類」策略，只用於接引教外的世俗大衆，或是
教內的初學者，若觀之於慧遠與教內高僧羅什的對話，即可以發現，慧
遠所用盡爲正統之內典用語。慧遠在初聞羅什入關時所作通好之書信
中，盛讚羅什的入華是「栴檀移植」，「摩尼吐曜」，又說羅什在長安弘法
「令法輪不停軫於八正之路，三寶不輟音於將盡之期，則滿願不專美於
絕代，龍樹豈獨善於前蹤！」[24]書信中盡是佛法用語、典故，接下來兩人
切磋佛法的書信中，更全然是精確的內典用語，[25]看不到「連類」之詞；
而其所討論的問題，也廣及各派，深及各種異說。已非淺薄的「格義」
文字或義理的比附可言。

　　因此，爲了宣教，吸引更多人來了解佛教，道安師徒這不得已的方
便舉措，背後曲折的苦心是否能爲時人所領會，雖已無法得知，但這一
方便，也是時人踏出離開依賴外典解佛理必要的第一步。由盡可能地不
以外典解經，不得已時才引外典「連類」，到達最後完全以佛教名相來解

---

[23] 大正藏第 23 冊，頁 274 上中。
[24] 《高僧傳》卷六本傳，大正藏第 50 冊，頁 359 下。
[25] 詳本章第三節。

釋佛理，這之間的路途雖遠，但卻是必要的過渡期。而道安期以佛教名相研究佛理的理想，即表現在其重視整理詮解名相的毘曇學上。這一點，在慧遠知識論興趣的分析性格中，得到相應的符契。也為天竺說一切有部義學僧伽提婆來到中土後，受慧遠請譯有部毘曇並大獲弘揚，預先埋藏下了種子。

第二節　慧遠對毘曇學的批判與運用

印度佛典漢末在中國傳譯，最初單純地被比附爲神仙方術之學而被中國人接受。此時期，宗教上的意義大於思想上的傳遞。不過，漸漸地有人自覺到了佛老思想上的差異，兼之三玄新學方盛，參與談玄的多是士人、隱士及佛門中人，開始有「格義」的情形產生，至東晉竺法雅之時，甚而有固定的格義教本，以作爲教學之用。因此，道安有感於世人不以佛法來說明佛法的此種不妥的現狀，在避難於飛龍山時，乃有感而發，乃歎：「先舊格義，於理多違」，而致力於推廣以佛家名相研究佛理之法，而不再以比附格義爲手段，此時格義之風乃稍歇。

慧遠即是在受到其師道安的教示之後，而開始自覺地想要以佛家的名相來理解佛理之學僧，這點可以表現在他十分重視毘曇學上，這一點也是受到道安的啓發而繼續堅持下來的。因此，慧遠在思想上堅持及自我融鑄，毋寧是東晉學僧良知的自覺，爲南北朝佛學研究透顯出一道未來的曙光。

慧遠之所以重視毘曇學，與他反對「格義」的立場有密切的關係。向來學者間探討毘曇學在慧遠佛學思想中的位置時，毘曇學一直被視爲與慧遠般若學的師承有互相矛盾的關係，而前人在處理這個問題時，明顯地有兩種意見：一種是認爲慧遠的思想有其內在的一致性，爲說明其理論的一致性，所以必須曲折地來解釋其思想內部的部分疑點；第二種是認爲慧遠的佛學思想並不具有理論內在的一致性，所以其思想充滿矛盾。本文以爲慧遠思想理論內部的一致性問題，應不僅止在慧遠修習哪些學派之說，而在於慧遠個人的領悟及思想建構上。

僧傳中說到慧遠的出家因緣，是由於聽到般若學名盛關左的道安講《放光般若經》，因而開悟出家的。既而師事道安二十餘年，勤習般若學，

由於穎悟精進，在道安門下表現突出，十分受到道安的肯定，這段時期，慧遠所習，殆以般若學為宗。至道安為苻堅所獲，慧遠南下廬山之後，慧遠才有機會接觸到毘曇學。慧遠實際接觸到西來的毘曇義學僧伽提婆，是在五十八歲（東晉孝武帝太元十六年，391）時，提婆來到廬山應慧遠之請，重譯《阿毘曇心論》。接著在七十七歲（東晉安帝義熙六年，410）時，為北天竺僧佛馱跋陀羅（意譯覺賢，佛賢）在長安時遭羅什僧團所擯事解圍，並迎往廬山，後譯出《禪經》（即慧遠〈廬山出修行方便禪經統序〉中所說的《禪經》）。

以往論者多根據僧伽提婆薩婆多部（說一切有部）的學統及覺賢曾至罽賓遊學，並其在廬山所譯《禪經》介紹聲聞禪法這兩點，推測慧遠在此時期接觸到有部的毘曇學及聲聞禪法後，即在佛學思想上受到很大的啟發，而傾向實有論者的態度，並表現在其作品當中。這是針對慧遠個人內在思想可能產生轉變的外來因素，所作的推測。

不過，這一個方向的推測，似忽略慧遠與整個大時代的脈動關係，以及慧遠在接觸到一門對他來說也是新學說的毘曇學而言，忽略慧遠內在思考可能受到的衝擊性，而輕易地以為慧遠的請譯毘曇論典，是在「完全」極具自主意義下的選擇。所謂的「完全」，也就是毫不考慮慧遠請僧伽提婆譯出佛典時，提婆譯出了《阿毘曇心論》（以下簡稱《心論》），事實上也可能是由於正因為提婆是有部的論師，所以他譯出有部重要的論典《心論》，也是極自然的，否則，提婆可能譯得出大乘三藏嗎？而且，提婆後至廬山譯出經論固由慧遠所請，但提婆東來中土的因緣，並非由於慧遠個人抉擇所致。由此這一點來說，慧遠請譯毘曇，並非慧遠「完全」極具自主意識。同樣的，慧遠對覺賢的情況也是如此，更何況覺賢並非小乘論師，因為他曾也譯出過六十卷本的《華嚴經》及《六卷泥洹》這些大乘經典。

換言之，若單純由慧遠接觸過的僧人背景來推測這些人能對慧遠造成影響的可能，或許推論的論據，是稍為薄弱了些。據僧傳所述，慧遠

「大存教本，憤慨道缺」，因感慨於當時禪律諸典的殘闕不備，而命弟子法淨、法領等人遠走西域蒐求經本，甚至「每逢西域一賓，輒懇惻諮訪，屢遣使入關，迎請禪師解其擯事，傳出《禪經》。」[1]所以當慧遠聽聞僧伽提婆及覺賢來到中土時，即熱誠地懇請他們來廬山譯經，當非因此二人的學統吸引慧遠而致。

不過，這些原因都無法充分地說明，何以修習般若學三十餘年的慧遠，於後隱居於廬山時，會大為弘倡毘曇學，進而造成原來西晉時流行於北方的毘曇論典，轉往南方興盛起來。較之前朝，毘曇學較受到時人的注重，已成為不爭的事實。不過，這並不是說在兩晉的佛典研究當中，毘曇學勝過般若學，而是比較兩晉毘曇學受到重視的一個轉變。姑不論慧遠在東晉末南方造成何種影響，慧遠何以如此重視毘曇學，又如何將毘曇學安置在他的佛學思想當中，則是本文所關心的。

不同於前人研究以為慧遠的重視毘曇學，乃由於所接觸的有部論師的考察進路，本文以為慧遠的重視毘曇學，與道安對「格義」佛學的反省，有很深切的關係。本文擬就道安的重視毘曇論典、僧伽提婆毘曇學，在慧遠佛學思想形成的過程當中，可能提供的觀察點，作為本節的考察進路。

一、慧遠重視毘曇學的成因

（一）繼承道安重視毘曇學

慧遠的重視毘曇學，乃由於道安昔日反對「格義」的教誨，以及稍後道安於長安譯場弘譯毘曇論典之影響，並非單純只因僧伽提婆在廬山弘傳《阿毘曇心論》及《三法度論》之故。

---

[1]　《祐錄》卷十五·〈慧遠法師傳〉，大正藏第 55 冊，頁 110 上。

1 · 期以佛家名相詮明佛理——反對「格義」

　　就《世說新語》所言，時人對於佛理的興趣，只是意在言辭之華美，玄談之虛妙上的皮毛浮淺，因此，「但共嗟詠二家之美，不辯其理之所在」的事，[2]也就不難理解。在這種不求甚解的風氣下，要求深入佛典義理，必待反求鑽研於佛家名相自身，而不能只爲了想達到宣教的目的，即假藉外典語詞來「格義」比配，以吸引更多人加入談辯而已。因此，道安師徒欲正本清源之意向，即想以佛理名相來詮解佛法，而以佛理名相義界分析爲主的毘曇論典，即受到道安的相當的重視：

> 自佛即幽，阿難所傳，分爲三藏，纂乎前緒，部別諸經。小乘則爲《阿含》，四行中《阿含》者，數之藏府；阿毘曇者，數之苑藪也。其在赤澤，碩儒通人，不學《阿毘曇》者，蓋闕如也。……是故般若啟卷，必數了諸法，卒數以成經，斯乃眾經之喉衿，爲道之樞極也，可不務乎？可不務乎？[3]

　　道安提到由於阿毘曇論藏在法數名相的整理及解釋，是佛典三藏中蒐羅最詳備的，因此赤澤（Kapilavastu，迦毘羅衛國之意譯，又譯爲迦維羅、迦夷羅、迦夷衛）深善義學的佛教徒，[4]莫不以修習阿毘曇爲先。尤其是研讀《般若經》，必定要悉了法數，再超越法數表層之意義，達到中觀四句不落二邊，蕩相遣執的最終目的。道安視通曉毘曇學爲佛典修習的基本要件，謂修習毘曇猶如掌握入道之樞紐。由此可看到道安對毘曇的重視，幾乎到了認爲不習毘曇，無以讀經的地步。

　　道安所重視的「阿毘曇」論典，梵語作 abhidharma，漢語作「阿毘

2　《世說新語・文學》云支道林講《維摩詰經》，當時：「支通一義，四坐莫不厭心。許送一難，眾人莫不抃舞。但共嗟詠二家之美，不辯其理之所在。」余嘉錫箋疏《世說新語箋疏》，（上海：上海古籍出版社，1993 年），頁 227。

3　《祐錄》卷十・道安法師〈十法句義經序〉第三，大正藏第 55 冊，頁 70 上。

4　《百論疏》卷上之上：「迦夷羅者，云赤澤國也。」大正藏第 42 冊，頁 234 上。慧遠在〈阿毘曇心序〉及〈大智論抄序〉中也援用到此譯名。〈阿毘曇心序〉：「龍潛赤澤獨有其明。」《祐錄》卷十，頁 72 下；〈大智論抄序〉：「雲翔赤澤」《祐錄》卷十，頁 75 下。

曇」，亦作「阿毘達磨」、「毘曇」。abhi 有「對於」、「無比」及「勝義」
等意義，dharma 為「法」之意，此處的「法」指的是佛所說內容，特別
是《阿含》。Abhidharma 合起來指的是「對法的說明」，而佛所宣「法」
有殊勝之義，故亦意譯為「無比法」、「勝法」，是佛典三藏經（梵語 sūtra）、
律（梵語 vinaya）、論之一。阿毘曇最早的形式是歸納《阿含》當中的一
些佛教名相，後來漸漸地開始解釋名相的意義，發展到後來成為以各部
派義理解經的形式。尤其佛滅百年後的根本分裂（根本上座部及根本大
眾部），至佛滅三、四百年後的枝末分裂（由根本上座部及根本大眾部再
各自分裂，計有南傳《大史》所說的十八派，或北傳《異部宗輪論》（大
正藏第 49 冊）所說的二十派），各派依其學說形成各自的論藏內容，意
見分歧。其中，最引人爭議的即是由根本上座部分裂出來的說一切有部，
其主張「三世實有，法體恆存」的觀點。繼之，由說一切有部再分裂出
來的犢子部，更在因果報應的理論上借用自耆那教的「補特伽羅」概念，
施設了「勝義補特伽羅」作為受報的主體，而備受各部派所批難。[5]慧遠
延請至廬山，並譯出《阿毘曇心論》及《三法度論》的僧伽提婆，即是
有部的毘曇學大師。提婆所譯的《阿毘曇心論》（以下簡稱《心論》）即
是說一切有部重要的論藏《大毘婆沙論》的菁華，而《三法度論》在古
德經錄的記載中皆云未詳哪一部部派的作品，不過，依近人印順法師的
研究指出，此論所述觀點不合於有部的立場，反而較符於犢子部的觀點。
[6]《心論》在中土數出，其中一譯即是道安在長安譯場請鳩摩羅跋提譯出
的。[7]

---

[5]　請參考李幸玲《六朝神滅不滅論與佛教輪迴主體之研究》，（臺北：國立臺灣師範
　　　大學國文研究所，1994 年），第四章第三節補特伽羅與時空。此論文亦收錄於《師
　　　大國文研究所集刊》第 39 號，1995 年 6 月。

[6]　有關《三法度論》的相關論述，請詳本節下文。

[7]　《祐錄》卷十，未詳作者〈阿毘曇心序〉第十：「釋和尚昔在關中，令鳩摩羅跋提
　　　出此經。其人不閑晉語，以偈本難譯，遂隱而不傳，至於斷章，直云修妒路。及
　　　見提婆，乃知有此偈。以偈檢前所出，又多首尾隱沒互相涉入，譯人所不能傳者，
　　　彬彬然，是以勸令更出，以晉泰元十六年歲在單閼貞于重光，其年冬於尋陽南山

　　道安晚年在長安譯場所出毘曇類佛典，除《阿毘曇心論》外，還有
《阿毘曇八犍度論》、《尊婆須蜜菩薩所集論序》等，亦屢親爲所出毘曇
論典作序，如〈阿毘曇八犍度論序〉、[8]〈尊婆須蜜菩薩所集論序〉[9]、〈鞞
婆沙序〉等，[10]可見毘曇論典在道安心中佔有重要地位。

2．對舊譯本譯語不諦之省思

　　由於道安曾因讀《放光般若經》而覺譯語滯礙不順，而屢停卷苦思，
恨不見支竺諸公而親詢之。由於漢譯佛典譯語的統一，至少要到羅什入
關，繼承竺法護、道安在長安所遺留下的譯經規模，並加以弘大，才由
弟子們整理、建立起一套較爲固定譯語，佛典的漢譯工作才可謂較爲具
體而有規則可循。然而，在支謙師徒及竺法護的時代，佛典漢譯的品質
或未臻信、達之標準，或以文害意，引致後人對佛典譯文困疑的文質之
爭。而關鍵即在於羅什之前的譯語，或音譯或意譯，並未統一，加以時
人對於佛學名相並不十分瞭解，解讀佛典時有滯礙難通之情形。因此，
引發道安師徒對譯本品質的關注，且對於釋經的毘曇論典的重視。

　　由於道安對毘曇的重視，屢申毘曇爲閱藏之根本，[11]對於慧遠後來所
以對僧伽提婆所譯毘曇之大爲弘揚，可能不無影響。是以在一片以般若
空觀爲談論主流的思潮中，毘曇學在南方的異軍突起，實不難理解。

　　精舍，提婆自執胡經，先誦本文，然後乃譯爲晉語，比丘道慈筆受。至來年秋，
　　復重與提婆校正，以爲定本。」大正藏第 55 冊，頁 72 中。
8　大正藏第 26 冊，頁 771 上中。
9　大正藏第 28 冊，頁 721 上中。此序依出經時地爲建元二十年長安，時長安譯場乃
　　由道安主持，文中云：「罽賓沙門僧伽跋澄，以秦建元二十年，持此經一部來詣長
　　安。武威太守趙政文業者，學不厭士也，求令出之；佛念譯傳，跋澄、難陀、禘
　　婆三人執胡文，慧嵩筆受，以三月五日出，至七月十三日乃訖。胡本十二千首盧
　　也，余與法和對校修飾。」《高僧傳》曾載道安請僧伽跋澄譯此論，推測爲道安作。
10　此指十四卷本《鞞婆沙》，道安所作〈鞞婆沙序〉收於《祐錄》卷十，大正藏第 5
　　5 冊，頁 73 中下。
11　道安屢爲漢譯阿毘曇作序，如《祐錄》卷十‧〈阿毘曇序〉第九，（大正藏第 55 冊，
　　頁 72 上中）、〈（十四卷本）鞞婆沙序〉第十五，（頁 73 中下）；慧遠也作有〈阿毘
　　曇心序〉及〈三法度序〉，（《祐錄》卷十，頁 72 中-73 上）。

（二）第一位東來的義學僧──僧伽提婆

　　曾先後師事道安及羅什的僧叡（364-439）在〈毘摩羅詰提經義疏序〉中，曾說到羅什入關前中土的譯經情況：「此土先出諸經，於識神性空，明言處少，存神之文，其處甚多。」並且又說：「自提婆已前，天竺義學之僧並無來者，於今始聞宏宗高唱，敢豫悕味之流。」[12]與慧遠同時期而稍晚的僧叡，在這裏說僧伽提婆（Saṃghadeva，一作僧伽提和，僧迦禘婆，意譯眾天，未詳生卒，北天竺罽賓國人，西元 391 年至廬山)是至中土的第一位天竺「義學之僧」，是否即是就著僧叡身為毘曇論師的這一點而說的，值得進一步研究。但令人注意的是僧叡說到：僧伽提婆是天竺至中土的第一位義學僧這件事，對同樣身為以義解為取向的慧遠來說，可說是一件重要的訊息。因此，當慧遠獲知提婆在中國傳經後，即迎請僧伽提婆入山，並待之甚恭，甚至弘揚其學，除了其師道安昔日屢申毘曇為重典之影響外，僧伽提婆身為第一位至中土義學僧的身份，也恐怕佔有很大因素。

　　所謂的「義學僧」，至梁‧慧皎編著《高僧傳》時，將漢末至梁的中國僧人分為譯經、義解、神異、習禪、明律、亡身、誦經、興福、經師及唱導等十類，其中已列有「義解」一類。不過，慧皎所列的義解僧，並不限於指傳譯釋經之毘曇論典的僧人，而是廣義地指闡釋經旨，例如道安、竺法汰及慧遠等，或作有文句義疏的，如僧肇、道生等，或甚至是後人名為以「格義」方式傳經的竺法雅、道恒等，都被廣納於「義解」

---

[12] 《祐錄》卷九，序第十四，（大正藏第 55 冊），頁 59 上。道安在西元 379 年為苻堅所獲而至長安弘法，道安在長安譯經時期，鳩摩羅佛提、曇摩難提、竺佛念等人在長安先後譯出有部毘婆沙 vibhāṣā，意譯為廣說，廣解，勝說）及《中阿含》、《雜阿含》等經論，慧遠雖居於廬山，與道安南北分隔，然道安在長安譯出毘婆沙並為作序之事，依道安於關中聲譽之隆、與慧遠親近的師徒關係，以及慧遠廣蒐佛典之熱誠三方面推論，慧遠當無不知之理。

一類當中。被僧叡稱爲第一位到中國的義學僧的僧伽提婆，在《高僧傳》
中，反而是被列爲「譯經」一類的。由在《高僧傳》中所歸納「譯經」
類的僧人，全爲東來的外國僧人來看，慧皎可能是以此一標準來安置僧
伽提婆在僧傳中的位置。而「義學僧」的標準，由與慧遠同時的僧叡以
釋經的「毘曇論師」爲義學僧，發展至梁朝慧皎《高僧傳》的分類時，
顯然「義學僧」的標準範圍已擴大許多。

（三）東晉來華小乘論師漸多之影響

　　在東晉至劉宋時期來到中國的譯經僧當中，小乘論師漸漸多起來。
原因是西元二至四世紀，大乘佛教雖在印度本土興起有一段時間，但自
西元前五十年至西元二世間，佛教在印度及西域仍是大小乘並弘的，而
部派佛學仍存在相當的影響力。此時期，自印度或喀什米爾等地來華弘
傳部派毘曇學的小乘論師，例如佛陀羅跋提（跋一作佛）、曇摩難提、僧
伽提婆及僧伽跋澄等人，曾應道安之請，在長安譯場譯出《中阿含》、《雜
阿含》、《三法度論》、《阿毘曇鞞婆沙》等經論，而僧伽提婆、弗若多羅
及曇摩流支及覺賢，曾應慧遠應請，譯出犢子部的《三法度論》、有部的
《阿毘曇心論》、有部的《十誦律》；曇摩耶舍譯出《舍利弗阿毘曇論》，
及僧伽跋摩譯出《雜阿毘曇心論》等。[13]來華的小乘論師漸多，中土佛教
徒接觸毘曇學的機會也相對地增加起來，慧遠所接觸過的外國譯經僧，
即以小乘論師爲主，例如：僧伽提婆、弗若多羅、曇摩流支，還有兼弘
大小的覺賢。極重視經本蒐譯的慧遠，在這些小乘論師所譯皆以部派毘
曇爲主的情況下，自然對於毘曇學也多了一分關注。而因道安、慧遠師
徒的弘揚，毘曇學在東晉佛教界，確實形成一股勢力。

---

[13] 《大唐內典錄》卷四，大正藏第 55 冊，頁 258 中，云此論劉宋元嘉十年譯於長干
寺。

二、慧遠所接觸的毘曇學

　　慧遠受到道安重視毘曇學的教示，對於後至中土傳譯毘曇論典的譯經僧、義學僧大爲禮遇。因此，在接受道安般若學薰陶二十餘年後，有機會接觸到不同於安公學脈的毘曇論師時，慧遠熱誠求法入道之心情，正表現在勤勉勸請僧伽提婆及覺賢譯經、講經等弘法活動上。

　　而慧遠毘曇思想的淵源，大致可由慧遠接觸僧伽提婆及覺賢(Buddhabhra，一作佛賢，佛馱跋陀羅，359-429，生於中天竺，迦維羅衛國人，曾遊學至罽賓)兩位論師，並請譯出部派論書及禪經，進行考察。

　　僧伽提婆曾於廬山譯出《阿毘曇心論》及《三法度論》兩部論典，十分受到慧遠的重視，慧遠並曾親爲之序。《心論》是濃縮《大毘婆沙論》菁華而成的論典，而《大毘婆沙論》這部達二百卷的皇皇巨著，是闡釋有部中期重要論書《發智論》的注釋書，在佛教史上，由於《大毘婆沙論》的編定，而確立了有部的地位。因此，由於《心論》精簡化《大毘婆沙論》的思想體系，而便於論師記誦，對有部思想的傳譯流通，不啻有相當大的助益。而《三法度論》爲舊譯《四阿鋡暮抄解》之異譯本，爲犢子部對《阿含經》所作的詮釋。換言之，慧遠從僧伽提婆那兒接觸到的是部派時期的毘曇學，尤其是受到其他部派撻伐爲「附法外道」的犢子部的論書《三法度論》，可能爲慧遠的神不滅思想提供一些思考的方向。

　　而覺賢在廬山所譯的《禪經》，內容雖爲聲聞禪法，但依慧遠〈廬山出修行方便禪經序〉所言，覺賢於闡釋禪法時，乃以大乘般若空慧統攝聲聞禪；其次，覺賢也不只是譯出小乘禪典，曾在京師的道場寺譯出六十卷本的《華嚴經》，因此，就學統來說，覺賢亦不完全只修習小乘三藏，若將之歸爲小乘論師，亦恐有不安之處。[14]以下即分別就僧伽提婆的毘曇

---

[14] 湯用彤先生在其《漢魏兩晉南北朝佛教史》上冊，介紹覺賢與羅什有關極微的論辯時，對於覺賢佛學應否定位於小乘學，語多保留。（臺北：臺灣商務印書館，1

學，以及覺賢與羅什對極微討論爲線索，探求慧遠毘學思想的可能來源。

（一）僧伽提婆的毘曇學

　　據梁‧寶唱《名僧傳抄》卷十所載「慧遠廬山習有宗事」一條，即是說慧遠曾習僧伽提婆毘曇學之事，而毘曇學由於慧遠的弘揚，始自北方轉盛於江南。[15]《晉書》卷六十五也載有提婆講毘曇之事：「*時有外國沙門名提婆，妙解法理，為珣兄弟講《毘曇經》。*」[16]即明示提婆在中國所弘傳的以阿毘曇論典爲主。

　　依《高僧傳》卷一〈僧伽提婆〉本傳所載，僧伽提婆本姓瞿曇，出生於說一切有部根據地的北天竺罽賓國，曾爲入道修學，而遠求明師，學通三藏，爲有部毘曇學論師，尤其善長《阿毘曇心論》，能洞察其微旨，並常誦《三法度論》，以爲入道之府。其爲人俊朗有深鑒，行儀舉止溫和謙恭。約在苻秦建元中（365-384）來到長安弘法。在被慧遠迎請入廬山之前，曾於苻秦建元十九年(東晉太元八年，383)與竺佛念共譯阿毘曇《八犍度論》二十卷，次年（384）應道安之請，與僧伽跋澄及曇摩難提共宣譯梵文《尊婆須蜜菩薩所集論》爲十卷，道安並爲之序，此外也譯出《中阿含》、《雜阿含》、《阿毘曇心》、《鞞婆沙》及《三法度》等論。後因道安去世（385），而未及改正諸經譯本未盡善處。待關東清平，乃與法和等眾東遊洛陽，研講先前所譯《阿含》等經，待居華稍積，博明漢語後，知先前所出經，因慕容之亂，兼及譯人造次，而未盡詳悉，乖違失旨。法和慨歎未定，乃令提婆重譯《阿毘曇心》及《鞞婆沙》眾經。[17]不久，秦王姚興自立於關中，崇佛甚篤，法和入關，而提婆則應慧遠所請而渡

---

　　991 年臺二版），頁 309-310。

[15] 梁‧寶唱《名僧傳抄》附〈名僧傳說處〉第十，（卍續藏經第 150 冊），頁 15 上。

[16] 《晉書》卷六十五，（臺北：鼎文書局），頁 1758。

[17] 《祐錄》卷九，釋道慈〈中阿鋡經序〉，頁 63 下-64 上。

江南下廬山，於晉太元十六年（391），應慧遠之請重出《阿毘曇心》及
《三法度》。而依《高僧傳》提婆本傳中上述這些記載推知，此際提婆於
廬山譯出此二論，已是提婆在中土第三次譯出《阿毘曇心論》（分別在前
秦建元年間於洛陽譯出十六卷本，同於建元年間在長安與道安共譯出五
卷本，於晉太元十六年在廬山譯出四卷本），第二次譯出《三法度論》(第
一次是在長安應道安之請所譯三卷本，此次於廬山譯亦成三卷)。[18]

　　依前述僧叡〈維摩義疏序〉所言：「自提婆以前，天竺義學之僧，並
無來者。」提婆受到慧遠之敬重而南渡入山，一方面乃因提婆為最早來
到中土的義學僧故，亦因慧遠為篤志好學之義學僧。提婆應慧遠之請後，
乃於廬山精舍的般若講經臺譯出《阿毘曇心論》四卷及《三法度論》三
卷，慧遠不但為之作序，並大為弘揚其學。僧伽提婆停留在廬山約六、
七年期間（391-397），除講解毘曇論典，也重新校訂自己先前所出的毘
曇譯本。依僧傳言提婆譯經時：「提婆乃於般若臺手執梵文，口宣晉語，
去華存實，務盡義本」可知提婆至廬山時，因至中土已十數載，乃通曉
華語，於譯經時已不需漢人助譯，即可自轉梵為晉，還能務求忠實義本
的翻譯標準，非但如此，僧傳還敘述到提婆譯經已「出眾經百餘萬言」，
並說到提婆因歷遊華夷，備悉各地風俗，而從容機警，善於談笑的風采。
[19]由於慧遠本身不闇梵語，僧伽提婆梵漢語流利，談吐風雅不俗的表現，
對於廬山的譯經及講經事業，或當有不少助益。而提婆所譯此二部論典，
屬於印度部派時期佛教的說一切有部，其中《三法度論》的三法九真度，
依近人研究，因為特別是由犢子部的觀點來詮釋《阿含經》的解脫之道，
[20]而備受爭議。以下分述二論之大要。

1・《阿毘曇心論》（梵名 Abhidharmahṛdaya-śāstra）

---

[18] 隋・法經《眾經目錄》卷五，大正藏第 55 冊，頁 142 中。

[19] 《高僧傳》卷一，(大正藏第 50 冊)，頁 328 下-329 上。

[20] 周伯戡〈三法度論初探〉，(《東方宗教研究》第一期，1987 年 9 月)，頁 17-30。

　　此論為說一切有部（以下簡稱有部）的重要論書，在西元三世紀中左右，將確立有部思想的《大毘婆沙論》濃縮為二百五十偈，分為界品、行品、業品、使品、賢聖品、智品、定品、契經品、雜品及論品等十品。《心論》之漢譯本至梁‧僧祐作《出三藏記集》時，有三個譯本，一是僧伽跋摩所出的《阿毘曇心》四卷本，二是僧伽提婆所出《阿毘曇心》的四卷本，三是未詳譯者的《迦旃延阿毘曇心》二十卷。[21]但現僅存僧伽提婆於廬山所譯的四卷本。

　　如前所述，提婆在中土三譯《心論》，於廬山所譯已是第三譯，再加上提婆居廬山期間，又對自已前出諸論詳加校定，因此此譯本可能是提婆所出譯本中較好譯本。目前收錄於大正藏中的版本即此譯本。

　　慧遠在〈阿毘曇心序〉中曾對此論有所介紹。慧遠提到此論作者是「出家開士」法勝，「開士」梵語作 bodhisattva，開士亦菩提薩埵之意譯。此論是以偈頌形式寫成，據說以梵文誦讀，文字精練，渾然天成而音韻華美，藝術技巧高妙，故古來素有「聰明論」之稱。慧遠對提婆誦此論的梵頌之音，多有禮讚，比之於中國雅樂：

> 其頌聲也，擬象天樂，若雲籥自發，儀形群品，觸物有寄。若乃一吟一詠，狀鳥步獸行也。一弄一引，類乎物情也。情與類遷，則聲隨九變而成歌。氣與數合，則音協律呂而俱作。拊之金石，則石獸率舞；奏之管絃，則人神同感。斯乃窮音聲之妙會，極自然之眾趣，不可勝言者矣。[22]

　　慧遠以鳥步獸行的精神比擬吟詠時，音聲渾然天成之美，引人情思，與之冥然若合，人神同感。其全論始自〈界品〉，訖於〈問論〉，計二百五十偈。僧伽提婆在漢譯時，沒有借助傳譯者，而是一面手執梵本，一面自譯為晉語，臨文誠懼再三，將此論譯成漢語，其形式是「標偈以立本，述本以廣義」，先以偈頌標示主旨，再於偈頌下以長行的方式詳述論

21　《祐錄》卷三，大正藏第 55 冊，頁 15 上。
22　《祐錄》卷十，大正藏第 55 冊，頁 72 下。

旨，正猶如由根幹茂發枝條，暢於四肢一般。

此論內容上偏重於整理佛教的基本名相，例如有漏、無漏、色法、十八界、十二因緣及三十七道品等，並加以詮解。這與道安、慧遠師徒向來所極爲重視，培養基本佛典名相判讀能力訓練的要求，是相符合的。因此，對於亟欲擺脫「格義」不當之陰影的慧遠來說，這樣一部綱目精簡，條理分明的論書，毋寧是適合作爲基礎的佛學概論來閱讀的。這對於深於思辯的慧遠來說，滿足於其知識性的分析，亦或其探求佛理的進路之一。

2．《三法度論》（梵名 Tri-dharmika-śāstra）

在慧遠〈三法度序〉中提到此論的作者是「山賢」（梵語婆素跋跎 Vasubhra），婆素跋跎若依意譯，應爲「世賢」，而印順法師依此假設推測「世賢」恐爲犢子（vātsīputri）之音訛。[23]「山賢」當爲「世賢」之誤可明。而此論後來經過大乘開士僧伽先（Saṃghasena）的注釋後，傳到中國來。[24]而慧遠所見到的本子，有本有釋，本論作者是婆素跋跎，而釋論作者即慧遠所說的僧伽先。

依近人呂澂先生及印順法師的研究指出，過去被視爲所屬部派不明，或認爲是說一切有部論書的《三法度論》，由該書論義不合於說一切有部，反合於犢子部的情形，推斷此論當爲犢子部的論書。[25]此論在中國的二本異譯《四阿鋡暮抄解》及《三法度論》，也是犢子部僅存的兩部漢譯論書（《三法度論》及《三彌底部論》）之一。

提婆二出此論，就兩個譯本卷數上的記載來看，有二卷本及三卷本

---

[23] 印順法師《說一切有部爲主的論書與論師之研究》，（臺北：正聞出版社，1989 年10 月六版），頁 456。呂澂《印度佛學思想概論》亦有相類的說法，（臺北：天華圖書出版公司，民國 71 年），頁 69-78。

[24] 《祐錄》卷十·〈三法度序〉，大正藏第 55 冊，頁 73 上。慧遠序中云大乘「居士」之誤，亦爲印順法師所指出，應作「開士」。引書同上註。

[25] 印順法師《說一切有部爲主的論書與論師之研究》，（臺北：正聞出版社，民國 78年 10 月六版），頁 457-458。呂澂《印度佛教思想概論》（臺北：天華圖書出版有限公司，民國 71 年），頁 69-78。

兩種。《祐錄》卷二及唐朝靜泰的《眾經目錄》卷一、[26]及《大唐內典錄》卷三及卷九載提婆第一次於長安譯出此論時爲二卷本。[27]在隋代彥琮的《眾經目錄》卷五、《大唐內典錄》卷七及卷九[28]則載提婆在長安譯出此論時，是「重翻闕本」[29]，譯出的是三卷本。但至今所保存的二卷本和三卷兩種本子的譯者不同：二卷本是鳩摩羅佛提稍早(苻秦建元十八年八月，西元 283 年)於長安譯出的《四阿鋡暮抄解》二卷，[30]三卷本才是提婆後來在廬山重譯，名爲《三法度論》的本子。

　　提婆此論的初譯雖名爲《四阿鋡暮抄解》，但實爲以犢子部教義詮釋四部《阿含》的論書，並非抄自於《阿含經》經文的抄本。依周伯戡的研究指出，此論不但記載犢子部的論義，也記載了部份犢子部的律法。[31]據印順法師的觀點，這是由於早期《阿含經》成立前，形成《阿含》佛法內容的九分教或十二分教，具有經律並傳特點之故。[32]而引人爭議的「非即蘊非離蘊補特伽羅」(不可說我) 的主張，則是在解決佛教無我基本教義下，爲說明輪迴的可能，而依於三種必要的施設（受施設、過去施設及滅施設）所成立的受報主體。此主體既非五蘊，也不離開於五蘊的結合，因此名爲「非即蘊非離蘊補特伽羅」。

26　《祐錄》卷二僅簡錄提婆所出《三法度論》爲兩卷，大正藏第 55 冊，頁 10 下。唐·靜泰《眾經目錄》卷一，不但記載所出爲二卷本，還詳錄這兩卷有「三十四紙」，大正藏第 55 冊，頁 188 下。

27　《大唐內典錄》卷三，大正藏第 55 冊，頁 246 中、312 上。

28　《大唐內典錄》卷七，大正藏第 55 冊，頁 301 上中。此處還詳錄於廬山所出的《阿毘曇心論》四卷爲「六十七紙」，《三法度論》三卷爲「四十四紙」。卷九卻載《三法度論》三卷「四十三紙」，頁 325 上。《內典錄》各卷所錄相去一紙，或可能手抄稿本不同之故，而非版本相異。

29　《眾經目錄》卷五，大正藏第 55 冊，頁 177 下。

30　《貞元新定釋教目錄》卷五，大正藏第 55 冊，頁 807 中。「沙門鳩摩羅佛提秦言童覺西域人，以苻堅建元十八年壬午八月，於鄴寺譯阿含暮抄一部，多十一月乃訖。佛提執梵本，佛念佛護譯爲秦文，沙門僧道僧叡疊究筆受。」

31　周伯戡〈三法度初探〉，(《東方宗教研究》第一期，1987 年 9 月)，頁 21。

32　印順法師《原始佛教聖典之集成》，(臺北：正聞出版社，民國 80 年 5 月修訂二版)，頁 479。

　　而犢子部這個引人非議的「內外道」（梵語 antaścaratīrthika），[33]所以自耆那教借來「補特伽羅」（梵語 pudgala，數取趣，指不斷趨向輪迴的主體，原在耆那教中有濃厚的物質性）的概念，而不使用各部派所破的 ātman（原意呼吸，漢譯引伸意譯為「我」），是為了要避免其他部派質難。不過，這個詞語及施設受報主體的觀點，還是引來相當的反對聲浪。[34]儘管如此，各部派表面上對於犢子部所提出的觀點大加撻伐，但實際上，各部派內部並非完全否定了這個思想，暗地裏悄悄地吸收了犢子部的這個觀點，並加以修改，例如隨後說一切有部即依「現有執受、相續假立」成立了「世俗補特伽羅」，[35]經量部依諸蘊可以由前世轉移至後世成立「勝義補特伽羅」等，[36]皆是接受「補特伽羅」觀點的明證。

　　而對於受報主體有無的這一點，正是慧遠在弘傳因果業報說之時，經常必須面臨到中國知識份子詰難的一個問題：既然佛教說無我，又何以說有一個主體在來世受報？為了使勸人為善的因果業報說，能夠在理論上安立得住，慧遠不得不向佛典中求得根據，《三法度論》所設依四部《阿含》內容，以德、惡、依三法為主綱，三法以下再區分三小類目：德（施、戒、修三真度）、惡（惡行、愛、無明三真度）、依（陰、界、入三真度），共計九真度（梵語 khaṇḍa 亦譯為犍度，類別之意），綱張目舉分類闡釋解脫之道的內容，即十分符合於慧遠的需求。因此，當提婆譯出此論後，慧遠即大為弘揚。甚至，更於後來與隱士戴逵討論因果業報說後，還作了〈三報論〉及〈明報應論〉以補前說之不足，或可能即

---

[33] 唐・澄觀《大方廣佛華嚴經疏》卷二十八：「外道有二：一外外道，即佛法外；二內外道，此復三種：一附佛法外道，起自犢子、方廣。自以聰明而讀佛經書，而生一見，附佛法起故，得此名犢子。……二學佛法成外道……三以大斥小故。」大正藏第 35 冊，頁 713 上。

[34] 《俱舍論》卷三十・〈破我執品〉第九之一，《大正藏》第 29 冊，頁 153 中-157 下。

[35] 《異部宗輪論》，《大正藏》第 49 冊，頁 16 下。

[36] 《異部宗輪論》，《大正藏》第 49 冊，頁 17 中：「謂說諸蘊有從前世轉至後世，立說轉名，非離聖道。有蘊永滅，有根邊蘊，有一味蘊，異生位中亦有聖法。執有勝義補特伽羅，餘所執多同說一切有部。」

由《三法度論》獲得思想上的根據。

此外，慧遠在〈神不滅論〉一文所言「形居神宅」，或形滅無損於「神」的觀點，也可看出是由為了解決眾生不斷輪迴受報的理論中，受報主體的安立而發的。這一點，正與犢子部安立「非即蘊非離蘊補特伽羅」的用心是完全一致的。

（二）覺賢之學兼弘大小乘

覺賢出生於中天竺，曾遊學至說一切有部（薩婆多部）的根據地北天竺的罽賓國，修習過有部所傳的三藏，據慧遠〈廬山出修行方便禪經統序〉及其弟子慧觀〈修行不淨觀經序〉中所自云之傳承來看，覺賢具有說一切有部的師承。[37]不過，就覺賢也曾譯出六十卷本《華嚴經》及《觀佛三昧海經》等大乘經典來看[38]，覺賢似不專為薩婆多部的論師。此外，就羅什與覺賢二人曾有同經（《十住經》）異出的情形來看，雖然現僅存羅什所譯的《十住經》四卷本，而覺賢所譯《菩薩十住》一卷本已不存，[39]不過此部《十住經》為現存於大正藏第九冊覺賢所譯六十卷本《華嚴經》的第二十二品，因此，推測覺賢之修習歷程，或可能與羅什同樣是先習小乘後轉習大乘，而兼通大小乘經典的。

僧傳說覺賢在天竺時即以禪律馳名，禪定功夫很深，屢有神變，已達不還果，嘗至兜率天向彌勒菩薩致敬之境。後應西學求法中國沙門智嚴苦心邀請，遂愍而許之，乃辭佛法興盛之罽賓，而東行至中國。覺賢初至中土，於江南弘倡禪律，聽聞羅什在長安，乃遠道而至。羅什大為

---

37 《祐錄》卷九錄有慧遠及覺賢弟子慧觀為《禪經》所作之序，慧遠〈廬山出修行方便統序〉收於頁 65 中-66 上，慧觀〈修行地不淨觀經序〉收於頁 66 中-67 上。《高僧傳》卷二·〈佛馱跋陀羅〉傳云，賢少以禪名，與同學僧伽達多共遊罽賓，傳中還談及賢師承及遊歷，頁 334 中-335 下。

38 《開元釋教錄》卷十二，大正藏第 55 冊，頁 602 中。

39 《祐錄》卷二〈新集條解異出經錄第二〉，大正藏第 55 冊，頁 14 中。

欣悅，而與之共論法相：

> 因謂什曰：「君所釋，不出人意，而致高名，何耶？」什曰：「吾
> 年老故爾，何必能稱美談。」什每有疑義，必共諮決。[40]

覺賢與羅什對話一開始，覺賢即不禮貌地批評羅什釋經的品等，而羅什只是謙虛地回答說：只是因為年紀虛長，而受人推崇罷了，並非因自己特別有精妙的言談之故。而羅什每有疑義時，也必定與覺賢共同商議討論。由此可看出羅什對覺賢之敬重。此處覺賢雖對羅什有不敬之語，羅什反而寬諒推謙，不過，可能因此而招致羅什門人之不快，其後遭長安僧團所擯之事與此事或不無關係。但湯用彤先生則以為二人學統相歧，才是導致覺賢遭擯的主要因素。[41]不過，本文以為從覺賢、羅什二人由極微論緣起性空之理來看，二人之論未必相左。以下即就二人所論觀之：

> 時秦太子泓，欲聞賢說法，乃要命群僧，集論東宮。羅什與賢數
> 番往復，什問曰：「法云何空？」答曰：「眾微成色，色無自性，
> 故雖色常空。」又問：「既以極微破空，復何破微。」答曰：「群
> 師或破析一微，我意謂一爾。」又問：「微是常耶？」答曰：「以
> 一微故眾微空，以眾微故一微空。」時寶雲譯出此語，不解其意，
> 道俗咸謂賢之所計，微塵是常。餘日，長安學僧復請更釋，賢曰：
> 「夫法不自生，緣會故生。緣一微故有眾微，微無自性，則為空矣。
> 寧可言不破一微，常而不空乎。」此是問答之大意也。[42]

由於秦太子姚泓想聽覺賢說法，於是羅什與覺賢兩人採問答形式，以羅什提問，覺賢回答的方式進行。當羅什提問：「諸法何以名空」時，覺賢先談到「眾微和合而成諸色，再說到諸色既是由極微所成，可知其

---

40 《高僧傳》卷二·〈佛馱跋陀羅〉傳，（大正藏第 50 冊），頁 335 上。
41 湯用彤《漢魏兩晉南北朝佛教史》上冊：「總之，覺賢之被擯，必非僅過在門人，而其與羅什學問不同，以致雙方徒眾不和，則為根本之原因也。」，頁 310。
42 《高僧傳》卷二·〈佛馱跋陀羅〉傳，（大正藏第 50 冊），頁 335 上。

無自性故空。」於是羅什追問：「因緣合成諸色的眾微，又如何析破其自性？」覺賢則回答：「許多論師習慣以破一微論述空義，但我以爲不論是破一微，還是（如我剛才說的）破（成色之）眾微，都是一樣的道理。」羅什又問：「極微是常住不變的嗎？」覺賢回答道：「因爲一微無自性，所以和合而成的眾微，也是無自性故空的，因爲眾微所成的色是緣起無自性的，所以一微也沒有自性故空的。」當寶雲在翻譯覺賢的回答時，不太瞭解其意思。眾人也咸以爲覺賢認爲極微是常住不變的。數日後，長安學僧又請覺賢再進一步解釋這兩句話的意思。覺賢回答：「法不自生，因緣和合故而生；緣有一微故，得以和合成眾微；而一微也是無自性的，故眾微所成色空矣。因此，析論極微寧可不由破一微常住不變入手，而應由緣起的相依性著手，這樣一來，不論是一微、還是眾微，都能不被空掉嗎？」

　　覺賢在此由緣起的相依性破極微實有說，與羅什的立場並無二致。因此，當羅什聽到覺賢「以一微故眾微空，以眾微故一微空」的回答後即明白，已不再進一步提問。惟羅什的弟子們不明其義，乃更就此事而問。最後得到緣起性空互釋的答案，與先前兩句所述相同，只是眾弟子仍僅能由分析的理路來理解，把重點放在過去論師習以「破一微」單一面向的析空觀上，此理路影響到羅什弟子的思索進路──一心只想聽到「一微無自性故空」的結論方休，因此，發問的學僧固然記得諸法「性空」是由於諸法緣起（以一微故眾微空）之故，卻忽略了諸法所以「緣起」也由於是諸法「性空」（以眾微故一微空）之故！因此，覺賢刻意不以小乘論師所習用的析空觀入手，而選擇龍樹的「緣起性空」來詮釋法性，這一點，與羅什的立場是完全吻合的。惟覺賢在詮釋法性時，雖所釋爲大乘法義，但因爲仍使用到極微等語詞，極易旁生誤解，[43]此或其兼

---

[43] 湯用彤《漢魏兩晉南北朝佛教史》上冊：「據此賢之談空，必與什公之意不同。而其主有極微，以致引起誤會，謂極微是常。而什言大乘空義說無極微。則似賢之學不言畢竟空寂，如什師也。」頁 309。湯用彤先生即據此對話，判定覺賢既是

習大小乘三藏，而時有語詞比較援用之例，相較之下，羅什雖亦通大小乘三藏，但完全不使用極微之詞，毋寧是較爲妥切的。

因此，當覺賢在盧山譯出《禪經》時，經末有一段以大乘禪觀詮釋聲聞禪法的文字，即不令人意外。在慧遠及慧觀爲此經所作的序文當中，同時都提到覺賢薩婆多部的師承，不過，序中談到師承後，也論及佛大先（Buddhasena）已重新釋了達摩多羅（Dharmatrāta）的禪法，所以，現存於《禪經》中的禪法，已非達摩多羅禪法的原貌。覺賢所傳五門禪內容，雖爲聲聞禪法，但並非依部派毘曇觀點而釋，其經末附有大乘法義的詮釋，或許可以說明其學兼大小之例證。

三、慧遠對毘曇學批判與吸收

（一）毘曇學在南方的弘傳

東晉時期修研佛理的知識份子當中，不乏有相當程度的，例如殷浩（?-399）即以精研《小品經》聞名。[44]《世說新語》說他曾讀《小品》，下二百餘籤。《世說新語注》引「事數」的注解，也談到也因不明經論中所說的「事數」，向人求問而得其解。曾赴盧岳與慧遠共論「易體」的殷浩，可能是到當時弘揚毘曇最力的盧山，向慧遠或小乘論師僧伽提婆問學的。

所謂「事數」，也名爲「名數」、「法數」。一般以爲是佛教名相中帶有數字的，即名爲事數。但事實上，這些名相所以帶有數字，與論書在背誦經論時，爲便於記憶，而作的方便區分，而這些便於記憶而編列的

與羅什相對談，二人的立場必然是不同的，來推論覺賢必與羅什之意不同。然如本文前引，二人此處對話是應秦太子所要求，故作問答形式進行，並非二人相詰之場面。依本文考察，覺賢所述乃「緣起性空」之理，後段羅什並未再發問相詰，推測羅什對覺賢所論並未反對，故不再發問，二人應非完全對立的立論。

44　《晉書》卷八十四有傳，（臺北：鼎文書局），頁 2192-2193。

事數，也稱爲「本母」，如三法印、四諦、五蘊、六入、八正道、十二因緣、十八界等。而由於這些名相法數通常帶有的明確的分析性格，而概念的定義井然，對於深於思辯的人來說，是極有幫助的。正如提供抉擇斷疑，富含義理分析特性的《中阿含經》，極受說一切有部的重視。[45]經道安師徒的督促，《中阿含經》在中土的傳譯，也有一定的影響。道安在長安譯場，曾請僧伽提婆譯出《中阿含經》，當時，慧遠的弟弟慧持並隨至一旁協助翻譯，而於稍後又回到廬山譯場。

毘曇學經過道安在長安的弘譯後，在慧遠晚年時，各部派小乘論師在中國活動頻繁，在思想的傳播上，產生相當的影響力。東晉至劉宋期間，在中國活動的小乘論師，如前所述有：佛陀羅跋提、僧伽提婆、弗若多羅、曇摩流支、曇摩難提、曇摩耶舍、僧伽跋澄及僧伽跋摩等人，期間譯出的小乘毘曇論典包括有：十四卷本《鞞婆沙論》、《八犍度論》、《阿毘曇毘婆沙論》、《舍利弗阿毘曇》、《阿毘曇心論》、《三法度論》、《尊婆須蜜菩薩所集論》、《雜阿毘曇心論》及《眾事分阿毘曇論》等。此時期所出論書，大抵以部派晚期所出論書爲主，除有部初期論書《六足論》，中期的《發智論》及其解說書《大毘婆沙論》至唐方由玄奘所譯出外，毘曇論典在此時期的大量漢譯，在中國佛典翻譯史上，除了玄奘在唐代的譯出之功可比外，再無其他時期足以比擬。而至此所出的阿毘曇，全都是聲聞阿毘曇，大乘佛學於紀元一世紀左右以《般若經》爲標幟在印度興起後，[46]大乘阿毘曇學也還在發展的初期，加之傳譯路途遙遠，因此，

---

[45] 印順法師《原始佛教聖典之集成》，（臺北：正聞出版社，民國80年5月修訂二版），頁491。

[46] 舍爾巴茨基《大乘佛學》，立人譯，（北京：中國社會科學出版社，1994年1月），頁58。有關大乘佛學的起源時間，今人研究說法不一，舍爾巴茨基認爲是在西元一世紀左右，而姚衛群《佛教般若思想發展源流》（北京：北京大學出版社，1996年10月，頁108）以爲是西元前一世紀左右，印順法師《初期大乘佛教之起源與開展》（臺北：正聞出版社，民國78年2月五版，頁1）則認爲約在西元前五十年至西元二百年間，印度是「大小乘兼暢」的時代，三人之說殊異。本文採般若經典出現時間，約計於西元一世紀左右略論。

此時期尚未有任何大乘阿毘曇傳到中國來。所以，此時所謂的阿毘曇，指的是聲聞阿毘曇，不是大乘阿毘曇。而一般若沒有特別指明是大乘阿毘曇，阿毘曇一詞，大抵也就是指聲聞阿毘曇而言。

《祐錄》敘述毘曇學在此時期弘譯所造成的影響時，曾舉過一個例子。曇摩耶舍（梵語 Dharmayaśas，意譯爲法明）曾於弘始九年至十六年（407-414）之間，以七年的時間與沙曇摩掘多合譯出《舍利弗阿毘曇論》，而其弟子法度因專習小乘，又自絕於偏見，有不如法之行爲，[47]甚至在提婆傳毘曇學後，還有人以方等諸經爲魔書，禁讀方等的偏差之行。[48]僧祐雖亦自承於薩婆多部，但對此不當之見，仍不留情地批駁，足見當時小乘毘曇學在中土部分地區的流通日久，已有相當的影響。而這些以論理形式表現的佛典，幾經弘傳，其分析性的思惟方式，漸漸爲中國知識份子所接受，爲日後的中國佛學界蘊潛出如吉藏、智顗、玄奘等大思想家，提供了極有利的思惟的形式。

（二）慧遠對毘曇學批判與吸收

慧遠對毘曇學的接觸啟自提婆譯出的二論《阿毘曇心》及《三法度》。其中，《阿毘曇心論》是《大毘婆沙論》的菁要，代表有部的觀點；而《三法度論》所釋解脫之道，代表的是犢子部的觀點。慧遠曾爲之序，當讀過此二論。以下即就慧遠作品中曾論及、或吸收到的聲聞阿毘曇思想的部分，分爲三個主題來探討：一、慧遠對毘曇學實有觀的批判，二、慧遠受報主體觀之建立，三、慧遠吸收小乘佛教的重視禪律師承。

1・對毘曇學實有觀的批判

---

[47] 《祐錄》卷五・〈小乘迷學竺法度造異儀記第五〉，頁 40c-41a。

[48] 《弘明集》卷十二・范伯倫〈與生觀二法師書〉，頁 78 中，記載：「外國風俗還自不同，提婆始來，義觀之徒莫不沐浴鑽仰，此蓋小乘法耳，便謂理之所極，謂無生方等之經皆是魔書。」

　　向來備受學者爭議的，是慧遠與說一切有部思想的關係。

　　慧遠是否因爲接觸到有部論師所傳的毘曇論典，而受到有部論師的
影響，承認三世諸法具有實體性呢？有關這個問題，或許可以由《大乘
大義章》第十四章〈問實法有〉及第十五章〈次問分破空〉兩篇作品當
中，獲得相關的線索。

　　《大乘大義章》第十四章〈問實法有〉中，慧遠曾就《大智度論》
區分「實法有」和「因緣有」的問題而就教於羅什。慧遠認爲《大智度
論》以「色香味觸」爲四大所造，爲「實法有」，以「乳酪」爲色香味觸
四者因緣和合而成，是「因緣有」。然而，如果是這樣立論的話，那麼就
成了「假依實」。因此，慧遠想詢問羅什對《大智度論》此處舉例的看法：

> 遠問曰：《大智論》以色香味觸，為「實法有」，乳酪為「因緣有」，
> 請推源心例，以定其名。夫因緣之生，生於實法。又問實法為從
> 何生？《經》謂色香味觸為造之色，色則以四大為本，本由四大，
> 非因緣如何？若是因緣，復如何為實法，尋實法以心四大，亦同
> 此疑。何者？《論》云：一切法各無定相，是故得神通者，令水
> 作地，地作水，是四大之相，隨力而變，由以慈(案：慈字恐為茲
> 字之誤)觀，故知四大與造色，皆是因緣之所化明矣。若四大及造
> 色非因緣，則無三相，無三相，世尊不應說以非常為觀，非常則
> 有新新生滅，故曰不見有法無因緣而生，不見有常常生而不滅。
> 如此則生者皆有因緣，因緣與實法，復何以為差？尋《論》所明，
> 謂從因緣而有異，於即實法為有二者。雖同於因緣，所以為有則
> 不同。若然者，因緣之所化，應無定相；非因緣之所化，宜有定
> 相。即此《論》〈神通章〉中說四大無定相，定相無故隨滅而變，
> 變則捨其本。色香味觸出於四大，則理同因緣之所化，化則變而
> 為異物。以此推，實法與因緣未為殊異，論意似旨有所明，非是
> 窮崖本極之談，故取於君。[49]

---

[49] 大正藏第 45 冊，頁 136 中下。

　　慧遠認為：若視四大為實有，則依四大和合所成物，何以不是實有，而為因緣有？而質疑《智論》云「實法有」及「因緣有」的差別性。[50]慧遠據四大無自性，無有定相，並由若有自性，則自為實有，不待因緣聚合，說明諸法緣起，故非實有，因此與因緣有無異。

　　慧遠的觀點，兼由緣起與性空兩面說明法性與萬法間的關係，是符合於般若空義的。而文末雖謙言取決於羅什，實際上是對於《大智度論》中仍使用不少吸收轉化自外道或印度原始思想的概念（例如四大、極微等具物質性概念的使用）的批判。雖然，這些概念仍帶有相當濃厚的物質性，但因在佛典中出現得十分頻繁，歷來論者無不視之為通例，以為將之納於佛理系統下而論，視四大亦是緣起有的，使用此一語詞，只是方便施設而已。然而，對於執著於概念分析潔癖的慧遠來說，連這些帶有物質意味語詞的使用，都被視為是不妥當的。對此，羅什的回答，由區分大小乘論「空」的不同，由大乘我、法俱空，而小乘只空人我，而肯定《智論》說明實法有此例並無不妥。羅什由法空的立場回答慧遠所提出「假依實」的問題。羅什認為，只要把四大這個概念置於「法空」的層次上來看，也是必須空掉的，也就可以說得通了。因此，羅什說：「眾緣生法，則無自性，畢竟常空，從本以來，無生相。是故佛或說眾生空，或說法空，言色等為實法，乳等為因緣有，無咎。」[51]可知，羅什是用較為圓融的態度來看待佛教援用這些繼承自印度原有的概念。而慧遠在此章對概念的分析性格，也表現無遺。因此，慧遠在第十五章〈次問分破空〉的問答當中，延續批判毘曇學的分析性格，容易在執於名相的義界分析，而承道安般若學的立場，以般若中道觀批判小乘析空觀落於以有、無兩端論空的不當：

---

[50] 慧遠引「因緣有」之語，可詳見《大智度論》卷一〈初序品〉中談四悉檀的世界悉檀與第一義悉檀時，曾引乳與酪為例，說明「因緣有」與「實有」的關係。大正藏第 25 冊，頁 59 下-60 上。

[51] 大正藏第 25 冊，頁 137 上中。

遠問曰：《大智論》推疊求本，以至毛分，唯毛分以求原，是極微。極微即色、香、味、觸是也。此四味觸有之，色香味觸則不得謂之寄名。然則極微之說，將何所據？為有也？為無也？若有實法，則分破之義，正可空疊，猶未空其本。本不可空，則是天（校勘記「天」字當作「尺」字）捶之（校勘記「之」字後有「論」字），墮于常見。若無實法，則是龜毛之喻，入孚（案：孚字一作乎字）斷見。二者非中道，並不得謂之寄名。設令十方同分，以分破為空，分焉詘有，猶未出於色，色不可出故，世尊謂之細色非微塵。若分破之義推空，因緣有，不及實法故。推疊至于毛分盡，而復智空可也。如此，後不應以極微為奇名。極微為奇名則空觀，不止於因緣有可知矣。然則有無之際，其安在乎？不有不無，義可明矣。[52]

　　若就慧遠所引述《大智度論》觀點的這段文字，在《大智度論》原典中問答的目的，是為了說明不應追求唯名的假有之名（如龜毛兔角），所以說到世間名言有兩種：有相應實有的名言，及無相應實有的名言。其中第二種名言，即是有其「名」而無其「事」（無相應的實有者）的名言。因此，《大智度論》的作者認為：不應執著於追求名言必須有相應的實有。《大智度論》肯定「疊」這個概念時立論基礎，即據此而立；但所以要施設「疊」這樣的概念，是因於理論分析上有假名施設的必要性而成立的。然而《大智度論》施設「疊」之名，並不在肯定「疊」是作為

----

[52] 大正藏第 45 冊，頁 137 中。而慧遠上轉引《大智度論》之語的原典，可詳見《大智度論》卷十二：「答曰：汝言有名故有是事，不然。何以知之？名有二種：有實，有不實。不實名，如有一草名朱利(朱利秦言賊也)草，亦不盜不劫，實非賊而名為賊。又如兔角龜毛，亦但有名而無實。疊雖不如兔角龜毛無，然因緣會故有，因緣散故無，如林如軍是皆有名而無實，譬如木人雖有人名，不應求其人法。疊中雖有名，亦不應求疊真實。疊能生人心念因緣，得之便喜，失之便憂，是為念因緣。心生有二因緣，有從實而生，有從不實而生。……復次，有極微色香味觸故有毛分，毛分因緣故有毛，毛因緣故有氎，氎因緣故有縷，縷因緣故有疊，疊因緣故有衣，若無極微色香味觸因緣，亦無毛分。」大正藏第 25 冊，頁 147 中下。

實有的最小單位而存在，而去要求有「疊」之名，就要有「疊」之實以供徵驗。

不過，慧遠認爲《大智度論》此處的前提及推理都是有問題的。就前文引述《大智度論》推證過程，是肯定經由概念分析可以達致析空的目的。而其前提是：有時名言是無相應實體的。所以其所施設的毛分、毛、氄、縷、疊、衣等，都是無相應實體的「假名施設」。若順《大智度論》的理路來看，《大智度論》並未說明施設這些假名（毛分、毛、氄、縷、疊、衣）的目的何在；這些假名既無相應實有，「毛分」又是如何因緣和合而成爲「衣」的呢？即便是非物質分析，而是名言分析，也應有一定的理則可循。然而，這些施設的假名，卻又是依於「極微」「色香味觸」（前述第十四章所云之實法有）而成立的。也同樣成爲「假依實」而立的問題。慧遠進而認爲：既然分析是可以達致空觀的，那麼爲何以「極微」爲奇辭怪說？假名既依於極微而立，何以不說極微也是色香味觸因緣和合的假名施設，並無相應實有，以完全符於空觀呢？換言之，慧遠深爲《大智度論》此處似肯定實有法可依析空觀而致空理的思考理路，感到不妥。

其次，慧遠認爲，《大智度論》肯定有實有法，而用想用析空觀的方式達致空理，正是恰好證明無法以分析的方式達到理解諸法的眞實性的。慧遠引用《莊子‧天下》中所載名家學說中的命題，一尺之棰，日取其半，終始不竭之例說明，就理則上說，不論分析到多小的單位，木棰是永遠不會被竭盡的，這正可說明，想析空觀致空理，是不可能的。但若因此而肯定無實法，說一切都是假名施設，否定世俗諦之必要，則是入於斷見。因此，慧遠主張應以不落兩邊，不離兩邊的「中道」觀，觀諸法實相。而慧遠在上述這兩章《大乘大義章》中對部派實有觀點的肯切批判，足見慧遠在晚年深契於般若學的思想表現。

2‧受報主體觀點之建立

佛教原本在印度是爲令有情眾生解脫我執法執之苦，而提出「無我」

教說的。但傳到中國之後，因爲時人惑於弘教勸善的因果業報說，爲了要解答中國人對佛教輪迴思想的種種問題，而不得不正面去建構一套輪迴理論，以迎合時人思想上的需求。因此，自漢末佛教傳入中國以迄北朝，朝廷及民間都產生有關形神關係的討論，教內外對此事，也多有議論。[53]

慧遠曾針對世人不信因果業報之說，而作有〈明報應論〉及〈三報論〉，闡明緣起甚深，因果業報不虛之理。又針對世人以爲人死如燈滅，無有來世之說，而作〈神不滅論〉，說明人在五蘊集合之外，還有一個統合這些思想、感受的主體存在著，那就是「神」：

> 夫神者何耶？精極而為靈者也。……神也者，圓應無主，妙盡無名。感物而動，假數而行。感物而非物，故物化而不滅；假數而非數，故數盡而不窮。[54]

這裏說到「感物而非物」，「假數而非數」似乎承認在形體（五蘊）之外，別有獨立的「神」存在。這是慧遠爲了成立受報主體，以弘講佛法，而由世俗諦上施設一「精極而爲靈」的「神」，也就是用中國世俗能理解的話語，作爲統合人覺知思想的主體，而這主體即是在有情生命於何以會輪迴，並承受善惡業報受報主體。受報主體的觀點，固然原始佛典中已以十二緣起說明，但有系統的建立受報主體理論，則是到部派才有的事。對於慧遠在〈三報論〉、〈明報應論〉及〈形盡神不滅論〉中，依於業感緣起而肯定眾輪迴時必然有受報主體的看法，事實上並未違反佛教教義。原始佛教吸收了婆羅門教的業報思想而開展出業感緣起說，並以之構成其宇宙觀，說明其解脫之道。對於十四無記，向所不答。至部派時期，因諸外道之詰難，及僧人受國王所供養，衣食無慮，而發展

---

[53] 請詳參李幸玲《六朝神滅不滅論與佛教輪迴主體之研究》，臺灣師範大學國文研究所碩士論文，1994 年。（全文亦收錄於《臺灣師範大學國研所集刊》第 39 號，頁 171-322，1995 年。）

[54] 《弘明集》卷五，大正藏第 52 冊，頁 31 中-32 中。

出對抗外道的精細理論，此時期的佛教義理趨於繁瑣而理論化，部分佛陀時期十四無記的問題，在此時，因理論之需要及回應外道，也不得不作出正面的建構，受報主體的概念，即在此時期有了重大的發展。同樣地，這個有關死後有無存續的問題，也在慧遠所處的東晉末年，受到中國人的關注。

如果稍注意一下慧遠作以上三論的原因與目的，即不難發現：慧遠是爲了回應時人對因果報應之說的質疑，而作這些〈書〉、〈論〉。其〈書〉、〈論〉的對象，是針對於佛教義理不瞭解的世俗人如桓玄，或是對佛理無深刻思考的佛教徒如戴逵，所作的疏解。因此，追究慧遠在書寫這些關於因果報應理論的作品時的創作動機及目的，即可以發現慧遠汲引自犢子部「非即蘊非離蘊補特伽羅」（不可說我）思想的痕跡。而犢子部所成立的這種不落兩邊的受報主體觀，[55]與般若學的不離空假而說的中道觀，在思惟上的邏輯，頗爲相合。而這或許是慧遠能將毘曇（特指犢子部此說）與般若學思惟縮合無間的關鍵吧！

慧遠在展讀犢子部《三法度論》後，產生探究受報主體思想的興趣，除在寫給桓玄的〈形盡神不滅論〉中可得到些線索外，在《大乘大義章》第十六章〈後識追憶前識〉當中，甚至深入去分析受報主體——「識」（用教內使用的名相）的相續性、刹那滅性等問題。由上述，足見慧遠對於此一主題深入淺出的研究及弘講。而有關神不滅這個部分的探討，將於第四章第一章中詳論。

3.吸收小乘佛教的重視禪律師承

慧遠在爲覺賢所出的《禪經》作〈廬山出修行禪經統序〉時，曾批評羅什禪律沒有師承，並云其所學未融貫，而給予「爲山一簣」評語。[56]在慧遠及慧觀各自爲此經所作序文中，都記載了覺賢自述師承法脈的來

---

[55] 《三法度論・惡品》談到犢子部依於滅、受、過去三種施設成立「不可說我」，大正藏第 25 冊，頁 24 中。

[56] 《祐錄》卷九，〈廬山出修行方便禪經統序第十四〉頁 65 下。

源。另外，在自承爲薩婆多部（有部）的僧祐，其編纂的《出三藏記集》當中，還特別獨立一卷載明有部師承。由這些事蹟，可以發現小乘論師十分重視師承的特點。

而這一點，或許由於符契於中國兩漢經學講求家法師法傳承的儒家傳經習俗，因此，慧遠南下欲拜范宣爲師未竟，因聽聞道安講《般若經》而悟佛法才是終生依歸時，即曾說道安乃「眞吾師也！」由此可看到慧遠訪求名師的渴望。因此，小乘佛教這重視師承的觀點，對於曾經作過儒生的慧遠來說，並不陌生。

尤其追隨在道安身邊二十餘年，才另立法脈的慧遠而言，十分肯定修學過程上良師的指引的必要性，以減少摸索犯錯的機會。尤其，在當時禪律道缺的情勢下，這些具體在落實到日常生活中禪律的修習，由於細碎繁瑣，更不能缺乏老師的指導。因此，強調師承在佛法修習中的重要性，也可謂爲是慧遠得之於毘曇論師觀點的。

四、毘曇學與慧遠佛學的關係

（一）毘曇論書與廬山譯典

毘曇學在慧遠佛學思想中的地位，由慧遠在廬山的譯經成果，或可得到一些線索。慧遠在廬山三十年的譯經成果及著作，隋代費長房《歷代三寶紀》卷七已有所整理，唐・道宣《大唐內典錄》所載錄：「一十四部三十五卷論贊」[57]，即依於費長房此《錄》而來。

依《祐錄》及《高僧傳》慧遠本傳所載，慧遠曾在廬山譯出二論（《阿毘曇心論》四卷及《三法度論》三卷）、一部經（《禪經》二卷）計共譯出三部三藏。[58]而與有部關係密切的《十誦律》，其譯出亦深受慧遠關注。

---

[57] 唐・道宣撰《大唐內典錄》卷六，大正藏第 55 冊，頁 244 中。

[58] 廬山所出經典數量，諸史料所載相去甚多。依謝靈運〈廬山法師碑〉所言，慧遠

弗若多羅於長安譯出前三分之二時，未竟而逝，慧遠常以爲憾。此律翻譯時由弗若多羅口誦，鳩摩羅什譯爲晉語，後曇摩多羅來至關中，應慧遠修書祈請，與羅什於長安將此律補譯竟功，但目錄家多將此律錄爲「弗若多羅共羅什譯」，並未載明是由曇摩流支譯竟，亦未云應慧遠所請。

　　慧遠不諳梵語，雖曾命弟子法領等人西行遠求經本，得梵經二百餘卷，未知這些梵經，是否曾在廬山譯出。不過，可確知的是在西元 418 年覺賢共法顯在道場寺譯出的六十卷本《華嚴經》，即是法領所攜回的這批梵經經本之一。而往來廬山諳梵語的譯經僧，如僧伽提婆、覺賢、寶雲、法顯等，甚至是取經回來的法淨、法領等人，都有可能是廬山所得梵經的譯者，不過，現存資料不足以推斷慧遠在世時，是否確實曾於廬山請人將法淨等人攜回的三藏譯出。慧遠晚年時，法顯曾在廬山居住近半年的時間，也許曾爲慧遠講解梵經，或爲之譯經，也未可知。

　　另外，就慧遠屢爲廬山譯典作序之情形推測，陸澄《法論》曾載慧遠爲《妙法蓮華經》作有一序，又慧遠與羅什書信亦曾就《法華經》中要義討論，推知羅什可能在《法華經》譯出後，曾請慧遠爲之序。不論如何，慧遠讀過《法華經》是可確知的。

　　《高僧傳》慧遠傳曾云慧遠廣爲蒐納譯本，而使得蔥嶺以西的佛典，得聚全至漢土。然而，就現存文獻所知廬山所出譯典不多，且皆與部派佛教有關，若僧傳所云屬實，則佚失之佛典頗多。慧遠於廬山所請出之三藏，計有三部：《阿毘曇心論》、《三法度論》及《禪經》等，此三部皆爲部派佛教所傳，可能因爲與慧遠交遊的譯經僧，多以小乘論師爲主。另一方面，也可能因慧遠廣納部派譯典，有別於長安羅什的中觀譯典而受時人注意，所以在後世的經錄撰者眼中，視慧遠與部派論師間有密切關係，因此反而忽略其他所出的譯典。

命弟子法領等人西去求法，得經百餘部，返回後在廬山譯出禪經百餘部。《佛祖統紀》卷二十六，大正藏第 49 冊，頁 270 上-下。此與《祐錄》、《高僧傳》所載數量，相去甚多。

　　因此，由以上各種角度分析以上廬山譯典，可以確知的一點：在後世經錄撰集者眼中，毘曇學是慧遠廬山譯場所弘倡，且足以成其特點的。不過，這並不意味著：將慧遠弘揚毘曇學受時人重視一事，與視為慧遠佛學的根本思想在毘曇學上等同起來。因為經錄所載譯典數量過少（僅一經二論），與其本傳所載時人盛讚其集經之功，相去太多。若慧遠僅譯出三部佛典，即因而倍受經錄史家稱美，則恐難令人信服。因此，被視為東晉南北朝兩大譯場的廬山、長安，為區別其所出譯典特色，史家經錄撰集，或可能即有意無意地作一對比呈現，例如羅什亦曾譯小乘論書《成實論》，在當時即被誤以為是大乘論書。所以，史傳經錄撰集者本身先入為主的觀點，時常會導致經錄的蒐羅輯撰有著不可避免的主觀性。本文推測經錄中廬山的譯典數量，所以與僧傳所載有差距，或即因此故。

（二）「會之有宗」的諍論

　　本文以為慧遠重視毘曇學，最大的動力是源於慧遠師承道安對「格義」佛學的破斥，反對時人以習用的中國傳統思想詞彙來解釋佛教名相，甚至進而以為二者等同之錯誤傳法的情形，因此，力求採用「以佛法研究佛法」的態度來解經。由其師道安昔時曾讚歎毘曇學為佛學基礎，[59]乃期待有解釋佛典名義的佛書來到中土。

　　適時，天竺義學僧僧伽提婆東來，乃請譯釋經的毘曇論典，這些對於佛典名相詳加詮解的論書，對慧遠來說，正是夢寐以求，用來改革「格義」不當比附的寶書，故大加弘揚。

59　《祐錄》卷十‧道安法師〈十法句義經序〉第三：「自佛即幽，阿難所傳，分為三藏，纂乎前緒，部別諸經。小乘則為《阿含》，四行中《阿含》者，數之藏府。阿毘曇者，數之苑藪也。其在赤澤，碩儒通人，不學《阿毘曇》者，蓋闕如也。……是故般若啟卷，必數了諸法，卒數以成經，斯乃眾經之喉襟，為道之樞極也，可不務乎？可不務乎？」頁70上。又同卷〈鞞婆沙序〉第十五，頁73中下，有類似的看法。

　　然而，因爲慧遠重視部派毘曇學，是否即可因此詮釋慧遠作品中所說「宗」，即等同於周伯戡所言慧遠之「宗」──指宇宙的本體，或是陳廣芬所說，慧遠思想歸趨於「簡單的大乘有宗系統」？都還值得討論。

　　周伯戡在單篇論文〈慧遠「沙門不敬王者論」的理論基礎〉中，談到慧遠的「不順化以求宗」時，是將慧遠的學說思想定位在慧遠因爲受到部派佛學的影響，所以主張實有論的立場，據此提出慧遠在《沙門不敬王者論》·〈求宗不順化〉中的「宗」，指的是「宇宙的本體」，進而又云慧遠「肯定『宗』是這世界所有事物終極的實體。」[60]周文由慧遠對宇宙與自我本體的認識爲進路，企圖爲慧遠的佛學建構一套形上理論。周伯戡認爲慧遠援引《莊子·大宗師》「宗」的概念，進而言「宗」存在於「方外」──超越的世界，而不存在於「方內」。因此不能由存在於「方內」的變動中，尋找到宇宙本體變化的總動因，而必須超越於萬物的變化之外，去掌握這宇宙本體──「宗」(即周氏文中所云「宇宙的本體」)。[61]然而，就慧遠〈求宗不順化〉文旨而觀，重點在談慧遠如何企圖以「合內外之道」去談沙門不敬拜王者的原因，期消弭佛教與中國政治、文化間的衝突。其釋「宗」字一詞，卻置於慧遠如何合「方內」(周氏認爲方內指的是物質世界的萬物)與「方外」(周氏認爲方外指的是超越的世界)來談；事實上，慧遠的區分方內、方外，是爲了說明一般世俗大眾與出

60　周伯戡在〈慧遠「沙門不敬王者論」的理論基礎〉一文中表示：「如前所述，慧遠認爲這世界與人類都是由物質所構成的，因此這世界與人類便不免於『生生』或『化化』，所以兩者是無常的。『生』或『化』，在慧遠的思想中，是指一個特有客體（事）的本體狀態，從『無』到『有』或從『有』到『無』的改變。他認爲這種改變是宇宙的定則，稱之爲『理』。慧遠接著又認爲，這種世界與人類本體的變化是從宇宙的本體中產生出來的，這宇宙本體稱之爲『宗』。他引莊子大宗師的話，說明『宗』存在於『方外』──超越的世界，而不存於『方內』。」國立台灣大學歷史學系學報第 9 期，1982 年 12 月，頁 77。《莊子》書中「方內」原指禮教的世俗世界，而「方外」則指逍遙的精神世界。事實上，周伯戡並未非依《莊子·大宗師》中「方內、外」之原意來進行詮釋，而僅憑藉《莊子》用詞對慧遠思想所作的新詮解，固不能說是誤用，但也不符於莊學。

61　同上註。

家人的差別，並由沙門之服色、形容不同於世俗，以警醒沙門時時皆應有自覺，由自利利他為責，以自別於凡俗。[62]因此，周文對慧遠〈求宗不順化〉「宗」字所作詮釋，恐已離慧遠本旨。

陳廣芬在其碩士論文《慧遠思想中般若學與毘曇學之關涉》中推斷慧遠在〈與隱士劉遺民等書〉所說「苟會之有宗，則百家同致」的「有宗」，指的不是呂澂等人所指稱的「說一切有宗」，而是「簡單的大乘有宗系統」。[63]易言之，陳氏認為慧遠思想的歸趨是在《般若經》之外，還肯定有「不空」的「法」。[64]

不過，分析陳氏所論，仍有三點疑義：首先，陳氏所謂的「有宗」一語，詞義籠統不明。其所謂的「大乘有宗系統」，指的究竟是唯識有宗，還是真常心系性宗，抑或是兼二者而有之，並沒有明確指出。其次，觀其推論過程所引慧遠作品，除「苟會之有宗，則百家同致」二句出於慧遠的〈與隱士劉遺民等書〉外，並未引任何慧遠作品以為佐證。其三，就其論據而論，作者認為因為當時廣為流通，並在道場宣講不輟的佛典有《阿含》、《華嚴》、《寶積》、《大集》、《法華》及《泥洹》等經，[65]因此，作者由《安錄》所載錄經典，歸納推測：「雖然眾所週知，魏晉佛學是以『般若學』為研究的主要重心，但是在實際上魏晉佛學的主要而明顯的強力背景，或許應該是以『寶積』、『經集』為重心的一個思想系統，而並不純粹是《般若經》的系統。」[66]誠然，作者發人所未見地表示：魏晉

---

[62] 慧遠《沙門不敬王者論》五篇，《弘明集》卷五，頁 30 上-32 中。

[63] 陳廣芬《慧遠思想中般若學與毘曇學之關涉》言：「由此，我們不難將慧遠與『毘曇思想』的關係看得清楚些：縱然慧遠與毘曇思惟分析的哲學之間，有值得定的關聯，其性質也應該可以確定不會是小乘有部的系統化的思想形式，而是屬於較為簡單的大乘『有宗』系統。」中山大學中文所碩士論文，頁 55。

[64] 同上註，頁 60。「也就是說，在『有宗』的意義上，『方等』經除了闡揚『般若』的『性空』之外，還有許多『不空』的『法』更受歡迎。這其中所含蘊的本體論特質，在《般若經》徹底的虛空之中，滿足了人的心理需求。」

[65] 同上註，頁 53。

[66] 同上註，頁 55。

佛學思想的另一種可能的面向是在《大寶積經》及《經集》,不過,這些背景資料的介紹中,卻有少許的失誤。與《華嚴經》有密切關係的《十地經》等固然在東晉以前已有譯本,然而,《華嚴經》及《泥洹經》最早的漢譯本,至少要到西元 418 年才由覺賢與法顯譯出,這時已是東晉末(東晉亡於西元 420 年)。因此,作者云此二經在魏晉時期即已廣為流通,而在道場宣講不輟,恐是早估了此二經的譯出時間之故。此二經在中國大為流傳,至少應是到南朝初年之事了。因此,本文以為陳文雖有前人所未發的創見,但就慧遠思想依歸在「有宗」(指肯定有「不空」的「法」)的推論,卻未見有正面的論據。

實則,本文以為「有宗」二字宜置於慧遠原文的語意脈絡下來看,慧遠〈與隱士劉遺民等書〉的原文是說:

> 每尋疇昔,遊心世典,以為當年之華苑也。及見老莊,便悟名教是應變之虛談耳。以今而觀,則知沉冥之趣,豈得不以佛理為先?苟會之有宗,則百家同致。[67]

慧遠對隱士劉遺民等人自敘修學歷程,回顧年少鑽研儒典名教,及見《老》、《莊》之說而以名教為虛談,至晚年此時來看,明白人生最深刻精義所趣,佛理中所說最為透徹。最後說到的結論,就是「苟會之有宗,則百家同致」。

就上述語序而言,「苟會之有宗」一句,是總結慧遠曾修習儒、道、釋三家學說而歸依於佛家的修學歷程而言的,其所謂的「宗」指的是佛理;「則百家同致」則指慧遠在晚年的體會當中,明白到若能將自己曾所修學的這些各家流派的思想,以其中最為認肯的一家思想去統貫起來,那麼就算博習多聞各家思想,也是所無妨礙的。實則,在稍早慧遠與何無忌論沙門袒服是否合禮的問題時,即曾說過:「道法之與名教,如來之與堯孔,發跡雖殊,潛相影響,出處誠異,終期則同。」[68]因此,本文以

---

[67] 《廣弘明集》卷二十七,大正藏第 52 冊,頁 304 上。

[68] 〈遠法師答〉(何無忌難沙門袒服)《弘明集》卷五,大正藏第 52 冊,頁 33 上。

爲就「苟會之有宗」一句而言，並沒有太複雜的意識形態在裏面。事實上，類似的話早在《易》及《史記》太史公的自序中就已經有「天下百慮而一致，殊塗而同歸」的說法。而慧遠既曾爲儒生，或可能早讀過這些古籍，而慧遠所說二句或轉化自此，亦不無可能。

再若要由這句話來看慧遠思想的歸趣的話，筆者以爲對於一個曾作過儒生，也喜好研讀《老》《莊》思想的義學僧來說，如何去看待那些先於佛學而深植於其思想基礎的儒、道思想，是他在出家後所要面對的第一件事。而慧遠在晚年寫下此信，想必是應有相同背景的弟子或道俗所請而作的，因此，在文字表達上，和與羅什交談的《大乘大義章》比較起來，就顯得應俗得多了。

如果再例舉僧叡在〈長阿含經序〉中，也曾談到「會之有宗」一句，就更可以作爲本文此觀點之佐證。〈長阿含經序〉云：

> 夫宗極絕於稱謂，賢聖以之沖默，玄旨非言不傳，釋迦所以致教。是以如來出世，大教有三：約身口，則防之以禁律；明善惡，則導之以契經；演幽微．則辨之以法相。然則三藏之作也，本於殊應，會之有宗，則異途同趣矣。[69]

就語意脈絡觀僧叡「會之有宗，則異途同趣矣」二句之意，是說佛典有三藏之區別，是因佛應機說法而有別異，若求其闡釋解脫之道的宗本，則是一致無別的。僧叡爲羅什弟子，未習有部之學，其「會之有宗」一句，顯然就比較不易被誤會爲：將思想歸依於說一切有宗。由此觀之，不論是慧遠的「苟會之有宗，則百家同致」，還是僧叡的「會之有宗，則異途同趣矣」，都只是單純地在表述：雖然說法可以有很多種，但眞理只有一個。

---

[69] 大正藏第 1 冊，頁 1 上。

五、結語

　　毘曇學在慧遠佛學思想中的位置，可以兩點概括而言：一者，毘曇學是作為以佛法研究佛法的最佳選擇，二者，曇毘論典中所假名施設的受報主體，為慧遠弘法時對大眾說明三世業報的不虛，提供了直接而積極的思想依據。

　　對慧遠而言，毘曇學對名相詳盡的詮解是取代「格義」最好的工具。兩晉佛學弘傳，所以誤失頗多，乃因於過去沒有適當的詮釋佛典名相的書，至東晉時期，小乘論師東來漸多，帶來相當數量的聲聞毘曇論典，對於校正過往不當的思想比附，起了一定的影響。對慧遠來說，許多過去因譯本質量不足，所導致解讀困難或失真的問題，都因道安在前的帶動翻譯及倡導毘曇學後，得到相當的解決。而這種以佛法來研究佛法的方式，毋寧是慧遠的理想。

　　其次，慧遠在修習二十餘年的般若學後，得聲聞毘曇而重之，原因是很值得細細推敲的。在慧遠過去所修習的《般若經》思想中，對於在輪迴當中，如何說明在因果報應的設準下，受報主體如何能夠相續性，同時能保有其同一性（何以自作業自受報，而不由他人所受）的問題，幾乎都沒有正面的處理，因此，他由毘曇學中得到相當的助力。而犢子部為受報主體施設「非即蘊非離蘊補特伽羅」的觀點，雖由慧遠所吸收作為其立「神不滅」之「神」的概念的基礎，不過，這之間是有差距的。有關慧遠受報主體觀點的闡述，將於第四章第一節中詳論，此不多贅。此僅就毘曇學在慧遠思想的位置而論。

第三節 慧遠的般若思想

在慧遠主持下的廬山東林道場，可說是以般若系統的經典引領修行的一個內外兼修的佛教清修之地。慧遠在師承自道安二十餘載的般若學基底下，又採用般若經系的禪典《般舟三昧經》爲禪修指歸，其生平著作、與人書往，又皆以般若學相關論題爲主，又依《般若經》於寺院中繪建經變、佛影龕臺等佛教藝術，其以般若學爲根底的修行立場，十分明確。而慧遠專爲闡述般若實相義而作的名著《法性論》，即爲本節最重要的討論資料，其他在慧遠著作中有關般若思想的探討，則以收錄在《大乘大義章》及《肇論疏》中，與羅什、僧肇師徒的對話，最受到重視。

本節細分成三小節討論，第一小節由《法性論》的篇數、寫成時間及斷句殘文的相關資料考證著手，進行《法性論》思想內容的分析。在眾多史傳中抽絲剝繭、汰沙撿金之後，得到重要依據資料有：《祐錄》及《高僧傳》引錄的兩句《法性論》殘句、陳朝慧達《肇論疏》及唐朝元康所作《肇論疏》中所引及的《法性論》殘文。第二及第三小節所談到的《大乘大義章》及僧肇〈般若無知論〉中所保留慧遠思想的相關資料。

一、《法性論》：慧遠的法性思想

本小節所要討論的主題是慧遠的法性思想。討論慧遠的佛學思想之前，必須先探究其佛學基本立場。慧遠佛學的基本立場，學者間向來看法紛歧，或主張以般若學爲主，或認爲以毘曇學爲基礎，又或以爲是涵融了各家說法等。本文擬由《法性論》之撰成時間及內容爲進路，探尋慧遠的思想立場，由此考察慧遠法性思想的形成。

（一）慧遠般若學的修習歷程

　　慧遠的佛學立場，與其修學歷程有相當重要的關聯性。慧遠出家以前，嘗爲儒生，博綜六經，特別擅長莊老之學。從道安出家後，不久即登座講實相義。此後至慧遠到隱居於廬山（386）前的這段期間，曾隨著其師道安四處弘法（354－379），一直到東晉孝武帝太元四年（379）二月和道安分開止，二人相處的時間約計二十餘年，道安的般若學及戒學對慧遠佛學思想的建基，可謂有深遠的影響。而這些影響，也表現在日後慧遠的求法態度及佛學基本立場之中。慧遠主要討論法性思想的作品《法性論》即寫於離開道安不久之後，約當在西元 381 年後，至 391 年僧伽提婆入廬山前之間。[1] 因爲在羅什入關後，慧遠修書致好之時，即隨書附《法性論》，羅什讀後，還曾歎云：「邊國人未見經，便與理闇合」。[2] 得知《法性論》的部分內容作於羅什入關之前應可確定。

　　部派佛學思想傳入廬山，是在東晉孝武帝太元十六年（391）的事。有部的罽賓論師僧伽提婆東來，應慧遠之請，乃於廬山重譯《阿毘曇心論》及《三法度論》，遠並爲之作序。次年，遠派遣弟子法淨、法領等至西域求法，後來取回《華嚴》（六十卷本）等二百餘部梵本。[3] 不過，取回

---

[1] 《慧遠研究・遺文篇》（日）木村英一主編，東京都：創文社，昭和 35 年(1960)，頁 287。

[2] 《祐錄》卷十五・〈慧遠法師傳第三〉：「常以支竺舊義，未窮妙實，乃著〈法性論〉，理奧文詣。羅什見而歎曰：『邊國人未見經，便闇與理合，豈不妙哉？』」（大正藏第 55 冊，頁 110 上中）。此段文字記載，至稍晚的慧皎《高僧傳》卷六〈晉廬山釋慧遠傳〉中，已小有更動：「先是中土未有泥洹常住之說，但言壽命長遠而已。遠乃歎曰：『佛是至極，至極則無變，無變之理，豈有窮耶？』因著〈法性論〉曰：『至極以不變爲性，得性以體極爲宗。』羅什見論而歎曰：『邊國人未有經，便闇與理合，豈不妙哉？』」大正藏第 50 冊，頁 360 上）由此二段文字的比較中，可以發現，慧皎已有意地將他自己當時流行的涅槃觀攗寫入慧遠的傳記中，而慧遠之世，尚未有涅槃經典的譯出。法顯所帶回來的六卷本《泥洹經》，遲至慧遠死（西元 417 年）後的西元 418 年，才由佛馱跋陀羅（覺賢）在京師的道場寺譯出。

[3] 同註 4。

的梵本並沒有馬上進行翻譯，部分經典還是在慧遠去世之後才翻譯出來的。例如依《祐錄》卷九·〈華嚴經記第一〉及卷八·〈六卷泥洹經記第十八〉所云：《華嚴經》六十卷梵本及六卷本《泥洹經》，即於慧遠逝後東晉義熙十四年（418），由佛馱跋陀羅譯於京師的道場寺。

慧遠似乎因爲對於《心論》的毘曇教法與道安所授不同，而引生疑昧，暗自不安，所以當西元 401 年羅什入關後，就欣喜而急切地表達出想探求佛法義理的期盼，乃修書致好羅什，往復討論經中大義，二人的對話，被後人輯成《大乘大義章》。

在西元 404 年及 405 年這兩年，羅什分別譯校訖《大品般若經》及其釋論《大智度論》。慧遠在得到了羅什譯出的百卷《大智度論》之後，費時六年，仔細地反覆研讀再三，由《大智度論》鈔出菁華，約簡爲二十卷，名之爲《大智論要略》（又名《大智論要抄》、《般若經問論集》，現已佚）。而當時羅什長安僧團的檀越秦王姚興，並修書推崇遠棲於南方廬峰的慧遠爲之作序，慧遠乃謙辭之。並且，同時在這一年（411），慧遠迎請見擯於羅什長安僧團的佛馱跋陀羅（意譯爲覺賢，或佛賢）來到廬山，譯出了後來禪宗發展史上十分重要的《禪經》[4]，慧遠爲之作序，名爲〈廬山出修行方便禪經統序〉。此序敘述慧遠以般若學融攝聲聞禪法的基本立場，與另一篇談到禪觀的作品〈念佛三昧詩集序〉一致，強調了「止觀雙運」、「禪智相濟」、「色如不二」的禪觀。慧遠佛學思想的形成至此晚期，殆已完全確立。

（二）《法性論》的相關考證

1·《法性論》的篇數及現存殘文

---

[4] 因爲此部禪經在廬山譯出時，僅名爲《禪經》，慧遠爲之作序時，也只說是「廬山出修行方便禪經」，是後來才被冠上達磨多羅的名字在禪經之前，與禪宗產生了繫聯的關係。與禪宗相關的論述，請詳本章第三節慧遠的禪觀。

《法性論》之殘文，現有三處收錄。收於《祐錄》中有兩句，爲現存《法性論》殘文中最早的資料。慧皎在稍晚編寫《高僧傳》時，也把《祐錄》中所載的慧遠的傳記資料抄入，並加以改寫，同時也收錄了這兩句殘文。[5]其次，在陳·慧達《肇論疏》所錄與慧遠「法性」思想相關的資料有：廬山「本無義」、慧遠引「法性」說「實相」的原因，並在說明《法性論》成篇過程後，引論慧遠之「法性義」。第三，是唐·元康《肇論疏》直接引用到慧遠《法性論》的殘文，云「法性是法眞性」等。

除直以法性爲論題的《法性論》外，慧遠也曾在其他作品中談到法性概念，包括《大乘大義章》第十三章講到「法性常住」、「不有不無」（由此說明《高僧傳》中所說的「常住」，不是指後來《涅槃經》出現後所說的涅槃義）等。本文擬以現存錄有《法性論》殘文的以上三個輯本中，最早的《高僧傳》中的兩句《法性論》爲論述的架構，並參考慧遠自己作品中的相關論述，以及後人之評論，來探究慧遠的法性思想。

在梁·慧皎《高僧傳》卷六〈釋慧遠傳〉中，錄有慧遠作品全文或部分引文者有十篇[6]，其中錄有兩句殘文，受到羅什贊同的作品是《法性論》，可看出《法性論》被時人目爲慧遠法性思想的代表作。甚至到了元康的《肇論疏》中，《法性論》還被並列爲僧肇當時「實相」五義之一的「法性」一家，[7]，即可知後人以「法性」思想作爲慧遠思想之標幟的事實，進而看出「法性」在慧遠佛學思想的中心地位。

《法性論》原來的篇數，據《東林十八高賢傳》（以下簡稱《賢傳》）所載，云慧遠：「乃著《法性論》十四篇。」[8]可知《法性論》原來有十四

---

[5] 同註4。

[6] 《高僧傳》卷六〈慧遠傳〉中引有慧遠作品十篇：〈佛影銘〉、〈答王謐〉、〈通好羅什書〉、〈重與羅什書〉（并附偈一章）、〈法性論〉、〈答姚興書〉、〈與桓南郡書〉、〈答桓太尉書〉、〈沙門不敬王者論〉、〈答晉安帝書〉。其中或全文引出，或部分引用。

[7] 僧肇《肇論·宗本義》云實相五義名異義同。元康《宗本義疏》中所云之「六家」，特別是指僧肇當時論實相義的有六家，非曇濟《六家七宗論》中闡釋般若學的六家。

[8] 《東林十八高賢傳》，卍續藏經第 150 冊，（臺北：中國佛教會卍續藏印經會），頁

篇，全文散佚頗多。此外，慧達在《肇論・隱士劉遺民書問無知論疏》中，曾提到慧遠在得到羅什的《大品般若經》譯本前，完成了《法性論》「兩章」。[9]不過，這裏所說的「兩章」與前述《賢傳》中的「十四篇」，二者在篇幅上的比例現未詳如何，只能推測：若果如慧達所述，慧遠《法性論》的寫成，是在得到羅什《大品經》前後，則《法性論》的完成，或有時間上的階段分別，不過，在內容上是否也有實質上的分期，則有待考量。以下即由《法性論》寫成的時間，進一步考察該論的中心思想。

2・《法性論》的寫成時間

關於慧遠《法性論》寫成時間，依近人的研究，推測有兩種可能：一是認爲寫於慧遠接觸到毘曇論典之前；二是依慧達《肇論疏》所述，推斷爲有前後期之分。本文以下依序檢討此兩種推論的成立的可能性。

（1）寫於毘曇論典譯出前

依《慧遠研究・遺文篇》推論《法性論》約寫於西元 381 至 391 年之間。認爲是從道安被前秦苻丕擄至長安，慧遠被迫與道安分開（379）之後，入廬山的太元六年至七年（381-382），到阿毘曇等譯出的太元十六年（391）之間寫成的。[10]這是認爲《法性論》寫於慧遠接觸到毘曇論典之前，思想還完全未受部派毘曇思想影響，仍單純地承自道安般若學的立場。

《慧遠研究・遺文篇》的推論，是僅就《祐錄》及《高僧傳》所載的「至極以不變爲性，得性以體極爲宗」兩句《法性論》殘文而論。的確，姑且不論其他現存的相關資料，僅就此二句來看，確實看不出有部派毘曇思想的痕跡；不過，如果再參之於慧遠的作品、慧達與元康《肇

4。

[9] 慧達《肇論疏》卷中・〈隱士劉遺民書問無知論疏〉，卍續藏經第 150 冊（臺北：中國佛教會卍續藏經印經會），頁 438。

[10] 《慧遠研究・遺文篇》（日）木村英一主編，東京都：創文社，昭和 35 年(1960)，頁 287。

論疏》及《大乘大義章》中的記載，則可以發現慧遠論述法性觀時的部分資料，內容上頗有差異，也可以見到慧遠引用毘曇論語的情形。[11]因此，若直接斷定《法性論》是寫於慧遠還沒有看過毘曇論典前所寫的作品，則應仍然有可商議的空間。也因此，或許我們仍可以小心推測慧遠《法性論》的寫成，也不無時間上有階段性的可能（但內容的部分，容詳下文之考察），並非一定是寫成於西元 391 年僧伽提婆在廬山譯出《阿毘曇心論》之前。

因為，慧遠隨侍道安二十餘年的時間裏，所修習的以《般若經》為基礎，特別是道安所重視的《放光》及《光讚》，後來羅什也譯出了其異譯本《大品般若經》；而慧遠接觸毘曇學的時間為僧伽提婆至廬山所停留的七年（東晉太元十六年至隆安元年，391－397）[12]，以及覺賢入廬山停留的年餘（義熙六年夏至義熙八年，410－412）[13]。因此，就接觸時間的長短及義理探究深度的推求，毘曇學對慧遠而言，也許提供了一個不同於道安般若學的思維指引，而二種思維系統的差異，為慧遠引帶出一些因比較二者之不同所產生的疑昧。所以，面對因毘曇學而帶來問題，慧遠期待著與自己相同學統的人來印證自己的想法。這時，修習龍樹般若學系統思想的羅什來到了關中，為慧遠所以得以在日後以毘曇學向中觀立場提問，提供了機會。

據《高僧傳》卷六慧遠的本傳所載，羅什入關（401）之初，慧遠曾數度修書通好，其中的一封信件即附有《法性論》：

> 聞羅什入關，即遣書通好，……先是中土未有泥洹常住之說，但

---

[11] 詳以下《肇論疏》及慧遠與羅什的書信集《大乘大義章》中的討論。及本章第二節的相關討論。

[12] 《祐錄》卷十三，〈僧伽提婆傳第十二〉；《高僧傳》卷一〈僧伽提婆傳十三〉。

[13] 《祐錄》卷十四〈佛馱跋陀傳第四〉：「以夏迄冬，譯出禪數諸經。佛賢志在遊化，居無求安，以義熙八年（412），遂適荊州。」（大正藏第 55 冊，頁 104 上）；《高僧傳》卷二〈晉京師道場寺佛馱跋陀羅〉說：「賢志在遊化，居無求安，停止歲餘，遂西適江陵。」（大正藏第 50 冊，頁 335）。

言壽命長遠而已。遠乃歎曰：「佛是至極，至極則無變。無變之理，豈有窮耶？」因著《法性論》：「至極以不變為性，得性以體極為宗。」羅什見〈論〉而歎曰：「邊國人未有經，便闇與理合，豈不妙哉！」[14]

因此可知，慧遠共有十四篇的「部分」《法性論》的內容，可能寫成於 401 年之前。《祐錄》及《高僧傳》中還提到，羅什對於《法性論》的內容讚歎有加，乃歎曰：「邊國人未有經，便闇與理合，豈不妙哉！」而隱於羅什這三句話背後的深意，有賴句中的二個關鍵詞闡明：其所說的「經」是指何經典？而所闇合之「理」，指的是不是如慧皎自己所添加《祐錄》原本所無的「先是中土未有泥洹常住之說」一段與「泥洹常住」相關的「理」呢？

若細察羅什的譯經，這裏所說的「經」應是羅什自己後來於西元 404 年於長安逍遙園譯出的《大品般若經》，如此才能符合於慧達在《肇論·隱士劉遺民書問無知論疏》中所說的「遠師《法性論》成後二章，始得什師所譯《大品經》，以為明驗，證成前義」。這裏明白指出慧遠先寫出的兩章《法性論》的義理，符於羅什後來在 404 年所譯出的《大品經》，所以慧達說「以為明驗，證成前義」，由此可知，這裏所說的「經」並非羅什自己也沒有接觸的《涅槃經》，而是《大品般若經》。[15]

而「闇與理合」的「理」，相應於前句話中所說的《大品經》，指的便應是般若經系統的「法性不變」之「理」，而應非流行於稍晚在慧皎之時代所流行的「涅槃常住」。推求其原因有二：

一是在現存羅什的譯典中，並沒有涅槃類的典籍，而羅什本身所學

---

[14] 有關《祐錄》卷十五及《高僧傳》卷六這一段引文內容差異的比較，請參考註 6 的內容。

[15] 陳廣芬《慧遠思想中般若學與毘曇學之關涉》一文中，認為「羅什所說的經當是指《涅槃經》」。（高雄：中山大學中文研究所碩士論文，1993 年 1 月），頁 14。陳文並沒有解釋何以「經」指的「當是《涅槃經》」，此一判斷顯然是受到了慧皎所加入的「先是中土未有泥洹常住之說」一段文字所引導的結果。

主要以大乘龍樹學爲本，其義理架構並未涉及眞常系統的典籍，因此，羅什話中所說的「經」，不可能是《涅槃經》，顯爲他在後來在西元 404年譯出的《大品般若波羅蜜多經》，是慧遠隨侍道安身邊二十五年所學的大乘般若學思想（尤其是道安經常講授的《放光般若經》）。故羅什所盛讚者，顯然應是慧遠《法性論》中暗符於中土所未完全譯出的《大品般若經》中「法性不變」的思想。

　　二是最早在中國譯出談到衆生悉有「佛性」的佛典，是在東晉義熙十四年（418）由覺賢與法顯將由法顯帶回來的六卷本《泥洹經》校定竟訖，此六卷本《泥洹經》卷三、四、六的經文中雖然說到了「衆生悉有佛性」，但仍不同意一闡提也具有佛性，可以成佛；而同意一闡提都可成佛的北本《涅槃經》的譯出，則要到再兩年之後的劉宋時期（420）才由曇無讖在北涼譯出。六卷本《泥洹經》譯出時，慧遠已經去世一、兩年。若《高僧傳》中的「邊國人未有經，便闇與理合」的「理」，果如慧皎所云爲流行於慧皎自己南朝當世的「涅槃常住」之理的話，則何以在慧皎自己所編纂的《高僧傳》中，獨闡竺道生能明《泥洹》深旨，而不標擧爲更早的慧遠所出？可知，在慧遠作品中所說「泥洹不變」的「泥洹」義，顯然不同於慧皎所說的流行於稍晚譯出的《泥洹經》中所說的意涵。

　　因此，若果眞的相信慧皎在《高僧傳》中有意地安排一段將有關「泥洹常住」的敘述與慧遠的《法性論》繫聯起來，可能即受其誤導。我們可以由《祐錄》的記載比對，可以明顯地看到慧皎的改寫。《祐錄》原來是說：

> （慧遠）常以支竺舊義，未窮妙實，乃著《法性論》，理奧文詣。
> 羅什見而歎曰：「邊國人未見經，便闇與理合，豈不妙哉？」[16]

　　慧遠原先寫《法性論》的動機，是針對東晉以前的譯者，如支讖、竺法護、竺叔蘭等人譯語的質木無文，詞理未臻精確詳盡的問題而發的。

16　《祐錄》卷十五，大正藏第 55 冊，頁 110 上中。

[17]而慧遠所以針對支竺等這些人的譯筆，是因爲他們是慧遠昔日所常讀經典的譯者，諸如：《光讚經》、《正法華經》、《菩薩十住行道品》、《佛說海龍王經》等爲西晉‧竺法護所譯；《道行般若經》、《般舟三昧經》等爲後漢‧支婁迦讖所譯，道安在襄陽十五年，歲常再講的《放光般若經》爲西晉的無羅叉與竺叔蘭所共譯[18]。因此，慧皎把慧遠《法性論》的寫作動機繫聯上了流行於慧遠死後稍晚的「泥洹常住」之說，顯然不符事實。

（2）寫於《大品般若經》譯出前或後，有前後期之分

在陳‧慧達的《肇論‧隱士劉遺民書問無知論疏》中，曾經提到慧遠寫《法性論》的經過：

> 遠師《法性論》成後二章，始得什師所譯《大品經》，以爲明驗，證成前義。[19]

方立天依據這段文字，推斷慧遠《法性論》的寫成，有前後期之分。方立天以慧遠看到羅什所譯出的《大品般若波羅蜜經》（譯出並校訖於西元 404 年 4 月 23 日）[20]及《大智度論》（釋論始譯於 402 年夏，譯成於西元 405 年 12 月 27 日，其間兼譯出《大品經》經本、《禪經》、戒律、《百論》等三藏）[21]爲分期，並且認爲不只是該論的寫作時間在羅什《大品經》譯出前與後，就連前後期思想內容，都有很大的轉變。[22]因此，若慧達所言不差的話，則《法性論》當是始作於羅什入關前，致書通好羅什時已

---

[17] 僧肇也曾對支竺譯本的「理滯於文」，感到困擾。《祐錄》卷八‧僧肇〈維摩詰經序〉第十二：「而恨支竺所出，理滯於文，常懼玄宗，墜於譯人。」大正藏第 55 冊，頁 58 中。

[18] 《祐錄》卷八，道安〈摩訶鉢羅若波羅蜜抄序第一〉，（大正藏第 55 冊），頁 52 中。

[19] 卍續藏經第 150 冊，（臺北：中國佛教會卍續藏經印經會），頁 438。

[20] 《祐錄》卷八，長安叡法師〈大品經序第二〉，（大正藏第 55 冊），頁 53 中。

[21] 《祐錄》，卷十，出論後記〈大智論記第二十〉，頁 75 中。

[22] 方立天的觀點，基本上繼承呂澂的說法，認爲慧遠受毘曇影響很多。「慧遠法性說的矛盾，表現爲前後論述的不一致。……慧遠法性說的思想演變以閱讀《大品般若經》與《大智度論》的前後爲界線分爲兩個階段。」方立天《慧遠及其佛學》，（北京：中國人民大學出版社，1984 年），頁 42。

成兩章，全論完成於西元 404 至 405 年左右。

　　方立天此意見與《慧遠研究・遺文篇》中的推論相去甚多。其觀點，顯然是抓緊了以上慧達所說的這段文字而作的推論。由這段文字推論出：慧遠在讀到西元 404 年譯出的《大品經》之前，已經寫好《法性論》的前二章，在讀過《大品經》之後，又接續完成《法性論》全文。所以，《法性論》有前後期的分別。而這前期的分別不只是時間上的階段，也是思想上的分野。

　　方立天如此立論，其背後的目的不難得知：是為了解決其認為現存有關慧遠法性思想的諸殘文間，可能存在著思想上的歧異，[23]所以想利用思想上可能有演變，而合理地來解決這些殘文間分歧。其理由是：認為慧遠在看到《大品經》之前，對法性的理解是受有部思想的影響，不能正確地理解「法空」。因此，早期的思想是偏向以「自性」來理解「法性」的。後來因為讀了《大品經》，且與羅什進行討論之後，對「法性」有了較正確的認識，其佛學思想才趨近正見。這是方立天的論點。

　　如果是這樣的話，我們可以順著方立天的理路，來重新審視這樣的觀點，其論點背後其實也存在著推論上的困難。慧遠的《法性論》若是有前後期分野的話，那麼，首先我們可以由現存於《祐錄》及《高僧傳》中的《法性論》應該是屬於前期，還是後期的作品，進行探討。

　　在《祐錄》及《高僧傳》的慧遠本傳中都說到，羅什在見到《法性論》之後，曾讚歎慧遠：「邊國人未有經，而闇與理合」這一件事。羅什的這兩句話給我們兩個線索：第一個線索是羅什說「邊國人未有經」，暗示了《法性論》是寫於《大品經》還沒有譯出之前，也就是 404 年之前。第二個線索，「而闇與理合」則說明羅什對於慧遠《法性論》中所闡釋的

---

[23] 現存於《祐錄》的〈法性論〉只剩下兩句，加上元康《肇論・宗本義疏》中所引〈法性論〉殘文及慧達《肇論・不真空論疏》所引慧遠「本無義」的殘文。慧達疏引殘文，以「性空」與「法性」為同實異名；而元康疏引殘文，說「性空」不是「法性」。多數學者，認為這幾段殘文之間，存在著義理上的矛盾，所以為了解決這個問題，有些學者依此判定慧遠思想是有前後期的發展。

觀點，十分欣賞，認爲《大品經》雖還沒有被完整地譯出來，但是慧遠卻能夠符契於般若經義。所以可以說羅什是認同了慧遠在《法性論》中所闡釋的般若思想。並且，也由於這個因緣，後來長安的羅什僧團在譯出《大智度論》之後，還特地請遠在南方廬山的慧遠爲之作序，可佐證長安僧團對慧遠學養之敬重。

由以上的檢視可以發現：現存於《祐錄》中所錄的《法性論》殘文，應是寫於《大品經》譯出前的作品。如果依方立天所作的區分，寫於《大品經》譯出前的作品，應該算是「前期」的作品。不過，對於慧遠「前期」作品的立場，在方立天的區分下，認爲此期的內容應是受到毘曇思想影響[24]，對法性的理解不正確。但是，如果我們回到前述羅什對慧遠早期的這篇《法性論》的認同來看，除非羅什對法性的理解也不正確，否則何以羅什已經認可慧遠《法性論》中的觀點，依方立天的分期之後，卻判定慧遠此論的思想與羅什不合？在此，也就反映出方立天在分期觀點上的困難。

並且，如果《法性論》眞有前後期之分，羅什所見爲前期，已歎其與《大品經》之理闇合了，那麼，慧遠對法性的認識立場已與羅什相同了，並沒有衝突，即便有時間上的後期，就算是後來讀了羅什譯出的《大品經》及《大智度論》後，也應不會在立場上有所改移。除非，現存所見的是「後期」的《法性論》殘文，而前期與羅什闇合的已佚。不過，這樣的觀點也不能成立，因爲慧皎所引的《法性論》兩句殘文，顯然寫於西元404年之前「前期」的精華，爲羅什所贊同，故現存於《高僧傳》中的兩句殘文乃爲前期作品，而非後期。而如果《法性論》的前二章是寫於慧遠在歷經西元391年毘曇學的修習之後，已得羅什讚同；在羅什入關（401.）後，在研讀了《大品經》及《大智度論》後才完成的《法性

---

[24] 方立天《慧遠及其佛學》，（北京：中國人民大學出版社，1984年），頁42-43。方立天引慧遠的〈阿毘曇心序〉的「己性定於自然，則達至當之有極」爲例延伸說明，認爲慧遠的受到《阿毘曇心論》〈界品第一〉之影響。

論》全文，又有何改變其初衷立場的理由？因此，若就《法性論》，其在
寫作的過程中雖然遇到了羅什入關及《大品經》、《大智度論》的譯出，
而可說寫作有中斷或接續，但是在思想立場上應無須區分前後期。

此外，就方立天將《法性論》區分爲「前期」受毘曇影響的觀點來
看，這樣的區分，幾乎完全忽略了道安般若學在慧遠思想中的重要性，
也完全抹煞了慧遠大乘思想的一面。慧遠隨侍在道安身邊二十餘年（351.
－379.），道安早在飛龍山與僧先共敘「格義」不當之處時（350），即已
自覺地放棄了早期中土以「格義」詮解佛理的作法，因此，在慧遠追隨
道安的二十餘年中，應由其師嚴謹的治學態度中，學習到了不應以格義
爲手段的正確認知。

因此，筆者認爲，慧遠在《法性論》寫成兩章的時侯，獲得了羅什
所譯的《大品般若經》，此經譯自西元 403 年 4 月 22 日，至西元 404 年 4
月 23 日校訖，花費一年的時間所譯成，慧遠在獲得此經之時，已寫好兩
章《法性論》，如果慧遠在西元 401 年羅什入關或次年通信時，已經曾將
《法性論》寫好的部分（可能少於西元 404 年得到《大品經》時所寫前
的「兩章」），寄送給羅什看過，也得到了羅什的認可，這個部分的《法
性論》即應是立於般若中觀立場而作之論。因此，羅什所見到的《法性
論》雖可能不是如《賢傳》所說十四篇的完整本，而可能只有不到「兩
章」的篇幅，可以發現慧遠的見解顯然與羅什是相契符的。即使如方立
天所推論的，《法性論》的寫成，可能有前後的分別，但也應只是「局部
兩章」與「完整本」完成的時間上作的先後區分而已，而不是思想上的
演變。

（三）慧遠般若學立場的爭議

近人對慧遠佛學思想基本立場的研究，大抵有四種看法：其一，認
爲慧遠的思想是建基在般若學的立場上的，以湯用彤爲代表；其二，認

爲慧遠是立足於毘曇學的立場的，以呂澂爲代表；其三，認爲慧遠思想是有前後期的演變的，以方立天爲代表；其四，認爲慧遠的思想，基本上即融攝不同系統的思想而成一家之言的，以區結成、劉貴傑、韋政通等人爲代表。

湯用彤在《漢魏兩晉南北朝佛教史》主張慧遠思想以闡發般若爲主旨。引用了陳·慧達《肇論·不眞空論疏》云：「廬山遠法師本無義，云『因緣之所有者，本無之所無。本無之所無者，謂之本無。本無與法性同實而異名也。』」故湯先生言：「按慧遠作《法性論》，以發揮其所見。此言本無與法性同實異名，則遠公之學稱爲本無宗，固亦無不可也。」[25]此觀點基於：慧遠深受其師道安之影響，而道安以般若學研究知名。[26]

呂澂的《中國佛學思想概論》則認爲慧遠思想的根柢，還是以說一切有部（尤其犢子部）毘曇學爲主，道安的般若學對他沒有很大的影響，立論正好與湯說相反：「《法性論》的思想還是出於《心論》。認定一切法實有，所謂泥洹以不變爲性，並不是大乘所理解的不變，而是小乘的諸法自性不變，也是實有，此爲小乘共同的說法。」[27]。其立論觀點，主要是依慧遠在《大乘大義章》第十四、十五章中對羅什提問時，曾提到「實法有」、「分破空」等概念而論的。不過，此觀點後來已有學者加以批評。區結成即針對此一立論觀點提出批判，認爲呂澂說慧遠誤以「自性」爲「法性」故執法實有，這樣的看法，「幾乎取消了慧遠思想中大乘信仰的一面。」[28]不過，區先生也指出自己並不認爲慧遠的中心思想在般若學的

---

[25] 湯用彤《漢魏兩晉南北朝佛教史》上冊，第十一章，（臺北：臺灣商務印書館，1991 年 9 月臺二版），頁 239。

[26] 引書同上註，頁 242-243。道安之般若學著作計十四餘篇，其中有名爲〈性空論〉、〈實相義〉者，殆爲申述般若實相之義；餘有爲般若經另作析疑、略解者，亦有爲般若系經典所作的序四篇。

[27] 呂澂《中國佛學思想概論》第四章，（臺北：天華出版社，1982 年 7 月初版），頁 91。

[28] 區結成《慧遠》，（臺北：東大圖書公司，1987 年），頁 65、85。

立場[29]，而是綜合小乘分析哲學與大乘「法性」理想，即其〈阿毘曇心序〉所說「顯法相以明本」。[30]然而，若詳察慧遠在《大乘大義章》中提問的文旨，可以發現，慧遠旨在破實有說，並指出《大智度論》的用例不當，非在闡發實有觀，即可發現此一論難之偏離主題。

方立天則在《慧遠及其佛學》一書中，認為慧遠的佛學思想，是有前後期的演變，以羅什入關為界；前期以小乘毘曇為主，後期乃以般若為旨。其判定的依據是慧達《肇論·隱士劉遺民書問無知論疏》說到《法性論》的寫成有前後期而論的。[31]目的在解決慧達《肇論疏》及元康《肇論疏》中所引到的慧遠作品殘文，立論上何以截然不同之矛盾。誠如前述，方立天分期的觀點本身，存在著論證上的困難。方立天為了串連其認為慧遠法性說雖前後論述不一致，但也有一貫之處時，提出慧遠「強調"法性"本體的實有，保持了前後的連貫性。」[32]這個觀點承自呂澂。雖然在理論上存在著困難，不過，方立天在資料的引用方面，注意到慧達及元康《肇論疏》中有關《法性論》殘文的輯出，有相當的貢獻。值得注意的是，這些資料本身就慧達及元康的說法來看，慧達乃繼承羅什長安僧團的高足僧肇的論點，而元康的立論則較持平。

另外主張慧遠思想有演變分期的，有塚本善隆、黃河濤等人，皆主張分為三期。塚本善隆將慧遠之學思歷程分為三階段：（一）出家前：十三歲雁門時代至二十一歲遊學時期，以儒道二家思想為中心。（二）道安門下：研讀般若學，重禪觀，繼承道安研究態度。（三）廬山時代：幽居於東林寺，弘揚毘曇學，著〈沙門不敬王者論〉，念佛結社，接受羅什佛學。[33]塚本的分期標準，前二期以思想由儒道入佛為分期，但第三期則以

---

[29] 同上註，「若以慧遠現存的著作為根據，實在看不出般若思想在他的佛學中具有重要性。」頁 64。

[30] 同上註，頁 92。

[31] 方立天《慧遠及其佛學》，（北京：中國人民大學出版社，1984 年），頁 43。

[32] 同上註。

[33] 《慧遠研究·遺文篇》（日）木村英一主編，東京都：創文社，昭和 35 年(1960)，

幽棲之所爲分期，標準不一。

而黃河濤《禪與中國藝術精神的嬗變》所提出的慧遠三次大的轉變，不同於塚本善隆所分判的一生思想轉變，黃河濤指的單只是出家以後的思想轉變：一是早年隨道安出家，思想屬般若本無派；二是受小乘罽賓毘曇學僧伽提婆影響，兼弘有部毘曇。認爲慧遠神不滅思想即源此。其論佛入「泥洹」，即說泥洹爲神不滅之表現。黃先生認爲此即反映：慧遠對「無」的本體的執著。三是晚年羅什入關，《大品般若經》與《智論》之譯出，使慧遠對「法性」概念有了新理解。[34]黃先生的觀點是立於：慧遠只要接觸了某些思想，就一定會被影響，而完全改變先前立論的立場。不過，如此一來，似乎有過度化約的危險，慧遠的佛學豈非完全沒有自己的觀點，只是人云亦云？但若果眞是如此，以慧遠持己甚嚴，研讀經典必精詳校覆，屢於《大乘大義章》中批駁羅什之觀點來看，慧遠對自己的佛學觀點，應已有自己的理解與立場。

此外，任繼愈主編的《中國佛教史》第二卷及《中國哲學發展史·魏晉南北朝》二書中，認爲慧遠是不專一家的。[35]任書中認爲慧遠不專一家的內容，不只是佛學，是包括了儒道兩家思想的。然而，任書並未對慧遠思想何以兼採諸說加以說明，只是平舖直敘地說明其生平及思想成因。

總結前人的意見來看，慧遠法性思想立場，是有意識地有自己一貫的系統？還是有前後期的轉變？抑或是不分系統地融納而成一家之言？

塚本善隆〈中國初期佛教史上における慧遠〉，頁 1-87。

[34] 黃河濤《禪與中國藝術精神的嬗變》，（臺北：正中書局，1997 年 8 月），頁 222。黃說所分三期，就語義及內容上，都有待商榷，例如：佛教的般若思想本來並沒有什麼本無派，只有在中國有「六家七宗」的格義佛學，故此說有語病。又黃氏的闡釋與先前方立天部分相同，都認爲慧遠有他們所謂的"本體"的概念。而其論據，是認爲慧遠一定是受了有部毘曇法實有的影響。

[35] 任繼愈主編《中國佛教史》第二卷，（北京：中國社會科學出版社，1985 年），頁 630-701。《中國哲學發展史·魏晉南北朝》，（北京：中國社會科學出版社，1988 年），頁 488。

本文的看法，是認爲慧遠雖也接觸毘曇論典，並加以弘揚，但不見得就完全揚棄了自己受教於道安的學統，而全盤接受毘曇的觀點。對於般若學，慧遠已有自己的領解；對於陌生的毘曇，慧遠可能只是立於想釐清自己的般若學統與毘曇學之差異，而立在毘曇的觀點上，向羅什提問。所以，在《大乘大義章》中，於羅什回答完問題時，慧遠若不是針對答覆加以反駁，就只是把羅什的答覆再復述一次，並且稱讚羅什答得很清楚，並說明是因爲以前的譯者在翻譯時，詞語的使用及說明上不夠精確，所以才發生譯文內容不明的現象，即可知其對羅什覆文的立場。[36]

（四）慧遠法性思想的内容

在前人的這些研究論述中，基於立論的目的不同，而有不同的論點。不過，確定慧遠佛學思想的基本立場，如果以目的爲導向，而去涵括他其他作品中立場，毋寧由其作品中的思想特性，及其寫作動機，推論出其基本立場較爲妥當。

因此，本文擬由其被後世傳記、經錄視爲代表作品的《法性論》作爲貫穿全文的經線，並以慧遠其他作品中論及法性概念的部分爲輔，由《法性論》的寫成，看慧遠法性思想的形成軌跡。

針對慧遠法性思想之相關資料，可以就資料性質分三個層次來看：首先，由現存慧遠作品中，直接談到「法性」思想的資料：以《法性論》、〈大智論鈔序〉、《大乘大義章》第二章及第十三章爲主。其次，時人引述（如劉遺民），或後人引錄《法性論》殘文：陳‧慧達《肇論疏》及唐‧元康《肇論疏》引《法性論》殘文及廬山「本無義」。第三，後人評慧遠

---

[36] 例如在《大乘大義章》第一章末記載：「遠領解曰：『尋來答要，其義有三：……（中略）。此三各異，統以一名，故總謂法身。而傳者未詳辨，徒存名而濫實故，致前問耳。君位序有判爲善。』」大正藏第 45 冊，頁 123 上。在其他部分的章次當中，慧遠時而提問，時而以問題申述一己之旨，有時對羅什之論述，似並非完全接受。

法性思想的資料：僧肇〈宗本義〉、〈答劉遺民書〉及慧達、元康的〈宗本義疏〉、〈不眞空論疏〉中對慧遠的評論。

　　據現存《祐錄》、慧達《肇論疏》及元康《肇論疏》所載，慧遠對「法性」的相關論述中，對「法性」質性的描述爲「不變」、「常住」，說由緣起上說法性與「本無」「同實而異名」；但是又說法性是「眞法性」，「不有不無」，不是「空名」，將「法性」與「性空」作了區分。一般以爲，由於這些相關資料之間思想上的差異，造成了《法性論》中心思想立場的疑義。

1・《祐錄》及《高僧傳》所輯《法性論》殘文
——至極以不變爲性，得性以體極爲宗

　　現存在《祐錄》卷十五及《高僧傳》卷六中的兩句殘文是：

　　至極以不變爲性，得性以體極爲宗[37]

　　這兩句話的主要關鍵詞爲「至極」、「不變」、「得性」、「體極」。第一句先定「至極」的體「性」爲「不變」，第二句說明「得性」的極致在於「體極」。而兩句話的連接點在於「（法）性」。釐清主要關鍵詞義在慧遠思想中的特殊規定，爲首要之務。

　　就學者們的意見來看，區結成認爲：「慧遠心目中至高不變的眞實便是法性」，而這「法性」也就等同於「佛」。[38]所以，根據區先生的說法，這第一句的意思也就是：法性（佛）以不變爲性。就語法分析來看，依區先生之詮釋，可以發現，如果「至極」指的是「法性」，也就是「佛」的話，「不變」是用來形容「法性」體性的狀詞，而句末的「性」字，只是單純地指出「不變」是法性的「體性」，並非作爲名詞，直接指「法性」。

---

[37] 同註4。

[38] 區結成《慧遠》，（臺北：東大圖書公司，1987年），頁84。「慧遠說『至極以不變爲性』（即『法性』），又說『佛是至極』，可知在他心目中『佛』與『法性』等同。……『法性』既被理解爲最終極之眞實，亦即具有恆存的本體意義，與現象世界相對待。」

　　方立天則把「至極」解釋爲是體性「不變」的「涅槃」。對方立天來說，將「至極」看成是涅槃的狀態，把「不變」視爲解釋涅槃狀態的狀詞，說「"不變"，即泯齊生滅，永恆常住的意思。」又把「性」（法性）視爲是「宇宙萬物絕對眞實的本性、體性」之外，甚至認爲慧遠的「法性」，還有「宇宙萬物的本體、實體」的看法。[39]此外，方立天認爲《法性論》是針對「涅槃」而說的，所以「至極」指的就是「涅槃」，又說「可見"泥洹"、"化盡"、"至極"的含義是相同的。」[40]

　　所以依方立天之說，第一句的意思就意味著：涅槃以永恆常住爲眞實的本體。則若如方立天之詮述，慧遠的「至極」則進一步帶有實體、本體的意味，成爲萬物的根源。顯然，可以發現方立天是認爲慧遠的「法性」觀，是帶有實體義的，暗示慧遠的《法性論》受到毘曇學之影響。而這正是方立天理解慧遠的一貫立場。

　　劉貴傑在其論著中表示第一句裏的「至極」和「極」都是指「涅槃」。這一點與方立天之說相同。但是文中又說：

> 「不變」即佛性真如永恆常住之意。「性」即「法性」，亦即「實相」、「真如」。「體極」即體認「至極」（涅槃）。……故著《法性論》主倡：涅槃即是常住不變之法性，證悟常住不變之法性，即是體涅槃之終極本原。……慧遠係融攝般若與涅槃兩系，及真空與妙有兩義以論「法性」。「法性」即是「本無」（性空），亦是「涅槃」（妙有），其間並無「巨大矛盾」，亦非「空宗之歧義」。[41]

　　劉貴傑以爲慧遠「融攝般若與涅槃兩系」及「真空」、「妙有」兩義，而且說慧遠的「法性」即是「本無」，又特別在「本無」作了括號註解，表示等同於「性空」，並等同於「涅槃」。不過，對於劉貴傑的觀點，本

---

[39] 方立天《慧遠及其佛學》，（北京：中國人民大學出版社，1984 年），頁 36。

[40] 同上註。在解釋第一句「至極以不變爲性，得性以體極爲宗」時說：「"至極"和"極"，是指涅槃。」

[41] 劉貴傑《廬山慧遠大師思想析論》，(臺北：圓明出版社，1996 年)，頁 86。

文想提供一點不同的看法。

首先，在慧遠當世，龍樹般若系統思想的論典已出，是確知的，但在中國還沒有譯出闡釋「佛性」思想的典籍，所以對於劉貴傑說「**慧遠係融攝般若與涅槃兩系**」一句而言，闡說「眾生悉有佛性」的涅槃經既尚未譯出，自應在中土還未成為一「系」而被慧遠所「融攝」。其次，劉貴傑說「不變」是「佛性真如永恆常住」，又說「法性」是「真如」，如此之論可能由於一時未察佛典譯史之發展，而受到慧皎在《高僧傳》中的誤導所致。如本文前述，慧遠寫《法性論》的動機，依《祐錄》的原始記載，並不在於闡釋後來涅槃經典中所說的佛性，或是真如，而在對後漢以來支竺等人譯本文字的不精確所發的。但是到了慧皎《高僧傳》中則在慧遠寫《法性論》的動機前加入了一段《祐錄》所無的話。或許是在慧皎的時代涅槃學已十分興盛，故依慧皎之見，認為《法性論》中「至極以不變為性」中的「至極」一語指的是「涅槃」。但在慧遠在世的時代，甚至還不肯定一闡提可成佛的六卷本《泥洹》都尚未在中土譯出，更不用說倡言連一闡提都可以成佛的大本《涅槃經》，自然也還未弘傳至中土。因此，即使是慧遠的涅槃觀，都還不可能是後世《涅槃經》中的思想，而慧皎刻意把羅什盛讚慧遠《法性論》的「**邊國人未有經，便闇與理合，豈不妙哉？**」這一段文字，加在他在僧傳中所寫的一段有關「泥洹常住」思想的文字下面，讓這兩件事似乎就理所當然地成了一件事。方、劉兩位先生之論，顯受慧皎《高僧傳》之誤導而發。最後，劉貴傑為了反駁區結成認為慧遠思想本身有矛盾的觀點，又為了別於方立天認為慧遠是實有論者的觀點，所以結合了「真空」與「妙有」二義，企圖為慧遠的思想作圓滿的解釋。

不過，如果慧遠的思想也是結合「真空」與「妙有」二義的話，那麼，他與長安僧團的僧肇，理應相合才是，何以僧肇在《肇論》中會對慧遠的觀點加以批駁？而且從僧肇與慧遠的關係來看，慧遠最早至少也要到了西元 407 年才看到僧肇的〈般若無知論〉，之後僧肇在〈宗本義〉

中還對慧遠有所批評,因此,慧遠作於西元 404 年前後的《法性論》及其他作品中的法性思想,是不是誠如劉貴傑所說的,具備的「眞空」與「妙有」二義,應該還有討論的空間。

　　從《祐錄》中所殘存這兩句《法性論》殘文來看,其宗旨應在第二句「得性以體極爲宗」。「得性」的「性」指的是「法性」,這一點已爲共識。「體極」指的是體證眞際,成就佛道。

　　前面第一句「至極以不變爲性」的「至極」指的是「佛」,「性」指的是「法性」,「不變」只是對法性性質的說明。《高僧傳》本傳中曾說到,慧遠以爲「佛是至極,至極則無變」[42]。又在〈阿毘曇心序〉中爲如何達到「至極」作說明:「己性定於自然,則達至當之有極」[43]。這裏的將「己性」定於「自然」的說法,與當時所流行郭象莊學「獨化」論所說的「逍遙」,不無類似之處:萬物若能夠認識自身所稟受的客觀條件(己性),隨順自己體性的條件,修養內在精神,達到精神上的無限自由。不同的是:郭注所說的是隨順自然的性分,經內在的修練,達到無所不往的「適性逍遙」。而慧遠所說的「自然」[44],自非玄學家所云「自然」之義,而是指能明白萬法原來樣貌「法爾如是」之理。

　　如此一來,第一句「至極以不變爲性」就也就是說能夠體證空性的「至極」(佛)是以「不變」爲其體性的。慧遠所謂「不變」的體性,誠如他在《大乘大義章》第一章〈初問答眞法身〉中引《般若經》說:「法

---

[42]　《高僧傳》卷六,慧遠歎云:「佛是至極,至極則無變,無變之理,豈有窮耶。」,大正藏第 50 冊,頁 360 上。

[43]　《祐錄》卷十,〈阿毘曇心序〉,大正藏第 55 冊,頁 72 下。《世說新語·文學注》亦略引此文。

[44]　〈念佛三昧詩集序〉:「念佛三昧者何?專思寂想之謂。思專則志一不撓,想寂則氣虛神朗;氣虛則智恬其照,神朗則無幽不徹,斯二乃是自然之玄符,會一而致用也。」《廣弘明集》卷三十上,(臺北:新文豐圖書公司,1986 年 10 月),頁 4 92。慧遠由念佛所達禪智相濟、止觀俱運的三昧之境,云菩薩初登道位時的體證法性。慧遠此處之「自然」,意指法性;「自然之玄符」指的即是體證法性,而氣虛、神朗指體證法性時所起無幽不徹的觀照。

身無去無來，無有起滅，泥洹同像。」[45]他用「無去無來，無有起滅」說「泥洹」不再有生滅變化，「不變」指的也就是寂滅無爲的泥洹相了。所以他在《沙門不敬王者論・求宗不順化第三》中就說到了「泥洹不變，以化盡爲宅」[46]，認爲唯有餘習盡除不再受生三界，也就達到了「泥洹不變」的境地。這裏也同樣是用「不變」來說明「泥洹」的。此外，在〈體極不兼應第四〉中說到「以化盡爲至極」，是說菩薩的成佛。菩薩唯有在沒有衆不受度，再也不需要爲了留惑潤生而受法性生身時，於餘習盡除（化盡）後，才能成佛。

接下來，第二句「得性以體極爲宗」，「宗」這個字，在慧遠的作品裏有兩個意思：一是指理想、指導的原則，或目的；二是反本求宗的「宗」，指的是證入涅槃。[47]《法性論》裏的「宗」，觀前後語義，指的當是理想，或是目的。所以，這句話是說：「得性」的目的是在於「體極」。

我們可以發現在慧遠的作品中說到「體極」之處有三：除了《法性論》之外，在作於晉元興三年（404）的《沙門不敬王者論・求宗不順化第三》中也說到過：「明宗必存乎體極」，此外同論的第四篇〈體極不兼應〉也說到了「體極」：

> 若然，則非體極者之所不兼，兼之者不可並御耳。……帝王之德，理極而順通。故雖曰道殊，所歸一也。不兼應者，物不能兼愛也。[48]

---

[45] 《大乘大義章》第一章「初問答真法身」，大正藏第 45 冊，頁 122 下。其所引的經應是般若系經典，《摩訶般若波羅蜜經》卷二十七：「曇無竭說：諸佛無所從來，去亦無所去。何以故？諸法如不動相，諸法如即是佛。」大正藏第 8 冊，頁 421 中。

[46] 《沙門不敬王者論・求宗不順化第三》，《弘明集》卷五，(臺北：新文豐圖書公司，1986 年)頁 227。

[47] 同上註。「明宗必存乎體極」中的「宗」，指的是目的或理想；同一篇文章又說「是故反本求宗者，不以生累其神……冥神絕境，故謂之泥洹。……是故經稱：泥洹不變，以化盡爲宅。」所以，「反本求宗」的「宗」，也是指目的及理想，但說得更清楚了，是指證入無餘依泥洹（化盡）。

[48] 同註 48，頁 229-232。後四句依《高僧傳》本傳而補。

在此，「體極」和「兼應」是作爲一組相對詞，主要是在以儒家的立論對桓玄說：如果在位者體證了至極，必應能夠兼善天下，所不能兼善天下者，乃不能兼愛萬物之故。暗示桓玄不要放棄儒家德治服人的立場，更說明佛教並非完全出世間、不兼化天下的宗教。所以，能不能自利利他，取決於爲政者的心態。其入世勸教的苦心，不言可喻。而慧遠在《沙門論》中以儒家政治觀立場所作「體極」、「兼應」之比喻，正是其弘揚大乘菩薩道自利利他精神的具體說明。

因此，依慧遠的思考邏輯，將這兩句話與其他作品中的概念繫聯起來，可以發現：慧遠心目中的「至極」，是指達到餘習盡除（化盡），體證法性（己性定於自然）而成就之「佛」。佛常住於泥洹，其體性無有起滅去來。「得性」指的是如《般若經》所言的「得法性」，能夠體證法性的寂滅無爲，也就是「體極」。在這裏，他提到了關鍵概念——「法性」，說唯有體證法性，息滅煩惱，才能清靜無爲。但是，慧遠對「法性」還有特殊的規定，他嚴格區分「性空」與「法性」差別。（詳後文元康《肇論疏》引《法性論》殘文）這一點，稍後長安僧團的僧肇在《肇論·宗本義》中因爲視「性空」與「法性」爲名異實同的立場[49]，儼然與慧遠爲首的南方教團，形成對立的態勢。其後繼者慧達及元康，也針對了同一個問題，提出各自的論點。

2.慧達《肇論·不真空論疏》所輯法性相關殘文 ——本無與法性同實而異名

陳·慧達此文主要輯錄到與慧遠法性思想相關的殘文，是在引「盧山遠法師本無義」時說的：「本無與法性同實而異名也」。在此，可看到

---

[49] 《肇論·宗本義》開宗明義就說：「本無、實相、法性、性空、緣會，一義耳。」大正藏第45冊，頁150下。似企圖把當世所流行用以詮解般若實相義的各家說法及語彙，作一納歸收編之意。而〈宗本義〉是否即爲僧肇的作品，雖存在有爭議，但此處姑不論作者之爭，依其立論，乃長安僧團之觀點，視爲長安僧團之見當不妨。

慧遠把「本無」與「法性」視爲一者。這個觀點，與以元康《肇論疏》所引的嚴分二者，是很不相同的。

　　慧達在《不眞空論疏》中提到《肇論》中曾對格義佛學時期的「六家七宗」有所破斥，認爲僧肇所斥三家爲：心無宗竺法溫，即色宗支道林，本無宗釋道安及慧遠。本來在僧肇的《肇論》中，並沒有明白指出他所破斥的三家代表人物是誰。至陳・慧達《肇論疏》中，開始指出各家代表人物。後至唐・元康《肇論疏》中，所指的三家，又與慧達所指的不同。慧達在此將道安及慧遠歸爲「本無義」；不但提到了道安說佛陀興教以來是以「本無」弘教的，也提到慧遠的「本無義」：

> 第三解本無者，彌天釋道安法師本無義云：『明本無者，稱（案：原文作「秤」）如來興世，以本無弘教，故方等深經皆云五陰本無。』本無之論，由來尚矣。……盧山遠法師本無義云：『因緣之有者，本無之所無，本無所無者謂之本無。本無與法性同實而異名也。』……破三家說如文解也。[50]

　　慧達的這段文字中，有幾點值得注意：一是慧達認爲僧肇所斥的三家（心無義竺法溫，即色義支道林，本無義釋道安及慧遠），與元康《肇論・不眞空論疏》中說所斥的三家（心無義支愍度，即色義支道林，本無義竺法汰）部分不同[51]；二是慧達將道安與慧遠師生視爲是格義六家中的「本無」一家，顯然是繼承了僧肇的立場；三是慧達引到慧遠解釋「本無」義時視「本無」與「法性」「同實異名」的觀點，這與元康所引慧遠《法性論》殘文認爲「法性是法眞性」之觀點，表面上看起來相左，不過，實則不然。

---

[50]　《卍續藏經》第 150 冊，頁 429。臺北：中國佛教會續影印卍續藏經會。

[51]　唐・元康《不眞空論疏》云僧肇所破三家：心無支愍度，即色支道林，本無竺法汰（大正藏第 45 冊，頁 171 中下－172 上）。與慧達所云三家不同：心無竺法溫，即色支道林，本無釋道安及慧遠（卍續藏經第 150 冊，頁 429）。元康並引及竺法汰弟子曇壹與慧遠共斥心無義之事（大正藏第 45 冊，頁 171 下）。

　　道安與慧遠之所以會被慧達視爲「本無」一家，是因爲在他們師徒二人的作品裏，經常是使用「本無」一詞作爲「空」（或性空）的譯語，但是，這並非始自二人自創的特色。慧遠時代佛、玄學接觸之橋樑爲般若學，且慧遠在二十四歲時即因師命講般若學，亦曾斥六家中的心無義。[52]乃至後來，甚至被歸爲本無義一家，是因於其所宗之早期般若系譯典，早期般若經典，如《放光》的譯語，以「本無」譯「空」，慧遠只是承其譯語習慣之故。慧達上述所引的：「如來興世，以本無弘（案：「弘」原作「佛」字，依慧達《肇論疏》校正爲「弘」）教。故方等深經，皆備明五陰本無。本無之論，由來尚矣。」[53]這一段話，乃引自劉宋·曇濟〈六家七宗論〉，可知，在劉宋之際，羅什譯語（以「空」爲譯語）的被使用情形，也還不是那麼普遍，也都還有習以舊譯般若經典《放光》的譯語爲文的情形。

　　根據湯用彤的研究，慧遠之前的許多般若譯典，都以「本無」名篇，或以「本無」譯「空」，例如：支讖譯《道行般若經》第十四品（大正藏第 8 冊）；竺叔蘭《放光般若經》第十一品（大正藏第 8 冊），皆以「本無」爲名。竺佛念譯本的第七品，也名爲本無。另外，支道林著有〈釋即色本無義〉，自以爲屬本無宗。[54]這些以「本無」名篇的情形，與後來在中國流傳最廣的長安羅什僧團所出譯本中的譯語，有很大的不同，也因此，以後人的角度來看，部分學者對於道安、慧遠師徒襲用舊譯語的情形，十分不能接受，甚至認爲只要是用了舊譯語，就是不能夠「正確地」領解佛理。[55]

---

[52] 《高僧傳》卷五〈竺法汰傳〉，大正藏第 50 冊，頁 354 下。

[53] 梁·寶唱《名僧傳抄》，（臺北：新文豐圖書公司，1975 年 7 月初版），頁 9。

[54] 湯用彤《漢魏兩晉南北朝佛教史》上冊，第十一章，（臺北：臺灣商務印書館，1991 年 9 月臺二版），頁 238-239。

[55] 任繼愈《中國哲學發展史·魏晉南北朝》，（北京：北京人民出版社，1988 年 4 月初版），頁 488。區結成《慧遠》，頁 22。黃河濤《禪與中國藝術精神的嬗變》，頁 222。塚本善隆〈中國初期佛教史に於ける慧遠〉，頁 1-87。

　　譯語的流行，是約定俗成的習慣，或許有語詞意義內在的轉變，但不可諱言地，語言也意味著支配，受較多人使用的語言（意符），經長期的約定俗成之後，會形成一種權威，一種典範。除非產生典範的移轉，否則這種權威的影響力並不會隨著時間而流轉，反而會使它屹立不搖，羅什的譯語即是如此。隨著羅什譯本在中國的廣爲流傳，羅什譯語的被認同度也隨之提高，相對於其他譯本的譯語，被接受度也隨之低落。

　　因此，一個語詞不論它原來的語意爲何，久而久之，同一個意符，會因實際使用上語法的誤差，而漸漸地有了不同的意指。相反地，一個意指在約定俗成的允許下，也可以用不同的意符來指稱。所以至僧肇之時，已經衍生出五家實相義，也就是用不同的意符（本無、實相、法性、性空、緣會）指稱般若「實相」。相對地，其各自所謂的「實相」內容，也都各有些許偏重的目的。

　　在慧達的這段引文中，說慧遠是偏向用「本無」解釋般若學的「緣起性空」：「盧山遠法師本無義云：『因緣之有者，本無之所無，本無所無者謂之本無。本無與法性同實而異名也。』」有之所以存在，是因緣和合而成；既是因緣和合而有，即可明白法無自性，故當體即空。所以說「本無」和「法性」是「同實而異名」的。這段引文中爲人所注目的是：慧遠對「本無」和「法性」關係的看法。慧遠這段文字說不壞緣起之假有而說諸法本性空寂，與後來譯出的詮釋《般若經》思想的《中論》「不壞假名而說諸法實相」的立場不謀而合。

　　而何以慧遠解釋「實相」義時，獨標「法性」呢？在慧達〈隱士劉遺民書問無知論疏〉中引慧遠的一段說明云：

　　　盧山中諸人問曰：「眾經明空，其辭雖多方，不固各異，統歸宜同，而獨秤法性，何耶？」答：「明極之謂也。明極則神功周盡，聖智幾乎息。」問：「然則，體法性者，將爲哉？」答：「唯冥其極而已。」[56]

---

[56] 《卍續藏經》第 150 冊，（臺北：中國佛教會續影印卍續藏經會），慧達《肇論・

慧遠以「法性」解釋「實相」的原因，在於「法性」是在說明諸法之本性，諸法本性空寂，所以獨稱法性，是因爲以法性說諸法實相，即說如相，故謂明諸法之極，當體性空，本來如如。問者又問「體法性」該當如何？慧遠所答：冥契於諸法如實本性，也就是體證法性。慧遠所說的「唯冥其極而已」，如果配合其「般舟三昧」禪觀來看，修者先觀佛生身，憶念佛之功德，進而明諸色法之緣起無自性，入於畢竟空三昧，無有分別，體證眞際，[57]即是慧遠所說的「唯冥其極而已」。因此，慧遠以「法性」釋「實相」的原因，不只是因爲法性也就是諸法實相的質性，也必須依於實際的修證才能體得，並非只是概念之分析、理解而已，而這也正是大乘中觀學派重視體悟、直觀的特色。

慧達除了引述慧遠的「廬山義」之外，還在《般若無知論‧附隱士劉遺民書問無知論疏》中引述慧遠的法性義：

> 云：「法性者，名涅槃。不可壞，不可戲論。性名本分種：如黃石中有金性，白石中有銀性。譬如，金剛在山頂，漸漸穿下，至金剛地際乃止。諸法亦如是，種種別異到自性乃止。亦如眾流會歸於海，合爲一味，是名法性也。」[58]

依此段引述，以「涅槃」爲「法性」之名，透過涅槃詮表法性的特徵。其要點在說明：「法性」是各別事物本性中的共同性。這樣的共同性，有著不壞滅、無法透過言語戲論獲得，而存在於各別事物當中的特徵。

隱士劉遺民書問無知論疏〉，頁 438。此段文字在〈般若無知論疏〉附〈肇法師答劉隱士書疏〉引同一段，文字小異：「下答第二關難執是廬山義，今處題彼此言：『法性者，明極之謂，明極即神功同盡。唯冥其極，聖智幾于息矣。』」，頁 440。

[57] 《般舟三昧經》（三卷本）〈行品第二〉，大正藏第 13 冊，頁 904 中-906 上。

[58] 卍續藏經第 150 冊，頁 438。慧達此段文字敘述，與《大智度論》卷三十二大正藏第 25 冊，頁 298 中）的內容，幾乎相同，只在敘述次第上稍異而已，所以，筆者推測慧達這段引文，極可能是慧達由百卷《大智度論》所鈔出的菁華──《大智論鈔》（二十卷）中的殘文，由此，也就可以理解其文字上何以與《大智度論》本文所以如此雷同，當非偶然。

引文中較引人爭議的是「種種別異到自性乃止」的「自性」這個詞。[59]此處的「自性」並非指萬物各自具有的差別性，而是諸法的共相，也就是「法性」。

慧遠曾研讀《大智度論》數年，並鈔出精要成二十卷，又爲之序，慧達引文中「自性」之語，與《大智度論》卷三十二所云，幾乎相同：

> 以是故三世平等名為如，行是如已，入無量法性中，……智慧分別推求已，到如中，從如入自性，如本末生滅諸戲論，是名為法性。……得到自性乃止，無復過處，是名法性。[60]

《智論》也說到「得到自性乃止」，又說一切法回復到其「自性」，也就名爲「法性」。與慧遠所說到的「自性」，可說相同，再配合前述慧遠以「法性」釋「實相」之原因的關聯，可以發現慧遠認爲：通過對事物自己本來質性——寂滅無爲的本性——的體認，也就是體證法性。

3. 唐·元康《肇論·宗本義疏》所輯錄殘文
——法性是法真性

唐·元康《肇論·宗本義疏》中亦輯錄有《法性論》殘文，云：

> 自問云：性空是法性乎？答曰：非。性空者，即所空而爲名；法性是法眞性，非空名也。[61]

元康在《肇論·宗本義疏》引慧遠《法性論》殘文之後，接下來批評僧肇將五義（本無、實相、法性、性空、緣會）云爲「一義耳」之不妥。元康不但分別主張五義之說的各家，明列其代表人物，還進一步爲各家之說找出經典作爲其理論依據。

---

[59] 呂澂認爲慧遠是誤以毘曇學的「自性」觀來解釋「法性」，方立天承其說，甚至認爲慧遠把「法性」視爲本體，作爲一切萬有的根源，具實有論的傾向。這是方立天不同於其他學者見解之處。

[60] 《大智度論》卷三十二，大正藏第 25 冊，頁 298 中下。引文中「本末」之「末」字，原註末字，一作未。宜以未字爲是，語意較明。

[61] 元康《肇論·宗本義疏》，大正藏第 45 冊，頁 165 上。

　　此段引文中，慧遠區分「性空」與「法性」的差別，先說「性空」不是「法性」。接著說明二者之差異，說「性空」是就著諸法本性當體即空的特徵而為名的，較偏向由空的面向來說的；而「法性」是就諸法本性空寂、不生不滅的本來真性而說的，偏向於解釋諸法的本來真性的這一面向說的。慧遠在這段文字中，由諸法無生滅來去的面向去定義法性這個概念。因此，這段文字是針就名義上說二者定義概念不同，而說「性空」不是「法性」。

　　不過，就呂澂及方立天的觀點，主張慧遠「性空」是要「把『性』空掉」，顯見這裏的要被空掉「性」，一定不是「法性」，而是毘曇學中所說的「自性」。呂澂說：

> 《法性論》的思想還是出於《心論》。認定一切法實有，所謂泥洹以不變為性，並不是大乘所理解的不變，而是小乘的諸法自性不變，也是實有，此為小乘共同的說法。……這說明性空與法性不是一回事。性空是由空得名，把「性」空掉；法性則認「性」為有，而且是法真性。[62]

　　元康《疏》文中的「法性是法真性，非空名」是引人討論的焦點。「法真性」是說自性不空？還是緣起不空？依前述慧遠的理路，「法真性」還是當較近於說：「緣起法」是不能空掉的真諦。《法性論》全文十四篇已佚，只餘部分殘句存於論敵的《肇論》之中，論者僧肇或取一偏入文，亦不無可能。所以，在元康《般若無知論疏》附〈隱士劉遺民書問疏〉中說到：「遠法師以法性為宗本，謂性空非法性；肇法師以性空為真諦，與遠法師不同也。」[63]應屬較為客觀持平之論，慧遠與僧肇皆是各持一偏之不同。如果再依慧遠與羅什書信往來資料來看，就更為清楚。

---

[62] 呂澂，頁 91；方立天，頁 38，也有類似的觀點。

[63] 元康《肇論‧般若無知論疏》附〈隱士劉遺民書問疏〉，大正藏第 45 冊，頁 184上。

二、《大乘大義章》：慧遠與鳩摩羅什的討論

　　《大乘大義章》原是慧遠與羅什間的書信，經後人輯錄成專書，並整理分類為十八章。有關此書的成立經過及各章大義，可參看第二章第二節的整理分析。[64]

（一）法性

　　道安在襄陽十五載的時間裏，每年幾乎要講兩遍的《放光般若經》，是由西晉無羅叉與竺叔蘭所共譯的。但道安對於二人的譯筆疑滯，輒多有困惑，常讀至語義不明之處時，掩卷苦思，恨不能見支、竺諸公而親問其義。[65]隨道安對《放光經》中的諸多困惑，使慧遠在後來的生涯裏，對譯本的考校特別地留心，並曾命弟子支法領等人西去求取梵本，即可知道安在襄陽講《放光》而為譯本所苦之事對慧遠的影響。

　　《光讚般若經》早已於中土譯出，但因中原戰火，此經反先流傳至西域，後又傳回中土。道安在襄陽講《放光》時，《光讚》續至襄陽，道安如獲至寶地比對二經大義，並作有二經合本略解，現僅存其序〈合放光光讚略解序〉。序文中提到如、法身、真際三者悟境上的差別：

> 般若波羅蜜者，無上正真道之根也。正者，等也，不二入也。等道有三義焉：法身也，如也，真際也。故其為經也，以如為始，以法身為宗。如者，爾也；本來等爾，無能令不爾也。佛之興滅，綿綿常存，悠然無寄，故曰如也。法身者，一也，常淨也，有無均淨，未始有名。故于戒，則無戒無犯；在定，則無定無亂；處

---

[64]　第二章第二節，大乘大義章的成立及討論主題，頁 69、81-84。

[65]　《祐錄》卷八·道安法師〈摩訶鉢羅若波羅蜜經抄序〉：「昔在漢陰十有五載，講《放光經》歲常再遍。及至京師，漸四年矣，亦恒歲二，未敢墮息。然每至滯句，首尾隱沒，釋卷深思，恨不見護公、叉羅。」大正藏第 55 冊，頁 52 中。

智，則無智無愚，泯爾都忘，二三盡息，皎然不緇，故曰淨也，
常道也。真際者，無所著也，泊然不動，湛爾玄齊，無為也，無
不為也。萬法有為，而此法淵默，故曰無所有者，是法之真也。[66]

　　關於如、法性、真際（「真際」一語，《放光》、《智度論》有時亦譯
為「實際」）的看法，往昔在漢中襄陽慧遠常聽道安講《放光》，未詳道
安講經時如何說解此三者差異。觀此序文，道安只在悟境上作描述，並
沒有實際地作語詞意義上的界定區分。不過，可以確定的是，道安在此
序中所並提的法身、如、真際三者，即應是《放光》中所云的如、法性、
真際（引文詳下）。因此，道安所云之「法身」，當即是《般若經》的「法
性」。所以，在後來慧遠與羅什對談的文章中，也把這個問題提出來討論，
主要集中在《大乘大義章》第十三章〈次問如法性真際并答〉：

　　遠問曰：「《經》說法性，則云有佛無佛，性住如故；說如，則明
　　受決為如來；說真際，則言真際不受證。三說各異，義可聞乎？」
[67]

　　在這一章的內容中，慧遠主要問到了如、法性、真際三者的區別，
以及法性常住是有是無的問題來與羅什討論。此章問及「法性」時說到
「有佛無佛」，談到「如」則說到知如可被受記成佛，說「真際」則引經
中說「真際不受證」事，這些問題的來源，可能引自慧遠夙習常講讀的
《放光般若經》諸品：

　　須菩提言：世尊！有佛無佛，法性常住耶？佛言：如是有佛無佛，
　　法性常住，是故菩薩生道，因緣度脫之。〈建立品〉[68]
　　如來無所著等正覺，悉知諸法之如爾非不爾，無能令不爾，悉知
　　諸如諸爾，以是故，諸佛世尊名曰如來。〈大明品〉[69]

---

[66] 《祐錄》卷七‧道安〈合放光光讚隨略解序第四〉大正藏第 55 冊，頁 48 上。

[67] 《大乘大義章》卷中，大正藏第 45 冊，頁 135 下。

[68] 《放光般若經》卷十九〈建立品〉，大正藏第 8 冊，頁 135 下。

[69] 《放光般若經》卷十一〈大明品〉，大正藏第 8 冊，頁 77 中。

菩薩雖得空無相無願之道，離般若波羅蜜，不持漚和拘舍羅，便
證真際得弟子乘。〈歎深品〉[70]

在此，由於譯語的簡澀，經中說到「如」、「法性」與「眞際」三者
區分之處，並不是十分清楚，所以慧遠乃就《放光經》此處的內容而就
教於羅什。而依上引《放光經》〈建立品〉經文所述，須菩提問到生身佛
住世的有無，是否足以說明法性常住的問題。佛答以不管有無生身佛住
世，法性都是常住不壞的，即使沒有佛住世的時代，菩薩也因受法性生
身而住世因緣度眾，所以不論有佛無佛，法性都是常住不變的。這裏涉
及到了佛身觀的發展。

（二）法身

初期佛教的法身觀，是以佛典三藏及佛的無漏功德爲法身；發展到
大乘佛教，漸漸接受化身、十方佛的思想，其法身觀除了包括佛典三藏
及佛的諸無漏功德外，還包括了以法性爲佛法身。所以，菩薩所成就的
法性生身，在未成佛前住世度眾。而觀《大乘大義章》中慧遠對佛身的
認識，似乎完全依於《放光》，偏重在初期中觀的立場，所以當東來中土
的第一位義學僧伽提婆在廬山弘倡有部毘曇的思想時，對慧遠來說是一
大衝擊。因此，當羅什入關後，即殷切地就佛身觀向羅什請教。而主張
佛身爲二身觀（法身及生身）的羅什，也懇切地對渴切求法的慧遠解說，
尤其是佛法身及菩薩的法性生身的相關問題。詳觀現存《大乘大義章》
中談到與法身相關的問題，即有八章。[71]

細察慧遠所問，可發現慧遠所關注到的是過去在閱讀《放光經》時，

---

[70]《放光般若經》卷十二〈歎深品〉，大正藏第 8 冊，頁 84 中。

[71] 包括：〈初問答真法身〉、〈次重問答法身并答〉、〈次問答法身像類并答〉、〈次問答
法身壽量并答〉、〈次問答三十二相并答〉、〈次問答受決并答〉、〈次問答法身感應
并答〉及〈次問答法身佛盡本習并答〉等八章。

經中曾提到某些「法身」事義的相關問題。在第一章的問題中,慧遠先表達自己對法身的觀點,認為「法身」是與「泥洹同像」,無去來、生滅的。接著問到經中說佛法身說法之事,疑於佛法身若無色像,如何可能說法?若能見之而對眾說法,則與色身何異?[72]

第二章又依《般若經》的觀點:「法身實相,無去無來」請教羅什何以《毘摩羅詰經‧善權品》裏說到得忍菩薩捨結業而受「法性生身」,是依於何理而得生的呢?因為慧遠所惑在於:凡胎受生,乃因於「愛習之殘氣」而結業五根,得忍菩薩為了化眾而受形凡胎,則若是依「愛習之殘氣(煩惱殘氣)」而受生,那麼煩惱殘氣是「要從結業後邊身生」嗎?然而,「假使慈悲之性,化於受習之氣,發自神本,不待諸根,四大既絕,將何所構而有斯形?」[73]換言之,慧遠的疑惑在於得忍菩薩的受生根據何在?又如何可能受四大所成粗色身?

接著在第三章談到「真法身」應無固定形相可求。慧遠云眾經中都說到佛相好之形,具「沙門法像」。但「真法身」是像「沙門法像」一樣有固定的形相可尋的嗎?如果是這樣的話,是令人懷疑的。慧遠指出佛的變化身託生於世間中人之上的輪轉聖王之相,是為了度化的娑婆眾生,現出家形相,接引凡俗眾生,但應眾生精麤階差而有不同的化身,到了十住階位的菩薩,他們所能夠見到的佛身,又與群麤不同,因此,不應執佛的變化身相為法身。

第四章首先慧遠問到「法身菩薩」若是如羅什所說的非由身口意業所造,則即是無因而受果,不符於佛教因果教說。接著談到《十住經》中有「十住菩薩,極多有千生補處,極少至一生補處者」之說,但若依《俱舍論》卷二十四談到須陀洹以聖道力故,不至於八生,至多七生即可成佛,[74]則《十住經》所說,令慧遠心疑。此處慧遠所疑在於十住菩薩

---

[72] 《鳩摩羅什法師大義》卷上‧〈初問答真法身〉,大正藏第 45 冊,頁 122 下。
[73] 同上註,頁 123。
[74] 《阿毘達摩俱舍論》卷二十四,頁 123 上:「頌曰:未斷修斷失,住果極七返。論

可能成佛的最短時間，到底是一生還是七生，甚至千生？但羅什由發心上說，依菩薩爲度眾而不取證無餘涅槃，說明千生補處之因。[75]

第五章問何以修三十二相相關問題，也問到何以眞法身佛獨絕於群麤、九住菩薩之外。第六章問到菩薩有修行的功德，應無師自覺，何必要佛來授記？菩薩是受眞法身授記，還是變化身授記？及何以凡夫二乘及十住以下菩薩都看不到眞法身，也受用不到其功德？[76]第七章主要談菩薩及諸佛的神通力。慧遠認爲十住菩薩與九住菩薩所見佛法身，由於法身實相無相，菩薩只是依其力能分別其精麤之別，並無本質上的不同。[77]第八章慧遠先問何以《智論》與《法華經》說阿羅漢與菩薩之區別不同，再問眞法身佛盡本習殘氣時，爲三十四心？九無礙九解脫？還是一無礙一解脫？[78]慧遠發現《智論》以阿羅漢與辟支佛仍有本習殘氣，惟佛能盡本習，但《法華經》提高阿羅漢的地位與佛無異，皆盡本習殘氣。此部分的問論，在後來的天臺、華嚴都曾大加弘發。[79]慧遠當時雖已發現《法華經》云佛爲阿羅漢授記成佛的這個問題，但尚未進一步標舉出法華「開三顯一」把三乘視爲方便說，終須納於一乘眞實的殊勝教義，此部分待到天臺教義始有此更進一步的發揮。

由以上慧遠在《大乘大義章》第一至第八章有關「法身」問題的提問形式，其實可以發現幾乎都是慧遠自問自答的情況，而這樣的形式，可能由於在兩人原始的往返書信中，本來就是慧遠不斷地在表達自己對一些經中諸說的看法，所以後人在編纂時，也就把相關的問題及論述編

曰：諸住果者於一切地修所斷失都未斷時名爲預流，生極七返。七返言顯七往返生，是人天中各七生義，極言爲顯受生最多。非諸預流皆受七返故，契經說極七返生，是彼最多七返生義。」

75 《鳩摩羅什法師大義》卷上，大正藏第 45 冊，頁 126 中。
76 《鳩摩羅什法師大義》卷上，大正藏第 45 冊，頁 129 上。
77 《鳩摩羅什法師大義》卷中，大正藏第 45 冊，頁 129 下-130 上。
78 《鳩摩羅什法師大義》卷中，大正藏第 45 冊，頁 130 下。
79 橫超慧日〈法華經をめぐる仏性論争〉《法華思想の研究》第二，（平樂寺書店，1986 年），頁 142-157。

輯在一起，所以形成現存的形式。此外，這個形式也頗符合慧遠在〈重與羅什書〉中所說的：「今輒略問數十條事，冀有餘暇一二為釋。此雖非經中之大難，欲取決於君耳。」[80]慧遠說所述問的這數十條事，並不是佛經中的大問題，只是想聽聽羅什的意見而已(欲取決於君耳)。所以慧遠自問自答的形式，也與書信中所語態度相合。而至陳廣芬認為慧遠提問的問法，與《般若經》宗旨離開很遠的問題，[81]既為提問，理在概念分析，自非中道義可知，然則，佛典中諸多名相、觀點本身也是概念分析為基礎，理入後而直觀，亦即慧解。若陳廣芬僅以提問及篇名即說離旨，並不去探考內容為何，未免失之草率。究慧遠所問有關法身及禪數等具體問題，部分因禪律殘不齊，未在中土譯出而確有錯誤之解，如第八章云佛盡本習是否為「一無礙一解脫」，分解「九無礙九解脫」為九階次之誤外，有關對法身的理解，雖由分析佛典中疑問而有許多細小的枝節，但也不至於離旨。在提問之際，也呈顯自己的問題的看法。由於目前的《大乘大義章》篇次內容皆經後人編纂，已無法確知各篇，甚至各問題原先在二人書信往返時的次第，因此，部分慧遠所提問題或有錯解，推測或為較早的書信內容。回到上文慧遠在《大乘大義章》中問到羅什有關「如」、「法性」及「真際」三者間的差異，以上是有關慧遠問到「法性」時所引《放光》經文的解讀，並旁及《大乘大義章》第一至八章慧遠談及法身的看法。

（三）如

---

80 《高僧傳》卷六本傳，大正藏第 50 冊，頁 360 上。

81 陳廣芬《慧遠思想中般若學與毘曇學之關涉》：「然而，從慧遠十八個問題當中，我們可以看到，『法身』、『法性』、『實法有』等等這些問題的『問』法，與《般若經》的宗旨離開得有多遠。慧遠所『以為』的《般若經》教，毫無疑問的，乃是在『空性』之上存在著『實有』……（下略）。」頁 114。陳文同樣地在下文中說到：「慧遠於『般若實相』即『法性』的理解，正是本體意義的終極實在」。（頁152）認為慧遠肯認本體意義的終極實在，不過，相關的闡述仍多圍繞在篇名上發揮，對於文本的部分著墨不多。

　　再回到《大乘大義章》第十三章，慧遠問到如、法性、眞際的問題。慧遠所問的第二個概念「如」，就慧遠從道安所習《放光經・大明品》的原文如上所引。在〈大明品〉中，說到佛能夠明白了知法的本性（「悉知諸如諸爾」），所以諸佛世尊被名之爲「如來」。原本是說諸佛能了知諸法如，故名曰如來。不過，慧遠似乎把它進一步解讀爲：知道諸法如相，就能被授記成佛。所以這之間，就有了稍許的詮釋差異。

（四）眞際

　　慧遠所問的第三個概念「眞際」，可在〈歎深品〉看到如上引之相關原文。〈歎深品〉中說到菩薩雖得三三昧，但若離般若波羅蜜，未能行方便般若，則只能證聲聞乘果，並不能成就佛道，強調行六度濟人的菩薩行。這一點和般若經系重要的禪典《般舟三昧經》的禪觀是一致的。所以，與其說「眞際不受證」，不如說「證眞際」本來是三乘皆同的，但因爲二乘悲心不足，不能如菩薩救度衆生遍學方便，而不證眞際，所以說「眞際不受證」不是說三乘都不證眞際，而是說菩薩爲救度衆生故而自願不證眞際。

　　此外，就修行者的觀力深淺，而有如、法性、眞際的區分，知諸法原來的樣子並不是現在所看到的外貌，則名爲諸法「如」；而知道諸法「如」的本來面貌是不生不滅的，名爲「法性」；由法性證入眞際時，則知諸法原來平等無別，而說證「眞際」。

　　不過，就法的平等性而言，三者則是同實而異名的。所以羅什依《大智度論》「是三皆是諸法實相」[82]而說：「是故其本是一，義名爲三。如是道法是一，分別上中下故，名爲三乘。初爲如，中爲法性，後爲眞際。

真際為上，法性為中，如為下，隨觀力故而有差別。」[83]而經中所以說「證真際」不共二乘，除了觀力的深淺的理由外，菩薩為度化眾生而選擇不證真際，這個理由則與二乘因觀力淺短之故是不同的。

（五）「法性」的前後期詮解

其次，慧遠早期對於「法性常住」的意思，還不是很明白，曾將「法性」置於存有論的層次，而說法性如果不能以有無的概念來理解的話，是否可以由緣起上來解釋？曾二次用「不有不無」來說法性，一次是在《大乘大義章》「次問如法性真際」的同一章（第十三章），一次是在第十五章「次問分破空并答」：

> 又問法性常住，為無耶？為有耶？若無如虛空，則與有絕，不應言性住。若有而常住，則墮常見。若無而常住，則墮斷見。若不有不無，其則必有異乎有無者。辯者詰之，則覺愈深愈隱。想有無之際，可因緣而得也。（第十三章）[84]

> 《大智論》推疊求本，以至毛分。唯毛分以求，原是極微。極微即色、香、味、觸是也。……然則極微之說，將何所據？為有也為無也？……二者非中道，並不得謂之寄名。……然則有無之際，其安在乎？不有不無，義可明矣。（第十五章）[85]

先說這兩處所說的「不有不無」，第十三章的「若不有不無，其則必有異乎有無者」是說：如果不是有也不是無的話，一定有不同於有和無的。第十五章的「不有不無，義可明矣」則是說：不可以「有」或「無」來界定法性，這個道理是很清楚的。

由第十五章慧遠陳述問題的內容看，是延續第十四章的論旨而來，

83　《大乘大義章》卷中，大正藏第 45 冊，頁 135 下。
84　同上註，頁 135 下。
85　同上註，頁 137 中。

目的在藉問題表達自己對《大智度論》卷十二：「復次，有極微色香味觸故有毛分，毛分因緣故有毛，毛因緣故有氈，氈因緣故有縷，縷因緣故有疊，疊因緣故有衣，若無極微色香味觸因緣，亦無毛分。」[86]援引極微說明因緣有之用例而作的批評，不過，重要的是，他並不是對《智論》的思想而言，只對其用例不當而作批評。慧遠認爲：《大智度論》雖然立於肯定以因緣有釋萬法現象的立場，而區分實法有及因緣有，但是在引例上卻襲用外道之「極微」概念，這是慧遠所反對的。因此，就慧遠的立場，反對以極微的釋緣起。所以他說：落於以有、無二端來界定法性，並非「中道」義；又說想於有、無之間求得法性，可能嗎？所以又說：不得以有、不得以無來界定法性，這道理是很明白的。

　　但羅什的回答，一開頭便說：「佛法中都無微塵之名，但言色若麤若細，皆悉無常，乃至不說有極微、極細者。若以極細爲微塵，是相不可得。而論者於此多生過咎，是故不說。」[87]完全否認《大智度論》中有極微用例，對於慧遠批駁的焦點，也似乎有誤解，所以馬上還是由緣起性空的觀點，說諸法之生滅相論極微相不可得，又爲免多生疑難，還說明論者在談到極微時，容易引生過咎，所以大多不去談它，以此來回應慧遠。其實，二人對於極微的觀點，基本上還是一致的。

　　而關於慧遠對極微的看法，本文以爲可以與覺賢所說的極微觀一起看。覺賢曾至廬山譯出《禪經》，由於覺賢曾至罽賓遊學，因此佛教史上也常把覺賢與小乘有部之學作繫聯，進而推論慧遠應曾受其影響。不過，關於覺賢曾與羅什在長安（覺賢至長安的時間約在後弘始十二年，410，不久即遭擯）辯論過極微的問題，辯論過程，頗爲曲折，已於本章第二節詳論，故此不再贅述。

86　《大智度論》卷十二，大正藏第 25 冊，頁 147 下。
87　《大乘大義章》卷中，大正藏第 45 冊，頁 137 中。

三、〈宗本義〉：慧遠教團與僧肇的論辯

〈般若無知論〉是現存僧肇作品《肇論》中，最早完成的作品（後秦弘始七年，405），也竺道生自長安返回廬山時所攜回的第一篇僧肇作品，也由此開啓慧遠教團與僧肇對話的開始。

僧肇早年於中土聽聞羅什在姑臧，不遠投入羅什門下。及至羅什入關（401），追隨羅什至長安。慧遠與羅什的書信往來，或爲長安僧團中人所熟知。慧遠在《大乘大義章》第十三章及第十五章「不有不無」之語，曾被僧肇在〈宗本義〉中斷章取義所難：「言不有不無者，不如有見、常見之有，邪見、斷見之無耳。」[88]僧肇是對於慧遠在《大乘大義章》第十三章所云，把法性置於存有論層次來看，十分不滿，故稱如果將法性說成是「不有不無」的話，甚至比邪見、斷見還不如，其批判可謂十分嚴厲。

僧肇接著又說到「性空」爲「法實相」的觀點：「若以有爲有，以無爲無。夫不存無以觀法者，可謂識法實相矣。雖觀有而無所取相。然則法相爲無相之相，聖人之心，爲住無所住矣。三聖等觀性空而得道也。性空者，謂法實相也；見法實相，故云正觀。……是以三乘觀法無異，但心有大小爲差耳。」[89]僧肇並未嚴分法性與性空之別，但在慧遠，曾就二詞釋實相義各有偏重的特點加以區分，使得偏重以法性釋實相的慧遠，與不區分性空與法性爲諸法實相義的僧肇，由於立論關心點的不同，而產生不同的看法。

不過，如果我們就第十三章講到「不有不無」的文理脈絡來看，慧遠本來的意思是說：如果不能用有無來說法性的話，則法性應是異於有

---

[88] 雖然〈宗本義〉是否爲僧肇所作，至今學界仍多有異議，本文姑且採取暫不斷議非僧肇所作的態度，寧信爲其作品。相關討論可詳〔日〕塚本善隆《肇論研究》。《大智度論》卷三十二，大正藏第 25 冊，頁 298 中下。

[89] 《大智度論》卷三十二，大正藏第 25 冊，頁 150 下。

無的吧？（若不有不無，其則必有異乎有無者）又說：因爲同道或弟子們間相詰，益使這個問題更加難解，所以推測說，或許可以緣起來解釋法性吧？在此章中，慧遠先是試圖用分析的方法，把法性置於存有來分析其與有無之間的關係，但是遇到困難，所以想改求用緣起來說明法性，曾以《大智度論》中引用《雜阿含經》佛以十二緣起觀諸法實相爲例，說明自己的立場。在《大智度論》卷三十二的本文問答中可看到慧遠所引用過的這段相關記載：

> 問曰：聲聞法中何以不說是「如」、「法性」、「實際」？而摩訶衍法中處處說。

> 答曰：聲聞法中亦有說處但少耳。如《雜阿含》中說：有一比丘問佛十二因緣法，為是佛作？為是餘人作？佛告比丘：我不作十二因緣，亦非餘人作。有佛無佛，諸法如法相法位常有，所謂是事有故是事有，是事生故是事生，如無明因緣故諸行，諸行因緣故識，乃至老死因緣故有憂悲苦惱，是事無故是事無。是事滅故是事滅，如無明滅故諸行滅，諸行滅故識滅，乃至老死滅故憂悲苦惱滅，如是生滅法有佛無佛常爾，是處說「如」。如《雜阿含》〈舍利弗師子吼經〉中說……聲聞法中觀諸法生滅相是為「如」，滅一切諸觀得諸法實相，是處說「法性」。[90]

上述《大智度論》卷三十二這段文字中所引用《雜阿含經》卷十二第 299 經，原來是記載一比丘向世尊問緣起法爲何人所作？世尊答緣起法非由人作，觀諸法緣起生滅，即能不爲無明所苦。[91]但至龍樹《大智度論》

---

[90] 《大智度論》卷三十二·〈釋初品中四中緣義第四十九〉大正藏第 25 冊，頁 298 上）引用上述《雜阿含經》第 299 經此段文字外，還引用第 99 經〈舍利佛師子吼經〉大正藏第 2 冊，頁 130 下）爲例，作進一步的發揮。

[91] 原在《雜阿含經》卷第十二·第 299 經中是記載一比丘問緣起法所作原由：「如是我聞，一時佛住拘留搜調牛聚落時，有異比丘來詣佛所，稽首禮足，退坐一面，白佛言：『世尊，謂緣起法爲世尊作？爲餘人作耶？』佛告比丘：『緣起法者，非我所作，亦非餘人作。然彼如來出世及未出世，法界常住。彼如來自覺此法，成等正覺。爲諸眾生分別演說，開發顯示。所謂此有故彼有，此起故彼起，謂緣無

中引釋此經時，則有進一步的發揮，認為此經所闡釋的是以觀十二因緣以知諸法「如」相。另外還引用《雜阿含》中的另一部經〈舍利弗師子吼經〉來說明「法性」。最後在結論中並說明，在聲聞法中並不是沒有談到「如」和「法性」的，聲聞法以「觀諸法生滅相」說「如」，以「滅一切諸觀得諸法實相」說「法性」。慧遠對「法性」的看法，不直以《雜阿含經》之原意釋「法性」，而引《大智度論》之觀點，顯然是有深義的。

所以在第十五章時，這樣的立場更加堅定，在談到不可以用分析的方式說極微為假名有時，說不應落常、斷二見說極微，而是應該就著極微本身也是緣起無自性來說，才是中道實相義。此時慧遠修正先前在第十三章前段的析空觀的看法，說：「然則有無之際，其安在乎？不有不無，義可明矣。」不再將法性置於存有層來討論，說法性不可能存在於有無之際，所以不可以用有無來表示，道理是很明白的。[92]

而劉遺民在寫給僧肇〈劉遺民書問〉的信當中，曾針對僧肇激烈的言辭態度說：「〈論〉（案：指〈般若無知論〉）至日，即與遠法師詳省之。法師亦好相領得意。但標位以各有所本，或當不必理盡同矣。」[93]明言慧遠、僧肇二者乃純粹立場之異耳，所論不必盡同。其思想與慧遠較為一致，可以接受純粹由哲學的立場來看諸學派之觀點。慧遠在〈廬山出修行方便禪經統序〉中言：「人不繼世，道或隆替。廢興有時，則互相升隆，小大之目，其可定乎？」[94]由慧遠這裏的佛教史觀，可以發現，慧遠認為大、小乘的區分是由人的比較而作的主觀判定，依時代的興替，對小大的定義，也會有改易。原始佛教時期，並不以自己為小，演進至後代，則自稱大乘而對先前而稱之為小乘，這些都是後起經由比較而得的相對

明行，至純大苦聚集；無明滅故行滅，乃至純大苦聚滅。佛說此經已，時彼比丘聞佛所說，歡喜奉行。」大正藏第 2 冊，頁 85 中下。

[92] 不過，區結成還是將慧遠判定是在龍樹四句邏輯的第三類「非有亦非無」，認為他並未離開以有無論法性。頁 86。

[93] 《肇論·般若無知論》附〈劉遺民書問〉，大正藏第 45 冊，頁 155 中。

[94] 《祐錄》卷九，大正藏第 55 冊，頁 66 下。

觀念。實則法無大小，因人之主觀區分才呈現某一種單一的觀點。所以，慧遠毋寧是以宏闊的態度來平等看待異時所出經典的學者。

除了《法性論》之外，慧遠在〈大智論鈔序〉曾談及「法性」：

> 無性之性，謂之法性。法性無性，因緣以之生，生緣無自相，雖有而常無，常無非絕有，猶火傳而不息。[95]

這段引文中說到「法性」時以「無性之性」釋之，常被拿來和元康《疏》引《法性論》殘文的「法眞性」作對比，曾引發一些討論。例如方立天綜合了慧達及元康之引慧遠法性思想文字，拿來與慧遠〈大智論鈔序〉中所言相比，認爲二者有很大的矛盾：說元康疏引慧遠法性思想殘文，強調法性是「法眞性」，但在〈大智論鈔序〉中卻肯定法性是「無性」[96]，方立天並說「這表明慧遠的思想常是出入於空有之間，他的法性說有著巨大的矛盾。」這是因爲，方立天認爲同時以「法眞性」與「無性」來定義「法性」，會有內在的矛盾。

如果我們回到文本的脈絡，慧遠在此是說「無性之性」是法性，並不是說「無性」是法性。差別在於：若直以「無性」爲法性，同於說「性空」是法性（這是僧肇的觀點，但僧肇「圓頓地說」、「非分解地說」性空是法性），但是慧遠對法性思想的詮釋中，卻是分解地對「無性」與「法性」二詞有所區分。慧遠以爲「無性」（空性）是偏向由緣起法而云世俗假有之實性爲空性，強調說空的面向；「法性」，指法的性質，依元康疏引慧遠殘文之意，則是就著諸法本性不生不滅的本來眞性說的。雖然二者似分解論述，然而所指是對諸法本質的不同層次的說明，亦即從緣起和性空兩面來談法性的性質，也就是法的眞實性（法眞性）。因此，就現存慧遠詮釋法性殘文相關作品間，其實並沒有思想上的矛盾。[97]

---

[95] 《祐錄》卷十，大正藏第 55 冊，頁 75。

[96] 方立天《慧遠及其佛學》，(北京：中國人民大學出版社，1984 年)，頁 41。

[97] 呂澂《中國佛學思想概論》第四章，(臺北：天華出版社，1982 年 7 月初版) 呂澂一貫的立場還是認爲慧遠有實在論的傾向：「這種以無性爲性的說法，顯然是受道安的影響，也接近於中觀的思想。但他卻仍然把無性看成是實在的法性，那就還

四、結語

簡單總結前文中有關法性的論述，可以發現：慧遠認爲「法性」是與「本無」（性空）基本上是同實而異名的，都同樣是在說明諸法實相。不過，在慧遠的法性思想中，實際上也區分「無性」與「法性」二詞詮釋偏重的差異。慧遠認爲「無性」是偏向諸法當體即空，強調說空的面向；而「法性」，是就著諸法當體寂滅無爲、不生不滅的本來眞性（法眞性）。慧遠認是分解地說有其說明上的必要，就眞諦言「法性」的不生不滅是法的眞實性，就世俗諦言緣起法雖爲假有仍具有空性的一面；僧肇則是堅持圓頓地說「法性」具有緣起及性空兩面，二者對法的理解皆不離般若學的基本立場，論點也並不相悖。不論慧遠說「無性之性」是法性，還是說法性是「法眞性」，都是可以被涵攝在其「法性與本無同實而異名」的基本立場中，因此並不會產生理論內在的困難。

是他原來〈法性論〉的主張了。」頁94。

第四節　慧遠的般舟三昧念佛思想

　　在晚近的淨土宗教史的相關資料中，幾乎皆可見到盧山慧遠被推尊為初祖的記載，但此說法最早見於中唐以後的文字記載。[1]有關慧遠被追溯為淨土宗初祖，為後人之推尊，非慧遠當時即有意開宗立派。姑且不論慧遠與淨土宗的關係究竟如何，若僅就他們之所以被後人繫聯起來而論，其中確有值得玩味之處。

　　實際上，慧遠作品中禪法思想的經據，並非源於如後世淨土宗所依的「三經一論」。[2]因為，就思想所據之經典的譯出方面，在慧遠當世，這些被後世淨土宗所推尊的經論尚未完全被譯出；其次，就思想方面，後世淨土宗思想的奠基者曇鸞，其特別強調彌陀本願的他力救濟觀，與慧遠強調自力的般舟三昧念佛，顯有不同。

　　此外，在《出三藏記集》及《高僧傳》有關慧遠生平事蹟的記載裏，曾記述在東晉安帝元興元年（西元 402 年）七月廿八日，慧遠與劉遺民及弟子們等僧俗一百廿三人，於盧山般若精舍阿彌陀像前，結社念佛共

---

[1]　梁‧寶唱撰的《名僧傳抄》中，只極略地記載了慧遠及其同道、弟子們的生平事蹟寥寥數語。但到了中唐以後出現的《蓮社十八高賢傳》及元‧普度《蓮宗寶鑑》（卷四）等相關的傳記資料，其介紹篇幅卻可以明顯地發現增加至數千言。部分添增的內容，除未見諸於前朝之文獻史料中，論述之事亦與相關史料所載不符，錯謬之處甚多。尤其出現在中唐的《盧山遠公話》變文中的遠公事蹟傳說增多，其內容所載，考之於諸版本傳資料，不僅部分內容未見於《祐錄》及《梁傳》，並且有將隋朝淨影寺慧遠誤為東晉盧山慧遠，而將事蹟錯置之情形，又乃至將竺道生獨闡涅槃幽微，頑石點頭的傳說，列為盧山慧遠之事蹟者，皆其誤謬之一、二。

[2]　淨土教所宗的「三經一論」，是指吳魏時已譯出的《無量壽經》（二卷）、姚秦‧鳩摩羅什譯的《阿彌陀經》（一卷）及劉宋‧畺良耶舍（kālayaśas）譯的《觀無量壽經》（一卷）；「一論」指的是元魏‧菩提流支（Boddhiruci）所譯的《無量壽經優婆提舍願生偈》（一卷）。

修，朝夕惕勵，共誓往生西方，慧遠並命劉遺民作誓文之事。誓文全文
內容，同時也收錄在慧遠的本傳之中。此事蹟值得注意的有二點：一是
提到「念佛」，特別是念阿彌陀佛，說念阿彌陀佛，見阿彌陀佛，也就能
見到十方一切佛；[3]二是「念佛」與往生西方淨土關聯在一起。這兩個線
索，是提供我們瞭解慧遠禪法的淵源及其思想的重要線索。依前人的研
究，由現存慧遠的相關作品，及其與時人的討論中所談到的念佛三昧，
推論出慧遠禪法主要根據的經典是《般舟三昧經》。而這部早期在中國譯
出的禪典，確實對後世禪法的影響很大。依陳敏齡之研究，後世淨土三
經，在見佛往生等相關用語上，都與《般舟三昧經》有類似之處。[4]因此，
若論者由此點來說慧遠與後世淨土宗之間，仍有部分關聯，似亦無不可。

　　其次，後世常將慧遠請佛馱跋陀羅（**Buddhabhadra**）在南方廬山譯
出的《禪經》與鳩摩羅什在長安道場所譯的《坐禪三昧經》等禪經相對
應而論，使得南北方的念佛方法似乎也因此對稱而有了比較性。不過，
部分前人佛教史依中國早期所譯出的禪典，將中國早期的念佛區分為主
要的二個系統：安世高重禪數的小乘禪，及支讖重視禪智的大乘禪。而
慧遠的念佛，有時被區分為小乘禪一系，有時被歸為大乘禪一系，定位
時有不同。因此，本文即基於前述問題意識，擬由慧遠禪法的淵源為進
路，期探求慧遠禪法在早期中國的佛教禪法中的定位及特色。

一、前人研究成果略論

　　在談前人研究成果回顧之前，先將本文中「禪法」及「禪觀」兩個
相關的概念作些界定。首先是「禪法」，依一般佛學辭典之定義，廣義地
說，指禪那（梵語 **dhyāna**）之法門。禪那，意譯為靜慮，思惟修習，功

---

[3]　印順法師《淨土與禪》，（臺北：正聞出版社），頁 43。

[4]　陳敏齡〈般舟三昧經的阿彌陀佛觀〉，《東方宗教研究》舊第一期，1987 年 9 月，
　　頁 4。

德叢林等，則「禪法」一詞可以解釋爲以靜慮，止息他想，將心專注於一處之修行方法，亦泛指一切「禪定」的方法。「觀」（梵語 vipaśyanā，音譯毘　舍那，毘婆舍那），指以智慧修習觀想眞理的方法，「禪觀」一詞，即指依觀想眞理或對象而達致開悟的次第觀法。

近人對慧遠禪法的基本立場的研究，有三種不同觀點：其一，認爲慧遠的禪法屬於小乘禪，其二，認爲慧遠的禪法有前後期轉變，其三，認爲結合了大小乘禪法。除此三種觀點之外，也有介紹慧遠禪法，而不對慧遠禪法的立場下評斷的。

第一種，認爲慧遠的念佛三昧屬於小乘禪觀的如呂澂，其一貫的看法認爲：慧遠的基本思考方式是屬於小乘部派的思索邏輯，所以最初接受了安世高以來的小乘禪觀，及有部、犢子部的承認極微實有的論點，所以對《般舟三昧經》所說的大乘禪法不能完全地理解。[5]

第二種，如安藤俊雄在〈廬山慧遠の禪思想〉一文中，認爲慧遠的禪法是有前後期的發展，前期是小乘禪，後來因與羅什對話而得到啓發，乃嚴分大小乘禪，而入於菩薩禪。不過，安藤俊雄在另一篇論文〈廬山慧遠の般舟三昧〉中，認爲慧遠提倡般舟念佛，雖然在中國禪觀史上具有重大的意義，但只不過可說是形式面上的，實際上並未實現綜合安世高念佛與支讖重智二系禪學，安藤氏並說慧遠雖然談到禪智的相依關係，但其禪法仍停滯在安世高禪學，似又將立場定於上述的第一種觀點，認爲慧遠的禪法是小乘禪法。[6]

第三種，如田博元的研究，認爲慧遠是結合了漢末以來安世高系的小乘禪與支讖一系的大乘般若系的大乘禪而形成的禪觀。[7]但是，該文謂

---

[5]　呂澂《中國佛學思想概論》，（臺北：天華出版社，1982 年 7 月初版），頁 74-94。

[6]　安藤俊雄〈廬山慧遠の禪思想〉，（日）木村英一主編《慧遠研究・研究篇》，頁 280。〈廬山慧遠の般舟三昧〉，《東海佛教》第 5 輯，昭和 34 年 6 月(1959)，頁 5。這兩篇論文的立場似有不同。

[7]　《中國歷代思想家》（十七）《慧遠》部分，田博元，(臺北：臺灣商務印書館，1987 年三版)，頁 16。

其「結合」漢末以來的兩支大小乘禪法，但是並未說明大小乘禪如何並行不悖，還是有可統貫的中心思想，只是羅列慧遠所接觸過的諸多禪法，未作判斷。

　　現有慧遠禪法之相關論述，成果可觀，當有許多值得借鑑之處，不過，也留給晚近學人一些討論的空間。例如：呂澂認爲慧遠的廬山禪，是仍舊固守在「不分大小乘」。依呂書前後文意，呂澂的觀點所指向的是：慧遠是無法區分大小乘佛法差別的。並進而由此引伸暗示：若連大小乘都無法區分，無法辨其優劣，對於大乘佛法能有正確的理解嗎？然而，呂書由無法區分大小乘的觀點，引伸至無法辨別大小乘優劣，甚至懷疑慧遠對佛法不能有正確的理解的批評，呂書之說法已過度詮釋文本，並在其觀點中涵括三個問題（無法區分大小乘、無法辨其優劣及不能正確理解大乘佛法），並沒有論證三者間的繫聯如何成立，有的只是其跳躍太快的結論。此外，如呂書所論，慧遠以小乘禪爲依歸，則顯然與慧遠宗依《般舟三昧經》，提倡念佛三昧，並以大乘空觀爲其禪法中心思想的事實不符。而安藤於文章中引用唐人道宣《續高僧傳》卷二十〈習禪篇〉中評廬山禪的「慧遠標宗，孤往獨征」之語，[8]表現出他認爲慧遠禪法不爲時人所認同的價值判分，也相當明確。

　　在前人的研究中所呈現不同面向的關懷，可看出慧遠禪法被定位的情形。而本文將循著對於前人研究之成果，在研究進路上試圖重新以慧遠禪法的思想淵源爲進路，配合慧遠本身的禪法特色，來審視慧遠禪法的定位。

二、慧遠禪法思想淵源

　　在慧遠禪法的思想淵源方面，本文擬由慧遠入道求學過程的師承及

---

[8] 大正藏第 50 冊，頁 596 上。

曾接觸的經典，分成：師承道安般若學、《般舟三昧經》、《大智度論》及
《達摩多羅禪經》等四個部分來談。

（一）師承道安般若學

道安是中國兩晉時期重要的般若學者，在其所處的時代，南北方的
禪法傳承幾近廢絕，在他爲安世高所譯的諸禪典作序時，曾說道：

> 于斯晉土，禪觀弛廢。學徒雖興，蔑有盡漏。何者？禪思守玄，
> 練微入寂，在取何道，猶覘于掌。墮替斯要，而恡見證，不亦難
> 乎！[9]

> 每惜茲邦，禪業替廢。[10]

可知道安重視禪典，非但憂歎中土禪業廢弛，在實際修行功效來說，
禪定也可以對治三毒，防範眾生心念上的重病：「定有三義焉：禪也，等
也，空也。用療三毒，綢繆重病。」[11]所以道安特別強調禪典的重要性。

道安對禪典的重視，表現在：對前人所出禪典，或爲注解，或作序
文[12]，而且不只是在自身的觀修上恭謹用心，也常勉勵弟子們應在禪觀上
多加精進，爲兩晉禪觀的復興傾注了不少心力。不論在佛教教理的理解
方法上，在禪法的實踐，還是對中國佛教教制的確立上，道安在中國佛
教史上都有不可動搖的地位。而道安禪法的特點，主要可分爲「以大攝

9　〈陰持入經序〉，《出三藏記集》（本書以下簡稱爲《祐錄》）卷六，第五。大正藏第
　　55冊，頁45上。

10　〈十二門經序〉，引書同上註卷六，序第八。唯道安於此經序於末記有：「安世高
　　善開禪數，斯經似其所出，故錄之于末」之語，故可知此經原經名下無載作者，
　　乃道安推論爲安世高之作品。大正藏第55冊，頁46上。

11　同上註，頁45中。

12　道安在禪典上的用心，可在其爲禪典作注、作序看出：如對竺法濟，支曇所譯禪
　　經的注解，或補康僧會注《安般》不足處，補足爲《安般注》，對支恭明《了本生
　　死經》注也有補釋。道安對安世高所譯禪典，也作有許多的序，屢推崇禪典之效，
　　相關序文詳細內容可參看《出三藏記集》卷六、卷七所錄。

小」和「重視般若智」兩點。

1 · 以大攝小

在談論「以大攝小」之前，首先，必須對「大乘」、「小乘」的區分作出定義，才能作進一步的探討。周伯戡在其論文中曾指出：

> 我們目前所見最早的經錄是第六世紀初期，僧佑所編纂的出三藏記集。此書並未採用大乘、小乘的經、律、論架構作為佛教典籍分類。（中略）這反映出大乘思想在第六世紀初期，並未主宰中國佛教。所以我們可以說，出三藏記集所保留的早期中國佛教資料是不含教派偏見的。[13]

周文以《出三藏記集》為證，說明中國在六世紀以前沒有教派偏見。不過，經錄的沒有區分大小乘（指高下的價值區分），並不意味著中國在六世紀之前，並沒有「小乘」、「大乘」的語詞，只不過這「小乘」、「大乘」語意指涉不同。由於僧佑本身的師承是屬於說一切有部，其在《出三藏記集》中所言的「小乘」，是指就歷史發展而言，較接近原始佛教者名為「小乘」，並非相對於「大乘」而帶有判教的色彩語詞。誠然，如周文所述，僧佑在《出三藏記集》未有「大、小乘」教派偏見，但這並不意味著《出三藏記集》的「大、小乘」觀沒有教派偏見，不足以說明六世紀以前的中國佛典中並沒有「大、小乘」觀的區分。

在更早的漢末中國佛教譯典中，也表現出另一種大小乘觀。在竺法護（在中國活動的時間由西元 266 年至 308 年）的部分譯本中，可以發現立於「大乘」而帶有貶抑、嚴厲批判「小乘」的語詞。[14]

由此，我們可以發現，在早期的中國佛典的傳譯或經錄中所表現的

---

[13] 周伯戡〈早期中國佛教的大乘小乘觀〉，台大《文史哲學報》第 38 期，頁 238-239。

[14] 《寶女所問經》卷四，〈三十二相品〉：「斯正典者，終不歸趣下劣少信，處於小乘眾人之手。」大正藏第 13 冊，頁 469 下。

大小乘觀，是有二派的。並不是一味地如後人所認爲隋代法經以後以判
教立場區分大小乘之意義。

而道安在〈十二門經序〉中，以此經修聲聞禪定之結果，直認取爲
大乘禪，說：「凡學者行十二門……，始入盡漏，名不退轉，諸佛嘉歎，
記其成號。」[15]說此禪法爲三乘（聲聞、緣覺、菩薩）所共之大路，又說
「行斯三者，則知所以宰身也，所以宰身者，則知所以安神也，所以安
神者，則知所以度人也。」暗示了將《十二門經》視爲大乘經的看法。
而此經，實際上，在法經以後的經錄中，是被收在「小乘經」類的。[16]另
外，道安在〈陰持入經序〉中舉出觀陰入法：「陰入之弊，人莫知苦，是
故先聖，照以止觀，陰結日損，成泥洹品。」在結語時說：「此乃大乘之
舟楫，泥洹之關路。」[17]明白以觀陰入法爲進入大乘禪法的基礎，即是其
「以大攝小」之例證。

不過，道安將《十二門經》視爲三乘所共，與僧祐將部分有部的論
典或禪籍歸爲「大乘」的作法，是有不同的。道安表現出「以大攝小」
的部分，多是針對禪典而發的，而且是有意識地用其般若學的立場，來
「融攝」，或可說是「詮釋」這些禪典。「融攝」的方法，就是用般若畢
竟空觀來詮釋這些禪法，依此，這些禪典，都可以被成功地納入爲爲了
體證空性而實踐的禪法。例如，道安在〈了本生死經序〉就說明了修道
的目的，在安住於空觀的根本要求：

> 了，猶解也。本，則癡也。……夫計身有命，則隨緣縛，謗佛毀
> 信，若澆淪幽室矣。夫解空者無命，則成四諦，昭然立信，若日
> 殿麗乾矣。[18]

他敘述了具體實踐步驟的聲聞禪法，也正彌補了般若禪法偏於直觀

---

15 〈十二門經序〉，大正藏第 55 冊，頁 46 上。
16 周伯戡〈早期中國佛教的大乘小乘觀〉，頁 241-242。
17 《祐錄》，頁 45 上。
18 《祐錄》，頁 45 中。

一面的不足。如其在〈安般注序〉中所說的:「是故安般寄息以成守,四禪寓骸,以成定也。寄息故有六階之差,寓骸故有四級之別。」[19]將數息調心的階次分「六階」、「四級」。「六階」指安般觀的「六義」:數息、相隨、止、觀、還、淨。「四級」是禪境之次第,分第一禪至第四禪。如是順序,漸次轉進,可說為小乘禪的特徵。不過道安的究竟目的,並不在小乘無為偏真之理,而可望達於般若畢竟空,寂滅無為。所以才又說:「階差者,損之又損之,以至於無為;級別者,忘之又忘之,以至於無欲也。無為故,無形不因;無欲故,無事不適。」[20]所以,道安以般若智「融攝」了聲聞禪法具體詳盡的優點,冶煉出屬於其個人獨特的禪法。而這一點,後來也被慧遠所繼承。

2・重視般若智

道安傳講《放光》十五載,對般若學之研究態度,絕不同於玄學式理解的格義之徒。由其揚棄格義之法,[21]可看出其不滿足於玄學式的理解,自覺地想要以佛法理解佛法的基本立場。而道安禪法之基礎,可謂以般若學為根基。

而精專於般若學的道安,何以會如此重視禪法?這是因為二者,在實際修行上都有一個共同點,那就是十分重視「直觀」。梶山雄一對這個問題,曾有說明:

> 般若經的大乘佛教思想家們,不相信多元要素的實在性。對他們而言,最高的真實,是存在於依藉禪定的神祕性直觀而被體驗的世界中。在此,感性的認識,全部被止滅。[22]

---

19 《祐錄》,頁 43 下。

20 同上註。

21 《高僧傳》卷五〈僧先傳〉載有道安在避難於飛龍山時,即已揚棄格義的方法,說道:「先舊格義,於理多違。」這個態度與其同學僧先只滿足於玄學式格義的態度「何當共析逍遙,何容是非先達」,是完全不同的。大正藏第 50 冊,頁 355 上。

22 梶山雄一〈中國に於ける無我の論理──第十八章の研究〉,《自我と無我》,中村元編(京都市:平樂寺書店,1981 年 2 月),頁 483。

也就是說，《般若經》原本的思考理路，是想要從禪定直觀開始，最後說及現象世界的非實在性。但是，在龍樹所開展出的中觀學派，則反過來，想要由現象世界的非實在性的論證開始，強調概念的相對性，並由相對概念的自我指涉去解消語言的障礙，從而指示出神祕直觀的世界。

因此，就慧遠而言，其思索理路，由最早從其師道安所受的般若學教法來看，是屬於《般若經》原本的思考理路，由禪定直觀入手。在實際的禪法修行上，慧遠所選擇的經典，是與般若系統有關的禪經──《般舟三昧經》，採用了慧遠所認為「功高易進」的「念佛三昧」禪法，入於空三昧而解脫。其強調「（般若）智」在禪觀上的運用，與道安是一致的。

道安在〈人本欲生經序〉曾提到重視禪智的主張：「不言而化，故無棄人；不疾而速，故無遺物。物之不遺，人之不棄，斯禪智之由也。故經曰：道從禪智，得近泥洹，豈虛也哉？」[23]說明了若得禪智而能任運自在行方便道，則近於泥洹矣。另外在〈十二門經序〉則規定「定」有禪，等，空三義，為修定者依此禪定，不但可以自修安神，還可以利他度眾，明確標點出：禪智若能活用，則能自度度人的菩薩道立場。在禪法的融鑄中，鍛煉菩提正智，正是道安禪法之特色。

不過，將般若智融入禪法中，一方面是強調般若智之方便任運以度化有情，但是將重智的因素加入到了禪法當中，就另一面看來，也可說是貶低禪定本身在修行中的主導地位。有關重智的這一點，在慧遠雖有類似的繼承，不過，慧遠猶有創發，具體提出「禪智相濟」的觀點。

（二）般舟三昧自力念佛

慧遠作品及傳記中，曾載慧遠與般舟三昧法門的關係十分密切。在《大乘大義章》慧遠與羅什的對談中，曾引述「般舟經念佛章」以夢為

---

[23] 《祐錄》，頁 45 上

喻說明定中念佛一事，慧遠乃就《般舟三昧經》定中見佛與《大智度論》
伸述《般舟經》之見佛不同，而請教於羅什。[24]

　　《般舟三昧經》是《般若經》系統禪典中重要的一部。宗旨在說明
大乘行者藉憶念佛色身相好之觀相念佛爲入門方便，進而摒除佛色身想
至觀想念佛時，於定中見佛決疑，平時精盡修習六度，最後體證畢竟空
三昧，成就實相念佛。此般舟三昧法門之殊勝處，在於它是離欲、非離
欲所共，即是凡俗，精進修持，持戒無犯，行大功德，亦可入般舟三昧
而見佛。而此經所提出的念佛法門是自力念佛法門。而所以特別提到慧
遠所宗《般舟三昧經》強調的是自力念佛法門，可對比於後世淨土宗曇
鸞，其強調彌陀願力的他力念佛。

　　依現存三卷本《般舟三昧經》卷上〈行品〉所載，「般舟三昧」的修
習分爲五個次第：定意、念佛身相好諸無漏功德（觀相念佛至觀想念佛）、
定中見佛、入於空三昧、及體證涅槃空性。以下即略論般舟三昧禪法的
特點，及慧遠與般舟三昧禪法之關係。

1・「念佛」爲先

　　慧遠實際所修習的禪法，主要是所依的經典是強調諸三昧中，以「念
佛」爲先的《般舟三昧經》。有關這一點的資料，可以在《大乘大義章》
第十一章問念佛三昧，及其在《梁傳》的本傳，或其弟慧持、弟子們曇
順、劉遺民等人的傳記，都談到他們因修習般舟三昧，而於定中見佛，
或於日常之時見佛的神蹟事件中，可以得到佐證[25]。

　　慧遠作於 402 年的〈念佛三昧詩集序〉中提到其重視「念佛三昧」

---

[24] 《大乘大義章》卷中・第十一章〈次問念佛三昧并答〉，大正藏第 45 冊，頁 134
中。

[25] 有關慧遠弟子修念佛三昧而見佛之事，除可參考《高僧傳》之外，可參考《東林
十八高賢傳》（以下簡稱《賢傳》）之記載。但《賢傳》出現的年代較晚，其中或
雖部分有詳盡記載弟子們過於神化之事蹟，而有可疑處，不過仍有值得注意的點，
這些記載大都是在強調他們都是修習般舟三昧法門，而且成就三昧之事上。傳記
的部分，同註 1。《大乘大義章》卷中第十一章，大正藏第 45 冊，頁 134 中。

的態度，說到「念佛」的效用爲諸三昧中最大的：「諸三昧其名甚眾，功高易進，念佛為先。」[26]其實，慧遠的採用《般舟經》「念佛三昧」法門，是強烈想要由定中得慧而解脫的，但也必須配合著持戒、期生於西方彌陀淨土之誓願而行的。因此行「般舟三昧」念佛時，由念佛入門，最後得「空三昧」達畢竟空的究竟立場是不變的。

2・觀想念佛

關於《般舟三昧經》的相關研究，日本學者西義雄在〈般舟三昧の研究資料と其の意義に就ついて〉一文中，曾對於般舟三昧的思想淵源，及此禪法與阿彌陀信仰的關係，提到四點值得注意：

（1）「般舟三昧」（Pratyutpanna-buddha-sammukhāvasthita-samādhi）一詞，意爲：「念諸佛現前立三昧」。而「般舟三昧」念佛所念的佛，並不限於只念《般舟三昧經》中所列舉出的阿彌陀佛，亦可隨所念，而見各方各佛。

（2）此「般舟三昧」一詞最早出現於梵本《十地經》第十法雲地。

（3）龍樹以前，「般舟三昧」與「阿彌陀佛」信仰是各自獨立的。

龍樹以後，「般舟三昧」與「阿彌陀佛」信仰開始有被繫聯起來的情形。

（4）羅什譯《坐禪三昧經》卷下，謂欲行佛教而入禪者，「先專心繫念十方三世諸佛生身」。[27]

在西義雄的這篇研究當中，我們可以得到一些線索：

據第一點，就「般舟三昧」之原意指「諸佛現前立三昧」而言，即點明此《般舟經》禪定之法門，是可入於定中而得見諸佛現前少立，並可與之問答，決其疑難的禪法。有關於這一點，在現存的《大乘大義章》

---

[26] 《廣弘明集》卷三十，大正藏第 52 冊，頁 351 中。。

[27] 西義雄〈般舟三昧の研究資料と其の意義に就ついて〉，《惠谷先生古稀記念「淨土教の思想と文化」》惠谷隆戎先生記念會編集，佛教大學發行，昭和 47 年 3 月 23 日。頁 1265-1285。

第十一章〈次問念佛三昧并序〉中曾載：慧遠對於定中所見的佛，是由他方外來的佛？還是於定中自身幻覺所造的佛？有相當大的疑昧，乃就此請教於羅什。而羅什則答以因定中所生起的神通力而具天眼通，乃可洞見他方甚遠佛土中的佛，與之決疑，所見之佛並非虛妄不眞的。[28]

　　羅什所云以天眼見佛這一點，在現存諸本《般舟三昧經》中，皆未論及。若考諸《大智度論》〈大品般若〉引述《般舟三昧經》時，曾區分「般舟三昧」與「天眼」，並且認爲「般舟三昧」難於「天眼」一事，[29]可發現二事：一是《大智度論》所引《般舟經》文字，於現存諸本《般舟經》中找不到相同之文字敘述，唯在一卷本〈行品〉，三卷本及賢護分的〈思惟品〉中有語意相類的記載；二是《大智度論》區分「般舟三昧」見佛與「天眼」見佛二者之差異深淺，顯然與羅什以「天眼」釋於般舟三昧「定中見佛」的說法有出入。因此，有關定中見佛的詮釋部分，羅什自己的詮釋立場，是與《大智度論》相左的。

　　上述羅什對《般舟三昧經》之禪法所作的闡釋，其中將定中見佛詮釋爲以神通力見佛一事，在現存各本《般舟經》中，皆未見有此說，羅什的詮釋或許可以視爲是印度中觀佛學在經過了中亞僧俗的傳譯之際，所發生的轉化。

　　由第二點，可發現「般舟三昧」的起源與《華嚴經》系統的發展，有部分的關聯性。不過，由於此部分與本文主旨的探討較無直接關係，

---

[28] 大正藏第 45 冊，頁 134 下-135 上。不過，羅什謂定中所見非虛妄不實之佛，推其極，云其心作佛，即心即佛，極可能落於不空之心之嫌。而印順法師《空之探究》即謂《般舟三昧經》定中所見之佛，「不是真實佛，是自己的定心所現。」（臺北：正聞出版社），頁 75。本文以爲印老所云較合於《般舟經》本意。

[29] 《大智度論》卷三十三〈初序品〉中：「問曰：如《般舟經》說：以般舟三昧力故，雖未得天眼，而能見十方現在諸佛。此菩薩以天眼故，見十方諸佛有何等異？答曰：此天眼不隱沒無記。般舟三昧離欲人、未離欲人俱得，天眼但是離欲人得。般舟三昧憶想分別常修常習故見，天眼修神通得。色界四大造色眼四邊得遍明相，是爲差別。天眼功易，譬如日出，見色不難；三昧功難，如夜然燈，見色不易。天耳亦如是，知諸佛心者。」大正藏第 25 冊，頁 306 上。《智論》區分般舟三昧見佛與天眼見佛之別，亦見於頁 123 下-124 上。

故暫時不納為本文討論的重點。

　　接續第二點探討「般舟三昧」思想的出現，第三點談到「般舟三昧」與「阿彌陀佛」信仰關係的考察。第三點意味著把「般舟三昧」與「阿彌陀佛」思想聯繫起來，就時間上看，至少應是在龍樹以後。阿彌陀信仰一開始是流行於西北印的，而般若思想則源起於中印；在龍樹時代之後，才漸漸開始出現結合此二種觀點的思想。因此，推測結合般若學與阿彌陀信仰的《般舟三昧經》，最早可能不早於龍樹以前。

　　若依第四點，羅什所譯《坐禪三昧經》卷下之念佛法門屬於「觀相念佛」。而「觀相念佛」，又為「觀想念佛」之入手階段。凡「觀想念佛」，或「觀相念佛」，無不以念佛生身三十二相八十種好莊嚴圓滿具足，作為其基礎入門之禪法。相對地，對所觀之佛像自應有所認識，故由此可能促成佛像及佛畫的流傳，故在《般舟三昧經・四事品》中說到「疾得三昧」的幾種法門中，就有「作佛像、佛畫」一項。[30]而慧遠早於隨侍在道安身邊時，就聽聞西域有佛影之傳說，後來在法顯西行歸來時，即迫不及待地迎請法顯到廬山一聚，向他請教西遊見佛影之事，後來更在廬山依法顯之指引，沿廬山壁建造了佛影龕。[31]因此，把般舟三昧以觀相念佛為入門方便，與慧遠建造佛影龕這兩件連在一起來看的時侯，實無法忽視其間可能存在著的繫聯關係。

　　最後，由觀相念佛進行到了觀想念佛之時，去除音像之想後，仍一

---

[30] 《般舟三昧經・四事品第三》（三卷本），卷上言：「精進無有能逮者，常與善師從事，為人說經不得望人衣服、飲食、合會人至佛所、合會人使聽經、教人學佛道、作佛形像若作畫，用是三昧故，教自貢高人內佛道中，常護佛法。」以上即為慧遠之所常行。又，此品於佛說完偈頌時歎云精進此法，至少應三月不得鬆懈：「常當樂信於佛法，誦念念空莫中止。精進除睡臥，三月莫得懈。……為求是三昧者，當作佛像，種種具足，種種姝好，面目如金光。……如是行者，今得三昧不久。」大正藏第 13 冊，頁 906 上-下。

[31] 慧遠建佛影龕事見於梁《祐錄》卷十五（大正藏第 55 冊，頁 109 下）及《高僧傳》卷六（大正藏第 50 冊，頁 358 中）慧遠本傳。而與法顯會面之事，則見於附於法顯《高僧法顯傳》（又名《佛國記》）文末的跋中，大正藏第 51 冊，頁 866 中。

心繫念佛名（小本《阿彌陀經》），或一心專念，期往住佛淨土（大本《阿彌陀經》）時，即不再念佛色身相好，而只念佛的無漏功德。

3・定中見佛

依《般舟三昧經》所載，定中可見十方諸佛：

> 當念彼方佛，不得缺戒，一心念，若一晝夜，若七日七夜，過七日以後，見阿彌陀佛，於覺不見，於夢中見之。[32]

> 持佛威神，於是三昧中立者，有三事：持佛威神力，持佛三昧力，持本功德力。用是三事故，得見佛。[33]

> 見佛已，從問：「當時何等法，生阿彌陀佛國？」爾時，阿彌陀佛語是菩薩言：「欲來生我國者，常念我數數，常當守念，莫有休息，如是得來生我國。[34]

在三卷本中有談到一心專念，若一天一夜，及至七天七夜的觀想念佛，可於定中見到諸佛，此舉阿彌陀佛為例，如果在覺醒時沒有見到，那麼，可在夢境中見到。不過，有關可以在夢中見佛的說法，在一卷本當中是沒有的。

現存的《般舟三昧經》有五種版本，除了藏譯本之外，餘下的四種皆保存在漢譯本中。[35]而各本產生之先後次第，也關係到其思想之演變。因此，如果想要從慧遠所讀的版本，應先就各本內容的差異比較入手。

依印順法師《初期大乘佛教之起源與開展》所詳考諸本差異之結論，[36]本文再作進一步的推論：慧遠所讀的《般舟三昧經》版本可能是三卷本。

---

[32] 大正藏第 13 冊，頁 905 上。

[33] 大正藏第 13 冊，頁 905 下。

[34] 大正藏第 13 冊，頁 905 中。

[35] 《般舟經》的四個漢譯本，分別為：一卷本《佛說般舟三昧經》（八品）、三卷本《般舟三昧經》（十六品）、五卷《大集經・賢護分》（十七品）及異譯一卷本《拔陂菩薩經》（不分品）。有關此經各版本成立先後的問題，可詳參色井秀讓〈般舟三昧經的成立について〉，印度學佛教學研究第 11 卷第 1 號，1963 年 1 月，頁 203-206。

[36] 印順法師《初期大乘佛教之起源與開展》，（臺北：正聞出版社，1989 年 2 月五版），

理由有三：

其一、一卷本比三卷本少六品，文字部分與三卷本相合，推論爲從三卷本抄出。（不過，部分日本學者則認爲一卷本才是最古老的本子）[37]，但從思想上，三卷本是依一卷本再纂集完成的。

其二、由思想區別三卷本及一卷本，有三點差異：

（1）法數

一卷本的法數是四，三卷本是四，五，八，十，十八。

（2）、思想

一卷本近唯識，三卷本近般若空義。

（3）、以夢爲喻

三卷本補充有「夢中見佛」的內容，爲一卷本所無。

其三、現存另一異譯本《拔陂菩薩經》在道安編纂《安錄》時即錄有此經，[38]其內容與三卷本相近而稍簡，也包括了引夢喻說明定中見佛，及若醒時不見，於夢中亦可見之的記載。[39]但在慧遠與羅什的信件中，慧遠引述到此經時，是稱《般舟經》，而不是《拔陂菩薩經》，因此，可知慧遠所讀經本，當是漢譯的三卷本。

因此，本文檢擇以上推論，可以發現：但就思想而言，雖然三卷本之思想，是依於一卷本增纂而成的，但因三卷本近般若空義，並有以「夢中見佛」爲喻說「定中見佛」，而由此推論慧遠所讀到的《般舟三昧經》經本應是三卷本。而異譯本《拔陂菩薩經》可能與三卷本同爲一系所傳。

而慧遠的依般舟三昧法門而修的「念佛」法，還可以探其源頭；（一）

頁 839-844。

[37] 色井秀讓〈般舟三昧經の成立について〉一文的結論是：在以一卷本非三卷本之略本的前提下，現存四個漢譯異譯本《般舟三昧經》的成立先後，分別是一卷本、三卷本、《拔陂菩薩經》和《大集經·賢護分》。印度學佛教學研究第 11 卷第 1 期，昭和 31 年 1 月（1956），頁 203-206。

[38] 《祐錄》卷三，大正藏第 55 冊，頁 15 中。

[39] 失譯《拔陂菩薩經》（一卷），大正藏第 13 冊，頁 922 上。

憶念佛色身相好，並與佛問答決疑，以及（二）《無量壽經》（小本及大本《阿彌陀經》各所說到）的念佛觀來看：1.小本是只憶念佛名，佛之功德；2.大本則不只憶念佛名及功德，還念佛身三十二相八十種好。念佛生身之法門，屬大眾部學派的大乘經系統。有別於上座部的只憶念佛名及功德，並不念佛身。[40]

　　由此可以發現，在慧遠所宗的般舟三昧禪法及羅什所傳大乘禪法，都有念「佛生身」相好之相同點。也因為這一點，慧遠在當時中土大乘禪典缺乏的情況下，向羅什請教大乘禪法中觀相念佛的種種疑問，包括問佛身相、壽量、佛法身與菩薩法身之分別等，而這些問題，即是基於實際禪修上需要而問的。在《大乘大義章》中，除了前述的第十一章外，第一章至第四章慧遠與羅什所談的都是與法身相關的問題，包括佛法身的性質、佛法身與菩薩法性生身之區別、菩薩受生之條件及法身的像類、壽量等問題。第五章談的是佛身三十二相。第七章談法身之妙用——變化身。第十八章談法身及變化身是否住壽的問題。總之，慧遠在這八章所談的與佛身相關的種種議論，與其般舟三昧的前方便念佛——觀相念佛，應當有相當密切的關係。

　　《般舟三昧經》的念佛，是觀想念佛，並不是口誦念佛。念，是憶念，思惟之意。由於經中所云念佛身三十二相與佛國淨土的莊嚴殊勝，皆非此有情世間之境，須依名思義，專心繫念，憶想佛相、淨土之境，使所觀念之境能夠顯現於前。印順法師解釋如此的觀想念佛，即與《阿含經》所說的「四念處」、「三隨念」（念佛、念法、念僧）等法門是一樣的原理。而般舟三昧殊勝之處，在於可以定中見佛：

> 念是繫心一處，令心明記不忘。與念相應的慧心所，於所緣極樂
> 依正的境界，分別觀察。這樣的念慧相應，安住所緣；如達到「心
> 一境性」——定，就是念佛三昧成就了。如三昧成就時，就見無量

---

[40] 當然，佛身觀的演變，或涉及義理內在的發展，由初期中觀的二身至唯識的三身觀；或涉汲外在的佛塔的崇拜、佛像、佛畫的大量複製等因素。

佛，也即是見十方佛。得念佛三昧，未得天眼，也並未去佛國，也不是佛來此間，但在三昧中，可以明了見佛。不但見佛，還可以與佛相問答：如何能得生極樂世界？佛即告以當憶念我。……憶念阿彌陀佛的方便次第是：先念佛「具有如是三十二相，八十隨形好，色身光明如融金聚，具足成就眾寶輦輿，放大光明，如師子座，沙門眾中說如是法」，即是念佛色身或觀想念佛。次念佛所說：「一切法本來不壞，亦無壞者。如不壞色乃至不壞識；……乃至不念彼如來，亦不得彼如來」。這是觀一切法性空，「得空三昧」；即是念佛法身，或實相念佛。這樣的念佛，成就了三昧，即可以決定往生西方極樂世界。[41]

印順法師在此說明了般舟三昧禪法的次第，禪者由觀像、淨土等方便，進至觀想，乃至見佛決疑，而觀得法性，成就空三昧，得往生西方淨土。值得注意的是，禪者能得生西方淨土之因，阿彌陀佛的願力固然為其中之一，但決定能夠往生與否的，還是禪者的自力念佛，與是否見佛。

而禪者能於定中，因專念而見佛，乃因心念緣慧心所而得見佛。所謂慧心所，即唯識家所區分的，與心相應的六種精神作用「六位心所」：遍行、別境、善、煩惱、隨煩惱及不定心所當中，第二類「別境心所」（欲、勝解、念、定、慧）中的慧心所。[42]而定、慧二心所緣的對象是相同的，皆為心所觀之境。定心所的特性是「於所觀境，令心專注不散為性，智依為業。謂觀德(校勘記「德」作「得」)失俱非境中，由定令心專注不散，依斯便有決擇智生。」[43]而慧心所的特性則是「於所觀境簡擇為性，斷疑為業。謂觀德(校勘記「德」作「得」)失俱非境中，由慧推求得決定故，

---

[41] 《淨土與禪》，頁 43-45。

[42] 《成唯識論》論述「六位心所」之處，可詳卷五至卷七，大正藏第 31 冊，頁 26 下-40 上。此處以唯識釋禪定內容，固非慧遠時代即可能有的詮釋，而是筆者所作的嘗試思考。

[43] 同上註，卷五，頁 28 中。

於非觀境，愚昧心中無簡擇故，非遍行攝。」[44]《般舟三昧經》云定中見佛，目的即強調由定而（決疑）發慧，即是定、慧二心所。又由於念所緣的慧心所，是遍於一切性，一切地的，[45]因此，「般舟三昧」也是三界九地凡聖所共的禪法。

慧遠曾特別就《般舟三昧經》的「定中見佛」一事，寫信向羅什請教。慧遠所疑在於：定中所見的佛，若是由外而來至禪定者面前，那麼是肯定外境的實有，違反了《般若經》教說；若定中所見佛，非由外而來定中，而是由禪者憶念分別所造，則非眞實如來。[46]顯見，對於「定中所見之佛」的體性究爲實有（存有論），還是憶念分別（認識論）的問題，對慧遠而言，確實是十分困擾的一件事。

然而，羅什所答，並未就「定中所見之佛」的體性給予判定。而是直接從凡夫見佛的認識論角度，區分見佛三昧有三種等第，並據《大智度論》談見佛乃依佛威神力的加持，「非徒虛妄憶想分別而已」。

羅什首先區分「見佛三昧」有上中下等三種：上者依天眼、天耳、神足等神通見佛；次者心住一處，於般舟三昧中亦得以見佛，其餘爲下者，不論是否離欲，亦可見三世諸佛佛像或佛生身。[47]接著再論「般舟三昧」的「定中見佛」時，其云：

> 是故，佛以夢爲喻耳。如人以夢力故，雖有遠事，能到能見。行

---

[44] 同上註，卷五，頁 28 下。

[45] 《成唯識論》針對「六位心所」，立四種「一切」義：即一切性（通於善、惡、無記三性而起）、一切地（通於有尋有伺、無尋唯伺、無尋無伺三地而起）、一切時（無始以來，恆常相續）、一切俱（一切心所同時而生）等四種。六位心所具備的「一切」義約可分爲：遍行之心所具足性、地、時、俱四種一切義；別境心所具足一切性、一切地二種；善心所僅具一切地；不定僅俱一切性；煩惱及隨煩惱不具足任何一切義。引書同註 42。

[46] 《大乘大義章》第十一章〈次問念佛三昧并答〉，大正藏第 45 冊，頁 134 中。

[47] 羅什此區分未說明般舟三昧以何力見佛，據《大智度論》卷九所云：「又如般舟三昧力故。雖不得天眼而見十方。佛眼耳無礙。亦如劫盡燒時一切眾生自然皆得禪定得天眼天耳。佛以神力故。令一切眾生皆得遠見亦復如是。」大正藏第 25 冊，頁 123 下-124 上。

般舟三昧菩薩，亦復如是。以此定力故，遠見諸佛，不以山林等
為礙也。以人信夢教，以之為喻。[48]

據《般舟三昧經‧行品》，有三事得定：「一謂持戒無犯，二謂大功
德，三謂佛威神」，[49]羅什談到《般舟經》以夢為喻，說明行者以般舟三
昧定力故，「遠見諸佛」，[50]除了因於行者攝心一處，憶想佛相好莊嚴外，
還有最重要的是依三事得定的第三事——由於佛力加被之故。而羅什此
說，即據《大智度論》而來。簡言之，依《大智度論》卷三十三曾論及
天眼見佛及般舟三昧見佛條件的區別。[51]般舟三昧見佛因可藉常修習憶想
佛身相好莊嚴及佛之無漏功德之方便，及佛威神力加被故，所以離欲人
及未離欲人皆可得；而天眼見佛，則只有離欲人能得。因此，慧遠在《大
乘大義章》中屢問及佛身相關問題，事實上不完全是其知識論興趣的分
析性格使然，統貫慧遠作品的中心思想，還是在以體證法性最終的目的。
而落實在禪法修行上，即是圍繞在以般舟三昧禪法修證的具體細節上。

因此，凡夫與離欲聖者於「般舟三昧」定中，依入門的修習憶想分
別佛身相好之方便（而於定中見到憶想分別之佛身），以及佛慈悲的威神
力加被（故能使凡夫以肉眼即能見佛）這兩大要件下所見的佛，自然「非
徒虛妄憶想分別而已」。行者依定力故，於內境中緣眼識而見佛身，固然
是藉憶想分別而見（佛法身無相可見，所見者乃變化身及報身），然此佛
身自非行者虛妄想像而已。但修習般舟三昧於定中見佛，是為了親見十
方諸佛，以為之決疑的方便而設，並非究竟。見佛解惑，體證畢竟空三
昧，方為修習般舟三昧之目的。

---

[48] 大正藏第 45 冊，頁 134 下。

[49] 大正藏第 13 冊，《般舟三昧經》卷上，頁 905 下。

[50] 正藏第 45 冊，頁 134 下。

[51] 《大智度論》卷三十三：「問曰：如《般舟經》說，以般舟三昧力故，雖未得天眼，
而能見十方現在諸佛，此菩薩以天眼故見十方諸佛有何等異？答曰：此天眼不隱
沒無記。般舟三昧離欲人、未離欲人俱得，天眼但是離欲人得。般舟三昧憶想分
別常修常習故見，天眼神通得。」大正藏第 25 冊，頁 306 上。

4·畢竟空三昧

經觀相念佛憶想分別之方便，而進入般舟三昧於定中見佛決疑，這些前行的分析式思惟在決疑後，消融於體證空性的禪修——證入畢竟空三昧之中。

不過，針就印順法師曾對般若念佛與般舟念佛之區分比較：「般若的念佛，是空性觀，「般舟三昧」的念佛，是假相觀。」「如《般舟三昧經》三卷本，受到了般若法門的影響。」[52]首先，這樣的區分，顯然是粗略地僅就三卷本而論，並不涵括《般舟經》各種版本的演化。而將二者區分為空性觀，與假相觀，也只是就觀法次第的差別，在究極的意義上，或許《般舟經》是被涵攝到《般若》系統中的，而「觀相」、「定中見佛」也只不過是方便法，而不是其究竟目的。

5·當行六度

除觀佛身相、功德入於空三昧外，亦應修「六度」才能見佛立現前：

> 佛告跋陀和：「是菩薩如佛眼，悉知悉見。如是跋陀和，是菩薩欲得今現在諸佛悉在前立三昧，布施當具足，持戒如是，忍辱，精進，一心智慧，度脫智慧，身悉具足。」[53]

如此強調自利利他精神的般若方便智，正可說是繼承自般若法門的菩薩道精神。而慧遠履行般舟法門中所列之諸種利他方便，可說實際地體現了菩薩應世而化的方便之智。

（三）大智度論——緣起性空

慧遠在晚年得羅什譯出之《大品般若波羅蜜經》及《大智度論》，在詳加反覆研讀，為嘉便讀者，乃將百卷之《大智度論》，鈔出精要輯成二

---

[52] 同上註，頁 866。

[53] 大正藏第 13 冊，頁 906 下。

十卷，並爲之作序名爲〈大智度鈔序〉[54]。在文字敘述上，屬於《莊子》之言詞，多有引用。羅什的弟子僧叡，在羅什於義熙元年(AD405)譯出《大智度論》後，也曾爲之作序〈大智釋論序〉，[55]而僧叡所引用三玄文字，則易老莊俱有，辭氣清朗，猶有勝於慧遠。

　　依慧遠的序文，研讀完《智論》後的慧遠，對於其部分內容所說，與其過去所接觸不同之處，產生疑問，於是乃書問羅什，這部分的書信內容，後來也收在《大乘大義章》的問答之中。例如第十四章的問實法有并答，即是慧遠針對《大智度論》提到實法有與因緣有所舉的例子而問的。

1・因緣有非假依實

　　在《大乘大義章》中，遠、什二人討論到色法與緣起的部分，主要有第九章論四大不自造而能造色，第十三章則論如、法性、眞際，第十四章論實法有及因緣有。在這幾篇中，慧遠主要針對《大智度論》而發的議論，則是第十四章。

　　在這一章裏面，慧遠首先複述了《大智度論》中在說明實法有及因緣有時，所引用的證例，並進而闡明其不當之處。他的問題大約是說：《大智度論》說色香味觸是實法有，乳酪是因緣有；則因緣有是依於實法有而成立的，就成了假依實，這與般若經緣起性空的基本觀點是有牴觸的。[56]

　　羅什則針對慧遠採用來論斥此一析空觀的問題，由大小乘論空層次的不同發端。先說大乘說眾生空（人我空）、法空，而小乘只說眾生空，故不及言法空。所以對法猶有執著，不能理解到所謂的色香味觸等亦是緣起，無自性，當體即空的，而去執著它，即是因爲不明白緣起性空的空義之故。

---

[54] 《祐錄》，卷十，頁 75-76。
[55] 《祐錄》，卷十，頁 74-75。
[56] 《大乘大義章》卷下〈次問實法有并答〉，大正藏第 45 藏，頁 136 中下。

而譬如慧遠所舉的例子，引到《大智度論》說色香味觸是實法有的話，不過，當我們試圖檢尋慧遠所提出的問題所依據之經文時，卻找不到相同的敘述段落，只找到了在卷十二有關於三種「有」的解釋：

> 復次有有三種：一相待有，二假名有，三者法有。相待者如長短彼此等，實無長短，亦無彼此，以相待故有名，……如是等名為相待有。是中無實法，不如色香味觸等，假名有者如酪，有色香味觸四事，因緣合故假名為酪，雖有不同，因緣法有，雖無亦不如兔角龜毛無，但以因緣合故假名有，酪疊亦如是。[57]

誠如本章第二節曾就此部份所作所的檢討，慧遠引出《智論》區分出三種「有」，目的應是為了要說明：「因緣有」並非「假依實」而出發的，而不在於建立極微實有的觀點。

2・心即是佛畢竟空

《大智度論》卷二十九載有般舟三昧之修習，其所述《般舟經》法門，有五個特點：（1）於三昧中見阿彌陀佛及諸佛，（2）與佛問答，（3）願生於阿彌陀淨土，（4）憶念佛三十二相八十隨形金色身，（5）心即是佛。[58]

其中，前四項與三卷本所述相符，但其中第五項，在《般舟三昧經》卷一〈行品第二〉當中，是在佛對颰陀和菩薩說念佛三昧時提到的：

> 色清淨故，所有者清淨。欲見佛即見，見即問，問即報，聞經大歡喜，作是念：佛從何所來？我為到何所？自念佛無所從來，我亦無所至。自念欲處、色處、無色處，是三處，意所作耳，我所念即見。心作佛，心自見；心是佛心，佛心是我身。心見佛，心不自知心，心不自見心。心有想為癡心，無想是涅槃，是法無可樂者。設使念為空耳，無所有也。菩薩在三昧中立者，所見如是。佛爾時說偈言：心者不自知，有心不見心。心起想則癡，無心是

---

[57] 《大智度論》卷十二，大正藏第 25 冊，頁 147 下。

[58] 《大智度論》卷二十九，大正藏第 25 冊，頁 276 上中。

涅槃。是法無堅固，常立在於念。以解見空者，一切無想願。[59]

這裡在說明定中所見之佛，無所從來，乃意念造作，我若作是念即得見佛。另外，在〈無著品〉中說觀佛相好，但這些最後仍應立於畢竟空的立場來看。《大智度論》所說「以心見佛，以心作佛；心即是佛，心即我身」等語，[60]即是轉述此一段論述，不過，《大智度論》節引此段論述，而未引述前後文的作法，確實容易令人誤以為《般舟經》有闡釋真常思想的論述。

日本學者佐佐木憲德的研究認為，慧遠的念佛是加入了《大智度論》的禪法，理由有二：一是認為慧遠是當時《大智度論》譯出後，讀《大智度論》的第一人，二是《智論》把三界唯心所造，即心是佛，心是我身放在畢竟不可得空的立場，被慧遠吸收到其禪法之中。[61]不過，筆者認為慧遠雖曾讀《大智度論》，並作有《要抄》，但是否受其影響而甚至有「即心是佛」的唯心論傾向，就其作品看來，並不明確。「即心是佛」固然是從現象由唯心所造的立場出發，但依《大智度論》的釋經（般若經）的立場來說，仍應是中觀思想的根本立場，心與佛都仍應空掉。因此，《大智度論》對《般舟經》的節引，固非其原貌。但佐佐木憲德的觀點，則是對《大智度論》這段引文的再進一步的引伸詮釋了。

（四）請譯禪經──佛馱跋陀羅的禪法

誠如先前所述，至晉末道安、慧遠所處的時代，禪法於中國之傳承，已殆消盡，安公與慧遠歎禪典多不傳於中土，遂至誠求諸於西來僧人，並遣弟子法領等人西去求法。

---

[59] 大正藏第 13 冊，頁 899 中下。

[60] 《大智度論》卷二十九，頁 276 中。

[61] 佐佐木憲德《禪觀發展史論》，東京都：ピタカ株式會社昭和 53 年（1978），頁 156。

東晉義熙五年（西元 410 年），覺賢見擯於長安僧團後，於是與慧觀等弟子們四十餘人南下，慧遠乃迎請覺賢至廬山，並恭請譯出《達摩多羅禪經》，義熙六年（西元 411 年）譯訖，遠乃爲之序云：

> 每慨大教東流，禪數尤寡，三業無統，斯道殆廢。頃鳩摩耆婆宣馬鳴所述，乃有此業，雖其道未融，蓋是爲山於一簣……。今之所譯，出自達摩多羅與佛大先，其人西域之儁，禪訓之宗，搜集經要，勸發大乘。[62]

覺賢停留在廬山只有一年多，而此禪經的譯出，對南方禪法之振興，有很大的貢獻。甚至與後來被推尊爲禪宗的祖師的達磨，產生了繫連的關係。[63]此經譯出後，慧遠與覺賢的弟子慧觀皆作有經序，分別爲〈廬山出修行方便禪經統序〉及〈修行地不淨觀經序〉，皆收錄在《出三藏記集》卷九。序文中不約而同地提到了中土「禪訓實少」的現況，也同樣地強調了「禪智」爲宗的觀點：「故知禪智爲出世妙術，實際之義標也。」也說到了「定慧相和，以測真如，是智依定，則癡妄虧而宵落。定由智，則七淵湛然而淳」的「禪智相濟」的觀點。[64]由此，說明了相對於長安羅什譯出的《坐禪三昧經》而言的南方《禪經》，在強調禪智相依的這一點上，似有相通的一面。

不過，在慧遠爲此經所作的序中，也呈現出慧遠對羅什禪法的評價，慧遠說羅什所傳禪法「其道未融，蓋是爲山於一簣」，所寓褒貶，乃不言而喻，而對於覺賢所傳達摩多羅系統之禪法，則甚爲推崇，以大乘禪法自許。似認爲覺賢所傳的禪法，較契合其意。

---

[62] 《祐錄》，卷九，〈廬山出修行方便禪經統序第十四〉頁 65 下-66 上。

[63] 因爲此部禪經在廬山譯出時，僅名爲《禪經》，慧遠爲之作序時，也只說是「廬山出修行方便禪經」，是後來才被冠上達摩多羅的名字在禪經之前，與禪宗產生了繫聯的關係。原因是荷澤神會爲了在〈南宗定是非論〉中成立西天二十八祖的傳承，而引用了此經，說達摩多羅就是禪宗的菩提達磨。不過，菩提達磨的年代與達摩多羅、佛大先的年代相去百餘年，所以，神會的說法應不能成立。

[64] 慧觀所作的〈序〉收錄在《出三藏記集》卷九，序第十六，大正藏第 55 冊，頁 66-中 67 上。

1 · 禪法首重師承

《高僧傳》卷二〈佛馱跋陀羅〉傳中，提到覺賢翻山（度蔥嶺，路經六國至交阯）過海（乘船至青州東萊郡）來到中土，聽說羅什在長安，即往從之。既至，而大加弘傳禪法，四方樂靖者，風聞而至。但因弟子中有少觀行，自言得阿那含果者，賢未即檢問，而引起流言，釀致軒然大波，遭長安教團擯去。但僧傳此言，或恐見表面，賢什二人禪法的傳承之差異，而導致學派之見的分裂，或許才是覺賢真正遭擯的原因。

覺賢的禪法，依其弟子慧觀及廬山慧遠各自的序文，都特別提到其禪法之傳承。慧遠序中說到覺賢的禪法承自佛大先，而佛大先又承自達摩多羅。因此，如果依照禪法的傳承看，覺賢的禪法，應傳自達摩多羅。不過，序中也說到，佛大先是以「二道」「四義」來詮解達摩多羅禪法的。由現存之《禪經》經文內容發現，經中已有詳述二道（方便道、勝道）及四義（退分、住分、升進分、決定分）內容的文字，[65]可知現存《禪經》經本，已是佛大先對達摩多羅禪法的進一步闡釋，殆非達摩多羅所傳禪法之原貌。因此，就禪法之內容而言，覺賢所傳之禪法，應近於佛大先之禪法。

歷來研究覺賢譯《禪經》思想，學者經常將之與羅什譯的《坐禪三昧經》（弘始四年（西元 402 年）羅什於長安譯出）對舉為南北禪法的代表經典，並由此判分說一切有部傳承的覺賢所譯的《禪經》為小乘禪，代表初期中觀的羅什所傳譯《坐禪三昧經》為大乘禪，而依據判分經典大小乘的關鍵，是在傳譯者的身份上。這樣的判分是值得商榷的。實際上，如果檢視羅什的譯典，也不難發現羅什也曾譯出小乘論典，如《成

---

[65] 現存之《禪經》經本中已說到「二道四義」：「乘諸波羅蜜船，度無量苦海；以本願大悲心力故，不捨眾生；為諸修行，說未曾有法；度諸未度，令得安穩，謂二甘露門，各有二道；一方便道，二曰勝道。清淨具足甚深微妙，能令一切諸修行者出三退法，遠離住縛，增益升進，成就決定。盡生死苦，究竟解脫，兼除眾生久離癡冥。」大正藏第 15 冊，頁 301 中-下。

實論》，所以依譯者的身分作爲判分譯典立場的根據，或許是不夠周備的。而《坐禪三昧經》雖名之爲經，實則爲羅什雜鈔諸賢禪法而成之禪法輯要，有時也被略稱爲《禪經》。

　　《坐禪三昧經》中，羅什以「念佛觀」取代小乘禪五停心觀中的「界分別觀」，而與其他四觀合稱爲五門禪，而被認爲兼具大小乘禪法。依僧叡〈關中出禪經序〉中說到，羅什所鈔的諸家禪法，指的是鳩摩羅羅陀、馬鳴菩薩、婆須蜜、僧伽羅叉、漚波崛、僧伽斯那、勒比丘等大小乘行者的禪法。[66]而事實上，據印順法師在《說一切有部爲主的論書與論師之研究》一書中的研究指出：以念佛替代小乘禪界分別觀的作法，是罽賓有部禪風與大乘思想達成一定默契的結果。[67]因此，不僅與罽賓佛學頗有淵源的羅什所譯的禪經如此，修習罽賓聲聞禪法的覺賢所譯的禪經，也有相似的作法。只不過，覺賢並不是以念佛替代界分別，而是在禪典之末，附以一段大乘禪觀的解釋。

　　覺賢譯的《禪經》內容在介紹七種小乘禪的觀法，經末最後加入一段大乘空義的說明。此經結構略可表示如下：

---

[66]　《祐錄》卷九，頁 65 上中。
[67]　印順法師《說一切有部爲主的論書與論師之研究》，頁 628-629。

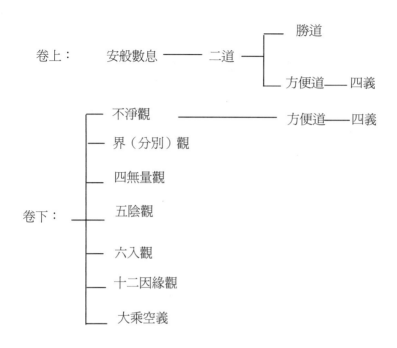

卷上：　　安般數息 ── 二道 ┬── 勝道
　　　　　　　　　　　　　　　└── 方便道── 四義

卷下：　┬── 不淨觀 ─────── 方便道── 四義
　　　　├── 界（分別）觀
　　　　├── 四無量觀
　　　　├── 五陰觀
　　　　├── 六入觀
　　　　├── 十二因緣觀
　　　　└── 大乘空義

　　卷上主要說明安般數息之法，立於二道四義（方便道、勝道二道；退分、住分、升進分、及決定分四義）所成體系而論，較之先前中土所出諸禪經所說較詳，覺賢在長安所授諸生之禪法，主要即是以卷上的安般數息爲主；卷下則示以六種禪觀：不淨觀、界（分別）觀、四無量、五陰觀、六入觀及十二因緣觀。但是除了只在六種禪觀的第一種──不淨觀中，將修行方便道分爲退分、住分、升進分、決定分四義，以偈頌的方式加以說明外，在其他五種則只就各各觀法加以敘述部分，並未細分四義說明。不過，經中所示的七種觀法，慧遠似乎只是將其視爲聲聞禪法的詳細說明，而將之攝於般若空觀，作爲般舟三昧禪法初步「定意」的方法。

　　令人意外地，慧遠對於此部《禪經》所述與《般舟經》不同，只是採取前述納攝的態度，而把焦點關注在禪法的師承上。這一點，也是自

師道安以來屢慨歎於中土所欠缺的。而經序中所述師承，想必是慧遠親得自於覺賢，殆非慧遠妄自杜撰之語，由此覺賢自述的內容，揭示了印度佛教禪法首重師承的傳統。而不只是小乘禪法強調師承，即便是中觀、唯識、如來藏系統，乃至藏密，也都很重視師承。禪法的傳承，除經本的禪法記述外，師弟私下的口授心法，是相當重要的一環。此外，實際禪修過程中，師長解惑指引的重要性，也是禪法所以必重師承的要因。相較之下，羅什雖博學強記，學兼大小乘禪法，但亦僅止於禪經的研讀、綜輯，因此慧遠對博學的羅什表示敬佩之外，但對其禪法缺乏師承指導一事，則表現出無限惋惜之歎，謂其「雖其道未融，蓋是為山於一簣」，也就不難理解。

2・佛乃能盡除餘習

〈廬山出修行方便禪經統序〉中說到禪修的極致是：「超三忍以登位，垢習凝於無生，形累畢於神化。」[68]明白表示：要成就禪修之極位，有兩個條件：一是餘習盡去，二是不再受生，永去形軀之累。這兩點，在《大乘大義章》的第二（得忍菩薩依「愛習之殘氣」而受生）、六（法身與群麤隔絕）、八（問法身佛盡本習，將菩薩斷煩惱得無生法忍時，至盡餘習成佛道分為二階段）、十（問羅漢受決）章等，也都有相關的討論。重點是放在菩薩的生因、受決及佛身觀上。

慧遠相信，唯盡除餘習後才成佛。而羅什說唯有（眾生）成佛，（菩薩）才可以將餘習除去，不再留惑潤生，入於涅槃。事實上，兩者的說法，是立論出發點上的差異。慧遠是由菩薩滅習氣說成道，羅什由菩薩成道說滅習氣。而有關覺賢譯《廬山出修行方便禪經》之內容對慧遠禪法的影響，將詳述於下文，故暫述至此。

---

[68]　《祐錄》卷九，頁 66 上。

三、盧山慧遠的禪法特色

於以上禪法淵源的探尋之後，可以得到慧遠思索的幾個具體方向：對於大小乘禪的看法已較其師道安更為明確、強調禪智相濟、止觀雙運以及肯定中觀色如不二的看法。以下即就此分述之。

（一）攝聲聞禪入畢竟空三昧

慧遠的融攝大小乘禪，如前所述，是深受其師道安「以大攝小」的態度所影響的。此外，也欣賞《禪經》中佛大先的立場，在經末以大乘佛法的立場來包攝前述的聲聞禪七種觀法。而《般舟三昧經》的畢竟空三昧，則是提供其具體實踐的究竟目標。

慧遠的禪法與其學思歷程，以及結識西域僧的機緣有大的關係。在慧遠的老師道安的時代，南北方禪典的傳播及禪法的傳承，殆幾已絕矣，因此，安公乃屢嘆禪法之將滅。這對於師事於精研般若學的道安，追隨於老師身邊二十五年的慧遠來說，這樣的提點，不啻有相當的影響力。這樣的影響力，不僅也讓慧遠有了相同的感慨，[69]也表現在後來慧遠在苦心蒐譯西來佛典的努力上。[70]

---

[69] 慧遠在作於西元 411 年的〈盧山出修行方便禪經統序〉中說到：「每慨大教東流，禪數尤寡，三業無統，斯道殆廢。」引書同註 35。

[70] 據梁・僧祐《出三藏記集》卷十五〈慧遠法師傳〉第三記載有關慧遠派弟子西去求法，請譯禪典，懇切諮訪西域僧人等事：「初經流江東，多有未備，禪法無聞，律藏殘闕。遠大存教本，慨慨道缺，乃命弟子法淨等遠尋眾經，蹄越沙雪，曠載方還。皆獲胡本，得以傳譯。每逢西域一賓，輒懇惻諮訪。屢遣使入關，迎請禪師，解其擯事，傳出《禪經》。又請罽賓沙門僧伽提婆出數經。所以禪法經戒，皆出盧山，幾且百卷。初關中譯出《十誦》，所餘一分未竟，而弗若多羅亡，遠常慨其未備。乃聞曇摩流支入秦，乃遺書祈請，令於關中更出餘分。故《十誦》一部，具足無闕，晉地獲本，相傳至今。蔥外妙典，關中勝說，所以來集茲土者，皆遠之力也。」說明了慧遠組織私人譯場，對當世佛典之傳譯，有莫大的貢獻。大正藏第 55 冊，頁 110 上。

　　基於珍視西來聖典得之不易的態度，慧遠對於盧山譯出的一切佛典，都以恭謹戒慎之心，反覆研讀再三。慧遠是學大乘的般若經入門的，但當時，慧遠並不帶有判教的立場，只是如實地研究所接觸到的佛典，對於一切被視爲「佛說」的聖典，也都深信不疑。因此，慧遠對於般若學與有部論典之間的歧義，存保留態度。一直到了西元 401 年，五十八歲（依塚本善隆所說則爲五十二歲）的羅什入關，六十一歲的慧遠才有機會把他接觸到有部的一些觀點，向立於初期大乘般若學立場的羅什，提出一些思考上的疑點，並加以討論。

　　向來學者多將《大乘大義章》的內容視爲慧遠執小乘觀點向羅什請益大乘佛法。對於這一點，筆者想提出另一種的看法。如果就《大乘大義章》內容中，二人問答的語氣來看，二者應是平等相當的。又根據陳・慧達《肇論・般若無知論疏》所附劉遺民書問僧肇的話來看，就慧遠自己的態度，是認爲他與羅什只是立場的不同，談不上什麼高下之異。甚至，慧遠在晚年（411 年）爲佛馱跋陀羅所譯《禪經》作的〈盧山出修行方便禪經統序〉中，還評羅什的禪法「為山一簣」。種種的資料顯示，如果單純地將《大乘大義章》產生的原因看成是：慧遠因爲接受了有部的觀點，而產生了思想上的矛盾，才求助於羅什的話，是因爲忽略了慧遠因般若學而入道求法，並在二十餘年間長期浸淫於道安般若學指導的背景，而只注意到僧伽提婆與覺賢有部的背景，以及他們在盧山弘揚有部論典這一點而立論的。

　　慧遠一生與《般若經》的關係，十分密切。其早年出家的原由，即是在太行山聽道安講《般若經》，因感服於其義理，與胞弟慧持一同出家。二十四歲時，即曾代其師上台講般若實相義，而見重於師兄弟。在道安身邊的二十餘年間，也不斷地聽老師講授般若實相大義。後幽棲於盧山時，也曾建造般若臺，作爲講經之用，並在般若臺精舍內壁，繪有《般若經》所載常啼（梵 Sadāprarudita，音譯作薩陀波倫）菩薩入山求法之

經變圖等事，其建基於般若的立場，十分明確。[71]不過，因機緣的關係，於後來所迎請的西來僧眾之中，多屬於說一切部的僧人，其所傳譯之佛典，也以有部爲主，這對於受學道安以來，即以般若經典爲依準的慧遠來說，從未接觸的有部學說，對他來說，有不同於以往所學，故爾困惑叢生。慧遠向羅什提問，不過是站在有部的立場，提出疑問，想請曾大小兼修羅什爲之詮解，而不是放棄了自己般若學的立場，自相矛盾。慧遠目的，不過是想聽聽，同樣宗本於般若經系統的羅什，會給出什麼解答。不過，慧遠並未得到令他折服的答案。[72]所以甚至在晚年，慧遠還對羅什小有評論。

慧遠對諸經論所說的統一性雖姑且存疑，但基於珍寶聖典得來之不易，相信諸典皆出於「佛說」的態度，對不同於自己的有部的論點、禪法的價值，都視爲與《般若經》的價值一樣，平等看待。所以，到了晚年，不但以實際地依《般舟經》空三昧的禪法來修持，[73]繼承道安「以大攝小」的立場，更將有部諸說「融攝」於自己的思想之中。

如果我們對慧遠這樣的立場提出質疑的話：大小乘經典的差異性，如何可以被忽視，甚至並列不悖呢？那麼，我們可以由大小乘概念本身出發，大小乘的概念只不過是一組相對性的語詞，其外延義是隨著不同的時代，不同的地域而不斷地衍變，大乘佛教的發展基本上是以原始佛

---

[71] 《高僧傳》卷六‧〈釋慧遠傳〉，大正藏第 50 冊，頁 357-中 361 上。《廣弘明集》卷三十，載有王齊之爲這些圖中故事所作的讚文。

[72] 在《大乘大義章》中除了就一些名相在諸經中何以有不同的說法上，請教於兼通小乘的羅什外，在部分的章節中，更有意藉書問的形式，表達自己某些基本的立場的不同。如在第一章問到「法身」這個概念時，在此章末，慧遠對於羅什答覆之內容所持的態度，是只將其所列述諸經所說「法身」類別大義，整理複述一遍，並讚許羅什的理路清楚，說得很好。（大正藏第 45 冊，頁 123 上）不過，這樣的答覆顯然不能令慧遠滿意，其後又陸續提出了許多與法身相關的問題，分別被收錄在第二、三、四、五、七、八及十八章中。

[73] 慧遠晚年所作的〈佛影銘〉中，即談到修習般舟三昧，於定中見佛的描述：「感徹乃應，扣誠發響……撫之有會，功弗由曩。……髣彿神容，依俙欽遇。」《高僧傳》卷六‧〈釋慧遠傳〉，大正藏第 50 冊，頁 358 中。

教教法爲根本而發展的。所以，習佛者雖因其發心及修習各有所好，乃有大小乘之區分，實則法無大小。而大小乘主要的差別，也在於發心及修行方向上的不同。就禪法而言，一般對應於長安羅什教團譯的《坐禪三昧經》所倡的菩薩禪而說盧山慧遠的禪法爲聲聞禪，不過這樣的推論，是由二地譯經者的背景來立論，進而跳躍地論說慧遠的禪法立場也就等同於譯出《禪經》者的覺賢，並未直接針就慧遠本身的禪法而論。而有關慧遠禪法的相關論述，除了在《大乘大義章》中慧遠與羅什討論到般舟念佛見佛的問題外，在〈念佛三昧詩集序〉及〈大智論抄序〉等作品中，多有論及（下文將述及）。本文的立場認爲，不論是道安以般若學「融攝」大乘禪與聲聞禪，還是到了慧遠以般若系統的主要禪經──《般舟三昧經》中的空三昧貫串其思想的態度，應是可以導向般若正觀的。[74]

（二）禪智相濟

　　慧遠繼承道安在禪法上納入空智，甚至十分重視禪智在定中的作法，但對於因觀修般若法門之故，而造成重智之傾向有所修正，而提出禪與智二者的關係是相輔相成的。在其著名有關禪法的序文〈盧山出修行方便禪經序〉中，即明確提出這樣的觀點：

---

[74] 區結成認爲慧遠是「總攝大小乘」的。（頁 89-101）不過，慧遠是如何來總大小乘？區氏由解釋慧遠所言「顯法相以明本」一語，認爲「他（案：指慧遠）把小乘的分析哲學與大乘的『法性』理想結合起來，認爲『法相』分析是通往『法性』理想的進路。這即是所謂『顯法相以明本』了。（案：區氏認爲「本」指法性）（頁 92）區結成截取慧遠在 391 年爲《阿毘曇心論》所作的序文，來概括慧遠一生的思想，除無法蓋括慧遠在 391 年至 418 年圓寂之間的思想發展外，也完全忽略慧遠長久以來師事道安，在般若學上的研究與實踐，顯有失公允。

禪非智，無以窮其寂；智非禪，無以深其照，然則禪智之要，照寂之謂，其相濟也：照不離寂，寂不離照，感則俱遊，應必同趣……，運群動以至一而不有，廓大像於未形而不無，無思無爲，而無不爲。是故洗心靜亂者，以之研慮，悟徹入微者，以之窮神也。[75]

　　這部經，本來說的是五門禪，屬於說一切有部的禪法，照理說，應是被分判在小乘禪。不過，慧遠沒有這麼做，他以大乘禪法的精神來融攝小乘禪，把它用般若智貫穿起來。其實，大乘禪法在發展的過程中，也是歷經了批判、吸納了小乘而成的，所以，以大攝小，並非不可。

　　禪與智的關係，在道安，是以智主導禪，而在慧遠這裏獲得了調整，禪與智並不是主從的關係，而是相依而存的關係，慧遠說二者是：「禪非智，無以窮其寂；智非禪，無以深其照」。禪定如果沒有智慧（智，如）的引導，則無法達到寂滅無法的涅槃之境；如智若沒有禪定的具體實踐，則無法藉由定而深其觀照。

　　「禪」「智」的內容，分別以一個字就加以概括其本質：「照」與「寂」。這也呼應了前述論禪與智相互依存的關係時的說法。先將禪與智分爲二，說二者失其一則不可；後又呼應前說，而說二者「相濟」「不離」，還是在強調二者並存並濟的關係。而如何相濟呢？如前所述，禪定若無般若智爲引導，修任何禪法都如盲人摸象，幽闇難明，禪定若能以智爲導，隨順智用，方便應化，則能達其深致，冥然至極。又光只有智，而沒有禪定爲基礎的話，則智見就容易局限、淺短，所以若能練意至一心不亂，而入三昧，則能深其智見。因此，二者間理想的極致，即是相濟不離，缺一不可的。

（三）止觀俱運

---

[75]　《祐錄》卷九，頁65中下。

慧遠在 402 年所作的〈念佛三昧詩集序〉中，先說明何謂「念佛三昧」，再闡釋其強調「止」、「觀」運俱觀點：

念佛三昧者何？專思寂想之謂。思專則志一不撓，想寂則氣虛神朗；氣虛則智恬其照，神朗則無幽不徹，斯二乃是自然之玄符，會一而致用也。[76]

這段文字慧遠的思路，可分析爲如下的架構：

止 —思專想寂 　— 　志一不撓（禪）　　　　　　二者自然之玄符會

觀 — 智恬其照（智）— 無幽不徹（照）　　　　　一而致用

這是在慧遠的作品中談到止觀最詳細的一段文字。其思路十分清晰有條理，概念明確，論述層層轉進。先是對「念佛三昧」一詞的內容，詳作定義「專思寂想之謂也」，先作一個總論，也就包含了「止」（專思）與「觀」（智照）兩方面。若使思慮集中，意念專凝於一，即是爲「止」，入於定境中，不再隨念而轉。既而於定中專凝一意，內不隨念轉，外不受境擾，內外無一，通透無礙，則於定中起觀，依所得禪智大小，隨順而化。

由定生慧（智），智乃導引方便之根據，所謂「般若爲導」也。而定乃慧所由起之基礎，所以由定起觀，放下形軀之束縛，精神達到極度的平靜自在；不受感官所縛，則禪智自然發揮所以能觀之效用，而精神清朗，則無有幽暗之處。於意識上自我鍛鍊達到止觀是符於自然之道的，而止觀俱運則是禪定實踐的極致。

接著又有入於三昧的定境後的觀行描繪：「今入斯定者，昧然忘知，即所緣以成鑒，鑒明則內照交映，而色象生焉，非耳目之所暨，而聞見行焉。」[77]此段所言，即前文所說之「觀」，如是直觀得佛境界，似乎多

---

[76] 大正藏第 52 冊，頁 351 中。
[77] 同上註。

少帶有中觀對佛境直觀之神祕意味。所說「昧然忘知」，也就是入於定境中，止息理知分別想而起觀照，此時，於觀照中所起的一切「色象」（例如佛色身），並非緣耳目感官所起之差別相，而是萬法一如平等平等的狀態，無有相對差別相的諸法實相。

而慧遠此處由「止」入定而起「觀」的禪修內容描述，極符於般舟三昧法門的修持，由「定意」、「觀想念佛」、「定中見佛」到「入畢竟空三昧」的過程。由此正可證明慧遠所修持的「念佛三昧」，正是《般舟經》的般舟三昧法門。

（四）名實俱玄

與《禪經》序同樣作於 411 年的〈大智論抄序〉，是慧遠少數直接談到禪法的幾篇的重要作品之一。而以下文字敘述，是在闡明《大智度論》立於中觀不落兩邊之禪法要旨，「名實俱玄」一語及慧遠禪法的一些概念即出自此〈序〉：

> 其為要也，發軫中衢，啟惑智門，以無當為實，無照為宗。無當，則神凝於所趣；無照，則智寂於所行。寂以行智，則群邪革慮，是非息焉；神以凝趣，則二諦同軌，玄徹一焉。……生塗兆於無始之境，變化搆於倚伏之場，咸生於未有而有，滅於既有而無。推而盡之，則知有無迴謝於一法，相待而非原，生滅兩行於一化，映空而無主。於是乃即之以成觀，反鑒以求宗。鑒明則塵累不止，而儀像可睹；觀深則悟徹入微，而名實俱玄。[78]

在這個段落中，慧遠採引了《莊子》本文或注《莊》之語詞，如「無當」[79]、「是非息焉」等，[80]來說明禪定的主要原則是「以無當為實，以無

---

[78] 《祐錄》卷十，頁 75 下。

[79] 《莊子·逍遙遊》云「大而無當」，郭象《莊子·秋水注》：「以道觀者，於是非無當」，這裏的「無當」是指沒有限定對象。清·郭慶藩編《莊子集釋》下，（臺北：

照為宗」。無當，則可神凝於所趣，視二諦於同軌如一。無照，則可寂以行智，達群邪革慮，是非止息之境。

這一段文字意義，可約簡列示為：

無當（實）── 神凝於所趣 ── 則二諦同軌，玄徹一焉。

無照（宗）── 智寂於所行 ── 則群邪革慮，是非息焉。

「無當」是指不要有對象分別。也就說是當意念凝守於一時，對於「觀」的內容，並不起分別心。如此一來，無分別色、如，真俗不二，則對世俗諦與勝義諦之法執消泯了，也就能夠達致不落兩邊，能行不壞假名而說諸法實相的中道。「無照」是指禪智寂於所行後的結果。在入於定境時，以禪智寂滅剎那的念念生滅，即是以正念革除不當的邪思惡念，是非分別的爭擾也就隨之止息。

如此一來，所有的名實相互指涉而不能名實相符的雜亂現象，也都在無有分別的禪法基礎，得到解消。最後，將此不落兩邊的中道實相義，具體落實在生活之中，不以差別相取執，乃能「名實俱玄（冥）」。

（五）色如相即

有關「色如相即不離」的觀點，是慧遠在〈廬山出修行方便禪經統序〉中提到達摩多羅（Dharmatrāta）的禪法時說到的：

> 弘教不同故，有詳略之異。達摩多羅闓眾篇於同道，同一色為恆沙，其為觀也，明起不以生，滅不以盡，雖往復無際，而未始出於如，故曰：「色不離如，如不離色，色則是如，如則是色。」[81]

佛大先以為，澄源引流，固宜有漸，是以始自二道，開甘露門，釋

萬卷樓，1993 年），頁 583。

[80] 同上註，郭象〈齊物論注〉：「夫是非者，生於好辯而休乎天鈞，付之兩行而息乎自正也。」清·郭慶藩編《莊子集釋》上，頁 108。

[81] 《祐錄》卷九，頁 66 上。

四義以反迷，啓歸塗以領會，分別陰界，導以正觀，暢散緣起，使優劣自辨。這段話說明了慧遠仍然是般若學緣起爲正觀，而納攝禪經中所說的六種聲聞禪法門。從而明白指出佛大先之禪法，以二道四義詮釋達摩多羅禪法，分別了「陰界」，導以正觀，最後歸於緣起甚深法門。如此明白區別禪法的優劣，顯然是對默坐如枯木般的數息禪的批判。

禪法的師承，因教法不同，而有詳略的差別。序中說達摩多羅異於同道，立於般若法門，說法無去來、生滅的觀法。而關於「如」，達摩多達的看法是諸法不離「如」。慧遠則進而爲達摩多羅提出詮釋說：「色不離如，如不離色，色則是如，如則是色」前二句明不離，後二句明相即。如此的敘述語法，在慧遠此經的序文中談到「禪智相濟」的論點時，也有相同的敘述語法。[82]

有關「如」的概念，在原始佛教時期，像是在《雜阿含經》卷十二中，是以「緣起」來解釋「如」。到了大乘般若學，在《般若經》第二分‧初品，以緣起結合法如而論。發展到《大智度論》的時侯，則說「如」有二種：一是各各相，二爲實相。[83]因此，若是依達摩多羅的色如相即不二的觀點，無寧是較近於《大智度論》卷三十二的觀點的（詳下文）。而慧遠在《大乘大義章》第十三章問如、法性、眞際時，對如、法性、眞際的看法，承自道安〈合放光光讚略解序〉：

> 般若波羅蜜者，無上正眞道之根也。正者，等也，不二入也。等道有三義焉：法身也，如也，眞際也。故其為經也，以如為始，以法身為宗。如者，爾也；本來等爾，無能令不爾也。佛之興滅，綿綿常存，悠然無寄，故曰如也。[84]

慧遠主要問的內容是：經中說「法性」永恆存在，知「如」可以爲佛，及「眞際」不受證，這三種說法不同，請羅什闡明三詞之含義。羅

---

82 《祐錄》卷九，頁 65 中下。
83 《呂澂佛學名著》第一冊，（北京：中華書局），頁 411。
84 《祐錄》卷七，頁 48 上。

什據《大智度論》卷三十二答之：「是三，皆是諸實相異名。」三者之區分，與觀力有關。又說二乘因智劣，不得眞際。

慧遠所謂「色如不二」的觀法，實爲方等經形成的中心思想。若慧遠經序中所述無誤，達摩多羅應是一個對於般若法門有深刻瞭解的行者，但其禪法傳至佛大先（Buddhasena）時，就已被佛大先加以詮釋過了，後來傳給了說一切有部的佛馱跋陀羅（覺賢）之後，就現存《禪經》的內容，上卷的數息觀及下卷六種觀法，都是聲聞禪法，已看不出慧遠序文所言達摩多羅禪法的原貌。而在佛大先之後，只留下慧遠對達摩多羅禪法的詮釋。

四、結語

最後，總結前述的論述，本文或許提出一個不同前人研究的思考方向，期對未來慧遠禪法的研究，有所助益。慧遠禪法的內涵有如本文所述，其立場貫徹一致於般若法門，攝小歸大，以止觀俱運，禪智相濟，深闇色如不二的中道方便，自度度人，講求禪法師承，求法態度恭謹而堅定。而就慧遠於廬山弘揚禪法而言，有兩個影響：一是慧遠於東林寺中別置禪林：「復于寺中別置禪林，森樹煙凝，石筵苔合，凡在瞻履，皆神清而氣肅。」[85]以作爲禪修清靜之地，可謂爲南方禪林的建置，開啓初例。[86]二是慧遠在晚年時，依法顯之指引所建造的佛影龕，據《祐錄》所載，遠「乃背山臨流，營築龕室，妙算畫工，淡彩圖寫，色疑積空，望似輕霧，暉相炳曖，若隱而顯。」如此的淡雅設色，如霧之若隱而顯的繪畫技巧，將當時所流行淡彩設色的山水畫法，引入了東晉的佛教人物繪畫藝術之中，爲東晉中國佛教繪畫藝術，開拓出一個於後世大放異采的宗教藝術領域。

---

[85] 《祐錄》卷十五，頁 109 中下。《高僧傳》卷六，頁 358 中。
[86] 杜繼文、魏道儒撰《中國禪宗通史》，（蘇州：江蘇古籍，1995 年 2 月），頁 17。

第五節　慧遠的淨土思想

　　淨土思想普遍見於佛教大乘經典之中，在佛教的發源地印度本土，並無專門宗派弘揚淨土法門。在大小乘三藏同時傳譯至中國後，漸發展出專門弘揚淨土法門的宗派，隋唐之後淨土宗成立，淨土一詞幾專指彌陀信仰而言。北魏以後，專研淨土思想的高僧，甚至整理佛教各學派淨土思想後，檢擇各種淨土類別，詳述淨土理論，[1]實繼世親《淨土論》專究淨土思想的路數以來，進一步在中國之開展。中國的淨土信仰，自道安、慧遠師徒於東晉之弘倡後，即發展出中國淨土信仰的主要兩大主流──彌勒信仰與彌陀信仰。淨土是佛以所成就之清淨功德所莊嚴之居所，原本是大乘佛教的理想，也是菩薩道發展到極至，所達成自利利他共修之成就。依各種不同法門，各成就不同之淨土。然而，依佛教各派思想立場不同，對於淨土的定義，也自然有異。

　　就淨土與正依二報的關係而言，依自身業報所受的身，名為正報；依自身果報而現所居之土（有情眾生依業報所招感的為穢土），名為依報。淨土思想，也包含正依二報兩方面。佛身為正報，佛所居無量功德所成淨清處所為依報。換言之，有佛所居之處，皆為淨土，只是有漏無漏之分別。佛居於不共三乘之密嚴淨土，其土為無漏淨土；佛為濟度眾生而化現之化土及報土，為有漏淨土。由依報淨土之性質而言，初期中觀學派立於畢竟空之立場，視淨土為菩薩為眾生所現之方便化土。而如

1　歷代祖師闡述淨土思想之著作，例如北魏曇鸞作有《略論安樂淨土義》（大正藏第47冊）、隋代淨影寺慧遠（523-592）作《大乘義章》（大正藏第44冊）、隋吉藏《觀無量壽經義疏》（大正藏第37冊）、唐道綽（562-645）作《安樂集》（大正藏第47冊）、唐迦才繼承道綽，作《淨土論》（大正藏第47冊），區分淨土為報土或化土，並評判往生之機品。唐懷感以唯識學觀點釋淨土成因，作有《釋淨土群疑論》（大正藏第47冊）。宋宗曉《樂邦文類》（大正藏第47冊）、宋延壽《萬善同歸集》（大正藏第48冊）等。

唯識學派基於否定內境實有的立場，云「識所緣，唯識所現」的萬法緣起，莫不只是一心所造，因此，所謂的淨土，無不依隨凡聖而變現有漏或清淨無漏的淨土；其所見諸佛菩薩，亦莫不由一心所變現，佛非自外而來。此外，在眞常思想的立場，肯認有不可空的眞心，云即心即佛，即心即土，倡言心淨土淨的觀點。

而有關阿彌陀信仰起源的說法，據楊白衣整理目前學界研究成果指出，淨土思想發源於西北印（迦溼彌羅及尼泊爾）及中亞一帶，與大乘經典的出現有密切的關係。現存南北傳原始佛典中，並無阿彌陀佛信仰之記載，僅有彌勒菩薩發願佛滅後，將自兜率下生，來娑婆世間救度眾生之記載。[2]而觀諸初期大乘經大小品《般若經》中的淨土思想，是以彌勒及阿彌陀佛信仰爲主的，此爲初期大乘經典中他方淨土思想之濫觴。[3]

中國的淨土信仰，於晉世經道安、慧遠師徒弘倡後，主要發展爲彌勒信仰與彌陀信仰兩類。彌勒信仰在中國的流行較早，道安之前，已有弘傳，分爲上生兜率天及下生世間成就人間淨土兩種，道安爲上生兜率天信仰者。兜率（梵 Tuṣita，巴 Tusita，意譯爲譯知足天、喜樂天）是欲界六天中的第四天，兜率分內院及外院，外院是天人之居處，內院爲彌勒菩薩之居處，發願往生至內院彌勒淨土的眾生，除修十善，念彌勒形像，作種種功德，往生至兜率內院後，仍得隨彌勒菩薩下生至人間，共成佛道，因此，較之彌陀信仰之易簡，顯得較爲難行。

阿彌陀信仰在中國的弘傳，自羅什在西元 402 年譯出一卷本《阿彌陀經》後（此譯本後來成爲在中國流傳最廣的本子），而廣受弘傳。同年，慧遠發起中國佛教史上，第一個有共同目的的集會方式，以廣集僧

[2] 《長阿含》卷六，大正藏第 1 冊，頁 41。《中阿含》卷十三，大正藏第 1 冊，頁 5
10-511。 《增壹阿含》卷一、十一、三十八、四十三、四十四、四十五、四十九，
大正藏第 2 冊，頁 549、550、600、757、787-791、819。
[3] 楊白衣〈淨土的淵源及其演變〉，華岡佛學學報第 8 期，頁 78-80。

俗，結社念佛的形式，共誓願生西方淨土，（雖然般舟三昧的自力念佛，並不限定於只能念阿彌陀佛，而是可隨所念十方佛，於定中見佛），但慧遠此舉，致使阿彌陀佛以慈悲願力成就佛國淨土，平等接引眾生的形象，受到僧俗大眾所歡迎。及至北魏曇鸞推廣更為易行的「稱名念佛」，也就是發願並稱念阿彌陀佛名號，即得往生西方後，因所被眾生根基更廣，而使得信仰阿彌陀信仰得到空前的發展。

相對地，彌勒信仰發展至隋唐後，卻因信仰者漸少，而弘揚者更少的情況，漸趨沒落。彌勒信仰雖在唐代經玄奘（602？-664）、[4]窺基（632-682）師徒、義淨（635-713）等唯識學大師之提倡，譯、作與彌勒信仰有關之經、疏，如義淨譯《彌勒下生成佛經》，窺基作《觀彌勒上生經疏》、《彌勒上生經瑞應疏》、《觀彌勒上生兜率天經贊》等闡釋佛的法、報、應三身觀的疏、贊，對彌勒法門之殊勝難得，推崇備至，並終身遵奉。窺基等唯識學大師對彌勒信仰在唐代的推廣，有一定的影響力，但唐以後，終因信修者漸少，弘揚者不繼而衰落。

一、兩晉佛學的淨土思想

有關道安對彌勒信仰的記載，據《高僧傳》卷五道安本傳言，前秦苻堅於西元379年獲道安至長安後，曾遣使至西域，攜回金佛坐像、結珠彌勒像、金鏤繡像等諸種佛像。道安每於開席講法時，輒羅列尊像，布置幢幡，極盡莊嚴，參與法會者，莫不肅然起敬。[5]道安的奉行彌勒信仰，或與晚年主持長安譯場所獲上座部三藏有關。《增一阿含經》卷四十五，談及彌勒為未來世的第一位一生補處菩薩，[6]《阿毘曇八犍度論》

---

4 《大唐故三藏玄奘法師行狀》，大正藏第50冊，頁219上。
5 大正藏第50冊，頁352中。
6 同註2。

卷二十七，也記載將來世間的彌勒菩薩成佛之事。[7]影響所及，其弟子中亦有行彌勒法門者。[8]

不過，道安是否有淨土方面著作遺世，存在著長久以來未決的爭論。自唐‧道綽《安樂集》載云道安作有《淨土論》六卷一事以來，歷代佛教文獻多順其敘述而論，甚至在唐‧感懷所作的《釋淨土群疑論》中，還明明白白地說道安區分淨、穢二土，云道安的淨土觀爲「心淨土淨，心穢土穢」的唯心淨土觀。不過，有關此事之眞僞，學界間仍多存有疑義，[9]但因與本文主旨無直接關涉，未及詳考，暫不作評論。然而，誠如前述，道安對彌勒信仰的熱誠，確可鑒諸史傳的。

慧遠的俗家弟子戴逵（325-396，字安道，人稱戴安公，長於慧遠）、戴顒父子二人，以精於佛雕著稱於世。據《法苑珠林》卷十六載，戴顒原受好友江夷之託，製作觀音像，然夜夢有人告云，夷與觀音無緣，可改造彌勒佛像，顒乃書夷，夷亦於夕同夢見之，因乃更造立彌勒像，後此像被安置於會稽龍華寺中。[10]

慧遠業師道安，以彌勒信仰爲宗，強調的是自力往生，與曇鸞所強調彌陀願力加被的他力往生有別。隋唐以後所稱的淨土信仰，幾爲彌陀信仰之專指。然而，淨土信仰原即大乘佛教之最終理想，並無限定於某一佛國淨土。並非所有的淨土信仰，皆如後世專弘彌陀信仰的淨土宗所倡言他力成佛的「易行道」，以發無上菩提心，稱念阿彌陀佛名，一心專念，願求佛刹，即得往生西方淨土。例如：彌勒信仰雖是往生兜率淨土，但仍在往生淨土後，仍須發願隨勒勒菩薩再來人間濟度衆生，強調

7　大正藏第 26 冊頁 898 下-899 上。

8　道安弟子奉行彌勒法門的，例如：法遇，《高僧傳》卷五道安傳，頁 353 中；曇徽，卷五〈釋曇徽〉傳，頁 356 中下。

9　境野黃洋《支那佛教精史》，（東京：境野黃洋博士遺稿刊行會，昭和 10 年 12 月），頁 437-439。李世傑《漢魏兩晉南北朝佛教思想史》，（臺北：新文豐圖書公司，民國 59 年 5 月初版），頁 74-77。

10　大正藏第 53 冊，頁 406 中。

的是成就人間淨土，也就不離世間而成就淨土，亦即自力成佛的「難行道」。

在彌陀信仰的發展史中，關於往生西方淨土的條件，愈來愈寬鬆，佛力披顧眾生根器愈廣，《大無量壽經》甚至記載：下輩往生者，只要往生時一心專念，願生西方，甚至不必發菩提心，也能夠藉著阿彌陀佛的大悲願力，得以往生西方，從此不再墮入五濁世間，而在阿彌陀佛為眾生所化現的淨土中，繼續修行，終至成佛。慧遠雖非以彌勒信仰的實踐為宗，而欲藉「般舟三昧」中向阿彌陀佛決疑，但基本上，仍是和道安一樣，是主張自力成就的。在自力修行的路數上，反而和彌陀信仰的關係，不那麼密切。

慧遠所重視的《般舟三昧經》，其思想特色是以般若空觀貫攝念佛三昧。依印順法師研究指出，該經思想乃繼承流行於北方的阿彌陀信仰，並接受盛行於南方的般若思想，而形成其特殊的實相念佛觀。[11]事實上，般舟三昧所念的佛，並不限於阿彌陀佛，而可隨所念，得於定中見十方佛；只不過在《般舟三昧經》當中，舉念阿彌陀佛為例而已。此部經典雖以強調三昧見長，並非專論西方淨土思想之經典，未詳述阿彌陀淨土的妙善莊嚴，但是卻是中國佛典翻譯史上，最早譯出以自力念佛得見阿彌陀佛的經典。

此《般舟三昧經》最早的譯本，是由竺佛念與支婁迦讖於東漢靈帝光和二年（**179**）十月所共譯的。[12]不過，據《大唐內典錄》所載，專述彌陀信仰的《無量壽經》（阿彌陀經之異名），自後漢安世高時，即有二卷譯本，[13]到了西晉竺法護時，至少已有六譯。[14]但安世高譯本現已不存。

---

[11] 印順法師《初期大乘佛教聖典之形成》，頁 1142。

[12] 《祐錄》卷七・未詳作者〈般舟三昧經記〉第八，頁 48 下。

[13] 《大唐內典錄》卷二：「《無量壽經》二卷(第二譯見竺道祖晉世《雜錄》及寶唱《錄》，與世高出者小異。)」大正藏第 55 冊，頁 226 下。

[14] 望月信亨認為：若依時代次序整理《無量壽經》異譯本，直稱自後漢至西晉凡有六譯，其說並不妥當。而望月氏對於梁以來各經錄所載錄《無量壽經》異譯本的

此外，三國至兩晉時期，也譯出部分關於阿彌陀佛的本生故事，如吳支謙所譯的《慧印三昧經》、《無量門微密持經》，[15]西晉竺法護所譯的《德光太子經》、[16]《決定總持經》、[17]《賢劫經》、[18]《正法華經》、[19]《濟諸方等學經》、[20]《生經》、[21]《光世音大勢至受決經》等。[22]由以上所述可知，有關西方淨土經典的傳譯，東晉以前在中國已有相當的弘傳。

　　兩晉時期道俗修習阿彌陀法門，並因得往生西方淨土者，最早見載於史籍的是闕公則和衛士度。唐·道世《法苑珠林》曾引述《冥祥記》載西晉武帝時(265-289)趙人闕公則，及歿於東晉的汲郡人衛士度二人往生西方阿彌陀淨土之事蹟。[23]又，梁·慧皎《高僧傳》卷十一載有西晉末沙門竺僧顯，貞苦戒節蔬食，業禪誦經，而於病中見無量壽佛，光照其身而病癒坐化的事蹟。[24]該書卷五，亦載云沙門竺法曠（327-402），師事曇印甚誠，師嘗遇疾病篤，法曠七日七夜祈誠禮懺，於第七日得五色光照其師房戶，曇印覺有人以手按之，乃痊癒。法曠常講誦《法華》、《無量壽經》二部，以法華為會三之旨，以無量壽為淨土之因。後值竺法鄰造無量壽佛像，法曠乃率眾為立大殿。[25]

　　在梁人的記載中，慧遠師徒與阿彌陀信仰的關係似甚為密切。慧遠

說法，語多保留。不過，對於後漢安侯譯本，並無異議，只對現存《平等覺經》譯本是否為支讖，持反對意見，認為應是竺法護所譯。望月信亨《中國淨土教理史》，釋印海譯，（臺北：正聞出版社，民國80年4月三版），頁11。

[15] 《祐錄》卷二，大正藏第55冊，頁6下；《眾經目錄》卷二，157下。

[16] 《祐錄》卷二，頁7下；《眾經目錄》卷一，頁116上。

[17] 《眾經目錄》卷二，頁157下；《大唐內典錄》卷六，頁292下。

[18] 《祐錄》卷二，頁7中；《眾經目錄》卷一，頁117上。

[19] 同上註。

[20] 《祐錄》卷七，頁50下；《眾經目錄》卷一，頁116中。

[21] 《祐錄》卷二，頁7中；《眾經目錄》卷一，頁154上。

[22] 《祐錄》卷二，頁9上；《眾經目錄》卷一，頁117下。

[23] 《法苑珠林》卷四十二，大正藏第53冊，頁616上中。

[24] 《高僧傳》卷十一·習禪篇〈竺僧顯〉傳，頁395中下。

[25] 同上註，卷五，頁356下-357上。

的弟子僧濟，入廬山後少時，忽感篤疾，因虔信彌陀，慧遠乃遣人秉燭，令安想彌陀眞容，並集僧徒爲誦《無量壽經》後，於臨終前，自述夢中見阿彌陀佛將自己接置於手中，遍至十方，醒後自述將去後，安然往生。[26]此外，常至廬山諮稟於慧遠的在家弟子戴逵，即以精於木雕佛像見稱於世，曾雕西方三聖木像——主尊阿彌陀佛及其侍尊大勢至菩薩、觀世音菩薩，供奉於山西省靈寶寺。慧遠本身在西元 402 年七月二十八日，於廬山東林寺般若臺阿彌陀像前，與僧俗多人，結社念佛共修，期心往生西方。而慧遠的好友，主持西林寺的慧永，據僧傳所載，也是持戒甚嚴，「厲行精苦願生西方」的僧人。[27]

這些僧俗事蹟，及阿彌陀佛像之雕造，都說明兩晉時期所流行的淨土信仰，除了道安所倡的彌勒信仰外，彌陀信仰也漸次得到中國佛教徒的接受。而慧遠弟子僧濟臨終前，廬山僧眾爲轉誦《無量壽經》一事，因慧遠的史傳事蹟中，皆未有讀此經之記載，因此，若非梁朝慧皎杜撰，則《無量壽經》所代表的彌陀信仰，在《高僧傳》作者慧皎眼中，甚至是時人眼中，或許具有代表廬山信仰的象徵意義。而值得注意的是，中國早期有關淨土思想經典如《無量壽經》、《平等清淨覺經》、《般舟三昧經》的譯介，皆由來自月支的譯經僧，如支讖、支謙及竺法護所傳譯。而月支國與大乘淨土思想發源地的西北印，地緣上的關係十分密切。[28]

二、慧遠的淨土思想

在現存的慧遠作品中，直接談到淨土思想之處並不多。不過，慧遠結社念佛，共期西方之事，確爲世人所熟知，並常與後世淨土宗相繫聯

---

[26]　《高僧傳》卷六，頁 362 中。

[27]　同上註。

[28]　境野黃洋《支那佛教精史》，第四章月支佛教，分別就支讖、支亮、支謙及其後的月支系統學者、竺法護等四部分，談到月支譯經僧與大乘淨土經典的關係。頁 99 -207。

起來。因此，作爲中國早期佛教史上，最早倡導阿彌陀信仰者而受到世人或僧傳作者的注目。

　　對於一位重視般若學的義學僧而言，強調西方淨土這種他方淨土重要性的觀點，表面上看來似乎不太協調。而此正是《般舟三昧經》結合般若學及阿彌陀信仰的特色，而《般舟經》的禪修法門的終極，還是以般若學爲根本的。探究起來，在慧遠平昔所接觸的三藏當中，以般若系統的大乘經論爲主，如《放光》、《光讚》、《道行》與《大智度論》，此外，《維摩詰》、《法華》等也都是慧遠常讀的大乘經；而律、論則以有部及犢子部爲主，如《十誦律》、《三法度》、《阿毘曇心》等；禪典方面，則大小兼有，如《般舟三昧經》及《禪經》即是。綜觀慧遠接觸的三藏，是兼習大小乘的。不過，慧遠未曾或忘其承自道安般若學立場的這一點，是必須注意到的。此處，或可由盧山東林寺般若臺精舍中的佛畫得到線索。現存於《廣弘明集》，王齊之爲盧山般若臺精舍中佛畫所作的讚文（詳下文），可爲此觀點提供相關佐證。

（一）以般若經之淨土觀為宗

　　慧遠結社共修念佛一事，在劉遺民所作的誓願文中，述之甚詳。[29]會中眾人並作有念佛三昧詩，後輯爲詩集，慧遠曾爲作序文。在僧肇回覆劉遺民來信時，僧肇曾問：遠公及劉遺民也在此會後，作有不少詩文，未知何以未見遺於己？可知，慧遠亦爲此結社事，作有詩文，並將結社諸賢所作的〈念佛三昧〉詩輯成詩集，又親爲之序。惜詩集輯本現已不存，僅餘佚作散見於史錄之中，宋‧陳舜俞補輯的《盧山志》當中，即錄有部分佚作，惟慧遠詩作已佚，現僅於《廣弘明集》中存其爲詩集所作的序文〈念佛三昧詩集序〉。

---

[29] 《高僧傳》卷六，頁 358 下-359 上。

　　曾參與慧遠結社念佛的王齊之，爲東晉人，生卒不詳，可能爲慧遠之俗家弟子。在念佛會後，並作有〈念佛三昧詩〉四首。其對於東林寺般若臺精舍壁上所繪，有關《般若經》中常啼菩薩入道求法佛畫之典故，想必有相當認識，故乃撰作讚文，詠讚菩薩的求法精神。在唐道宣撰輯之《廣弘明集》卷三十中，收錄有王齊之所作的〈念佛三昧詩〉四首，及以四言寫成的五篇讚文。現徵引如下：

> 妙用在幽，涉有覽無。神由昧徹，識以照粗。
>
> 積微自引，因功本虛。泯彼三觀，忘此毫餘。（其一）
>
> 空漢河始，理玄通微。融然忘適，乃廓靈暉。
>
> 心悠緬域，得不踐機。用之以沖，會之以希。（其二）
>
> 神資天凝，圓映朝雲。與化而感，與物斯群。
>
> 應不以方，受者自分。寂爾淵鏡，金水塵紛。（其三）
>
> 慨自一生，夙之慧識。託崇淵人，庶藉冥力。
>
> 思轉豪功，在深在測。至哉之念，注心西極。（其四）[30]

　　觀王齊之詩作，除述及止觀俱運之禪觀，最後也談到致念於西方淨土的想法。此與《般舟三昧經》中所述禪法內容是相合的。《般舟經》中云念阿彌陀佛，只是爲了見佛決疑，作爲實相念佛的方便加行，並非究竟；與《無量壽經》的一心念佛，以信行爲主要條件，欲求往生西方淨土爲目的的法門，有所不同。由王齊之詩句中所云「至哉之念，注心西極」，欲定意攝念於一，達致三昧定境來看，並非弘讚彌陀悲願及佛國淨土之莊嚴殊勝，而是透顯出以三昧爲主的禪觀，因此，應是在般舟三昧定境下，期能親見阿彌陀佛而與之決疑，而非云往生西方淨土。

　　其次，由王齊之所作五讚標名來看：

〈薩陀波倫讚〉(因畫波若臺，隨變立贊等)

〈薩陀波倫入山心法讚〉

〈薩陀波倫始悟欲供養大師讚〉

---

[30] 大正藏第 52 冊，頁 351 下。

〈曇無竭菩薩讚〉

〈諸佛讚〉(因常啼念佛為現像靈)[31]

自讚下小註可以發現王齊之作讚之原由：乃緣於波若講經臺所繪經變，而「隨變立贊」的。因此，此五篇讚文，當是緣於波若臺的經變內容而作的。若進一步由王齊之所作諸讚，引述菩薩譯名及事蹟來看，如：「薩陀波倫」、「常啼」、「曇無竭」等菩薩事蹟，可發現乃出於《般若經》。而「薩陀波倫」為「常啼」之譯音；「曇無竭」為「法上」之譯音。「薩陀波倫」菩薩之譯名，為東漢及西晉譯本《道行般若經》、《放光般若經》之譯語；《道行》卷九‧第二十八品及《放光》卷二十‧第八十八品，皆以「薩陀波倫」菩薩名品。「常啼」菩薩之譯語，則見於慧遠同期的羅什譯本《摩訶般若波羅蜜經》(卷二十七，第八十八品名為「常啼品」)，不過，羅什譯本本文述敘中，卻名以「薩陀波倫」菩薩，而非「常啼」。此外，「曇無竭」譯語通見於前後《般若經》譯本，如後漢月支三藏支讖所譯的《道行》(卷十第二十九品以「曇無竭菩薩」為名)及苻秦羅什所譯的《小品般若經》(卷十第二十八品以「曇無竭菩薩」為名)及《摩訶般若波羅蜜經》；不過，《道行》部分品次，及《放光》全文則譯為「法上」菩薩。

因此，就王齊之的讚文來看，其引用的菩薩譯名，兼採自後漢譯本及羅什譯本，可知其所讀《般若經》經本，是包括了後漢至東晉譯本的。由此，可知慧遠教團講經所據經本，可能是兼採新舊諸本審校的。而慧遠教團講經詳校各本的特點，或許承自昔日道安對經典品質高度要求的影響。[32]此外，值得注意的，慧遠在廬山所之《般若經》是兼括大小品經系統的，包括：小品經系的《道行》、羅什譯的《小品》；大品經系的《放光》、《光讚》及羅什譯《摩訶般若波羅蜜經》。而由精舍中佛畫擺

---

[31] 大正藏第 52 冊，頁 351 下-352 上。

[32] 道安在襄陽時，曾對校《放光》及《光讚》譯本，並作有序文；後至長安主持譯場時，曾請僧伽提婆等人重譯部派論書。

設的主題，以及慧遠代表作品《法性論》可以得知，般若思想作爲廬山東林寺道場主要弘倡的思想，是十分明確的。而大小品《般若》系統中有關阿　佛國的信仰，乃他方淨土的濫觴。然而在此，慧遠認許施設他方淨土的方便價值，但卻非以往生淨土爲根本依歸，念佛三昧的目的還是在體證法性上。

　　對於以弘講般若空理爲職志的慧遠，後來結社念佛，提倡阿彌陀信仰一事，面對在般若學與承認他方淨土兩者間看似存在著的矛盾，如何在思想上妥善地安立二者，即是值得進一步研究的。

（二）定中見佛與夢中見佛

　　誠如本章上節所述，在慧遠的禪觀中，體證法性才是究竟的目的。而在般舟三昧「定中見佛」所見的佛，到底是外來的佛（肯定有佛自他方來，他方淨土實有），還是行者內容憶想分別的佛（否定有他方淨土，淨土乃唯心所造），也就決定著慧遠的淨土觀。

　　在《大乘大義章》第十一章〈問念佛三昧并答〉當中，慧遠曾以般舟三昧「定中見佛」一事爲引，說明《般舟經》以夢中見作爲比喻之不當，並試圖由正依二報，討論佛國淨土之虛幻與眞實：

　　遠問曰：念佛三昧，如《般舟經念佛章》中說，多引夢爲喻。夢是凡夫之境，惑之與解，皆自厓己還理了；而《經》說念佛三昧見佛，則問云，則答云，則決其疑網(案：網疑作惘)。若佛同夢中之所見，則是我相之所矚想相：專則成定，定則見佛。所見之佛，不自外來，我亦不往，直是想專理會，大聞於夢，了疑大我。或或不出，境佛不來，而云何有解？解其安從乎？若眞茲外應，則不得以夢爲喻。神通之會，自非實相，則有往來。往則是經表之談，非三昧意，後（校勘云後作復）何以爲通？又般若（校勘云若作舟）經云，有三事得定：一謂持戒無犯，二謂大功德，三謂

佛威神，為是定中之佛？外來之佛？若是定中之佛，則是我想之
所立，還出於我了；若是定外之佛，則是夢表之聖人，然則成會
之表（校勘云表作來），不專在內，不得令聞（校勘云聞作問）
於夢明矣。念佛三昧，法法為爾不？二三之說，竟何所從也。[33]

慧遠文中提到的《般舟經念佛章》，就現存諸本《般舟經》中看來，
皆未見有「念佛章」，疑爲已佚之異譯節本。又據現存的三卷本《般舟
經》內容看來，所謂的「念佛章」可能與第二品〈行品〉相近，主要介
紹般舟三昧念佛法門的具體步驟次第。依上述慧遠所問內容來看，慧遠
認爲《般舟經》所說的內容，有兩點不合理之處：

其一、夢是凡夫所見之境，是散心所見（案：依唯識，夢爲獨散意
識所現之相分），與定中見佛，乃定心所見，爲由定心所生起相應意識
所緣之實法，有所不同。故不宜以夢中見佛說定中見佛。

其二、《般舟經》所言定中見佛，若佛不自外來，我亦不往見，則
定中所見佛之色相，既是爲我之憶想分別，又如何能爲我決疑斷惑？若
所見之佛爲定外之佛，以神通力入於行者定中相見決疑，則如何能說把
他方實有佛之神通和夢中散心所見的等同呢？

這兩點正表現出慧遠對淨土的看法。淨土究竟是他方實有？還是唯
心所造？事實上這個問題很複雜，除了關係到夢中與定中見佛的差異性
外，還關係到其所見到的佛（色相）是怎樣的佛。而從夢中所見色，與
定中所見色的差別，來判分淨土的實有與否，即是本文以下的探討路向。

依筆者之見，夢中所見之佛（色相），可分爲二種：第一種是佛及
佛土皆非娑婆世間肉眼可見物，故夢中所見，乃爲臆想，無實境可對（猶
如玄奘所云「獨影境」：以能緣之見分的分別力所變現的相分。此指無
本質一類的獨影境）；第二種是平時所見世人所作佛身相，於夢中回憶
殘存之影相分別（如玄奘所云有本質的獨影境）。而定中所見之佛，也
有二種：第一種爲定心生起之相，較夢中所見清晰，亦可與之問答，爲

---

[33] 大正藏第 45 冊，頁 134 中。

深入定境時所見的定果色（猶如玄奘所云帶質境，屬於法處所攝色）；第二種爲居於十方淨土之佛，以神力所示化身或報身（此時意識所對的是猶如玄奘所云之眞色眞心之「性境」）。以下分別就夢中、定中所見色之差異，探討慧遠的淨土觀。

1 ‧夢中見佛

　　若溯源慧遠思想中有關「夢中見佛」觀念的來源，可以由慧遠授自道安的《放光般若經》，曾在龍泉精舍外所讀的《海龍王經》，得自羅什的《大智度論》及《小品般若經》，甚至如〈僧濟傳〉中所載慧遠曾與弟子爲僧濟助誦的《無量壽經》等經典中得到線索。

　　（1）般若經系

　　《放光經》卷六〈無住品〉中先是舉「夢中見佛」爲例，說明佛說法乃「三輪體空」，事實上並無說者，無法，亦無受者。[34] 復於卷十四〈問相行願品〉中，以菩薩若修行至能於「夢中見佛」，見相好莊嚴，聞佛說法，即達到不退轉位（阿惟越致）。[35]得自於羅什的同一系統譯本《摩訶般若波羅蜜經》，分別在卷七〈問住品〉，及卷十八〈夢誓品〉中提到「夢中見佛」的觀念，[36]其內容分別同於上述《放光經》卷六、卷十四之內容。而同樣是羅什譯本的《小品般若經》卷七〈伽提婆品〉提到的「夢中見佛」，[37]也和《放光》卷十四、《摩訶般若波羅蜜經》卷十八所云菩薩達不退轉位所見諸相同。

　　而在慧遠曾深入研究，抄出菁要的《大智度論》中，在卷五十四〈天主品〉及卷七十六〈夢中不證品〉二處談到菩薩達不退轉位，於「夢中

---

[34] 大正藏第 8 冊，頁 39 下。
[35] 大正藏第 8 冊，頁 95 下-96 上。
[36] 大正藏第 8 冊，卷七，頁 275 下；卷八，頁 351 下。
[37] 大正藏第 8 冊，頁 569 下-570 上。＊

見佛」，[38]所引述自《般若經》的內容，也與《放光》卷十四、《摩訶般若波羅蜜經》卷十八、《小品》卷七所說相同。

（2）海龍王經

《高僧傳》本傳載慧遠曾讀《海龍王經》而收伏池中之龍，推知慧遠曾讀此經。此經爲西晉竺法護所譯，第十八品〈法供養品〉談到「夢中見佛」的一段記載，是阿闍世王問佛，海龍王何時成佛，名號爲何，而佛爲阿闍世王說龍王成佛因緣：輪轉聖王護天，因供養東方光淨照耀如來（號佛世尊）四百二十萬歲，夜裏夢到佛爲之讚歎，而作二偈，卻驚疑不知爲佛讚，還是爲魔所說。值佛遊行諸國，護天輪轉聖王於是率諸王、后、臣民等遠至佛前，請爲之決疑。佛答云夢中見佛所聞二偈，爲我所讚。繼之，佛爲開示說法深淺之故後，「時王及群臣后民心中大悅，皆發無上正真道意，尋立不退轉地。」[39]

此經所載「夢中見佛」，有二點值得注意：第一點，是聞佛讚二偈八句，卻因過去未聞佛說過，而疑爲魔說，取決於佛時，佛以肯定之答案回覆護天聖王，非行者虛妄分別，夢中所見，確實是佛讚。因此，此處佛之肯定偈句非護天內心虛妄分別所造，而是來自眞實佛讚。然而，佛如何令護天於「夢中見佛」，並聞佛作二讚？依此經旨得知，佛以變化身示現於護天夢中。第二點，是在「夢中見佛」，聞佛作二讚時生惑，乃親自與佛相見問答決疑斷惑後，心生歡喜，發無上菩提心，即達不退轉地。若分析此經「夢中見佛」的以上兩個特點，可以發現，正恰巧兼俱《般若經》、《般舟三昧經》的特點。

《海龍王經》中所載的「未知佛所說，或心魔虛妄分別」、「見佛決疑」與《般舟經》的於「定中見佛」決疑的思想，十分相近；又此經云決疑斷惑後，發無上菩提人，而旋得立於不退轉位，則與《般若經》所說能於「夢中見佛」，實際上是判別菩薩是否達到「不退轉位」的方法

之一，說法雖不同，但有幾分相似。因此，對於熟讀《般若經》，並鑽研《般舟經》的慧遠來說，《海龍王經》的要旨對他來說並不陌生。

（3）大阿彌陀經

《高僧傳》載言慧遠之弟子僧濟臨終前，慧遠師徒曾爲之助念《無量壽經》事，說明廬山教團亦有《無量壽經》之講誦，而弟子亦有以往生西方淨土爲志者。《無量壽經》最古的譯本，由三國時代吳支謙所譯，高麗本題名爲《佛說阿彌陀三耶三佛薩樓佛檀過度人道經》的二卷本，又名爲《大阿彌陀經》。而所以名爲《大阿彌陀經》，是相對於姚秦鳩摩羅什所譯的《佛說阿彌陀經》一卷本而言的。

《大阿彌陀經》卷二·〈三輩往生分〉第四十三，說到志欲往生彌陀淨土者，分爲上中下三輩，其上、下二輩皆列有「夢中見佛」，爲往生西方淨土之條件。　不同是上輩往生者，捨欲出家，持守經戒，行六度，於平時一心專念阿彌陀佛，修諸功德，發願往生西方淨土，平時即得於夢中見到佛及諸菩薩聲聞衆，於命終時，佛與聖衆悉來迎接；而下輩往生者，不能作諸功德，也不發無上菩提心，每日十聲念佛，願生佛刹，則若於臨命終時，夢見阿彌陀佛，亦得往生該淨土。[40]因此，上、下輩往生的「夢中見佛」，除有時間上是平時即見，還是臨終時才見的差別外，所見之佛身，亦有定心所見及散心所見的區別。

總結上述般若與彌陀諸經所說「夢中見佛」，多被視爲菩薩達「不退轉地」之明證，以及與問佛決疑解惑有關。《般若經》系，認爲「夢中見佛」，是佛化身示現於前，而此示現說法，無說者、無所說法、亦無聽（知）者，是三輪體空的，換言之，對於夢中所見，是佛爲度衆而現之變化身，並非究竟眞實之法身。而承認他方實有淨土的《大阿彌陀經》中所提到的「夢中見佛」，有兩種情形：分爲上輩「夢中見佛」及下輩「夢中見佛」。上輩是平時即得於夢中清晰見佛，往生時佛與聖衆

---

[40] 大正藏第 12 冊，頁 337 上中。

來迎，亦亦見到；而下輩則只於臨終時方於夢中矇矓見佛。不過，由於
《阿彌陀經》承認實有佛土，明顯可以看出與《般若經》，這發源於印
度北南兩地兩種系統對淨土的不同看法。而慧遠作品中未見引述《阿彌
陀經》文字，推測慧遠的彌陀淨土思想來自於《般舟三昧經》。然而，
彌陀信仰的主要依據仍來自於《阿彌陀經》。般若與彌陀這兩種對淨土
思想看法不同的思想，在慧遠的思想中，起著何種作用，可以比較下文
慧遠對定心見佛的看法來談。

　　對於夢中所見佛色相之體性，所採取的態度是夢中所見為佛威神力
所變現之實法，羅什說夢中所見之佛，真實不虛，意即在此。不過，此
實法並非究竟，只是佛為行者決疑之便所現之色相，行者終究須體證法
性，證入空三昧。而羅什云夢中所見佛之佛非虛妄之觀點，若就唯識家
的詮解角度，不論是夢中意識還是定中意識，皆是不與前五識俱起的獨
頭意識因計執分別所現起的相分，不外是以能緣（第八識阿賴耶識）之
見分的分別力，所變現的相分──「獨影境」。並不肯定有「實法」，「實
法」也就唯識家所說的「性境」。[41]若肯定阿彌陀淨土為實法，那麼，此
實法即猶如唯識家所說的性境。

　　雖然在慧遠的作品中，未明確見到肯定他方佛土的敘述，然其集眾
結社念佛，願求西方的事蹟，卻一再地被聯想為與彌陀信仰有密切的關

41　玄奘在天竺時，為平息諸論師對於相分與見分究竟是同種，還是異種的爭議，曾
　　作《會宗論》釋之，爭論因而冰釋，並得到諸論師一致推崇。此論在玄奘回到中
　　國後，應弟子之請，授於門下檀席，或因而未曾自撰成文，全文惜現已不存。然
　　部分佚文，仍散見於其門人弟子所作經疏或作品中。其中，唐窺基的《成唯識論
　　掌中樞要》卷一末（大正藏第 43 冊）、《大乘法苑義林章》卷四末（大正藏第 45
　　冊）及唐惠沼《成唯識論了義燈》卷一末（大正藏第 43 冊），皆載有「藏伽陀」
　　偈四句，即玄奘為排解諸論師對相、見同別種之爭而作的偈頌，表現玄奘對唯識
　　「三類境」的看法。「三類境」指的是：性境、獨影境及帶質境。一般認為「三類
　　境」的名稱，非玄奘所創，為印度諸唯識學論師昔有之舊稱。不過，對於「藏伽
　　陀」偈的作者，學界間也存在歧見，除主張為玄奘所作，亦有認為是窺基的。深
　　浦正文《唯識學研究》（下卷）教義篇，（京都：永田文昌堂，昭和 57 年 3 月 10
　　日六版），頁 198-204，310-320，446-472。

係。不過，本文有不同的思考方向，慧遠的結社念佛，與人書往論辯沙門禮敬、袒服、神不滅議題，或是與道俗來往，講授儒經，都只是隨應世俗方便的舉措。在這些與道俗的書信或論作中，可以清楚地看到慧遠同時大量使用儒釋道三家語詞的現象，其目的不外是想以深入淺出，世人能明瞭的語詞來宣教申辯；然而，反觀慧遠在面對佛門中人時，例如與羅什的書信論辯，其間所用語詞則盡是正統的佛教術語，甚至向習龍樹學的羅什問到識的剎那滅及相續問題時，只見羅什僅以中觀的立場，反覆陳述實相空義，未以《大智度論》燈火炎炎相續為例云識之相續亦如此云云，但卻始終無法針就慧遠所提出「識」的三種可能相續的觀點，來正面具體回答的窘境。[42]由此事，或亦可觀慧遠在探究問題時精細的態度，當非泛泛之論而已。

慧遠在應對教內外僧俗兩者時，所表現出的極大反差，正可說明慧遠應世的圓融無礙。因此，結社念佛，願求西方一事，固然是肯定般舟三昧法門中他方實有淨土的思想，但本文認為此結社念佛活動的舉行，一方面因背景上，此年（西元 402 年）三吳發生大饑荒，又遭戰火荼毒，臨海各地，人口銳減幾半，一方面羅什於此年譯出《阿彌陀經》廣為流傳，慧遠為祈福而舉行此念佛共修法會，可見出其建立在應機兼化道俗之方便上的用心。故慧遠之結社念佛，在世俗意義上的化俗度眾的成分，恐怕高於思想上的鑽研；並且，對於強調體證法性的慧遠而言，也不是在以求往生西方作為最終目的。所以，在他的作品中，極少論及淨土思想，甚至完全沒有提到阿彌陀信仰，顯得十分合理。

慧遠在《大乘大義章》對羅什的關鍵提問中，即針就夢中所見之佛的真實性，分別由正反兩方面提出疑問，並提出看法：其一，夢境若為

---

[42] 《大乘大義章》·〈問後識追憶前識〉第十六，大正藏第 45 冊，頁 138 中下。「請問：前識後念為相待而生？為前識滅而後念生？為一時俱耶？若相待而生，則前際其塞路。若前滅而後生，則後念不及前識。若生滅一時，則不應有利鈍之異。何以知其然？前識利於速滅，後念利於速生，利既同速，鈍亦宜然。」

憶想分別產物，則夢中所見之佛，當亦爲自身之憶想分別所現；因此，若與夢中之佛問答，佛所答之內容是否仍具有信服力？其次，若有眞實不虛之佛，自外以神通力而來，則更不適合用虛幻的夢爲比喻，而經中用佛能往來夢中之說，只是設教方便而已，並非般舟三昧之眞意。

換言之，慧遠並不肯定夢境的眞實性，而只是將夢境視爲心所起的憶想分別，猶如唯識家所說三種獨頭意識當中，夢中意識的計度分別，是散心的作用。此散心的作用，與同屬獨頭意識的與定心相應而起的意識作用，仍有相當的區別。簡言之，就意識而言，夢中意識是獨散意識，而定中意識是與定心相應的意識；就所緣境而言，夢中意識所現之相分，昧劣不明，而定中意識所緣爲佛威神力變現之實法爲相分，清晰明了，是不同的。事實上《般舟經》除了說行者若於平時無法於定中見佛，也可以在夢中見到，並沒有完全排斥夢中見佛，[43]只不過夢中散心所見佛之形相不明，仍不如定中見佛形相那麼明晰眞實。因此，慧遠認爲不宜以「夢中見佛」喻「定中見佛」的道理，乃不言可喻。實際上，當時唯識思想方興起於印度，尚未有經論傳至中國，而慧遠卻能於得力於般若及毘曇學的精細思惟中，進一步細分定境所見色與夢境所見色之別，誠爲不易。

2・定中見佛

在慧遠的想法裏，雖然對於《般若經》說圓滿的佛法身是無相可求，《般舟三昧經》中說修習般舟三昧法門，於定中見佛，不但見到佛身相好，還可以與佛問答，決疑斷惑之事，深信不疑。不過，這樣一來，定中所見的佛，如果是十方實有佛，斷不是佛法身，而是佛的化身或報身；而報身也唯有十地以上的菩薩得見，凡夫只能見到佛的變化身。如果是定中所見色相，是唯心所造，則是虛妄分別，無有淨土。

---

[43] 大正藏第 13 冊，頁 905 中下。

若觀察慧遠所重視的《般舟經》中所說：「心作佛，心自見。……(中略)心有想為癡心，無想是涅槃，是法無可樂者」[44]等語，可知定中所見之佛當是由心所造，是唯心的，並非他方實有之佛。而羅什雖亦否定有他方實有之佛，卻承認定中之佛是眞實的，並非虛妄的憶想分別，[45]至於，其所謂眞實之佛的體性如何，卻全不論及。但這並非羅什之問題，而是《般舟經》本身就存在著理論內部的困難。《般舟經》既以體證法性的空三昧為究竟，卻又以見佛決疑為方便加行，因此，為了說明見佛的可能性，不得不為見佛提出必然之保證條件，乃提出三點：第一持戒無犯，第二作大功德及第三佛威神力；平日修習般舟三昧，並行六度，完成這些條件，不論離欲與否，即得以「定中見佛」。而其中第三點佛威神力之加被，似肯定有他方實有佛的神力加持。因此，雖然《般舟經》強調定中所見之佛身乃是由心所作，是心的憶想分別，心所的作用，但是為了保證見佛的必然，卻又另外提出保證有他方佛的加持。[46]這似乎是《般舟經》為結合般若思想與彌陀信仰時，所不得不面臨的理論困境。

若單純由《般舟經》的究竟立場談，定中所見之佛，自然是被納為憶想分別的產物，則「定中見佛」並非般舟三昧的目的。但是，慧遠對於經中所提到的他方佛威神力之保證的不可取消，仍有相當的「實有性」——他方淨土實在性的可能。事實上，慧遠並不滿足於《般舟經》只由結論來概括全經各部分的論述，慧遠發現此經內部所並陳的思想，存在著不可貫通的糾結。因此，慧遠對於般若的空三昧，如何攝納一向被視為他方實有的阿彌陀淨土，即表現在「定中見佛」的關注上。

定中所見到的佛，並非個人之臆想分別，亦非由回憶所喚起的殘存影像（因佛無固定色相可見，亦非凡夫可見），而是相應於定心而起，

---

[44] 《般舟經三昧經・行品第二》，大正藏第 13 冊，頁 899 中下。
[45] 大正藏第 45 冊，頁 134 下。
[46] 否則若必須承認真常心系統即心即佛的觀點，以保證真如佛性的可證，則又與般舟三昧的理路完全不合，離題更遠。

來自於實法所成之淨色。因此，定中所見之佛，乃是實有之佛。換言之，「般舟三昧」所云定中所見之佛，其質性實則不同於夢中所見之佛。若借印順法師的說法，般舟定中所見的阿彌陀佛，是朗朗而明的，並可與之對話的，猶如《阿彌陀經》中所說的上品人見佛；與夢中恍恍惚惚所見佛菩薩化身的矇矓影像，猶如《阿彌陀經》中所說下品人見佛，是有分別的。[47]

（三）阿彌陀像前的共修念佛

西元 402 年二月羅什在長安逍遙園譯出一卷本《阿彌陀經》等眾經後，同年七月二十八日，慧遠於盧山精舍集眾共修，結社念佛，共祈往生西方淨土，並命居士劉遺民作〈誓願文〉。文中即談到盧山念佛共修之事：

> 蓋神者，可以感涉，而不可以跡心，必感之有物，則幽路咫尺。苟心之無主，則眇茫河津。今幸以不謀，而僉心西境，叩篇開信，亮情天發，乃機象通於寢夢，欣歡百於子來。於是雲圖表暉，影侔神造，功由理諧，事非人運，茲實天啟其誠，冥運來葛者矣。可不剋心重（一作專）精疊思，以凝其慮哉。然其景績參差，功福不一。雖晨祈云同，夕歸攸隔，即我師友之眷，良可悲矣。是以慨焉胥命，整衿法堂，等施一心，亭懷幽極，誓茲同人，俱遊絕域。[48]

這段敘述中談到盧山行者修「般舟三昧」的情況。行者發願欲往生西方淨土後，先「定意」，收攝紛亂的心思，專凝一意念佛（剋心專精疊思，以凝其慮），可於夢中見佛與海會大眾來到面前（乃機象通於寢夢，欣歡百於子來）。而盧山道俗結社念佛共修的原因，誠如文中所述，

---

[47] 印順法師《淨土與禪》，頁 50。

[48] 《高僧傳》卷六，頁 358 下-359 上。

乃由於個人念佛,「功福不一」,因「幸以不謀,而僉心西境」欲以誓願共修的方式,使發願者藉共修之功,達到同登極樂的目的(是以慨焉胥命,整衿法堂,等施一心,亭懷幽極,誓茲同人,俱遊絕域)。而這是中國佛教史上有關爲求往生西方,而念佛共修最早的記載。

換言之,據上述誓言內容,廬山道俗所修「般舟三昧」法門,依於發願往生西方,而知是肯定他方實有淨土——阿彌陀淨土的。信者得依法門往生於眞實報土,而心中仍存有疑昧者,因信願心不足,只能往生於佛所化現之化土。只不過,此法門雖肯定信行者可依彌陀願力而於夢中見佛,並對阿彌陀淨土的方便教說採肯定的態度,但是,並不以往生阿彌陀淨土爲究竟,行者最後仍然要證入畢竟空三昧,體證法性。這是《般舟三昧經》結合阿彌陀信仰強調「信」與般若思想強調「行」的根本立場。劉遺民是慧遠的在家弟子,與慧遠的關係相當密切,不但在賞讀《般若無知論》後,曾代慧遠修書僧肇提出問難,也曾試圖爲長安與廬山的筆戰作調和的工作。而此次的結社念佛,慧遠身爲廬山的主持者,命劉遺民寫下此文,故誓文當是在慧遠的授意下而作,也可以視爲是慧遠的看法。

因此,就上述看來,慧遠對於佛國淨土的看法,主要來自於《般舟三昧經》,及與羅什在書信中的討論,肯定他方實有淨土的必要性,但並非僅以往生西方西方淨土,作爲究竟之道。在襄陽時期,慧遠追隨道安身邊時,曾隨校讀各種譯本的《般若經》,雖然在《放光經》、《道行經》皆未有「淨土」二字之譯語,但在《光讚經》中,已談及即此世間「嚴土熟生」之淨土觀:

> 佛言:「舍利弗,是開士大士行智慧度無極名德之稱,聲聞、緣覺所不能及。備斯德已,教化眾生,嚴淨(佛)土,行于大慈,得諸通道慧。」[49]

此段經文中說,世尊告訴舍利弗,菩薩行菩薩道,不以自身成佛爲

---

[49] 大正藏第 8 冊,卷二,頁 160 下。

滿，其發願濟度眾生的慈悲心，是聲聞、緣覺二乘所比不上的。菩薩依
此悲願行持，教化眾生，莊嚴佛土，成熟眾生善因緣，增上道慧，共成
佛果，實現成就人間淨土的終極理想。菩薩的利他之行，是佛世尊所稱
敬的。而道安的彌勒信仰，也就是建立在實現人間淨土的理想上的，其
淨土思想表現在「心淨則土淨」的唯心淨土觀上。而慧遠雖然修習般舟
三昧法門，而與阿彌陀信仰結緣，但不依存於彌陀願力的信仰，而是在
強調自力成佛，這一點倒是與道安吻合的。

（四）《般舟三昧經》與《阿彌陀經》見佛之異同

由於《般舟三昧經》是以般若學融攝阿彌陀信仰，與《阿彌陀經》
中所說，除於強調「信行」這一個共同點相同外，其餘各處仍有相當的
差異性。《般舟經》雖肯定阿彌陀淨土的他方實成，但僅止於作為修習
「般舟三昧」，隨其所欲於定中所見十方佛其中之一佛而已；而《阿彌
陀經》則以阿彌陀淨土為究竟之真實報土，為初地以前菩薩及二乘、凡
夫示現化土，作為成熟其根性的修習居所。因此二者在淨土觀上有根本
的差異。為凸顯《般舟三昧經》的特點，以下即比較二經在見佛、念佛
往生及所化眾生廣狹等三點之不同：

1．見佛機緣及所見之佛

基本上，二經以「見佛往生」為其共同點。《般舟經》重視平時修
行時的見佛，以此作為往生西方的條件。而《阿彌陀經》則以臨終見佛，
作為往生西方的條件。《阿彌陀經》所說臨終時見佛來迎，必須是於往
生時的定心見佛，但若無法定心，等而下之者，在夢中矇矓見佛者，亦
受接引。

《般舟經》言於定中所見之佛，為佛之真實報身，朗朗可見，猶如
《阿彌陀經》中所分三輩（三品）人中的上輩人見佛，所見到的是阿彌

陀佛及海會大眾。《阿彌陀經》中輩人所見乃佛菩薩化身，下輩人於恍惚中所見之佛，猶如夢中所見，就好像《般舟經》中所說的夢中見佛一樣。

2．念佛往生

《般舟三昧經》的念佛三昧，由觀像念佛方便、觀想念佛至實相念佛的過程中，只限定於能夠定心而見佛者，強調的是三昧。因此，未能見佛得到往生淨土之保證條件者，即僅是發心往生西方，是不能因散心念佛而往生淨土的。而《阿彌陀經》的念佛往生條件，寬鬆得些，除口誦念佛，定心或散心地念等易簡之方法外，其強調甚至只於「臨壽終時」一心念佛，求生西方淨土，即可因彌陀願力而往生淨土，在條件上是極為寬容的。

3．化眾廣狹

基於以上念佛往生的條件的寬嚴，《阿彌陀經》所被化之根機，除平時定心念佛者，亦涵括臨終前散心念佛者，較廣於《般舟經》要求守戒無犯，並且平時修行時已見佛者。

三、結語

佛教的淨土觀約可大分為二類：真實報土及唯心淨土。在中國早期佛教的弘傳中，對於淨土的看法，多是隨著信行而來，並沒有單獨受到注意。世俗大眾信仰佛教，相信淨土實有，故發願往生；而身為義學僧的道安、慧遠，對於淨土是實有、還是唯心所現，則有不同的看法。道安提出心淨土淨，心穢土穢的唯心觀點，而慧遠則順著《般舟經》的理路，雖然肯定真實報土的價值，但並不以往生淨土為究竟，而是以體證法性為究竟。然而，淨土思想在中國佛教史上的專弘，在慧遠之前是以彌勒信仰為主的，而阿彌陀信仰因為慧遠弘倡般舟三昧禪法，而意外地附帶受到世人的注目，甚至引伸發展成宗派，此當慧遠所始料未及的。

第六節　慧遠的戒律思想

　　慧遠戒律思想的形成，與其身處亂世的時代背景、漢譯律典於東晉末完備、道安的提倡重視及《十誦律》的許讀外典等因素有關。佛教雖在漢末已傳入中國，但律典在中土的傳譯，一直要到了東晉才完備。由於律典及戒律尚未在中土傳佈之前，由於無適當的指引及規範，特別在僧團秩序的建立上，備受阻力。因此，至兩晉時期，中國佛教徒對於律典的漢譯，愈來愈感到有迫切的需要。

　　各部派所傳律典大略相同，但在部分戒則及羯磨作法上略有不同。佛教三藏中的律藏，可略分為三種：戒本、羯磨及廣律。戒本的是由廣律中抽出的禁戒條目，即波羅提木叉（梵語 Prātimokṣa），最終目的在戒心；羯磨則主要記載有關進行受戒、懺悔等實際作法。而廣律除兼具前二者外，並記錄各部派所傳佛傳故事中與戒律有關的內容。

　　律典的漢譯情形方面，漢末至兩晉所流行的戒本及羯磨，主要是《四分律》及《摩訶僧祇律》。[1]但就第一部完整的廣律的譯出，則要到曇摩流支在長安續譯羅什與弗若多羅未完成的有部《十誦律》，第一部完整的廣律才被介紹到中國來。而若就各部派所傳律典，在中國譯出的時間先後來看：西元 402 年，曇摩流支譯出《十誦律》。西元 412 年，譯出《四分律》。西元 418 年，譯出大眾部《摩訶僧祇律》，即根本二部上座部、大眾部重要律典之一。西元 423 年，譯出《五分律》。[2]至此，佛教各部派所傳律典盡傳於漢譯。而在慧遠的時代，譯出的廣律僅止《十誦律》一部，並且，《十誦律》是聲聞律中唯一允許閱讀外典的一部廣律，

---

[1]　湯用彤《漢魏兩晉南北朝佛教史》上冊，頁 220。

[2]　《祐錄》卷三，頁 20 上中下及《高僧傳》卷十二，頁 403 中下，皆載有漢譯五部律典之傳譯經過。

而此律對外典的包容態度，更深刻地影響了慧遠在廬山弘傳儒經的內外兼弘的傳經態度。

最早在漢末，朱士行已爲中土僧尼說解戒律，並訂立戒條，然其制戒之相關內容，惜早已佚失。而能夠因漢地風俗，制定中國佛教僧尼軌範，並影響後世僧制深遠的，當首推慧遠的老師道安。道安的「三例命章」，對於慧遠嚴律自守風格的形成，有無可莫大的影響。

一、道安的戒律思想

古來僧史中屢載道安「三例命章」創制僧軌，並以「釋」氏爲出家人通姓，而成僧團永則的弘舉，對中國後世佛教教團秩序的建立，有極大的貢獻。道安對僧團戒律的重視，表現在：廣爲蒐羅律典、注重僧團的羯磨布薩及強調《阿含》律語，謹慎宣示律典不可與白衣共視等律軌上，由此可見道安對僧團戒律的嚴謹要求。

（一）重視羯磨布薩

律儀之於僧團，猶如綱紀之於國家。道安在整埋早期中國譯典時，曾對於律典之不備，多有感慨。道安曾爲後漢安世高譯出的《大比丘三千威儀》（二卷）作〈大比丘戒序〉時，談到佛教很重視三藏之一的律藏，寺院中並設有執掌的單位，嚴格執行：

> 外國重律，每寺立持律，月月相率說戒。說戒之日，終夜達曉，諷乎切教，以相維攝。犯律必彈，如鷹隼之逐鳥雀。[3]

道安在整理兩晉以前所傳戒本時，注意到規律僧團日常行止的羯磨、布薩。談到寺院當中設有持律執事，每個月都有固定的時間，終日

---

[3] 《祐錄》卷十一，頁 80 上中。

誦讀戒條，講解戒法，以相砥礪之外，若有犯過者，必加以令表白自恣，嚴格執行羯磨僧之職責。早期佛教集會布薩說戒的制度，除提供佛教徒一個發露懺悔的機會外，而遊方至各處之僧人，在共集時也可藉此相互檢討砥礪一番。道安序文中談到「外國重律」這一點，也可以在晉末發心西取律典的法顯，[4]其親身聞見的《佛國記》中，得到具體的例證。[5]

「羯磨」（梵語 Karman，巴利語 kamma，意指所作、行為等）指進行齋戒懺悔的實際作法，包括法（羯磨的作法）、事（羯磨之相關事實）、人（參與羯磨的人）、界（行羯磨的場所）等四羯磨。參與羯磨僧人數並不一定，其形式亦依所犯罪之輕重而有別。而「布薩」（梵語 poṣadha、upavasatha，巴利語 uposatha、posatha）是犯過者公開向大眾坦承自己所犯罪過，並懺悔過失，因為是公開顯露表白，悔過無所隱藏，所以也稱為「發露」。藉悔過表明不再犯，而令外障盡除，內觀漸明，即是「布薩」的目的。

印度早期僧團生活以戒律為準則，每半月發露懺悔一次，以相檢討。布薩的時間，依《雜阿含經》卷四十第一一一七經言每月之八日、十四日、十五日為受戒布薩日，[6]或是只在十五日行布薩。[7]每月行布薩的天數，有一天、二天、三天及六天（六齋日：每月八日、十四日、十五日、二十三日、二十九日、三十日）等，但後世行布薩，多以每月初一、十五行之。

道安早年曾編纂漢譯佛典經錄，因律典殘缺未備，僅能由部分律典的節譯及戒本的譯出，獲悉律藏的梗概，而第一部完整廣律的漢譯，則

4　《高僧法顯傳》（又名佛國記）卷一：「法顯昔在長安，慨律藏殘缺，於是遂以弘始二年（399），歲在己亥，與慧景、道整、慧應、慧嵬等，同契至天竺尋求戒律。」大正藏第 51 冊，頁 857 上。
5　同上註，頁 864 中下。記載法顯至巴連弗邑三年，獲口傳《摩訶僧祇律》，並抄寫陸續獲得諸律，又看到當地的法門教團嚴整的威儀：「見沙門法則，眾僧威儀，觸事可觀，乃追歎秦土邊地眾僧，戒律殘缺。」
6　大正藏第 2 冊，頁 295 下。
7　同上註，卷四十五，第一二0八經，頁 329 上。

有賴慧遠的蒐羅及薦譯。不過，在此之前，道安在晚年所主持的長安譯
業中，開始注意到所譯出的《增一阿含經》內容「經、律並傳」的特色。
此處的「經」，特別指的是佛陀所說的法，而「律」則爲規範弟子行爲
的軌則。佛陀在世時代，若弟子犯過則隨時制定戒律以軌範僧團行爲思
想，故形成佛所說的法及律並傳的特色。

（二）注意《阿含》之律語

由於佛典的漢譯，是大小乘並傳·並非依三藏成立的先後次第
介紹到中國來的。道安晚年在長安主持譯場時，各部派所傳持的《阿含》
聖典才陸續由有部論師譯出。在極度欠缺律典的情況下，道安在《增一
阿含》譯出後，詳閱批讀，特別注意到早期佛典「經、律」並傳的特點：

> 增一阿含者，皆法條貫，以數相次也。數終十，今加其一，故曰
> 「增一」也。且數數皆增，以增爲義也。其爲法也，多錄禁律，
> 繩墨切勵，乃度世檢括也。……凡諸學士撰此二阿含（案：指中
> 阿含及增一阿含），其中往往有律語，外國不通與沙彌、白衣共
> 視也。而今已後，幸其護之，使與律同，此乃茲邦之急者。斯諄
> 諄之誨，幸勿藐藐聽也。[8]

此段經序中，先述此部《阿含》所以名爲「增一」之原由，乃是因
爲此部《阿含》中的每一部小經是以十進位法逐一遞加，而名爲「增一」。
而《增一阿含》及《中阿含》「多錄禁律」、「其中往往有律語」，「外國
不通與沙彌、白衣共視也」等語，說明早期結集的佛典《阿含經》，是
佛的說法與應機爲聲聞衆指示的律軌，兩者並存的形式，也表明聲聞律
是不可與沙彌、在家居士共視的。不可共視之因，是經律中所載禁戒事，
多爲沙門非善之行，恐沙彌、白衣視之，心生不敬之意，而增慢其心，

---

[8]　《祐錄》卷九，〈增一阿含經序〉第九，頁64中下。

徒生謗僧之疑，故不宜視之。[9]而道安在律典極欠缺之際，諄諄謹告僧眾：
當視《阿含》中之律語與律典同，乃極有洞識之見。傳之後世的各部派
所出律典，無非由契經所出，因此，《阿含》中的律語，與各部派所傳
律典有極密切之關係。[10]

（三）「三例命章」創制軌則

而最早嘗試為中國出家僧眾，制立僧軌的，是漢末的朱士行。據費
長房的《歷代三寶紀》卷四記載：

> 漢語譯經人未剃落，魏朱士行創首「出家服法」，為僧猶稱俗姓，
> 吳晉相踵弗革其風。逮自符秦有釋道安，獨拔當時居然超悟，道
> 俗欽仰眾若稻麻。云：「既剃除，紹繼釋種子而異父，豈曰相承？」
> 今者出家宜悉稱釋。[11]

朱士行為出家眾所創制的「出家服法」，具體內容現已無法得知，
由題名推測：可能與僧眾的儀禮服色有關。依朱士行之制，出家後的沙
門仍舊稱以俗家姓氏，至道安之前，吳晉兩世中土之僧尼仍踵襲此風。
三國時代，據《高僧傳・曇柯迦羅傳》記載，曇柯迦羅於魏嘉平中
（250-254）來到洛陽，當時中土的僧眾因戒律未備，無適當之指引，
常有不如法之事：

> 于時魏境雖有佛法而道風訛替，亦有眾僧未稟歸戒，正以剪落殊
> 俗耳。設復齋懺事法祠祀。迦羅既至，大行佛法。時有諸僧共請

9　道安〈鼻奈耶序〉：「然此經是佛未制戒時，其人所犯穢陋行多，既制之後，改之
　　可貴。天竺持律不都通視，唯諸十二法人堅明之士，乃開緘縢而共相授耶，捨見
　　囑見誨諄諄，人可使由之，不可使知之，其言切至乃自是也，而今而後，秦土有
　　此一部律矣。唯願同我之人，尤慎所授焉，未滿五歲，非持律人，幸勿與之也。」
　　大正藏第 24 冊，頁 851 中。
10　印順法師《原始佛教聖典之集成》，頁 773。
11　大正藏第 49 冊，頁 53 中。

迦羅譯出戒律。迦羅以律部曲暇，文言繁廣，佛教未昌，必不承用，乃譯出《僧祇戒心》，止備朝夕，更請梵僧立羯磨法受戒。中夏戒律始自于此。[12]

三國時代，曇柯迦羅應眾僧之請而譯出《僧祇戒心》（戒本）後，才一改中土「道風訛替」，以及未受戒而自落髮為僧的不如法之習，奠定佛教戒律在中國發展的基礎。之後還有善律學的安息國沙門曇帝（亦名曇無諦），於魏正元中（255-256）來到洛陽，譯出《曇無德羯磨》（四分律部之羯磨），至此，有關受戒、懺悔的實際作法，才被正式地介紹到中國來。[13]不過，有關僧團管理方面的問題，以及就中土特色創制因地制宜的戒軌，則要到道安手上，才有更具體的成果。

道安對在襄陽時期所作的〈漸備經序〉中說到，佛教在中土弘化所急需乃為戒律：「云有五百戒，不知何以不至，此乃最急。四部不具，於大化有所闕。」[14]又在〈比丘大戒序〉中談到其師佛圖澄雖對戒律有所指正，可惜未及傳譯律典卻遭逢世亂而分離：「大法東流，其日未遠，我之諸師，始秦受戒，又乏譯人，考校者尠。先人所傳，相承謂是。至澄和上，多所正焉。余昔在鄴，少習其事，未及檢戒，遂遇世亂。」[15]道安在兩晉時期極為活躍，僧徒亦眾，在襄陽十五載的時間，門徒即達四百餘之眾，逮至晚年在長安主持五級寺的七年，僧眾甚至達數千之譜，因此，僧團的管理及秩序的建立，即成當下亟待處理的問題。而其立「三例」約束僧團，即可能是此時所制。趙宋贊寧所撰《大宋僧史略》記載，道安對深慨當時戒律極未備，世局紊亂的情形，乃「三例命章」，為僧尼創制軌範：

晉道安法師傷戒律之未全，痛威儀之多缺，故彌縫其闕，埭堰其

流，立三例以命章，使一時而生信。一行香定座上講，二六時禮懺，三布薩等法。過踰此法者，則別立遮防。[16]

後人習用「三例命章」一詞說道安創制軌則，即出於贊寧之語。但其中的「三例」一語，則早在梁朝慧皎作《高僧傳》時，即已如此使用，僧傳除說到道安統一比丘僧尼之姓為釋姓，並為僧尼制定軌範之事，並略載「三例」的內容。贊寧所引述「三例」的內容，即據《高僧傳》而來。贊寧此處引述「三例」之內容，已經簡略為「一行香定座上講，二六時禮懺，三布薩等法」，然而，在慧皎在道安本傳中，談到道安曾制有「僧尼軌範」、「佛法憲章」，並載錄的「三例」內容，卻是較為詳細的：

> 安既德為物宗，學兼三藏，所制「僧尼軌範」、「佛法憲章」，條為三例：一曰行香、定座、上講（案：金陵本無此講字）經上講之法，二曰常日六時行道、飲食、唱時法，三曰布薩、差使、悔過等法。天下寺舍，遂則而從之。[17]

在此談到道安制有「僧尼軌範」及「佛法憲章」，此二詞是否指經書冊名，抑或通稱道安所制僧團軌則內容，已無法得知。但依其下文所云「三例」之內容來看，「三例」可能即此「僧尼軌範」之主要內容。僧祐在《出三藏記集》卷十二收錄的《法苑原始集目錄》第六「經唄導師集」當中，載有「導師緣記第二十」與「安法師法集舊製三科第二十一」兩項資料，[18]其中，「導師」即指製「三科」的道安，而「三科」亦即《高僧傳》所言之「三例」。

介於慧皎及贊寧之間，唐・道世撰著《法苑珠林・明讚部》時，也提到這「三科」的內容：

---

[16] 宋・贊寧撰《大宋僧史略》卷中・〈道俗立制〉，大正藏第 54 冊，頁 241 中下。

[17] 大正藏第 50 冊，頁 353 中。此段引文亦見於《法苑珠林》卷十六，大正藏第 53 冊，頁 407 上。而《法苑珠林》引文與此同，唯第一條作「一曰行香、定座、上經、上講之法」。

[18] 大正藏第 55 冊，頁 92 中。

> 又昔時有道安法師集製三科：上經、上講、布薩等。先賢立制，
> 不墜於地，天下法則，人皆習行。19

　　道世極簡要地談到「三科」的內容，分別有「上經」、「上講」及「布薩」三類，基本上不出慧皎所載「三例」之內容。但若整理慧皎、道世及贊寧所載「三例（科）」內容，則可以發現道安這些軌範，流傳至後世受重視的不同側面，三書所載「三例（科）」內容表列如下：

	一	二	三
慧皎	行香、定座、上經、上講之法	常日六時行道、飲食、唱時法	布薩、差使、悔過等法
道世	行香、定座、上經、上講之法(卷三十六)	常日六時行道、飲食、唱時法	布薩、差使、悔過等法
	上經(卷十六)	上講	布薩
贊寧	行香、定座、上講	六時禮懺	布薩等法

　　基本上，唐代道世在《法苑珠林》卷三十六及宋代贊寧《大宋僧史略》中所載的內容，承襲自梁代慧皎的記述；而道世在卷十六所載「三科」當中，其所謂「上經」、「上講」在各書中是被列在第一科，而道世則將「上講」列為第二科，並未載及「六時行道飲食唱時」之法，與各書所載略有出入。雖然如此，除《法苑珠林》卷十六之外，各書所載可謂一致。

　　而若就此「三科」被置於《法苑原始集目錄》「經唄導師集」，以及《法苑珠林》「明讚部」的定位來看，可以發現：道安所制之「三科」的內容，與梵唄有關。在《法苑珠林》卷三十六「明讚部」的敘述中，

---

19 大正藏第 53 冊，頁 575 下-576 上。

談到康僧會「善梵音，傳泥洹唄聲製哀雅，擅美於世，音聲之學咸取則焉」，未受制於漢、梵音韻乖隔，而傳梵唄於中土之事。續之，又論及道安集制「三科」之事。復引曹植讀佛經，「輒流連嗟翫，以為至道之極」，曾於遊魚山（今山東省東阿縣境）時，「忽聞空中梵天之響，清雅哀婉其聲動心」而獨聽良久，乃就所聽聞之聲節撰寫爲梵唄。[20]道世將道安制「三科」，置於介於康僧會在中土初傳唄聲，及曹植制梵唄事之間，當非無意義之舉。

　　「三科」的內容，大致包括法集講經之儀式、每日早晚誦經以及飲食時間之規定，以及每半月一次的誦戒布薩、自恣等事。而「三科」內容之實行，皆與梵唄（梵語 bhāṣā）有關。這一點可以從道安在襄陽整理漢譯佛典目錄時，曾爲《大比丘三千威儀》作序，談到中土欠缺律藏談起。[21]該戒本卷一，曾述及「上高座讀經」的實際規則：

> 上高座讀經有五事：一者當先禮佛，二者當禮經法上座，三者當先一足躡阿僧提上正住坐，四者當還向上座，五者先手安座乃卻坐已。坐有五事：一者當正法衣安坐；二者揵搥聲絕，當先讚偈唄；三者當隨因緣讀；四者若有不可意人，不得於座上瞋恚；五者若有持物施者，當排下著前。[22]

　　道安「三科」第一科中的「上經」即此處所說的「上高座讀經」。依上處引文，「上經」的規矩：先禮佛，次禮經法，上高座，正法衣安坐，待法搥聲絕，即唱佛讚偈唄，再隨因緣轉讀。座中若有不可意解之人，亦不可於座上瞋怒；若有持物布施者，當排其座位於下著前。

　　這裏談到「上經」的禮儀，包括禮敬三寶、上座、上經等三方面，並未論及道安「三科」中提到的「行香」，因而推測：「行香」一例，或

---

[20] 大正藏第 53 冊，頁 575 下-576 上。

[21] 《祐錄》卷十一，頁 80 上中。

[22] 《大比丘三千威儀》卷一，大正藏第 24 冊，頁 917 上。

即道安於中土所創。[23]其中，轉讀佛經前，「當先讚偈唄」，是必須先唱梵唄的。梵唄，是在誦經、讚佛功德時，不單只唸白，而以有節奏的曲調進行唱誦。梵唄的內容，大抵是佛讚之偈句。

　　而慧皎在《高僧傳》卷十三「唱導」所作的評論文字當中，曾談到「上經」（上座轉讀佛經）之後，往往還有另請高僧解經的「上講」（上座講經說法）：「昔佛法初傳，于時齊集止，宣唱佛名，依文致禮。至中宵疲極，事資啟悟，乃別請宿德，昇座說法，或雜序因緣，或傍引譬喻。」[24]談到佛教初傳中國集會講經的情形，先宣唱讚諸佛名號，而後依文禮敬三寶。轉讀至中夜，眾人疲極之際，一方面緩和疲累的精神，一方面為所轉讀經文作解，以為啟悟之資故，乃另請高僧耆德，昇座為大眾講經說法。初時之講經，並無特定形式，隨所講經文內容，時或雜序佛本生因緣，或徵引佛典譬喻。換言之，道安「三科」第一科的次第，是先禮敬三寶，唱佛讚偈唄，上座正法衣安坐，接著「上經」轉讀，最後才「上講」。

　　而道安「三科」中的第二科「常日六時行道、飲食、唱時法」一條，所謂「六時」是天竺時辰的劃分，指一晝夜各三個時辰，包括：白天的「晨朝」(上午六點至十點)、「日中」(上午十點至下午兩點)、「日沒」(下午兩點至下午六點)，以及夜晚的「初夜」(下午六點至十點)、「中夜」(下午十點至上午兩點)、「後夜」(上午兩點至六點)。白天的三個時辰，亦名為「晝三時」；夜晚三個時辰，亦稱「夜三時」。所謂的「六時行道」，意為日夜六時勤奮課誦之修行，即朝暮之課誦。故道安所制第二科，與僧團生活作習的時間表有關，旨在規定僧團平時修行的時間分配。為使僧團秩序有所依循，禮懺飲食有法度，令不處失時節，依事唱時即極為重要。慧遠後來在廬山孜孜矻矻的日夜行道，其弟子惠要在道場水池中

---

[23] 目前台灣多數的佛教寺院，法集講經前已無「行香」之儀式，惟韓國佛寺仍保留存項儀式。

[24] 《高僧傳》卷十三，頁 417 下。

設製十二蓮瓣之時鐘，以為道場法事正時之用，足見道安此唱時法對慧遠東林道場之影響。此外，有關道安所制第三科布薩之法，本節前文已述及，不再贅言。以上是道安「三例命章」的大致內容。

由於道安以行此「軌範」於襄陽僧團間，對於教團紀律之建立，有相當的成效，與道安齊名的習鑿齒，在親見襄陽道安師徒法風後，致書謝安時，曾讚歎道：

> 來此見釋道安，故是遠勝非常。道士徒數百，齋講不倦，無變化伎術可以惑常人之耳目，無重威大勢可以整群小之參差，而師徒肅肅自相尊敬，洋洋濟濟，乃是吾由來所未見。[25]

道安以博學內斂而嚴肅自期得名，與當時好與名士交遊玄談的支道林，或是以神異聞名的業師佛圖澄、同門師兄弟竺佛調等人比較，顯得極為特殊。誠如習鑿齒所言，以道安「理懷簡衷多所博涉，內外群書略皆遍睹，陰陽算數亦皆能通，佛經妙義故所游刃」的能力，[26]若要以玄言佛理致名，或以陰陽算數博譽，並非難事，但道安並不如此。道安不但不以專擅義理而參與世俗玄談，亦不以神異驚世駭俗，而嚴謹持守佛弟子身份，自律甚嚴，並同樣地要求門下弟子，深刻地影響了慧遠。

（四）以釋氏為姓

道安制定軌範後，如慧皎所述：「天下寺舍遂則而從之」，想必至梁時慧皎作傳時，道安的軌則仍行於當世。除了強調《阿含》所說律典不得與白衣共視之外，道安軌則的內容主要是針對教內僧尼的日常生活講經、飲食、懺悔等律儀規則而定的，對象是出家人，並不包括在家居士。不過，道安因地制宜，建立適應於中國本地風土之戒規，並對之前沙門隨所皈依之導師，而各依其姓（其師姓支、竺、康、白，是因其來自於

25　《高僧傳》卷五·〈釋道安傳〉，大正藏第 50 冊，頁 352 下。
26　同上註。

天竺或西域諸國，而以國名爲姓）的作法，有所改革，提倡統一出家人姓氏爲「釋」姓，對佛教僧尼制度在中國的發展，有相當重要而正面的影響。因此，宋代贊寧在《大宋僧史略》卷中盛讚：「鑿空開荒，則道安爲僧制之始也」，當非虛言。[27]

　　道安去世後，羅什應秦主之請來到中土，並主持關中譯場時，很幸運地，已有先前道安在襄陽及長安譯場所建立起來的遺則可供遵循，此外，羅什還進一步於長安道場宣授當時慧遠所制、聞名僧團的「遠規」。道安、慧遠師門戒律嚴整之風名與影響，在當世是不容置疑的。而道安重視戒律，並制定軌範，對於身爲安公所倚重弟子之一的慧遠，在其戒律思想的建立上當有一定的影響。

二、慧遠戒律思想的形成

　　東晉以後，廬山的東林寺儼然成爲南朝江南的授戒中心，可知東林寺在南朝佛教徒心中的地位及影響。而建立起廬山嚴整律軌，受到世人崇敬的推動者，正是東林寺開山祖始慧遠法師。

（一）重視戒律之原由

　　慧遠因廣蒐律典，弘傳《十誦律》，而被視爲律學大師。其重視戒律，一方面由於本身嚴謹自持，常以大法爲己任的內在生命態度，另一方面則來自時局動亂的外在環境、師承薰陶等條件所致，也因於對晉末放逸狂誕風氣的反動，欲繼續儒家正名傳統而重視名教軌範，兼講儒家禮學，弘倡第一部漢譯廣律《十誦律》。

1・嚴謹自持的生命態度

---

[27] 宋・贊寧撰《大宋僧史略》卷中・〈道俗立制〉，大正藏第 54 冊，頁 241 中下。

或許是身爲晉末亂世中「婚宦失類」（陳寅恪先生語）南下的北方
世族之後，慧遠有著過人的堅毅性格。僧傳說到青年時期的慧遠，因在
投入道安入門下後，即常欲以弘持大法爲己任，日以繼夜孜孜不倦地研
習佛理，而受到道安的讚賞。影響慧遠律行態度的另一位人物，是慧遠
的同學曇翼。曇翼十六歲出家，事道安爲師，早慧遠入道，因時時接濟
慧遠鐙燭之資，而受道安讚許。符堅擄道安至長安時，與慧遠兄弟一起
同赴荊州上明寺避難的也是曇翼，僧傳云其「**少以律行見稱，學通三藏，
爲門人所推**」。[28]可見如此重視律行的道侶，在慧遠早年習法的生命歷程
中，或許扮演著一位護持及身教的重要角色。而慧遠人格及生命態度所
呈現的重視律行，可以下分三方面陳述：

（１）慧遠的性格容儀

所謂相由心生，即明白指出：一個人形於外的相貌容儀，與其蘊藏
於內在的生命態度，有相當密切的關係。《高僧傳》曾記載慧遠的相貌
神止「**神韻嚴肅，容止方稜，凡預瞻睹莫不心形戰慄**」，其威儀謹肅，
法相莊嚴可知。《世說新語》及《高僧傳》卷六亦載有與慧遠端肅法儀
有關之三、四事：時本有沙門入門留宿，欲奉獻竹如意與慧遠法師，終
不敢親陳，而默留於席隅而去；又有沙門慧義，恃才傲物，語法師弟子
慧寶，云慧遠門人爲庸才，才會望風推服於慧遠，乃欲面見慧遠質難之。
入山時值慧遠講《法華》，「**每欲難問，輒心悸汗流竟不敢語**」，而折服
於慧遠威儀，出語慧遠門人曰：「**此公定可訝，其伏物蓋眾如此。**」此
外，東晉末統掌實際兵權之一的武將桓玄，在謀取政權前夕，前往廬山
宣示威信時，竟不自覺地自慧遠禮敬，即可見慧遠令人不自覺而信服其
威德並濟端嚴人格之明證。[29]

因此，桓玄在篡奪政權後，以沙門素質不齊爲由，而欲沙汰僞廁佛

---

[28] 大正藏第 50 冊，頁 363 中。
[29] 以上慧遠事蹟，詳見《高僧傳》卷六本傳，大正藏第 50 冊，頁 359 上中。沙門慧
義之傳記，可參考同書卷七，頁 368 下-369 上。

門的賊住比丘，大規模整頓、削減日益擴增的佛教勢力時，對於慧遠所主持律法嚴謹的廬山教團，不但特表「廬山道德居所，不在蒐簡之列」，甚至就此一沙汰沙門之事求教於慧遠。慧遠清肅之高遠人格，受東晉政教界所景仰，可見一斑。

（2）持律受重於同儕

慧遠在同儕間的嚴謹自律，亦可由同門師弟法遇訓導弟子不嚴，怠乎職守，而向遠公自恣看出。在慧遠主持東林寺期間，同為道安弟子的法遇，因弟子犯戒飲酒，而疏於燒香的職守，法遇僅罰而未遣，為重視僧團戒律的道安知悉，而書往示責，法遇自愧有辱師訓而自罰，乃命執律的維納僧自罰行杖三下，並寫信向慧遠懺悔自恣[30]，以替代無法親向安公悔過之愧責。由此見之，慧遠受到師友之器重倚賴，即由於對其嚴謹自持之人格及生命態度的肯定。

（3）始終如一的持戒態度

由《高僧傳》所載，慧遠至臨命終前，仍不願非時飲用米汁、蜜汁、[31]酒水以為藥：「**大德耆年，皆稽顙請飲豉酒，不許，又請飲米汁，不許，又請以蜜和水為漿。乃命律師令披卷尋文，得飲與不，卷未半而終。**」[32]其嚴守聲聞戒持午，不非時食，不飲非時藥，為不忍違逆徒眾居士好意，乃虛委以令尋律制所定，未查竟旋而圓寂，足見其對徒眾之慈心，並嚴持戒律始終如一的態度。

而慧遠臨終前囑咐門人，露屍松下，依天竺古風「天葬」，並磊石為墓之遺命，雖在門人悲慟不忍的心情下，改以中土墓葬之禮，而未能

---

[30]《高僧傳》卷五，頁 356 上。

[31]《十誦律》卷六十一·〈因緣品〉：「佛言：『從今日五時聽噉石蜜：一遠行來，二若病，三若食少，四若不得食，五若施水處，是五時聽噉石蜜。從今日若不飲水，不聽噉石蜜。若噉，得突吉羅罪。』」優波離問佛：「石蜜漿舉宿得飲不？」佛言：『病比丘得飲，不病不得飲。』」大正藏第 23 冊，頁 462 上-下。事實上，在慧遠所重的《十誦律》中，病人是可以喝蜜水的，慧遠雖知此點，但因自覺命終將至，不願再浪費藥石，乃命維那查覽律典，用意無非不忍違拂眾意，可見其慈悲。

[32] 同上註，頁 361 中。

如願以償，仍可看到慧遠持戒的嚴密謹慎。而在慧遠的弟子當中，承繼師門德風，持戒確然而聞名當世，載記於僧傳者，有慧虔、法安、曇邕及僧翼等人。[33]

2・般舟法門首重畢竟持戒

慧遠依循般若系統要典《般舟三昧經》所修持的般舟法門，首要重視的即是畢竟持戒：

> 持是行法便得三昧，現在諸佛悉在前立。其有比丘、比丘尼、優婆塞、優婆夷如法行，持戒完具，獨一處止，念西方阿彌陀佛，今現在隨所聞當念：去此千億萬佛剎，其國名須摩提，一心念之。一日一夜，若七日七夜，過七日已後見之。譬如人夢中所見，不知晝夜，亦不知內外，不用在冥中，有所蔽礙故不見。[34]

慧遠雖在〈念佛三昧詩集序〉中強調般舟三昧念佛的效用很大，但此法門仍必須在「持戒無犯」的前提下，精進求法，行大功德，才能於般舟三昧中見佛。因此，般舟念佛三昧法門，雖然有強烈企由定中得慧而解脫的取向，但持戒無犯與一心願生西方彌陀淨土的配合，才能成就此三昧。

3・魏晉狂遠放誕之反動

誠如陳寅恪先生所言，魏晉南北朝三百年間的社會實況，可謂為流民遷移的歷史。而造成流民遷移的主因，發端於曹魏以來，主政者以政治利益為前提的「徙戎」。[35]在生民顛沛流離失所，不安未定之際，接著，繼位的司馬氏又因忌憚於知識份子輿論的壓力，而施以強烈的迫害，一時造成人人自危，形成極度扭曲身心，避難全生苟且的社會氛圍；而不願苟全仕途求生者，輒玄言自處，飲酒裸身放誕終日，或隱遁山林，或

---

[33]《高僧傳》卷五〈釋慧虔〉，頁357中下；卷六〈釋法安〉，頁362中下；卷六〈釋曇邕〉，頁362下-363上；卷十三〈釋僧翼〉，頁410下。

[34]《般舟三昧經》，大正藏第13冊，頁899上。

[35] 萬繩楠整理《陳寅恪魏晉南北朝演講錄》，（臺北：昭明出版社，1999年11月第1版），頁89。

服食以求登仙。自周室以來，長久爲君王所倚爲國之綱本的儒家禮教體制，在此時期受到極嚴重的打擊。

雖然就社會體制而言，儒家禮制雖在魏晉時期受到極大的爭議，不論是竹林七賢對儒家禮制的挑戰，還是時人求隱、服食風氣，在表面上看來似是對儒家禮制的反抗，以及儒家之道的崩壞淪喪，但實質上，此一現象的產生，卻有二方面的原因：一是名士身心受到扭曲後，所呈現出奇異的反抗表現；二是經學上的，對漢儒重視家法、師法解經細碎繁瑣的反動。雖然這些表象所呈現出的，爲儒教在魏晉時所受到的反駁，卻不能忽略除了易、老、莊三玄之外，儒家禮學（特別是《儀禮・喪服》）及《孝經》在魏晉南北朝始終是最被重視的經學的事實。而有關魏晉南北朝禮學的相關敘述，因與第四章第四節慧遠的外學思想關係密切，將於該節論述。

由於晉室以堅忍陰毒、謀篡巧取起家，自無顏以儒家君臣倫常自命，乃召告以孝立國，而自宣帝至武帝四帝，皆以孝名，可看出司馬氏謀得天下後，亟欲改變世人看法的決心。有關晉室重孝的表現，在《晉書》及《抱朴子》當中都有相關的記載。[36]

相應於晉室司馬氏的倡揚孝道，博通六經的慧遠，也在民間以兼弘《孝經》、《喪服》等儒典，一方面方便接引知識份子參解佛法，一方面也是參與社會道德秩序的重建。《孝經》由人倫之孝凝聚宗族之力量，並強調《喪服》的服制之正名定分，講求正名定分，自是承繼儒家正名思想而來的道德要求。此外，由服色份際衍伸出來儒、釋文化衝突事件

---

[36] 《晉書》卷二十〈禮志〉中：「文帝之崩，國內服三日，武帝亦遵漢、魏之典，既葬除喪，然猶深衣素冠，降席撤膳。……又詔曰：『……三年之喪，自古達禮。……雖薄於情，食旨require美，所不堪也。不宜反覆，重傷其心，言用斷絕，奈何！奈何！』帝遂以此禮終三年，後居太后之喪亦如之。」頁613-615。
《抱朴子・外篇・譏惑篇》云：「吾聞晉之宣、景、文、武四帝，居親喪皆毀瘠逾制，又不用王氏二十五月之禮，皆行（二十）七月服。於時天下之在重哀者，咸以四帝爲法。世人不聞此，而虛誣高人，不亦惑乎？」《新譯抱朴子》卷二十六，（臺北：三民書局，民國85年初版），頁330-331。

——沙門袒服及沙門禮敬王者的問題，在當時朝野間也引起不小的爭議。慧遠也曾參與論戰，關於慧遠的觀點，詳細內容擬於第四章中論述。

三、慧遠戒律思想的影響

慧遠以儒典接引學人，是針對教外的接引工作；就對佛門內部而言，慧遠除繼承道安所制行的「軌範」外，在與桓玄討論如何沙汰不如法的賊住比丘後，更制定一套軌則制度，企圖整頓當時佛門萎濫的風氣。

（一）制定僧團軌則

晉末實際統掌兵權，野心勃勃的武將桓玄，曾因忌憚佛門龐大的勢力，而力勸慧遠還俗罷道，為其效命，遭到慧遠嚴辭拒絕。佛教勢力在東晉末形成令人主無法忽視的力量，可見一斑。然而，桓玄景仰於慧遠嚴肅之德風，並不因慧遠的推辭而放棄，曾針對想要汰沙素質不良沙門一事，請教慧遠時，談到晉末與佛教有關的社會怪現象：

> 佛所貴無為，懇懃在於絕欲，而比者凌遲，遂失斯道。京師競其奢淫，榮觀紛於朝市。天府以之傾匱，名器為之穢黷。避役鍾於百里，逋逃盈於寺廟，乃至一縣數千，猥成屯落；邑聚遊食之群，境積不羈之眾，其所以傷治害政、塵滓佛教，固已彼此俱弊，寔污風軌矣。[37]

桓玄所說的社會亂象，與兩晉的內外戰亂，以及佛教迅速地在中土擴增信仰人口有密切關係。據唐代法琳在〈辨正論〉的整理，西晉佛寺分布以兩京為要，兩京佛寺總數為一百八十所，僧尼三千七百餘人；東晉一百零四年間所興造的佛寺，達一千七百六十八所，是西晉兩京佛寺

---

[37] 《弘明集》卷十二·〈桓玄輔政欲沙汰眾僧與僚屬教〉，大正藏第 52 冊，頁 85 上。

的近十倍,而僧尼人數則暴增到六至七倍。[38]可見到佛教在晉室偏安江左之際,並未因國土減半而稍受損阻,反在人們因世亂而倍需心靈寄託時,更廣受到普遍大眾的接納。然而,晉末佛教的興盛固然因於精神心理上的需求,卻衍生不少人假佛教之名,而行不義猥濫之事,或以供養之名行驕奢之實,以入道之名行逃王役之實,其數量之大,足以造成對社會及佛教兩方面都受到極大的損害。因此,桓玄表示欲整頓僧團的決心外,還提出想留在僧團當中,不想還俗者必須符合於三個條件:一是能講經,暢述佛理者,二是恒於阿練若處修行,戒行完滿無犯者,三是於山林潛心修道,不營於流俗者。[39]若不符於此三條件,則遣出僧團。桓玄此令欲下,僧眾人心惶惑,復未詳其策細直,乃馳告慧遠,欲商求安善解決之道。

慧遠覆書表示「佛教凌遲,穢雜日久,每一尋思,憤慨盈懷」,晉末不如法僧尼對佛門教制、形象的斲毀及扭曲,其心中的憂憤,溢於言表。又云:「夫涇以渭分,則清濁殊流;枉以正直,則不仁自遠」,表示贊同桓玄之主張沙汰不如法僧尼之作法時,對於桓玄所提出的沙汰標準,也提出一些執行標準上的意見:

> 今故諮白數條,如別疏。經教所開凡有三科:一者禪思入微,二者諷味遺典,三者興建福業。三科誠異,皆以律行為本。檀越近制似大同於此,是所不疑。或有興福之人,內不毀禁而跡非阿練者,或多誦經諷詠不絕,而不能暢說義理者,或年已宿長,雖無三科可記,而體性貞正不犯大非者,凡如此輩皆是所疑。今尋檀越所遣之例,不應問此。而外物惶惑,莫敢自寧,故以別白。……

---

[38] 大正藏第 52 冊,頁 502 下-503 上。

[39] 《弘明集》卷十二.〈桓玄輔政欲沙汰眾僧與僚屬教〉,頁 85 上:「在所諸沙門,有能申述經誥,暢說義理者;或禁行修整奉戒無虧,恆為阿練者;或山居養志,不營流俗者。皆足以宣寄大化,亦所以示物以道弘訓作範,幸兼內外。其有違於此者,皆悉罷遣。」

或因符命濫及善人，此最其深憂。[40]

慧遠把桓玄所訂的條件納入自己的分類當中，並且只佔了其分類的前兩項。慧遠認為桓玄訂的三個條件過於龐略及嚴苛，故以實際情況為例，說明現實社會當中，也同時存在著部分在此三條件之外，但卻也值得考慮及保留的良好僧才。慧遠舉出三種例子：第一種是雖非居阿蘭若苦行，卻也堅志無犯戒律的興福者；第二種是雖無法暢述佛理，但長於諷誦佛典者；第三種是年事已長的出家眾，雖無法列入桓玄的三項條件當中，但無犯大過的貞正體性人格，也是值得尊敬的。因此，慧遠雖極贊同桓玄的汰僧之令，但卻也有「符命濫及善人」之深憂。

魏收在《魏書・釋老志》中，語帶激切地談到，魏末正光（520-525）之後，家國內外不安，戰事頻仍，面對人主苛重的兵役、稅賦，亂世之中的人民在身心受到極大勞迫的情況下，往往向方外隱逸尋求解脫。佛教在中國的傳佈，自兩晉日益蓬勃，發展至梁達到鼎盛，在中國已然蔚為一股無法令人忽略的勢力。而國主對於這些方外僧侶，也多有優待，既免稅賦，亦不必服勞役，甚至還有配額的奴僕供其驅使。於是，不少偽廁佛門假入佛道之名，而行非法不義之徒在僧團中滋衍：

> 正光已後天下多虞，王役尤甚。於是所在編戶，相從入道，假慕沙門，實避調役，猥濫之極。自中國有佛法，未之有也。略計僧尼二百餘萬，其寺三萬有餘，流弊不歸一至於此，識者所以太息矣。[41]

這些為了逃避繁苛稅賦（或與「土斷」的實行有關），或是軍隊調役而投身佛門的人，本非因宗教仰信或熱誠而出家，因此並不見得持守戒律，破壞佛門內部僧團清規紀律，形成僧團管理上的極大困難；一方面，也使得一般不明就裡的世俗人對佛教徒的形象，大為反感。由此觀

---

40 《弘明集》卷十二，頁85上-下。
41 《魏書》卷一百一十四・志第二十〈釋老志〉，頁3048。唐・道宣《廣弘明集》卷二，亦載錄此文。大正藏第52冊，頁104下。

之，北魏時期表面上佛教的興盛，並不完全由於宗教信仰廣為人民所接受，一方面也有各種複雜的因素。佛教教團內部因世亂而湧入大量的僧尼，而發生種種問題的情形。愈來愈多因各種因素而投身佛門的人，僧團質量的良莠不齊，自不在話下。因此，愈是龐大的僧團，管理的困難，也就益為明顯。晉末分別由慧遠與羅什所主持的南北兩大僧團，即早已遭遇到這樣的問題。

1・制定「遠規」及「節度」

據《高僧傳・僧〔契-大/石〕傳》所載，慧遠曾制定僧尼軌節，廣為僧團所持重，時人名之為「遠規」。後來，鳩摩羅什入關主持長安道場時，大量僧眾慕名而來，僧團管理的重要性愈形凸顯。秦主姚興（393-416 在位）曾命律行清謹的僧〔契-大/石〕法師「宣授遠規」於僧團之中，僧〔契-大/石〕並因而成為中國管理僧尼事務的正式官吏——「僧正」之始：

> 釋僧〔契-大/石〕，姓傅氏，北地泥陽人，……。通六經及三藏，律行清謹，能匡振佛法。姚萇姚興早挹風名，素所知重，及僭有關中，深相頂敬。……自童壽入關，遠僧復集僧尼既多，或有愆漏。興曰：「凡未學僧，未階苦忍，安得無過？過而不二，過遂多矣。宜立僧主，以清大望。」因下書曰：「大法東遷於今為盛，僧尼已多，應須綱領宣授遠規以濟頹緒。……」至弘始七年（405）敕加親信伏身白從各三十人。僧正之興，〔契-大/石〕之始也。[42]

任命僧〔契-大/石〕宣授「遠規」，顯見慧遠所制戒規已全面地被南北僧團所接受，並在道場軌儀實際施行。而僧〔契-大/石〕在長安宣授創制於南方廬山道場的「遠規」，固然由於姚興夙聞僧〔契-大/石〕律行清謹之名，而另一個因素，則是僧〔契-大/石〕（356-416）與慧遠（334-417）同時而稍年幼於慧遠，且與慧遠所主持的廬山東林寺道場

---

[42] 大正藏第 50 冊，頁 363 上中。

有地緣關係。僧〔契-大/石〕是潯陽人，潯陽地處今之江西省九江市，而東林寺即位於九江市。因此，僧〔契-大/石〕或始自僧臘即受「遠規」，與其出生地之地緣浸習，不無關係。

不過，僧傳雖載慧遠的「遠規」行於羅什主持的長安道場，但卻未提及「遠規」的具體內容，實爲憾事。有關「遠規」之載，亦僅只於此，但由僧〔(丰*力)/石〕在長安所受到的待遇，以及官方所給予的排場看來，此制由人主敕令於僧團中施行，對於當時僧團的管理，應是收有實效的。而僧〔契-大/石〕也因此得到「僧正」的官職，而成後世中國職官制度中最早專司佛教團體戒律管理的正式官職。僧〔契-大/石〕因宣授「遠規」不遺餘力而獲朝廷官祿，自非其初心所祈，而慧遠致力於僧尼軌範制定，並具體全面施行於南北僧團之中，則是道安遺命得以具體完成的落實，對後世中國佛教道場、叢林清規之制定及僧正制度的奠基上，應具有其中國化的重要意涵。

此外，在陸澄（425-494）《法論目錄》第七帙「戒藏集」，錄有慧遠所作四篇佚文，篇名與戒律有關：〈法社節度序〉、〈外寺僧節度序〉、〈節度序〉及〈比丘尼節度序〉。[43]「節度」的內容，主要是針對出家的僧尼而言，依其篇名「法社」、「外寺僧」及「比丘尼」等詞推測，「節度」的內容可能是：慧遠因地制宜爲廬山僧團所制，有關僧尼於常住道場中，或雲遊至其他道場時的生活規範。

由於記載「節度」與「遠規」內容的資料，完全缺乏，而未詳「節度」與「遠規」的內容是否相同。因此，無法對於其內容作詳細的比對，僅能就現存能掌握到的文字線索，作以上的推論。而慧遠所制戒規，所以聞名當世僧團，當有其獨到別於其師道安之處，故時人名爲「遠規」，而不沿道安「三例命章」之稱。雖不詳「遠規」及「節度」細則，但就其確立中國唱導形制而言，慧遠東林道場的律制，應有超越道安之處。

43　《祐錄》卷十二，大正藏第 55 冊，頁 84 上。

2.確立中國唱導之形制

慧皎在《高僧傳》卷十三的評論文字中，曾引述到慧遠盧山東林寺道場齋會的形式，乃傳之後代之齋會永則：

> 論曰：唱導者，蓋以宣唱法理開導眾心也。昔佛法初傳，于時齋集止宣唱佛名，依文致禮。至中宵疲極，事資啟悟，乃別請宿德，昇座說法，或雜序因緣，或傍引譬喻。其後盧山釋慧遠，道業貞華，風才秀發。每至齋集，輒自昇高座，躬為導首。先明三世因果，卻辯一齋大意，後代傳受，遂成永則。[44]

慧遠於東林寺的登座講經，不但承襲道安「三科」，並對於集會「上經」、「上講」的形式，有所改革，其齋會法集之形式，遂成後世「唱導」之法式。寺院中以宣唱佛法大義，包括宣唱佛名、行香致禮，登座講經等內容來導悟緇素二眾的方式，名為「唱導」。而慧皎此處所云慧遠創「唱導」之法而成後世永則之處，特別偏重在慧遠對前人講經形式的改革。

慧皎在這篇文章中，談到慧遠前後講經形式的轉變。佛法初傳時法會齋集緇素的宗教儀式，除了期由宗教活動凝集朝野宗教信仰的力量外，目的在對僧俗二眾宣講佛法，啟迪智慧。然而參與齋會之大眾（特別是俗家的居士大德），因各自生命體悟與智識能力之差異有別，對於佛法的理解能力也大不相同。成功的講經活動，可以吸引更多不同階層的非佛教徒來參與佛教的活動，使其接納佛教，進而成為佛教徒。因此，若要成為一位出色的「唱導」者，必須是博才多聞，學通內外，臨機應變能力強的人。

慧皎接著即指出，一位出色的「唱導」者，即貴在兼善「聲」、「辯」、

---

[44] 《高僧傳》卷十三，大正藏第 50 冊，頁 417 下。「先明三世因果」一句，「先」字磧砂藏及元本作「光」字，明本及金陵本作「廣」字。本文認為作「先」字及「廣」字語意較明，「先」表明次第，「廣」表明通論廣說，二字置於語序中皆可詮釋得通。本文此處引文暫依廣為流通的《大正藏》編輯版本所用的「先」字。

「才」、「博」四事。[45]此四者指的是：唱導者必須具備抑揚洪亮若警世鐘磬的嗓音，理思明辨反應機智而辯才無礙，言詞文采炳然煥發，博通雅俗等四種能力。原因是唱導者，在應對不同根基之眾生說法時，可以適人適時適法地給予指引。因此，要作為一個稱職成功的唱導者，並不容易，亦非人人可達致的。然而，慧遠本身即是完備此諸多條件優秀的唱導僧，在羅什答覆慧遠通好書之覆文中，曾盛讚慧遠：「**經言，末後東方當有護法菩薩，勖哉仁者！善弘其事。夫財有五備，福、戒、博聞、辯才、深智，兼之者道隆，未具者疑滯，仁者備之矣。**」[46]此外，在《高僧傳》的九大分類中「唱導」一類的僧人當中，可以發現一個現象，幾乎所有以唱導聞名的僧人，若非兼善上述四事，至少也有一兩項，且不少都是兼通六經三藏內外典的。但也有少部分是以詩賦、卜筮等著名的唱導者。[47]除此之外，所有唱導僧都有的共同特點，即在於兼善唱、說。

　　在慧遠制定「唱導」形式之前的講經（上講）特點有三：一是眾人梵唄為主：先梵唄讚佛，行香安座課誦；二是另請高僧講經為輔：眾人課誦至「中宵」，即「六時」中的「中夜」，約夜間十點至凌晨兩點左右，感到極疲憊時，另外請高僧大德來講解佛經；三是講經之內容形式並無定制：講經過程中或雜引因緣、譬喻，並無定法。而此種講經活動的形式及內容，至慧遠主持東林道場時，有了部分的改革。

　　異於前賢的是，慧遠每至齋集法會之時，往往是「親自」昇座宣經

---

[45] 「夫唱導，所貴其事四焉：謂聲、辯、才、博。非聲則無以警眾，非辯無以適時，非才則言無可採，非博則語無依據。至若響韻鍾鼓，則四眾驚心，聲之為用也。辭吐後發，適會無差，辯之為用也。綺製彫華，文藻橫逸，才之為用也。商搉經論，採撮書史，博之為用也。若能善茲四事，而適以人時，如：為出家五眾，則須切語無常苦陳懺悔；若為君王長者，則須兼引俗典，綺綜成辭；若為悠悠凡庶，則須指事造形，直談聞見；若為山民野處，則須近局言辭，陳斥罪目。凡此變態，與事而興，可謂知時知眾，又能善說。雖然故，以懇切感人，傾誠動物，此其上也。」大正藏第 50 冊，頁 417 下。

[46] 《高僧傳》卷六慧遠傳，大正藏第 50 冊，頁 359 下。

[47] 慧皎列為「唱導」類的僧人，正傳十人，附七人，計十七人。其中披覽群典，兼通內外的如：道照、慧璩、曇宗、曇光、慧芬等人。

唱導課誦的，有別於另請宿德講經的遺習。正如前述，唱導者不可能僅專善梵唄一類而已，最好是廣習博聞，兼通外內典而富文藻的辯才，而慧遠本身正是明六經、善老莊、通三藏之辯才。接著在開始講經之前，先說明佛教「三世因果」業報輪迴的真實不虛，回過頭來，再說明辦此法集齋戒之用意何在。這樣先明佛教因果，並辯明法會目的的講經定式，經後人代代傳受，形成後來「唱導」的典範準則。雖然至慧皎時，已有經師不辨具體唱導形式細則及立制用意，而有錯雜次第，徒生干擾之事，雖已離祖師立制之意，[48]但慧遠所創之「唱導」形制為人推尊承襲，仍可見其首創之功。

在實際操作上，慧遠往往將佛教的「三世因果」思想置於講經前來說明，是有其時代背景因素的。因果報應思想是印度傳統思想的一部分，佛教在印度本土弘傳時，自無須對此部分加以解釋，即易於被印度人所接受。但中國自古以來並無相似於佛教貫穿過去、現在、未來三者的因果報應思想，因此，對於當時多數的中國人來說，佛教所謂的「因果報應」，是無法徵驗的神話，所以造成在弘傳佛法時的思想障礙。關於時人對因果報應的質疑，以及慧遠的回應，細部的論述請詳第四章第一節中的分析。而慧遠在講經前，先明三世因果，是為消除世人對無有因果報應之疑慮，並說明業報輪迴的必然性，加強世人對佛教信仰的堅定信念。

四、弘揚《十誦律》

慧遠的講經內容，往往也是內外兼說的。僧傳、史料中曾提到，慧遠除講《放光》、《道行》等般若系統的佛典外，也弘倡《十誦律》，並講《毛詩》、《三禮》及《周易》等儒經。當時著名的隱士周續之、宗炳

及雷次宗等人,都曾是其座下的弟子。[49]其中,與慧遠戒律思想有關的,也是影響慧遠在盧山兼弘內外典的,是深受慧遠所重的《十誦律》。

自漢末戒本初傳,至兩晉、劉宋初期,漢譯廣律已臻完備,其中,慧遠極爲重視的是說一切有部所傳的《十誦律》。而此部廣律受到慧遠受重視的原因,並非只因《十誦律》爲第一部完整在中土譯出的律典,或僅因於慧遠所接觸到的譯經僧多來自於罽賓,而因譯者師承源淵而受重視,最重要的原因,還是在於:《十誦律》允許佛教徒在有條件的情況下閱讀外典。能不犯戒而閱讀世典,甚至兼弘外書,這一點對身處晉末的慧遠,其在弘化上方便來說,有極重要的幫助。

佛教的弘傳,由梵而漢,不僅只是觀念的傳介,隱存在語言文化背後的隔閡,更須要藉由本國文化的借喻爲津樑。因此,在佛教初弘於天竺本土之外的國家,弘法者必須精善內外典的這項前提,顯得格外重要。而這一點,在慧遠於盧山兼化道俗,並弘內外學的事蹟上,可以得到明證。

(一)《十誦律》的漢譯及流傳

現存《十誦律》六十一卷的漢譯本,並非一位譯經僧完成的,是經過歷代四位譯經師的校譯、修訂才完成的。《十誦律》是說一切有部所傳的廣律,其漢譯過程極爲曲折,初因慧遠書邀羅什向罽賓三藏弗若多羅(Puṇyatāra,功德華)請譯,於姚秦弘始六年(404)十月起,由弗若多羅誦出,羅什譯文,未料多羅於譯至三分之二後病故,慧遠深爲抱憾。弘始七年(406)秋,慧遠聽聞西域沙門曇摩流支(Dharmaruci)至中土,亦善此律,復請曇摩流支續出,鳩摩羅什爲之譯文,及至初稿五十八卷成,尚未及校訂而羅什逝世(409?)。後卑摩羅叉(Vimalākṣ

---

[49] 相關資料請詳參本書第二章第一節。

a，無垢眼，336?-413?）弘始八年（407）至長安，深受羅什禮重，羅什逝後，攜此律至壽春石澗寺校訂，現存之六十一卷本即由其校訂而成。

據印順法師在《佛教史地考論》的研究指出，《十誦律》初傳時頗流行巴蜀荊南一帶，[50]一方面由於荊南之地，崇慕廬峰德風甚篤，另方面，慧遠胞弟慧持於《十誦律》譯出後，自請獨自遠赴巴蜀地方弘化，或可能因此而使《十誦律》亦流行於巴蜀之地。不過，當佛陀耶舍與鳩摩羅什在長安（410-412）共譯出《四分律》(梵語作 Dharmagupta-vinaya，曇無德律)後，[51]分別說部系統的法藏部所傳的《四分律》廣律也開始在中國流傳，在慧遠去世（417）之後，此部廣律的流傳，漸漸較《十誦律》為廣。至梁時，僧祐甚至為《十誦律》著《十誦義記》，全文雖現已不存，但仍可見《十誦律》曾在中土受到重視的情形。[52]

（二）《十誦律》對外典的包容

1．佛教律典對外書的態度

在佛教的聲聞律當中，除了說一切有部所傳的廣律《十誦律》及其各單行的戒典，對外典是採取包容的態度外，其餘各派所傳律典是不許讀外典的。最早漢譯的廣律《十誦律》，記載佛隨機制戒，漸不許讀外書，新入門之佛弟子，因佛不許讀外書遭外道挑釁，無法應對，而

---

[50] 印順法師《佛教史地考論》，頁 30-31：「初以《十誦律》為羅什所譯，慧遠所請，頗流行於巴、蜀、荊、襄、吳、越間，然不久即衰。僧徒馳心於義解，律已攝僧，『儀範多雜』。東晉重名理、僧眾率能淡泊知足，曠達而操持精嚴，生、觀猶能濟美。洎齊、梁大弘佛法，致『利動昏心，澆波之儔，肆情下達』。離山林而來都邑，玄談而不能恬淡，又不為兼濟之事行，勢必流於不堪。乃使梁武有『欲自御僧官，維任法侶』之舉，有禁斷肉食之會。下及陳、隋，此風不已；唯攝嶺、衡嶽、天台，初自北方來，有廬山風味。」

[51] 《祐錄》卷三．〈新集序來漢地四部序錄〉，頁 20 中-下。

[52] 《祐錄》卷十三．〈十誦義記目錄序〉，頁 94 上-中-下。

令護持的優婆塞信心動搖。故佛陀才允許在爲了對抗外道質難的前提下，可以修習外書。[53]

由唐·義淨所譯，同樣是有部所傳的《根本說一切有部毘奈耶》，對於佛子修習外典的看法，認爲外書像「鐵石榴」一樣，形似可口的石榴，但終不可食，不能獲致正見：

> 夫外典者如鐵石榴，辛苦作得終不堪食，習學外書亦復如是。徒費功勞終無所獲，不由此故而能出離，入正定聚斷諸煩惱。然佛所說初中後善，若解了者能趣涅槃，何意不教習讀佛法。[54]

上面這段話，是大目乾連在室羅伐城逝多林給孤獨園乞食時，見給孤獨長者正在教其子「讀誦外典聲明雜論」，而對給孤獨長者所說的話。所謂的「外典」、「外書」、「世典」，指佛教經典以外的書籍。猶如稱佛教徒以外的宗教信仰爲「外道」，佛教慣以「內」、「外」區分彼我。並無價值高下區判的意思。此段引文中的「外書」，指的是外道的聲明等學。就解脫出離而言，研讀外典是無所助益的。

不過，有部律書卻不完全排斥外典的。原因有二：衆生是因緣得度的，佛法有八萬四千種法門，若還有衆生無法攝受，那麼適其性地提供所能接受的法，不也是一種方便的菩薩道嗎？此外，就另方面來看，爲利益攝受衆生，適切地方便引導而遍學外典，也是成就菩薩道的必要條件。因此，在《根本說一切有部毘奈耶雜事》卷六，談到佛應機隨說，可以在兩個條件下接受閱讀外書：第一個條件是自知聰慧而能摧外道

---

[53] 大正藏第 23 冊，卷三十八〈明雜法之三〉頁 274 上-中：「佛未制是戒時，長老舍利弗目連處高座上，爲諸新比丘沙彌說法，教學誦外書，爲破外道論故。制是戒已，長老舍利弗目連，便不處高座爲新比丘沙彌說法教學外書。爾時諸外道，聞沙門瞿曇不聽弟子學誦外書，是婆羅門便往，語諸信佛優婆塞言：『可共往到諸比丘所。』答言：『隨意。』外道到已，與新比丘沙彌共論議，諸新比丘沙彌皆不能答。以二事故，一者新入道，二者佛制不聽學故。時諸外道輕弄，諸優婆塞言：『汝之大師汝所供養，汝所尊重上坐先食者，正如是耶。』諸優婆塞聞是事心愁不樂，以是事白佛。佛言：『從今聽爲破外道故誦讀外道書。』」

[54] 《根本說一切有部毘奈耶》卷五，大正藏第 23 冊，頁 629 中。

者，這是就學外書者的資質，以及其護法的堅定決心來規定的；第二個
條件是讀外書與佛典的分配應是一比二的，應是朝午讀佛典，暮讀外
書。[55]不過，此律中談到佛說「於日初分及以中後，可讀佛經」二句的
解讀，值得稍微注意。或可作兩種解釋，其一是佛在世時，並無結集之
紙本佛經，此卻云「可讀佛經」，可以發現此正是佛滅後，律藏陸續結
集，以及後世各部派弘傳時，雜入後世傳者觀點的痕跡。其二，又或「可
讀佛經」，只是記誦輾轉口傳的佛平日所說之法，所據並非紙本佛典。

　　後來，北涼曇無讖所譯的《優婆塞戒經》卷二及《優婆塞戒本》卷
一當中，[56]都提到除了佛典以外，也可以讀外典，但理由已非只是要應
對外道的質難，而是菩薩為利他行而必須遍學諸法之故。

2．《十誦律》與慧遠的關係

　　唐代的律學大家道宣，在回顧東晉律典弘譯的情況時，曾盛讚慧遠
專弘《十誦》之功：

> 然夫上座大眾創分結集之場，五部十八，流宗百載之後，備列前
> 傳，部執等陳。自律藏久分，初通東夏，則薩婆多部十誦一本，
> 最廣弘持，寔由青目律師（案：青目律師乃提婆之別名）敷揚晉世，
> 廬山慧遠讚擊成宗。[57]

　　誠如本文第三章第一節所述，道安門下是不許讀外典，也不許以外

55　大正藏第 23 冊，頁 232 中：「佛告諸苾芻，非一切處有舍利子，其相似者，亦不
　　可求。是故我今聽諸苾芻，學盧迦耶（案：梵語作 Lokāyata，順世外道）等諸外
　　俗論。時諸苾芻聞佛世尊許，學書論遂無簡別，愚昧之願亦學外書。佛言：『不應
　　愚癡少慧不分明者令學外書，自知明慧多聞強識能摧外道者，方可學習。』諸明
　　慧者鎮學外典善品不修。佛言：『不應如是常習外典。』佛言：『當作三時，每於
　　兩時讀佛經，一時習外典。』苾芻遂於年月分作三時，以緣白佛。佛言：『人命迅
　　速剎那無定，不應年月分作三時，可於一日分為三分。』苾芻朝習外典，暮讀佛
　　經。佛言：『於日初分及以中後，可讀佛經，待至晚時應披外典。』苾芻即便暫時
　　尋讀，不誦其文，尋還廢忘。佛言：『應誦。』彼皆不知何時應誦。佛言：『如晝
　　三節，夜亦三時。』」
56　大正藏第 24 冊，頁 1044 上、頁 1109 上。
57　《續高僧傳》卷二十二，大正藏第 50 冊，頁 620 上-中。

典比配內典來「格義」的，唯有對慧遠的要求例外，特許慧遠不廢外書講經。在《十誦律》未譯前，道安有此識人之能，除了是時風所致，三玄當道，也由於對慧遠說解內典能力的肯定。

有關兩晉玄佛交遊的事蹟，《世說新語》中曾有記載。《世說·文學》記載西晉名僧支道林，曾引述儒經《論語·述而》中的「默而識之乎」等語質於王坦之，而王坦之則以《維摩經》典故答之：「既無文殊，誰能見賞？」由此事可見，學僧以外學修養向名士挑戰，而名士以其內典學問向僧人揭問的情形。而類似的例子，在慧遠與殷仲堪二人的問答之中亦可見到。殷仲堪曾於太元十九年（392）冬，至盧峰拜訪慧遠，並問及「易體」，而遠公笑而不答。[58]易本為三玄之一，名士執《易》義以問僧人，可見時人以三玄內容為言談根本妙理，亦可見時人對僧人外學修養之重視。嫻熟外學除是為應對名士、俗家弟子以外學質問外，若進而為導引其至內學，則更不可不讀世典。

實則，慧遠因早年曾為儒生的經歷，對世典本有相當的研究，後在三玄時風的背景下，為接引許多因世亂而歸隱山林的儒生，慧遠復於盧山兼授《易》、《禮》及《毛詩》等儒經。其對世典的包容，是極符於《十誦》所述的。一方面以弘授儒經為方便，一方面積極地講經、譯典，並參與護法工作，對於當時因佛教而引起的文化爭議，也有所釐清及建言。

五、結語

慧遠十分重視戒律的規範，不僅嚴以律己，對於弟子們的戒律教

---

58 《世說·文學》：「殷荊州曾問遠公：『易以何為體？』答曰：『易以感為體』殷曰：『銅山西崩，靈鐘東應，便是易耶？』遠公笑而不答。」頁240-241。有關慧遠儒學思想部分之整理及探討，請詳見第四章第四節。

示，亦未曾稍懈。慧遠深信嚴守戒律是清淨梵行的根本，因此，至臨終前一刻，雖宿德勸用藥食，仍在不願犯下過失的堅持下，完守戒行而終，可謂圓滿其嚴守律則、清淨戒行的修行理想。

　　出身於傳統儒學的慧遠，所以對戒律如此重視，一方面由身處亂世之中，憂心當世悖逆橫行，又因本身對於明分際、重人倫的儒家禮學有相當的鑽研，而深受君主之推崇。唯有由內而外，由己而人，才能讓道德修行完整地落實。也因為如此，慧遠也相信佛法由內而外的修行，與儒家的格致誠正修齊治平之道，有相通之處，都不外是推己及人的仁民愛物之行，因此而稱佛法是「合內外之道」的。[59]為饒益有情而通攝善法，慧遠在不違佛教戒律的條件下，對於儒學的納攝，也不遺餘力，其在廬山兼弘《易》與《毛詩》、《喪服》等儒典，即是為了使佛法所化根機更廣，而作的方便加行。

　　慧遠有鑑佛門賊住比丘猥濫，在致力於建立中國僧團戒軌威儀，重建社會及僧團秩序上，也有三項重要的建樹：曾立有廣行於南北僧團的「遠規」，制定雲水僧至各地寺院生活相關的「節度」，以及影響後世深遠的「唱導」的形制。而其「唱導」形制中的講經與唱誦相輔的形式，對於唐宋之際《廬山遠公話》的出現，即產生相當的影響。就內容上，可見到慧遠高尚人格在庶民信眾心中的形象；就形式上，可見到「唱導」對唐宋俗講形式的影響。有關《惠遠外傳》及《廬山遠公話》的相關研究，容後第六章中進一步討論。

59　〈三報論〉，《弘明集》卷五，大正藏第 52 冊，頁 34 下。

第四章　慧遠弘法護教之論辯

　　佛教東傳至晉末，其薙髮、絕嗣、踞食、袒服、不敬拜王者等文化現象，在中國社會中所造成思想文化的衝擊，漸由初傳時潛隱在底層的疑慮，轉而爲儒家衛道士人所議論的熱門話題。漢末牟融的〈理惑論〉，即以佛教白衣身份自設問答，回應中國社會對佛教文化的諸多疑質：薙髮不但爲夷戎無文之行，亦有違《孝經》身體髮膚受之父母，不敢毀傷之教；沙門出家無嗣，亦背逆「不孝有三，無後爲大」之古訓等。[1]可見佛教初期在中國傳教時，存在著許多文化上的乖隔。這些問題不但在漢末已逐漸產生，也在晉末大規模的儒、釋文化衝突當中再次被提出來討論，相關的論駁文章，主要見錄於梁‧僧祐輯《弘明集》及唐‧道宣輯《廣弘明集》。

　　不過，〈理惑論〉裏尚未提到當時來華傳教之沙門，是否對君王行跪拜之事。漢末佛教弘法者是依於神仙方術，以侍奉人君之宗教師地位而被接受的，因此，誠如道安所慮：「不依國主，則法事難立」（《高僧傳》卷五），初期依於國主而立的佛教弘法者，尚未有、也無力擁有尋求宗教自主的勢力。佛教作爲一股宗教勢力，其在中國的消長，自始至終與政治權力間存在著微妙關係。佛教在中土的初萌階段作爲一種異質文化，雖然在中土造成不小的衝擊，不過，也必須低調地依附於既有的文化基礎上而做一定的調整。或許因爲如此，漢末至三國時期，尚未有在政治或禮教上敢與國主爭理之事。

　　相較之下，晉末所發生沙門應否禮王者的論諍，表面上看似爲執政

---

[1]　大正藏第 52 冊，《弘明集》卷一，牟子〈理惑論〉論剃髮、出家無後，有違孝道之事見頁 2 下、頁 3 上；論沙門服制不合中國禮法，見頁 3 上-中；論死後魂神有無，見頁 3 中-下；華夷之辨，見頁 3 下。

者與沙門各自堅持其禮制之爭，實則，乃二者爭奪社會各階層支持基礎的意識型態角力戰。佛教弘傳中土，經漢末、三國至西晉，將近兩百年的奠基發展，不論信眾的數量或佛學思想的發展上，至東晉末已有相當的成長，並形成一股龐大的族群勢力。佛教在實際的社會結構中具有一定的支持基礎後，復因國家政策上的許多優待，開始有大量猥濫之徒假叛依三寶之名而混跡其中，進而造成佛門及執政者管理上的問題，因此，當時執掌實權的太尉桓玄，提出須沙汰賊住比丘之議。而佛教在儒家禮教體系的社會結構中，以迎合於儒家思想的立論基礎，為自己取得合法、並且獨立於王權之外的宗教自主地位，無疑是對要求和諧一統的執政者的一大挑釁。

　　有時，無形的言說力量，更勝於有形的兵刀砲火。言說，經常與知識、與權力密不可分。一旦可以取得發言權，確立其正統、主流的意識型態，藉言論獲得肯定，也就贏得了權力；相對地，權力往往也可以創造新的知識，建立新的價值取向。在言說、知識與權力之間，有著極密切相依的辯證關係。

　　道安過世之後，慧遠成為象徵南方佛教的精神領袖，晉室東渡之後，雖有短暫的偏安太平，但世亂低迷的氛圍裏，佛理與玄思無疑仍為士人間聚談的兩大主題。此時，儒典的正統地位雖仍得執政者相當的支持，然而，卻也不少儒者自覺到儒典地位在談風熾盛的時代趨勢中，逐漸走向附庸地位的現象，因此，不少以儒學思想或政治本位立場者，指出佛教文化中的異質現象極不合中土禮法、思考，欲藉意識型態之角力，納釋氏於儒家的大一統之中，進而扭轉部分在佛教思想衝擊下，已失落了的向心力。慧遠身為南方佛學思想的引導者，因身分的關係，在這種情況下，自然成為儒者及執政者所諮議的對象。為回應時人之致書設問，慧遠曾參與了數次的論辯，也分別針對相關的議題覆信來詢者。

　　本章分為四節，分別探討慧遠曾參與的三場論辯，以及儒學在慧遠思想中的分位。前三節處理的議題，包括：形盡神滅不滅、沙門是否應

禮敬王者、沙門袒服是否合中國禮法等。這三個議題中，形神關係不但在魏晉南北朝引起宗教、哲學、美學等多層面的討論，甚至千百年後仍爲世人所聚訟；而沙門禮敬王者、及沙門袒服這兩個問題的討論，與當時重禮法的執政者心態有很微妙的關係，可說佛教在中國以儒家政治觀爲正統的體系中，逐漸取得其特殊分位的關鍵論戰。本章前三節以儒釋衝突作爲貫串的主軸，分析慧遠在面對儒釋思想衝突表現在哲理、或文化方面，甚至是亂世中最敏感的政治議題時，所提出的見解和建議。第四節處理身爲佛教徒的慧遠，在廬山以儒典爲津樑，兼化道俗的情形，並分析儒學在慧遠思想中的分位。

第一節　形盡神不滅論

　　人死亡之後，除卻將壞滅的形體之外，究竟是「人死如燈滅」什麼都不留，還是猶有一種可能存在的精神存續，中國歷代的思想家們都曾有過一番激烈的爭辯。自殷人的極重祀祭，到孔子「祭如在」的人文化過程中，中國人對於死後的世界，毋寧是虔敬多於詮釋的，而在其虔敬慎終祭祖的儀式行爲背後，仍隱存著對彼岸世界存在的肯定。然而，彼岸世界雖可能存在著，但一旦人死之後，便居於彼岸世界，猶如時間具有不可逆性的往而不復。在中國人的生死觀中，雖有如屈原《離騷》中的招魂習俗，相信人之死乃因魂離體之故，招魂可使欲離體之魂能因不忍生者之痛而復生，然而，儀式的目的主要還是在於平撫生者之哀痛，而非在使死者復生。換言之，相對於佛教將生死觀結合因果報應思想，認爲因迷滯而尚未解脫的眾生，仍必須隨著自己所造善惡業，在六道之中不斷轉生受苦；在中國傳統的生死觀中，肯定死後猶有存續的一派，雖認爲精神離開此生之形軀是到了彼岸去，但卻未有精神可不斷往復生死的看法。因此，早在漢末揚雄、桓譚、王充等人反對報應必然性（此

指中國傳統的報應思想，下詳），提出對命、遇的不同詮解之後，[2]這些詮釋的觀點，後來也成爲反對佛教輪迴說者所繼承的思想基礎。

中國傳統報應思想的特點有二：其一、縮合家庭宗法制度與個人行爲的道德獎懲，著重在先祖行爲對子孫的影響；其二、此報應思想並不涉及個人來世。例如《國語・周語》靈王（西元前 550 年）太子晉諫曰：「自我先王歷宣、幽、平而貪天禍，至於今而未彌，我又章之，懼長及子孫，王室其愈卑乎？其若之何？」[3]《易・坤卦・文言》云：「積善之家，必有餘慶；積不善之家，必有餘殃。」[4]可說明中國人對於自己的行爲，可能招致子孫受到報應，其所採取的態度，毋寧是嚴肅而審慎的。中國傳統的報應觀，強調的重點並不在於必然有報應本身，而在於先人對後世子孫福祉的責任。換言之，就肇禍者與受報者而言，是二者，而非同一主體。因爲受報應的主體，並非肇禍的主體。這一點，和佛教「自作業，自受報」的報應觀，是有不同的。

晉末神滅不滅論爭的發生，肇因於時人認爲因果報應的輪迴說無法檢證而產生質疑有關。然而，死後是否有存續，不論是由科學或宗教的角度來檢證或討論，固然猶有爭議。但基本上，就尊重各宗教各具完整哲學體系的立場而言，本文討論的前提，是要哲理地來談，在佛教哲學的系統架構中，如何來說明受報主體成立的必要性。而晉末的神滅論爭，既是肇因於對佛教輪迴思想的質疑，那麼，所謂「神」的「滅」與「不滅」，即極有必要置於佛教輪迴報應思想的脈絡來談。

佛教的因果報應說，不但談到自己行爲應由自己負責，事實上，也

2　王充在《論衡》卷二〈氣壽〉、〈幸偶〉、〈命義〉等篇裏，認爲個體是由父母施氣，自然而成，一切先天及後天條件皆在父母施氣的同時，即已「性成命定」，而人生後天的人生一切幸、偶遭遇，都只是偶然的，故反對因果之必然性。（臺北：世界書局，民國 56 年再版），頁 16-28。類似的觀點，也表現在晉末劉宋初的形神論爭中，與宗炳爭議形神關係的何承天認爲：人的生死猶如四時代換，命運是偶然。《弘明集》卷四，〈達性論〉，頁 21 下-22 上。

3　《國語》卷三・〈周語〉下・〈太子諫靈王壅穀水〉，頁 110。

4　清・阮元輯校《易・坤卦・文言》，（臺北：藝文印書館），頁 2。

談到人我共業所成的業報。不過，在佛教傳到中國以後，中國人似乎對於個人「自作業，不他受」的佛教因果業報說，產生了較大的興趣。也由此發展出一段與佛教在印度本土截然不同走向的思想論諍。

初期佛教談苦、空、無我，如何觀緣起，目的在期望將悟得的眞理，運用於眞實人生而得自由解脫，以反對主張神我、命定論的婆羅門教。但是，佛教傳入中國，剛開始最受到注意的卻不是這一點，而是吸收到佛教義理中印度傳統思想的部分──業報輪迴，而這強調人有來生的觀點，卻是過去中國傳統思想中所沒有的。[5]因此，原本佛教是由解脫的角度說無我執，但傳到中國，卻因文化隔閡而爲說明因果業報不虛，而不得不補充說明印度傳統固有的輪迴業報觀；爲對世俗大眾弘法時說明輪迴的可能，而不得不假名施設一個承受業報的主體，發展到後來，中國人卻是爲了說明輪迴因果業報的必然性，而試圖去解釋有「我」在輪迴。所以，佛教的基本教義本來是「無我」的，但到了中國，卻關注在何以有「我」在輪迴上。因此，佛教思想在中國這樣的逆轉發展，想必是當時的佛教弘法者，所始料未及的。

一、神滅不滅論戰始末

佛教在中國的弘傳時，經常因宣教時說到輪迴果報，爲了說明因果業報，漸漸引帶出中國人對探討業報承受的興趣，進而引發出南北三場歷時近二百年的神滅不滅論戰。

第一場論戰發生在南方，始於晉末至宋齊，主要參與人物爲主張神不

---

[5]　《後漢書》卷八十八・列傳第七十八，頁 2931：「漢自楚英始盛齋戒之祀，桓帝又修華蓋之飾。將微義未譯，而但神明之邪？詳其清心釋累之訓，空有兼遣之宗，道書之流也。且好仁惡殺，蠲敝崇善，所以賢達君子多愛其法焉。然好大不經，奇譎無已，雖鄒衍談天之辯，莊周蝸角之論，尚未足以概其萬一。又精靈起滅，因報相尋，若曉而昧者，故通人多惑焉。蓋導俗無方，適物異會，取諸同歸，措夫疑說，則大道通矣。」

滅的盧山慧遠、鄭鮮之（363-427）、宗炳（375-443）、顏延之（384-456）、劉少府（劉宋時人，生卒年不詳），和主張神滅的戴逵（325?-396?）、何承天（370-447）等人。其中，戴逵以白衣自處，但對佛教輪迴之說，仍表示懷疑。這一點和當時佛教徒皆主張神不滅的觀點比起來，是較為特殊的。與慧遠發生筆論的，主要是何承天和戴逵。不過，在慧遠寫給桓玄的書信當中，也附論了神不滅的問題，可知桓玄或曾與慧遠論及此，故慧遠乃作書答之。

繼至梁朝又發生第二次的論戰，此次所涉人物極多，多達七十餘人，而主要人物是作〈神滅論〉的范縝（450-515），以及主張神不滅最力的梁武帝蕭衍、蕭琛（478-530）、曹思文（齊梁間人，生卒年不詳）等人。由於梁武帝不滿范縝之論，乃發動群臣作短文批駁其〈神滅論〉，致使參與論戰者激增。最後雖在梁武帝的弘護下，神不滅論者在以眾擊寡的政治角力上，取得了暫時的優勢，但范縝〈神滅論〉細密出色的論證理思，不但當世即摧辯無數論敵，該論亦獲世人的肯定而得以流傳於後世。

第三場論戰發生在北齊的朝臣之間，主要參與的人物有兩位，包括主張神滅的刑邵，和主張神不滅的杜弼。[6]由於論爭的規模遠不及南朝，亦無後續的追論者，北朝的這場論戰亦隨論者的停筆而消弭於無形。

慧遠出生於第一場論爭發生的前期，當時人對於佛教因果報應說猶未盡識，又好以傳統「神」字比類於輪迴思想裏的「受報主體」概念，使得這兩個各具文化思想背景的概念，在相互比對焦距的過程中，逐漸產生因文字歧義性而來的詮釋問題。而文字的歧義性正是導致論爭紛紜的要因之一。

在歷時近二百年的三場神滅不滅論爭中，諸論主雖對神滅或神不滅，都各有主張，但事實上論者間對於「神」、「滅」和「不滅」等主要概念之定義，並無共識。換言之，各論主間雖表面上同樣是在爭論「神」

---

[6] 有關這三場論爭的相關原典主要錄於《弘明集》與《廣弘明集》，詳細論述整理請參考拙稿碩士論文《六朝神滅不滅論與佛教輪迴主體之研究》，頁94-96、154。

倒底是「滅」，還是「不滅」的問題，但卻是一個「神」字，各自表述的狀態。而其對「神」字的定義，又是各自據其所謂的「滅」與「不滅」的主張而決定的。人異於無生命的物，無法如物由個別物質組成，形體與精神的整體並存乃成爲生命體的要因。而對生命體中形神關係究竟爲一元、還是二元的看法，正關鍵著神滅或神不滅論點的證成。形神若是一元，則形滅時，神自亦隨之消滅；形神若是二元，則形滅時，神不必然須隨形而同時消滅。論戰中主張形神一元者，多認爲「神」是「形」的功能屬性，二者有主從先後的關係。主張形神二元者，則認爲「神」與「形」質性不同，並非派生的關係，「神」甚至可以離「形」獨存而無傷，或可以說，「神」先於「形」而存在，在形神結合的關係當中，具有優位性及主導性。因此，主張形神關係爲一元抑或二元之觀點，也同時決定了「神」字定義的方向。

二、近人研究成果三説

慧遠在文章中明確地主張「形盡神不滅」，而歷來學者詳略不同的研究，也都緊依著「神不滅」的論題詮釋各自的觀點。本文整理近人相關研究，據其立論方法及「神不滅」觀點歸納分析後，抉擇梶山雄一、村上嘉實及區結成三類代表性詮釋，並評論之。

著名的唯識學者梶山雄一的研究，在方法上以歸納法整理慧遠作品中的「神」字意涵，進而得出慧遠列屬爲格義佛學的結論。此一方法，爲多數傳統研究慧遠〈形盡神不滅〉者所採用，但卻忽略慧遠作品中「神」字使用時的語意脈絡，其置〈法性論〉與〈形盡神不滅〉於同一語境的作法，顯未分疏慧遠二論所對治的問題層次，而其要求不同語境下的「神」字意涵必須一致的目標設定，足顯其推理之錯誤。

村上嘉實在研究方法上，雖對梶山雄一的研究有所修正，但其提出「神」字具有雙重意涵的折衷觀點，同樣立於要求慧遠所有作品之「神」

字須具有一致性的基礎下而論的。方法上，爲顧全其詮釋的整體性，而意欲曲折地將「神」字在各作品中的不同意義，涵納在單一的詮釋系統（其所謂既超越又內在的「神」），但仍然因和梶山雄一一樣未區分「神」字使用的語境，而得出不能契入慧遠提出「形盡神不滅」的宗旨。

區結成的研究，是立基於整理、批判多數大陸學者認爲慧遠的神不滅論是（物質）實有論者，如呂澂[7]、方立天[8]、任繼愈[9]等人的觀點而提出的修正說。區結成的研究內容，可謂綜合主張慧遠爲實有論者及批判其觀點而發的成果。

(一)梶山雄一：慧遠思想爲格義佛學

梶山雄一在〈慧遠の報應說と神不滅論〉中總結地說到，「神」字在慧遠的作品中有三種意涵：一是作爲輪迴主體的個人靈魂，二是如佛性、法身、涅槃之絕對眞理，三是氣之精極。梶山氏認爲，慧遠似乎未十分自覺到這三個全然異質的概念的異質性。因此，梶山氏視慧遠之思想爲格義佛學，其思想元素多元而在中國佛教般若學的發展中具有過渡性質。[10]

然而，梶山氏得出此論的推論過程中，存在其對慧遠「形盡神不滅」說的一種基本預設——即認爲慧遠所有作品中之「神」字內容有相通之處。梶山氏並由此預設，導出其推論的結果：慧遠對於此三種全然異質的概念，無自覺的認識，因此而有混用的情形。

---

[7]　呂澂《中國佛學思想概論》第四章，（臺北：天華出版社，1982 年 7 月初版），頁91。

[8]　方立天《慧遠及其佛學》，（北京：中國人民大學出版社，1984 年），頁 42-43。

[9]　任繼愈主編《中國佛教史》第二卷，（北京：中國社會科學出版社，1985 年），頁630-701。《中國哲學發展史・魏晉南北朝》，（北京：中國社會科學出版社，1988年），頁 488。

[10]　梶山雄一〈慧遠の報應說と神不滅論——インド思想との對比において〉《慧遠研究・研究篇》，頁 89-120。

　　梶山氏的推論，顯然有再推敲的必要。首先，誠如本文上述，慧遠論「神」之不滅，必當置於論辯中的語意脈絡來談，而不是截斷「形盡神不滅」而單只就「神不滅」來談；其次，欲檢知慧遠「形盡神不滅」中「神」字的意涵，更無法經由"歸納"慧遠作品中所有的「神」字的意義，來得到合理的解釋。文字使用依於各式語境及脈絡的不同，即可能產生多元的意義。易言之，慧遠文章中所出現的「神」字，依其不同的語境及語意脈絡，有不同的意義，乃極自然之事。梶山氏藉「歸納」法，整理出慧遠「神」字具有三種意涵，方法本身本不足爲謬，但其進而立於其根本預設，反以歸納結果詰於慧遠所有作品中的「神」字意涵不一致之舉，即成其推理謬誤之所在。

（二）村上嘉實：慧遠承認絕對真理的實在性

　　村上嘉實於〈慧遠の方外思想〉中，則據《沙門不敬王者論》等五篇，整理慧遠作品中「神」字意涵，認爲慧遠有「永遠不滅的主體性」之意。（頁 385）村上氏先後分別引述〈法性論〉及〈形盡神不滅〉中的文字，推論出「至極以不變爲性」以「至極」說明法性，「以『不變』爲『無窮』」的「涅槃」。而村上氏認爲「法性」、「涅槃」、受報主體等，不外都是「神」字的解釋。在結論中指出：慧遠的「神」，有內於物、又獨立於物外的兩面意義。就其獨立於物外而言，可見其宗教的絕對性，而就個體生命形成之緣起言受報主體，可能受性空思想的影響。[11]

　　村上氏在推論形式上，與梶山氏相似。由歸納慧遠作品中「神」字意涵入手，並較梶山氏積極系統地建構慧遠的「神不滅」說。文中極具見地，提出其重視到「神」字的雙重意涵的結論，也較之梶山氏周密許多。然而，其視〈法性論〉與〈形盡神不滅〉所述之「法性」與「神」

---

[11]　村上嘉實〈慧遠の方外思想〉《慧遠研究・研究篇》，頁 385-388。

爲同一內容的作法，同樣地忽略了慧遠提出「形盡神不滅」時，乃在說明「輪迴受報一事眞實無妄」的語境與用意。但是，村上氏在結論中提出「神」字具有內在物內與超越物外的雙重意涵，確實爲極有啓發性之見解。所謂「法性」正當是同時包含「緣起」「性空」一體兩面的，而不應單單偏重於「性空」眞理一面，抑或是「緣起」假有一面的。村上氏提出「神」字具有雙重意涵，是將內在的空性意義配於慧遠論受報主體之處，將超越外物的絕對眞理配於慧遠論法性之處，這樣的說法，雖無大誤，但嚴格說來，卻不無割裂「緣起」與「性空」的意思，進而有承認慧遠肯定「法性」爲超越的絕對眞理之嫌。然而，如此一來，村上氏的結論卻溢出慧遠「形盡神不滅」說，而近於稍後流行於中土的眞常系統《涅槃經》所肯定的眞理實有之說。

（三）區結成：輪迴受報旨在「主　義」而非「本　義」

區結成在《慧遠》一書中，針對此議題之著墨處雖不多，但其依慧遠〈形盡神不滅〉之文本，批駁部分學者將慧遠的「神」字跳躍地等同於法性、涅槃概念的觀點，而提出一點要義：「神」字意涵主要在「主體義」而不在「本體義」上。[12]此點爲其洞見。慧遠所以強調「神不滅」，目的不在肯定某種恆常存在的不變實有（部分學者如呂澂、方立天等人依「神不滅」以持論，認爲慧遠主張的神不滅，是一種物質實有論；又或如前述之梶山雄一及村上嘉實之研究，認爲神字的諸多意涵中甚至包含有超越的眞實之意，此即偏著在強調本體義上的觀點），而是在肯定「神」的主體義。因爲若慧遠的「神不滅」是肯定一種恆常不變的本體，強調「神」有其自性，則無法如慧遠文中所說的可以脫離情執而「反本求宗」。

---

[12] 區結成《慧遠》，頁 82。

　　區氏並強調，由凡夫在迷而輪迴於六道一面來看，此時的「神」爲受報主體；但由凡夫在經由徹悟而「反本」解脫一面來看，此時的「神」爲解脫主體。此乃「神」之主體義的一體兩面性。區氏關注到「神」字語意脈絡的探究，依慧遠原文以辨析今人之論，中肯而周延，「神」字旨在申其主體義之見，確有發前人所未見之處。至此，慧遠的「形盡神不滅」說是否爲實有論？是否違背無我教義？等前人研究的爭議，在區氏提綱式地提出「神」字主體義的詮釋後，也得到相當程度的解決。惟慧遠「形盡神不滅」說內部的理論架構，還有待細部的建立。下文將順著慧遠作〈形盡神不滅論〉的背景，迴溯其所對應的難問，來審視慧遠提出形盡神不滅的動機，及其理論架構。

三、慧遠對應問題語境及其觀點主張

　　慧遠「形盡神不滅」的觀點，主要表現在與桓玄論辯往來的書信中。桓玄曾多次針對佛教與漢地文化差異問題，寫信給慧遠，進行討論。關於二人對「神滅不滅」論題的討論，收錄在《沙門不敬王者論》的第五篇〈形盡神不滅〉中。與「形盡神不滅」觀點相關的作品，除上述慧遠答覆桓玄之〈形盡神不滅〉外，同樣也是答覆桓玄提問而作的〈明報應論〉(395 年)，闡述了慧遠對形神關係及因果業報的觀點，而稍早附於回處士戴逵信中的〈三報論〉（作於 394 年），則針對世人因見「報施多爽」，懷疑佛教報應觀必然性，而詳細闡述佛教的因果報應思想。

　　此外，由慧遠其他佚作的篇名來看，與其神不滅思想有關的作品有三篇。其中，〈釋神名〉及〈問論神〉兩篇，劉宋後已佚失全文。由篇名推測，可能是慧遠在書寫〈形盡神不滅〉一文前後，對「神」字所作的詮解。而另一篇佚文〈辯心意識〉，推測可能與慧遠在《大乘大義章》第

十六章中與羅什有關心識相續的討論不無關係。[13]惜此三篇現已全佚，無從得知內容。而據此三篇佚文篇名觀察，慧遠曾慎重地撰寫專文，詮釋「神」字之意涵，足見慧遠對此議題之重視。

事實上，形神問題在魏晉南北朝時期廣受討論，涵蓋的層面包括宗教哲學、繪畫及玄學等領域。[14]慧遠的「形盡神不滅」說，顯然屬於宗教哲學的領域。慧遠提出「形盡神不滅」之觀點，是對應於桓玄等人質疑「人死神滅，無有三世果報」之回覆，旨在保住因果業報說的合理性。誠如前文已述及，「無我」教義乃佛教三法印之一，輪迴思想在佛教成立之前即為印度本土之傳統思想，在佛教加以吸收轉化為六道輪迴之說後，以不違「無我」基本教義的前提下，向世俗闡釋因果業報之說。然而，到了部派佛教時期，外道質疑：佛教既然講「無我」，那麼，到底是誰在受報呢？各部派已無法再如《箭喻經》中所云佛在世時「十四無記」的默然，為回應外道之質問，而開始積極地建構的佛教輪迴思想。此思想建構的結果，不但成為此時期思想發展的特色，也造成後人聚訟諍詬——初期佛教的「無我」教義，在部派時期各部派積極於輪迴業報說的建構下，似乎轉向了「受報主體」的探討。

事實上，不僅教內再已無法迴避外道哲理上的疑質，就佛教思想內部理論「系統化」的積極需求，受報主體自有施設的必要。不僅僅於止諍、善勸，建立符合佛教「無我」基本教義的輪迴理論，才是雖一的目的。然而，必須明確釐清的是：基於種種原因假名而施設的受報主體，並非因此肯定此主體具有實有性、或恆常性。雖然實際上，部派時期犢子部、說一切有部所主張的受報主體都具有某種程度上的實有性，遭到

---

[13] 請參考第二章第二節有關慧遠佚作考證之部分。

[14] 形神關係在魏晉南北朝時期的討論，除了宗教哲學裏精神與肉體關係的探討；在繪畫理論方面，顧長康的「以形寫神」、「傳神寫照」，陸探微的「秀骨清像」，無不將形神關係的探討具體落實在人物畫的精髓中；而在玄學方面，當時成形的言意之辨，則是關注在形而上之道體與形而下之語言、形象間關係的探討。言意之辯與形神關係之討論雖非直接關聯，但在思惟理路上顯然是一致的。

後來部分大乘佛教徒的批評，但無可否認的，部派時期佛學上較大的貢獻除了在對法精密而繁瑣的解釋，爲佛教思想建立初步具系統性的詮釋外，其建構出佛教輪迴理論的部分，較之後來初期中觀的迴避態度，在弘法應俗的意義上，有一定的正面價值。

慧遠在晉末所面臨的問題，和部派佛教時期的問題相似──佛教既然主張「無我」，那麼究竟承受因果業報是誰？唯二者不同之處，在於輪迴思想爲根植於印度思想中的傳統基礎，而中國人並無這種跨三世之說的報應觀。因此，一開始即在中土宣講《般若經》「緣起性空」教說的弘法僧，轉而闡述業報輪迴乃眞實不虛時，極易造成中土一般信徒相當的困惑。本傳裏記載慧遠「化兼道俗」，說到慧遠不但與教內高僧如羅什、覺賢等人，深談般若空理，又同時對世俗、白衣，弘宣三世因果法義，目的即在補足佛教深具宗教意義層面的這個部分。

慧遠在廬山東林寺道場擁有廣大的信徒，由於經常性地對教內四衆及教外之人宣講佛法，漸漸地建立起自己講經的特殊風格。而慧遠在廬山的登座「唱導」弘法，一開場就「先明三世因果」，接下來才說明該次法集的目的及意義，[15]足見慧遠在對大衆宣弘佛法時，極重視「三世因果」思想之闡釋。

此處的「三世因果」包含兩個部分：「三世輪迴」及「因果業報」。「三世輪迴」關涉到的是受報主體跨三世的問題，不同於中國自《易傳》積善惡而有慶殃以來非來世受報思想；而「因果業報」則關涉到個體善惡行爲，是否必得相對報應的問題。面對凡俗弘法時，重在深厚其信心，然而現實生活中，總有許多因果不符之事發生，善人早夭，惡人壽考，行善遭禍，行惡得福，皆爲「報施多爽」例證，致使世人對佛教因果必報之說多有疑慮。因此，慧遠才在登座「唱導」宣法前，即首先強調「三世因果」思想的重要性。爲解決世人對佛教「因果業報」與「三世輪迴」的疑慮，也就是構成慧遠提出「形盡神不滅」說的兩大原因。

---

15 《高僧傳》卷十三，頁 417 下。

由此，顯見慧遠所謂「神不滅」的觀點，當是置於「形盡神不滅」的語意脈絡下說的。易言之，當慧遠提出「形盡神不滅」論時，「神」之所以「不滅」的前提，是置於有情眾生在解脫前的因果輪迴範圍裡談的。這一點極重要，若僅標舉「神不滅」，易偏離「形盡神不滅」原有的語境及語意脈絡，容易令人橫生誤解。[16]慧遠的「形盡神不滅」說，旨在解答世人對「報施多爽」、「死後無法徵驗」的兩大質難。而世人對「報施多爽」的質疑背後，隱含著兩個子題：一者為報應是否為必然？二者為行為者與受報者是否為同一人？以下即就此疑難分述慧遠的觀點。

（一）報應的必然性與同一性

1・報應的必然性

中國傳統的報應思想中，對於報應的必然性及合理性，也未必如《易傳》那樣肯定。司馬遷在《史記・伯夷列傳》中一段著名的慨嘆，即經常被據為「報施多爽」的引例：

> 或曰：「天道無常，常與善人。」若伯夷、叔齊，可謂善人者，非邪？積仁潔行如此而餓死。且七十子之徒，仲尼獨薦顏淵為好學；然回也屢空，糟糠不厭而卒蚤夭。天之報施善人，其何如哉？盜跖日殺不辜，肝人之肉，暴戾恣睢，聚黨數千人橫行天下，竟以壽終。是遵何德哉？……余甚惑焉。倘所謂天道，是邪？非邪？[17]

司馬遷有感於自身境遇，對天道是否存在著正義的必然性發出浩歎，未嘗不也是古往今來無數人心中的無奈唱歎。世間善惡必報未必多見，然而報施多爽之事卻屢見不鮮。由報施相符的情感要求上看，報應

---

16 若切斷慧遠「形盡神不滅」的語意脈絡，而成為「神不滅」，則極易將慧遠的「神」字理解為永恆不滅的精神實體。《慧遠研究・研究篇》當中，梶山雄一和村上嘉實二位日本學者的研究，皆傾向於採取此種理解方向。

17 《史記・伯夷列傳》卷六十一，頁 2124-2125。

思想的產生，無非是人們對道德正義落實真實生命的理想期待。《易·坤·文言》「積善之家必有餘慶，餘不善之家必要餘殃」的報應觀，[18]論及父祖乃至家族善惡行為之功過對後世子孫的影響，初步肯定了「善惡必報」的報應觀。只不過，受報者與行為者判然為二，受報應者並非原來的行為者本身，而是猶父爵子襲的宗族式繼承關係，這裏存在著施、報不相符應的公平性問題。父過子代受，或可由人倫之情看出可以接受的道德理由，但非其人而受其過的現象，如顏子早夭，盜跖壽考之事，於理於情上，皆無其成立之因，也因此才會有司馬遷的浩歎。

道教早期的要典《太平經》吸收《易傳》此報應思想後，進一步發展為「承負」說，即可以說明何以在現世的生命中，屢見「報施多爽」之事：

> 承者為前，負者為後；承者，迺謂先人本承天心而行，小小失之，不自知，用日積久，相聚為多，今後生人反無辜蒙其過謫，連傳被其災，故前為承，後為負也。負者，流災亦不由一人之治，比連不平，前後更相負，故名之為負。負者，迺先人負於後生者也；病更相承負也，言災害未當能善絕也。[19]

「承負」為道教的報應思想，乃其教義裏重要的觀念。道教的「承負」說，有幾個特徵，一是吸收《易傳》先人功過，子孫受負的思想，二是立基於漢代天人感應哲學，認為原本人應體悟天道，順天理而行，但因過小積久，其氣冤結，而蒙禍災。[20]因此，欲解承負之責，必須專思「守一」，[21]由內在虔敬的存思活動，時久達致與天道相感，則承負可解。

而在佛教，則由現報、生報及後報等三報，來解釋何以在現世的觀

---

[18] 唐·孔穎達《周易正義》，(臺北：藝文印書館)，頁20。

[19] 王明編《太平經合校》上冊·卷三十九〈解師策書訣〉，(北京：中華書局，1960)，頁70。

[20] 同上註，卷三十七〈五事解承負法〉，頁58-60。

[21] 同上註，頁60。「〔附〕欲解承負之責，莫如守一。守一久，天將憐之。一者，天之紀綱，萬物之本也。思其本，流及其末。」

察中，多得到「報施多爽」的結果。誠如慧遠在〈三報論〉裏所論：

> 業有三報，一曰現報，二曰生報，三曰後報。現報者，善惡始於此
> 身，即此身受。生報者，來生便受。後報者，或經二生、三生、百
> 生、千生，然後乃受。受之無主，必由於心，心無定司，感事而應。
> 應有遲速，故報有先後……又三業殊體，自同有定報。定則時來必
> 受，非祈禱之所移、智力之所免也。[22]

〈三報論〉錄載於《弘明集》卷五，標題下有小字注云：「因俗人疑
善惡無現驗作」，其中「現驗」二字尤值得注意。雖未知此注是否爲慧遠
作此論時已有的自注，抑或僧祐編輯時所加。其行文文云「世或有積善而
殃集，或有凶邪而致慶，此皆現業未就，而前行始應。故曰：『禎祥遇禍，
妖孽見福』，疑似之嫌，於是乎在。」[23]由此觀之，亦不難察其爲文動機，
在解答當時人對現世報施多爽現象的質疑。慧遠由善惡業感之遲速，闡
明業報有先後之驗，並非現世未見得報，即無有報應。現世得報的，名
爲現報；下一生即受報的，名爲生報；經二生以上才受報的，則名爲後
報。而之所以報有先後之分，乃由於主體意識活動的「心」具體落在與
外在事物的交接上，必須有符適的時機，因此，才有報應遲速先後的問
題。三報是由受報主體與外在事物交接時間的先後來區別的。

三業體別，有其定報，時來必受，無法以任何後來的努力來抵銷或
減輕的。然而，佛教的業報觀必須與宿命論的因果說作一嚴格的區分。
宿命論的因果說，是指人一生的先天條件及善惡福禍，都在受胎時早已
註定，後天的一切努力或破壞也完全無法改變它。而佛教的因果說，雖
然也談到個體受累世以來身語意三業所引生的果報，但並未否定後天努
力改變的可能性。

〈明報應論〉一文中，慧遠即曾談到報應之所由起，乃來自於人的
意識活動：「夫事起必由於心，報應必由於事。是故自報以觀事，而事可

---

[22] 大正藏第 52 冊，頁 34 中。
[23] 同上註。

變；舉事以責心，而心可反。推此而言，則知聖人因其迷滯，以明報應之對；不就其迷滯以為報應之對也。」[24]由身語意三業觀之，意業也是造就其他二業的根本。事件的發生必由於心的意識活動而來，而一般人卻由事件的吉凶來觀察報應的禍福別異。事實上若逆推回去，現下之所以有禍福等報應，是因於過去曾有的作意活動所致行動結果，明白此一道理，進而內省外修，即可增善積福，而去惡避凶。慧遠進而闡述應如何正確地瞭解佛教的報應觀：由於有情眾生無佛眼可了知甚深緣起法而昧於因果，故佛陀為迷滯於三界者說此因果業報之理，令其明白三業自有定報，只是遲速有別，並非不報。慧遠指出，佛陀所說的報應觀，並非以眾生當下所以迷滯，乃其受報應所導致。誠然，反過來說，當下的迷滯，固然也是受前報所致，但若只是如此單向地看，忽略了報應乃因宿業所感的這一面，便失卻了深層反省的動力。因此，雙向地瞭解到眾生所以在數趣間迷滯轉生與其業報間互為因果的關係，才不致落入時人以偏為全的思考迷境。

2・報施的同一性

　　佛教的業報觀與道教「承負」觀最大的不同，特別在受報主體的「同一性」問題上。佛教「自作業，不他受」的行為者與受報者是同一個，與道教「承負」說由子孫承父祖德過的判為二者，是有不同的。

　　道教的「承負」報應說雖在天人感應的基礎上，強調個人內在存思修養的重要性，但在施（行為者）、報（受報者）非一的結果上，卻顯示出儒家式的宗族道德思考的特性。子孫承繼祖先遺德，自然也承繼其過失禍報，其理論根據在於子孫受氣於父母血脈時，先天條件的部分也因而被決定。因此，勉強要求「承負」思想裏論施、報的同一性的話，其「同一性」是建立在父子血脈相承的這一點上。子女是父母生命的延續，從生理學的角度而言，父子基因遺傳組合排列的相同，也未嘗不可謂父

---

[24] 大正藏第 52 冊，頁 34 上。

子之間有一定程度的相同性。當然，道教的「承負」說，並不是和佛教的業報說一樣，在強調施、報者同一的合理性要求，而是近於儒家的宗族倫理思想，此或許與至漢末成形的儒家政治體制下的社會結構有關。

「同一性」問題在佛教「自作業，不他受」的業報思想中，佔有重要的地位。此一思想所強調的，是一生的禍福不外是由人自己所決定的。此處的「同一性」包括兩層的涵意，第一層是指行為者與受報者為同一者；第二層的「同一性」是指受報主體（「識轉變」的整個過程）本身是剎那生滅變化的，其由上一剎那變化至下一剎那間時的「同一性」，則可透過等無間緣的繫連而得到說明。事實上，第二層意義的「同一性」，並非定義在有固定不變的「本質」以維持其同一性的唯一合理保證上，而是在佛教無我教義規定下，以剎那滅相續理論為條件的「同一性」。[25]換言之，在佛教報應思想中所謂的「同一性」，並非一般意義下的同一關係（A=A）[26]，而是緣於佛教無我教義下特殊的意義歸定的觀念，指的是凡夫於記憶裏對時空中的客體，基於回顧而起的「想像」連結，此種基於想像的連結而有的妄執，是其同一思維的基底，也是眾生依於「我」而有的執著。

在佛教的解釋裏，受報主體的「同一性」基於無常的連續變化中，恆相轉的末那識執阿賴耶識（異熟，可與末那識不同體）為「不變的自我」（相分）時，實則是因無法察覺阿賴耶識本身極其微細的剎那變化，而導致誤對此因回顧的「想像」而起的「同一性」聯想所起的執著。事實上，就眾生不覺中執「同一性」為自性之見，亦應被破除，在念念生滅的剎那眾生識體之相續，已非一非異，僅餘回顧時的想像的「同一性」，這也是不可執著的。

---

[25] 有關受報主體同一性的問題及論析，筆者乃借自休姆之人格同一性理論來分析此同一性問題，詳細內容請參拙稿碩士論文，頁188-191。

[26] 以 A 來定義 A，並未給出主語以外知識的賓語，只落入套套邏輯式下的定義，並沒有為本論題提供論有效論證方法。因此，A=A 的同一性說明方式，固然在日常語言有其指涉的方便用法，但無法相應於佛教對主體的理解。

　　慧遠有關「識」的剎那滅與相續的意見，見錄於《大乘大義章》第十六章〈次問後識追憶前識并答〉與羅什的討論當中。慧遠據佛本生故事中，佛陀屢言宿世記憶，而對「識」的剎那滅與相續理論產生興趣，進而提出數種「識」相續的推論求教於羅什。慧遠由佛陀佛陀屢言宿世記憶，肯定識的剎那變化背後，不但有統合前七識作用的主體，也是貯藏記憶的所在，[27]並進一步展開對識體的分析。而慧遠由記憶貯藏所立論，事實上也是受報主體有施設必要的理由之一。[28]而佛陀所以能屢述累世以來之記憶，正可說明貫串累世受報主體的「同一性」。

（二）形神關係

　　不同於無生命存有物形體的可積累、分割，有情生命的存續，可說是形體與精神緊密配合的整體活動。在有情生命存續狀態中，精神與形體究竟是同源於一，還是各有所源，自來即有諸多異說。無論視精神為形體所派生出的功能的形神一元論者，或是以形體與精神各有所源的二元論者，都可各自為其主張提出說明。然而，不管任何有關形、神根源及關係的主張或論述，都無法離開一個大前題：有情生命終必一死。有關有情生命形體的死亡，是一種全然的結束，還是另一種開始，這樣的問題可以哲理地談，也可以宗教式地談，在此，慧遠的課題，是如何將宗教中關於死亡的議題揀擇出來哲理地談。

　　對於死亡的定義，本文在此並無意探究生理學之外，諸如心理、法律及社會等方面其他複雜的定義，而僅就本文範圍所及的生命存續與消

27　大正藏第 45 冊，頁 138 中。「遠問曰：『前識雖冥傳相寫，推之以理，常、斷二非故，際之而無間，求相通利則有隔。何者？前心非後心故，心心不相知。前念非後念，雖同而兩行。而《經》有憶宿命之言，後識知前識之說，義可明矣。』」
28　同上註，頁 186-187。施設受報主體的理由，大抵有六點，作為一生死流轉的主體、二記憶保存的主體、三認識活動的統一者、四自我持續如何可能的依據、五善惡業報的主體、六修佛成道的主體等。

失，而由生理學意義上的呼吸停止、瞳孔放大、心臟停止跳動、意識喪失等生理功能的消失，也就是佛教所說的識、煖、壽等現象離開形體，判定死亡的意義，看形體與精神間在有情生命死亡之後的關係，進而探究慧遠對形神的看法。

1・形神二元

在慧遠的〈形盡神不滅〉中，仍保留桓玄引述《莊子》反覆申述生死乃氣之聚散的形神一元論。桓玄提出形死神散，形神俱化的結論，並以「至理極於一生，生盡不化」之說，未聞於古籍，而詰質於佛教輪迴之說。循桓玄對《莊子》形神觀的詮釋，慧遠也在《莊子》裏找到對反於桓玄的論據，爲自己下文意欲提出的「因緣密構，潛相傳寫」輪迴思想，舖排好思想根據。

慧遠援引《莊子・大宗師》「大塊勞我以生……息我以死」中以有限生命爲精神羈絆，視死亡爲返歸眞樸，而極稱莊子爲「此所謂知生爲大患，以無生爲反本者也」；又引文子稱讚黃帝之言：「形有靡而神不化，以不化乘化，其變無窮」，認爲形體壽數有限，而精神永存，不消散的精神隨歷有限之形軀，自然可隨一形之滅盡而再受形，故其變化無窮。世間諸有情皆形爲有限的肉體生命而存在，然物質性的肉體並不等於精神性的神識，二者在根源上是不同的。顯然，慧遠所援引爲形神例證者，非《莊子》原意。

事實上，慧遠早在爲答覆桓玄提問而作的〈明報應論〉，即已明白提出形、神"異源相與"的形神二元觀點：「夫神形雖殊，相與而化，內外誠異，渾爲一體，自非達觀，孰得其際耶。」[29]之後，慧遠在〈形盡神滅論〉中，引更莊子、文子之說，駁斥桓玄僅見莊子之一隅：「論者不尋方生方死之說，而惑聚散於一化，不思神道有妙物之靈，而謂精麤同盡，不亦悲乎。」[30]指出中土原有的傳統思想中，也有「形盡神不化」之理：

---

[29]　大正藏第 52 冊，頁 34 上。
[30]　〈形盡神不滅〉，《弘明集》卷五，大正藏第 52 冊，頁 31 下。

「此所謂知生不盡於一化，方逐物而不反者也。」[31]其目的，在進一步肯定中國原有「來生」之說（唯中國此「來生」之思想，並不等同於「輪迴」，二者仍有區分），並藉此進一步闡述：有情生命既有來生，可知並不僅止於一期生死，眾生不斷因情執迷滯，以致業力推迫，而會一再地受形輪迴。因此，若神在離開前形之後，復能於六道之間受後形，顯見形神二者在根源上是可離的，二元的。否則，諸有情生命在「終然一死」的前提下，形體必然因壽盡暖逝而散滅。若形神一元，則在世上無有不死之有情生命的前提下，必然導出形神俱滅的結論。慧遠由此證成形神二元的主張，並在下文中分別以薪、火喻形、神，並以薪盡火傳之喻說明其形盡神不滅的觀點。

2・潛相傳寫

在慧遠《明報應論》所引述桓玄的提問中，我們可以看到桓玄對佛教形神關係上的理解：

> 夫四大之體，即地水火風耳。結而成身，以為神宅。寄生栖照，津暢明識。託之以存，而其理天絕。豈唯精麤之間，固亦無受傷之地。滅之既無害於神，亦猶滅天地間水火耳。[32]

桓玄雖出身儒門，又出入玄、釋，與方外之道俗多有交遊，其為學歷程與當時多數的知識分子相似，但卻對佛理所涉不深，其觀點正可代表當時大多數知識分子對佛教的理解。桓玄提出兩個質問，其一：指出若神與形的關係是「神居形宅」，神可以不斷地在不同的形體上遷移，可知宅毀當無損於神，故人的身軀因受到傷害或死滅時，正猶如自然界水火的起滅的自然作用消失一般，當無害於精神才是，頗有言外之旨：那麼，殺人猶如滅水火一樣，是否可同於無罪？

桓玄引述佛典中常見以四大結身的方便之說：若「形」只是物質性的存在，「神」可以絲毫無傷地由前世之「形」滅後而受生於下一世之「形」

---

[31] 大正藏第 52 冊，頁 31 下。
[32] 《弘明集》卷五・遠法師答桓玄〈明報應論〉，大正藏第 52 冊，頁 33 中。

上，那麼，有情生命「形軀」的死亡，不過猶水火之滅熄而已。桓玄由此認爲：「形」、「神」不過是一氣所化，精麤之別耳，「神」以「形」爲宅，形軀死亡時則宅毀而神滅。這是桓玄「形爲神宅」的「寄生」說。[33]而桓玄爲證明形神俱滅的「寄生」說，和稍早羅含所提出精神可更生於他形的「更生」說，本質上並不相同。

「寄生」乃視精神爲軀體成形後所派生的作用，神乃形之派生物。而「更生」的觀點，在形神論爭中首先由羅含所提出。羅含認爲佛教所說的「輪迴」，是指人死時，精神可以離開形體，而一再不斷地換轉換居所，所以，死亡即是反覆在進行著「更生」的狀態。[34]羅含「更生」觀的重點：在於肯定有一個固定不變的精神，可以由上一個軀體轉換到下一個軀體。

然而，佛教的「輪迴」，雖然同樣也指肉體死亡時，精神可以離開形軀，隨其業報而受生在另一個形軀，但是，這個受生到另一形軀的「精神」，也就是佛教所說的受報主體，卻不是恆常不變的「靈魂」，而是極其微細而難以察覺到的生滅變化過程。在其他的宗教當中，不管是只認肯個人精神實體的存在，還是相信小我的精神實體終將返回大我精神的圓滿當中，都是肯定有固定不變的「靈魂」的。但在佛教，並不肯定有某種「恆常不變」的精神實體。一切法都是緣起而生滅不斷的，因此，就算是輪迴中的受報主體，也是一樣緣起無自性的，並非恆常不變的。

此外，桓玄在第一個提問中，也存在著推論上的問題。如前述，桓玄在假設若形神關係果如慧遠所說的二元，在形神二元、「神居形宅」的前提下，推論：神既然可以獨立於形之外而獨存，那麼，形的存在對神

---

[33] 同上註。

[34] 羅含〈更生論〉：「今萬物有數，而天地無窮。然則無窮之變，未始出於萬物。萬物不更生，則天地有終矣。天地不爲有終，則更生可知矣。……(中略)是則人物有定數，彼我有成分，有不可滅而爲無，彼不得化而爲我。聚散隱顯，環轉我無窮之塗，賢愚壽夭還復其物，自然相次，毫分不差。」《弘明集》卷五，大正藏第52冊，頁27中。

的存在而言，並非完全必要條件。由此，得出滅形應無害於神的結論。

然而，桓玄的這個說法，由推論到結論之間，存在著太快的跳躍。神在不同形體之間的「潛相傳寫」，並非有一固定不變的「靈魂」在移轉。前述形「形」「神」對列中的「神」字，都只是應行文之便而說，「神」既非其他宗教所說固定不變的「靈魂」，亦非直接指「阿賴耶識」識體本身，精確地說，「神」經常由主體層面被稱為「受報主體」，或與形體對稱為「精神實體」，實際上指的是不斷剎那變化中的阿賴耶識——「識轉變的整個過程」。

在分段生死中的每一期生死間，「神」本身即是不斷地在剎那變化之中，以等無間緣相續，而「神」又是不離五蘊所成的形軀而作用的，形軀是具有肉眼可辨的物質性存有，「神」則是肉眼無法見到的精神性存有，形、神間的關係是不即不離。「神」在形體死亡後「潛相傳寫」於異「形」間的過程中，本身仍然變化不輟。「神」離前「形」（停止生命現象的形軀）之後，成為中陰身（中陰身之有無及時間長短，部派以來即有歧義），因前業招感後果，入胎而受生於後形（母體中的胚胎）。「神」因業力招感而入胎受生，與形體之粗色身結合，進而產生種種感知活動。因而，有情生命在一期生死之中，形軀與精神是緊密相互作用成其為一個完整的個體生命，任何加之於形體的傷害都直接影響到精神的。

因此，慧遠答覆桓玄：無情物由四大所成，非因神之宿業所感，則神處不以情，其無情固然可知，但有情生命之受形，則不同於此：「若果有情，四大之結，是主之所感也。若以感由於主，故處必以情。則神之居宅，不得無痛癢之知。神既有知，宅又受痛癢以接物，固不得同天地間水火明矣。」[35]有情眾生形軀由物質所成，乃因神之業力招感所致，身與心（神）合，而成有情。身既因業而感，故神處之必以情，處之以情，故有相應之痛癢感知作用，自然與心相應存在的心所法同時隨之而作用。

慧遠傳神地用「因緣密構，潛相傳寫」兩句話表現出輪迴中精神與

---

[35] 〈明報應論〉，大正藏第 52 冊，頁 34 上。

形體間的關係。[36]「因緣密搆」傳達出有情生命的世世延續,並不單只是個人業報,也包括了人我所造的共業,是無以計數因緣才得以續密構築現世的正依報;而「潛相傳寫」的「潛」字生動地表現出「神」在移轉至後「形」時,無法察覺到那不斷剎那變化的識體本身,「傳寫」二字則傳達出由前形移轉至後形的「神」,看似與在前形時的「神」為同一者,實則因作為主體的「神」(末那識執持阿賴耶識而為自我)未自覺到自身極微細之心識變化,故以「傳寫」二字表之。慧遠在《大乘大義章》第十六章與羅什論識之相續時,也曾用到「冥傳相寫」表示前識與後識的相續關係。[37]「傳寫」意味著「神」在移轉至後形的狀態,是傳寫描摩,而非固定不變的遷動而已。「傳寫」的過程中,表面上看似有不變之「神」傳移至後「形」,實則不但前形非後形,「神」本身剎那變化過程中非一非異的相續關係,經常被忽略。

慧遠對形神關係「因緣密搆,潛相傳寫」的詮釋,與犢子部所主張的「不可說我」(非即蘊非離蘊補特伽羅)的兩個特性,有極相似之處。「不可說我」的兩個特性:其一、不可說我與五蘊的關係是「非即非離」的;其二、不可說我是「可轉移」的。[38]慧遠於五十八歲(391)時,由僧伽提婆譯介的犢子部論書《三法度論》後,便對毘曇論典產生極大研讀興趣,尤其,過去其師道安所傳般若學中所未論及的「人我」(補特伽羅)思想,或許正是提供慧遠在〈神不滅論〉及〈明報應論〉等篇中的

---

[36] 〈形盡神不滅〉,大正藏第 52 冊,頁 31 下。「因緣密搆,潛相傳寫」原文「搆」字,疑為「構」字之誤。

[37] 「遠問曰:前識雖冥傳相寫,推之以理,常、斷二非故,際之而間,求相利則有隔。阿者?前心非後心故,心心不相知。前念非後念,雖同而兩行,而經有憶宿命之言。後識知前識之說,義可明矣。」大正藏第 45 冊,頁 138 中。

[38] 依世友在《異部宗輪論》中對犢子部的陳迷:「有犢子部本宗同義。謂補特伽羅,非即蘊離蘊,依蘊、處、界假施設名。諸行有暫住,亦有剎那滅。諸法若離補特伽羅,無從前世轉至後世,依特伽羅,可說有移轉。」可綱要地瞭解到其論「不可說我」非即非離蘊及可移轉之兩大特點;非即非離是為制常見及斷見,可移轉是為了說明受報主體在三世中的輪迴。大正藏第 25 冊,頁 16 下。

受報主體思想一些思考基礎，故在論神不滅時，有如此相似於犢子部人我思想的思想特點。

　　在〈形盡神不滅〉中，桓玄主張神為形派生物，視形與神消滅的現象猶自然之變化，其舉莊子薪火之喻，明其形盡神滅的主張。[39]從慧遠的回答中，可看到以上犢子部「不可說我」之特點：「神也者，圓應無生，妙盡無名，感物而動，假物而行。感物而非物，故物化而不滅；假數而非數，故數盡而不窮」[40]慧遠此處說，人受生於父母而得人身，「神」招感五蘊所成的色身（感物而動），雖假託於色身而行（假物而行），招感色身卻非色身本身（感物而非物），可見「神」與五蘊所成色身之間「非即非離」的關係，此與犢子部「不可說我」的第一個特點相同。復因「神」招感色身而非色身，故不因色身的消滅而隨之消滅（故物化而不滅）；「神」雖依於色身而有情感壽命（數），但此情感壽命依於色身（物，五蘊）而有，並非「神」的，因此並不因色身壽盡而窮滅，在此所申「神」招感色身又不隨物化而滅的「不滅」、「不窮」，雖未明示「神」在不同色身上的傳移，但配合慧遠「因緣密搆，潛相傳寫」之說，仍可見其中隱含此意之可能。

3.薪盡火傳

　　在慧遠當時，參與論戰者對於推論效度的追求，並不精密，仍滿足於僅以比喻即為有效論據的推論形式。慧遠亦不外於此，在文中為其「潛相傳寫」的形神之說，找到自莊子以來，用比喻形神關係的薪火之喻。《莊子・養生主》薪火之喻的原旨在說明「形盡神不滅」，而論敵卻據以詮釋為形盡神滅的論證。慧遠不但反駁論敵以莊子薪火之喻論證「形神俱滅」，進而還翻轉這同一個比喻回到莊子的原意：「薪盡火傳」。

---

[39] 大正藏第 52 冊，頁 31 中-下。「固知神形俱化，原無異統，精麤一氣，始終同宅。宅全則氣聚而有靈，宅毀則氣散而照滅；散則反所受於天本，滅則復歸於無物。反復終窮，皆自然之數耳。……猶火之在木，其生必存，其毀必滅。形離則神散而罔寄，木朽則火寂而靡託，理之然矣。」

[40] 大正藏第 52 冊，頁 31 下。

　　《莊子・知北遊》：「精神生於道，形本生於精，而萬物以形相生。」[41]萬物以形聚散，亦以形生死，無如精神以道爲本體之無窮。《莊子・養生主》：「指窮於爲薪，火傳也，不知其窮也。」[42]以薪火爲喻，說明形神關係。漢儒桓譚藉燭火喻形亡神滅之理；東漢王充《論衡・論死》進而由樸質的經驗論觀點闡明：「天下無獨燃之火，世間安得有無體獨知之精。」[43]由世間沒有獨存之火，火必需介質，燃燒方得以成立，說明神需依形而立。但自莊子使用火木之喻以來，這些思想家除忽略了譬喻本身的侷限性之外，也未發現以火木這種無生命體來比喻生命體之形神關係的致命缺陷。

　　慧遠批判桓玄的觀點是曲從神仙家養生之說：「曲從養生之談，非遠尋其類者也」，並表示在佛教的聖典中也有薪火之喻，只因年代久遠而致微言失義。[44]慧遠認爲：火傳於異薪，猶如神之傳於異形；個別之材薪固然有限，但火卻可藉不同之薪而得以傳續不熄，而桓玄等神滅論者僅見火滅於個別薪材之上，卻未見傳續至下一根薪材上之火。假令如桓玄所主張的，萬物之生，皆來自一氣所化，形神同稟所受，死亡時則神與形俱時消滅。那麼，人的天資稟受，是由形體決定的？還是由精神決定的？若是由形體決定的，那麼，是否都因形神同一氣之化，只要是有形體的，也都可以化而爲有精神的呢？（意指只要有形則必有神，則土石等無情物不也應是有情存在嗎）若人的稟氣是由精神所決定的，那麼，以神傳

---

[41]　清・郭慶藩輯釋《莊子集釋》，（臺北：萬卷樓圖書有限公司），頁741。

[42]　同上註，頁129。

[43]　《論衡集解》上冊，（臺北：世界書局，民國56年再版），頁417。

[44]　除中國有《莊子》、桓譚、王充等人的薪(燭)火之喻外，佛教原來也有以薪火爲喻說明受報主體輪迴相續的，這在後來玄奘所譯的《俱舍論》卷二十九・〈破執我品〉第九之一，也可見到犢子部立「非即蘊離蘊補特伽羅」，亦以薪火爲喻的陳述：「此如世間，依薪立火。如何立火，何說依薪？謂非離薪可立有火，而薪與火，非異非一。若火與薪，薪應不熱；若火與薪一，所燒即能燒。如是不離蘊，立補特伽羅。」大正藏第29冊，頁152下。而慧遠所以說佛典早有此說，推測可能是僧伽提婆停留在盧山的幾年間，曾對慧遠講論犢子部思想而提及的。

神，帝堯的兒子丹朱，應當是和其父一樣的賢聖，而舜也應當和其父瞽
叟一樣的愚昧，但事實並非如此。

　　人的出生，其形與神並非同稟所受的，其死亦非形神俱化的。易言
之，人的形、神是各有所稟。如上例，丹朱和舜都只是自其父親身上稟
受了形體，而其神則各有所受。其形體所受之神，則是依其宿世因緣業
報所決定的：「固知冥緣之搆，著於在昔，明闇之分，定於形初。」[45]慧
遠藉此例點出「因緣密搆，潛相傳寫」的形神觀點，並由此說明神與形
非即非離、可移轉的關係，並試圖證明形盡神不滅的觀點。而其論述形
盡神不滅的目的，也就在說明佛教業報輪迴思想下，受報主體之不可取
消性。

（三）形盡神不滅

1.受、過去、滅三種施設

　　慧遠在詳讀《三法度論》後，曾為其此論作序，其中有關依三種施
設而成立不可說我的思想，或許對慧遠的神不滅思想有所啟發。在此部
犢子部論書中，認為依於「滅施設、受施設、過去施設」等三個原因，
必要成立「不可說」法藏（不可說我）：

　　　不可說者，受、過去、滅施設。受施設、過去施設、滅施設，若不
　　　知者，是謂不可說不知。受施設者，眾生已受陰界入，計一及餘。
　　　過去施設者，因過去陰界入說，如所說，我於爾時名瞿旬陀。滅施
　　　設者，若已滅是因受說，如所說，世尊般涅槃。復次過去施設者，
　　　制眾生斷；滅施設者，制有常。受施設者制無，不受施設者制有。
　　　[46]

　　受、過去及滅施設三者，分別是由三種層面的主體意義而成立不可

45　〈形盡神不滅〉，大正藏第 52 冊，頁 32 上。
46　《三法度論》卷二，大正藏第 25 冊，頁 24 上-中。

說我的：受施設，作爲生理上統一感知、思考的精神主體；過去施設，作爲承受經驗記憶的主體，例如佛曾屢次自述過去生種種；滅施設，作爲消滅煩惱，成就涅槃的成佛主體。依於此三層主體意義下，此「不可說我」有其假名施設存立的必要。而當慧遠談到「形盡神不滅」的同時，重點尤其在於強調三世輪迴的眞實不虛，由三報必驗來說明三世輪迴，而不是在強調有一個本體義上不滅的「神」存在。

2.於受報前提下說神不滅

除了就哲理上說，在上述三層主體義下，有施設不可說我的必要意義外，爲宣說佛教因果報應理論，堅持輪迴報應說之必然，慧遠主張「形盡神不滅」論。然而，「形盡神不滅」思想並非其最終論述的目的。慧遠提出「求宗不順化」，可說是他主張形盡神不滅的原因。

「宗」指的是止息煩惱出離生死的泥洹狀態。爲了達到泥洹，止息眾苦，就不應隨貪愛無明凝滯流轉於外物，以致罪福之報「自然」發生，[47]不再招感業報，方不致輪迴於六道間受苦。故說「造極者必違化以求宗，求宗不由於順化。」爲達到體證法性，進入涅槃的終極目的，就必須要出離生死，而達到涅槃的途徑，就是不再順應「無明」及「貪愛」的推迫而落入輪迴生死。

四、結語

過去學者們在探討慧遠參與形神論爭時的焦點，幾乎主要集中在

---

[47] 慧遠在〈明報應論〉一文中，對「自然」一詞有其特殊的定義：「夫因緣之所感，變化之所生，豈不由其道哉？無明爲惑網之淵，貪愛爲眾累之府，……情想凝滯於外物，貪愛流其性，故四大結而成形。形結則彼我有封，情滯則善惡有主。有封於彼我，則私其身而身不忘；有主於善惡，則戀其生而生不絕。……是故心以善惡爲形聲，報以罪福爲影響，本以情感而應自來，豈有幽司由御失其道也。然則罪福之應，唯其所感，感之而然，故謂之自然。自然者，即我之影響耳。」大正藏第 52 冊，頁 33 下。

慧遠〈形盡神不滅〉一文的標題上發揮，進而輕易引帶出慧遠為「神不滅」者的結論。即便如梶山雄一細膩地分析出「神」字在慧遠作品中的三種意涵，卻也不免忽略了慧遠主張「形盡神不滅」時的語境，只是在對應世俗人對佛教受報主體的「斷見」，慧遠此處所謂的「神不滅」，並不能單獨離開「形盡」二字而立論，否則極易導入將慧遠論輪迴期間受報主體「不滅」（其用意本在論證「並非無受報主體」接受果報）與《大乘大義章》中論「法身」的文字相繫聯起來的跳躍性結論。梶山氏對慧遠作品中有關「神」字的詳細研究部分，雖全面整理了「慧遠作品中『神』字之意涵」，然而在闡釋慧遠論「形盡神不滅」的脈絡意義時，卻有失準頭。

　　還原此一脈絡意義的目的，也因慧遠參與教內外論辯時對象的不同，用詞上即有嚴謹或方便的區分。慧遠作《沙門不敬王者》、《三報論》、《明報應論》的對象是桓玄、戴逵，其用詞明顯可以看到引述莊老及儒家思想的方便之舉，而與羅什在《大乘大義章》中的對話，佛教術語則顯得嚴謹得多。

第二節 沙門不敬王者論

西元 378 年，符堅攻陷襄陽，道安受拘於朱序，不得已分散徒眾，有感於世亂而對弟子們說道：「今遭凶年，不依國主，則法事難立。」[1]這說明佛教在弘傳時，弘法者所可能遭遇到的困境及想法。有力的護法，對佛事傳播自然有推助之力，但慧遠卻為堅持不禮敬王者，寧開罪於執政者、違背其師之教誨，當有其所以堅持之理。本節的目的，主要在探討慧遠堅持沙門不禮敬王者時所依據的論點。

就慧遠作品在後世引起的討論來看，其《沙門不敬王者論》是僅次於《大乘大義章》而受到重視的作品，而慧遠本身對此論的重視，由此論序文中的陳述中可知。[2]桓玄與慧遠的交往經過，可由東晉隆安三年（399）六月說起。桓玄退兵途經廬山時親訪慧遠，因賞慧遠清識而欲延入仕，乃書勸慧遠還俗，桓玄並曾致書慧遠商議沙汰賊住沙門之事（402），後復因八座桓謙等人，向桓玄薦詔沙門應禮敬王者，桓玄與中書令王謐乃有數度論難往返，桓玄也再度與慧遠有書信上的討論（403）。

西元 404 年，慧遠整理之前與桓玄的討論，並將前封信中答覆桓玄有關沙門禮敬問題的文字加以擴充，完成了包含五篇文章的《沙門不敬王者論》。[3]論成不久，為回應桓玄問佛教因果業報思想，陸續完成〈明報應論〉及〈三報論〉。[4]

---

[1] 《高僧傳》卷五‧〈道安傳〉，大正藏第 50 冊，頁 352 上。

[2] 「深懼大法之將淪，感前事之不忘，故著論五篇，究敘微意。」大正藏第 52 冊，頁 30 上。

[3] 現存兩人書信往返中，與沙門不敬王者直、間接有關的討論有八篇，皆見錄於《弘明集》，依寫作時間次為：桓玄〈勸罷道書〉（卷十一，頁 75 上）、慧遠〈答桓南郡勸罷道書〉（卷十一，頁 75 上-中）、〈桓玄輔政欲沙汰眾僧與僚屬教〉（卷十二，頁 85 上）、慧遠〈與桓太尉論料簡沙門書〉（卷十二，頁 85 上-下）、桓玄〈書

慧遠以「沙門不敬王者論」爲名的書論內容，可謂總結之前與桓玄所討論與佛教沙門有關所有問題。此篇文章包括五個部分，在文中分別有小標註明：出家、在家、求宗不順化、體極不兼應，以及形盡神不滅等。這五個部分，分別對應了桓玄先前書論中批難：桓玄曾勸慧遠還俗入仕、論輪迴幽邈難識、商議沙汰賊住比丘、諮議沙門應禮敬王者等事。因此，由《沙門不敬王者論》可以觀知：慧遠對佛教沙門在政教關係中，應如何自處的剖析。

一、晉代沙門禮敬王者之朝野爭端

沙門應否禮敬王者的爭論，在晉朝曾發生過兩次，一次是在咸康六年(340)，另一次則在東晉末，即慧遠所參與討論的這次。本文依論爭發生先後，將以上沙門應否禮敬王者這個議題的討論，分爲第一階段及第二階段，依參與討論的人物由其觀點不同，分成主敬派及主不敬派。現先粗略就兩次論爭主要參與人物，及其主要觀點表列如下。此表乃爲方便掌握大要之略表，僅供參考，並非結論，有關其觀點之各別細部論述，則分析於下文之中。

與遠法師〉一（卷十二，頁 83 下）（桓玄首次向慧遠提出沙門應禮敬王者的觀點，之前曾與八座及王謐論及此議題）、慧遠〈答桓太尉書〉（卷十二，頁 83 下-84 中）、桓玄〈書與遠法師〉二（卷十二，頁 84 中）、慧遠《沙門不敬王者論》（卷五，頁 29 下-32 中）。

4　桓玄爲東晉名門之後，《晉書》本傳云其爲大司馬桓溫之少子，因繼其父祖之位而爲南郡公（荊州境內），世稱桓南郡；復因後官職太尉，又依其職名桓太尉。桓玄極具政治野心，因見晉安帝受挾於會稽王司馬道子與僕射王國寶，意欲聯合荊州刺史殷仲堪奪取實權。後因司馬道子離間二人，封殷爲江州刺史而貶桓玄，二人乃生嫌隙而退兵。桓玄在退兵途中，經廬山曾親訪慧遠。殷仲堪後爲桓玄所殺。而桓玄之後也被何無忌、劉裕所追討殺害。

階段	第一階段		第二階段	
	主敬拜派	主不敬拜派	主敬拜派	主不敬拜派
主要人物	庾冰	何充	桓玄	王謐、慧遠
主要觀點	儒家名教 不可背棄	戒律有助王治	受君德應拜	方外自任 非其服故不拜

佛教信仰在中國傳播之後，其與中國隱逸之風結合而形成的方外勢力，在東晉時期漸引起官方的重視。尤其，方外、隱逸之賓的不受仕祿，遠離世俗，不役、不稅、不敬拜王者等做法，讓爲政者倍感管理上的困擾，也因而在東晉引發了兩次官方要求沙門必須敬拜王者的事件。第一次是發生在東晉成帝咸康六年（340），參與論辯的主要人物有兩位，主張沙門要敬拜王者的車騎將軍庾冰（296-344），與反對敬拜的尚書令何充（292-346），兩人間的爭論文章，現錄於《弘明集》卷十二。[5]第二次是發生在東晉元興二年（403），由欲下詔沙門敬拜的太尉桓玄（369-404）、八座桓謙，與主張沙門不應禮敬王者的慧遠及中書令王謐（360-407）的對話。[6]

（一）第一階段

在第一階段的討論中，庾冰因爲年幼的成帝輔政而矯詔下令沙門禮敬王者，引起尚書令何充、僕射褚翌、諸葛恢、尚書馮懷、謝廣等人奏議反對，此事因而不了了之。在此階段中主張沙門應敬拜王者的庾冰，立於人主治術、維護儒教禮法的完整性及獨專性的角度，認爲：「名教由來，百代不廢」，聖人設教有客觀合情理之用，提供君民依循的法度標準，

---

[5]　《弘明集》卷十二，大正藏第 52 冊，頁 79 中-80 中。
[6]　同上註，頁 80 中-84 中。

俾使上下有序而不惑。佛教徒雖為方外之賓，但亦為常人，不須用違背禮教常度，變易禮典、遺棄名教來實踐其正道。[7]

主張不敬拜派的何充等人，提出「**五戒之禁實助王化**」之說，表明佛教戒律並非與王治相悖而行的。況且，佛法自漢世經傳至今，並無妖妄之事，而孔子亦云禮可依時而有所損益，倘若堅持毀壞戒律，「**令修善之俗，廢於聖世**」，則必致使生民愁懼不安，無所依從。[8]對於何充的反駁，庾冰再假成帝之詔，表示：佛教五戒的律則，粗略比於儒家禮法，看似相同，但實行起來卻仍不夠隆重盛大，是無法與儒家修齊治平的人倫綱紀相提並論。[9]

何充等人乃回應庾冰，再奏言：佛法之傳，自漢魏至晉，不聞有異尊卑、虧損憲章者。沙門焚香咒願，必先以家國福祉為祝。而守戒專篤，守禮如一，以至亡身不吝者，在所多聞，因此並不願因屈膝禮拜王者，行違背戒律之事。[10]然而，庾、何等人的往覆爭論，終究未有實質的結果。

（二）第二階段

第二階段有三次爭論，主要參加的關鍵人物是桓玄，桓玄因贊同第一階段中庾冰的觀點，但認為庾冰的論點還不夠充分。桓玄首先修正庾冰的論點，並與八座桓謙等人的討論沙門禮敬的問題；接著，又與中書

---

[7] 大正藏第 52 冊，頁 79 下：「方外之事，豈方內所體？而當矯形骸、違常務，易禮典、棄名教，是吾所甚疑也。名教有由來，百代所不廢，昧旦不顯，後世猶殆。殆之為弊，其故難尋。而今當遠慕芒昧，依俙未分，棄禮於一朝，廢教於當世，使夫凡流傲逸憲度，又是吾之所甚疑也。」

[8] 大正藏第 52 冊，頁 79 下-80 上。

[9] 〈成帝重詔〉：「且五戒之才善，粗擬似人倫，而更於世主，略其禮敬耶？禮重矣！敬大矣！為治之綱，盡於此矣。萬乘之君非好尊也，區域之民非好卑也，而卑尊不陳，王教不得不一，二之則亂。斯曩聖所以憲章體國，所宜不惑也。」大正藏第 52 冊，頁 80 上。

[10] 大正藏第 52 冊，頁 80 上-中。

令王謐進行三難三答的往覆書返；最後，桓玄更與佛教沙門慧遠進行直接的討論。由於上述三次原書信間的往覆論難過程繁瑣，以下整理三次爭論中，主敬與不敬兩派所各自提出的論點。爭論中主張沙門應敬拜王者的人物是桓玄，而桓謙、王謐及慧遠都是主張不敬拜的一方。

1．主張敬拜的論點

（1）受王德惠，禮應敬拜

桓玄在與八座桓謙的書論中，批判庾冰雖「尊主而理據未盡」，終淪為「虛相崇重，義存君御而已」的結果。而更深層地去挖掘禮教典章所設背後的基本精神——敬。若不存禮敬之心，則其禮制僅是虛相。天、地、王之中，王俱全天地化育之德，今沙門存王域之中，乃方內之民，其生生所資，皆受於王之德惠，豈可不敬拜：

> 夫佛之為化，雖誕以茫浩，推于視聽之外，然以敬為本，此處不異。蓋所期者殊，非敬恭宜廢也。老子同王侯於三大，原其所重，皆在於資生通運，豈獨以聖人在位而比稱二儀哉？將以天地之大德曰生，通生理物，存乎王者。……沙門之所以生生資存，亦日用於理命。豈有受其德而遺其禮，沾其惠而廢其敬哉？[11]

可知，桓玄認為：禮儀的進行本身有其背後象徵的精神，若不心存敬意，則禮儀也只是空架子；若甚至連禮儀都簡省而沒有了，那麼，還能說表達什麼禮敬之意呢？況且，沙門不敬通生理物的王者，難道傲慢地認為自己和聖人一樣偉大，足以比稱為二儀嗎？桓玄此處的批評，雖有其中肯之論，但其以沙門不敬王者的原因在於沙門之自慢無禮，則有可議之處；又，桓玄認為表敬，必在形骸，也仍有可論之餘地。

（2）篤事禮懺，何略儀於此

桓玄與王謐的往覆難答中談到：若沙門認為禮敬只是形骸之外的形式，只要心存敬意，儀式並不重要。那麼，何以沙門也篤事於懺悔、禮

---

[11] 大正藏第 52 冊，〈桓玄與八座書論道人敬事〉，頁 80 中。

拜等形式上？若沙門也篤事於佛門禮懺儀式，何以獨獨忽略君臣人倫之禮？

> 沙門之敬，豈皆略形存心？懺悔、禮拜亦篤於事。爰暨之師，逮于上座，與世人揖跪，但為小異其制耳。既不能忘形於彼，何為忽儀於此。[12]

桓玄此處在反駁王謐之說，質疑沙門對於禮敬的儀節，有雙重標準。沙門對於佛門懺悔禮拜的儀式，乃至對師尊、世人的禮節，雖有小異，但也仍有揖跪之禮。在這些日常的細節中，都可以依循禮法而行，何以獨不能禮敬君王。

（3）禮敬不敦，豈以貴道

桓玄提出的第三個論點是認為：倘若沙門認為略形存心是可以成立的，那麼，心存禮敬但不以禮儀表之，心不存禮敬，也不以禮儀表之，則敬與不敬二者之間，又如何分別：

> 若以功深惠重，必略其謝。則釋迦之德，為是深耶？為是淺耶？
> 若淺耶，不宜以小道而亂大倫；若深耶，豈得彼肅其恭而此絕其敬哉！[13]

倘若不禮敬君王，是因為君王德惠深遠，乃不以言謝、禮敬等淺俗禮儀表之。則沙門禮敬佛陀，豈非以佛之德惠淺薄？又聖人之道，乃道之至極，表現在人倫關係上即君臣之敬，愈是崇敬，禮儀上愈是敦厚。但沙門對君王並不禮敬，如此可謂貴聖人之道嗎？[14]

以上為桓玄主張沙門禮敬的三個主要論點。

桓玄也曾就沙門禮敬問題，致書慧遠二封。第一封是附寄八座書給慧遠，期慧遠為之詮解八座主張不敬之疑惑；[15]第二封則是在慧遠讀完八

12　大正藏第 52 冊，〈答王中令〉，頁 81 上。
13　大正藏第 52 冊，頁 81 中。
14　同上註。
15　大正藏第 52 冊，頁 83 下。

座書，覆信桓玄後，桓玄作出「詔停沙門敬事」決定的致書。[16]信文的內容，明顯一改先前主張沙門禮敬的強硬態度，接受慧遠「求宗不順化」的方外遺形之說，而放棄詔令沙門禮敬王者的想法。因此，桓玄在與慧遠的討論中，並未提出關於主張禮敬的論點。而晉代這兩階段沙門禮敬問題的相關討論，也至此告一段落。[17]

2・主張不敬拜的論點

（1）意深於敬，不以形屈為禮

王謐在與桓玄的討論中，首先提出禮敬不以形跡為要的論點：

意以為殊方異俗，雖所安每乖，至於君御之理，莫不必同。今沙門雖意深於敬，不以形屈為禮，跡充率土而趣超方內者矣。是以外國之君莫不降禮，良以道在則貴，不以人為輕重也。[18]

沙門對萬乘之君，雖沒有形屈禮敬之姿，但卻心懷深敬之意。說明禮敬不在於儀形，而在意念。王謐也首先注意到文化差異的問題，談到沙門崇高的社會地位：「外國之君，莫不降禮」，說明佛教沙門原本在印度等地所受到的尊敬。[19]印度原有君王短期出家的習俗，沙門的地位除了因王者出家而受重視，還因沙門出於四姓而趣超方內。王謐並且提到，沙門受到敬重，甚至連君王也降禮以尊。而君王所重，在其所傳之道，不因人微而輕之，暗示桓玄應貴尚聖道，勿徒求禮敬虛形。況君王有深遠的濟通德惠，誠如諺云「功高者不賞，惠深者忘謝」，又豈是一拜一起之禮，所足以報謝的呢？

---

[16] 大正藏第 52 冊，頁 84 中。

[17] 然而，沙門應否禮敬王者在中國朝野中引起的爭端，並未因此而結束。南北朝至隋代的皇室與朝臣間，仍有相關的爭議。請參考彥琮《集沙門不應拜俗等事》中的蒐羅整理，大正藏第 52 冊。

[18] 大正藏第 52 冊，頁 81 上。

[19] 周伯戡在〈慧遠「沙門不敬王者論」的理論基礎〉一文中，曾分別列舉亞或東南亞的佛教國家如泰國、緬甸與錫蘭等地，沙門的社會地位，以及沙門與皇室政治的密切關係。國立台灣大學歷史學系學報第 9 期，1982，頁 67-69。

（2）非王侯之臣，不盡名教

王謐復以方外之賓，不服方內之禮，故不盡君臣名教之理，表明其沙門不應禮敬王者的主張：

> 夫沙門之道，自以敬為主，但津塗既殊，義無降屈，故雖天屬之重形，禮都盡也。沙門所以推宗師長，自相崇敬者，良以宗致既同，則長幼咸序，資通有係，則事與心應。原佛法雖曠而不遺小善，一分之功報亦應之，積毫成山，義斯著矣。[20]

沙門的日常行事之道，以敬為主。佛法雖深廣亦不遺小善，對師長的盡敬之禮，兼表崇敬與倫序，是事理與行為相應的表現，也是日用生活中的一部分。至於君臣之敬，則涉及方內名教之理。沙門既非王侯之臣，非其身分故不拜：

> 重尋高論，以為君道運通，理同三大。是以前條已粗言，意以為君人之道，竊同高旨。至於君臣之敬，則理盡名教。今沙門既不臣王侯，故敬與之廢耳。[21]

依名教之理，沙門並非朝臣，不在其（臣）位，不行其（臣）禮，故不禮敬王侯。此處不禮敬王侯，是因君王以王侯之位，詔令敬拜，因沙門乃方外之人，與王侯亦非君臣關係，故非其位而不拜，乃有別於日常對師長的敬拜。而王謐將沙門的禮敬問題，置於角色扮演不同而論，分別由人倫上長幼身分，以及政治上君臣身分的差異性，兼顧了倫常之理及沙門不禮敬王者的佛門戒律二者。

在桓玄致書慧遠諮議沙門禮敬問題之前，與桓玄爭論此議題者，皆朝中士大夫，諸如中書令王謐、八座桓謙等人。王謐師事慧遠，僧傳中曾載二人對話。桓謙雖未奉佛，但態度上是贊同佛理的。桓玄為晉臣名門之後，精善儒、玄、佛理，其以沙門禮敬事與朝臣對話，頗有自誇學

---

[20] 大正藏第 52 冊，頁 81 中-下。

[21] 大正藏第 52 冊，頁 81 下。

養之意。但與白衣論沙門禮敬，終究有隔，故桓玄轉而直接向當時佛教界的領袖慧遠發出戰帖論難，在誇耀學識之外，也期望由此論議的成功，得以收編佛門勢力。

由於朝野奉佛者愈眾，佛門勢力的發展快速。桓玄繼父職爲南郡公後，開始一步步積極擴充其政治權力，直至自立爲帝。在這過程中，對於日益興盛的佛門勢力，不得不忌憚三分。[22]此時慧遠與政治人物間的政教關係，是極爲複雜的。慧遠身爲佛教界的領袖人物，有廣大宗教民意的支持，其影響力當無法忽略。況其他政治人物，如晉室正主晉安帝、曾與桓玄合作欲謀奪政權的殷仲堪、討伐桓玄的大將劉裕與何無忌、遭劉裕敉平的亂民之首盧循，乃至與晉室爲敵的北方外族——秦主姚興，不論其奉佛與否，也都或多或少因於政治層面的考量，而與慧遠著保持良好的關係。這些與慧遠往來的政治人物，彼此之間錯雜的關係，但慧遠都能一一與之對應，而不失自身的立場和尊嚴，亦不傾軋於任何一方，足顯其圓通無礙的方便智慧。

桓玄正是因爲賞識慧遠的政治智慧，勸其還俗，欲延攬入仕，而遭慧遠婉拒。之後，桓玄以僞廁佛門之賊住比丘浮濫，乃提出沙汰沙門之議。[23]桓玄之意，一方面在考慮因逃遯佛門而減少的軍事人力及國庫收入，二方面也是正面地削減可觀的佛門勢力。桓玄此議，受到慧遠的贊許，認爲佛門本應有所整頓，淘汰萎濫，[24]嚴以戒律，以復佛門清譽，乃同意有條件地檢擇素質良莠不齊的沙門。[25]桓玄在汰洗沙門之後，收到相

---

[22] 此國主勸沙門罷道還俗之事，並非僅見。北方外族秦王亦曾書勸道恒、道標罷道，二位法師亦致書婉拒。大正藏第 52 冊，《弘明集》卷十一，頁 71 下-72 上中。

[23] 《弘明集》卷十二，〈桓玄輔政欲沙汰眾僧與僚屬教〉，頁 85 上。

[24] 料簡賊住沙門一事，有關「佛教凌遲，穢雜日久」的內容，請參見《弘明集》卷一〈正誣論〉及卷六道恒〈釋駁論〉的記載。

[25] 《弘明集》卷十二，〈與桓太尉論料簡沙門書〉：「或有興福之人，內不毀禁而跡非阿練者；或多誦經論，諷詠不絕而不能暢說義理者；或年已宿長，雖無三科可記，而體性貞正不犯大非者。凡如此輩，皆是所疑。今尋檀越所遣之例，不應問此。」頁 85 中。

當的成效，乃欲更進一步詔令沙門禮敬王者，故致議慧遠，並附上自己與八座間的書論，期望慧遠能如先前汰洗沙門一事一樣，贊同自己的作法。

然而，自慧遠二次覆書桓玄，詮明所以不敬拜之理後，桓玄即放棄先前堅持許久的禮敬主張。桓玄改變主張的原由，或因論辯時久，受眾人影響，又或因慧遠覆書論點所致，但更可能是：桓玄在弘始三年(401)羅什譯出《梵網經・菩薩心地戒品》，到弘始五年(403)慧遠覆信之間，曾讀到《梵網經》中談到出家人不向國王禮拜一事，[26]遂毅然一改自己堅持己久的主張。慧遠在覆信桓玄之後，乃整理桓玄寄來的桓謙書信中的觀點，以及慧遠自己與桓玄間的論難的結果，充而成《沙門不敬王者論》。此論在總結前人觀點外，並有所發明。然而，論成之時，桓玄未及閱讀此論，已兵敗而死。

二、慧遠沙門不敬王者之理據

《沙門不敬王者論》的序文中，慧遠回顧晉代以來爭議沙門禮敬王者的爭論，參與的朝士名賢眾多，雖未能說服桓玄主張沙門應敬拜的心意，但都能各暢所言，各盡其理。然而，桓玄若依其在〈與八座書〉中「教化應以禮敬爲本」、「受王德惠禮應敬拜」的論點，而作出沙門應禮敬王者的決策，則佛法將服毀於塵俗，正道將屈於人事。因憂慮於佛法將淪喪於世道，慧遠乃作此論，欲盡一己之責，期有來士、護法明白文中之理，進而弘揚佛法。

慧遠此論分成五篇：

---

[26] 姚秦・鳩摩羅什譯《梵網經》卷二：「出家人法，不向國王禮拜，不向父母禮拜，六親不敬，鬼神不禮。但解師語。有百里千里來求法者，而菩薩法師，以惡心而不即與授一切眾生戒者，犯輕垢罪。」大正藏第 24 冊，頁 1008 下。

　　第一篇在家，佛教徒以出家爲別，在家居士者，情未變俗，仍爲方內順化之民，奉世俗之禮，乃有禮敬王者之儀。

　　第二篇出家，說明出家人乃方外之賓，形跡皆有別於方內，故不盡名教之理，不行跪拜王者之禮。

　　第三篇求宗不順化，闡述沙門爲求永熄煩惱，選擇不隨順情執驅逐，追求體證終極的價值理想。

　　第四篇體極不兼應，謂釋迦與周孔之道，其方雖殊，歸趣不異，王者若能同時兼備此二者，在體道及應俗上皆可完滿無缺。

　　第五篇形盡神不滅，說明輪迴受生的形上的依據。順化的方內之民，由於情執未離，在體證法性之前，神識仍流轉生死輪迴不斷。

　　此論總以沙門理想的「求宗不順化」爲中心，全文結構上的安排，亦圍繞此主題而發揮，沙門不敬王者爲其中一環。在家、出家對列的安排，凸顯沙門形跡的「反俗而動」，出家的目的，也不同於在家人的求順化（隨順世俗價值，沈湎世樂），避免一再因業力的招感而受生輪迴。由於人的智慧對於視聽之外幽遠的至道，無法瞭解，故能夠體證宗極之道的聖人，往往對六合之外的事，採取「存而不論」的態度，而對六合之內的事則採「論而不議」、「議而不辯」的態度。

　　體證至極的聖人，區分六合內外爲出世體道之智（釋迦）和應俗方便之智（周孔）這兩種智慧，是因爲凡俗之人無法同時瞭解接受此二者。若先是分別瞭解二者（釋迦、周孔）之道而求其類同者，則可知其理必然相通；若先已明白二者理同而求其異者，則可知開悟之道多方。而君王若能兼具聖者與君主的特質，明備釋迦、周孔之道的同異，即是完滿的聖王。而也正是慧遠期許桓玄等政治人物，能夠明瞭、達到的理想。

　　事實上，慧遠並非完全反對佛教徒敬拜王侯的。在第一篇〈在家〉的內容中，慧遠即表示同意桓玄的看法，認爲在家居士，因形跡同於方內，理應大同於順化，而行名教之禮。但當在家者欲出家而受阻於君親

時，則應先奉親而獻君，君親有疑則退求其志，以求同悟。[27]可知，當居士欲出家時，因君親不許可等事，致使因緣不具足時，則必待因緣具足而行，不應強求，方為正法。因此，就居士而言，因跡在方內，世典禮法因人情循世理為序，故仍以世禮為優先，顯見佛法亦循世情而訂適合居士所行的律則，其中仍照顧到名教及人倫之理。

（一）變俗易服，篤勵其志

除上述前賢曾述及的兩點之外，在此論中，慧遠還提出三個不同的論點，來支持其不敬拜的主張：

> 出家則是方外之賓，跡絕於物。其為教也，達患累緣於有身，不存身以息患，知生生由於稟化，不順化以求宗。求宗不由於順化，則不重運通之資，息患不由於存身，則不貴厚生之益。此理之與形乖，道之與俗反者也。若斯人者，自誓始於落簪，立志形乎變服。是故凡在出家，皆遁世以求其志，變俗以達其道。變俗則服章不得與世典同禮，遁世則宜高尚其跡。[28]

沙門是超脫於世俗的方外之人，其尋求出離生死的價值理想也不同於凡俗。由於人生的痛苦，乃根於因緣所成五蘊身而起，故沙門追求出離生死輪迴，故不執著於五蘊暫成的假我，止熄一切煩惱。如此一來，便與世俗所貴重的運通之資、厚生之益等聖人設教之理不同。沙門所求的道理，與表現出的形跡，與凡俗是相背反的。因此，一旦沙門遁世以求志，變俗以達道的志向確定，那麼表現出的形跡，自亦有別於凡俗。

而方外之人，為表明出家修道之志，在形跡上必要作些改變，服章也不和世俗的禮節相同。因為遁世的目的，在修習正法，以高潔自己的

行跡，時時以變俗之服，篤實出家的志向，以戒律無虧自我砥礪，增上修行的資糧。

以沙門方外絕俗，變其服章，使有別於方內的這點為出發點，王謐提出的是：世俗與沙門在裝束上區分方內、方外，是因為沙門並非王侯之臣，故不禮拜（非其位而不拜）；而慧遠則進一步補充：沙門並非王臣，亦非方內之民，變服章以自絕方內形跡，有加強出家身分信念的意義，也有時時自我提醒的意思。

（二）全德之功，同於王侯

若沙門篤志勵行，成就一己德業，其風教流布，在近則足以惠及六親，至遠足以澤流天下，義同於王者生生之德惠：

> 夫然，故能拯溺俗於沈流，拔幽根於重劫。如令一夫全德，則道洽六親、澤流天下。雖不處王侯之位，亦已協契皇極，在宥生民矣！是故內乖天屬之重而不違其孝，外闕奉主之恭而不失其敬。[29]

沙門攝諸善法，廣修菩薩方便法門，目的乃意在度人中完成自度。其發悲願，以普度眾生於沈俗逆流、超拔幽闇重劫為己責，普惠遐邇，其功德深遠，雖無王侯之位，卻有王侯之厚；雖非王侯之臣，而不失其在宥生民的慈。而佛法與儒家名教，理趣所歸，原亦一致無偏，就以生民為重的這點來看，是相同的。[30]故其所為也，無不以助益方內種種而行。故雖無奉主表敬的謙恭之姿，卻不失向王者表示盡己成性的謹敬之心。

---

[29] 大正藏第 52 冊，頁 30 中。

[30] 「以為道法之與名教，如來之與堯孔，發致雖殊，潛相影響，出處誠異，終期則同。詳而辯之，指歸可見。」大正藏第 52 冊，頁 31 上。佛法與名教，皆以民為重，但發殊不同。佛法強調出世間的智慧，名教則重在入世的資通惠生。

（三）生民止惑，各盡所能

沙門與王侯益民之心，用同深廣，然所用之方，卻各有不同：

> 天地雖以生生為大，而未能令生者不化；王侯雖以存存為功，而未能令存者無患。斯沙門之所以抗禮萬乘，高尚其事，不爵王侯，而沾其惠者也。[31]

王侯兼備天地之功，以生生所資，存存爲功，貽養萬民，卻未能令生民無患；沙門無生生之德，不及王侯資生養育之功，但其令生民斷惑斷絕苦之德，則是王侯所不及。王侯提供資足方內世界的一切生活保障，而沙門則提供出離世間離苦得樂的智慧理境。王侯與沙門，二者之於生民，其德惠各有優勝，各有無法取代之地位。故王侯不必以方內之禮，要求拘解於方外之賓。

沙門不禮敬王者，源自天竺舊習，有其獨特的人文及社會背景，但行之中土，因多數人只略見禮儀的表面形式，而未見儀式背後隱涵的意義，因此未免遭中土禮法之士的議論。就以上三點來說，慧遠先是補充了王謐「非王侯之臣不拜」的論點，復以沙門普度方內之功，深廣同於王侯，再點明王侯與沙門所成就的德用，是相輔相成，不可或缺的。此表明，方外的沙門雖不執世禮，但功不異於王侯的特殊身分。正因如此，沙門乃有其不禮拜王者的道理。而在這三點之中，第三點顯得較爲重要。沙門救濟的，是作爲一切根源的心；王者所成就的，是資生惠養的形軀生活，救得了窮，卻救不了苦。

---

[31] 大正藏第 52 冊，頁 30 下。

三、結語

　　歸納二次爭論中諸論者的意見，可分成主敬派的庾冰、桓玄、八座，認為儒家之禮教不可壞，受主惠應敬拜，以及主張不敬派的何充、王謐、慧遠，認為方外應別於方內，不食祿朝廷，不受宗廟禮器，化民有助於德治，不必敬拜。

　　就慧遠來說，桓玄在與慧遠商議沙門是否應禮敬王者這個問題之前，曾先就沙汰沙門一事而就議於慧遠的意見。更早之前，還曾以震主之威的名義，要求慧遠還俗入仕麾下，而遭到慧遠的拒絕。桓玄所看重的，在慧遠識人的才智外，或許慧遠背後所隱藏的影響力，也是他所考量的。其他具野心的權謀之士如盧循、劉裕，或勢單力弱的掌政者如晉安帝，想法無不如此。然而，在慧遠來說，鑽研義學及弘法，才是要務，度脫生死，使更多的人投入四眾，在慧遠來說，並沒有什麼政治意圖，宗教上的意義，才是重要的。[32]

　　慧遠不僅在理論上主張不禮敬王者，事實上不少曾往訪廬山的政治人物，都曾親領慧遠不卑不亢，平肅自處的「不敬」哲學。諸如：桓玄嘗至廬山造訪，不自覺向慧遠敬拜，而慧遠並未行君臣敬拜之禮。晉安帝在班師帝京途中，經廬山下，詔慧遠出迎，慧遠以病辭詔，而安帝反修書致候。其他如殷仲堪、盧循、劉裕等人，雖非君王，但亦一方之將令，皆曾表示對慧遠的尊敬，可知，禮敬不在其形儀，而存在於內心。

---

[32] 儒家思想中亦有如孟子論「民為重，君為輕」的民主思想者，又有「說大人則藐之」的辯士精神，就其所表現的結果固亦有「不禮敬」之實，但在出發點上，則儒、釋所求各有不同。儒家在要求民主、德治的理想下，要求君、民地位的對等，而佛教則要求依循其在印度時的戒律古制（在種姓制度下，印度祭司的地位原本即高於剎帝利；即使君王暫時出家，其地位仍然崇高，故不向執政者禮敬，亦有其原由。此中國沙門之社會處境所以不同於印度沙門之處），以使佛教離開政治而得到宗教獨立自主的權利。慧遠或許曾受儒家思想的影響，但出發點顯然不是由政治上的民主思想、或是辯士說客的角度而來的，而是基於眾生平等的宗教理想，為求得宗教的自主權而倡言的。

　　而慧遠此沙門不禮敬王者的主張，對後世帝王在管理佛教徒、或帝王內化信仰於政治想理，也有深遠的影響。如篤信佛法的梁武帝，即因其個人信仰與政治思考的結合，而形成了「皇帝菩薩」理念。[33]因為若沙門禮敬王者，是落於方內世俗的禮制形跡，則當王者即是佛菩薩的化身時，沙門對之禮敬，即非不如法之行。況且，帝王若身兼儒家聖人治國及菩薩化世的雙重身份，更無非是即現世即淨土的理想實現，也正是如慧遠所期想「合內外之道」的終極理想。而此帝王如來之思考，也隱然對世後中國政治及佛教都產生莫大的影響。

---

[33] 詳細內容請參考顏尚文〈梁武帝「皇帝菩薩」理念形成的時代背景析〉，《佛教的思想與文化—印順導師八秩晉六壽慶論文集》，(臺北：法光出版社，1991 年 4 月)，頁 123-164。

第三節　沙門袒服之中國式詮釋

　　中國儒家禮學旨在明倫定秩，服制除表明尊卑階等的意義外，更在政治上與刑罰的制定有關。儒家禮學在兩晉極受重視，甚至沿承漢末以來以人倫孝悌爲依準訂法，准以五服治罪。佛教沙門的服制裝束，在此時代背景下，自然也受到相當的關注。佛教在中國傳播的過程中，不但在佛學思想方面受到知識分子的關注，在律儀文化方面，也因爲袒露右肩膊之服儀，被視爲無禮，因而引發出：佛教沙門偏袒右肩的服儀是否合乎禮法的討論。相關的討論，主要見於慧遠與何無忌書信中的答問。何無忌與慧遠二人書信往返的時間，依《慧遠研究・遺文篇》之考證，何無忌（?-410）寫信給慧遠約當在義熙三年（407），其時官銜爲江州刺史，鎮守近廬山之潯陽。[1]《晉書》卷八十五・〈何無忌傳〉中云其爲江州刺史「鎮南將軍」，《高僧傳・慧永傳》中也曾提到他：「鎮南將軍何無忌，作鎮潯陽，陶爰集虎溪，請永及慧遠。」[2]因此，慧遠覆信時，稱其官銜而名之爲「何鎮南」。

　　慧遠與何無忌間的對話包括：慧遠自設問答的〈沙門袒服論〉及何無忌與慧遠間的書信往返各一篇（〈何鎮南難〉、〈遠法師答〉）。此三篇書論，現存錄於《弘明集》卷五。因此，本節主要依據的文獻有三篇，依發表次第爲：

　　一、慧遠〈沙門袒服論〉

　　二、何無忌〈何鎮南難〉（又名〈何鎮南難袒服論〉）

　　三、慧遠〈遠法師答〉（又名〈答何鎮南難袒服〉）

---

[1]　《慧遠研究・遺文篇》，頁 419，註二。

[2]　大正藏第 50 冊，頁 362 上。

其中，第三篇〈遠法師答〉爲慧遠覆信何無忌的內容，與現存的慧遠回覆桓玄的〈遠法師答〉（又名〈答桓玄沙門禮敬王者書〉，弘十二）及《沙門不敬王者論・出家第二》（弘十二）等三篇的內容，卻有部分重疊之處。[3] 而〈答何鎮南難袒服〉與前述兩篇重複之處僅數句，除可能爲後人整理錯抄之故外，也可能是慧遠屢以其出世化俗自我心境自我的展現，因而引爲對不同俗家弟子講述的勸勉言語，故有重複，亦不難瞭解。

佛教沙門在特殊的場合下，袒露右肩，並配合右膝著地、合掌等儀節，以表示禮敬之意，乃印度之舊習。然而，沙門偏袒右肩之禮是否符合中國禮教的思考，卻成爲中印文化衝突的一部分。慧遠在與何無忌的對話當中，由傳統思想中亦有袒服之禮，試圖爲佛教沙門袒服在中國傳統服制禮儀上，找到有關的文獻根據。

一、袒服之意義與場合

佛教沙門律制中的服儀，有「偏袒」和「通肩」之別。所謂「偏袒」是指偏袒右肩（梵語 ekāṃsam uttarāsaṅgaṃ kṛtvā），即著僧服時僅包覆左肩，將右肩膊袒露出來；[4] 「通肩」又名「披袒」，則是僧服完全包覆

---

[3] 由於《沙門不敬王者論》的內容，是慧遠整理與桓玄間往覆的問答，再重新擴充而成的論文形式，才因而和慧遠答覆桓玄的信，在內容上有重覆之處。主要重覆的內容，是《沙門不敬王者論》〈出家第二〉這部分幾乎全部的內容；由「出家則是方外之賓」到「同其孝敬者哉」，都可被包含在慧遠〈答桓玄沙門禮敬王者書〉的第三節「出家則是方外之賓」到「同其素餐者哉」當中，除了少數文字上的異動外，也只是該部分內容中文句次第上稍有不同。而〈答何鎮南難袒服〉與前述二篇重覆之處，僅在「凡在出家者，達患累緣於有身，不存身以息患。如生由於稟化，不順化以求宗。」一小段。

[4] 宋・道誠集《釋氏要覽》卷中，大正藏第 54 冊，頁 278 中：「偏袒，天竺之儀也。此禮自曹魏世寖至今也。律云：偏露右肩，即肉袒也。律云：一切供養，皆偏袒，示有便於執作也。亦如仲尼云：矩右袂，便作事也。若入聚落俗舍，皆以袈裟通披之。」

肩，以現福田莊嚴之相。「偏袒」或「通肩」原爲古印度之習俗，後爲佛教所沿用。記載相當多初期佛教戒律的經典《舍利佛問經》中，錄有佛陀對舍利佛說的一段話，論及在不同場合下分別偏袒右肩（右袒）、通肩的意義：

> 修供養時，應須偏袒，以便作事；作福田時，應覆兩肩，現田文相。云何修供養？如：見佛時、問訊師僧時，應隨事相，若拂床、若掃地、若卷衣裳、若周正薦席、若泥地作華、若捷高足下、若灑若移，種種供養。云何作福田時？國王請食、入里乞食、坐禪、誦經、巡行樹下，入見端嚴，有可觀也。[5]

修供養時，必須偏袒右肩，以示對佛陀、師僧之尊敬，此外，隨侍師僧之側時，右袒也較便於勞動做事。種種灑掃進退等勞作供養之事，以通肩之服儀進行，多有不便之處，復因印度氣候炎熱使然，採偏袒服儀，多有其便利之目的。易言之，事師僧時偏袒爲儀，有兩層意義：一以示對師僧崇敬，二以利勞作之便。而以僧服（袈裟）包覆雙肩現福田相之通肩，則著於國王之供養、乞食及個人的坐禪、誦經及巡行樹下之時，旨在入現莊嚴法相，增上白衣之信念，也有自身時時精勤，砥礪自期的意義。可知，在佛教禮儀中，用以表示尊敬致意或便於勞動的「右袒」服儀，傳至中土時，卻因中印文化差異有別，不但未被理解爲禮敬之儀，卻反倒被視爲不合禮法的行止。

《翻梵語》卷三，大正藏第 54 冊，頁 1005 上-中：「僧祇支，舊譯曰偏袒。持律者曰：助身衣。聲論者云：正外國音，應言僧割多。僧割翻爲肩，多翻爲覆肩衣。總說無非助身衣，分別應以覆肩衣爲正。」僧祇支，梵語作 saṃkakṣikā，巴利語作 saṅkacchā，爲覆左肩之衣，爲印度沙門之服儀。原爲比丘尼而制，爲比丘尼五衣之一，襯於三衣裏之內衣，由右腋下交搭至左肩，包覆範圍涵括兩腋、胸部及左肩，衣長過腰。主要於居室中穿著，下可搭裙，後比丘亦得依此律而准用之。

[5]　大正藏第 24 冊，頁 901 中-下。

人類在長期的文化進展中，以符號累積承載意義的文明系統，並逐漸積澱成深層的集體潛意識。印順法師對於佛教裝束及儀式等「表法」符碼中，潛存著一定的文化意義，曾有所說明：

> 在佛法中，有「表法」，認為某一事相，寓有深意，表示某種意義，這是印度傳來的解經法。充分應用起來，那末佛說法而先放光，天雨四華，都表示某種意義。香、華，甚至十指、合掌、當胸、偏袒右肩，也解說為表示某種意義。[6]

不論在講經前佛的放光、雨天華等顯聖現象，象徵著進入「非常」狀態，乃至行者本身又十指、合掌、當胸及偏袒右肩等儀止，不但呈現行者內心極高度虔敬頂禮的象徵意義，而這些顯聖及儀式活動，也同時象徵著由凡俗空間進入到神聖世界的連結。[7]其中，關於偏袒右肩等行止的象徵意義，印順法師在《般若經講記》裏有更詳細的解釋：

> 袒，是袒露肉體。比丘們在平時，不論穿七衣或大衣，身體都是不袒露的。要在行敬禮時，這才把右肩袒露出來。跪有長跪、胡跪，右膝著地是胡跪法。袒右跪右，以表順於正道；合掌當胸以表皈向中道。如論事，這都是印度的俗禮。[8]

二、慧遠的〈沙門袒服論〉

偏袒，是袒露右側臂膊的服儀，在佛經中極常見。例如：向佛陀、菩薩或尊長者請法禮告時，即皆為偏袒胡跪之禮儀。僅管佛教沙門的袒服之禮有其象徵的意義，只適用於行敬禮等特定時機及場合，並非平時皆如此袒臂露肘，但袒露肉體、胡跪的行止，終非合乎中國儒家傳統之

---

[6] 印順法師《中國禪宗史》，頁 170。

[7] 伊利亞德（Mircea Elliade）著，楊素娥譯《聖與俗──宗教的本質》（The cacred & The profane: The nature of religion），（臺北：桂冠圖書公司，民國 89 年），頁 71-79。

[8] 印順法師《般若經講記》，（臺北：正聞出版社），頁 27。

儀節，仍造成部分重視禮教之士不安。誠如劉孝標《世說新語・德行》第二十三條注引王隱《晉書》所云：西晉末玄談放誕之風興盛，不乏王澄、胡毋輔之、阮瞻、劉伶等名士者流「**去巾幘、脫衣服，露醜惡，同禽獸。甚者名之為通，次者名之為達。**」[9]因此乃致禮法之士，不得不起而為禮教作一重整及詮釋，當時即有樂廣為之倡言：「名教中自有樂地，何必乃爾」。而何無忌此處的質疑，亦是繼承以中國儒學禮教為正統者一派的想法。

（一）天竺表敬之禮

慧遠作〈沙門袒服論〉的目的，在解答時人認為佛教沙門偏袒右肩不合禮法的質疑。此論寫成時間，約在西元 407 年左右。文章的內容是慧遠與問論者間的問答，計二問二答。提問者於文章初始所提的兩個問題，分別為：

1・沙門袒服是出自於佛教禮制嗎？

2・三代異制，已有質文之變，而佛教袒服之禮，猶出乎質文之外，當有深致？[10]

這兩個問題嚴格說來，只是一個問題：佛教袒服之禮，有別中土禮制質文之變嗎？其中深意何在？針對這個提問，慧遠分成兩部分作答：先談袒服之禮，復申右袒之理。

慧遠開宗明義地表示，沙門袒服雖為方外之俗，但禮儀之設因地而設，因時而用，各有所依，謂論者不必以中土之禮為唯一設準：

> 玄古之民，大朴未虧，其禮不文，三王應世，故與時而變。因茲以觀，論者之所執，方內之格言耳。何以知其然？中國之所無，

9　余嘉錫校箋，《世說新語・德行》，頁 24。
10　〈沙門袒服論〉，大正藏第 52 冊，頁 32 中。

　　或得之於異俗，其民不移，其道未止。是以天竺國法，盡敬於所
　　尊，表誠於神明，率皆袒服，所謂去飾之甚者也。[11]

　　慧遠認爲，禮儀之制定，乃因時地而制其宜，故三王有質文之變。
[12]質文之制，皆有其對治之目的及用意，原無高下之別。但論者執著於
中國傳統儒家思想的「方內之格言」，復以中土之民情衡度於異域文化，
以爲本土所無者，必爲不合禮法之舉設。慧遠認爲論者困圍於大中華的
意識型態中看待異俗禮法，而視中國禮法爲唯一的禮法標準，故而有此
論述。

　　實則，異俗亦有表敬之禮，固不必以中國爲是。袒服爲天竺「盡敬
於所尊，表誠於神明」時之禮儀，旨在尊長者面前，除去自身過飾之處，
以謙遜自表也。而在中國，亦有袒服之禮。「袒」原亦有爲己身「去飾」
「去美」，以向來者表達敬意的意思，《禮記・檀弓》下：「去飾，去美
也。袒，括髮，去飾之甚也。」[13]原來是用於說明孝子守喪之禮，而此
處以儒家之禮法釋佛教右袒之禮，慧遠呈現的是肯定禮法制定時，雖異
俗間，必有相同的用意，故不必以此是而彼非。論者以方內格言爲是，
慧遠即以方內格言之理應之。

（二）沙門右袒之理

　　慧遠表示，有關記載沙門袒服禮儀的典籍，雖未流於中土，但沙門
所以行偏袒右肩之禮的原因，仍可得而聞。慧遠接著舉出四點佛教沙門
所以行右袒之禮的原因：
　　1・明所行不左。

---

[11] 大正藏第 52 冊，頁 32 中。
[12] 自漢代董仲舒《春秋繁露》卷七〈三代改製質文〉提出三代改製後，夏商周三代
　　質文之變，三統改製的說法，遂爲後人所相沿。
[13] 《禮記・檀弓下》：「袒，括髮，變也，慍哀之變也，去飾、去美也。袒，括髮去
　　飾之甚也。有所袒，有所襲，哀之節也。」（臺北：藝文印書館），頁 16。

2．在辨貴賤名位，以生進德尚賢之心。

3．人之所能皆在右，若行事不隨順其向，則易觸事生累。

4．形有左右，猶理有邪正，二者之來，各乘其本，形理相資。[14]

此處所申明四點原由，皆針對佛教沙門何以祖右而不祖左而來。首先，慧遠表明世尊立教，旨在宣明所行當以端嚴正道為善，禁絕邪逆左道，故以右祖示其誠敬。其次，慧遠由辨貴賤之位論左右邪正，以右為正，以左為邪，謂右祖有助於生進德尚賢之心。其三，由人之行事以右為順，行事若非順向而行，易致災累。其四，由形之左右與理之邪正相配，謂形理相資其道，故應右祖以資其誠正之體。

慧遠舉出的四點原因，反覆申明佛教沙門所行尚右之意。姑不論左右貴尚的問題在中國如何（下文何無忌提出此問時再述），就左右問題在印度本土而言，是貴右賤左的。舉例來說，在印度的傳統習慣當中，用來取物進食的，是象徵神聖清淨的右手，左手則多用於如廁等不淨的行為。而在佛教的傳統中，比丘正規之臥相為獅子臥，即右脅臥，而現淫欲相的左脅臥一般是被禁止的；輪轉聖王及佛應化身的三十二種殊勝相貌中，其中即有身毛「右旋」相[15]；再者，向佛陀、佛塔及尊長行道禮敬，乃以右繞成其禮，由此可觀其行事以右向為尚之意。凡此種種，皆可得見其以右為尊之事。據此，可知佛教在以「右」祖表示禮敬，在

---

[14] 大正藏第 52 冊，頁 32 中-下：「佛出於世，因而為教，明所行不左，故應右祖。何者？將辯貴賤，必存乎位；位以進德，則尚賢之心生。是故沙門越名分以背時，不退已而心先。又人之所能，皆在於右，若動不以順，則觸事生累。過而能復，雖中賢猶未得，況有下於此者乎！請試言之。夫形以左右成體，理以邪正為用，二者之來，各乘其本；滯根不拔則事未愈，應而形理相資其道，微明世習未移應徵。難辯祖服既彰，則形隨事感，理悟其心；以御順之氣，表誠之體。而邪正兩行，非其本也。是故世尊以祖服篤其誠而閑其邪，使名實有當，敬慢不雜。」

[15] 《大智度論》卷八十八，〈四攝品〉，大正藏第 25 冊，頁 681 上。「云何三十二相？……（中略）十二者，一一孔一毛生，色青柔軟右旋。十三者，毛上向，青色柔軟右旋。」

印度有其本土背景上的文化意義。歸納而言，在印度，或在佛教，右方象徵著神聖清淨，左方則象徵著淫邪不正。

三、何無忌對沙門袒服的看法

依此，重新審視慧遠所述「右袒」的四個原由：第一點及第三點，承襲印度佛教以右方為神聖清淨之位的詮釋；第二點以右位為貴為師，結合尚賢思想，成就不順化之宗極；第四點以右為正為導，順著形理相資的思考理路，增上其成就的種子、因緣。慧遠的對「右袒」的詮釋，正可謂：有所沿襲，有所發揮。

在禮學興盛的兩晉時期，代表著當時統治體系中客觀的人倫綱紀的禮制，因天竺沙門服儀的異質文化的介入，產生中外價值判準上的衝突，漢末以來儒家禮制統御的威權性也受到相當挑戰，儒生出身的何無忌對此深感到不安。在閱讀過慧遠回應世俗之問的〈沙門袒服論〉後，[16]於江州刺史任內，藉鎮守近廬山的潯陽之便，乃致書南方的佛教領袖慧遠，亟欲為此事尋求解答。

何無忌的信文不長，用意主要有兩點：

1．禮俗儀形之設，乃在時而用，因事而應之以深淺，後人對聖人設教之遺俗，只因循而已。在方位貴賤價值的取擇上，事實上並無絕對以右為順，以左為逆的順逆之別。

2．老子以凶事處右，吉事尚左，而佛教偏袒右肩之禮，卻與此相反，何無忌以為，佛教的右袒正有如「寄至順於凶事，表吉誠於喪容」一般，是不合於中土民情思想的。[17]

---

[16] 何無忌於信中一開始便云：「見答問袒服，指訓兼弘，摽（案：疑為標字之誤）未文於玄古，資形理於近用。」《弘明集》卷五，大正藏第 52 冊，頁 32 下。

[17] 引書同上註：「儀形之設，蓋在時而用。是以事有內外，乃可以淺深應之。李、釋之與周、孔，漸世之與遺俗，在於因循不同，必無逆順之殊，明矣！故老明兵凶處右，體以喪制不左。且四等窮奉親之至，三驅顯王跡之仁，在後而要其旨可見。

　　何無忌第一點的弦外之意，在指出聖人設教之旨既同，則佛教袒服等服儀之禮，應更適機應俗些，與時地結合而有所損益。宜以中土民情文化能接受之服儀，弘化大法，方更能收其實效。而非徒固守印度舊制，而不知變通。

　　其次，關於左、右，何者爲貴，何者爲卑？考之於中國歷史上有關左右貴賤之爭的說法來看，依清‧趙翼《陔餘叢考‧尚左尚右》考證的結果，貴左尚右之風，並無定說。但可約由時期來劃分：漢依古制，尊右卑左；六朝官序尚左，飲宴尚右；唐宋爲尚左卑右；有元一代以右爲尊；明代自太祖始尚左，至清初仍沿明代尚左之習。[18]而何無忌尚左之論，乃與趙翼考據之結果相符。

　　所謂左右何貴何賤之說，本無定論，對於慧遠對佛教「偏袒右肩」儀制之發揮詮釋，何無忌並不同意，故舉老子以吉事尚左，凶事尚右之例駁之。簡單地說，何無忌通篇所言，並非針對沙門袒露肉體這部分，而旨在批評慧遠在詮釋「偏袒」時，尊「右」賤「左」的情形，因此，乃特舉反例以詰之。

　　平心而論，何無忌的觀點有其客觀可取之處：積極要求佛教弘法者在傳法的對機應俗上，應有更變通的詮釋與轉化。然而，這裏牽涉到宗教本質的問題，究竟宗教應俗而化，教制因事、時、地制宜而改，其與教義間微妙互動改易、延伸的部分，能夠改變到什麼樣程度，其極限何在？或者，並無極限？

　　寧可寄至順於凶事，表吉誠於喪容哉？鄭伯所以肉袒，亦猶許男輿櫬，皆自以所乘者逆，必受不測之罰。以斯而證，順將何在？故率所懷，想更詳盡，令內外有歸。」

[18] 清‧趙翼《陔餘叢考》卷二十一，（臺北：世界書局，民國49年初版），頁6-8。「兩漢尊右卑左，久爲定制。」「六朝時官序已皆尚左。」「唐時朝制尚左，尤有明證。」「此又宋以來尚左之可考者。」「至有元一代之禮，則皆尚右。」「今之尚左，則自明太祖始。太祖稱吳王時，猶沿元制尚右，以李善長爲右相國，徐達爲左相國。及滅張士誠後，始改禮儀尚左，乃以李善長爲左相國，徐達爲右相國。」

　　假若可以同意佛教在印度本土，即有所謂的初期佛教、部派佛教，乃至大乘佛教的思想「發展」過程，那麼，既然有所謂的「發展」，也就是同意在「過程」中「差異性」的合法存在。正因為在過程中有這些種種「異質」的介入，才造就了「發展」的可能性。佛教的教義從初期佛教發展到大乘佛教，甚至跨越國界，成為世界性的宗教，其中產生豐富多樣的面貌，正是不斷吸收種種「異質」文化之精髓而鍛鍊成就的。但我們並不會因此而排拒某些地區的佛教不是佛教，誠然，佛教作為一種宗教，並非以地域為劃分標準的，而是以宗教的根本精神作為宗教哲學依止的判準。由此可知，宗教是活的，可以因事、時、地制宜，只要把握住佛教根本的精神思想，也就掌握住了佛法自由無限的大用。

　　所以，當何無忌為佛教服儀的不夠應俗，而發出應修改以適中土民情需求之論時，慧遠則朝另一個方向去：為沙門袒服尋找中國禮法上的根據。慧遠此舉，不僅維護住宗教儀制之莊嚴性，亦深知袒服一事並非法病而為人病的問題，只要在思考上克服了肉袒乃中國固有之禮，並非無禮之胡俗，則何無忌所提之問，便得以解決。

四、「反俗而動」的袒服論

　　對於何無忌之的提問，慧遠主要回應兩點。

　　首先，對於何無忌認為佛教在華弘化，儀節上宜對機應俗而有所損益一事，慧遠表示：孔子的「子釣而不網，弋而不射宿」，先王之用三驅之禮，網開一面，雖失前禽而不吝等，這些物我如一的慈愛表現，與世尊「無緣大慈，同體大悲」的遠心，應該是沒有階差之別的。因此，孔周與釋氏二者，雖殊塗而同歸，實無須相斥。[19]其次，針對何無忌反

---

[19] 大正藏第 52 冊，頁 33 上。「常以為道訓之與名教，釋迦之與周孔，發致雖殊而潛相影響，出處誠異，終期則同。但妙跡隱於常用，指歸昧而難尋逐，令至言隔於世典。」

駁慧遠尚右說的部分，慧遠堅守於其在《沙門不敬王者論》裏曾申明「不順化以求宗」的理念，再次藉以詮釋沙門右袒的原因：

> 沙門則不然，後身退己而不嫌卑，時來非我而不辭辱。卑以自牧謂之謙，居眾人之所惡，謂之順。謙順不失其本，則日損之功易積，出要之路可遊，是故遁世遺榮，反俗而動。動而反俗者，與夫方內之賢，雖貌同而實異。何以明之？凡在出家者，達患累緣於有身，不存身以息患，知生生由於稟化，不順化以求宗。[20]

慧遠先就何無忌所駁申論，中土先王定制，明左右之分，吉事尚左，凶事尚右等事理，此乃世俗所謂的「順」。而佛教沙門不然，修行的則在求「不順化」，目的在出離生死，不再受業報輪迴之苦，故沙門不追逐世情好惡，以其「動而反俗」的行止，自別於流俗外，以方外姿止，時刻自我提醒。因此，佛教沙門的理想並不在冀求世俗價值中的「順」，沙門所謂的「順」，則在「居眾人之所惡」，後身退己、不辭辱，謙順以行忍辱波羅蜜。佛教沙門以偏袒右肩爲禮敬之服儀，表面上與中土以凶事處右，吉事尚左之「傳統」似有相悖之處，實則，此正是慧遠所云沙門求不順化「動而反俗」的目的，出家原即不在隨順世情，以服儀別之，自我提醒。

五、結語

最後，慧遠在的結論裏，重申回應何無忌禮與世變的觀點。慧遠認爲過去在「所謂吉凶成禮、奉親事君」等意識型態下的種種言論，無非是立於單一獨斷的有限論述，倘若始終無法由此自我封固的一域之言中跳脫出，客觀地檢視各文化之優劣，又如何能達觀其變，而自求應變之

---

[20] 大正藏第 52 冊，頁 33 上。

道？[21]易言之，慧遠建議何無忌不妨放下單一的意識型態，重新審視異質文化的差異，再作取擇。

世人認爲佛教沙門袒服不合中國禮法，慧遠乃爲此應俗地尋求合於世俗的詮釋。慧遠除爲沙門袒服找到儒家文獻上的根據，並爲右袒作中國式的詮釋，目的在回應世俗，誠如其在〈體極不兼應〉中所謂周孔與釋道有相通之處，不須相斥，自然也想爲佛教律制在中國禮法中找到合法的詮釋。此外，慧遠對沙門律制右袒示敬的堅持，也隱然呼應其《沙門不敬王者論》中，判分出家與在家二者身分的外在服制的需求。由此，引伸出慧遠以方外之賓自任而自求不順化的決心。

---

[21]「然則，向之所謂吉凶成禮、奉親事君者，蓋是一域之言耳，未始出於有封。有封未出，則是翫其文而未達其變。若然，方將滯名教以殉生，乘萬化而背宗。」大正藏第 52 冊，頁 33 中。

第四節　儒典在慧遠思想中的分位

　　慧遠幽棲廬峰三十年的歲月中，除了講經弘揚佛法之外，也對俗家弟子講授《三禮》、《毛詩》等儒典。但現存關於慧遠思想之研究，多集中在慧遠的佛學思想及與老莊思想關係的研究上。對於慧遠有關儒學方面論述的研究，則付之闕如。本文主要目的在整理慧遠散見各處，有關儒學思想之論述的殘文。並依此重構慧遠儒學思想的殘存樣貌，進而評詁儒學在慧遠思想中的分位。

　　現有的研究，對慧遠與儒家經學關係之研究，則尚未有專文出現。究其原由，或有兩點：一者，由於史傳文獻中所載慧遠經學相關的文獻不豐；其次，過去研究的焦點多集中在佛學與魏晉玄學時空背景因素的結合上，對於慧遠曾為儒生身分，且晚年在廬峰兼授儒經予雷次宗、周續之、宗炳等儒士之事，較為忽略；而長久以來在慧遠與東晉經學關係方面的研究，也是付之闕如的。

　　雷次宗為慧遠俗家弟子，以研究禮學著稱晉宋之世，時人甚至有「雷鄭」之美稱，以為與漢代禮學大家鄭玄齊名。雷次宗曾受召為皇太子講《喪服》，亦注《喪服》，而其著名的《略注喪服經傳》據宗炳所言乃是慧遠之學。就此而言，慧遠之儒學有一定的研究價值。而觀察身為佛教比丘的慧遠傳授儒典的立場，在東晉至南北朝儒釋道三教思想發展史中的地位，即是本文研究的重心。

　　基於前述慧遠經學未有專文研究的第一項原因，在評估現存第一手資料貧乏的因素後，期為慧遠的經學思想回復原貌，雖有客觀的困難度，但本文仍自期勉力而為的，在以下兩點：首先，整理慧遠散落於史傳文獻各處的零星殘文斷句，就現有的資料，觀察其經學思想特色；其次，分析儒家經學思想在以「方外之賓」自任的慧遠思想中的特殊定位。

一、慧遠「隱而不隱」的仕隱觀

（一）古代知識分子的仕隱

自孔子之後，中國儒士對亂世時自處之道的看法，經常表現在「邦有道則現，邦無道則隱」，以及「危邦不居，亂邦不入」退隱自守的仕隱觀上。[1]漢末黨錮之禍對碩儒高士的政治迫害，許多儒士的歸隱，間接導致官學衰微，私學大興。[2]魏晉南北朝朝代更迭尤為頻繁，許多不願事二主，或保留儒家仕隱觀念的知識份子，紛紛隱遁山林，或幽居沈潛，或興學、著書，不論獨善其身，抑或淑世繼學，皆各抒個人理想懷抱，安頓身命而已。

古代知識分子的退隱，或因無法實現經世濟民的理想，只好無奈地退離仕途，或援筆著述，或興學傳經，如鄭玄、范宣；或如陶淵明由壯年的逸興遄發，到晚年無奈淡薄自足於耕讀生活，甚至無心於著述傳經；又或消極地退隱遁世，尋求塵世之外另一種生命情調，追求神仙道家登仙入道的出世理想，如葛洪等，[3]都可以看到傳統知識分子所選擇的退隱形態。

如前所述，漢末私家講學興盛所由，乃受黨錮之禍影響。大批名士碩儒於政治角力中失勢，被迫下台。在維持生計和傳承學脈的雙重因素

---

[1]　《論語·靈公》載孔子稱讚史臣蘧伯玉邦有道則仕，無道則卷而懷之的節操。餘於〈憲問〉〈公冶長〉等篇，也論及君子於國家治亂之際的進退之道。〈泰伯〉篇也談到「危邦不居，亂邦不入」君子在亂世中退守自持之道。班固和司馬光也於史傳中屢引《論語》的仕隱觀。

[2]　牟鍾鑒〈魏晉南北朝時期的經學〉，林慶彰編《中國經學史論文選集》上冊，（臺北：文史哲出版社，民國81年10月初版），頁450。唐翼明《魏晉清談》，（臺北：東大圖書公司，民國81年10月初版），頁171-178。

[3]　《晉書》卷七十二·列傳第四十二〈葛洪傳〉，頁1913。

下，東漢名儒如鄭玄開館講學授徒，一時風聞遠至的學子，雖亦有可觀，但漢末經學的發展，在讖緯災異的掩蓋下，已無復西漢初期之盛況。私學興盛的這股風潮，對於魏晉經學的復興也有相當的影響。事實上，私學的鼎盛亦不啻可視爲漢儒退守仕隱觀之延伸。而自佛教傳化於中土之後，薙髮袓服的出家修行，也爲知識分子在傳統的退隱之途外，另啓一新的蹊徑。

自東漢初年明帝永平求法的傳說到楚王英奉佛，佛教之弘盛可說由王公貴胄的支持開始的，漸漸地民間的信奉者也多起來。佛教在中國的傳布，帝王的提倡是一股重要的助力。早期佛教史上重要的義學僧道安，在觀察政治勢力對佛教傳播的影響力時，即有「**不依國主，則法事難立**」的體認。[4]事實上，佛教的出世情懷與入世濟俗之間，並非截然對立。

出家可以爲「方外之賓」，但也不一定是全然地出世，菩薩道精神的具體實現，必定是在利他中完成自利的。而這種釋家「隱而不隱」的隱逸觀，是與大乘佛學的菩薩精神結合的，與儒家經世濟民的成己成物，前者身處方外，後者身在俗世，二者實可謂互爲表裡的。

魏武帝曹操取才不必以德見用，漢末以德孝徵辟之制所維持的儒家道德標準，亦隨之瓦解，社會價值體系的變動，同時表現爲民心的浮動不安。沿續漢末清議的談風，正始以後，崇尚莊老放達的風氣益盛，至晉猶然。司馬懿藉高平陵事變奪權後，陰險多疑而大量誅殺異已，又恐其親族復仇，而下令「夷三族」，一時牽累者眾，名士被殺者殆半。

除魏室的曹爽兄弟被殺外，名士何晏、鄧颺、丁謐、畢軌、桓範等人，皆在此禍之遭到殺害。繼至嘉平、景元年間，名士幾被司馬懿之子司馬師、司馬昭殺滅殆盡。苟得以避禍者，或頹志噤聲，或放逸隱遁，另覓生命安頓之歸依。部分知識分子在此緊張自危的低迷氛圍中，不願扭曲自己苟求富貴而隱逸於丘壑，傳經授業，其所行也，誠如《論語》

4　《高僧傳》卷五·〈道安傳〉，頁352上。

所讚許「邦有道則仕，邦無道則隱」之退守仕隱，[5]其所抉擇，與其謂爲獨善其身，毋寧謂其傳經授業爲另一種沈潛而積極淑世的履踐。而在思想發展上，兼修儒、道，會通孔老，實爲正始至兩晉之際的思想特色。

（二）慧遠的「隱而不隱」

慧遠原爲儒生，其隱逸性格之形成，與一生學習之境遇有密切關係。慧遠隨舅父至京洛求學未久，值石虎死，世亂，遂心懷隱志，欲渡江東從名儒隱者范宣，唯路阻未果。此其最初心慕范宣德操，以儒家隱居傳道爲志的歸隱動機。後於太行山聞道安說般若空理，乃志慕佛家法義而隨道安出家，四處弘法（354－379），此慧遠爲躲避戰禍而隨師十方雲遊弘化之時期。直到道安爲朱序所拘，分付徒眾，慧遠乃南下羅浮山，途經潯陽，見望峰足以息心，復因慧永之挽留而決定幽居廬峰，自此不出廬峰，卒終老於此，成就其歸隱淨地修行的決心。

正如慧遠在答覆桓玄徵問沙門禮敬王者問題時，曾提到的：

> 是故，凡在出家，皆遯世以求其志，變俗以達其道。變俗則服章不得與世同禮，隱居則宜高尚其跡。夫然，故能拯溺俗沈流，拔幽根於重劫，遠通三乘之津，廣開人天之路。[6]

慧遠以「出家」的「方外之賓」自任，但其謂「出家」雖以出離世間爲追求的目標（皆遯世以求其志），而成就的方式，是在變化凡俗眾生，不離世間而求得正覺（變俗以達其道）。換言之，乃在利他中成就自利的菩薩行道。與儒家主張"邦有道則修身見於世，邦無道則獨善其身而隱"的仕隱觀，稍有差異。儒家的隱退，積極意義上是爲了求得長

5　嵇康〈釋私論〉曾論及其隱逸觀。《嵇中散集》卷六：「是以申侯苟順取，棄楚泰宰嚭耽私，卒享其禍。由是言之，未有抱隱顧私而身立清世，匿非藏情而信著明君者也。」（臺北：中華書局，四部備要・集部），頁4。

6　《弘明集》卷五〈沙門不敬王者論〉出家第二，（大正藏第52冊），頁30上。

遠的仕進，以為正德利用厚生而沈潛準備，其經世濟民的必須以仕進為根本條件，因此，利民與修身之間，依仕隱之異而有時間上先後次第之別；而佛教徒的出家，其投簪薙髮以方外之賓自任，在心境上自覺區隔於迷染，也時時警醒惕厲精進，以求在利他中同時完成自利。慧遠由早期欽慕范宣儒家式的隱退，到追隨道安出家而欲自度度人，至晚年身隱於廬山而心有所寄，其求隱之心似始終如一，但由其早年儒家式獨善其身的退隱，到晚年佛教菩薩道化兼道俗的「隱而不隱」，卻可觀察出其隱退思考上的轉變。

慧遠早年儒家式的隱退性格，在出家後，與宗教濟世救俗的菩薩道思考相融通，而形成其「隱而不隱」的特殊類型。由世亂而欲求隱於高山深林自修，又由於慕名而來求法者眾，而隨順因緣為其講授內外典。其身隱於野，復不忘眾生苦者，乃真以佛法不離世間覺的菩薩道為根本精神之體現，自有別於莊老名士之獨棲高隱，自求個人精神之放曠逍遙。

慧遠棲止廬山的三十年間，慕名至東林寺道場參拜求法者，除佛門四眾及方外之士外，也涵括雷次宗、劉遺民、戴逵、殷仲堪等儒、道名賢高士，甚至國主晉安帝、具政治野心的武將桓玄、謀叛者盧循等政治人物也都曾與慧遠有所接觸；因此，慧遠在講釋佛經之外，也隨順俗眾而兼弘儒典，其座下弟子亦不乏為當世之名儒者，如宗炳、雷次宗等。慧遠在廬山分別以內外典兼化道俗，正其「隱而不隱」的真實體現。

就佛門弟子修習教內外經典而言，在天竺，沙門修習外典，目的在對抗外道之詰難；在中國，沙門修習外典，除對應於儒、道之質詰外，復基於好善融通的文化特性，而對外典的應俗價值存有較大的保留空間。本文主要處理範圍，即在慧遠於廬山講授儒典的部分。而慧遠的隱逸性格與經學的關係，則與名士玄談所資之內容綰結起來。

二、儒經注解與玄談之關係

　　清・顧炎武在《日知錄》卷十三・〈正始〉條下，曾引述《晉書・儒林傳》之語，認爲魏晉談風對正統儒學的傳承有極負面的影響。[7]此段文字經常被後人引述，作爲「清談誤國」說之所資。[8]然而，清談是否誤國，依《世說新語・言語》所載，晉代的太傅謝安已提出了對清談誤國這種說法的質疑。[9]誠如唐翼明在《魏晉清談》一書裏中肯的駁論，六朝更迭頻繁之要因乃在政治因素，非關名士清談的內容。[10]顧氏此論雖爲世所重，屢遭徵引，然其論魏晉經學衰落現況之指陳，未免有過實之嫌。事實上，玄風雖爲時勢所尚，但並非學術思想發展的底層主流。反觀此時期玄學、佛學、道教等思想的開展，莫不以儒學爲依託，方能符合人主執政需求而被接納，並依爲建立社會秩序，安撫人心的根據。

　　顧氏說到魏晉時期莊老放逸，儒學的衰亡，是概括式的說法，實際上儒學並非因玄風而沒落，只因政治權力的移轉急速，名、法之學有復興之勢，[11]而打破漢代以來儒學獨尊的局面，故有儒學全面衰亡之錯覺。

7　清・黃汝成《日知錄集釋》上，卷十三：「魏明帝殂，少帝即位，改元正始……一時名士風流，盛於雒下。乃其棄經典而尚老莊，蔑禮法而崇放達。……然而《晉書・儒林傳序》云：『擯闕里之典經，習正始餘論。指禮法爲流俗，目縱誕以淸高』，此則虛名雖被於時流，篤論未忘乎學者。是以講明六藝，鄭、王爲集漢之終；演說老、莊，王、何爲開晉之始。以至國亡於上，教淪於下，羌戎互僭，君臣屢易，非林下諸賢之咎而誰咎哉？」（臺北：世界書局，1962），頁306-307。

8　新校本《晉書》卷四十三・〈王衍傳〉：「嗚呼！吾曹雖不如古人，向若不祖尙浮虛，戮力以匡天下，猶可不至今日。」頁1238。

9　《世說新語・言語》第七十條：「王右軍與謝太傅共登冶城。謝悠然遠想，有高世之志。王謂謝曰：『夏禹勤王，手足胼胝，文王旰食，日不暇給。今四郊多壘，宜人人自效。而虛談廢務，浮文妨要，恐非當今所宜。』謝答曰：『秦任商鞅，二世而亡，豈清言致患邪？』」，頁129。

10　唐翼明《魏晉淸談》，（臺北：五南圖書公司，民國85年），頁331-334。章太炎已在其《五朝學》中駁斥顧氏此論。（《章太炎全集》第四卷，上海：上海人民出版社，1985年，頁76-77）

11　林登順《魏晉南北朝儒學流變之省察》，（臺北：文津出版社，民國85年），頁39

在晉室有意的建立維持下，儒典在集解、集注上的整理研究，在兩晉時期的發展，仍有一定的成果。

（一）晉帝提倡經學

　　馬宗霍在《中國經學史》談到了晉室對儒學的崇興：「晉承魏緒，武帝崇儒興學。先儒典訓，賈、馬、鄭、服、孔、王、何、顏、伊之徒，章句傳注眾家之學，置博士十九人。」若就立為官學博士的數量編制而言，漢承秦制，立七十餘博士，[12]晉固不如漢，然究魏晉之際玄風所掩，晉室為使儒學回歸主導地位之用心，仍有一定的積極意義。司馬氏出身儒學世家，在取得政權之前，對於當世玄言家上不臣天子，下不事王侯的乖僻，早已無法容忍。在高平陵事變（249）後，藉故誅殺名士之舉，其用心不難發現。晉武帝取得天下後，崇興儒學，標舉以孝治天下，設置經學博士十九人，又聽從傅玄之建言，以儒學為王教執政之本。惠帝元康三年（293），立國子學，同時國子祭酒裴頠，請修國學，儒生受教育的機會增加。可見儒學在西晉可謂有相當程度的復興。

　　然至西晉末懷、愍之際，喪亂頻迭，禮樂服制蒙遭破壞。晉室東遷，元帝即位有意的整飭，修學校，置博士：「晉初承魏制，置博士十九人，……及江左，初減為九人。元帝末，增《儀禮》、《春秋公羊》博士各一人，合為十一人。後又增為十六人，不復分掌五經，而謂之太學博士也。」[13]其對振興儒學及改革博士制度的努力，確實可見。此外，東晉諸帝對儒學甚為推崇，晉成帝於咸康三年（337）立太學。至穆帝年間，帝親講《孝經》。淝水戰後，孝武帝增置太學生百人，又徵聘處士戴逵、龔玄之等人，以風厲名節。凡此舉措，皆表現晉室捍衛儒學之用

2。

[12] 馬宗霍《中國經學史》，（臺北：臺灣商務印書館，民國 55 年），頁 66。

[13] 新校本《晉書》卷二十四·〈職官志〉，頁 736。

心。

表面上好尚三玄之談風興盛，固對兩晉經學有相當的影響，但經學並未完全喪失其社會文化結構中的根本基礎。具體表現在名教與自然之爭，孔老會通之議題上，而事實上，玄談者談辯之資，亦莫不立於嫻熟儒典名家注疏之說上，其中尤其《周易》、禮學的討論為最。[14]玄談的內容實亦佛學得以在中國傳衍之橋樑，而經由玄談，佛學與儒經也因而形成一種微妙的相互關係。此時期參與談風的名士高僧兼通儒釋道三家之理，亦為常習。

大體說來，兩晉時期的經學，不但打破今古文經之爭、家法師法的藩籬後，形成鄭學和王學之爭，自王弼、何晏以玄學注《易》、《論語》，佛教以儒學思想比附佛理來看，也打破了儒、釋、道學說的界線。由立為官學來看，大抵西晉尊王學，東晉崇鄭學，然仍多循漢儒訓詁解經之傳統，為儒經作注解。而由於兩漢至晉，儒典注解之數量已多，此時期的儒典開始有蒐集、集解的整理成果出現。由此，博通數經則成普遍之現象，而嫻熟諸經及各家注解之見，以資談助，遂蔚為新趨勢。

（二）儒經注解為談玄之資

過去許多學者在審視魏晉南北朝經學的特質時，學者的研究角度通常是站在儒家本位的立場，而說經學「玄理化」的。[15]倘若更換一個角度來看，綜觀各家為儒典作注的儒生，其修學歷程中，多自幼即博覽儒典，及長，其與人交遊談辯，用此由來熟爛於胸之儒典思想，以為談話

---

[14] 論《易》的部分請詳唐翼明《魏晉清談》，頁93-100。論《喪服》的部分請參考皮錫瑞《經學通論》第三篇·〈三禮〉·〈論古禮最重喪服六朝人尤精此學為後世所莫逮〉條之說明，（臺北：臺灣商務印書館），頁39-41。

[15] 李威熊《中國經學發展史論》上冊，（臺北：文史哲出版社，民國77年12月初版）：「經學之玄理化」一節，頁225。林登順《魏晉南北朝儒學流變之省察》：「此外，何晏、王弼之玄學化經學，亦流布其間。」頁190。

題材之資，亦理所至當。

　　《世說新語》中曾載錄時人談話引述《易》、《詩》、《禮》等儒典思想，以爲爲談助的事例。[16]而慧遠與道恒論易體「不疾而速」之爭辯、和玄學家殷仲堪談易體寂感時，殷氏的遊戲玄論，都不約而同地以《易傳》爲題材。若然，亦可謂：玄談在某種程度上，也是透過儒典的內容來達到溝通交流的目的。在清談活動中，儒典並非單純地被視爲玄理化的對象，它相當程度地保有了經傳注疏中原始的意義，換言之，玄談過程中被提到的儒典內容，必須在相當程度上保留（引文在經、傳、注中的）原始意義，方能構成溝通的功能。

　　除此之外，儒典內容在不同談話情境中被徵引，有兩方面的原因：一方面，由徵引者的動機來看，儒典被視爲「經典」而具有神聖性，其文字或思想被徵引，是爲了提高談話的社交性及正式性；二方面，由儒典本身的原始意義與個別語境徵引下的脈絡意義來看，後者的成立是基於前者，而後者復因談話時的個別語境差異，而使得徵引儒典文字時，其書面原始意義與談話時語境的脈絡意義產生了相互的雙重對話性，而所被徵引之儒典文字或內容，其意義因徵引使用而產生變化，或被豐富了其內在意涵。

　　儒典思想既爲玄、佛思想藉以爲中介的橋樑，又爲時人賴以溝通的方法，則儒典在玄談中的地位，當不僅是被玄理化的經學，而是基本的思想基礎，也是時人在溝通時所以可能的基本前提。因此，曾爲儒生的慧遠，所以在廬山也傳授儒典，背後原由亦不難得知了。

---

[16] 《世說新語》〈德行〉第 38 條載范宣八歲引論《孝經》「身體髮膚，受之父母」之事。〈言語〉第 6 條載客與陳元方答問之事，引《易繫》「二人同心其力斷金」之語。第 7 條論《春秋》之親親、異內外，與第 12 條載鍾毓、鍾會兄弟偷酒喝時論飲酒之禮一事。（第 4 條載孔文舉之二子偷酒論禮一事，與此條內容相同，或傳聞既久，失其原委。）〈文學〉第 3 條載鄭玄家婢遭遷怒而受罰時，誦《詩·衛·邶·柏舟》以自申處境之事；第 29 條載桓溫日集名賢論《易》一卦；第 61 條載慧遠與殷仲堪論易體事。

三、慧遠有關儒經的論述

誠如前章所述,在有部律典《十誦律》有條件地允許外典的學習,慧遠也在東林寺兼授儒經。然而,慧遠講授儒典時的態度,是在方便接引學人,還是有意地融合儒、佛?實有進一步深究之價值。

慧遠出家前博習六經,出家後並未放棄世典之修習與傳授,曾於盧山兼授《易》、《喪服》、《毛詩》等儒經。而其傳授儒典,並非作為佛典之註腳或比類之用,其所授儒經內容有其純粹和獨立於佛典的特質。這一點由其弟子雷次宗和周續之所傳的《喪服經傳注》中,可得知。

慧遠兼通數經,殆為魏晉南北朝不專守一經的風氣使然。因既不以章句訓詁為尚,而重義理之探求,故兼通數經,以相發明,乃蔚成風氣,儒家解經傳統受到極大衝擊,經師不專一經,亦成必然。此外,東晉偏安江左,玄談好尚,釋、道並行,為融通各家學說以資談助,不論主張何家何派,援筆為文,或著論相詰,當必明敵我論見,兼修內外逐為基礎,亦時勢所趨。而玄、釋二者所共者,皆在以儒典為橋樑。

在慧遠現存的作品中,並無相關完整的儒典著述。在慧遠本傳及弟子們的相關資料中,雖談到慧遠曾在盧山講授儒經,但其具體內容卻能僅能由後人引述到的斷句殘文中得知。在復原慧遠有關經學論述的完整思想上,在執行上存在著一些客觀條件上的困難。

觀察慧存作品中慧遠曾引述到的儒典,主要的是《易》,尤其是《易傳》的〈繫辭〉和〈文言〉。其次提到過的儒典為《孝經》、《儀禮·喪服》、《毛詩》、《論語》和《春秋》。而其中,除了《易》的部分有較清楚的敘述外,其餘慧遠提到各部儒典時的資料,皆極簡略。

(一)《易》

慧遠爲河北省雁門人，少時曾至河南省洛陽一帶學習儒經，推測其時所習《易》學，可能是「北學」。但南下至盧山後，則學王弼、韓康伯的《易》學，尤其韓康伯釋《易繫》之說，在慧遠論《易》時屢被徵引。

1・易以感爲體

《易》是三玄之一，而論《易》體乃當時清談主題。論《易》之風始自魏正始（241-249）前後，談論的主題圍繞在《易繫》「書不盡言，言不盡意」的詮釋上。清談的範圍不僅在語言方法使用上的言、意關係，也探究形而上易體，以及聖人體道的問題。《世說・規箴》注引述了主張言不盡意管輅對何晏言盡意之評論，[17]荀俁與荀粲兄弟也對聖人立象盡不盡意有相關的討論，[18]繼之王弼作《周易注》、《周易略例》，餘如鍾會作《周易無互體論》、《周易盡神論》、鍾繇作《周易訓》、阮藉作《通易論》等，至西晉論《易》略稍衰。至東晉永初（345）年，簡文帝司馬昱曾邀名士共論《周易》，以主客對論的方式進行，先發言者爲主張言盡意派的孫盛，作有〈易象妙於見形論〉，繼之辯方發言的有殷浩、劉惔、王濛、謝尙等人。孫盛先勝殷浩而後敗於劉惔。[19]此論《易》之風，由正始延續至東晉。

慧遠與殷仲堪談論易體，援引《周易・繫辭傳》言易體「寂感」之言。太元十七年（392）冬，殷仲堪在往荆州途中，曾過山會晤慧遠，對他表示尊敬之意，二人並共臨北澗相論「易體」於松間，相談投契，雖時逝而不疲，殷乃歎云：「**師信識深明，實難庶幾**」。後殷氏問易體於慧遠，慧遠示之《易》以寂感爲體，不以神蹟顯幽微。

> 殷荆州曾問遠公，**易以何爲體**？答曰：**易以感爲體**。殷曰：**銅山**

---

17 《世說新語・規箴》第 6 條注引《管輅傳》，余嘉錫《世說新語箋疏》修訂本，（上海：上海古籍出版社，1993），頁 552-553。

18 新校本《三國志・魏志・荀彧傳》注引何劭所作《荀粲傳》，頁 319-320。

19 事見《世說新語・文學》第 56 條。《文學注》並略引孫盛之〈易象妙於見形論〉之文。余嘉錫《世說新語箋疏》修訂本，頁 238。

西崩，靈鐘東應，便是易耶？遠公笑而不答。[20]

　　殷仲堪辯才宏博，遠公因指泉水云：「君之辯，如此泉涌。」後世乃名遠公所喻指之泉爲「聰明泉」。[21]這是有關殷仲堪會晤慧遠，談論易體的相關記載。對於易體，慧遠的理解是相合於韓康伯系統的義理易，而非象數易的。韓康伯續王弼《周易注》作〈易繫注〉，其思想特點即在於易體寂感的發揮。知幾動微的易體，是「寂然不動，感而遂通」體用不二的關係。然而，殷仲堪直以物象之幾，變動之微爲易體本身，正是不解正始以來論《易》之思考脈絡。

　　如前述，正始以來論易，大分兩派，一派主言盡意，一派主言不盡意。言盡意派的代表人物爲歐陽建，其立論於認識論的角度，說明名言與萬物、事理的對應關係是後起的，由此說明名言乃依於事物特質而訂定的，故二者之間有必然的對應關係，由此說言盡意。[22]主張言不盡意論者甚多，如管輅、荀俁、荀粲、王衍、樂廣等人，主要據《易繫》「聖人立象以盡意」「繫辭焉以盡言」二句而發揮的。此二句是說聖人透過「言」、「辭」、「象」以盡「意」（指聖人所體悟到的「性與天道」），倘「言」、「辭」足以盡「意」，則不必再另外立「象」以盡「意」。所以證明「言」、「辭」是不足以盡「意」的。

　　那麼，「象」能不能盡「意」呢？在荀俁，「象」蘊含聖人之微言，故可盡。在荀粲，則認爲「象」和「言」、「辭」一樣，是無法盡聖人之「意」的，因爲聖人所體悟到的「理之微者」，是存於「象外」的，因此，是「言」、「辭」、「象」皆是不能盡「意」的。[23]此外，王弼對「名

---

[20] 殷仲堪（?-399），《晉書》卷八十四有傳。桓玄與殷仲堪先相結交，後又反目。後殷戰敗，被玄所俘，玄令其自殺。殷仲堪與慧遠論易體事見《世說新語‧文學》第 61 條及《高僧傳》卷六慧遠本傳。

[21] 《廬山記》卷一，大正藏第 51 冊，頁 1029 下。慧遠所言，一作「君侯聰明，若斯泉矣」。

[22] 《藝文類聚》卷十九‧人部三‧言語‧〈言盡意論〉，（臺北：台北出版社，1974），頁 348。

[23] 同註 23

號」和「稱謂」的分疏，[24]指出名言因一般使用和特殊使用的區分，可用來分別指稱形而下之器，與形而上之實體及原理，所涉討論範圍涵括語言學及存有論，可視爲「盡而不盡」說。

殷仲堪直以察物象動見之幾微論易體，認爲易體幽微之理，蘊於物象之中，故可推求察覺，此乃「言盡意」，或「象盡意」派之立場。而慧遠對於殷仲堪的詢問，只是「笑而不答」，旨明易體尚無法求諸「象」，更何況是更等而下之的「辭」與「言」呢？易體之幽微，是「理之微者」，是存於「象外」之「意」，正猶如聖人所體之「性與天道」，無法用形象、文字來表達的。

要言之，慧遠以上對易體的掌握和理解，就後設的反省來看，可說是立於「言不盡意」，甚至是「象不盡意」的路數。然而，若進一步依此斷言，慧遠本身是極有自主意味地基於主張「言不盡意」的玄談立場而論說易體的話，則似乎又太過。基本上，此次二人的會晤中，慧遠的答覆是基於對易體的體悟而發，並不在分解式的名詞定義上，而殷仲堪提出易體「寂感」的「感」是不是像「銅山西崩，靈鐘東應」的質問，也僅止於帶有玄談趣味的戲謔而已，由銅山於西方崩坍，靈鐘在東方感應到而發出巨響來說易體之寂感，是無法契合於易體之寂感與主體生命內外一如、道德生命的具體實踐的。因此，慧遠笑而不答，而只稱讚殷仲堪的口才機鋒猶如流泉一般辯才無礙。只不過，殷仲堪雖擁有言談對應上敏捷的機智，但卻無法針對問題作有實質意義的討論。因此，慧遠對這問題的回應也僅止於此，而不再與之作言語戲論。

2．不疾而速

慧遠早年駁斥道恒「心無義」時，曾論破道恆「不疾而速」之說。道安在〈人欲本生經序〉論禪智體用時，曾以《易繫上》論易體之「不

---

24 《周易老子王弼注校釋》樓宇烈，〈周易注・周易略例・明象〉，（臺北：華正書局民國，79 年 2 月初版），頁 609。

疾而速」爲喻[25]，說到：

> 神變應會，則不疾而速。洞照傍通，則不言而化。不言而化，故
> 無棄人；不疾而速，故無遺物。物之不遺，人之不棄，斯禪智之
> 由也。故經曰：「道從禪智，得近泥洹。」豈虛也哉？誠近歸之
> 要也。[26]

易與禪智之所同，皆無形無物，即體即用，故道安欲藉《易繫》「唯
神也，故不疾而速，不行而至」論易體神妙之用的文字，陳述禪智之妙
用亦類同於此。從禪智能「神變應會」，不假物而行故能「不疾而速」，
體物不遺。此已非儒家之論易體──由自身的成己成物之德的說法，而
僅取其喻意而已。慧遠論破道恆「心無義」時，曾斥其釋「不疾而速」
引杼軸爲喻之不當，可能即由道安此喻中獲致的啓發。

3・積善之家必有餘慶，積不善之家必有餘殃

慧遠作〈三報論〉，目的在解答當時人對於現世報、施之間多不相
符現象的質疑。其中，時人所詰：「積善之家必有餘慶，積不善之家必
有餘殃」之說，[27]乃源自《易傳・坤・文言》，爲中國所固有的報應思想。
誠如《論語》所載，孔子好讀《易》，有韋編三絕之事，在《易傳》尚
未出現前，孔子歎顏淵早逝，無非對報施多爽這個現世何以福德不一致
問題的揭示。而這問題，直到兩晉南北朝的佛教興盛後，才常受到與佛
教因果業報說相提比論而被凸顯出來。

而慧遠在〈三報論〉中，以現報、生報及後報等佛教報應思想，試
圖解答時人對佛教報應觀及《易傳》之說的質疑。[28]其目的還是在爲佛
教的報應說，尋找在中國思想中原有類似的報應思想，以作爲弘法方便
之思想根據。

---

[25] 唐・孔穎達《周易正義》，（臺北：藝文印書館），頁155。

[26] 《祐錄》卷六，頁43上。

[27] 唐・孔穎達《周易正義》，（臺北：藝文印書館），頁20。

[28] 大正藏第52冊，頁34中。

4‧其餘引《易》之述例

其他援引《易》之述例，多止在修辭，姑錄列之：

（1）〈心序〉：「美發於中，暢於四枝」

引《易‧坤‧文言》：「美在其中，而暢於四支，發於事業。」

（2）〈心序〉：「洗心」

引《易‧繫辭上》：「聖人以此洗心，退藏於密」

（3）〈三法度序〉「開而當名」

引《易‧繫辭下》：「開而當名，辨物正言。」

（4）〈晉襄陽丈六金像讚序〉：「乘變化以動物」

引《易‧繫辭上》韓康伯注：「乘變以應物，不倚一方。」

（5）〈神不滅論〉：「高尚其事，不爵王侯」

引《易‧蠱‧上九》：「不事王侯，高尚其事。」

（二）《喪服》

慧遠與何無忌論沙門袒服禮法時，曾引述《禮記‧檀弓》之語，說明中國喪服服制中，已有以袒服表去飾之甚的禮法。《高僧傳》本傳記載，慧遠曾講授《喪服經》、《毛詩》等儒典，座下著名的在家弟子有宗炳（**375-443**），雷次宗（**386-448**）、周續之等人。其後，雷次宗作有《略注喪服經傳》，[29]首稱雷氏，而遭同學宗炳修書譏刺。[30]周續之亦作

---

[29] 清‧馬國翰輯《玉函山房輯佚書》第四冊，頁 358-363。

[30] 《高僧傳》卷六，頁 361 上。「遠內通佛理，外善群書，夫預學徒，莫不依擬。時遠講《喪服經》，雷次宗、宗炳等，並執卷承旨。次宗後別著義疏，首稱雷氏，宗炳因寄書嘲之曰：『昔與足下共於釋和上間，面受此義，今便題卷首稱雷氏乎？』其化兼道俗，斯類非一。」其中，「其化兼道俗，斯類非一」兩句，即表明慧遠在廬山兼弘儒典，不限於此經而已。《佛祖統紀》卷二十六，（大正藏第 49 冊），頁 262 下。亦載此事：「師嘗講喪服經(當是禮記、小記、大記、四暇等篇)雷次宗、宗炳等，並執卷承旨。次宗後著義疏，首稱雷氏，宗炳寄書責之曰：「昔與足下面受於釋和上，今便稱雷氏耶？」

有《喪服注》。[31]由此可知，慧遠因對儒法禮制之研究有其獨到之處，而見重於當世儒生。

〈喪服〉原為《儀禮》第十一篇，記載依人倫親疏關係而表差降之別的喪服服色、服喪期限、以及情感表現儀節之禮。〈喪服〉篇後附有解釋〈喪服〉的《傳》，約成於戰國末期，唐·陸德明《經典釋文》題作《喪服經傳》。西漢時，〈喪服〉被抽出《儀禮》而單行於世，《傳》亦單行於當時。至東漢鄭玄作注前，已有二者之合本。雷次宗作《略注喪服經傳》，推測慧遠是《經》、《傳》兼授的。

晉以孝立國，尊《孝經》，重《喪服》，究其因，或由於講論喪服「可以推理，可以論名份，可以講比例，為經學上論辯佳題。」[32]而喪服具明倫定秩之功，原為制禮之根本。然聖人制喪服，去今甚遠，而因時制宜的變通，在所難免；又古制所無而今有者，《經》亦無制，而無所遵從。皮錫瑞在《經學通論》裏，對這個現象有肯切的說明：

> 錫瑞案：孔疏所言極其通達。記文所以不定者，一則制禮之初，細數不能備具；一則亂離之後，籍復不盡存。喪服更糾紛難明，故後儒尤多聚訟。[33]

因此，在此前提下，後儒聚訟喪服禮義，六朝人注《喪服》者尤為歷朝之冠。另外，晉人聚訟《喪服》還有一個原因。由於《喪服》講人倫等差，對兩晉律法之制定，有相當的影響。晉律除沿續漢魏儒化律令，自西晉以後，守喪三年成了法定制度，違此禮者，均遭處罰。《晉律》又依準五服以治罪。[34]由此可見喪服在兩晉受重視的地步。

雷次宗為晉宋之大儒，曾從慧遠受《喪服》、《毛詩》，而作《略注

---

[31] 清·馬國翰輯《玉函山房輯佚書》第四冊，《喪服周氏注》，頁 373。

[32] 牟潤孫《論魏晉以來之崇尚談辯及其影響》，(香港：香港中文大學出版，1966 年)，頁 18。

[33] 皮錫瑞《經學通論》第三冊·〈三禮·論古禮最重喪服六朝人尤精此學，為後世所莫逮〉，(臺北：臺灣商務印書館)，民國 58 年 9 月臺 1 版，頁 40。

[34] 林登順《魏晉南北朝儒學流變之省察》，頁 340-341。

喪服經傳》，後復因宋帝徵於元嘉末，而「詣京邑，築室於鍾山西巖下，為皇太子諸王講《喪服經》。」[35]可見雷氏《喪服》見重於皇室。揆諸雷氏注喪服，多依循鄭注，此亦兩晉官學之所宗。

雷次宗與周續之所傳慧遠《喪服》義，現所殘存之資料見於《玉函山房輯佚》中。此外，散見於《通典》中所徵引雷次宗禮學，亦幾乎全為與《喪服》相關之凶禮殘文。以雷次宗的《略注喪服經傳》為例，此輯佚尚存三十五條注，而這些殘文的內容包括對《喪服經》、《傳》二者之注，經過整理後，發現一個值得注意的現象：這些談到喪服服禮的文字，除論及喪服基本服禮、父系服禮、朋友服禮第八條之外，其餘皆與女性（包括妻、妾、姑嫂、未出嫁女兒等）之喪服服制有關，計達二十七條之多。由此項整理，可見雷次宗重視喪服禮中有關女性喪服禮制部分的議題，[36]而這些注解，若果如宗炳所言，應即為慧遠所傳《喪服》之學。現下雖缺乏直接證據足以證實雷氏現存《喪服》禮學之殘注即等同於慧遠之喪服禮學，但本文認為此仍不失為探知慧遠禮學之重要線索。

（三）《毛詩》

唐・陸德明曾談到周續之和雷次宗的《詩》義同受之於慧遠法師。[37]而清・馬國翰《玉函山房輯佚書》中輯錄周續之散見於各處的《詩》注而成《毛詩周氏注》一卷。馬氏於之前《毛詩周氏注》前有序文一篇，引錄其他經典中對周續之《毛詩周氏注》的各種說法：

陸德明《經典釋文・敘錄》謂（案：指周續之《毛詩周氏注》一

---

[35] 同上註。

[36] 選錄雷次宗有關女性喪服禮制論述注解之標題數則：「婦人何以不杖亦不能病」、「女子子在室，為父布緫箭笄墨衰三年」、「子嫁反在父之室，為父三年」、「父卒，繼母嫁從，為之報」、「姑姐妹女子子適人無主者，姑姐妹報」等。

[37] 唐・陸德明《毛詩音義》：「周續之與雷次宗，同受詩義於遠法師，亦此類也。」

書）為《詩序義》。《顏氏家訓》引其「叢木音」云：「周續之《毛詩注》。」訓及傳箋之字，不止解說《詩序》也。《正義》於《鄭氏箋》下云：「周續之與雷次宗同受慧遠法師《詩》義，而續之題已如此。」此又解全詩之證。[38]

這段敘述中引述了三部著作對周續之《注》的說明，其中有兩個值得注意的地方：其一，周續之和雷次宗的《毛詩》義是同受於慧遠的；其二，暗示周、雷二人注詩時，已有「鄭氏箋」之題名，可能始自慧遠。關於第二點，若還原到唐·孔穎達《毛詩正義·國風·周南》卷第一之一·關雎條「鄭氏箋」下的孔氏的案語來看：「鄭氏箋，本亦作牋，同。蔦年反。《字林》云：箋，長也，識也。案：鄭《六藝》論文註詩宗毛為主，其義若隱略則更表明，如有不同即下己意，使可識別也。然此題非毛公、馬、鄭、王肅等題，相傳云是雷次宗題，承用既久，莫敢為異。又案：周續之與雷次宗同受慧遠法師詩義，而續之釋題已如此，恐非雷之題也，疑未敢明之。」[39]鄭氏宗《毛》，箋詩時遇不同於己意者，即題「鄭氏箋」以明己意。《毛詩周氏注》中同時也載錄孔穎達此段敘述，二者文字稍異，但卻同樣明顯地暗示雷、周二人之注詩時，已有「鄭氏箋」之題名，而這題名可能始自慧遠。

雖鄭、王兩家皆宗《毛詩》，但時有異趣。鄭玄雖出入二家，但其箋詩多申《毛》，而闕三家義，然時有破《傳》之義（故另立「鄭氏箋」以明之），意在與禮制相為表裏。而王肅箋詩，悉復《傳》義，重在疏通人情。[40]周氏散見各處之《毛詩注》，現僅存六條。[41]除上述《詩·周

---

[38] 清·馬國翰《玉函山房輯佚書》（二），（江蘇：江蘇廣陵古籍刻印社），頁 101 上。

[39] 阮刻本《毛詩正義》，（臺北：藝文印書館），頁 12。此段文字在馬國翰《輯佚書》（二）的《毛詩周氏注》「鄭氏箋」下，而稍有差異：「孔穎達《正義》云：『相傳云是雷次宗題，承用既久，未敢為異。』又案：『周續之與雷次宗同受慧遠法師詩義，而續之題已如此。』」頁 101 下。

[40] 簡博賢《今存三國兩晉經學遺籍考》，（臺北：三民書局，民國 75 年 2 月初版），頁 223-231。

[41] 清·馬翰輯《玉函山房輯佚書》第二冊，（江蘇：江蘇古籍刻印社），頁 101-102。

南‧關雎訓詁傳第一》「鄭氏箋」及「故正得失」與現存鄭注相同之外，另「集于灌木」、「維鵲有巢」、「于澗之中」三條只是音義，而「是以一國之事繫一人之本謂之風，言天下之事形四方之風謂之雅」一條，則為周氏所作之注。其注云：

> 夫風、雅者，體同。而由我化物則謂之風，物由我正則謂之雅。考之禮教，其歸不殊也。[42]

周續之、雷次宗之《毛詩》受學於慧遠，而三人之《毛詩》義皆不傳。今唯存此條周氏注文，指詩六義中之「風」、「雅」二者，由儒家詩教之觀點而言，二者「體同」，皆以詩具有教化、移風易俗之旨。若僅就此注而言，其論「風」、「雅」顯未如後人由音樂類型區分民謠及君王朝宴樂歌等角度來看，乃係循漢人詩教理路而論耳。

（四）其他

1‧《孝經》

晉室標舉以孝治國，李密〈陳情表〉亦謂「聖朝以孝立國」。故晉帝多重《孝經》，而時有帝親講《孝經》之事。《晉書》記載晉孝宗、穆帝及孝武帝皆曾親自講《孝經》。[43]晉人論孝，政治因素為是主因，魏晉南北朝朝代嬗遞頻繁，朝臣不敢言忠，故倡言以孝道治國，而嵇康被誣告為不孝者之同黨而遭死罪，即可見晉室對孝道之重視。

慧遠不論政、教上在東晉時期都有相當的影響力，不少謀取權位者對他莫不忌憚三分。桓玄曾多次針對政治、佛教文化等問題與慧遠有書信上的論辯，而桓玄也曾親至廬山拜訪慧遠。慧遠針對桓玄見面時提出

42　同上註，頁101。馬國翰於此條下注明此註錄自虞世南《北堂書鈔》卷九十五引周續之解詩。

43　新校本《晉書》卷二十‧〈禮志〉中，（臺北：鼎文書局），頁201,202,227。《世說新語‧言語》第90條亦載晉孝武帝講《孝經》事，頁144。

的質問，而回應以到「立身行道」，即引自《孝經・開宗明義》。[44]慧遠引述儒經，其欲化解桓玄所提出的儒、釋文化衝突之用心不難理解，而由慧遠在對話言談間，其運用《孝經》文字自然靈活看來，當極嫻熟《孝經》。此外，其弟子雷子宗，甚至曾受召為太子講授《孝經》，亦足為其善此經之輔證。

2・《論語》

現存資料中，未述及慧遠是否曾在廬山講授《論語》。僅於慧遠的〈三報論〉中，可見其援引《論語》〈先進〉：「尼父之不答仲由」及〈為政〉：「顏冉對聖匠而如愚」二個典故。[45]「尼父之不答仲由」是講孔子對子路所問鬼神之事，僅答以「未能事人，焉能事鬼」，對鬼神之事採取「不語」、「敬而遠之」、「祭如在，如神在」的保留態度。「顏冉對聖匠而如愚」除了指顏回不言而默，並非果真愚昧，而是在虛心謙沖的學習態度，慧遠還引申為體道者並不在言語上表現出來。

此外，在〈遊廬山〉詩中，有「一悟超三益」之句。[46]其中「一悟超三益」中的「三益」一詞，由於慧遠不僅博通儒典，並兼善莊老，因此此句有二種詮釋的可能：一者指《莊子・大宗師》顏回三次向孔子請益之典故，其次，是指《論語・季氏》云友直、友諒、友多聞等「三益」友。而「一悟」二字所涉及關於其「悟」為「小頓悟」，抑或為「漸悟」？自慧達《肇論疏》判為「小頓悟」之後，諸多異論亦由此而起。（相關

---

44 《孝經・開宗明義章第一》：「子曰：『夫孝，德之本也，教之所由生也。復坐，吾語汝。身體髮膚，受之父母，不敢毀傷，孝之始也；立身行道，揚名於後世，以顯父母，孝之終也。夫孝，始於事親，忠於事君，終於立身。大雅云：無念爾祖，聿修厥德。』」詳細論述，請詳見前述第二章第一節生平事蹟部分。

45 《弘明集》卷五，頁34下。

46 〈遊廬山〉：「崇巖吐氣清，幽岫棲神跡，希聲奏群籟，響出山溜滴。有容獨冥遊，徑然忘所適，揮手撫雲門，靈關安足闢？流心叩玄扃，感至理弗隔。孰是騰九霄，不奮沖天翮。妙同趣自拘，一悟超三益。」宋・陳舜俞《廬山志》卷四，四庫全書本詩末有此句，但大正藏版（大正藏第51冊，頁1042中下）無末句「一悟超三益」。

討論請詳第五章第一節）雖然這些資料極為片斷，無法完整得知慧遠對
《論語》相關的論述，僅得以據此推測慧遠對《論語》有其個人之體會
而已。故列為「其他」類之中。

3·《春秋》

慧遠曾於答覆桓玄致書訊問禮敬的《沙門不敬王者論·體極不兼應》
中談到《春秋》辯而不議之義：

> 「六合之外，存而不論」者，非不可論，論之或乖。「六合之內，
> 論而不辯」者，非不可辯，辯之或疑。《春秋》經世，先王之志，
> 辯而不議者，非不可議，議之或亂。此三者皆即其身耳目之所不
> 至，以為關鍵，而不關視聽之外者也。因此而求聖人之意，則內
> 外之道可合而明矣。常以為道法之與名教，如來之與堯孔，發致
> 雖殊，潛相影響，出處誠異，終期則同。[47]

此段文字可看出慧遠試圖藉《莊子》論六合內外、《春秋》筆削來
闡釋儒、釋兩家，皆在發揮聖人之意而落實於王治之道，殊途同歸的用
心，勸教的意味濃厚，闡釋經義的意思較少。

4·《禮記》

慧遠在與何無忌對於沙門袒服是否合乎禮法的論辯當中，曾引用
《禮記·檀弓下》：「袒，括髮去飾之甚也。」[48]之文句，說明佛教沙門
袒服乃在「變俗而動」，而不在順世俗之禮而求榮貴之道。順著慧遠「不
順化以求宗」的終極理想，試圖為沙門偏袒右肩之服儀，找到合乎中國
禮法要求的詮釋。此部分詳細內容，因本章第三節已論述過，故此處不
再贅言。

---

[47] 大正藏第 52 冊，頁 31 上。
[48] 同上註。

四、儒典對慧遠的意義

（一）合內外之道的方便橋樑

慧遠晚年在寫給隱士劉遺民等人的書信中，對於自己為學求道的終極理想，曾明確地說到：

> 每尋疇昔，遊心世典，以為當年之華苑也。及見老莊，便悟名教是應變之虛談耳。以今而觀，則知沉冥之趣，豈得不以佛理為先？苟會之有宗，則百家同致。[49]

慧遠屢參與時人質難佛教的護法論爭，探討的主題由佛教因果報應說、沙門袒服、到沙門敬拜王者等問題上的發揮，其在調和儒、佛文化及思想差異上之用心甚明。尤其就《沙門不敬王者論・求宗不順化》文旨觀之，可發現慧遠企圖以「合內外之道」去談沙門不敬拜王者的原因，期消弭佛教與中國政治、文化間的衝突。其釋「求宗不順化」的「宗」字時，是置於如何合「方內」（世俗禮教）與「方外」（變服化俗）來談的。

事實上，慧遠的區分方內、方外，是為了說明一般世俗大眾與出家人的差別，並由沙門之服色、形容不同於世俗，以警醒沙門時時皆應有自覺，由自利利他為責，以自別於凡俗。[50]由此觀之，慧遠立基於佛教的根本立場，是不言可明的。

（二）文人氣質對中國義學僧性格的滲透

和慧遠一樣，當時多數的中國義學僧，多是出身於儒生，或傭書為業，或備覽墳典之文人。而有別於單純以信仰為基礎的信眾，由解讀經

---

49 〈與隱士劉遺民等書〉，《廣弘明集》卷二十七，大正藏第 52 冊，頁 304 上。
50 慧遠《沙門不敬王者論》五篇，《弘明集》卷五，頁 30 上-32 中。

典之名相教義，有系統地深入地理解佛法，必須有相當的智識能力，這是義學僧的特點。正由於具備基本的文墨能力，不只有助於經典解讀的深入，也得以藉文字的書寫，將個人的思考、體悟反映出來。而中國義學僧在性格上，仍普遍有別於天竺或西域比丘，差別即在於其中國文人氣質的部分。而文人氣質，特別指知識分子通經致用的學習態度，及生活品賞、抒寫情志等兩方面。

由於中國人好融通的民族性格使然，在義理方面，六朝時期曾掀起一陣以佛典事數比類於外典的「格義」風潮外，兼通外典也是普遍可見的。義學僧隨其生命歷程背景不同，而兼修儒、道典籍。歸納其原因，不外為二：一者所習外典，乃昔所熟稔，二者為化俗之便而遍學外典。而佛教比丘雖兼習外典，仍是在設教方便的基本設定下進行的，外典的修習並非與內典修行可得以為平行並列的關係。

然而，即便如此，中國義學僧在理智上明辨內外典修習的優位性並無問題，但在氣質上，潛藏在深層理智背後意識形態下的，是無法全然取消掉或跳脫開的文人氣質。中國義學僧除了書寫闡發佛典義理之文章，也登臨遊賞，品吟山水，並藉詩、文等感性的文學形式來抒發內心感悟。如稍早在西晉的支道林，與時人乘舟弋釣，同遊山水；慧遠也曾多次與門下同遊廬峰，並作詩唱和，而此部分即中國義學僧未脫文人氣質之表現，亦所以別於天竺學僧之處。

五、結語

慧遠於廬山注解儒典，傳授僧俗，開啟學僧注解外典之風，此後，中國義學僧進而開始注疏外典，如明代憨山德清大師之《莊子內篇注》、《道德經解》，蕅益大師之《論語點睛》、《周易譯解》等，其對外典的融通，已非六朝時粗糙之「格義」可比。而中國義學僧對外典寬容的態度，不但注解，還加以傳授的態度，顯然要超出天竺比丘的標準許多。

而這些，無非由中國文人氣質進一步開展之使然。

儒佛間文化衝突的產生與調和，較之政治方面要來得早。三國時期康僧會在譯經時，即開始有意識地試圖援儒解佛，康僧會曾云：「儒典之格言，即佛教之名訓」[51]企圖讓佛教以較親近於中國文化的姿態而得到接納。此外，後漢的支讖在翻譯《佛說無量清淨平等覺經》時，將佛國淨土中菩薩及眷屬的關係，釋為君臣父子夫婦等儒家倫常關係，[52]亦可以明顯看出初期佛教東傳時，刻意融合儒家思想，企以得到中國人接受的用心。

然而，這些有意識的融合詮釋，發展到晉末南北朝，佛學研究在中國益臻成熟之際，也就開始出現了一些異議的聲音。梁·僧祐在《弘明集·後序》裏，將漢末以來佛教受漢人質疑的問題歸納為六點，然而，其中除第二點「疑人死神滅，無有三世」與教理有關，其餘五點皆未涉及佛理。[53]這些問題，基本上與〈理惑論〉所輯有關佛教文化的問答相類。除第二點與佛教教義有關外，除第三點言佛教無益國治，其餘諸說，皆立於儒家本位而論，乃頗有華夷之辨用意。

身為一個佛教的弘法者，面臨社會上對佛教的誤解及攻訐，慧遠自覺地表達出其護教的心意，並強調方外之賓在形止上所以別於世俗，旨在時刻自醒砥礪，而非故作異奇以取謗於世人。故慧遠參與教外護法活動的動機，無寧是自警而欲振鐸於凡俗的，非僅是對外釐清一般人對佛教的誤解而己。慧遠藉著早年深厚的儒學素養，以方便法接引學人，也藉融通儒家「仁治」為本的政治觀和道家柔軟退守的姿態，試圖解消執

---

[51] 《高僧傳·康僧會傳》，大正藏第 50 冊，頁 325 下：「仁德育物，則體泉涌而嘉苗出。善既有瑞，惡亦如之。故為惡於隱，鬼得而誅之；為惡於顯，人得而誅之。《易》稱積善餘慶。《詩》詠心福不回，儒典之格言，即佛教之名訓」。

[52] 《佛說無量清淨平等覺經》卷四，大正藏第 12 冊，頁 298 上-中。

[53] 《弘明集》卷十四，頁 95 上。「一疑經說迂誕大而無徵，二疑人死神滅無有三世，三疑莫見真佛無益國治，四疑古無法教近出漢世，五疑教在戎方化非華俗，六疑漢魏法微晉代始盛。」

政者的誅伐與敵意，以達到勸教弘法的目的。

　　慧遠出身於儒門，對明分際、重人倫的禮學有相當的鑽研，出家後，對教內戒律的重視，更表現在僧團自律的要求上。復因其自律之嚴，而備受教內外推崇。慧遠認爲唯有由內而外，由己而人，才能讓道德修行完整地落實。因此，慧遠也相信佛法由內而外的修行，與儒家的格致誠正修齊治平之道，有相通之處，都不外是推己及人的仁民愛物之行，因此而稱佛法是「合內外之道」的。[54]

　　慧遠幽居廬峰「隱而不隱」，是其大乘菩薩道思想方便智慧的表現。爲饒益有情而通攝善法，慧遠在不違佛教戒律的條件下，對於儒學的納攝，不遺餘力，其在廬山兼弘《易》與《毛詩》、《喪服》等儒典，即是爲了使佛法所化根機更廣，而作的方便加行。因此，儒典對慧遠來說，在方法上，除了爲保存世俗諦上接引學人之便所設；其次，據儒典而提出「合內外之道」、「會之有宗」的說法，也同樣在調和儒道兩家在政治、文化上的歧見，給予執政者一個接受佛教思想的合法理由。而慧遠在晚年寫給劉遺民的信中已明白指出，就其個人學思而言，固然三教可以統之一理，但究其心志安頓所在，仍在釋氏。

　　然而，基於潛存於內在的中國文人氣質使然，慧遠對於世典的態度，除注解並講授儒典外，也曾多次與門人遊石門等廬峰名勝，並有唱和詩作傳世，此所以有別於天竺沙門雲遊、苦修的修行性格。而慧遠此帶有文人氣質之生命情調，亦即形成中國沙門獨特的修行性格之催化劑，也開展出後世中國義學僧融通教內外的獨特典型。

---

[54] 〈三報論〉，《弘明集》卷五，大正藏第 52 冊，頁 34 下。

第五章　慧遠教團與佛教藝術之中國化

　　佛教藝術的範圍，大抵包括：建築、雕刻、繪畫、文學、音樂、工藝等方面。慧遠所主持的東林寺道場，藝術成就包括：慧遠的文學作品、東林寺道場的壁畫、雕刻，以及僧俗弟子的佛教工藝作品，都在中國早期佛教史上有重要的開創意義。本章即旨在檢討慧遠教團對中國佛教藝術的承啓發揮。

　　關於本章標題，有必要稍作說明。「慧遠教團」一詞，指的是主持廬山東林寺的慧遠及其所領導的教團，包括出家人、在家居士及供養者等緇素二眾。而此一詞語的意義，乃就東晉佛教史上南北兩大教團中，相對於北部長安城中由羅什所領導的「羅什教團」而言的；亦有部分佛教史在介紹兩晉南北朝佛學時，習以地理位置對稱，故亦可將此二佛教教團名為「廬山教團」與「長安教團」。惟以標地為名之教團對稱，不若以領導教團名僧冠以教團二字為名者，易掌握該教團之時代及其代表人物，故本文採用後者，以領導教團者冠於其教團之前為名。而標題中所提到的佛教藝術的「中國化」一詞，所謂的「中國化」是指佛教文化傳至中國後，產生原來在印度或經中亞傳播至中國前所沒有，或不同的佛教藝術特質，而名之為佛教藝術的「中國化」。

　　佛教藝術「中國化」的範圍很廣，此處首先以佛像及佛畫藝術功能之改變為例。在印度本土及佛教東傳所歷的西域諸國，佛像的雕刻與繪畫是作為信徒供奉或禪坐時的觀修對象，原本實用的目的性極高；由於佛畫及雕刻必須透過工匠的技藝才能具體呈現，因此，佛教藝術到了中國，在無形中結合中國工匠的藝術審美觀，進而開展出其獨特的宗教美學，此即其「中國化」的表現。其次，再就文學作品來說，中國的佛教僧侶在修行之外，也常將雲遊求法或隱逸山水時的經歷、感悟，藉文學

作品中表現出來，此與中國僧侶在出家前，多曾為能文墨的儒士，不無關係。但反觀印度佛教僧侶在文學創作的表現，並不若中土熱絡，或由於視文學對解脫無直接的助益之故。因此，在中國開展出來的佛理詩，或可視為中土文人接受佛教思想而開展出來的文學類別。

此「中國化」的現象，以廬山東林寺道場為例，表現在建築、壁畫、詩文藝術及僧伽制度等方面；前三部分，屬於佛教藝術領域，僧伽制度則屬教團形制範疇，於第三章第五節已述及，此不作贅論。本章的前三節即討論慧遠所主持的東林寺道場中，其佛教藝術「中國化」的特色。

本章計分為四節，第一節探討慧遠作品中較具文學性質的文類，包括詩、序、銘、贊及遊記散文等文類，分析其內容及形式。作品的思想、風格是重要的分析對象，而文學的表現形式也與作品內容的表現，有密切的關係。第二節主要處理慧遠與廬山道場的佛像藝術，包括佛畫、佛像及佛龕的關係，由此探討佛教神聖空間與禪修的關係。第三節談近代慧遠墓塔的發現，根據常盤大定的實地考察報告，對照慧遠遺命露骸松下的結果，由此比較中印僧伽喪葬習俗的差異；並考察東晉前後僧伽喪葬形制的改變。

第一節　慧遠的佛理詩文

佛理詩在中國文學史上的興起，不論是在形式上或是內容上都與佛典漢譯有關。就文學表現上，詩的形式與佛典偈頌的形式相仿。五言詩在漢代成形後，至魏晉時期，已成為重要的文學表現形式；而佛典的文字表現形式，也有依特定音節數和長短組成的偈頌，[1]大略分為「通偈」

---

[1]　偈頌表現的形式，依據在佛典中不同使用方式，而有伽陀（gāthā）與祇夜（geya）之分。沒有散文的長行在前面的偈頌，名為伽陀或孤起偈、諷頌；有長行在前解釋的偈頌，該頌名為祇夜或重頌偈、應頌，其功能在複述或補充前面長行之內容。

及「別偈」兩大類：「通偈」（śloka，首盧迦），以三十二字（字指的是音節，通常為二行十六音節，每行兩句八音節）為一偈，不論押韻的頌句或散文解釋的長行，皆可使用通偈，又因以三十二字為一偈之故，而名為「數字偈」。「別偈」特點是以四句為一偈，可細分為：伽陀頌、祇夜頌及慪陀南頌三種。[2]而內容上，魏晉時期玄言詩、遊仙詩的表現抽象哲理的表現形式，與倡談佛家義理的佛理詩有相類之處。由於六朝時期的義學僧不乏原本即為儒生者，因此藉詩歌形式以闡釋佛理的佛理詩，亦隨佛學之傳播而發展成結合宗教情懷的特殊文學類別。

慧遠少為儒生，文墨之事，本所熟稔，其以熟悉之文學筆法，詠歎仁者觀照萬物時朗朗開闊之心境，無疑適切而駕輕就熟。東晉詩壇當時品詠山水之流風正盛，結束西晉以來貴尚玄虛黃老的平淡之風，開始走入如謝靈運筆下錯彩鏤金的山水世界。自古以來，傳說廬山為仙人所居之地，不乏神仙家、方士隱居於此[3]。慧遠幽居廬阜數十載，多次與弟子、道俗遊跡於廬峰山水勝景，並作有詩文，抒寫感悟。本節據以探討的材料，主要除了慧遠遊山之作之外，也旁及慧遠其他較具文學性的作品，諸如與時人往來唱和的偈、頌，或銘、讚等。以下分為兩部分來探討這

2　關於佛教偈頌的類別，經典說法不一。法藏在《華嚴經探玄記》卷二（大正藏第35 冊，頁 137 下）裏，將佛教的偈頌整理為四類：「又頌有四種：一數字頌，謂依梵本三十二字為一頌，不問長行及偈。二伽陀頌，此云諷頌，或云直頌，謂不頌長行也。三祇夜頌，此云應頌，謂應重頌長行法也。四慪陀南頌，此云集施，謂以少言含攝多義云集，用以施人令易受持故云集施。此上三種頌，或七言或五言、四言、三言，如處世界如虛空為三言也。皆以四句為一頌。」依一頌的長度形式不同分的話，法藏所說的第一種不論經之長行或偈頌，以三十二音節為一頌的數字頌，即為通偈；第二至四種以三言、四言、五言、六言、七言四句為一頌的，即為別偈。

3　慧遠在〈遊山記〉裏即提到周時隱居於此得道的匡俗先生(又名匡續、匡裕)，故廬山又別名為匡山。《史記·漢武帝本紀》中記載，漢武帝南下巡行時，曾登廬山，見山景靈秀而封匡俗為「大明公」而祀祭之。漢末道教成立之後，又有周武王時，方輔與老子亦入廬山修煉而得道成仙的傳說。此外，三國時期廬居於此的名醫董奉妙手回春的傳說，也為廬山增添回生不死的神仙色彩。周鑾書《廬山史話》，(九江：江西人民出版社，1996 年 4 月)，頁 9-15。

些文學性作品：第一部分探討慧遠作品的文學形式與其題材關係；第二
部分探討其題材及所表現思想的內涵。

一、四言形式與佛像詠讚題材

（一）四言與頌、銘、贊之關係

　　慧遠具文學性的作品所採用的表現文類，主要是以詩、頌、銘、讚
等韻文形式爲主，而僅〈廬山略記〉、〈遊山記〉及〈廬山諸道人遊石門
詩序〉三文，[4]採取散文形式書寫。就文字結構上看，慧遠習慣以五言的
形式和羅什之偈句，以及作遊廬山詩；以四言的形式作頌、銘、贊等文
類。

　　自《詩經》、《楚辭》以降，詩歌形式的發展，即有一定的承啓變革。
就詩而言，漢末以五言詩創作各類題材之技巧已臻成熟；至魏晉時期，
詩的題材範圍更開展出玄言詩、遊仙詩及山水詩等，及至南北朝，詠物
詩及宮體詩成爲主流。由過去學者對六朝時期詩歌的研究看來，僅止於
注意到與隋唐近體詩發展有關的五、七言詩的形式發展，對於近於《詩
經》中常見的四言詩，則研究不多。而慧遠現存具文學性的作品，以四
言形式書寫所佔的比例多於其他形式。如早期在〈晉襄陽丈六金像讚序〉
篇末所作的四言頌句，達二十四句；晚年所作的〈佛影銘〉末附有四言
銘文五首；〈曇無竭菩薩贊〉（《初學記》卷二十三）四言贊語計八句。
在數量上，除了以散文寫成的〈廬山略記〉等三篇遊記散文外，與五言
形式寫成的《廬山東林雜詩》，以及和羅什的十二句偈句相較，慧遠現

4　有關〈廬山略記〉及〈遊山記〉出處及版本的考證，可參考《慧遠研究‧遺文篇》，
　　頁 324。《世說新語‧規箴》注引慧遠〈遊山記〉（自託此山二十三載，《太平御覽》
　　地部卷四十一作二十二載）。〈廬山諸道人遊石門詩序〉存錄於逯欽立輯校《先秦
　　漢魏晉南北朝詩》卷二十（中冊），（臺北：木鐸出版社，民國 72 年，頁 1085-10
　　87），序文云此序作於隆安四年（400）仲春之月。

存的韻文中，以四言形式書寫的稍多於五言。

此外，慧遠詩文的創作題材，在「莊老告退，山水方滋」的時代風氣之下，也有相當的影響。廬山古來即為神仙道德所居之名峰，慧遠幽棲於此三十載，曾多次遊山，並作有以廬峰為題的散文〈遊山記〉、〈廬山略記〉、詩作《廬山東林雜詩》等詩文，流傳於世，散見於史傳各處。可堪玩味的是，若進一步仔細觀察慧遠以遊山覽勝為題的詩作，可以發現：皆是採五言形式表現的。而其他以佛像或菩薩為詠讚題材的作品，則多以四言的形式作贊、頌、銘。因此，慧遠在從事文學創作時，或許是有意識地在不同的題材上採取不同的文字表現式形式。而其中值得注意的是：在韻文的創作上，除了覆報羅什五言偈句而作的一首五言偈句外，慧遠以五言詩作為表現山水品賞心境的文學形式；而以四言的形式作為讚頌諸佛菩薩無量功德的表現形式，而贊、頌、銘，與佛典偈頌的形式，不無關係。

佛典中偈頌的節奏表現，不論是經常以兩行十六音節或八音節表現的通偈，還是由三至七言組成四句一頌的別偈，在音韻節奏的表現上，皆有以"四"為基本節奏表現的特點。因此，慧遠在研讀佛典之際，或許也關注到這特殊的表現形式，而有意識地採用為自己為特定題材創作時的表現形式。

（二）佛像題材的詠讚

1，頌、讚

因佛典漢譯的流播，有時也將頌與偈合稱為偈頌。偈頌的形式，一般指二行十六音節或八音節的通偈，譯為漢文時，多成為四字一句，四句一頌的形式，故有四句為一頌之說。讚者，在佛典中，本為以四句偈來讚歎諸佛功德的文字表達形式。《菩薩本行經》卷下云：佛言，若使有人以歡喜心，四句一頌讚歎如來，所得到的功德，殊勝過以種種日用

所需之物、醫藥等，供養辟支佛百年之功德。[5]由此可知，以四言頌句讚佛之功德無可數量。頌，四句爲一頌者；讚，四句一頌以稱揚諸佛功德者。又，頌者，一表偈句之形式，二表歌頌之意；讚者，進而表詠歎佛德之偈句形式。頌、讚二者所同者：皆以四句爲之，亦皆有歌詠之意。

《文心雕龍》爲一體大思精的文學理論專論，在早期中國文學史上有極重要的地位，其作者劉勰（465?-520?）與佛教亦有甚深的淵源。劉勰家貧，幼喪父，少喪母，但因一心向學，乃追隨博學的《弘明集》、《出三藏記集》編著者僧祐學習。嘗於莒縣定林寺協助僧祐整理經藏十餘年，著有《定林寺經藏序錄》。僧祐兼修儒釋，學識淵博，劉勰與之共處十餘年間，朝夕學習濡染，因而對佛學有相當識見。《文心雕龍》成，深得文理而受重於沈約，遂名貴當世。又因長於佛理，京師寺塔及名僧碑、誌，必請劉勰製文。後受敕於定林寺撰經證，經成後並於此寺出家。[6]由史傳生平，可知劉勰深於儒釋理思，乃長時間深入儒釋經典之故，其融通儒釋於文學表現，或形諸於文學體類的區分，並不難理解。

《文心雕龍》中將頌與讚合稱，有〈頌讚〉篇。劉勰由〈九招〉、〈商頌〉至曹植〈皇太子頌〉詮解「頌」之起源及變革。「頌」原義爲形容，功用在讚美功德、形貌儀容，通常置於文章之末。因此，頌的風格必須典雅，用語必須明晰。舖張排比似賦，但不可華麗侈靡；虔敬端謹似銘，但非規箴告誡一類。「讚」原有強調說明之意，至司馬遷、班固更有借爲褒揚貶抑、綜合論述之用，後遂以此義爲主。讚原來自主觀的讚歎而

---

5 東晉・失譯《菩薩本行經》卷下：「阿難長跪前白佛言：『若使有人四句一頌，讚歎如來，當得幾許功德之報？』佛告阿難：『正使億百千那術無數眾生皆得人身，悉得成就辟支佛道。設使有人供養是等諸辟支佛，衣被飲食、醫藥、床耶、敷具滿百歲中，其人功德寧爲多不？』阿難白佛言：『甚多，甚多，不可計量。』『若使有人四句一偈，以歡喜心讚歎如來，所得功德，過於供養諸辟支佛得福德者，上百千萬倍、億億無數倍，無以爲喻。』賢者阿難一切大會，聞佛所說皆大歡喜，遶佛三匝，頭面作禮。」大正藏第 3 冊，頁 121 下-122 上。

6 《梁書》卷五十，列傳第四十四・文學傳下，劉勰傳，頁 710-712。

生，用於盡性地抒情達意，在文字表現上，雖長短不一，但多爲明快爽利的字句，漢代以四言爲贊的形式，極爲常見。大體來說，贊亦可歸爲頌的眾多變體之一。[7]簡言之：頌者，用於儀容品德之頌詠；贊者，用於勛業功德之禮讚。故本文將頌、贊二者併於同一小標題下檢討，亦可謂循劉勰此文之區分而來。以下即就現存的慧遠作品中所保存的一頌一讚，加以探究。

（1）〈襄陽丈六金像頌〉

晉寧康三年（376），道安在襄陽得白衣布施之銅，鑄成丈六釋迦佛像，[8]乃命慧遠爲作序、頌，成〈襄陽丈六金像頌并序〉。但依最早輯錄此篇之《廣弘明集》所輯篇名，卻題爲〈襄陽丈六金像讚序〉，而非「頌序」。但細察其序文，內容載言：「乃作頌曰」云云。推測或有兩種可能：一者，《廣弘明集》〈襄陽丈六金像讚序〉的「讚」，指的即是佛讚的形式，序文中所云「頌曰」，有歌頌釋迦牟尼佛之儀容、功德之意，故其以「讚」名之，亦無不可；再者，《廣弘明集》雖題爲〈襄陽丈六金像讚序〉，但嚴可均《全晉文》卻依原文內容，改其題名爲〈襄陽丈六金像頌并序〉，蓋欲使之符於慧遠序文所云，乃一改《廣弘明集》所題之「讚」字而爲「頌」字，以符於慧遠自序「乃作頌曰」之語。

由序文：「昔眾祐降靈，出自天竺，託化生宮，興于上國」及「偉哉釋迦，興化推移」所述之佛傳內容，可得知：道安所鑄之金像爲釋迦牟尼佛。[9]故慧遠所頌者，乃釋迦牟尼佛之儀容功德。此頌爲現存慧遠作品中最早完成之作品。慧遠於此序文末，以四言爲頌，計六頌二十四句：

> 堂堂天師，明明遠度；邁群挺萃，超然先悟。
>
> 慧在恬虛，妙不以數；感時而興，應世成務。

7　周振甫譯注《文心雕龍‧頌贊》，（臺北：五南圖書出版公司，民國 82 年初版），頁 118-121。

8　《高僧傳》卷五‧道安傳，（大正藏第 50 冊），頁 352 中。

9　《廣弘明集》卷十五，（大正藏第 52 冊），頁 198 中。

　　　　金顏映發，奇相暉布；肅肅靈儀，峨峨神步。

　　　　茫茫造物，玄運冥馳；偉哉釋迦，興化推移。

　　　　靜也淵默，動也天隨；綿綿遠御，疊疊長廔。

　　　　反宗無像，光潛影離；仰慕千載，是擬是儀。[10]

　　依劉勰的說法，中文頌讚是兼重文字技巧與的內容二者的。而其文字表現特點有二：注意形象的刻劃及聲律的排比。[11]慧遠此篇頌文，以佛陀示現成道至入滅過程爲主要內容。內容結構上，前三頌敍述世尊之出生至成道過程，與莊嚴之儀容品德，後三頌闡釋世尊慈悲示現度眾慈悲，以及圓寂入滅（反宗無像，光潛影離）後，永留德範。書寫上，兼具佛傳本事舖敍及佛陀之形儀描寫：前後偈句舖敍世尊示現成道至肉身入滅，第三頌四句則著力在世尊形貌容止的描寫，此描寫的以實（金像）指虛（歷史上成道後去世的佛陀）的雙重指涉，頗有深意。

　　整體來說，聲律的排比方面，本篇除採取上下頌（每三頌）換韻的形式，以避免一韻到底的單調外；前三頌之末二字雖非雙聲或疊韻的關係，卻更有極特殊的押韻方式：「先悟」、「成務」及「神步」三詞，上字「先」、「成」、「神」與下字「悟」、「務」、「步」分別亦有押韻的關係。其次，在修辭上，也大量採用的疊字，如「堂堂」、「明明」、「肅肅」、「峨峨」、「茫茫」、「綿綿」、「疊疊」等詞，以強調語氣，也造成富音樂性的節奏感。

　　而以「金顏」、「奇相」形容世尊儀容（三十二相，八十種好）、功德者，乃以實寫虛，用實物銅佛金光燦爛的儀容，比喻抽象的佛陀德惠光照，普遍眾生，在視覺上予人華美、端嚴的效果，虛實相生，有引伸出下文抒寫佛法身運物，不昧形跡，抽象思考的效果。而末頌「反宗無像，光潛影離」云世尊化身入滅之語，已隱然粗備慧遠「求宗不順化」、「反本以求宗」之佛學思想雛型。而全頌莊重典雅的簡樸風格，亦慧遠

---

[10]　《廣弘明集》卷十五，（大正藏第 52 冊），頁 198 下。

[11]　《文心雕龍·頌贊》，頁 112。

謹正性格之呈顯。

（2）〈曇無竭菩薩讚〉

《初學記》卷二十三錄有題名為慧遠所作的菩薩贊偈——〈曇無竭菩薩讚〉，歷來學者研究多忽略此篇，未曾有相關探討。由篇中的菩薩名為線索，考諸經史，可能與慧遠有關的曇無竭（梵 Dharmodgata，亦意譯為法上、法勇、法盛、法來等），計有三人：一者為梁《高僧傳》卷三所載，晉末劉宋時期，嘗招集僧眾等二十五人，於西元 420 年赴印取經的曇無竭；[12] 二者為隋唐時期的法上；[13] 三者為《般若經・曇無竭菩薩品》中為薩陀波倫（梵 Sadāprarudita，意譯為常啼）菩薩說法的曇無竭菩薩。[14] 若此篇贊偈為慧遠之作，則贊中所稱揚的曇無竭菩薩，即不可能是晚於慧遠之世的第一、二位曇無竭法師。

考諸慧遠與《般若經》的關係：慧遠追隨般若學專家道安二十餘年，打下深厚的般若學基礎；慧遠聞羅什入關，致書羅什，就般若大義往覆論議時，即論及曇無竭（法上）與常悲（薩陀波倫）間的對話；[15] 慧遠於廬山般若臺精舍內壁，繪有以薩陀波倫菩薩與曇無竭菩薩為主角的般若經變圖（第三章第四節曾述及），王齊之曾作四首組詩及五篇讚偈記錄此事；[16] 慧遠所採之般舟三昧念佛法門，亦為般若經系之重要禪法，

12　《高僧傳》卷三・曇無竭傳，大正藏第 50 冊，頁 338 中-339 上。

13　《續高僧傳》卷二，大正藏第 50 冊，頁 432 下。

14　各本《般若經》中有關曇無竭及常啼菩薩之漢語譯名，多有不同，以下羅列整理與道安、慧遠有關的幾個本子中，曇無竭及常啼兩位菩薩的譯名：《大明度無極經》作法來、普慈；《道行般若經》及《小品般若經》皆作曇無竭、薩陀波崙；《放光般若經》作法上、薩陀波倫；《大智度論》第八十九品及八十八品分別以曇無竭、薩陀波崙名篇，又言及薩陀波崙菩薩名為常啼乃的因緣。

15　《鳩摩羅什法師大義》卷上・〈次重問法身并答〉，大正藏第 45 冊，頁 123 上。

16　《廣弘明集》卷三十，載有王齊之所作〈念佛三昧〉四言詩四首、讚五首，大正藏第 52 冊，頁 351 下-352 上。其五首讚，分別題名為：〈薩陀波倫讚〉(下有小字注云：「因畫波若臺，隨變立贊等」)、〈薩陀波倫入山心法讚〉、〈薩陀波倫始悟欲供養大師讚〉、〈曇無竭菩薩讚〉以及〈諸佛讚〉(下有小字注云：「因常啼念佛為現像靈」)。

由以上種種事蹟，可知慧遠與《般若經》之間緊密而深刻的關係。若據此而推，則此篇〈曇無竭菩薩讚〉並不排除爲慧遠之作；而慧遠所讚頌的對象，即當是《般若經‧曇無竭菩薩品》中，爲常啼菩薩宣說般若波羅蜜多的眾香城主──曇無竭菩薩。

再看《初學記》所錄〈曇無竭菩薩讚〉的內容，計有二頌八句：

> 亹亹大匠，道玄數盡，譬彼大壑，百川俱引。
>
> 涯不俟津，涂不旋軫，三流開源，於焉同泯。[17]

此讚表現的是曇無竭菩薩之慈悲，以無量法門接引精進好問的常啼菩薩。但若再進一步，比對《廣弘明集》載錄王齊之爲廬山般若精舍內壁佛畫所作的〈曇無竭讚〉內容，可以發現：二者內容幾乎完全相同。而這個結果，與本文之前的推測，有極大的落差。

就此二版本輯錄的年代來看，《廣弘明集》爲唐代的律學高僧道宣（596-667）所輯錄，而類書《初學記》的輯撰者徐堅（659-729），晚於道宣六十餘年，其編撰《初學記》所據資料，可能參考過道宣《廣弘明集》；復就輯錄作品之詳簡而言，《廣弘明集》所載王齊之作品事蹟甚多，並明確錄載此〈曇無竭菩薩讚〉於王齊之讚作之中；《初學記》僅列此名爲〈曇無竭菩薩讚〉的偈句，繫在慧遠名下。因《廣弘明集》的作者道宣爲唐代自求甚嚴的律學高僧，又對於王齊之部分所載甚詳，故〈曇無竭菩薩讚〉爲王齊之作的可信度較高；而徐堅晚於道宣六十餘年，在資料的蒐羅上距時久晚，或因抄錄者謬錄，誤繫王齊之作品於慧遠名下，亦不無可能。故本文推測此讚作者，可能是屢至廬山精舍參拜慧遠的白衣弟子王齊之，而非慧遠本身。

然而，此讚所以被誤繫爲慧遠之作，本爲推測可能還有一個原因：

---

[17] 唐‧徐堅《初學記》卷二十三‧釋慧遠〈曇無竭菩薩讚〉，（臺北：鼎文書局，民國65年再版），頁557。唐‧道宣《廣弘明集》卷三十‧王齊之〈曇無竭菩薩讚〉，頁352上。《初學記》所錄文字與《廣弘明集》雖有三字不同，但意義無異。《廣弘明集》版本「大」作「淵」，「涂不旋軫」作「塗無旋軫」，用詞上較《初學記》所錄細心講究。

由慧遠所創「唱導」講經的齋會裏，於講經開始前，必有「嘆佛」之儀式，所謂「嘆佛」，即口誦每首佛讚三次，所頌對象諸佛菩薩皆有。慧遠常於廬山講經，倘當次所講爲《般若經》，極可能誦王齊之所作〈曇無竭菩薩讚〉，久之，後人即誤以此讚爲慧遠所作，亦不無可能。而本文至此對此讚所作考察，亦僅能粗盡釐清之責而已。

2・銘

劉勰在《文心雕龍・銘箴》談到銘的作用、發展，以及此文體由盛而衰的原因。[18]銘是刊刻於金石器皿上的文字，與箴同有鑒諫警誡之意。其取事銘刊，必要求素樸，明辨確實。在寫作表現上，不以華美藻飾爲要，但必須「**文資確切**」；但因銘同時兼有宣美德澤、褒讚功勞之意，在文字表達，要求簡約而意蘊深遠，整體表現上則「**體貴弘潤**」。易言之，在寫作要求上，命意典雅，文貴精簡，才是銘所要求的宏偉與華美。

慧遠所作的〈佛影銘〉，計含銘文五首，爲慧遠臨終前最後的作品。此銘是爲紀念東林道場彩繪佛影之完成而作的。慧遠隨侍道安時，曾因聽聞西域沙門提起佛影傳說，因而心生嚮往。晚年時值法顯歸國，乃熱誠延請至廬山，一敘其所見聞，而得遂夙願。在法顯的指導下，仿西域佛影窟於東林寺建造佛影龕，而於龕壁彩繪上原本應是世尊真容顯聖的遺跡「佛影」。[19]而慧遠爲紀念此事，乃作銘敘之，[20]並遣弟子道秉延請謝靈運爲此作銘、序，以刊刻於石壁爲記。[21]

---

[18] 《文心雕龍・銘箴》，頁 136-145。

[19] 有關佛影傳說之詳細考察，請詳本章第二節。

[20] 《廣弘明集》卷十五・慧遠〈佛影銘〉前序文云：「遠昔尋先師奉侍歷載，雖啓蒙慈訓，託志玄籍，每想奇聞，以篤其誠。遇西域沙門，輒餐遊方之說，故知有佛影，而傳者尚未曉然。及在此山值罽賓禪師、南國律學道士，與昔聞既同，並是其人遊歷所經。因其詳問，乃多先徵，然後驗神道無方，觸像而寄，百慮所會，非一時之感。於是悟徹其誠，應深其位，將援同契，發其真趣。故與夫隨喜之賢，圖而銘焉。」頁 198 上。

[21] 《廣弘明集》卷十五・謝靈運〈佛影銘〉并序，頁 199 中-下。謝靈運此銘亦採四言形式寫成，四句一頌，凡十九頌，銘前并有序文。

慧遠的〈佛影銘〉有《高僧傳》(以下簡稱梁本) 與《廣弘明集》(以下簡稱廣弘本) 兩種輯本。此二輯本題名相同,但內容小異。本文以梁本為底本,以廣弘本為校本,二本有不同者,則列廣弘本異文於括號中:

　　廓矣大像 (象),[22]理玄無名,體神入化,落影離形。

　　迴暉層巖,凝映虛亭,在陰不昧,處闇 (暗) 逾明。

　　婉步蟬蛻,朝宗百靈,應不同方,跡絕杳 (而) 冥。[23] (其一)

第一、二首的內容,皆在形容石壁所彩繪佛影儀態,並藉佛影喻佛法身之應變無方。第一首計十二句,三頌。第一頌先言所繪佛影之盛大莊嚴,然法身精明入微,落於形跡則無可掌握;第二、三頌轉述西域佛影之傳說。佛影雖出現在陰暗的洞中,遠觀時愈明,近看時只見石壁,故有處暗愈明之語;第三頌言由遠而近觀佛影所見之變化,至近乃至無跡可尋。

　　茫茫荒宇,靡勸靡獎,淡 (談) 虛寫容,拂空傳像。

　　相具體微,沖(中)姿自朗,白毫吐曜,昏夜中爽。

　　感徹乃應,扣誠發響,留音停岫,津悟冥賞。

　　撫之有會,[24]功弗由曩(其二)

此第二首計十四句,三頌半。前二句闡述法身無形跡可尋,故眾生亦無從勸獎。「淡虛」以下六句,在描寫石壁佛影彩繪,其虛淡之設色、

---

[22] 〈盧山出修行方便禪經統序〉云:「廓大象於未形而不無。」

[23] 賴鵬舉將《佛影銘》中「廓矣大象,玄理無名,體神入化,落影離形」等部分之描述視為:在當時佛龕實物上,佛背光之中有無數小型化佛之形像,表現出其無量佛之彌陀淨土信仰。賴鵬舉作如此分析,乃依憑慧遠曾結社念佛,修念般舟三昧,自期往生西方淨土等事而進行其推理,固有其推證的理路。然而,就東林寺中的「佛影」彩繪內容而言,就本文依相關典籍的考察,主要仍是作為佛陀顯聖的象徵,並非完全作為觀修對象而存在,即便以「佛影」作為觀修的對象,也是以釋迦坐像為對象,而非彌陀淨土信仰的西方三聖像。因此,此處佛影之詮解,似乎仍有商審的餘地。本章將於下節針對東林寺內彩繪的「佛影」內容進行細部的考證,容後文再詳述之。而賴鵬舉研究專文,請詳見其〈炳靈寺 169 窟無量壽佛龕所涉之義學與禪學〉,東方宗教研究第 2 期 (1990 年 10 月),頁 159-182。

[24] 見佛的機會。慧達及元康《肇論疏》中屢引慧遠此句文字而作發揮。

具體而微之筆觸、朗現清明之神態、佛影眉間白毫足以輝耀黑夜的光芒等，對佛影精細工巧的繪畫技巧，描寫得極為生動傳神。「感徹」以下六句，則表明法音之不斷，若心誠篤志，則必得感應，而勤勉修行者，終可見佛。

　　旋踵忘敬，罔慮罔識，三光掩暉，萬像（象）一色。

　　庭宇幽藹，歸途莫測，悟之以靖（靜），開（挹）之以力。

　　慧（惠）風雖遐，維塵攸息，匪聖（伊）玄覽，執扇其極。(其三)

　　第三首計十二句，三頌。此首接續第二首，論見佛之境界。第一頌書寫初見佛而忘卻禮敬之欣喜，心境上達到完全忘我，無思無慮的狀態；在佛光普照的境界裏（第二首佛說法前的眉間放光），日月星都闇淡無光，世間眾生及種種差別萬象，都如如平等。第二頌云般舟三昧定中見佛，言眾生潛心靜定，藉佛之威神力，自幽闇的迷霧中尋找到解脫之路。第三頌說明若非佛法，如何得以止息塵世三毒。

　　希音遠流，乃眷東顧，欣風慕道，仰規玄度。

　　妙盡毫端，運微輕素，託綵（采）虛凝，殆映霄（宵）霧。

　　跡以像真（告），理深其趣，奇興開衿（襟），祥風引路。

　　清氣迴軒（此句《廣弘本》作清氣迴於軒宇），昏交未曙（此句《廣弘本》作昏明交而未曙），髣髴神容（此句《廣弘本》作髣髴鏡神儀），依稀欽遇（此句《廣弘本》作依俙若真遇)(其四)

　　第四首計十六句，四頌。此首二本文字稍異，但文意相去無多。此首對佛影繪畫技巧之品賞，以形寄神的繪畫觀點，別有特殊之見。第一頌先述聽聞佛影傳說的而志慕其道。第二頌言佛影彩繪之技巧：其筆法極其輕巧細膩，設色淡雅如凝於虛空，呈顯出有如雲霧映照空中的透明感。第三頌談佛影整體效果極為逼真，猶如佛陀真容再現。觀此再現之真容，得察其所寄寓之理趣，心胸也為之開闊，猶如祥風引路，清朗之氣迴繞在屋宇之中。末二句再總結此首主旨，云彩繪佛影技巧之高妙，其逼真生動猶如鏡中所見，真實所遇。

銘之圖之，曷營曷心，神之聽之，鑒爾所修。

庶茲塵軌，映彼玄流，漱情靈沼，飲和至柔。

照虛應簡，智落乃周，深懷冥託，宵想神遊。

畢命一對，長謝百憂。（其五）[25]

第五首計十四句，三頌半。此首慧遠乃自述其令門人彩繪佛影之因緣，並期藉旦暮常見佛影以啓蒙塵俗，而至死都能平等地長沐於佛智平等光照的世界，遠離一切煩惱。

整體來說，此五首雖名爲銘文，實爲五首主題相關之押韻組詩。就文句形式而言，句數雖有不同，但四言一句之形式，首尾一致。而聲律安排上，每首首尾一韻，爲避免聲韻過於單調而有換韻變化，換首即換韻，故五首即變換五韻。在用字遣詞上，大量引用老莊及儒經典故，表現出慧遠早年修習經歷的爲文習慣。而其儒經及老莊用典，諸如引用老莊部分：引自《老子》第一、三章，《莊子·逍遙遊》的「無名」、《老子》第十章「玄覽」、《老子》第四十一章的「希音」、《莊子·天道》的「智落」、《莊子·刻意》的「淡虛」、《莊子·則陽》的「飲和」。[26]又如引儒典部分：引改《詩·大雅·皇矣》的「乃眷西顧」爲「乃眷東顧」，引《詩·小雅·小明》的「神之聽之」及《詩·大雅·靈臺》的「靈沼」等。而這些用典的目的，非僅在炫耀才學，而在豐富銘文的意義深度，並有助於「銘」這個文類表現雅正莊重的寫作要求。

總結來說，這些讚頌及銘的文類，爲中土文人所長於表現的應用文體，在表現上趨以雅樸、稱揚爲主。與登臨、感懷之作主觀情感的自然表現相較，其文字表情仍趨向典雅嚴肅。

3·偈句

---

[25] 《高僧傳》卷六·慧遠傳引〈佛影銘〉，頁 358 中-下（梁本）。《廣弘明集》卷十五，〈佛影銘〉，（大正藏第 52 冊），頁 198 上-中（廣弘本）。

[26] 福永光司在〈慧遠と老莊思想〉一文中，曾整理慧遠作品中引用老莊字句，詳細羅列出處，並分析老莊思想在慧遠思想中的地位。結論認爲：慧遠引述老莊用語，僅在修辭。詳細論述請參看《慧遠研究·研究篇》頁 395-425。

此首雖云「偈句」，實則為寄寓佛理的懷贈之詩。乃慧遠為回報羅什所贈詩偈所作之偈句一章。羅什遺贈詩偈之時機，由句中相問的內容推測，約當在羅什初至長安，受慧遠饋贈法衣什物後。羅什偈句中說道：

> 既已捨染樂，心得善攝否？若得不馳散，深入實相否？畢竟空相
> 中，其心無所樂。若悅禪智慧，是法性無照。虛誑等無實，亦非
> 停心處。仁者所得法，幸願示其要。[27]

羅什在此偈中，先示以禪法入門次第，以設問方式，層層漸入，最後，因與未詳慧遠禪定已到達何種層次，以示問作結。慧遠則在覆書〈重與羅什書〉中，附上報羅什之偈句，答道：

> 本端竟何從？起滅有無際，一微涉動境，成此頹山勢。惑相更相
> 乘，觸理自生滯。因緣雖無主，開途非一世。時無悟宗匠，誰將
> 握玄契？末問尚悠悠，相與期暮歲。[28]

慧遠先由無明乃無始以來已存，說明念念生滅之際，若執於色心二法，不悟因緣所生，則開悟必無時可待。過去因無開悟宗匠（指羅什）可以諮議，但現在羅什已至中土，心中尚有的許多疑惑，則期待來日與羅什相見時能親詢。此章偈句中，誠懇的期許與深厚的欣慕之情，溢於言表。蓋亦感懷贈詩所特有的語言特質。

二、寄佛理於山水的詩文

中國學僧常以詩文抒寫情志，此極異於梵僧。察其原由有二：一者，中國學僧面對生命的欣遇、困頓，仍不脫於中國「詩言志」的文學表達傳統。二者，藉由直觀的感通，超越有限存在而追求無限的神聖存在，這一點在宗教與藝術的體悟及表現上，有其同通性。

慧遠以山水為題材的作品，有五言詩及遊記散文，皆為遊覽廬山勝

---

27 《高僧傳》卷六，大正藏第 50 冊，頁 359 下。
28 大正藏第 50 冊，頁 360 上。

景後所作。其中，極富人文特色的散文〈廬山略記〉，可謂兩晉遊記散文中少見的佳作。

（一）五言佛理詩

《高僧傳》卷二．〈鳩摩羅什傳〉曾記載，羅什覆答僧叡問梵漢文制異同的問題時，談及天竺偈頌體之性質，原來是世俗讚譽君主之歌，後轉而成為對佛的功德的讚歎：「天竺國俗，甚重文製，其宮商體韻以入絃為善。凡覲國王，必有讚德，見佛之儀，以歌歎為貴。經中偈頌皆其式也。」[29]然而，偈頌體之性質，卻因在中國被使用於佛教徒或文人間的相互唱和、寄贈而有所改變。由於佛教的詩文又名為「偈莂」，有韻為偈，無韻為莂；因此，此類帶有佛教色彩的押韻詩作，有時也名為「詩偈」。慧遠遊廬山的作品中，除〈廬山記略〉等遊記散文之外，《東林雜詩》則是以五言形式表現其遊覽名山勝水時的感悟。

慧遠與往來的僧俗，由於長期居遊於自然山水之美中，而不乏山水之雅好者。事實上，不論是在世亂之際為求明哲保身而辭官從隱的儒士，或尋訪靈山以為安心修道棲所的神仙方士、宗教徒，都不約而同地由廟堂塵俗走入深山茂林之中。寄情寓志於巖壑清流，原始動機雖然並非單純地賞景，而是在避禍，或延續竹林七賢之風骨，慧遠的「隱而不隱」，亦可謂有所開創。謝靈運在〈廬山慧遠法師誄〉裏談到慧遠棲止於廬峰的求道過程時，曾剖白云：「爾乃懷仁山林，隱居求志。」[30]可謂陳述慧遠仁者心境的肯切之語。

慧遠幽棲廬峰期間，不復入跡塵俗，在積極的弘法修道之外，曾多次與門下、友人同遊山景。聞名的「潯陽三隱」、宗炳（作有《衡山記》、

---

[29] 大正藏第 50 冊，頁 332 中。
[30] 《廣弘明集》卷二十三，大正藏第 52 冊，頁 267 上。

《廬山記》)、雷次宗，及謝靈運等人，[31]亦多雅好山水，或以山水詩作著稱。慧遠在遊歷之餘，乃作記敘所見所聞的遊記散文及抒寫心情懷抱的詩作。

1 ·〈遊廬山〉

今人吳宗慈修訂《廬山志》時，首先將宋人陳舜俞輯補的《廬山記》卷四題爲《廬山東林雜詩》四首詩，全繫納至慧遠名下，並補錄〈廬山諸道人遊石門〉至《廬山東林雜詩》中，使之成爲五首。此修訂結果，雖有輯補之功，但亦頗有可議之處。其一，依《廬山新志》據《讀史方輿紀要》補〈廬山諸道人遊石門〉（舊《廬山志》作〈廬山諸道人詩〉），訂爲慧遠所作；其二，《廬山東林雜詩》後面三首〈奉和〉之詩，亦非慧遠之作。

考諸宋人陳舜俞所輯補之《廬山記》，僅錄有〈遊廬山〉一首及三首題爲〈奉和〉的詩作。其中，〈遊廬山〉題名之下有「慧遠」二字；而以下三首名爲〈奉和〉之詩，其下亦分別標列劉遺民、王喬之及張野三人姓名，形式與〈遊廬山〉一詩同。若〈遊廬山〉一詩，足推判爲慧遠之作，依此同樣記錄形式，則以下的三首〈奉和〉，亦當分別爲劉遺民、王喬之及張野三人所作。且劉遺民等人，與慧遠交遊，或有師徒、檀越情誼，「奉和」二字，當是諸人「奉」命「和」慧遠所作〈遊廬山〉詩而來。慧遠豈有與諸僧好友同遊山景，復又自作自和之理？因此，本文認爲：《廬山新志》將〈奉和〉三首歸納爲慧遠所作的修訂，並不恰當。故本文在此，將不進一步討論三首〈奉和〉詩。

---

[31] 《高僧傳·慧遠傳》，大正藏第 50 冊，頁 358 下：「彭城劉遺民、豫章雷次宗、雁門周續之、新蔡畢穎之、南陽宗炳、張萊民、張季碩等，並棄世遺榮，依遠遊止。」新校本《宋書》卷九十三·周續之傳云：「入廬山事沙門釋慧遠，時彭城劉遺民遁跡廬山，陶淵明亦不應徵命，謂之尋陽三隱。」頁 2280。著稱當世的「潯陽三隱」，與慧遠關係匪淺，劉程之（即劉遺民）與周續之皆慧遠弟子，慧遠、陶潛間亦有交遊。謝靈運在〈廬山慧遠法師誄〉中，自述少時欲拜慧遠門下而未遂其願：「予志學之年，希門人之末。惜哉，誠願弗遂，永違此世。」《廣弘明集》卷二十三，頁 267 上。

　　〈遊廬山〉一詩，雖在宋人陳舜俞輯補《廬山志》時，已載明爲慧遠之作，今人吳宗慈修訂《廬山志》時，亦訂爲慧遠所作。題爲《廬山東林雜詩》的首詩中，載錄爲〈奉和〉之作，多達三首；所謂「奉和」，自應有所「和」之原詩，倘〈廬山詩〉爲帶領衆人的導師慧遠所作，則衆人和之，理亦至當。此詩原載於《廬山志》卷四，僅錄十三句，詩末並載有「未見全文」四字。今《廬山新志》輯補此詩之末句「一悟超三益」而成十四句：

　　　　崇巖吐氣清，幽岫棲神跡，希聲奏群籟，響出山溜滴。
　　　　有客獨冥遊，徑然忘所適，揮手撫雲門，靈關安足關？
　　　　流心叩玄聽，感至理弗隔，孰是騰九霄，不奪沖天翮。
　　　　妙同趣自均，一悟超三益。[32]

　　前四句表面上，巧妙生動地描摹大自然清氣韶景，天籟風吟，穿石滴巖的空靈迴盪；隱喻靈山聖地，流布著罕聽稀聞之法音，暗惜俗耳難聞清樂。次四句書寫遊心寄賞，冥然忘返的遷延心理。末六句謂得天機於自然，所得感悟，遠超再三請益師友。

　　末句「三益」一詞，究指《莊子‧大宗師》顏回三次向孔子請益之典故，抑或《論語‧季氏》所云友直、友諒、友多聞之「三益」友，雖不可得知，但謂超此儒道三益者，乃其遊心自然所悟佛理，此結論與其〈答劉遺民等書〉中自敘遊心世典而安棲於釋氏的歷程，極爲相合。而其寫作進程，由寫景而抒情，由興情而悟理，層層推轉。對嘗爲儒生，又曾志趣於莊老的慧遠而言，其品賞山水，文采清越，字寓禪機，文墨小技，殊無所難。綜觀此詩，其中表現其觀性空，不壞自然大化於起滅（緣起假有）而任運自若之中道實相觀。其注意力，由文字理思上之智悟，轉向落實在日常坐臥行住當下的修行中，不只消融自我實現時的道

---

[32] 《廬山記》卷四，大正藏第 51 冊，頁 1042 中-下。《廬山新志》輯補此詩末句爲「一悟超三益」。《古今圖書集成》第二十四冊〈山川典二〉‧廬山部載錄此詩爲十四句，末句即「一悟超三益」，（臺北：鼎文書局，1977），頁 426。

德緊張感於與大化的冥合中，由此山川萬物無非法身所顯的認知中，也體現了仁者觀物的主體美感境界。其神契於自然山水的品吟，顯然異於印度佛教徒理思苦行的本來原貌，而使佛教與魏晉玄風品賞美學結合爲一，成爲中國式的佛教審美觀。

2 ・〈廬山諸道人遊石門〉

〈廬山諸道人遊石門〉，舊《廬山志》作〈廬山諸道人詩〉，今《廬山新志》據顧祖禹《讀史方輿紀要》卷八十三所記，[33]訂爲慧遠所作。但日本學者木村英一等人在《慧遠研究・遺文篇》中，卻由詩文內容質疑：此詩後半之風格雜有神仙思想，恐非慧遠之作，而未收錄。[34]木村氏等人雖有質疑，但並未就其所疑之內容進行分析，亦無任何反證資料資證。然詳讀此詩，即可發現諸多令人存疑之處。此首亦爲五言詩，計十四句：

> 超興非有本，理感興自生。忽聞石門游，奇唱發幽情。
> 褰裳思雲駕，望崖想曾城。馳步乘長巖，不覺質自輕。
> 矯首登靈闕，眇若凌太清。端坐運虛輪，轉彼玄中經。
> 神仙同物化，未若兩俱冥。

考諸此詩可疑處，題名及內容兩方面皆有。首先，由題名來看，此詩舊志題爲〈廬山諸道人詩〉，新志更題爲〈廬山諸道人遊石門〉，由命題觀此詩作者，其名爲「諸道人詩」有二原由：一者，觀此詩題名，當起自後人編輯所予，而後人題此詩作者時，既非直指爲慧遠，或其他知名弟子，亦未若上一首〈遊廬山〉有指明姓字「奉和」的在家弟子，則此首作者非知名之人可知；再者，此作者可能爲當時與慧遠同遊石門的諸道人之一，故而後人將此詩名爲「廬山諸道人詩」或「廬山諸道人遊

---

33 清・顧祖禹《讀史方輿紀要》第 13 冊，（臺北：新興書局，民國 45 年初版），頁3538-3539。經查證《讀史方輿紀要》卷八十三，廬山部分之記載，並未提及此詩，更未言爲慧遠所作，未知《廬山新志》之考訂結果，所據爲何。

34 〔日〕木村英一編《慧遠研究・遺文篇》，〈廬山詩〉之註 1 當中曾簡略提及〈廬山諸道人遊石門詩〉，頁 320-321。

石門」。

其次，詩句時遣詞有神仙家思想或道教語彙者，先是提及服食飛昇的「*不覺質自輕*」，又云一心欲翔登仙闕，然前景虛渺猶「*凌太清*」（道教仙界「三清」太清、玉清、上清之一），在定心坐禪，參悟空理之後，才發現所一意追求服食登仙、逍遙物化，都不如體認法爾如是的般若空理，故應兩冥登化與物化之想。由題名「諸道人」一詞看來，道人二字雖在當時佛、道出家人皆可通稱，依文意推之，此詩作者當爲佛門弟子，但其名作者爲「諸道人」而不直題爲「慧遠」，故此詩作者不一定是慧遠本人。顧祖禹作《方輿紀要》時，或未細察詳審，乃直繫此作於慧遠名下，或因爲慧遠高譽所致。

然而，此詩雖非必慧遠所作，但綜合上述論及之五首五言詩之寫作原由——慧遠與友人徒衆同遊唱和所作，亦曾輯有《廬山諸道人遊石門詩集》（慧遠曾爲之作序，而詩可輯而成集，當非僅五首此鮮少之數），可知東林道場之僧俗，有經常性共遊、共修（結社念佛）之事實。由此可以發現：東林道場僧俗，在除了講譯佛經之外，此種經常性以同一目的而集衆共遊共修的活動，乃中國佛教史上最早有禪林（僧傳云慧遠於廬山建禪林）集體活動之記載。

（二）遊記散文

慧遠具文學性的散文作品有三篇：〈遊山記〉、〈廬山諸道人遊石門詩序〉及〈廬山略記〉。〈廬山略記〉爲遊記體之散文，介紹人文景致的興味較濃，〈廬山諸道人遊石門詩序〉亦有遊記體之特點，但末二段的主觀感悟較深。〈遊山記〉爲一自敘短札。

1．〈遊山記〉

此篇記遊之內容極爲簡短，現存兩種輯本，分別爲最早見錄於劉孝標《世說新語‧規箴》注所引九句之版本，以及《太平御覽》卷四十一

所輯錄十一句之版本。二本前五、六句內容相去不多，但後段五句中，僅一句相同。《世說新語・規箴》注引之〈遊山記〉，載慧遠自敘生平與再遊石門之見聞：

> 自託此山，二十三載。再踐石門，四游南嶺。東望香鑪峰，北眺九江。傳聞有石井方湖，中有赤鱗涌出，野人不能敘，直歎其奇而已矣。[35]

此文云慧遠作此記時，已棲止廬山二十三載。《太平御覽》載爲二十二年，[36]出入極小，無傷。慧遠於西元 383 年抵到廬山，則此記作於西元 406 年(義熙二年)，慧遠七十三歲左右。此記乃僅五十言之簡札形式，文中慧遠矗述遊再遊石門之眼見耳聞，大略包括：此次遊履所到之處、石門地理位置、居臨高勢的觀景角度，以及聽聞當地人口述慧遠足履未及處之地方傳說等。此篇遊記之文字樸實精簡，以筆爲眼耳，直敘而己，無任何華詞綺語，與慧遠常予人嚴肅剛毅之形象極爲相符。

2・〈廬山略記〉

此篇〈廬山略記〉爲慧遠現存兩篇遊記散文中，較長的一篇。篇名有〈廬山略記〉、〈廬山記〉、〈廬山紀略〉、〈廬山記略〉、及〈匡遊廬山記〉等五種不同名稱。[37]《世說・規箴》注，曾略引此文，[38]而現存輯本中，最完整者爲陳舜俞補輯《廬山記》卷一所引錄〈廬山略記〉之內容，計七百餘字。

---

[35] 余嘉錫，《世說新語箋疏》，頁 572。

[36] 宋・李昉等撰《太平御覽》(第一冊) 卷四十一・地部・廬山，文字稍異於《世說》：「自託此山，二十二載。凡再詣石門，四遊南嶺，東望香鑪，秀絕眾形。北眺九流，凝神覽視，四巖之內，猶觀之掌焉。傳聞有石井方湖，足所未踐。」(臺北：臺灣商務印書館，民國 81 年臺 1 版)，頁 325 下。

[37] 有關此篇文章之各種版本及單行本，請詳第二章第二節。

[38] 《世說・規箴》注引：「遠法師〈廬山記〉：『山在江州尋陽郡，左挾彭蠡，右傍通川。有匡俗先生，出自殷、周之際，遯世隱時，潛居其下。或云：匡俗受道於仙人，而共遊其嶺，遂託室崖岫，即巖成館，故時人謂爲神仙之廬而命焉。』」頁 572。

　　全文凡十一段，介紹廬山及附近的景點。第一段首先陳述廬山地理位置及山名由來。第二段總述廬山形勢，圓基七嶺，垂五百里之地勢、天氣。第三段云太史公曾至此一遊，自古即有仙鄉之說，呼應第一段自古即有受道仙人的山名由來之說。第四段寫廬山背面，記載神醫董奉於廬山行醫，植杏於山後之種種傳說，加深前述傳說之可信度。第五段寫廬山之北西側，言廬山北嶺西崖，常有瀑布雲霧之景。第六段寫廬山之南，言廬山南臨宮亭湖，其中有後人奉祀安世高之神廟。第七段寫廬山北嶺，云山北七嶺連綿成峰崿，東端成絕崖，有野夫傳說眼見著僧服之神仙，飛昇雲滅於此。第八段小結前述廬山背山臨水的位置，言廬山北背重阜，前有雙流映帶。第九段寫廬山之南面對山，言極目遠眺廬山南面對山，隔湖相望，有高山奇木。第十段寫廬山東南側，記述廬山東南孤峰──香爐山之地理及天氣。第十一段寫廬山西側及作結，云廬山西側之石門，山如門雙闕壁立千仞，其中有瀑布，並以山廣物繁，奇草異獸，不可方數作結。[39]

　　登山覽勝，原以悅目賞心為目的，以自然萬化之景，開闊方寸胸臆，極耳目視聽於塵勞之外，自為人生一大樂事。而慧遠此文，雖名為「略記」，旨在介紹廬山風土，但其中一字一句，莫非遊跡親至，得之於心，書之以情的記遊「再現」。其第二段總敘廬山形貌與天氣時，頗有《莊子‧逍遙遊》廓然灑落之風：

> 其山大嶺，凡有七重，圓基周回，垂五百里。風雲之所攄，江湖之所帶，高崖反宇，峭壁萬尋，幽岫窮巖，人獸兩絕。天將雨，則有白氣先摶，而瓔珞於嶺下，及至觸石。吐雲則倏忽而集，或大風振崖，逸響動谷，群籟競奏，奇聲駭人，此其變化不可測者矣！[40]

　　其總寫廬山形勢，以雲霧隱掩，寫其高聳參天之姿；以江河湖沼之

深邃，寫其高崖峭壁，上下落差；以窮巖幽壑之奇險，寫其冥然寂靜。其論天之將雨，山嵐吐氣，倏忽雲集風起，鳴金擊鼓，彷若莊子野馬絪蘊迴環，變化奔騰。總之，其寫山勢與氣候變化，可謂合動靜、陰柔陽剛、雄奇古雅於其一。

先敘述盧山七嶺之地理形勢、天氣變化之後，次敘古人履跡於此等諸種傳說，其下再分述盧峰周圍景觀，細論盧山南濱宮亭湖、北、西嶺諸景，南面對山高聳奇趣林木，東南香爐峰，北邊七嶺連綿之西崖絕壁等雄偉奇巧景觀。其古雅精勁，不故作營巧雕奇的文字特色，即便作為山水書寫，亦不足致有傷清雅之嫌。

然書之於文，寄之以筆，轉此情致理思而成筆墨形跡，則個人之影響未得不入於其中。慧遠在盧山的觀察遊賞，即結合對盧山自古以來人文時空的認識，故於文中屢提及盧山清淨，為仙人居所：「匡俗受道仙人，共遊此山，遂託空崖，即巖成館，故時人謂其所止為神仙之盧」，為帝王、史筆、神醫、高僧履跡所及之處，[41]此諸多神話、傳說等「顯聖」因素，更形造就盧山在奇山勝水之外幾分鍾靈之氣。

其寫人間仙記者，以盧山七嶺中，人跡罕至，高峻入天的第三嶺為例。其嶺北望九江，南眺三湖，峰沿東西高聳入雲，「若涉天庭」。其嶺下半里之處，重巘疊巒向外延伸成懸崖以為頂，側面依傍山壁而成天然石室，儼若傳說中神仙所居清淨之地，亦慧遠心目中真實的人間仙境。

---

41 第一段載漢武帝巡狩至盧山及匡俗受道成仙之說：「《山海經》云：盧江三天子都，一曰天子障，故舊語以所濱為彭蠡。有匡俗先生者，出自殷周之際，遯世隱時潛居其下。或云匡俗受道仙人，共遊此山，遂託空崖，即巖成館，故時人謂其所止為神仙之盧，因以名山焉。」、第三段言司馬遷嘗東遊於此：「眾嶺中第三嶺極高峻，人跡之所罕經也。昔太史公東游，登其峰而遐觀」、第四段記述董奉傳說：「其後有巖，漢董奉館於巖下，常為人治病，法多奇神，絕於俗醫，病愈者令栽杏五株，數年之中，蔚然成林。計奉在民間二百年，容狀常如二十時，俄而昇舉，遂絕跡於杏林。」第六段載安世高化履所至：「其南嶺臨宮亭湖，下有神廟，即以宮亭為號，安候世高所感，化事在敘。」第七段載野語傳聞：「有野夫見人著沙門服，凌虛直上，既至則回身踞鞍，良久乃與雲氣俱滅」，富神仙家色彩。

　　其寫瀑布流水，則以廬山北嶺西崖爲最。此崖因雨水豐沛，常成飛瀑，而流水「淫霪激勢相趣，百餘仞中雲氣映天，望之若山在霄霧」，狀壁立百仞，銀絲飛練散布幽谷，若雲霓霄露。

　　其寫絕壁斷崖，則峻嶺氣勢，拔擢高昂，隱蘊仙氣，謂：「山北篇七嶺同會於東，共成峰崿，其崖窮絕，莫有昇之者。有野夫見人著沙門服，凌虛直上，既至則回身踞鞍，良久乃與雲氣俱滅」，山北七嶺連綿峰崿，東成絕崖，乃蘊育飛僧雲滅傳說之佳場。[42]

　　其寫涌泉寒暑相變，則以廬山北背重阜左之甘泉，敷陳以傳統堪輿「左青龍」之說：「北背重阜，前帶雙流。所背之山，左有龍形，而石塔基焉，下有甘泉涌出，冷暖與寒暑相變，盈減經水旱而不異，尋其源，似出於龍首也。」將甘泉之冷暖變化，與泉水源自於神靈之龍首相結合，深刻賦予自然之景以人文意義。而龍形之說，與其記廬山東南的孤峰香爐峰，將雨時有若龍井吐氣，意趣相聯：「天將雨，其下水氣涌起，如車馬蓋，此即龍井之所吐。其左有翠林，青雀白猿之所憩，玄鳥之所蟄。」其寫青雀、白猿、玄鳥等仙禽靈獸，無不巧捷機敏，而色彩對比鮮明。

　　其寫高岑奇木，則云南向隔湖對山之林木，「獨絕於林表數十丈」，高絕之奇木以下，宛若天界，爲「白鶴之所翔，玄雲之所入也」。由獨絕於林表之上，表現孤奇不能駢比之志，由白鶴所翔、玄雲所入偶句旁襯出此木只應天上有的珍稀疏罕。而末段寫廬山之西的石門，有如門之雙闕，壁立千仞，飛瀑奔流於其中。末以廬山奇草異獸，靈藥方物，多致不可列舉勝數來結束此文。

　　此篇遊記，在著力於自然景觀之描摩賞鑑外，亦深入人文地理之溯源推考，在以山水題材方興的時代裏，山水詩、遊仙詩等韻文寫作才剛

---

[42]　《法苑珠林》卷十九，曾詳載此事：「晉廬山七嶺，同會於東共成峰崿，其崖窮絕，莫有昇者。晉太元中，豫章太守范甯，將起學館，遣人伐材其山，見人著沙門服，凌虛直上。既至則迴，身踞其峰，良久乃與雲氣俱滅。時有採藥數人，皆共瞻覩。當時能文之士咸爲之興。」頁 428 中。

開始流行，而遊記散文尙不普遍的風氣下，此篇兼具人文深度與視野廣度的散文，可謂晉末極少見的遊記散文中，極成功的一篇作品。慧遠的自然樂道於山水之間，品賞吟詠，超興自得，顯有別於天竺佛學的理趣追求，與西域僧人於狹窄石洞中的日夜刻苦禪修的生活，也有判然的區別。究而言之，深入於骨髓土壤裏的中國文人氣質，令移植到中國的佛教，從而長成結合儒、道，沖豫自得，嚮往自然之道的中國化佛教。

3・〈廬山諸道人遊石門詩序〉

　　此篇序文是否爲慧遠所作，至今仍須存疑。《慧遠研究・遺文篇》據此序中所云：「釋法師以隆安四年仲春之月，因詠山水，遂杖錫而遊。於時，交徒同趣三十餘人，咸拂衣晨征。」數句非慧遠自述口吻，判定此序非慧遠所作，故不收錄此文於文集中。[43] 由於慧遠師徒遊石門所作唱和詩集，在當時曾結集成冊，乃有爲詩集所作之此序。若依衆人遊山的身分列次，最有資格爲此次出遊唱和詩集作序者，當非慧遠莫屬。然若此序果非慧遠所作，而爲同遊友人、弟子所作，亦必慧遠經眼過目認可，方足以居詩集序文之位。

　　全篇計六百餘字，篇長僅次於〈廬山略記〉。此文記述此次師徒三十餘人，清晨前往位於精舍南方十餘的石門遊賞覽勝，其中「徑回曲阜，路阻行難」而歷險彌堅的賞遊心情：「雖林壑幽邃，而開途競進；雖乘危履石，并以所悅爲安。既至，則援木尋葛，歷險窮崖，猿臂相引，僅乃造極。於是擁勝倚巖，詳觀其下，始知七嶺之美，蘊奇於此。」由此既矛盾又滿足的心理，反面襯托石門山勢險奇，深林幽壑引人入勝的情態。此文復工於山景之細部描寫，先寫石門山景雄峙之形貌處勢，環抱開闓：「雙闕對峙其前，重巖映帶後，巒阜周迴以爲障，崇巖四營而開宇。其中則有石臺、石池、宮館之象，觸類之形，致可樂也。」由冷靜之筆調，顯托其賞玩趣致。又寫清流淨匯於天池的陰柔繚繞，以紋石潛

浸於河中，流水和緩地披面沖刷而過，以及天氣陰晴劇變，萬象隱顯不定，對比出作者對時光遷逝、空間驟變的強烈感受，油然興起對山林之趣「樂不期歡」、「沖豫自得」的詠賞：

> 清泉分流而合注，淥淵淨於天池，文石發彩，煥若披面，檉松芳草，蔚然光目。其為神麗，亦已備矣。斯日也，眾情奔悅，矚覽無厭。游覽未久，而天氣屢變；霄霧塵集，則萬象隱形；流光回照，則眾山倒影。開闔之際，狀有靈焉，而不可測也。乃其將登，則翔禽拂翮，鳴猿屬響。歸雲回駕，想羽人之來儀；哀聲相和，若玄音之有寄。雖彷彿猶聞，而神之以暢；雖樂不期歡，而欣以永日。當其沖豫自得，信有味焉，而未易言也。[44]

其描繪山川雲霧極其工麗細緻，清雅猶若畫布裁成，流水輕練恍若親聞，其寫禽翔猿鳴之優游、悚屬對比，令人真如置身山野，撲鼻花香草腥。其文字表現較之上述兩篇遊記綺巧清麗，可謂符達劉勰《文心雕龍‧明詩》所云，慧遠逝後劉宋時期山水文學書寫「情必極物以體貌，辭必窮力而追新」的洗鍊要求。[45]末段感發之書寫，符歸於晉宋時期山水寫作先記遊、寫景，次以興情、悟理的形式規律。[46]因此，就此文寫作技巧及風格偏重在精描看來，此篇內容與前兩篇恐非同出一人之手。復由歷來史錄載此文作者，皆作「廬山諸道人」推之，此文為慧遠親作的可能性雖不高，然其藝術價值卻不容忽略。

---

[44] 清‧陳夢雷編《古今圖書集成》第二十四冊‧山川典二‧第一百三十七卷‧廬山部，載錄「廬山諸道人」之〈遊石門〉詩，其後并附有此序文。（臺北：鼎文書局，1977），頁 425-426。

[45] 《文心雕龍‧明詩》，頁 85。

[46] 林文月〈中國山水詩的特質〉，《山水與古典》（臺北：三民書局，民國 85 年初版），頁 25-65。

三、結語

　　慧遠的文學創作表現形式與題材的選擇，有密切的關係。其長以四言形式表現對菩薩或佛像的詠讚之意，而以五言詩及散文表現結合山水品賞的作品。蓋五言詩乃當時儒生或往來酬酢場合下，習用當時的文學表現形式，故慧遠乃與之與四言形式莊重的佛讚形式，加以區分。

　　慧遠以山水爲題的遊記散文古雅清峻，較其五言詩爲佳。慧遠作山水詩及遊記，乃攜眾同行，登臨攬勝，以山水景致爲品賞之審美對象，且各人皆有詩文創作。這個以山水文學爲中心的共同文學活動，雖以慧遠爲中心，而這些結社共修共遊的這小團體的活動，不應視爲偶然的個別現象。

　　慧遠將中國式的山水品賞與佛理之感悟結合起來，除時代背景、佛教徒的身分及愛好自然的性格等因素外，復因山水品吟與體證法性二者，皆爲直觀性之思考，其目的所同者，都在透過直觀以追求超越的神聖存在。事實上，審美的感通經驗，也具備相當程度的（廣義的）宗教性。慧遠巧妙地結合二者，由藝術審美及宗教體驗角度領略此種超越的神聖性，藉由文學藝術的表達，即此身而超越有限的時空桎梏，體驗到眞實不朽的美感與眞理。而慧遠的結合山水品賞與佛理感悟，也開展出山川萬物無非法身體現的中國式佛教審美思惟，對後世禪詩的興起，有其潛在的影響。

第二節　東林寺佛教藝術與般若經典的密切關係

　　本節的目的，在探求東林寺佛教藝術所反映的佛教義學取向。期藉由復原慧遠時代東林道場寺院原貌，考察慧遠如何在晉末將東林寺道場經營成一個義理與坐禪兼修的佛教寺院。此與約前後同一時期道安、羅什等人，在長安著重在譯經弘法的道場特色，有些差別。《晉書》卷一百十七，記載一則與羅什道場有關的史料：「羅什……，沙門自遠而至者五千餘人。起浮圖於永貴里，立般若臺於中宮，沙門坐禪者恆有千數。」[1]羅什接管道安整飭的長安道場後，雖亦有千餘僧人坐禪，但非在長安道場，而在永貴里。此與慧遠的東林道場禪修、譯經、弘法兼備的特色，即有不同。本節討論重點放在寺院園林的格局、與禮拜、禪修有關的佛像雕造、佛教壁畫等方面，如何與慧遠的佛學思想相契合上。

　　資料上，自清‧毛德琦《廬山志》輯錄之歷朝文獻記載觀之，東林寺現址上的建築，乃自晉末成立至清代，幾經戰事燹災後所大幅改建，早非原貌。[2]因此，若欲由現存實物考察晉時原貌，恐非易事。由於晉末至南北朝東林寺之直接相關文獻稀少，故本節除慧遠本身之敘述外，仍佐以歷代文獻相關記載，作為觀察東林寺舊貌之主要參考資料。慧遠本身及同時期人物作品中述及的內容，亦當然為第一優先參考資料。

一、東林寺的地理布局

　　慧皎在《高僧傳》中，曾略記晉末東林寺的地理位置及寺院布局：

　　　遠創造精舍，洞盡山美，卻負香爐之峰，傍帶瀑布之壑，仍石壘

---

[1]　《晉書》卷一百十七，頁 2984-2985。
[2]　〔清〕毛德琦《廬山志》卷十二下，頁 17。

基，即松栽構，清泉環階，白雲滿室。復於寺內，別置禪林，森樹煙凝，石筵苔合。凡在瞻履，皆神清而氣肅焉。遠聞天竺有佛影，……會有西域道士敘其光相，遠乃背山臨流，營築龕室，妙算畫工，淡彩圖寫，色疑積空，望似煙霧。暉相炳曖，若隱而顯。[3]

東林寺是江州刺史桓尹在西林寺主持慧永的請求下，於西元 384 年所建造而成的。東林寺遠離塵俗，聳立於江西省九江縣南廬山的西北麓上，[4]南面北香爐峰[5]，西隔分水嶺與西林寺相望。如慧皎所述，東林寺依傍自然山勢水流而建，寺院規模包括：寺院精舍、禪林及佛影龕等。東林寺的基底，由廬山上的大石疊疊而成。石基之上，為就地取用林松所建之木造廊院，寺中並設置有同道參集禪修的禪林。禪林裏茂樹如織，凝煙氳氤，講法用的石造坐席上，滿佈苔綠。清澈的流泉環繞著寺院外的石階，潺潺而過，山林中緩飄而至的白雲，常虛浮盈室。倚山壁開鑿的龕室中，有畫工淡彩而繪的佛影。

慧皎所述，乃現存東林寺院內布局的最早史料。因傳記體例的關係，其敘述側重在寺院座落及禪林之清靈肅穆上，對寺內廊院建築的介紹極為精簡，欲考求其寺內建築藝術極其不易。但輔以下述相關史料還原晉末東林寺的佛教藝術作品，相信仍有可觀之處。

---

[3]　《高僧傳》卷六·慧遠傳，頁 358 中。《祐錄》卷十五，其下並有「遂傳寫京都，莫不嗟歎」二句，頁 109 下。

[4]　宋·陸游謂東林寺地理位置：「正對香爐峰，峰分一枝東行，自北而西，環合四抱，有如城廓，東林在其中，相地者謂之倒掛龍格。」《陸游集》第五冊，（北京：中華書局），頁 2434。明·徐弘祖《徐霞客遊記》云：「寺當廬山之陰，南面廬山，北倚東林山，山不甚高，為廬之外廓，中有大溪，自東而西，驛路界其間，為九江至建昌孔道，寺前臨溪，入門為虎溪橋，規模甚大，正殿夷毀，右為三笑堂。」朱惠榮校注《徐霞客遊記校注》，（雲南：雲南人民出版社），頁 31-32。

[5]　慧遠所指香爐峰，為位於東林寺南之北香爐峰，而非往下更至雙劍峰西南之雙爐峰。

二、東林寺的佛像

　　走進一所寺院，我們極容易由其大雄寶殿中所奉之主尊及護法，判定該寺院所護持的法門。繪像、製畫、抄經、傳經、弘法等諸種布施護持，皆佛典中所常云有大功德者。[6]而佛寺中，這些製作精美的佛教藝術品，不但具有布施供法的意義，雖然並非全然有實用的目的，但有時也具有修行時觀修上的實用意義。易言之，佛寺中的佛教藝術品並非作純粹藝術表現存立於寺院之中，而與寺院所宣尚之思想、法門有極密切之關係。經尋考史料，發現：東林寺內所奉佛像及佛畫等佛教藝術的取向，皆具有共同一致的系統性——般若經系統。

　　據《高僧傳》慧遠本傳及道宣《集神州三寶感通錄》所載，東林寺供奉著阿育王像及阿彌陀像，並在精舍內壁繪有般若經變，於佛影龕中彩繪有釋迦牟尼像。其中，佛像的部分，記載極簡略，無法察知其藝術層面性的內容，僅得以就其形像與慧遠思想關聯的部分分析之；而佛畫的部分，則因牽涉到佛典內容、佛傳典故及地理考察等複雜因素，故所費篇幅較多。

（一）文殊師利像

　　史傳明確載錄晉末東林寺所供奉之佛像有兩尊：文殊師利像及阿彌陀像。其中，文殊師利像自海上獲得到供奉於東林寺，有一段傳奇的過程：

> 又昔潯陽陶侃經鎮廣州，有漁人於海中見神光，每夕艷發，經旬

6　《般舟三昧經·四事品第三》（三卷本），卷上言：「精進無有能逮者，常與善師從事，爲人說經不得望人衣服、飲食、合會人至佛所、合會人使聽經、教人學佛道、作佛形像若作畫，用是三昧故，教自貢高人內佛道中，常護佛法。」大正藏第13冊，頁906上。

彌盛，怪以白侃。侃往詳視，乃是阿育王像，即接歸以送武昌南寒溪寺。寺主僧珍，嘗往夏口，夜夢寺遭火，而此像屋獨有龍神圍繞。珍覺馳還寺，寺既焚盡，唯像屋存焉。侃後移鎮，以像有威靈，遣使迎接。數十人舉之至水，及上船，船又覆沒，使者懼而反之，竟不能獲。侃幼出雄武，素薄信情，故荊楚之間，為之謠曰：「陶惟劍雄，像以神標，雲翔泥宿，邈何遙遙，可以誠致，難以力招。」及遠創寺，既成，祈心奉請，乃飄然自輕，往還無梗。方知遠之神感，證在風謠矣。[7]

　　在閱讀深具宗教情感的神異事蹟、感應等論述，必須仔細疏理其中的論述者宗教情感過度渲染的可能。慧皎作此段敘述，距慧遠之世已百餘年，又前述陶侃（257-332）世之事，復距其世二百餘年，其間是否增添部分神異化的情節，極為可議。由於慧皎文中亦述及風謠云云，揆其目的，不外以此情節烘托慧遠篤誠德風，足以證風謠而己，故是否確有此事，慧皎並無求索之意。事實上，在慧遠去世當時，同時期為之作傳、誄的張野、謝靈運等人所述，皆未嘗有神異的傳奇內容。易言之，歷時未久，其遭神化程度愈低，可信程度愈高。

　　此段內容，考諸唐人所述，更可見其渲染衍演之誤差。[8]今人吳宗慈編修《廬山志》時，載慧遠部分傳記內容所採版本，即為據唐錄而成的元人作品《蓮社高賢傳》，再加以民間傳說改寫增演而成。[9]唐錄內容，

---

[7]　大正藏第 50 冊，頁 358 下。

[8]　唐・道宣《集神州三寶感通錄》卷中，大正藏第 52 冊，頁 417 中。「東晉廬山文殊師利菩薩像者，昔有晉名臣陶侃字士迪，建旟南海。有漁人每夕見海濱光，因以白侃。侃遣尋之，俄見一金像陵波而趣船側，檢其銘勒，乃阿育王所造文殊師菩薩像也。昔傳云：育王既統此州，學鬼王暇獄，怨酷尤甚。文殊現處鑊中，火熾水清，生青蓮花。王心感悟，即日毀獄，造八萬四千塔，建立形像，其數亦爾，此其一也。初侃未能深信因果，既見此嘉瑞，遂大尊重。乃送武昌寒溪寺，後遷荊州，故遣迎之。像初在輿，數人可舉，今加以壯夫數十，確不移處。更足以事力輂車牽拽，僅得上船，船復即沒，使具白侃，侃聽還本寺。兩三人便起，沙門慧遠敬伏威儀，迎入廬岫而了無艱阻。斯即聖靈感降，惟其人乎。」

[9]　吳宗慈《廬山志》，全文見錄於沈雲龍主編《中國名山勝蹟志》第三輯，（臺北：

又據《高僧傳·慧遠傳》所載敷衍而來,情節書寫戲劇性大增。例如:將漁人所發現的「阿育王像」,進一步詮解爲「阿育王所造的文殊師利菩薩像」,[10]復據此線索,增入《高僧傳》原無的內容:舖敍阿育王造八萬四千塔,並造八萬四千形像,而慧遠所獲文殊像乃其一云云。其次,其誇衍此文殊像必經誠心禱請,方得移奉等情節,亦據高僧傳而有增演。而此誇衍之部分,或因歷時久遠,受民間傳說影響,增添其神奇性內容而神化所致誤,固不必以爲眞實。然而,由此增演部分的內容,亦可察知慧遠在民間的形象。(此部分將於第六章探討)

此像的神異來歷,慧皎在敍述上,似有以深具智慧的文殊菩薩,烘托慧遠義學僧形象的意味。而和般若經關係密切的文殊師利像,其與東林寺結緣,本文認爲可能有兩個原因:一者,如僧傳所言,出於漁人偶然發現,而由篤誠的慧遠供奉;二者,由於晉末寺足而僧衆,但佛像仍稀少之故。[11]故而極企得佛像而供奉之。

慧皎作僧傳時,文殊師利像已奉於東林寺。但供奉於何殿,僧傳中未提及。慧皎對此尊阿育王像,僅謂其每於黑夜大放光明,餘並無多著墨。此敍述雖簡,本文亦無從分析其雕刻之藝術性,但依其於黑夜放光之線索推測兩點:其一,由於漢末魏晉時期之佛像,幾爲金銅等合金製品,而石雕亦不可能於海中流動,又,海中放光或因金屬光澤所致,故推測此文殊師利像應是金屬製品;其次,放光像多以立像爲之,此文殊像極可能爲立姿。總括而言,由以上推測:西晉之世(陶侃,257-332)

文海出版社)頁 1093。

10　梁·寶唱撰《名僧傳抄》曾略載此事:「阿育王所造文殊師利像乘波而至事。」該記載爲東林寺藏文殊像之最早資料,後世諸多傳說,亦據此衍生。大日本續藏經,第壹輯第貳編·乙第七套第壹冊,(臺北:新文豐出版股份有限公司,民國 64 年初版),頁 15。

11　引書同上註,資助過慧遠燈燭費的師兄曇翼,曾感歎:「每歎寺足衆僧,形像尙少。嘗聞阿育王多造佛像,隨緣流布,而獨不至此,豈非精誠未詣邪?」頁 7。可見晉末佛寺數量日多,但佛像雕鑄流通未足。因此有阿育王造像東流之傳說,可謂反映晉末佛教徒期待佛像東來之心理。

中國東南濱海地區，已有金屬立像的文殊師利像流通。

（二）阿彌陀像

　　慧遠曾與徒眾於精舍的阿彌陀像前，結社念佛，發願往生西方淨土：

　　　　於是率眾行道，昏曉不絕，釋迦餘化，於斯復興。既而謹律息心
　　　　之士，絕塵清信之賓，並不期而至，望風遙集。……遠乃於精舍
　　　　無量壽像前，建齋立誓，共期西方。[12]

　　可知東林寺內亦供奉阿彌陀佛。慧遠結社念佛，供奉阿彌陀佛之
舉，後人視爲專修淨土之濫觴。然而，慧遠供奉阿彌陀佛之依據，並非
來自《無量壽經》，而是本文前所述之《般舟三昧經》。在接引方便上，
《般舟三昧經》言欲定中見佛，必須守戒無犯，一日一夜乃至七日七夜
定意專一的精進要求，顯然不及《無量壽經》的十念往生西方淨土之說，
納契更廣大根器之眾生，[13]故距慧遠之世既久，後人遂以興於後世之彌
陀信仰，聯繫上慧遠結社念佛，往生西方，實則慧遠之念佛並非依止《無
量壽經》而來。況且，慧遠依《般舟三昧經》修般舟三昧念佛，其所念
之佛，亦因例舉念阿彌陀佛故，慧遠即以此專念之，其目的意欲於定中
見佛決疑，而非以往生西方淨土爲終極。蓋般舟三昧所念者，可依其根
性所契而爲十方諸佛之一，經中舉阿彌陀佛爲例，並非謂僅能專念阿彌
陀佛而已。

　　慧遠之前，彌勒信仰及《無量壽經》皆已在中土流傳一段時日，其
中，彌勒信仰也確實在中土曾大爲興盛過，其師道安亦尚彌勒信仰。[14]慧

12　大正藏第 50 冊，頁 358 下。
13　《無量壽經》卷上第十八願，（大正藏第 12 冊，頁 268 上）與《觀無量壽經》（大
　　正藏第 12 冊，頁 346 上），皆有「十念」念佛連續不斷，即可往生西方淨土之說
　　法。然而，「十念」究爲曇鸞所說的憶念佛之總別相，抑或是善導所說的口稱佛之
　　名號，並無定論，殆各依所修法門爲準。
14　《高僧傳》卷五・道安傳，頁 353 中。

遠與彌陀信仰的關係，不可否認有一定的關聯。或許因慧遠如此之名僧，在東林寺集眾結社念佛，復於阿彌陀像前立誓，願生西方的推宣效應下，《阿彌陀經》漸漸受到重視，進而帶動彌陀信仰的興盛。

慧遠立阿彌陀像於般若精舍前，乃在以集眾齋會共修，有助於藉由觀像方便，以進入觀想念佛爲目的。[15]再觀察慧遠安置阿彌陀像於戶外的位置，可以發現：東林寺並非以阿彌陀佛爲供奉之主尊。由阿彌陀像立像並無觀音及勢至兩位　尊菩薩，推知其所依止者並非彌陀信仰，而是以觀修般舟三昧爲主，立阿彌陀像以助觀像。

三、東林寺的佛龕與經變圖

魏晉時期的佛寺，是否以爲雕像爲主要供奉的對象，不得而知。本文作此語，乃因推測東林寺所主要供奉的，並非佛像，而是龕室中的釋迦牟尼佛畫像。

東林寺中的佛畫，主要包括：佛影窟中的釋迦牟尼佛彩繪、般若精舍壁上的般若經變圖。佛影窟中的釋迦牟尼佛彩繪，是慧遠依據法顯轉述西域遊跡所見佛影窟實景，而於東林寺挖鑿龕室，彩繪的佛影。而般若精舍壁上的般若經變圖，計有五幅，與般若臺同時完工。慧遠的俗家弟子王齊之，曾爲這些經變作讚，其讚文仍存錄於《廣弘明集》，[16]因此，雖晉世精舍內的這些經變圖，現已不存，但藉由王齊之佛讚，而得以管窺一二。

（一）佛影窟

---

[15] 在劉遺民奉命爲紀念結社念佛所作的銘文中，即可明確看到立阿彌陀像的意義，大正藏第 50 冊，頁 358 下-359 上。

[16] 《廣弘明集》卷三十，載王齊之讚五首，大正藏第 52 冊，頁 351 下-352 上。由第一首〈薩陀波倫讚〉下之小字注：「因畫波若臺，隨變立贊等」，可得知王齊之乃此般若經變圖之畫者，並且同時也是隨此經變圖而作讚的作者。

慧遠在佛影窟完成時，曾親撰〈佛影銘并序〉爲紀念，並遣弟子道秉請謝靈運爲之另撰〈佛影銘并序〉，以供刻窟壁留記。此二篇序文的內容，都記述到東林寺佛影窟的建造，以及西域的佛影傳說。因此，晉壁雖現已不存，但仍可據此二篇序文之線索，重究東林寺的佛影彩繪內容。

1 · 經典中的佛影記載

早期佛經中，並無佛影的記載，大乘經典出現之後，才開始有佛影的記載。而談到佛影的佛經，主要有三部：《大方等大集經》、《禪祕要法經》、及《佛說觀佛三昧海經》。

《大方等大集經》言：「若有眾生遇觸佛影，七日安樂無飲食想，捨是身已生於善有。」[17]此處談到眾生若有機會遇見佛影，不但可得七日身心清淨安樂，還可令得令此身永不墮惡道。此處所言佛影，爲佛顯現令菩薩位以下眾生所見之劣化身。

羅什譯輯的《禪祕要法經》中，亦載及見諸佛佛影之功德：「汝今善觀諸佛空法，以見佛影故。心大歡喜，還得醒悟。……爾時復見釋迦牟尼佛影，見釋迦牟尼佛影已，復得見過去六佛影。是時諸佛影，如頗梨鏡，明顯可觀，各伸右手，摩行者頂。」[18]此經雖名爲經，但實爲羅什輯錄諸典禪定要法之輯錄。此處主要就禪定時，若得見佛影，必有助於體悟觀空之智慧，並得受諸佛菩薩摩頂受記等功德。此處所言之佛影，爲定中所見佛之真實報身。

覺賢與法顯於西元 418 年共譯的《佛說觀佛三昧海經》卷七，對佛影的記載，最爲詳盡。首先，記述世尊降伏五羅刹女及毒龍父子之事，[19]繼之，又論及有惡龍爲避金翅鳥的啄食而躲到佛影中。[20]此二處所言佛

---

[17] 北涼·曇無讖譯《大方等大集經》卷三，大正藏第 13 冊，頁 19 上。
[18] 姚秦·鳩摩羅什譯《禪祕要法經》卷二，大正藏第 15 冊，頁 253 下-254 上。
[19] 「爾時龍王見世尊來，父子徒黨十六大龍興大雲雷震吼雨雹，眼中出火口亦吐火，

影，明顯只是指世尊身後的陰影。而此云世尊身後陰影清涼安穩的記載，與《大般涅槃經》「鴿隱佛影」典故中，鴿子爲躲避獵戶的追射，而隱於世尊身影求救，[21]有幾分神似，不同的是《大般涅槃經》中的佛影典故，言佛因畢竟持戒而有令眾生安穩無懼的定力，主要強調的是佛的畢竟持戒，而《佛說觀佛三昧海經》中的佛影典故，則強調的是佛慈悲心散發的安定力量。並且《佛說觀佛三昧海經》還談到了佛影說法的記載，乃此經特殊之處。

　　《佛說觀佛三昧海經》中最精彩的，不單只談到見佛影的功德，對後人於西域佛影窟中，所見所聞的內容，有極相關的類似描述，並且還實際論及觀佛影的方法。有三個值得注意的重點：

　　其一、世尊結跏趺坐於石壁中時，「眾生見時，遠望則見，近則不現。」這一點與法顯赴天竺，於石窟中所見佛影情形相同。

　　其二、「諸天百千供養佛影，影亦說法」，談到佛降伏毒龍，受龍請求，於千百五歲石內現外，諸人天眾供養佛影，佛影亦爲眾生說法。其三、若欲觀佛坐像，可由觀佛影得之。換言之，此佛影爲坐佛說法之形像。觀佛影步驟爲：先觀佛像，作丈六佛坐像想；次作高丈八，深二十四步，清白石窟想；

鱗甲身毛俱出煙焰；五羅剎女現醜惡形，眼如掣電住立佛前。時龍王子見虛空中滿中化佛，白其父言：『父王吐火欲害一佛，試看空中有無數佛。』時龍吐火害心意猛盛，訶責其子：『惟有一佛何處有多？』時金剛神手把大杵化身無數杵頭火然如旋火輪，輪輪相次從空中下，火焰熱熾猶如融銅，燒惡龍身龍王驚怖，無走遁處走入佛影。佛影清涼如甘露灑，龍得除熱仰頭視空。滿空中佛，一一如來放無數光，一一光中無量化佛，一一化佛亦放無數百千光明。」大正藏第 15 冊，頁 679 下-680 上。

[20] 「唯諸龍見是金翅鳥欲搏噬龍，龍畏金翅走入佛影，爲佛作禮叩頭求救。」大正藏第 15 冊，頁 680 中。

[21] 北涼·曇無讖譯《大般涅槃經》卷二十八，大正藏第 12 冊，頁 529 上。「善男子，我昔一時與舍利弗及五百弟子，俱共止住摩伽陀國瞻婆大城。時有獵師追逐一鴿，是鴿惶怖至舍利弗影，猶故戰慄如芭蕉樹；至我影中，身心安隱，恐怖得除。是故當知，如來世尊畢竟持戒，乃至身影猶有是力。」

其三，作佛坐於虛空，足下雨花；

其四，作佛行入石窟想；

其五，復以石窟作七寶山想；

其六，作佛像踊入石壁，石壁光鑑無礙如明鏡想；

其七，作觀佛三十二相想；

其八，作無數化佛相放光想；

其九，作此無數化佛皆入於石壁佛影臍之中想。[22]

　　此經內容中記載佛影詳者，可謂諸經之冠，尤其觀佛影方法的部分，更爲其他經典所無。而此「佛影說法」的記載，更是在佛滅後，在無法親睹佛顏，也必欲親見佛影、聞佛法音的企盼下，爲眾生提供了最親切也最直接的動力。

　　「佛影」故事在經典中的記載，大約「鴿隱佛影」、「降伏毒龍」、「佛影說法」等以上數種。歸納「佛影」一詞的意思約爲：佛的應化身、佛的眞實報身、佛的影子等三類。雖然「佛影」故事的記載，出於大乘經典，或許與佛身思想（尤爲應化身）的發展有關，但因非本文考求的重點，故不擬對此部分作進一步的闡述，而偏重在探求東林寺所彩繪的「佛影」，究爲經典所載的哪一種佛影。由於以上三類佛影傳說，慧遠可能皆曾自西域沙門或法顯口中聽聞過。[23]因此，要推測東林寺所繪者內容爲何，還必須參考以下其他的資料。

2・史傳中的佛影窟

　　佛教史傳中論及與慧遠佛影窟可能有關的資料，除了慧遠和謝靈運的銘序外，還有《高僧法顯傳》、《洛陽伽藍記》、《大唐西域記》及《釋

---

[22]　《佛說觀佛三昧海經》卷七，大正藏第 15 冊，頁 681 中-下。

[23]　以上列舉翻譯出記載佛影經典的譯者中，除《大般涅槃經》的譯者曇無讖外，羅什、覺賢及法顯三人與慧遠都有交遊。其中，論及佛影最詳之《佛說觀佛三昧海經》，還是覺賢與法顯於西元 418 年共譯的，雖然此經譯出時，慧遠已辭世一年，但對佛影極感興趣的慧遠，先前即屢諮訪來自西域的僧人，去世前並曾留法顯共度冬齋，由其口中聽聞此經典所述，以及西域佛影的種種傳說，亦極自然之事。

迦方志》等書，皆載有實地考察佛本生故事中，佛影遺跡之記錄，但諸說內容不完全相同。而慧遠東林寺中所繪者，究爲何者，則須透過以下這些實地考察佛教史蹟而寫成佛教史傳，加以分析檢擇。

（1）《高僧法顯傳》

《高僧法顯傳》，又名《佛國記》，乃法顯西去求法實地記遊的記錄。法顯曾於途中二次親睹佛影。其一，是在那竭陀國（梵 Nagarahāra）：

> 那竭城南半由延有石室，博山西南向，佛留影。此中去十餘步，觀之，如佛真形，金色相好，光明九著；轉近轉微，髣髴如有。諸方國王遣工畫師摹寫，莫能及。彼國人傳云：千佛盡當於此留影。[24]

佛影位於那竭城南半由延的石室中，[25]往室內走去十餘步，靠山壁之西南向。法顯描述到佛影不能近看，只有遠觀，才能清楚看到佛的真容，相好莊嚴，大放光明，愈近看反而愈轉闇淡。由於佛影光相鮮明如生，鄰近諸國的國王，都派遣畫工來此描摹傳寫，但皆未能如意完全擬像。法顯所見之佛影，從宗教角度而言固然是佛威神力慈悲顯聖，但若從科學角度來看，推測可能是光線在凹凸不平的石壁上折射所致，並非浮雕之佛像，故而僅容特定光線、角度距離才得以觀賞，無法離開這些條件來觀察佛影。因此，在後代的遊記中才說到，佛影已不如法顯的時代炳然可見，推測可能因爲石壁歷時久遠，磨損所致。

而關於佛影來歷，法顯並未提及，不過，至少仍記載著那竭陀國人的傳說：謂現在住劫（過去住劫名爲莊嚴劫、現在住劫名爲賢劫、未來住劫名爲星宿劫）出世的「千佛」，將盡於此石室中留影。

其二，法顯於伽耶城附近，世尊成道前打坐過的石窟中，也和成道

---

[24] 《高僧法顯傳》，大正藏第 51 冊，頁 859 上。

[25] 由延（yojana），爲古印度計算里程的單位，原指套一次牛所行的路程，實際上依時代、地理等因素，並無一定的長度。那竭國，據日人足立喜六考據，現位於阿富汗之賈拉拉巴德（Jalālābād）附近的 Kabul 一帶。《洛陽伽藍記校注》卷五・城北・註五，（臺北：華正書局，民國 69 年 4 月版），頁 344。

前的世尊一樣，親睹佛影：

> 從此西行四由延到伽耶城，城內亦空荒。……從此東北行半由延
> 到一石窟，菩薩入中，西向結加趺坐，心念若我成道，當有神驗。
> 石壁上即有佛影現，長三尺許。今猶明亮。[26]

　　此處佛影之出現，目的在令行者得於定中，見到佛影顯聖，以深化
眾生修道決心。法顯在伽耶城石窟所見的佛影，為定心所見諸佛顯聖，
與前述那揭國佛影，為散心所見的釋迦法像，並不相同。

　　　（2）《宋雲行紀》

　　楊衒之《洛陽伽藍記》卷五，亦載述佛影之事。此部分內容，乃引
述自原書現已不存的《宋雲行紀》，該紀內容乃北魏年間（518-522）宋
雲與惠生、法力等人，自洛陽出發，途經西域，至印度，齎經而返的實
地考察記錄。宋雲等人雖去法顯約百年，但論及佛影窟中種種，與法顯
所述，相去無多：

> 至瞿羅羅鹿見佛影，入山窟十五步，西〔四〕面向戶，遙望則眾
> 相炳然，近看暝然不見。以手摩之，雖有石壁，漸漸卻行，始見
> 其相。容顏挺特，世所希有。[27]

　　此言佛影位於那揭城之瞿羅羅鹿（鳩羅羅揭剌闍 Kulālarāja 之略
稱，或瞿波羅 Gopāla 之訛），其陳述較法顯所說的「城南半由延」處明
晰。[28]宋雲詳細描述見到佛影的經過：進入山窟約十五步，在此西開門
戶前，正面向東壁，遠遠即可清楚望見佛身相好，往前走近，反倒暝暗
無所見，用手去摸，也只能摸到石壁而已。慢慢倒退回去，又可以再看
見佛影相好莊嚴。宋雲此段記錄，為本文提供一個重要的地名線索——
瞿羅羅鹿，這個地名，與玄奘在《大唐西域記》記載同一地點時，談到

---

[26] 大正藏第 51 冊，頁 863 上-中。

[27] 《洛陽伽藍記校注》卷五・城北，（臺北：華正書局，民國 69 年 4 月版），頁 341。

[28] 有關「瞿羅羅鹿」是否衍一羅字，應為「瞿羅」，乃「瞿波羅」之簡稱；「十五步」
是否為「五十步」之訛，丁謙、[法]沙畹、馮承鈞等人，多有考辯，詳細內容，可
參考《洛陽伽藍記校注》卷五，註十二，頁 346-248。

世尊降伏瞿波羅（Gopāla）龍的佛影傳說有關，也因此讓我們更進一步得知那竭國的佛影傳說，來自於世尊降伏毒龍的本生故事。

（3）《大唐西域記》

玄奘（602？-664）於唐貞觀元年至貞觀十九年（629-645）間西赴天竺取經。在到達北天竺那揭羅曷國（即法顯所言那竭國）時，未忘拜謁佛影遺跡，至那揭羅曷城，重訪二百多年前法顯法履所止之處，並在記中有細膩的描述。首先敘述那揭羅曷城附近的建築、景觀，再介紹佛影遺跡所在及由來：

> （那揭羅曷）城西南二十餘里至小石嶺，有伽藍高堂重閣，積石所成，庭宇寂寥，絕無僧侶。中有窣堵波，高二百餘尺，無憂王之所建也。伽藍西南，深澗陷絕，瀑布飛流，縣崖壁立。東崖石壁有大洞穴，瞿波羅龍之所居也。門徑狹小，窟穴冥闇，崖石津滴，磎徑餘流。昔有**佛影**煥若真容，相好具足，儼然如在。近代已來，人不遍睹，縱有所見，髣髴而已。至誠祈請，有冥感者，乃暫明視，尚不能久。[29]

佛影窟位於那揭羅曷國的那揭羅曷城西南二十餘里，一座石造寺院東崖石壁的大洞穴中，此石洞為瞿波羅龍所居住的地方。此洞穴之門徑狹小，洞窟之中漆黑陰闇，唯有穿石而過的水滴，和地面上因而形成的細小水流經過而已。玄奘談到過去曾有佛影炳然可見，但在玄奘造訪之時，已很難再見到，即便能夠至誠祈請而有所感應者，也只能短暫模糊地看到，已無法久視。可知，著名的那揭國佛影，在唐時已不若晉時那樣炳然可見。

玄奘在實地考察傳說中的佛影窟後，隨之介紹了此佛影的由來，乃來自世尊降伏瞿波羅龍的故事，[30]而此故事與《觀佛三昧海經》中所言降伏毒龍一事相類，惟玄奘所述情節更為複雜詳盡，恐得自該國舖衍之

---

[29] 唐・玄奘《大唐西域記》卷二，大正藏第 51 冊，頁 878 下-879 上。
[30] 同上註，頁 879 上。

口耳傳說而來。情節大意是說：此龍前生爲供應（那揭羅曷）國王乳酪
的牧牛人，因進奉失宜，遭到國王譴責而心懷憤恨，發願來世生爲惡龍
以破國害王，於是投身撞壁而死。死後果生爲大龍王，遂居於此窟，而
欲出此洞成其惡願時，方生起此惡心，如來即因慈愍此國人將爲龍所
害，乃運神通力，自中印度至。龍見如來，遂止其惡心而受不殺戒，並
發願護持正法。龍王請求如來常居此窟受供養，以便若毒心起，則可觀
佛影以止毒心。但如來謂其將要入滅，因念彼之誠，乃爲龍留影洞中，
並遣五羅漢常受供，而在現世住劫將來的千佛，也會因悲愍龍王，而在
此龍洞中留下佛影。

　　整理至此，已大抵可以發現：經典中的佛影傳說雖多，但與實地的
佛影窟有直接關聯的，乃「世尊降伏毒龍」的故事，其中還包含了「千
佛留影」的傳說。簡言之，那竭國佛影窟的由來，與《觀佛三昧海經》
所記載「世尊降伏毒龍」的內容相符；並且，還加上了不論是法顯還是
玄奘都曾聽聞到的，那揭國人「千佛留影」的傳說。

3・東林寺的佛影彩繪

　　考察晉時東林寺的佛影窟壁畫，是否仿自法顯所述的那竭國佛影
窟？慧遠的銘序是重要的線索。慧遠在東林寺背山一側，營築佛影窟，
於壁上彩繪佛影，自己和謝靈運都曾作〈佛影銘〉及序文紀念此事。

　　〈佛影銘〉的序文中，慧遠談到自己曾經聽說的佛影遺跡所在及佛
影故事：「遠聞：天竺有佛影，是佛昔化毒龍所留之影。在北天竺月氏
國那竭呵城南古仙人石室中，經道取流沙西一萬五千八百五十里。」[31]據
此文，可確知慧遠所聽聞到的佛影傳說，是來自《觀佛三昧海經》中世

---

[31]　《高僧傳》卷六・慧遠傳引，頁 358 中。《廣弘明集》卷十五亦載慧遠此銘及序文，
雖麤略不同，文意無舛：「佛影今在西那伽訶羅國南山古仙石室中，度流沙從徑道，
去此一萬五千八百五十里，感世之應，詳於前記。……遠昔尋先師奉侍歷載，雖
啓蒙慈訓，託志玄籍，每想奇聞，以篤其誠。遇西域沙門，輒餐遊方之說，故知
有佛影而傳者尚未曉然。及在此山，值罽賓禪師南國律學道士，與昔聞既同，並
是其人遊歷所經，因其詳問，乃多先徵。」

尊降伏毒龍的佛本生記載；又，慧遠聞說佛影窟遺跡，位於途經流沙西去一萬五千八百五十里，北天竺月氏國那竭呵城南的仙人石室中，此說亦符合法顯、玄奘二人對那揭國佛影窟遺跡之敘述。其次，慧遠銘文中的「體神入化，落影離形。迴暉層巖，凝映虛亭，在陰不昧，處闇（暗）逾明」，正與符於玄奘所述：世尊因將入滅（離形），因愍龍王而於石窟中留下佛影（落影），令龍心時時見之，以止其毒心。慧遠言佛影遠觀炳然，轉近愈闇的部分，亦合於法顯、玄奘所見。

誠如前述，《觀佛三昧海經》雖於慧遠去世後一年譯出，但兩位譯者覺賢與法顯，都曾住在東林寺，一季至兩年不等，與慧遠關係密切，就慧遠對佛影深切期望瞭解的情況下，二人或可能曾在東林寺為慧遠講說此經。何況，法顯還指導慧遠於東林寺建佛影窟，種種跡象，都可以說明東林寺的佛影窟壁畫，極可能仿自那竭國佛影窟中實際所見的佛影。然而，由於法身無色，變化無方，若非透過於凡夫可見的形式，則無以見之。那竭國的佛影顯聖，乃藉光線射入潮溼石洞之壁所形成釋迦牟尼佛坐姿說法之光像，[32]並非壁畫。因此，慧遠敦令畫工模寫佛影時，透過用色上採取「淡彩圖寫」，在特意表現「淡虛寫容，拂空傳像」，猶如光像凌空虛邈的姿態，用色淡雅以表現佛身輕靈虛凝，不但有別於設色濃重的天竺佛畫，表現出其受莊老沖虛淡遠的中國化影響一面；也與一般石窟壁畫為防潮及莊嚴供養等實用目的，而採取厚重塗刷、強烈色調的取向，極為不同。

而在構圖上，此佛影壁畫和本生故事畫一樣，以一個畫面表現一個情節的「單幅構圖」為其內容——即釋迦牟尼佛說法像。其描繪佛身相好極為細緻，表現的特點，重著在世尊雙眉間的放光：「相具體微，沖

---

[32] 《洛陽伽藍記校注》載，根據足立喜六《法顯傳考證》指出：「石窟在石山之絕壁，西南向，入口狹小，內深，有不完全之採光窗，斜陽射入，津滴內壁，故投映影像。法顯、宋雲時，仍甚鮮明，但因內外情形漸變，故至玄奘時，已未能充分認識，於是博山之名，終無從探究矣。」頁348。

姿自朗，白毫吐曜，昏夜中爽」。[33] 在大乘經典中，佛說法前，經常是菩薩龍天護法會集，天雨花而佛放光的景象，此佛影壁畫的構圖，未有複雜的構圖，其素樸地採取佛雙眉間白毫放光的單一構圖，來表現佛慈愍爲龍王說法（佛影說法），止其惡心，平等普度衆生的意含。此外，此一單純的構圖，也如實表現了那揭國佛影窟中，因光照與水氣而呈顯佛影的情形。而此佛影壁畫所採取的構圖，也正是中國早期佛畫發展史上「單幅構圖」的遺跡。在以下般若精舍中的般若經變圖構圖，則有更進一步的發展。

（二）般若經變圖

王齊之曾參與東林寺的結社念佛，並作有四言之〈念佛三昧詩〉四詩，並曾爲東林寺經變圖的完成，作了五首讚文。據此，可知：東晉末的東林寺般若精舍中，已繪有般若經變圖，雖此經變圖已不存在，然而，這五首讚文，卻是中國佛經經變圖最早的記載。

王齊之作五首讚的原由，可以在其部分標題下自注的文字中，找線索。其五讚之題名及兩條小注，分別爲：

〈薩陀波倫讚〉因畫波若臺，隨變立贊等

〈薩陀波倫入山心法讚〉

〈薩陀波倫始悟欲供養大師讚〉

〈曇無竭菩薩讚〉

〈諸佛讚〉因常啼念佛為現像靈[34]

---

33 慧遠〈佛影銘〉其二，大正藏第 50 冊，頁 358 中。

34 《廣弘明集》卷三十，大正藏第 52 冊，頁 351 下-352 上。「〈薩陀波倫讚〉(因畫波若臺，隨變立贊等)：密哉達人，功玄曩葉，龍潛九澤，文明未接。運通其會，神疏其轍，感夢魂交，啓兹聖哲。〈薩陀波倫入山心法讚〉：激響窮山，憤發幽誠，流音在耳，欣躍晨征。奉命宥遊，百慮同冥，叩心在誓，化乃降靈。〈薩陀波倫始悟欲供養大師讚〉：歸塗將啓，靈關再闢，神功難圖，待損而益。信道忘形，歡不

　　王齊之的讚、注中兼採菩薩異譯名：薩陀波倫、曇無竭、常啼。而此些譯名，乃出自不同譯本的般若經。「薩陀波倫」（一名常啼）見於《放光》、《道行》、《小品般若經》及《大智度論》，異譯名「常啼」則見於《摩訶般若波羅蜜經》、《大般若波羅蜜多經》；「曇無竭」（一名法上）見於《道行》、《小品般若經》、《摩訶般若波羅蜜經》，異譯名「法上」則見於《放光》。王齊之的兼採異譯，呈顯出其對般若經諸譯本的熟稔，也表現出東林寺道場講般若經，兼採各譯本比對的情形，此亦慧遠承襲道安襄陽時期重視經典比對遺風之表現。

　　由王齊之〈薩陀波倫讚〉自注云：「因畫波若臺，隨變立贊等」，可知，此五讚乃隨般若臺經變圖完成而作的，[35]五篇讚文各有其對應的經變圖。其中，前三讚稱許薩陀波倫）菩薩入道求法的精神，第四讚讚揚曇無竭菩薩以無量法門接引薩陀波倫的慈悲胸懷。第五讚〈諸佛讚〉，依王齊之自注云：「因常啼念佛為現像靈」，明此讚乃明薩陀波倫菩薩精進求法，三昧定中見佛。[36]

　　由此五篇讚文，雖如上述，可麤略推測其所繪畫之經變內容，但由於王齊之讚文旨在菩薩願求精神之呈現，故語多玄深抽象，對於經變圖本身的構圖、設色、技巧等，並無具體的描寫。雖然，在推求各幅經變圖的繪畫藝術，存在著極大的困難，但往另一方面思考，此五幅經變圖，基本上乃據《般若經》薩陀波倫菩薩求法故事所繪。經中記載薩陀波倫受化佛指點，通過重重困難的考驗，遠赴眾香城，請求城主曇無竭菩薩為之講說般若波羅蜜法門，後終究悟得六萬三昧法門。

期適，非伊哲人，孰探玄策。〈曇無竭菩薩讚〉：亹亹淵匠，道玄數盡，譬彼大壑，百川俱引。涯不俟津，塗無旋軫，三流開源，於焉同泯。　〈諸佛讚〉(因常啼念佛為現像靈)：妙哉正覺，體神以無，動不際有，靜不鄰虛。化而非變，象而非辈，映彼真性，鏡此群粗。」

[35] 梁・寶唱《名僧傳抄》中載西元 389 年造寶雲入山時，值般若臺之建造。《大日本續藏經》第壹輯第貳編乙第七套第壹冊，（臺北：新文豐出版公司，1975），頁 18。

[36] 《放光般若經》卷二十・〈法上品〉第八十九，大正藏第 8 冊，頁 146 中。

因此，本文據五讚篇名及讚文內容推測：第一幅經變圖所繪，乃薩陀波倫菩薩法像，第二幅爲薩陀波倫菩薩得化佛指點，入山求法圖；[37]第三幅經變圖爲薩陀波倫菩薩始悟心法，而欲捨身以供養曇無竭菩薩；[38]第四幅所繪，爲薩陀波倫菩薩既見曇無竭菩薩後，曇無竭菩薩慈愍說法之像。第五幅所繪爲薩陀波倫菩薩終究悟得六萬三昧法門，於定中見佛之境。

此一系列以薩陀波倫菩薩求法故事爲主題的般若經變圖，雖已不存。但其以《般若經》中主題性強烈的單幅系列式的構圖表現，在中國佛教繪畫史上，有極重要的歷史意義與價值：此系列經變圖，乃由「單幅構圖」發展爲「長卷型構圖」的過渡。[39]單幅構圖，空間的運用較爲狹小，若主題不複雜的情況下，構圖較爲簡單；而長卷型的構圖，亦即如西域石壁上的佛本生故事，在空間的安排上較爲寬裕，因此，有時爲表現故事的情節性，而將不同時空場景中，有重複的出現的景、物，繪於同一構圖之中，構圖的優點在於精簡，但也因此在畫面上顯得錯雜。

東林寺的般若經變圖的表現形式，極爲特殊，介於前述單幅、長卷型及大型經變圖之間。此五幅經變圖，雖各爲單幅構圖，但又是專依一部經之主題，而自成一系列的情節敘述關係。既非單幅構圖之隨意取材，亦非「長卷型構圖」以一個畫面表現數個情節的情況，更非「大型經變圖」以一部經典內容爲主題，連續複雜的構圖。故其表現形式，在早期中國佛畫史上顯得極爲特殊。不但如此，在早期佛教藝術史上，此種專以一部經典的內容作爲同一系列繪畫題材的表現，至隋唐方爲興

---

[37] 《放光般若經》卷二十·〈薩陀波倫品〉第八十八，大正藏第 8 冊，頁 144 下。

[38] 同上註，頁 144 上：「有大妙法名般若波羅蜜，是諸菩薩所應學者。是善男子但爲是法故，自賣其身，不惜軀命而自割截，欲以供養大師法上。」

[39] 漢魏的忠臣烈女等人物畫延續至兩晉，不同的是畫的對象範圍擴大到佛教領域，羅漢、菩薩皆爲此期佛畫的主流。例如晉末的顧愷之雖亦嘗於瓦棺寺繪維摩變，但亦止於單幅構圖，除東林寺般若經變外，尚未有以單一一部佛經內容爲主題所繪的「經變圖」。

盛，因此，東晉東林寺內的五幅般若經圖的記載，自有其重大的意義。在中國佛畫史上，自單幅構圖發展至隋唐以後大型的經變圖之間，東林寺此般若系列之經變圖，自成其特殊之類型，而有不可取代的意義與價值。

四、結語

　　佛寺自漢末至魏晉南北朝，多由貴族官員捨宅而成，故寺院多與中國傳統住宅以廳堂為主的廊院式佈局。但東林寺的結構佈局，極為特殊，兼具方外山水之樂與文人園林之美。因幽隱於茂林崇山，遂盡地勢優越之便，臨流傍山而建造能洞盡山美的東林寺禪林，寺中設有大殿、精舍、法堂、講經臺及就壁而鑿的摩崖佛龕等，並曲水引流，環繞禪堂，極具園林美學風格。與當時流行於京邑的廊院式佛寺，大為不同。

　　廬山自古即有仙人所居神境之傳說，而佛影所代表佛「不在場的親臨」顯聖，與中國傳統即有的仙山傳說結合，加以慧遠師徒嚴肅自律的道德所居形象，成功建構起東林道場的神聖性。在此遠離塵俗，自然清淨的峻嶺幽壑中修行，品賞仁者智者所樂之餘，沖豫自得的怡然欣趣，顯然溢出於天竺佛學理趣的追求，而透顯出中國佛教僧眾的一種特殊的文人氣質。而此潛藏於中國佛教僧眾性格中的文人氣質，加上中國善於兼融的民族性，儼然成為中國大乘佛學及佛教藝術的開展的基礎性格。

　　在東林道場中，念佛修行乃以般若經系統為主，有其相配應的佛教雕刻及繪畫藝術。佛雕部分，供奉有與《般若經》關係密切的文殊師利菩薩像，以及《般舟三昧經》念佛三昧中列舉十方佛之一的阿彌陀佛。東林寺的佛教壁畫，題材包括佛本生故事及經變。佛本生故事的題材，在早期中國佛畫史很常見，但經變圖則極為少見，更何況此經變圖的記載，為目前所發現中國佛畫史上最早的經變圖記載，極具歷史價值。此外，東林寺內的佛畫構圖與設色，亦具有無可取代的歷史意義：佛影窟

內石壁，以單幅構圖方式，彩繪佛本生中的世尊降伏毒龍故事，構圖內容採釋迦牟尼佛坐姿，眉間放光（爲毒龍）說法圖，其淡彩設色的文人畫風，亦有別於天竺用色濃重的宗教風格；而般若臺以薩陀波倫菩薩求法故事爲主題，五面情節相繫成一系列的單幅構圖般若經變圖，則具有由早期佛畫單幅構圖，走向長卷型之經變圖的過度意義。

　　另外，目前學者間多有共識，在石窟造像方面，甘肅永靖的炳靈寺第 169 窟，因有西秦建弘元年（420）的題記，而被認爲：「這是我國迄今為止發現紀年最早的石窟題記」。[40]然而，若此說有一定共識，則本文在此，可提出新發現：慧遠、謝靈運對東林寺佛影窟的題記稍早於此三年，作於東晉義熙十三年（417），二人刊刻於石壁的〈佛影銘〉實物雖未能留存，但其銘題之全文，仍保留於《高僧傳·慧遠傳》及《廣弘明集》卷十五，猶可存考。慧遠和謝靈運的題記，較炳靈寺第 169 窟的題記早三年，年份上的差距雖然不大，但對早期佛教石窟的題記研究，有一定的修正作用，而且，慧遠和謝靈運題記的保存，亦有助於早期石窟題記文學研究材料的提供。整體而言，東林寺佛教藝術的蒐羅整理，在釐清慧遠思想、還是早期佛教繪畫一些不明確的詮釋，都有一定的幫助。

---

[40] 劉建華〈東晉顧愷之畫風與北朝前期畫風之比較〉，文物春秋 1999 年第 1 期（總 4 4 期），頁 25。此外，賴鵬舉〈炳靈寺 169 窟無量壽佛龕所涉之義學與禪學〉亦有類似之語：「甘肅永靖炳靈寺的 169 窟是目前我國所知最早的石窟造像。」方宗教研究第 2 期，1990 年 10 月，頁 159。

第三節　近代慧遠墓塔的發現

秦漢流行厚葬，但曹操在建安十年（205）提出：「令民不得私仇，禁厚葬，皆一之于法。」[1]之後，更效法古人「必居瘠薄之地」、「不封不樹」之禮，並親擇墓地，自此，魏晉薄葬之風開始流行。《晉書・禮志》曾載曹操墓葬之省約。[2]魏文帝曹丕亦追隨乃父之旨，倡導薄葬。[3]而曹操父子的以身作則，相當程度節制了皇室貴族的喪葬儀節。[4]

貴冑世族行薄葬，平民百姓亦從順如流，上行下效，薄葬之風延續至兩晉。《晉書》記載，晉宣帝司馬懿也曾「預作終制，于首陽山為土藏，不墳不樹。作〈顧命〉三篇，欲以時服，不設明器，後終者不得合葬」[5]，司馬懿和曹操一樣，親擇墓地，預作遺言，甚至指定葬儀，必須以時服入歛，也不設明器陪葬，以其堅定表明以身作則的態度，大為推廣薄葬文化，其影響一直延續至南北朝才稍歇。

若魏晉時期，世族、百姓皆以薄葬為常理，則直言生死無常，脫落身心的方外沙門，圓寂身後之事，又是如何？由於實物及史料零散匱乏，有關早期中國僧墓形制，鮮見相關研究專文。本文擬以晉末慧遠墓

1　《三國志・魏書》卷一・〈武帝紀〉，頁 27。卷二十七・〈徐邈傳〉，明帝禁厚葬，頁 470。

2　《晉書》卷二十・〈禮志〉中：「魏武以禮送終之制，襲稱之數，繁而無益，俗又過之，豫自制送終衣服四篋，題識其上，春秋多夏，日有不諱，隨時以歛，金珥珠玉銅鐵之物，一不得送。文帝遵奉，無所增加。及受禪，刻金璽，追加尊號，不敢開埏，乃為石室，藏璽埏首，以示陵中無金銀諸物也。漢禮明器甚多，自是皆省矣。」頁 632。

3　引書同註 1，卷二・〈文帝紀〉，頁 81-82。

4　《三國志・魏書》記載許多王族、官員們遵循先帝薄葬觀念之事。例如：卷五〈文德郭后傳〉、卷十五〈司馬朗傳〉、〈賈逵傳〉、卷十七〈徐晃傳〉、卷十九〈陳思王曹植傳〉、卷二十〈中山恭王曹袞傳〉、卷二十二〈徐宣傳〉等。

5　《晉書》卷一・〈高祖宣帝紀〉，頁 20。

塔的發現，比較中印僧伽墓葬情形的差異，並藉以觀察中國僧伽喪葬形
制的演變，以期爲早期中國僧伽喪葬實例之研究，獻一薄力。

一、佛教律典中的葬制

　　唐代的律學大家道宣，曾在其所撰輯的《續高僧傳》卷廿八末，總
論西域四種葬法，及其流於中土的情形：

> 然西域本葬，其流四焉：火葬焚以蒸新，水葬比於深淀，土葬埋
> 於岸旁，林葬棄之中野。法王、輪王，同依火祀，世重常習，餘
> 者希行。東夏所傳，惟聞林、土。水、火兩設，世罕其蹤。故瓦
> 掩虞棺，廢林薪之始也。夏后、聖周，行瓦棺之事也；殷人以木
> 槨櫝藤緘之也。中古文昌，仁育成治，雖明窆葬，行者猶希。故
> 掩骼埋胔＊而瘞也。上古墓而不墳，未通庶類，赫胥虛陵之后，
> 現即因山為陵，下古相沿同行土葬。紜紜難紀，故且削之。[6]

　　道宣所謂西域四葬，實亦天竺之葬法。因所葬肉身，乃依四大所成
假有色身，故此火、水、土、林四葬乃相應於火、水、地、風而制。火
葬，亦稱荼毘，乃積薪於新屍下，引火焚之；土葬是未經棺槨而直接埋
身於河岸旁，復歸塵土；水葬，沈屍於深潭幽水之中，隨流分解；林葬
亦名野葬、天葬，乃棄屍於荒山林野，充實飛禽野獸飢腹。

　　這四種葬法中，在西域較常用的是火葬，其他三種較爲少見。《根
本說一切有部毘奈耶頌》卷下，記載比丘去世後的諸多儀節，其中即云
比丘去世，必須以火焚葬。[7]在北魏僧惠生的《西域記》中，也記載得道

---

[6]　大正藏第 50 冊，頁 685 中。

[7]　唐・義淨譯《根本說一切有部毘奈耶頌》卷下：「下論身死後，焚葬事須知：苾芻
　　身既死，告眾鳴健稚（案:犍椎），須喚輿屍人，柴薪用僧物，香花幡鼓樂，送至
　　焚屍林。親識及門徒，愍念相隨去，善親應可燒，薪火須豐足，助以旃檀等，隨
　　有灌酥油。身瘡若有蟲，埋時勿令損。或安於露地，草葉覆其身，一一身軀內，
　　八萬種蟲居，隨身共死生，雖燒亦無過。應持上下衣，覆屍令好密，自餘衣缽等，

的羅漢，是必須採取火葬的。[8]而在西域諸國，佛教沙門之荼毘，尚依得道與否而分凡、聖荼毘處。[9]

　　四葬中較流行於中國的葬法，以土葬與林葬爲主，水葬和火葬反而極少見。而佛教的土葬，也與中國人必棺槨其外而葬的習俗不同。在失譯的《佛說目連問戒律中五百輕重事經》中，即說到比丘葬以棺者，則犯棄：

> 問：比丘死，後人與買棺木衣服葬埋與者，犯何事？
>
> 答曰：白僧與泥洹僧、僧祇支自覆，自餘應入僧師物，一切不得埋，埋過五錢，犯棄。[10]

　　比丘圓寂，若後人不知，而以棺窆之（棺木之資必超過五錢），則犯佛門重戒四棄之一的「盜」罪，其嚴重性不可謂不大。故若中土比丘擇以土葬，則不能不明此戒。劉遺民雖爲慧遠弟子，但年歲長於慧遠，以精進著稱，早慧遠而逝，傳記中記載劉遺民曾仔細囑誡其子劉雍爲之土葬，但勿用棺槨，要求入葬必須如法：

> 遺民精勤偏至，具持禁戒，宗、張等所不及。……自知亡日……先作篤終誡曰：「……今即土爲墓。勿用棺槨。」子雍從之。[11]

准法可應分，燒時隨處坐。略誦無常經，三啓用心聽，各須生厭離，諸行盡無常，緣生法皆滅，刹那不暫住，如露被風驚，遍觀諸世間，無有長存者。」大正藏第 24 冊，頁 651 下。火葬時積薪爲材雖爲常態，但非一定，使屍身安露於地，以上下衣密覆其體亦可。

8　《北魏僧惠生使西域記》，大正藏第 51 冊，頁 865 中。「有一高德沙門戒行清潔，國人咸疑是羅漢。臨終之時，王來省視，依法集僧而問：『比丘得道耶？』其便以實答言：『是羅漢。』既終，王即按經律以羅漢法葬之。於精舍東四五里積好大薪，縱廣可三丈餘，高亦爾近，上著栴檀比水諸香木，四邊作階……然後燒之。火然時，人人敬心各脫上服及羽儀、傘蓋，遙擲火中，以助闍維。闍維已，收斂取骨，即以起塔。」

9　《高僧傳》卷三·〈智嚴傳〉載西域沙門荼毘，分凡僧、聖僧二處，頁 339。

10　《佛說目連問戒律中五百輕重事經》卷一·〈死亡事品〉，大正藏第 24 冊，頁 989 下。

11　《廣弘明集》卷二十七，頁 304 中。

　　慧遠身爲劉遺民之上師，守戒之嚴猶有過之，其所遵持的般舟法門中，尤以畢竟持戒爲首要。因此，慧遠在臨終前不但不飲各種可能不如法的藥石，其特意付囑弟子將之林葬，更可見其要求畢竟持戒精神的具體呈現。

　　兩晉南北朝遺命露屍松下林葬的僧人，僧傳所載雖不多，[12]但較之水葬與火葬（非亡身）之幾未見載，誠如道宣所言，中國以土葬與林葬爲常見，二者之中，中國人還是比較習慣土葬，林葬也只有少部分而已。

　　考諸僧傳，東晉諸帝極重視佛教。東晉中期時，竺法義去世，晉帝曾賻錢十萬購新亭崗，施塔三級爲墓塔。[13]然此豪舉並非獨見，道安的同學竺法汰，也曾受同等的待遇。竺法汰在晉太元十二年（**387**）去世，晉孝武仍下詔云：

> 汰法師道播八方，澤流後裔。奄爾喪逝，痛貫于懷，可賻錢十萬，喪事所須，隨由備辦。[14]

　　在此世亂蕭條之際，晉孝武帝賻儀可至十萬錢，其對竺法汰之優待，著實令人側目。然而，兩晉之間，此等奢華的葬禮、造塔之舉，終非經常可見，或因亂世生資本已匱乏，又或僧伽生前即表明不願舖張等因素，兩晉僧伽仍以薄葬樸素的墓葬方式爲主。

　　相對於竺法義、竺法汰這兩位慧遠師執輩的東晉高僧，在當時享有高譽，去世時亦受晉帝賻儀禮遇，備極哀榮的土葬方式，身爲晉末南方佛教領袖的慧遠，卻淡泊地選擇「露骸松下」的天葬方式，眞其直素性格明顯的展現。

---

[12] 《高僧傳・釋慧球傳》，頁 381 上；《續高僧傳・釋道判傳》，頁 516 下-517 下；《宋高僧傳・釋法持傳》，頁 757 下；《神僧傳・邵碩傳》，頁 769 中。以上諸傳皆錄於大正藏第 50 冊。

[13] 《高僧傳》卷四：「竺法義……晉太元五年（380）卒於都，春秋七十有四矣。（晉）帝以錢十萬買新亭崗爲墓，起塔三級。義弟子曇爽，於墓所立寺。因名新亭精舍。」頁 350 下-351 上。

[14] 《高僧傳》卷五・〈竺法汰傳〉，頁 355 上。

二、史料中的慧遠墓

（一）慧遠墓的位置及名稱

1．東林寺西

　　早期史傳並未明確指出慧遠墓之位置，但可據《高僧傳》卷八〈釋道慧傳〉記載南齊僧道慧（450-482）至廬山參訪一事，可得到重要線索：「釋道慧，……至年十四，讀《廬山慧遠集》，迺慨然歎息，恨有生之晚，遂與友人智順沂流千里，觀遠遺跡，於是憩廬山西寺。涉歷三年，更還京邑。」[15]值得注意的是，道慧閱讀慧遠文集後，深受其人格精神感動，而順流千里遠至廬山，目的爲「觀遠遺跡」。但道慧至廬山後，卻「憩廬山西寺」，且在此修學長達三年。乍看之下，直令人啓疑。「西寺」指的是「西林寺」嗎？道慧何不至東林寺，卻住於西林寺？

　　此處「西寺」一詞，究竟是指西林寺？還是東林寺西側的僧房？若據元代普度編撰的《廬山蓮宗寶鑑》（以下稱蓮宗寶鑑）卷四所言，慧遠之墓在東林寺西嶺：「臨修遺命，露骸松下，全身葬西嶺，現在凝寂塔可證。」[16]道慧本爲瞻仰慧遠東林寺遺跡而來，爲近慧遠墓而居於東林寺西側，當爲合理。

　　一般寺院內，將僧寮的位置安排在寺院西側、東側或北側，依陳舜俞所載，東林寺的經藏院位於寺院東廡，[17]唐時白居易至東林寺，亦於西廊的石片上，讀到曾至此的雲水僧靈徹所題詩數首，[18]可知東林寺僧寮的位置，即安排在經藏院對面的西廂。道慧爲雲水僧，被安排住在東

---

[15] 《高僧傳》卷八，〈釋道慧傳〉，頁 375 中。

[16] 元・普度撰《廬山蓮宗寶鑑・辨遠祖成道事》，大正藏第 47 冊，頁 322 上。

[17] 《廬山記》卷一：「經藏院在寺院東廡。」大正藏第 51 冊，頁 1028 中。

[18] 同上註，卷四，白居易〈讀靈徹詩〉：「東林寺裏西廊下，石片鐫題數首詩。言句怪來還教別，看名知是老湯師。」頁 1045 下。

林寺西側之僧寮，至爲合理，故「西寺」一詞指東林寺西側僧房。而慧遠的墓塔，即位於東林寺的西嶺。

2・凝寂塔

凝寂者，指法身凝寂，無去無來的涅槃狀態。慧遠墓敕名爲「凝寂塔」，始於北宋太平興國三年（978）的敕封。宋・陳舜俞輯編《廬山記》時，已在敕封之後，記載慧遠歷受唐、宋兩代諡號敕封，在太平興國三年的敕封中，除封諡號外，並名其墓爲「凝寂之塔」。[19]元・普度作《蓮宗寶鑑》時乃循其名作「凝寂塔」，至今仍沿用之。

（二）慧遠墓的形制

1・遺命林葬

魏晉諸帝多有預作遺言之舉，時風所致，《祐錄》卷十五載，慧遠臨終時對自己的身後事有所交代：「遺命露骸松下，同之草木。」[20]《高僧傳》卷六本傳亦載言：「遠以凡夫之情難割，乃制七日展哀，遺命使露骸松下。」[21]二傳所載大意相同，惟粗略有別。慧遠所以自擇林葬，本文推測，原因可能有二點：其一，或許是受魏晉諸帝親擇墓地，提倡薄葬之風影響，而尚法薄喪節約之禮；其二，聽聞法顯轉述西域諸國林葬習俗，[22]而欲取法其制，尚質去文，無執色身，以符驗佛理於內外。

---

[19] 《廬山記》卷一：「遠公初諡辯覺，昇元三年，諡正覺大師。興國三年，諡圓悟大師，仍名其墳曰凝寂之塔。塔在二林之間，其旁二杉，一杉在高處，圍二十七尺，一稍在下，圍二十尺。遠公以晉義熙十二年卒，葬此山。」大正藏第51冊，頁1029上。筆者案：此頁下又云慧遠於晉義熙十八年，歲在壬子五月一日立佛影臺，二說前後矛盾。慧遠既於晉義熙十二年卒，又如何於晉義熙十八年立佛影臺。

[20] 大正藏第55冊，頁110下。

[21] 大正藏第50冊，頁361中。

[22] 《高僧法顯傳》，大正藏第51冊，頁863上。法顯「到耆闍崛山，華香供養然燈續明……停止一宿，還向新城。出舊城北，行三百餘步道西，迦蘭陀竹園精舍今現在。眾僧掃灑精舍，北二三里有尸摩賒那。尸摩賒那者，（梵文作 śīmāsyāna，

然而，慧遠的遺命，最終因弟子的造墓立碑，恐未全如其意。

2・弟子建塔

（1）塔基寬廣

慧遠雖早有所顧慮，遺命門人林葬，但弟子畢竟仍不忍師尊曝屍荒野，乃於林葬後，復收葬枯骨，爲之造墓立碑：

> 既而弟子收葬。潯陽太守阮保，於山西嶺，鑿壙開隧，謝靈運為造碑文，銘其遺德，南陽宗炳又立碑寺門。[23]

這裏提到「既而弟子收葬」，和後面潯陽太守的造墓，是指兩階段的動作。由「既而」表現出的轉折、「收葬」傳達的動作，推測弟子門完成慧遠遺命的天葬之後，而前往收拾骸骨，準備建墓塔供養的意思。而弟子及太守爲慧遠所造之墓塔，其往下挖掘的墓穴部分，也就是天竺覆缽形墓塔的基壇部分，是由潯陽太守阮保命人爲慧遠挖鑿的。自阮保命人在墓穴中開闢墓室、墓道看來，此墓初成時的規模不小，而此墓塔規模所以巨大，乃由於其二重的覆缽形古制墓塔的特色。至於其基壇爲圓形抑或多角形，文中並未提及。

《廬山志》卷二，引桑喬《廬山紀事》所記的一則慧遠墓之傳說：「遠公塔，相傳其墓門在塔南階下。永樂中，有人開之，見遠公兀坐，其貌如生焉。」[24]此說提到在明朝永樂年間，有人打開慧遠墓塔存放舍利的基壇門，見到慧遠安坐如坐等等，內容極富神異色彩，除了不符於慧遠林葬的史傳記載外，此傳說也無法說明慧遠修般舟三昧，立誓西方，卻何以未往生西方極樂淨土，而仍在留於世間展顯神跡？然而，此傳說的內容可信程度雖不高，但或許是明代永樂年間，曾有人打開凝寂塔基壇之門，故而添衍出如此之神異傳說。

或尸陀林，梵 śitavana）漢言棄死人墓田。」

[23] 《高僧傳》，大正藏第 50 冊，頁 361 中。《祐錄》所載較簡略：「既而弟子收葬，謝靈運造碑墓側，銘其遺德焉。」大正藏第 55 冊，頁 110 下。

[24] 吳宗慈著《廬山志》卷二，（臺北：文海出版社，沈雲龍主編《中國名山勝蹟志》第三輯），頁 233。

（2）覆缽形制

　　慧遠墓完成後的外觀，傳文中並未提及，但依唐僧靈徹〈題遠大師墳〉詩所言：「古墓石稜稜，寒雲晚景凝，空悲虎溪月，不見雁門僧。」[25]，可知慧遠墓至唐時仍是疊石而成的覆缽形原貌。直至近代考古的發現，慧遠墓塔雖在宋代曾經維修（詳下文），至今覆缽以上塔身部分雖已殘敗，但至少基壇及覆缽的部分，因人跡罕至，並且自然的風化損害也因基壇門受到密封，而幾乎得以維持原貌，故而仍相當程度保留著晉末時的遺貌。

（3）墓側立碑

　　於墓側立碑刻記以銘遺德，乃中國所固有的墓葬文化之一。[26]前述慧遠墓側立有銘記慧遠遺德的墓碑，碑文為謝靈運所寫。謝靈運所作的〈廬山遠法師碑〉，全文現存於宋・志磐《佛祖統紀》卷二十六，[27]碑文的內容包括以散文寫成的慧遠詳傳，為慧皎作《高僧傳》時所據重要資料，文末的四言詩，共計四十八句，每八字押韻，共計換韻六次。陳舜俞《廬山記》卷五，載為此碑寫序的是張野，又言碑上無記立碑年月。又言與慧遠論易終日的殷仲堪，曾作有〈遠公碑〉，至唐僧貫休時仍可見，但至宋代，石碑已湮滅不可見。[28]

三、近代慧遠墓塔之發現

（一）常盤大定的實地考察：墓塔形制及位置

25　大正藏第 51 冊，頁 1046 上。

26　《金石萃編》中有關魏晉六朝時期的墓碑刻記極多。

27　《佛祖統紀》卷二十六，大正藏第 49 冊，頁 270 上-下。

28　　大正藏第 51 冊，頁 1048 上・〈古碑目〉：「廬山自晉宋齊梁陳隋唐，至本朝，幾八百年，其間廢興盛衰皆有記述。歲月浸久，往往亡失。若殷仲堪作〈遠公碑〉，天祐間猶見於貫休之詩，今無復遺漫矣。今錄太平東林已下五寺，觀五代以前人所作碑誌爵里歲月之日，凡四十一，辭多不載。」

　　慧遠墓塔的重新發現，是日本學者常盤大定在大正九年（**1920**），第一次到中國時，意外發現的。根據常盤氏的考察報告指出，慧遠之墓，近代在其考察之前，從來不曾爲中國學界所知。而此墓的價值，在於此墓初成於東晉末，比大同的石佛，龍門的石窟早六十年。「*恐怕是中國佛教遺物中最古的*」。[29]慧遠墓的考察，在中國佛教史上自有一定的歷史價值，而其墓塔的佛教藝術，也令人值得注目。常盤大定實地探考後的發現與詮釋，對完備慧遠之全面性研究，當深具參考價值。

　　常盤氏談到自己在中國蒐尋宋僧居訥的墓時，意外地發現保存於東林寺西崗荒煙蔓草中的慧遠墓。若據宋・陳舜俞《廬山志》及清・喬桑《廬山紀事》找的話，是不太容易找到的。因爲其位置自宋代以後，及至明、清兩代，迭經戰亂、殘破失修及自然毀損而有變動。[30]常盤氏據唐僧靈澈「古墓石稜稜」詩句的線索，在西林寺大磚塔的東丘，意外地找到了遠公墓。常盤氏雖言因時間匆促，未及詳考，但該篇論文中，在近代考古的發掘記錄上，仍有極大的貢獻。

　　常盤氏的實地考察報告，可略述爲以下七點：

　　（1）慧遠墓位於西林寺東丘（北宋・慶曆四年（**1044**）宗慧爲西林寺所造大磚塔的東丘），即東林寺西嶺。

　　（2）現存的慧遠墓塔爲一密閉的石造小室。

　　（3）石室前荆莽間，立著刻有「*晉慧遠祖師之塔院*」的小碑。爲明代嘉靖年間的　願所造。當時（明代）仍有塔院，但下至清代的人爲破壞及自然破壞，現只此石窟得以保存。常盤氏推測：此石室之密閉，可能爲清中葉以後的事。

　　（4）慧遠的墓塔，爲印度式的塔婆形（**stūpa**）。高約九尺，八角

<hr />

[29]　常盤大定著《支那佛教の研究》第一（東京：名著普及會，1938 年 6 月 18 日初版，1979 年 11 月 20 日覆刻版），頁 129，148-153。
[30]　常盤大定著《支那佛教の研究》第一，頁 149。

二重基壇上，有圓形天然石所疊成的覆缽形墓頂。

（5）慧遠塔左向殘存有一地宮，其中藏有兩個與慧遠墓塔有關的石碑——常惣碑、慧瑄碑。常盤氏並詳細錄載兩碑全文，此乃極珍貴的文獻記載。因據此二碑文，可知東林寺現存墓塔修繕的經過。

（6）據常惣碑（北宋・元豐七年（1084）造於西林寺西崗，乃慧瑄造新塔時所挖得），可知東林寺在北宋以前，原爲律寺，至北宋・元豐元年（1078）常惣住持改律寺爲禪寺（於時全名爲「江州廬山東林太平興國禪寺」），並全面大肆修整東林寺所有屋宇，據說爲當時佛教界「*近古所未有*」的盛事，寺成後六年，乃造此碑紀念之。[31]

（7）據慧瑄碑（造於南宋・淳祐四年，1244），可知東林寺至慧瑄時，曾繼常惣全面改建寺院而修建凝寂塔及眾僧墓塔，除凝寂塔之外，依身分重新另立二塔：歷代住持塔、僧行普同塔。[32]

---

[31] 常惣碑全文：「東林寺普通塔，乃　聖君改禪寺後六年之所建。擇地于西林之西崗，其位面陽，真勝地也。而內建地宮，方圓廣狹，良有數矣。固藏舍利，外累浮圖，層級差次，皆表法焉。用嚴異相，悉斲珠石爲之。其因綿永，非土木比。上覆瓦屋，禦乎風雨。前設獻亭，備陳佛事。去塔六十步，砌結方壇，盡規古制，以奉闍維。壇següö相望，通之石徑，所以利眾行事。眾初有議曰：『寺宇既葺，以歸廣眾，眾塔未修，骨石安徙。然散灰揚骨，濟乎蟲蟻，其如曝露，淺流沙磧，寧無愧耶？』繇是監寺僧思度、知莊僧智遠，而白住山僧常惣曰：『是塔其最勝緣，不可稽緩。』遂各施長財有差。復訪緇、白，以助成之。其工告畢，年月誌于塔宮，亦古之事也。夫釋迦如來，制身後之塔有四：一舍利、二髭髮、三袈裟、四應器。今所建者，乃其一焉。既而所藏骨者，人無南北，臘無夭壽，□我圓頭方服輩，以（爲）滅度後之所葬焉。所謂普通塔爾。實　聖宋元豐七年甲子九用二十一日　江州東林太平興國禪寺住持賜紫廣慧大師常惣記。」引書同上註，頁151。上文標示「□」處，常盤大定記錄時即有之缺字。

[32] 慧瑄碑全文：「東林太平興龍禪等開山遠圜悟法師凝寂塔，僅及千載，屋宇弊陋。而法會塔，在西岡莽間，骨殖暴露，見者寒心。徒弟僧普興，首捐衣資，白住山僧慧瑄，議遷海會祔於祖塔，依諸方規式，立爲三塔。中奉遠法師，左歷代住持，右僧行普通塔，庶得香火歸一。寺眾樂然。慧瑄遂率同袍，鼎建塔院。五間二廈，泊水五間，過道方丈門廊等，甃砌圓備。初柝舊塔，得石碑。乃照廣慧惣禪師，於元豐七年所建，逮今百六十一載，是又有數存焉，非偶然也。今將元碑、實塔宮之在，續紀歲月。勒石于右，俾來者知其始末云。皇宋淳祐四年歲次甲辰解制日誌。」引書同上註，頁152。

有關慧遠原有之凝寂塔，與後來的東林寺諸碑塔的關係，常盤氏有一番說明，以下分述爲三點：

其一、寺僧因見遠公凝寂塔屋宇弊陋，海會塔（集藏僧眾骸骨之塔，此爲慧瑄改建前之名，位於右側）骨骸暴露於東林寺（時寺名爲「東林太平興龍禪寺」，與一百六十一年前常惣主持東林寺時的寺名，有一字之異）西崗，乃發願集資修建三塔：「中奉遠法師，左歷代住持，右僧行普同塔（案：慧瑄改建後所命名，但是否與前述「海會塔」是同一個，常盤氏仍有保留。筆者認爲，海會塔、普同塔或普通塔，三者雖異名，但皆是收納眾僧骸骨之墓塔，故而此處的普同塔，或亦已納藏前述海會塔中眾僧骨）。」

其二、初柝舊塔時，得常惣碑。慧瑄將之立於塔右，新碑（慧瑄碑）則立於塔左。

其三、慧瑄所立三塔中的遠公塔及住持塔，已毀壞不存，惟右方普同塔殘存地宮，此地宮爲八角的石室。

根據常盤大定上述的考察，本文作出以下進一步的整理與推測。首先，常盤氏此次發現東林寺墓塔遺址兩處：其一爲慧遠墓，留存約九尺高的八角二重基壇，以及天然圓石覆缽形墓頂、其二爲僧眾之墓塔「普同塔」，僅殘存「地宮」部分。其次，常盤氏所發現的慧遠墓，並非南宋慧瑄所移建、鼎立於三塔中間的「遠法師塔」；依其所述所在位置及形制，反而與史傳所載晉墓相似，推測應即是當是慧遠墓遺址所在，但該基壇之八角形制，似非晉末僧塔之常制，故而有進一步分析之必要。

此外，常盤氏這次的實物考察中，對本文而言極有價值的發現，乃慧瑄碑及常　碑的全文記錄，此部分關乎慧遠與後世淨土教被繫聯起來的原因，細部的剖解，將於以下第六章第一節「北宋東林寺定位的關鍵變革」作進一步的分析。

（二）慧遠覆缽形墓塔的意義

1・塔的起源及意義

舍利（śarira），「實為人類死後遺體的總稱」，[33]分為未經火化而堅固不壞的「全身舍利」，以及經荼毘後所得的「碎身舍利」。依經典所言，值得尊敬而建塔供養的，包括：如來、辟支佛、聲聞及輪轉王。塔婆（stūpa ，窣堵波，意為「高顯處」。中文譯為「塔」至少是南北朝時才有的，其之前多音譯為窣堵波）即是供養佛舍利的建築物，為佛舍利立塔供養，起於佛滅後的八王分舍利，[34]至阿育王時代，復於其中七王所立舍利塔，取出佛舍利再建八萬四千大寺，並立八萬四千塔，意味著佛涅槃後的存在，此即佛塔之起源。[35]原本立塔的目的，意在供佛弟子瞻仰禮拜，表示對佛陀教法的誠信，對佛陀人格的永恆懷念。因此，塔的起源，原在供養釋迦牟尼佛荼毘後的碎身舍利，後來延伸為凡有德僧人，往生後亦立塔受供養，故又名為墓塔。

2・覆缽塔的形制

佛塔最初的形制是堆土成墳，為半圓形的覆缽形式，後亦有用磚石等質材所造，此或與天竺沙門多採荼毘的風俗有關。荼毘後所遺留碎身舍利，以舍利瓶儲之，供於塔中。據印順法師《初期大乘佛教之起源與開展》指出，「覆缽」形制為天竺佛塔中最古的形制，可徵諸佛典。[36]依律典記載，早期的覆缽形制，為二重基壇，基壇以上的構成部分，則依各部派所傳，繁簡稍異。如大眾部所傳《摩訶僧祇律》談到佛塔的構成：

---

[33] 印順法師《初期大乘佛教之起源與開展》，（臺北：正聞出版社，民國78年2月五版），頁49-57。

[34] 《南傳大藏經》第7冊，長部第16經《大般涅槃經》，頁162-163。

[35] 同註33。

[36] 同上註，頁58-63。如《根本說一切有部毘奈耶雜事》卷十八（大正藏第24冊，頁291下）、《善見律毘婆沙》卷三（大正藏第24冊，頁691上），《摩訶僧祇律》卷三十三（大正藏第22冊，頁497下）所言是二層建築，另南傳《大史》亦有覆缽式佛塔形制。

作塔法者，下基四方，周匝欄楯，圓起二重，方牙四出，上施槃蓋，長表輪相。[37]

此律謂塔之形制，須包括：基壇、欄楯、塔身、槃蓋及相輪等五部分。因基壇本身為四方形，故自塔基向上圓起為二重建築時，此二重建築外形狀若四邊角以圓弧線收至中心點的四角形。其上安置方形之塔身，塔身之上覆有槃蓋，塔身則有相輪（又名承露盤，塔身部分的輪形建築）裝飾。

說一切有部所傳的《根本說一切有部毘奈耶雜事》，其載記的佛塔形制，則較上述繁複許多：

佛言應可用甎，兩重作基，次安塔身。上安覆缽，隨意高下。置平頭，高一二尺，方二三尺，準量大小，中豎輪竿，次著相輪。其相輪重數，或一二三四，乃至十三。次安寶瓶。長者自念。唯舍利子得作如此窣睹波耶。為餘亦得。即往白佛。佛告長者若為如來造窣睹波者。應可如前具足而作。若為獨覺勿安寶瓶。若阿羅漢相輪四重。不還至三。一來應二。預流應一。凡夫善人但可平頭無有輪蓋。[38]

依有部律典所傳，佛塔可以磚石為之，其完整結構，分別由：基壇、塔身、覆缽、平頭、輪竿、相輪及寶瓶等七部分所組成。塔的基本結構，主要是基壇（塔基）及塔身兩部分。廣義地說，基壇以上的部分為塔身，塔身的柱狀體本身（輪竿）和裝飾的覆缽、平頭（又名為寶篋，為《摩訶僧祇律》所言「槃蓋」部分的變形）、相輪和寶瓶，都包括在廣義的塔身範圍內。但塔形之繁簡，並非隨意可為，須依受立塔者之身分而定：佛塔可備立完整形制，羅漢塔相輪可四重，不還果三重，一來果二重，

---

[37] 東晉・佛陀跋馱羅共法顯譯《摩訶僧祇律》卷三十三・明雜誦跋渠法之一，大正藏第 22 冊，頁 498 上。

[38] 唐・義淨譯《根本說一切有部毘奈耶雜事》卷十八・第三門第四子攝頌之餘，大正藏第 24 冊，頁 291 下。

預流果一重；緣覺乘不可安寶瓶；凡夫善人，只可立基壇至平頭的部分，但不可有輪蓋等裝飾。

觀察此二部派所傳律典記載，早期天竺覆缽形墓塔的材質爲磚石建築，結構上具有二重基壇、覆缽等形式，在殘存的晉末慧遠墓塔上，可發現到有相似之處。

3．凝寂塔

晉末以降至唐、宋時期，東林寺幾爲騷人墨客遊跡廬山的必至之處，寺院的古蹟文物，雖歷經幾個較大的兵火之災，如唐高駢之亂，寺內所藏慧遠《廬山集》古抄本、白居易草堂文集等文物，因兵災而爲人所奪，下落不明。如前所述，經過多次大型的整修改建，復歷經清末至近代的國共內戰，東林寺幾非舊貌。惟慧遠墓塔內之舍利，雖已經南宋慧瑄遷建至新址，而致新墓塔及原舍利皆已不存，但而因人跡仍罕至，反致晉末遺址的慧遠墓，得以保存舊貌。

回顧前述常盤氏實地考察報告中的慧遠凝寂塔形制，其基壇材質爲磚石所造，結構爲八角兩重（高約九尺，二百七十公分左右）之塔基。凝寂塔基壇以上的覆缽部分，採素樸的古制，僅以天然圓石堆疊成半圓形的墓頂，此外，並無輪蓋等裝飾。

就凝寂塔磚石質材而言，上述《僧祇律》的「圓起二重」與《雜事》的磚石兩重塔基，都談到早期的塔制的磚石材質特點，而凝寂塔即是此種磚石所造的雙層建築形式，可以發現：此晉末的磚石墓塔質材，與稍後南北朝時期所流行的木塔質材，有極大的不同。

其次，就凝寂塔以天然圓石堆疊成半圓形的覆缽頂，其上並無相輪、槃蓋等裝飾，接近於《僧祇律》所記載的簡單的覆缽形式。《僧祇律》言塔形爲磚造，圓起兩層的四方形建築，惟《僧祇律》仍言塔身上有槃蓋、相輪嚴飾，此爲慧遠墓所無。《雜事》所言「覆缽」，已非作爲墓塔覆頂之用，而是作爲塔身連接平頭的介面。對於《雜事》與《僧祇

律》對塔身形態的安排的差異。印順法師曾有說明：

> 依『雜事』說，在「塔身」與「平頭」間，加一「覆缽」，那是塔身的形態雖已經變了（『僧祇律』是圓形的二層建築），還沒有忘記舊有的覆缽形。「覆缽」上有長方形的「平頭」，那是作為塔蓋用的（『僧祇律』名為「槃蓋」）。約「塔身」說，原與加土成墳的形態相同。現存山琦大塔，犍陀羅的 Manikyala 塔，塔身都作覆缽形，與錫蘭的古說相合。[39]

易言之，在《僧祇律》中被視為墓塔之頂的「覆缽」，在《雜事》的塔制安排中，被保留成為塔身的一部分，而作為塔基與平頭之間的中介。現存史料中，最早談到慧遠墓形態的，為唐僧靈澈「古墓石稜稜」的詩句，慧遠墓至唐時所保留覆缽形制，仍是由卵石堆疊的單純覆缽頂，並無槃輪裝飾。至近世常盤氏的實地考察時，此凝寂塔仍保存此一累石而成的覆缽頂，此結果與唐時靈澈所見晉時古墓形制無異。故而，本文推測：目前殘存之慧遠墓塔，其所在位置為晉末遺址所在。

其三，就基壇（塔基）形式的部分，現存的基壇為「八角」形，考諸律典中有以「八角」形為塔基者，僅見於《四分律》：

> 若世尊聽我等、及世尊現在起塔者，我當起立。諸比丘白佛，佛言聽作。不知云何作？佛言：應四方，若八角、若圓作。復不知以何物作？佛言：應以磚、石，若木作。[40]

此律談到佛塔磚、石、木造皆可，形態必須為方形基底，上起八角或圓形之塔身。此《四分律》之廣律，為佛陀耶舍與竺佛念所共譯，二人在中國的活動，主要在姚秦弘始年間（399-416），於京師協羅什譯經，故而，慧遠塔基採取「八角」形制，推測：可能是門人依姚《四分律》所言塔基的八角形制所造。由於慧遠所弘之《十誦律》，對於墓塔興造之說明，未若同時期長安道場所譯的另一廣律《四分律》詳細。慧遠生

---

[39] 印順法師《初期大乘佛教之起源與開展》，頁 59。

[40] 姚秦・佛陀耶舍共竺佛念等譯《四分律》卷五十二，大正藏第 22 冊，頁 957 下。

前與羅什往來密切，二人門下亦有共同的弟子，故而慧遠去世後，其門人取《四分律》所言，爲慧遠造塔「八角」形制之塔基，亦不無可能。

而現存凝寂塔的八角形塔基外壁，實非晉末原貌，而是經後人維修後的樣貌。《四分律》自北魏法聰律師的弘揚，至唐代律學大師道宣的推廣與集大成，取代六朝時期流行的《十誦律》，乃成爲唐代以後最受重視、影響最廣的律典，因此，慧遠墓塔基可能原即爲「八角」形制，但因歷時久遠，遭兵禍風蝕而殘圮不堪，經後人修葺而成現狀。

其四，就基壇內部而言，由於凝寂塔基壇的石門被封閉，常盤大定並未入室察考，故而報告中亦無相關記載。然而，如前述僧傳中提到晉末慧遠墓塔擁有墓穴、墓道及甬道等寬廣塔基空間的特色，對日後唐塔基壇擴大爲（由甬道、宮門、墓道及墓室所組成的）「地宮」（納存以中國棺槨所藏的佛舍利、禮佛法器、供養品及佛教壁畫等）的形成，或有影響。

四、結語

天竺的喪葬方式，有相應於地、水、火、風相應的四葬：土葬、水葬、火葬及林葬。據佛教律典所記載的情形，佛與輪轉法王必須採取火葬，其餘者可採四葬之任一法，而佛教徒大多數採以火葬。慧遠本身曾表達林葬的意願，但門人於林葬後，仍因於中國習以土葬的民情考量，無法接受師尊曝屍荒野的事實，未完全遵從慧遠遺命，隨而爲之造墓立碑。然此舉已非如沿天竺沙門舊習火葬，亦有別於西藏及中國西南等地林葬後，不另收葬於墓土之制。

慧遠的安葬過程，先依遺命林葬，再因中國民情習俗土葬，就其結合林葬與土葬二者而言，聯用二制，意味著天竺律制及中國喪儀的融合。現存凝寂塔即晉墓遺址所在，惟慧遠墓塔本身的石造建築本身，可能迭經維修，但仍保存晉唐古制。

　　慧遠墓形制本身，墓頂的累石成頂，符於《僧伽律》的早期覆缽的素樸形式，其磚石兩重基壇，與《僧伽律》、《雜事》所述相合，而基壇的「八角」形制，則與《四分律》所述相合。而其基壇內部，挖掘類似中國傳統墓制的墓穴及墓道，墓上磊石而成天竺僧墓覆頂形式，同樣是結合了中、印風格。尤其是後來唐塔基壇部分擴大成具備墓室、墓道、通道等的「地宮」形制，與慧遠此覆缽形墓塔的大型基壇部分的形制，有極相似之處。此固然因中國人重視墓葬文化之滲透所致，然而，慧遠此極具特色的早期覆缽形墓塔的基壇，毋寧為唐塔所慣用的地宮形制的遠祖。

　　慧遠圓寂後的葬儀及墓制，所以表現結合中印葬儀，除了可能是其弟子為兼顧慧遠遺命及中土喪儀的結果，也反映晉末僧墓形制中印兼具的特色。這一點，在慧遠時代如此，至隋唐以後就更儒家化了。僧人往生，不僅造墓（墓室內藏以金銅等金屬所製棺槨，盛裝碎身舍利，此已不符於律典土葬不以棺槨的要求）立碑、[41]於墓上建舍利塔、[42]營築精舍、[43]甚至唐時還有仿孔門弟子廬墓之事，[44]然而，與其說此等諸行，皆有別於天竺佛教律制，毋寧為中國沙門喪制本土化的具體表現！慧遠雖在佛教史及歷代帝室都享有極高的聲譽及影響力，然而，昔人已去，空留石塚，荒敗若此，仍不免令人唏噓。

---

[41] 為僧塔刻立石碑，始於東晉，自此流傳，以為定制，此其別於天竺舊律習俗之處。《高僧傳》卷七，釋僧詮傳，頁 369 下。梁·僧祐為人造墓立碑之事，史傳不乏其記載。如：《高僧傳》卷八·釋僧柔傳，頁 378 下；卷十二，釋超辯傳，頁 408 中；卷十三，釋法獻傳，頁 411 下。

[42] 隋唐僧墓，多建舍利塔供之。《宋高僧傳》，卷十三，頁 786 下。

[43] 《高僧傳》卷十，釋保誌傳，頁 394 下。

[44] 《宋高僧傳》卷二，善無畏傳，頁 716 上。

第六章　慧遠對蓮社及佛教藝術的影響

　　本章共計兩節，分別探討慧遠對後世蓮社之成立，以及對隋唐以後文藝題材的影響。慧遠被與後世淨土教繫聯起來之記載，始於唐末，此後，有關慧遠建蓮社等傳說漸多，慧遠也開始被推尊為淨土教的初祖。然而，這些慧遠的相關傳說中，部分內容卻存在著明顯的錯誤。因此，本章擬於第一節，釐清這些具有疑義的傳說，重新呈顯歷代史傳有意地繫聯慧遠與淨土教的情形。

　　本章第二節，主要處理慧遠對後世佛教藝術的影響，分為：唱導對變文話本的影響、慧遠故事的演變、三教合一的「三笑圖」等三個部分。首先，探討慧遠所建立的唱導形制，對後世變文、話本中佛教類的講經形式的影響。其次，自唐宋開始，即有以慧遠為題材的詩文、話本、繪畫作品出現，本文擬據唐宋文藝作品中的慧遠形象，考察慧遠故事在歷代的演變，主要處理的材料為話本、繪畫及外文傳記：現存敦煌手抄話本《廬山遠公話》、《惠遠外傳》，南宋・李龍眠所繪〈虎溪三笑圖〉、〈廬山蓮社圖記〉及中亞回鶻文〈慧遠傳〉殘葉等三部分。

第一節　慧遠傳記與蓮社傳說

　　其將慧遠與淨土教繫聯起來的關鍵，一般多和慧遠在東林寺阿彌陀像前「結社念佛」有關，並進而由此衍繹出相關的傳說。這些傳說包括：謝靈運在寺中掘池植白蓮、慧遠結社之社名為「白蓮社」、參與結社有「東林十八賢」等名人、招不入社的陶潛等事。然而，上述傳說的內容，未見於趙宋前的文籍史料中，為釐清上述傳說之可信程度，本文將分別

就這些傳說有疑點之處加以釐清。

一、白蓮社傳說聯繫彌勒信仰的開展

慧遠與後世淨土教被繫聯，一開始並不是因思想傳承而受到的注意的，而是由於慧遠結社念佛一事，被轉演爲結「白蓮社」、立「蓮宗七祖」後，才開始與「（白）蓮宗」產生繫聯的。因此，考察此傳說的起源出處，當有助於釐清相關的問題。

（一）唐末「蓮社」系列傳說的完成

慧遠本身的作品，並無蓮社之說，依其〈念佛三昧詩集序〉，可知其與門人間有共修念佛的活動。與慧遠同時的張野、謝靈運，爲遠墓作銘時，皆未言及結社念佛，共期西方一事。至梁·《祐錄》卷十五，方有「建齋立誓，共期西方」之言。梁·慧皎作《高僧傳》時，亦僅云「建齋立誓」。唐、五代年間的禪月大師貫休（832-912）〈題東林寺〉四首之一，談到不少流傳於當時的東林寺寺景及傳說：「閑行閑坐思攀緣，多是東林古寺前。小瀑便高三百尺，短松多是一千年。盧楞伽畫苔漫畫，殷仲堪碑雨滴穿。今欲更崇蓮社去，不知誰是古諸賢。」[1]詩中對東林寺景的介紹頗多，文中亦有推崇蓮社之語，可知此時已有「蓮社」及蓮社諸賢等說。

此外，在唐末荊門僧齊己的〈遠公影堂〉詩中，談到「白藕池」及幾個當時有關東林寺的傳說：「白藕池邊舊影堂，劉雷風骨盡龍章，共輕天子諸侯貴，惟愛君師一法長。陶令醉多招不得，謝公心亂入無方，何人到此思高躅，風默苔痕過短牆。」[2]念佛共修自慧遠啓始，唐年間，

---

[1] 大正藏第 51 冊，頁 1047 上。

[2] 《廬山記》卷四，大正藏第 51 冊，頁 1047 中。此詩在元人的《蓮宗寶鑑》卷四，

善導、承遠、法照及少康曾在般若道場外另設淨土道場，與大眾共修念佛，在南方江浙等地，形成僧俗共修的風氣。在唐末荊門僧齊已的詩中，已有「蓮社」一詞，用以稱呼慧遠師徒的共修活動。迨至宋初，省常結「淨行社」，集眾專修淨業，「結社」名例更為確立。[3]

在前述唐僧齊已的詩中，已有白蓮池、十八賢影堂、陶淵明招不入社、謝靈運心亂止其入社等傳說，其中的白蓮池還沒有和謝靈運結合起來，成為謝靈運於寺前掘池植蓮的傳說。推測，有關蓮社系列的相關傳說，諸如：蓮社十八賢、白蓮池、陶、謝是否入社等說，皆大抵在唐末已流傳成習。此時民間慧遠故事的流傳，為北宋初年《廬山遠公話》抄本的情節提供了豐富的題材。

五代末至北宋的贊寧（**919-1001**）撰《大宋僧史略》，卷下「結社法集」項下，首先列舉慧遠與僧徒緇素共結「白蓮華社」，並謂「蓮社」之名始自晉代。[4]實則，「蓮社」一詞，乃成於唐宋人口耳相傳的傳說中，文字記載，也見於唐末貫休的詩中，並非真於晉末即有此名。北宋·陳舜俞補輯（生平不詳，書成於北宋熙寧五年（1072））《廬山記》時，引載未詳作者，前人所撰的〈十八高賢傳〉（詳下文），言慧遠等人所集為「淨社」。[5]稍早遵式（964-1032）在《往生淨土決疑行願二門》中，亦將「蓮社」名為「淨社」。[6]

南宋·宗曉（**1151-1214**）編撰《樂邦文類》卷二，詳載「白蓮社」諸說，包括：一百二十三人結白蓮社，念佛共修，共期西方，其中有十八賢，寺中鑿池栽蓮，謝靈運不得入社等事。[7]宗曉編此書前，慧遠已於

被誤為是貫休所作的〈題十八賢影堂詩〉，大正藏第 47 冊，頁 321 下。
[3] 〔日〕望月信亨著，釋印海譯《中國淨土教理史》，（臺北：正聞出版社，民國 80 年 4 月三版），頁 263-264。
[4] 大正藏第 54 冊，頁 250 下。
[5] 大正藏第 51 冊，頁 1028 上-1029 上。
[6] 大正藏第 47 冊，頁 145 上。
[7] 大正藏第 47 冊，頁 165 上-中。

北宋太平興國三年（**978**）受敕封爲圓悟法師，現存史傳中慧遠的相關傳說，亦幾於此時周備。

（二）宋代「蓮社」傳說繫聯彌陀信仰的開展

　　南宋・志磐（南宋僧，生卒不詳，稍晚於宗曉）輯撰《佛祖統紀》時，卷二十六記載「結社念佛」事，並載錄「蓮社七祖」一詞，及七祖之傳承關係，[8]但慧遠以下六人，皆非東林寺寺僧，距慧遠年代亦遠。志磐記載「蓮社七祖」之文末，自述引自宗曉：

> 四明石芝曉法師，取異代同修淨業功德高盛者，立為七祖。今故遵之，以為淨土教門之師法焉。[9]

　　可知，「蓮社初祖」之說，乃始自南宋・宗曉。[10]《佛祖統紀》卷五十四，又載南宋紹興（1132-1163）初年，茅子元仰慕慧遠廬山遺風，復結合佛教、摩尼教、道教等信仰，自稱「白蓮導師」，世稱其教派爲「白蓮菜」，後被視爲邪教而一度禁斷，但此部分與後世的正信的淨土教信仰，並不相涉，亦非慧遠流脈所傳，故不宜視其爲慧遠以下所發展的「蓮社」。[11]元・普度（？-1330）編撰《蓮宗寶鑑》時，更明白以「蓮宗」爲名立書，沿承前人「結白蓮社」之說。

　　綜合以上考察，可以發現「蓮社」之說，始於唐人的口耳傳說。而

8　大正藏第 49 冊，頁 260 下。始祖晉代廬山慧遠、二祖唐代長安善導、三祖唐代衡山承遠、四祖唐代五臺山法照、五祖唐代烏龍山少康、六祖宋初永明延壽、七祖宋代西湖省常。

9　大正藏第 49 冊，頁 260 下。

10　《樂邦文類》卷三，大正藏第 47 冊，頁 192 中-下。宗曉提出蓮社六祖之說，推尊慧遠爲「蓮社初祖」，又載記繼慧遠者有五人（善導、法照、少康、省常、宗賾），並爲之作傳「蓮社繼祖五大法師傳」，如此推算，宗曉僅提出蓮社六祖說。至於志磐謂宗曉有「蓮社七祖」說云云，是因爲志磐在宗曉所列舉慧遠以下五人的善導、法照之間，增添入承遠之故。

11　大正藏第 49 冊，頁 475 上。

進一步爲「蓮社」名義釋義者，則始於北宋・道誠所撰《釋氏要覽》。
至南宋・宗曉時，則更進而有了「蓮宗七祖」之說。爲方便閱讀，整理
上述文字，將晉末以下，歷代與「蓮社」有關的名義演變，簡列如下：

〔晉〕念佛三昧

〔梁〕建齋立誓，共期西方

〔唐〕蓮社

〔南宋〕蓮社七祖、淨土教

〔南宋〕淨社

〔元〕蓮宗

由此可知，「蓮社初祖」此一推尊的稱謂，加在慧遠身上，已是距
慧遠逝後七百多年，南宋時代的事。所謂「蓮社」、「淨社」，早在北宋・
道誠（生卒不詳，北宋天禧三年（1019）集《釋氏要覽》）《釋氏要覽》
卷上，釋蓮社名義時，曾蒐羅前人諸多詮釋。謂「蓮社」一詞，約有：
東林寺植白蓮、彌陀佛國以蓮分九品，次第接人、此社中人如蓮花，不
爲名利淤泥所污、遠公弟子製蓮花時計，俾使禮念不失正等四種說法；
名爲「淨社」一詞則有：南齊陵王令僧俗行淨住法、緇素結社祈福心生
淨土等二種原故。[12]迨至元代，普度輯撰《蓮宗寶鑑》，即循宗曉「蓮社
初祖」之說，續之以願生彌陀淨土爲志者，編輯蓮宗歷代祖師傳記，至
此，所謂蓮社，更名爲蓮宗。至明、清兩代，更補纂歷代祖師傳記，以
淨土教賢聖名之，遂又易「蓮宗」爲「淨土教」。

聖嚴法師在《明末佛教研究》第二章的〈明末的淨土教人物及其思
想〉曾談到「淨土宗」一詞源於日本：

> 然在日本，凡成一派，即名一宗，淨土法門之被稱為淨土宗，是
> 始於日本。在中國則自南宋宗曉的《樂邦文類》、志磐的《佛祖
> 統紀》，以迄清代悟開的《蓮宗九祖》，皆稱「蓮社」或「蓮宗」

---

[12] 大正藏第 54 冊，頁 263 上。

諸祖。民初開始，受日本影響，才出現了「淨土宗」的名稱。若
以晉之慧遠大師建蓮社，以及西方淨土之九品蓮華化生，作為依
據，稱為「蓮宗」，較為貼切。[13]

聖嚴法師引述南宋以來論述，而以弘淨土法門稱「淨土宗」者始於
日本，並認為在中國以「蓮宗」名之，較為貼切等語，仍有值得商榷之
處。據南宋·志磐《佛祖統紀》卷二十六，即有以「淨土立教志」名篇，
[14]以「淨土」立「教」，顧名思義，即是以弘揚淨土法門為其宗門教示者。
因此，弘揚淨土法門，以淨土名教者，非必始於日本，但名之以「淨土
宗」三字者，則始於日本。然名「淨土教」、「淨土宗」，意義上並無太
大的區別，皆以弘揚淨土法門為宗派之立義也。而「蓮社」一詞，始於
唐人口耳相傳，初期特指慧遠師徒在東林寺為念佛共修之社團；至宋，
則凡以共期往生阿彌陀淨土，而結社共修者，皆謂之蓮社、淨社，由此
可見「蓮社」一詞外延義之擴大改變。

中國自宋以來，即有「淨土教」之名，與「淨土宗」之義不殊。若
必以「淨土宗」始自日本，中國自曇鸞、善導以來弘揚淨土法門者，必
以「蓮社」名之，則失之太拘。就廣義來說，若要溯源中國弘揚淨土法
門之始，則兩晉的闕公則、衛士度、竺僧顯、竺法曠、竺道鄰等人，早
有弘揚彌陀法門、鑄造阿彌陀佛等活動，而名士郗超、道安及門人等，
則於彌勒像前，立誓往生彌勒淨土。[15]淨土的信仰，早在慧遠之前，在
中國已有弘傳，然後世推尊慧遠為後世淨土教的始祖，就外在因素而
言，或有三個：其一，就人數之眾而言，慧遠師徒百餘人的大型結社活
動，為前人所未有；其二，就結社專為念佛而言，此種為專一於念佛三
昧，集眾的相同目的，在共修以往生西方，亦始見於慧遠。其三，徵之

---

[13] 聖嚴法師《明末佛教研究》，（臺北：東初出版社，1992），頁88。

[14] 大正藏第49冊，頁130下、260下-271上。

[15] 〔日〕望月信亨著，釋印海譯《中國淨土教理史》，（臺北：正聞出版社，民國80
年4月三版），頁12-15。

史料，《續高僧傳》言淨土教之發跡，乃由於道綽專弘淨業，而其推溯法脈近標曇鸞，遠舉道安、慧遠。[16]易言之，慧遠在東林寺建置「禪林」，或因此念佛共修活動所須而設，而慧遠的般舟三昧念佛共修，在世人眼中的解讀，卻成爲阿彌陀淨土的弘揚活動，[17]如此之解讀，卻分別造就慧遠在中國禪宗史及淨土教史上的特殊分位，當慧遠所未料及。

二、東林十八賢的傳說

　　唐代著名的詩人白居易，愛極廬山之美，甚而草堂結廬，終老於斯，曾在〈春遊二林寺〉詩中，即已提到「十八賢」一詞。[18]而最早出現爲此十八賢作傳者，亦當推唐時的〈十八賢傳〉。惟此傳因此傳文字淺近，乖謬史實，故未見錄於宋以前史傳。雖然如此，此傳卻已在唐代民間口耳流傳已久，陳舜俞在補輯《廬山記》時，曾述及此傳故史，並述其重撰的原由：

> 廬山豈獨水石能冠天下，由代有高賢隱居以傳。東林寺舊有〈十八賢傳〉，不知何人所作。文字淺近，以事驗諸前史，往往乖謬，讀者陋之。使古人風跡用無知者，惜哉！予既作山記，乃因舊本參質《宋史》及《高僧傳》，粗加刊正，或舊所脫略，今無有可考，亦未如之何。[19]

　　陳舜俞因見到舊本〈十八賢傳〉粗疏錯謬，而爲其改寫，並錄於自

---

[16] 《續高僧傳》卷二十，大正藏第 50 冊，頁 594 上。

[17] 南宋・宗曉《樂邦文類》卷三・省常碑：「聞廬山之風而悅之……乃矢結社之，謀云：夫率其道必依乎地，尊其神必假乎像，行其化必憑乎言，以爲西湖者，天下之勝游，乃樂幽閑而示嘉遯焉。無量壽佛者，群生之仰止，乃刻栴檀而爲之形容焉。」大正藏第 47 冊，頁 184 上。

[18] 大正藏第 51 冊，頁 1045 上。「身閑易澹泊，官散無牽迫。緬彼十八賢，古今同此適。」

[19] 大正藏第 51 冊，頁 1039 上。

己的著作《廬山記》卷三當中。由於《廬山記》的廣爲流傳，〈十八賢傳〉舊本因而不傳。陳舜俞之後，南宋時志磐編《佛祖統紀》時，亦引錄此傳，明代陶珽重校的《說郛》第五十七，亦編入有〈東林賢社高賢傳〉，皆引自陳舜俞改寫過的〈十八賢傳〉。但所謂十八賢傳，自然是爲十八賢作傳，止於十八位，而志磐的《佛祖統紀》卷二十六，不但在「十八賢」前加上了「蓮社」二字，成爲〈蓮社十八賢〉，[20]又在其之後，加上了「蓮社百二十三人」的名單（實際上只錄載具知其名的三十七位），[21]還加上了「不入社諸賢」陶潛、謝靈運及范甯等三人，這些都是陳舜俞〈十八賢傳〉所未有的部分。

　　十八賢結社之事，自唐宋人相傳的說法中，似乎晉時確有其事。然考之文獻，卻發現所謂十八賢、一百二十三人參與結社的說法，事實上卻存在著不少的錯誤。一百二十三人云云，載之於文獻者，僅三十七人。此三十七人中，還包括早期道教史上的重要人物陸修靜（406-477），其對道教靈寶派經典的整理有很大貢獻，但西元402年（東晉元興元年）慧遠師徒在廬山結社念佛時，他尚未出生，自不可能參與結社。又所謂

---

[20] 〈蓮社十八賢〉：「東林慧遠法師(安法師門人)、西林慧永法師(安法師門人)、慧持法師(遠師弟安法師門人)、道生法師(羅什門人)、曇順法師(羅什門人)、僧叡法師(以下五人並遠師門人)、曇恆法師、道昺法師、曇詵法師、道敬法師、覺明法師(梵僧佛馱耶舍)、覺賢法師(梵僧佛馱跋陀)、劉程之(以下六人並遠師門人)、張野、周續之、張詮、宗炳、雷次宗。」大正藏第50冊，頁265上。括號內文字爲原文所附小字自註，下同。

[21] 《佛祖統紀》卷二十六，「〈蓮社百二十三人〉錄其可見者三十七人名字：曇翼法師（以下五人有傳）、曇邕法師、僧濟法師、惠恭法師、法安法師、法淨法師（以下五人見《東林傳》）、法領法師、慧寶法師、慧要法師、僧徹法師、慧然法師（以上二人見《廬山集》）、曇威法師、道泓法師以下二人見持師傳、曇蘭法師、法業法師（以下四人見跋陀羅傳）、慧義法師、惠嚴法師、慧觀法師、曇果法師（見邕師傳）、元弼法師（見濟師傳）、僧光法師（以下三人見恭師傳）、慧堪法師、慧蘭法師、闕公則（有傳）、畢穎之（見劉傳）、孟懷玉江州刺史，（此下十一人見《廬山集》）、王喬之臨賀太守、殷隱晉安太守、毛脩之黃門侍郎、殷蔚主簿、王穆夜參軍、何孝之參軍、范悅之孝廉、張文逸處士、孟常侍（二人失名）、孟司馬、陸修靜簡寂先生（有傳）。」括號中文字，爲原書註文。大正藏第49冊，頁265中。

「十八賢」，包括以慧遠爲首的中國僧人十位（慧持、道生、曇順、慧叡、[22]曇恆、道昺、曇詵、道敬），梵僧二位（佛陀耶舍、佛陀跋陀羅－即覺賢），隱士六位（劉程之、張野、周續之、張詮、宗炳、雷次宗）。此十八人中，道生、曇順、慧叡、曇恆、道昺、曇詵、道敬、張野、周續之、張詮、宗炳、雷次宗等佔三分之二比例的人，是卒於劉宋年間的人，〈十八賢傳〉皆分別載有其卒年，足見此傳必非作於晉代。

「十八賢」被特別由參與共修的百餘僧俗中提出，與「蓮社」一詞出現的時間相當，約爲唐末之事。如本文前述唐僧貫休、齊己的詩中所言，唐時東林寺內已設有十八賢影堂，則唐末已有蓮社等口耳傳說之外，亦早有十八賢之傳說。然而，被列爲「十八賢」當中的僧俗，依晉末眾人於東林寺阿彌陀像前，念佛共修的時間（402 年）看來，其中所載數人的生平傳記，與此不符。前輩學者對此事曾有詳考，日本學者松本文三郎在《佛教史雜考》中的〈東林十八高賢傳的研究〉，對此事考述甚詳，足資參考。

松本氏謂：僧傳未載覺賢（359-429）有彌陀信仰，反而因同學達多的關係，而較近於彌勒信仰；十八賢中的佛陀耶舍長於《毘婆沙》、《長阿含》，並非西方的欣求者；〈賢傳〉中又將僧叡與慧叡誤爲一人，將僧叡的事蹟誤載於慧叡傳中；道生（355-434）三入廬山，作有〈佛無淨土論〉，顯見其與願生西方的結社活動，關聯不大。[23]凡此種種，可知十八賢者，乃出於後人臆想增衍的結果。晉末慧遠與僧俗在廬山共修念佛之事，雖可確知，但參與諸賢，除慧遠、劉遺民等人外，是否即包括傳

---

22 極值得注意的是慧叡，稍晚於陳舜俞的志磐編《佛祖統紀》時，將慧叡改成了僧叡，（大正藏第 50 冊，頁 261 下），這即是很大的錯誤，慧叡曾入廬山拜慧遠爲師，後又赴長安入羅什門下，與慧遠、羅什皆有師徒關係；但僧叡則先後拜道安、羅什爲師，並未入慧遠門下，反而與慧遠爲師兄弟的關係。因此，若其後徵引十八賢之名而其中出現僧叡者，或誤引自《佛祖統紀》所載之故。

23 〔日〕松本文三郎著，許洋主譯《佛教史雜考》，世界佛學名著譯叢 41，（臺北：華宇出版社，民國 73 年 10 月初版），頁 43-73。

世著名的十八賢、百餘人，則不必然矣。

　　然南宋以下無論淨土教、禪宗史傳，無不廣引白蓮社、十八賢傳所載諸說，乃至進一步渲染增衍，影響極爲深遠。甚至今日，許多人對慧遠的認識，也不乏來自此等傳說，可知，口耳傳說影響力之驚人。

三、北宋東林寺定位的關鍵變革

　　慧遠被推尊爲「蓮社初祖」而與後世的淨土教繫聯起來，據上述史料，爲北宋時代的事。此一聯繫慧遠於淨土教的時機，很值得注意。因爲，東林寺因北宋住持常惣的關鍵性自我重新定位，進而導致先前的寺史中慧遠「建齋立誓」及唐末以來「蓮社」傳說，在此時受到「蓮社七祖」的全新詮釋。而此關鍵性的資料，也就是第五章第三節當中，常盤大定於大正十年初訪中國所發現的實物資料——常惣碑記。

　　常惣碑造於北宋・元豐七年（1084），碑文是東林寺常惣所寫的。據碑文所言，東林寺在北宋元豐元年（1078），於住持常　的主持下，改律寺爲禪寺（寺名爲「江州盧山東林太平興國禪寺」），並全面修整東林寺內所有屋宇，且造立納藏衆僧舍利的普通塔，此等大手筆的改變，還被當時的佛教界稱爲是「近古所未有」之盛事。[24]而此一事件中的關鍵點，在於改變了東林寺自慧遠以來律寺的自我定位，轉變爲隋唐以來所流行的禪寺。東林寺既以念佛聞名於世，常惣變順應時勢改其定位爲禪寺，亦時勢所趨。而這件事，也間接影響南宋宗曉提出「蓮社初祖」的推尊之說。

　　宗曉將東林寺改制爲禪寺與「蓮社初祖」繫聯起來，其根據在結合念佛共修及願生西方這兩點上。[25]表面上看來，禪僧兼修淨土，似乎奇特，但事實上，在唐宋以後，禪門分脈爲五家七宗的法嗣中，雲門宗門

---

[24] 常惣碑全文，詳見第五章第三節。
[25] 在前述註 17 常省的碑文中可見到，結合禪修與淨土信仰的特殊現象。

下願生淨土者日眾，[26]法眼宗至明代的永明延壽，更以提倡禪淨雙修聞名於世，可知宗曉對慧遠「蓮社初祖」的這個詮釋，顯然為其當日所處的教界風氣，直接的呈應。因此，常愡的改制、宗曉的「蓮社初祖」推尊，不但直接改變了東林寺從此以後的定位，也間接間接影響了後人對慧遠的看法。

四、結語

　　歷代所傳慧遠結社之說，累疊稗說口談之內容於僧傳史料，故真偽混雜其中。自北宋史傳諸錄，已有蓮社七祖之說，顯見視慧遠為中國彌陀信仰之初創者，在宋初早有流傳。而初祖之說，自然是推尊溯源而來之說，慧遠本身原無開宗立派之意，但其思想或有為後人取法之處，故而相沿推尊。南北朝之後阿彌陀信仰漸盛，延伸發展為以往生西方淨土的主的民間力量開始成為氣侯，而與西晉以來中土流行的彌勒信仰，並行為兩股主要的淨土信仰潮流。隋唐以後，彌勒信仰漸衰，而彌陀信仰因曇鸞、善導等人的推導而極為興盛，信仰者益眾，漸漸在精神依託上，開始有推尊溯源的需求。非但天竺僧伽言必尊師溯祖，中國人亦重視家法師門，故而，至南宋‧宗曉推其為「蓮社初祖」後，志磐更推而為「蓮社七祖」之說。

　　不論後世的淨土教如何特意地將慧遠繫聯起來，慧遠並無開立宗派的意思。慧遠集眾共修念佛的目的，原非開宗立派，而是純就宗教實踐的目的而來的。但此為中國佛教史上，首先以念佛共修目的而結集的社團，故有其開創的意義。因此，不論淨土教、禪宗，都各取其所利一面去詮釋此次東晉廬山的結社活動。原因很清楚，淨土教取其共期往生西方的一面；但忽略慧遠般舟三昧所念的淨土只為應化土，非真實報土；

26　《中國淨土教理史》，第三十章第一節禪僧之淨土兼修，頁267-270。

又般舟三昧的自力念佛，與曇鸞倡彌陀願力的他力念佛有所區隔。而禪宗則取其結社共修念佛的一面；忽略其般若空理的闡發。然而，二者都忽略慧遠不論在共修念佛，還是願生西方，都只是權便，目的還是在體證法性，證入涅槃。

第二節　慧遠對中國佛教藝術的影響

　　本節所處理的範圍，放在慧遠本身直接或間接對後世佛教藝術的影響上，主要包括三個問題：一、慧遠所建立的唱導形制，對唐宋俗講的影響；二、慧遠故事在歷代的演變，及其對東林寺內建物的影響；三、在宋代畫師的筆下，慧遠何以屢為繪畫題材等。

　　佛教文學藝術在中國的發展，最令人矚目的，莫過於唐變文及宋話本。其中，講經類的變文及話本，溯其源頭，與晉末慧遠在廬山講經時所創建的「唱導」制度，有相當的關聯性。就探求唐宋佛教文學起源的意義上，實有進一步考察其與「唱導」特質相似之處的必要。

　　其次，許多人對慧遠的初步認識，並不是來自佛學義理，而是來自傳說故事，或古蹟文物，諸如：唐以來即有慧遠在廬山建立白蓮社、為淨土宗初祖、「虎溪三笑」的主角之一等等傳說。然而，這些認識，嚴格說來並不完全正確。尤其，因北宋畫家李龍眠所繪的「虎溪三笑」，舉世馳名，知名文士相繼為之贊、詩，使得此一不存在的虛構理想圖，被積非成是地當成「史實」。這些歷代口耳相傳的內容，雖不見得正確，但卻發揮著不可忽視的影響力，這正說明文藝作品顯然較深邃的佛理，更容易深入人心。然而，基於實事求是的研究立場，對於不符史實的傳說，確有加以澄清的必要。

　　本節之立意，即在澄清歷代藝文作品中，慧遠傳記增衍的部分，主要處理慧遠生平被神化的過程。由於自梁以來，民間即有關於慧遠事蹟的神異傳說，至唐中葉後，更有誤以廬山慧遠與淨影寺慧遠同為一人，而敷衍出結合二人生平之傳奇故事，再加之宋話本《廬山遠公話》的傳播，遂造成後世對慧遠種種之錯解。況且，這些增衍的傳說，並非單純只是文獻上的問題，歷朝增衍的慧遠傳說，也間接影響東林寺寺院本身

的建築藝術，諸如歷代增修的：白蓮池、神運殿、三笑堂、影堂等建築，
致使傳說與建築二者，於歷代輾轉相互影響，交相滲淆，以致史實、傳
說眞僞莫辨。所以，釐清慧遠故事歷朝增衍變貌，由其變動的內容，觀
察東晉以降，歷朝人心目中的慧遠形象，即爲本節所處理第二、三個問
題的範圍。

一、唱導對後世佛教文學之影響

「唱導者，蓋以宣唱法理開導眾心也。」唱導，在法會中對緇素二
眾宣唱經文，析說法理，以令眾心得悟。原本在講經法會中，有梵唄的
經師，有義解的義學僧，中宵過後，爲抒解眾人極疲的身心，乃另請名
僧高德爲大眾宣講一些較輕鬆的佛本生、佛傳故事、佛典譬喻，種種方
便，目的都在欲令眾生得悟。但發展到後來，這些講佛本生、佛傳故事、
佛典譬喻的部分，漸漸地由弘法而成爲俗講的形式，勸教的意味仍在，
但此一形式，發展至唐宋兩代，漸爲佛教類的唐講經變文、宋講經話本
之濫觴。

慧皎《高僧傳》卷十三所載者，皆以唱導聞名當世者。唱導一項，
自慧遠於晉末確立唱導的形制後，以唱導名世，行誼足資載錄者，自劉
宋至齊，經慧皎載記於「唱導」一類者，宋、齊兩朝，凡十七人，計正
傳十人，附傳七人。依慧皎所言，一位優秀的唱導僧，所以必須具備聲
（音色、音量）、辯（口才）、才（文采）、博（學識）四者。[1]音聲洪亮，
才足以警醒大眾；辯才無礙，則應機說法，靈捷流暢；文采煥發，辭氣
縱橫，則足以豐富聽講者情緒；學識淵博，法理條貫，旁徵史書，博引
經典，則說服力必然大增。

若兼才智及努力下，善具善四項條件，又能因時、因人而有適當的

---

[1]　大正藏第 50 冊，頁 417 下。詳細引文可參見第三章第六節，註 45。

對應，就是最傑出的唱導僧。[2]因所對的對象不同，所說之法亦隨其身分所需之法而作變動。對出家五眾說法時，則必語空苦無常，緣起之理，盡述堅修、懺悔之心；對君王長者說法，則必須兼引俗書世理，注意辭采的修飾，文理的啓發，表達上較爲迂曲委婉；對一般廣大的民眾，就必須直接切中要點，比類譬喻，直以俚俗所聞所見說之；對山民野夫說法，則必須就眼下所見陳辭，直斥其當下錯誤之處。而這些因事制宜的改變，都必須要有知時知眾的敏銳觀察力，更要具備良好的辯才，才足以感人動物。

　　一位弘法講經者，若能具備聲辯才博四者，則爲上乘的弘法人才。後世的講經變文或講經話本的興起，與唱導僧的四項要求，不可謂無關。唱導僧具備四項才能，是爲了因時因人，能作出適當的回應而應具的四項基本條件。但後世唱導時的講經，爲廣被凡俗根器，在講經談到佛典故事時，輒加以舖演情節，成爲講經變文、講經話本之底本。又爲親近大眾，吸引聽眾入寺聽講，於經文義理的講說之外，添演虛構誇張的故事情節，流傳既久，虛構與眞實遂眞僞莫辨。尤其僧傳故事的流傳，神異感通等傳說，更是常見的增衍題材。以下即就慧遠傳記在歷代增衍的演變，探討歷代僧俗心目中的慧遠形象。

二、慧遠傳記發展的兩大系統——文人「蓮社」傳說及民間俗講「遠公」話本

　　慧遠傳記在歷代的記載中，具有由簡而繁的特點。離慧遠之世愈久，增衍的部分愈見神異詳盡，此或後世好事者所爲，亦可能來自信徒間口耳的傳說。本文擬藉歷朝慧遠傳記之爬梳，觀其傳說增衍的情形。主要引用到的材料，包括：張野〈銘〉、謝靈運〈碑〉、〈誄〉、《祐錄》、《高僧傳》、唐宋傳說、宋《廬山遠公話》話本，元代普度《蓮宗寶鑑》

2　同上註。

等幾部屢為後人徵引的著作。

（一）原始慧遠傳記

慧遠的原始傳記，以與慧遠同時的謝靈運、張野所寫的碑、誄、銘為最早，所記慧遠生平事蹟，廣略不一，張野所載最簡。而早期佛教史傳記載慧遠傳，最為完整的當推《高僧傳》。慧皎編《高僧傳》的主要參考依據，即為謝靈運〈廬山法師碑〉、張野〈遠法師銘〉及僧祐的《出三藏記集》。原始慧遠傳記的基本架構大抵在《高僧傳》完成。

1・張野〈遠法師銘〉

就事蹟的分析而言，張野在銘文中的記載，包括五項主要事蹟：

（1）慧遠的籍貫雁門樓煩，世為冠族。

（2）少為儒生，欲就范宣而道阻不成，從道安出家。

（3）同學曇翼資其燭費。

（4）襄陽破，南下廬山，自年六十，跡不入俗。

（5）被西域沙門稱為漢地的大乘沙門，年八十三終。[3]

2・謝靈運〈廬山法師碑〉、〈廬山慧遠法師誄〉

謝靈運的誄、碑記載，較為詳細。〈廬山法師碑〉除上列張野銘的五點外，還增加了以下六點：

（1）桓玄以震主之威，令慧遠還俗，慧遠辭以老疾。

（2）慧遠抗禮桓玄令沙門必須禮敬王者之說。

（3）慧遠仰請覺賢至廬山。

（4）命弟子西去求法取經，廬山譯出禪經幾乎百卷。

（5）以心無、心本無、即色三家之談不窮妙實，乃著《法性論》，

3　余嘉錫箋疏《世說新語箋疏》，頁240。

得羅什讚許。

（6）遺言露骸松林，同之草木。[4]

〈廬山慧遠法師誄〉分爲散文及韻文兩部分，散文所載較略，與張野銘所載事蹟相似，惟韻文部分文末云：「安養有寄，閻色無希。」[5]則爲以上二者所未載者。也是最早記載慧遠師徒有彌陀信仰的文字資料。

3・僧祐《出三藏記集》──最早著錄於佛教史傳的慧遠傳記

至梁代僧祐《出三藏記集》爲慧遠撰寫的小傳當中，所述事蹟與張野銘、謝靈運碑相彷，惟增加以下數項：

（1）東林寺爲江州刺史桓伊所建。

（2）慧遠於寺內別置禪林。

（3）慧遠背山臨流營築佛影龕室。

（4）於東林寺率眾行道昏曉不絕，高士名隱士，望風遙集。彭城劉遺民、鴈門周續之、新蔡畢穎之、南陽宗炳，並棄世遺榮，依遠遊止。

（5）慧遠於精舍無量壽像前建齋立誓，共期西方。錄有劉遺民所作誓願文全文。

（6）慧遠遣書羅什，祈請曇摩流支續譯之前弗若多羅未譯完的《十誦律》。

（7）秦主姚興請慧遠爲羅什所出之大智度論作序，爲慧遠婉拒。

（8）慧遠疏整百卷之《大智度論》，作《大智度論略抄》二十卷。

（9）廬阜三十餘載，影不出山跡不入俗，送客遊履，常以虎溪爲界。

（10）慧遠儀容端雅，風采灑落，去世後爲門人圖像于寺。後人集

4　《佛祖統紀》卷二十六，大正藏第 49 冊，頁 270 上-下。
5　《廣弘明集》卷二十三，大正藏第 52 冊，頁 267 中。

所著論序銘讚詩書成十卷，五十餘篇，並見重於世。[6]

4・慧皎《高僧傳》──慧遠傳神異化的初始

慧皎《高僧傳》為慧遠作傳時，大抵已融鑄上述材料，但仍增添許多前傳所未有者：

（1）年二十四便就講說，嘗有客聽講難實相義，往復移時彌增疑昧，　遠乃引莊子義為連類，於是惑者曉然。是後安公特聽慧遠不廢俗書。

（2）與道安分別時，諸長德皆被誨約，惟慧遠不蒙一言，道安言「如公者豈復相憂。」

（3）初至廬山，始住龍泉精寺時，有以杖扣地而清流涌出，以及值潯陽亢旱，於池側讀《海龍王經》，降伏巨蛇而得雨澤等神異事蹟。

（4）載慧遠〈佛影銘〉全文。

（5）載東林寺得阿育王像之神異經過。

（6）慧遠神韻嚴肅，有沙門持竹如意，欲以奉獻，竟不敢陳。又有沙門慧義，強正少憚，語慧遠弟子慧寶，謂其等為庸才，而欲造寺論難。值慧遠講《法華》，而終席不敢語。

（7）慧遠與殷仲堪論易體。（此據《世說新語》）

（8）覆王謐書論珍惜時光修行之事。

（9）盧循入廬山拜訪一事。

（10）僧伽提婆入廬山重譯《阿毘曇心》及《三法度論》。

（11）載慧遠與羅什書信往返全文。

（12）桓玄要慧遠出虎溪迎接，遠稱疾不出。後桓玄曾書詢沙汰沙門事，慧遠表示有條件地贊同，僧傳中節載部分書信內容。

（13）述桓玄令沙門禮敬王者事，載慧遠《沙門不敬王者論》全文

---

[6] 《出三藏記集》卷十五，大正藏第 55 冊，頁 109 中-110 下。

大意。

　　（14）晉安帝訪廬山，二人書信節文。

　　（15）謝靈運恃才傲物，見慧遠乃肅然心服。

　　（16）名儒雷次宗與宗炳，曾從慧遠受《喪服經》，後雷氏作義疏，首稱雷氏，爲宗炳寄書所嘲。

　　（17）慧遠去世後，潯陽太守阮保爲其造墓，謝靈運造碑文，宗炳立碑寺門。[7]

　　由以上晉末至梁代的記載，可以發現，有關慧遠神異事蹟的記載，在晉人及僧祐的手中是沒有的，至慧皎始有此等傳說。或因高僧事蹟歷時久遠，口耳相傳，漸有變異，乃至神異之說衍生，且愈後世的記載，愈是繪聲繪影，愈爲詳盡，殆亦可見其渲染之跡。

（二）唐宋傳說——詩人筆下的慧遠傳說

　　廬山自古即以名峰勝水聞名，詩人墨客至此遊賞者，多不勝數。在唐人的詩文中，即迭見遊廬峰之作，白居易甚至因雅愛廬山，而結廬終老於此。唐代著名的詩人李白，亦曾至東林寺遊覽。李白在〈別東林寺僧〉中，引用梁以來即有慧遠送客不過虎溪的傳說，談到辭別東林寺的情景：「東林送客處，月出白猿啼，笑別廬山遠，何煩過虎溪。」[8]慧遠送客不過虎溪的傳說，最早見於僧祐的記載，李白不過是引用此典，以心遙古人，故云「笑別廬山遠，何煩過虎溪」。然而，後人是否據李白此時的「笑別廬山遠」而延伸出「虎溪三笑」之說，則不得而知。

　　禪月大師貫休，在四首〈題東林寺〉詩之一，不但介紹東林寺景，除山水林木外，寺內還有唐代以羅漢像馳名的盧楞伽之畫，東晉殷仲堪

---

[7]　《高僧傳》卷六，頁 357 下-361 中。

[8]　大正藏第 51 冊，頁 1043 下。

之碑，還記載到當時已有「蓮社」之說。[9]而荊門僧齊己在〈遠公影堂〉
一詩中，不但記載唐時東林寺已因蓮社傳說之盛名，而於寺內造有「白
藕池」。又述及慧遠沙門不敬王者的主張。此外，更增添了前人所未載
的二個傳說：陶淵明不入蓮社，謝靈運因心亂而爲遠公拒於蓮社之外的
傳說。[10]而有關蓮社的相關傳說，也大抵在唐末定形。[11]

　　宋代慧遠傳說的發展，大抵分爲兩個系統：一者是文人系統，偏重
在「蓮社」系列傳說，推尊慧遠爲「蓮社初祖」，強調與後世淨土教的
繫聯；二者是民間俗講系統的宋話本，偏重在涅槃佛性思想的弘揚。前
者詳見於本章第一節，陳舜俞《廬山記》卷一，增記：慧遠送客至虎溪
時，虎輒號鳴示警之事，並補充說明北宋「三笑圖」之原由即此；又載
謝靈運因見慧遠而心服，即寺翻《涅槃經》的傳說；又載白蓮池故地，
十八賢結白蓮社，以及文殊瑞像閣今昔等事。[12]南宋・志磐在《佛祖統
紀》卷二十六，記載慧遠於定中起，見阿彌陀佛、觀音、勢至及化佛等
衆，顯見將慧遠與彌陀淨土信仰聯繫在一起，意圖十分明確。[13]後者，
將述於以下「宋話本」的部分。

（三）宋話本《廬山遠公話》──民俗品味的慧遠傳說

9　「閑行閑坐思攀緣，多是東林古寺前。小瀑便高三百尺，短松多是一千年。盧楞
　　伽畫苔漫畫，殷仲堪碑雨滴穿。今欲更崇蓮社去，不知誰是古諸賢。」大正藏，
　　第 51 冊，頁 1047 上。

10　「白藕池邊舊影堂，劉雷風骨盡龍章。共輕天子諸候貴，同受吾師一法長。陶令
　　醉多招不得，謝公心亂入無方。何到此思高躅，風默苔痕滿粉牆。」大正藏第 51
　　冊，頁 1047 中。

11　湯用彤《隋唐及五代佛教》云：「唐代關於遠公神話甚多，但可分二類：一爲遠公
　　上升兜率（見禪目大師詩），一爲立社期生淨土。中唐以前，彌勒似猶見奉行，故
　　彌陀派著論嘗辟之。」（臺北：慧炬出版社，民國 86 年 4 月再刷），頁 240。

12　大正藏第 51 冊，頁 1028 上。

13　大正藏第 49 冊，頁 262 下。

　　歷隋唐出現的蓮社相關傳說，至兩宋淨社的推尊溯源，復因同名之累，誤纂入隋代淨影寺慧遠傳記，又誤輯數僧傳記故事於慧遠一身等，這些經後人纂集的情節內容，皆具體表現在宋初話本《廬山遠公話》的情節之中。事實上，《廬山遠公話》可說是架構在慧遠傳記上而虛構舖衍的文學作品，自不宜視為傳記之真實呈現。

　　據林隆盛的研究指出，敦煌文獻中的《廬山遠公話》為現存中國文學史上最早的「話本」。[14]其內容，纂集晉末至隋代諸僧見錄於史傳中的事蹟，并添衍隋唐以後民間流傳的慧遠傳說，而構成此話本故事之骨架。宋明以後所載慧遠故事的情節，大抵不出唐傳說及宋話本所述的範圍。

1・文獻版本的問

　　現存的宋話本慧遠故事，主要有二個本子，分別是：收錄於大正藏的《惠遠外傳》，和錄於《敦煌寶藏》的敦煌寫本《廬山遠公話》。

（１）廬山遠公話

　　現存於大英博物館所藏的斯2073《廬山遠公話》，目前收錄於黃永武主編的《敦煌寶藏》。此標題為原本即有的，此話本卷末原亦題有：「開寶伍年張長繼書記」一句，可知為北宋初年（**972**）之抄本。此抄本內容，講的是彌勒信仰，談慧遠上生兜率天之故事，惟現存於慧遠造船欲上升兜率天的記述時中斷，末段情節不詳。[15]

（２）惠遠外傳

　　收於大正藏第85冊的《惠遠外傳》，內容較敦煌本少了開頭的五分之一左右，文字稍異，但內容大致相同。矢吹慶輝的《鳴沙餘韻》並不重視此文，未對此文作任何獨立之評論。

---

[14] 林隆盛《敦煌話本研究》，（臺北：東吳大學中文所碩士論文，民國77年），頁17。
[15] 高國藩《敦煌俗文化學》，（上海：上海三聯書店，1999年11月第1版），頁429-438。曾研究此話本之內容及其文學性。

以上兩本的內容文字，極為相似，除文字敘述的少許差異外，幾為同本，惟《惠遠外傳》闕開頭的情節。大陸學者王慶菽《敦煌文學論文集》經考校後，認為：《惠遠外傳》為《廬山遠公話》之後半部，斷定二者為同一寫本，而非「兩個寫本」。[16]王氏之說，自有其理，但《惠遠外傳》之內容，確與《廬山遠公話》後半相同，但直云《惠遠外傳》為《廬山遠公話》之後半部，易引起誤會：以為《廬山遠公話》只有前半部，而《惠遠外傳》為其後半部。事實上，敦煌寫本《廬山遠公話》是涵括大正藏本《惠遠外傳》的，也就是說，《惠遠外傳》所載內容，只是《廬山遠公話》後面五分之四的部分。

王慶菽認為《廬山遠公話》（指合兩寫本者），是後人合《高僧傳》及《續高僧傳》裏，晉、隋兩位慧遠及道安傳記，其間加以神化、虛構舖敘張演而成的。此點，本文亦極為贊同。

（3）遠公和尚緣起

另有一敦煌古抄本，《遠公和尚緣起》及傳記中雜揉民間信仰，並將慧遠與後周武帝毀佛事相結合，時代先後上的錯混，足見其誤謬。載錄於《敦煌寶藏》伯 2680 號的《遠公和尚緣起》僅存片斷的情節，言慧遠為北方大聖毘沙門天王第三之子，諸天配遣，逐日至廬山為遠公送齋食云耳；又說時周武帝滅佛事，而遠不懼王威，而噴罵武帝。[17]變文中的情節與民間故事結合世俗化的結果，不難看出作為文學作品的變文，趣味的虛構性及勸教性重於歷史事實的立場。此本子雖名為《遠公和尚緣起》，但所言慧遠事蹟，殆出於杜撰虛構，結合民間神話故事中的人物而成。其與慧遠原始傳記、乃至宋話本《廬山遠公話》之內容，皆無所涉，故不納入後世慧遠故事的流脈之中。

2·敦煌本《廬山遠公話》及其情節疑點

敦煌寫本《廬山遠公話》中的故事情節，乃依史傳慧遠傳記而敷衍，

---

[16] 王慶菽《敦煌文學論文集》，（吉林大學出版社，1987 年 8 月），頁 129-130。
[17] 黃永武編《敦煌寶藏》第 123 冊，（臺北：新文豐，1986），頁 281。

情節的敷衍描繪極為細膩，與文人系統的「蓮社」傳說記載，相去甚多。以下即略述《盧山遠公話》之情節大要，[18]分為十一段，並於各段之末，附論其疑點。

第一段：惠遠與惠持兄弟，家住鴈門。惠遠從旃檀和尚出家，惠持侍養於母。慧遠受旃檀和尚指點，赴盧山修行。（頁 **1045**）

案：實則，慧持與慧遠同依道安出家，而非從旃檀和尚出家。話本中安排慧持在家侍養母親，當出於儒家孝親思想的考量，不致因兩兄弟皆出家而絕嗣。慧遠非因旃檀和尚指點赴盧山，而是在道安分散徒眾後，往南方羅浮山時，途經潯陽，望峰息心而留住於盧山的。

第二段：慧遠攜一部涅盤經出發，至香爐峰頂北邊，權時結一草菴，結跏敷座，便念 涅盤經，約有數卷 。是經聲朗朗，遠近皆聞，驚動山神。遣樹神察看，知慧遠到來。乃遣神鬼造寺，一夜即成，寺院莊嚴華麗，宛如西方淨土。慧遠感歎此乃大涅槃經之神威所成。慧遠憂來至眾僧無水，乃至佛殿前大石，以錫杖撅之，方得其水，從地而湧出，至今號為錫杖泉，有寺號為化成（城）之寺，寺下有水流注，號為白蓮池 。慧遠遂安頓於此。（頁 **1045-1048**）

案：（1）慧遠生前，涅槃經尚未譯出。（2）慧遠初居西林寺，後慧永以西林寺狹不足為由，請求刺史桓伊於盧山東面，建立房寺，是為東林寺。山神遣鬼神為之造殿一事，乃改自曇翼事跡，事見《高僧傳》卷五。（3）以錫杖得湧泉之事，在未至東林寺前，安頓於龍泉精寺時。且時該泉史料亦未載名為錫杖泉。（4）慧遠所主持之寺，名為東林寺，非化城寺。（5）白蓮池為慧遠逝後的傳說，據傳為謝靈運在寺後掘池，遍植白蓮。

第三段：慧遠在化城寺講涅槃經一年許，聽者眾多，其中有位老人，

---

18 所據話本原載於《敦煌寶藏》及大正藏，為潘重規編著《敦煌變文集新書》卷六，（臺北：文津出版社，民國 83 年 12 月初版），頁 1045-1072。各段後所標示頁數，為潘重規校訂後的版本頁數。

來去不道姓字，聽畢出寺即不見蹤影，原來他是盧山千尺潭的老龍。老
龍聽經一年，仍不解經義，慧遠乃誓成《涅槃經疏抄》。慧遠祈告十方
諸 佛菩薩賢聖，欲疏令眾生皆得心開悟解，擲筆空中，化爲盧山擲筆
峰。三年《疏》成，八百餘卷。《疏抄》若經與義相同，願火不能燒之，
若與疏抄經（疏抄與經）相同，（投之白蓮池）水不能溺 。經數間，每
值慧遠講涅槃，得諸方來聽，雨驟雲奔，競來聽法 。（頁 **1048-1049**）

　　案：（1）慧遠在世時，《涅槃經》尚未譯出。慧遠在東林寺講的是
《般若經》、《法華經》。（2）老龍聽經，或出於龍泉寺之傳說。而弟子
曇邕有爲山神受戒事，此或引而改者。（3）擲筆峰事，出自後人虛構傳
說。（4）《涅槃經疏抄》是隋·淨影寺慧遠的作品，不是東晉時代的東
林寺慧遠。《盧山志》卷二，引桑喬《盧山紀事》，有一則慧遠墓之傳說：
「遠公塔，相傳其墓門在塔南階下。永樂中，有人開之，見遠公兀坐，
其貌如生焉。講經臺，亦一峰也。峰頂有磐石，可坐百人，遠公常據此
講《涅槃經》。又於臺畔築庵居之，製《涅槃經疏》。」[19]此即是據宋話
本傳說所致，誤將隋影寺慧遠事蹟誤爲東晉盧山慧遠的例子。（5）佛經
不受水淹火焚之說，見載於經典當中，《高僧傳》卷四·〈朱士行傳〉中
亦有此載。[20]

　　第四段：後壽州界入盜賊首領白莊，暨五百黨羽，星夜倍程欲劫化
城寺。土地神預知通告，僧眾四散而去，慧遠知是宿世業報，堅持留寺，
後被宿世債主白莊劫而爲奴。（頁 **1049-1052**）

　　案：此段以下全爲虛構敷衍的情節。故事中說到慧遠被盜賊首領白
莊所劫而爲奴的經過。

　　第五段：慧遠被劫後，化城寺由遠公弟子雲慶主持，仍講《涅槃經》，
猶如慧遠親在，聽者淚如雨下。雲慶講經數年後，將《涅槃經疏抄》交
給弟子道安收藏。後道安轉往晉文帝所在的東都福光寺開講，聽者如

---

[19] 吳宗慈著《盧山志》卷二，頁 233。
[20] 大正藏第 50 冊，頁 346 中。

雲，施利如雨，並有花雨天樂五彩雲等神異，無數聽眾，踏破講筵，開啓不得。帝乃下令，每月納一疋，可聽經一日，仍約有三二萬人。因寺院狹小，復令欲聽道安講道者，每人納錢一百貫文，方得聽講一日，如此，逐日不破三五千人，來聽道安於東都開講。（頁 1052）

　　案：道安乃慧遠之老師，此處將《續高僧傳》南北朝時期的道安誤爲慧遠弟子。《續高僧傳》中記載，北周道安講《涅槃經》文理精微妙盡，師兄弟設問論難，三日乃止論一義，兩不相上下。可知，北周道安講《涅槃經》，馳名當時，作此宋話本作者，當亦聽聞此說，遂未詳分辨，即以北周道安爲慧遠弟子，而未詳查廬山慧遠乃東晉時人，二人相去年代甚遠。毋論其用意，在引帶一般民間大眾這些聽俗講者，進入喚起不遠記憶的情境，還是眞的因不知道安爲慧遠之師的史實，都是造成此一錯誤的原因。[21]

　　又時間上提及晉文帝，按兩晉諸帝當中，僅東晉簡文帝謚號中有「文」字，故晉文帝疑爲晉簡文帝之誤。簡文帝於咸安（371-373）年間在位。此時期慧遠正隨道安，定居襄陽譯經、弘法。固不可能如此話本中的敘述，被白莊所劫。

　　第六段：白莊將慧遠賣給帝釋所化身的東都宰相崔相公爲奴。慧遠因菩薩夢囑，宜爲眾生念經。乃夜起獨自坐念涅槃經一部十二卷，爲崔相公察覺，乃爲宰相夫婦及家人誦涅槃經，遂令崔相公另眼相看，改名善慶。（頁 1052-1056）

　　第七段：崔相公下朝後，常至福光寺聽道安講《涅槃經》。回家後轉述給夫人及家人，善慶聞之，謂道安所講有不完全之處，如三等人、四生、十類、十二因緣等，乃爲夫人說之。（頁 1056-1063）

---

[21] 大正藏第 50 冊，頁 628 上-中。傳中記載北周道安「流略儒釋談如泉涌，攻擊關責鋒鍔叢葛。曾於一日安公正講涅槃，俊命章設問，遂往還乞暮，竟不消文。明旦又問，講難精拔。安雖隨言即遣，而聽者謂無繼難。俊終援引文理，徵並相訓，遂連三日止論一義，後兩捨其致，方事解文。」

第八段：崔相公乃攜善慶同往福光寺，聽道安講經。開講後，善慶問道安經題，道安斥其爲「賤奴」「不合聽法」。善慶則答以「我雖下賤，佛性無殊」的說法。接著兩人間連續往覆問答，道安未能全然答出，遂說出自己是據廬山慧遠法師《涅槃經疏抄》講的。善慶乃向眾人坦述自已即是慧遠，乃舉左臂肉釧驗之。道安大爲懺悔，請求慧遠原諒。崔相公亦悔求慧遠原諒，慧遠乃爲崔相公說明自己、崔相公和白莊三人間的宿世因緣。(頁 1063-1070)

案：此節強調大本涅槃經眾生悉有佛性之思想，慧遠在世時，甚至連六卷本《泥洹經》還尚末譯出，此傳說明顯結合齊梁以後的所流行的涅槃思想而來。又，《高僧傳》卷五．道安傳云：「初安生而便左臂有一皮廣寸許，著臂挎可得上下之，唯不得出手。又肘外有方肉，上有通文，時人謂之爲印手菩薩。」[22]可知有手有肉釧的是道安，並非慧遠，復見此有違史實之處。

第九段：崔相公上表奏明晉文帝慧遠之事。晉文帝大悅，令中書門下，排比釋、道、儒三教，同至福光寺內，迎請遠公入其大內供養，又敕賜如意珠、錫杖、僧衣等，並令上舉至福光寺迎慧遠。慧遠推辭再三，欲歸廬山，因崔相公等人奉君命再三懇請，乃出寺門，行步百餘，凌空而至宮前。晉文帝親迎入大內供養。(頁 1070-1071)

第十段：慧遠居大內數年，晉文帝受三皈五戒，宮院內無不信仰虔誠。忽一日，慧遠憶得如來有言，乃辭供養歸山。皇帝見其語切，知情意難留，乃排比相送。待出長安，慧遠足下雲生，如壯士展臂，須臾之間，便至廬山。但未歸舊寺，乃於相去十里處之峻嶺上，權結一草菴，結跏敷坐後，便即重尋舊卷，再舉經聲。(頁 1071-1072)

第十一段：經數月，慧遠於正定中，淨意澄心，思唯佛道，念浮生不久，想凡世而無堪，便造一法船，歸依上界。慧遠造船，不用凡間料物，也不要諸般，自持無漏大乘，已爲攬索，菩提般若，用作拘（勾）

---

[22] 大正藏第 50 冊，頁 354 上。

欄，金剛密跡，已爲（案：原寫本下闕，末有「開寶五年張長繼書記」數字）（頁 1072）

案：以上二段亦出於虛構之情節，末段寫本下闕。載慧遠辭大內供養歸居廬山，行無漏大乘法門云云。

綜觀以上現存《廬山遠公話》殘本，可見到中國初期佛教史中幾位重要僧人，諸如朱士行、道安、廬山慧遠、淨影寺慧遠、道生及曇翼等人的生平事蹟，《廬山遠公話》將數僧之事蹟糅寫在一起的情形，亦民間俗講重聽講者趣味及情緒，而不顧史實的特色，固不足以爲怪。然在宋明之際，有未詳其名者，以爲流傳民間的〈遠祖成道事〉（今佚）所述，對其不顧史實的怪謬記載，必須破其誤謬，正本清源，故作有〈辯遠祖成道事〉一文，加以破斥，該文現存錄於《蓮宗寶鑑》卷四。由〈辯遠祖成道事〉觀之，其所破斥〈遠祖成道事〉者七謬：

> 參考大藏《弘明集》、《高僧傳》，察其詳要，略舉七事，以破群惑識者鑒之：
>
> 遠公禮太行山道安法師出家，妄傳師栴檀尊者，一誑也。
>
> 妄以道安爲遠公孫者，二誑也。
>
> 遠公三十年影不出山，足不入俗，妄謂白莊劫擄者，三誑也。
>
> 晉帝三召，遠公稱疾不赴，妄謂賣身與崔相公爲奴者，四誑也。
>
> 道安臂有肉釧，妄謂遠公者，五誑也。
>
> 臨終遺命露骸松下，全身葬西嶺，見在凝寂塔可證，妄謂遠公乘彩船升兜率者，六誑也。
>
> 道生法師虎丘講經指石爲誓，石乃點頭，妄謂遠公者七誑也。[23]

由前述史傳慧遠傳記比對於《廬山遠公話》情節，可發現誤謬之處，實不止七項。若由佚名作者所作的〈辯遠祖成道事〉所言七謬觀之，此文所指謬誤之處，可以發現：其所指七謬與《廬山遠公話》所載內容相

---

[23] 大正藏第 47 冊，頁 322 上。

符。本文認爲，〈辯遠祖成道事〉所批駁之文本〈遠祖成道事〉，極可能
即是受到敦煌寫本《廬山遠公話》內容影響下所寫的。而〈遠祖成道事〉
的寫作年代，應在《廬山遠公話》之後，約在宋明之際。

（四）普度《蓮宗寶鑑》──集纂歷代慧遠及諸僧傳說

　　　　元代普度編撰之《蓮宗寶鑑》極受後世淨土教所重，每稱引此
書爲例證，然其中諸說，不乏疑點。此書卷四，載有與慧遠師徒傳記等
相關資料。其中，〈遠祖師事實〉一文，未詳作者，疑元人所作，爲纂
修慧遠歷代傳記而成，內文大體與同於前朝諸傳（除《廬山遠公話》之
外），然有四事，乃此傳所獨有：

　　（1）說明神運殿的由來。此傳中言，慧遠在廬山誅茅爲庵，講《涅
槃經》，感得山神獻靈，資助材木，雷雨闢地。江州太守驚其神異，奏
立東林寺名，其殿曰神運。

　　（2）此傳中，謝靈運與白蓮池被繫連起來。此傳謂謝靈運恃才傲
物，一見慧遠，肅然心服。又載謝靈運於寺後鑿池種蓮，以及欲入社，
而遭慧遠以心雜止之。

　　（3）出現辟蛇聖者之傳說。謂山多蛇，有行者不知何許人，嘗侍
於師，善驅蛇，至今號辟蛇聖者。

　　（4）「虎溪三笑」在慧遠傳記中出現，亦始於此傳（雖則北宋已三
笑圖及三笑圖贊，但出現於慧遠傳，始自此傳）。謂慧遠所居，流泉匝
寺，下入虎溪，每送客，以溪爲界。時陶淵明、陸修靜，慧遠嘗送之，
語道契合，不覺過溪，相與大笑。後世因傳三笑圖。

　　這四點當中，第一點說明神運殿的由來，是因慧遠夢感山神之襄助
而立的。但此事除宋話本《廬山遠公話》有類似的敘述外，未見於史傳
的慧遠傳記中，然而，卻在慧遠的同門師兄弟曇翼傳記中，卻有結合第
一點「山神夢告」與第三點「爲之辟蛇」二者的記載：

後入巴陵君山伐木，《山海經》所謂洞庭山也。山上有穴通吳之
苞山，山既靈異，人甚憚之。翼率人入山，路值白蛇數十，臥遮
行轍。翼退還所住，遙請山靈，為其禮懺，乃謂神曰：「吾造寺
伐材，幸願共為功德。」夜即夢見神人告翼曰：「法師既為三寶
須用，特相隨喜，但莫令餘人妄有所伐。」明日更往路甚清夷。
[24]

　　曇翼的傳記中，神異事蹟不止於此，亦有誠心祈請佛舍利，而感得
五色舍利之事。此處所載，乃曇翼為造寺而至洞庭山伐木，因遇白蛇數
十阻路，禮懺山神而得其神助，清移白蛇，並助其伐得林木，順利營造
佛寺。疑後人誤纂曇翼事蹟於慧遠傳中，至普度編輯此書時，輯入此元
人所作慧遠傳，乃有此誤。

　　第二點言謝靈運於東林寺鑿池植蓮，亦是出於後人臆測。謝靈運雖
曾欲拜入慧遠門下，但在慧遠有生之日，二人未嘗見面，謝靈運亦未曾
至東林寺，故終未能遂其所願。故而此傳謂慧遠以威肅之高格，伏其恃
才傲物，又謂謝靈運於寺中鑿池植蓮，皆不實之傳說。

　　第四點，「虎溪三笑」的傳說，在北宋李公麟（號龍眠居士）著名
的〈三笑圖〉面世之後，已成為名人文士爭相書寫、繪畫的題材。在唐
代三教一致風尚之下，至宋初李公麟筆下，慧遠成了調和三教的釋家代
表人物。故而，在元人所撰之慧遠傳中見到「虎溪三笑」，亦不足為奇。
而後，明、清兩代所輯慧遠傳記，大抵不出以上的內容。

（五）中亞的回鶻文〈慧遠傳〉殘葉

　　現今眾多的考古資料中令人驚訝的發現，是在中唐時期的絲路上，
竟有記載著慧遠傳記的殘葉。卡哈爾・巴拉提在〈回鶻文寫本《慧遠傳》

---

[24] 大正藏第 50 冊，頁 355 下。

殘頁〉中提到：此頁回鶻文殘葉，發現於 1984 年 9 月的新疆維吾爾自治區鄯善縣七克台村旁古城廢墟，爲古絲路通過的地方。此次發現十三頁回鶻文寫本，內容都與佛教有關，分屬八種不同作品的片斷，其中一頁較完整的，即是被暫名爲《慧遠傳》的此頁殘葉。殘葉中的回鶻文字，據此篇作者考證，大約是西元十世紀左右的語言。

此殘葉的內容，主要記載慧遠集眾念佛事，及其弟子僧濟從慧遠學習的情形。其中譯如下：

> 爲首的百三十三人，皆願往生淨土，放棄世俗的享受，克制心欲，依慧遠法師修行。那些人們又一同在阿彌陀佛像前守護齋戒，祝願幸福，立誓共出生淨土，以修禪敬阿彌陀佛。時慧遠法師召來叫劉遺民的官，讓他寫了堅決往生淨土的誓詞。那些人發誓堅決不解散，共事往生淨土的善行，操勞、奔走、學習，皆得往生淨土。慧遠法師居住盧山三十餘年，自己未越山界入俗，送客未過山腰上叫"虎溪"的水渠。當死期來臨時，叫來弟子們囑咐道："我死後，將我露身放在松樹下。"八十三歲右脇而化，交腳，見阿彌陀佛直來，威嚴帶去。又，在桃花石晉朝（？）汗時代，有 saki 人叫僧濟（？）法師。這僧濟法師是上述慧遠法師之弟子。這位僧濟法師精通世通書數，貫其深奧，又向慧遠法師學習，精通了大小乘一切經典。慧遠法師 istim（？）贊嘆曰[25]

傳中所載百餘人共修的情形，與早期史傳所載相同。惟百三十三人，恐爲百二十三人之誤。又載慧遠送客不過虎溪一事，亦梁傳即有之傳說。惟此回鶻文傳中云慧遠「右脇而化，交腳」之事，未見於諸傳，又云「見阿彌陀佛直來，威嚴帶去」之事，在漢文記載中，始見於南宋・志磐《佛祖統紀》，因此，志磐寫慧遠傳前，北宋的回鶻文慧遠傳中，已有慧遠見阿彌陀佛之傳說，可知此說至少在北宋已有流傳，否則在十

---

[25]　卡哈爾・巴拉提〈回鶻文寫本《慧遠傳》殘頁〉，文物 1987 年第 5 期，頁 92-94。上述中譯引文內括號、問號及拉丁拼音字母，皆如該文原載。

世紀左右的回鶻文慧遠傳中，如何可能見到此傳說。

此寫本殘葉，於第二十六與第二十七行之間，在反面左邊有一行小字，爲 "卷四，八"，說明此頁爲此寫本的第四卷第八頁。卡哈爾‧巴拉提的研究指出，此殘頁的內容，雖部分內容文字不詳其意，但依大體內容，說明十世紀左右的回鶻人，曾受到中國中唐（九世紀）以後所流行的淨土教思想的影響。

若回鶻文慧遠傳爲十世紀左右之作品，則唐時商賈藉絲路往來交通之餘，其所信仰的宗教也因而被帶往世界各地，乃極爲明顯之事。而慧遠在廬山念佛的蓮社傳說、彌陀淨土信仰，不但已在中晚唐於中國民間蘊釀，更藉由商賈、佛教徒的往來傳遞，而廣爲西域諸國周知，其聲譽、影響若此，此回鶻文慧遠傳的殘葉，即可爲其明證。

三、慧遠傳說與東林寺建築景點的交互影響

由於慧遠事蹟在歷代的傳衍，原本在晉時東林寺所無，因盛名而起建的建築，隨歷代後人的增建，又回過頭去影響傳說，相互增衍的結果，遂致虛實莫辨。然而，後人增建自非必推其史實爲然，其欣慕古人德風的銘範意味還是多些。

東林寺內因慧遠傳記影響下，於慧遠去世後所造的建築，包括：神運殿、文殊瑞像閣、三笑亭、蓮花漏、白蓮池、十八賢影堂，而虎跑泉、聰明泉、擲筆峰等，則是因於慧遠傳記而馳名的名勝景點。[26]

---

[26] 北宋‧陳舜俞《廬山記》卷一，載宋時東林寺內外之建築、景觀，大正藏第 51 冊，頁 1027 下-1029 上。又，近人吳宗慈編撰《廬山志》，卷二據明‧桑喬《廬山紀事》與清《同治化志》，謂東林寺：「寺爲晉太元九年，慧遠開創。唐大中時，僧正言復建殿、廡、塔、室，共三百十餘間。宋紹興間，燬。明洪武六年，重修。萬曆間，有僧大挪與徒寂融，興造神運殿、淨業堂、禪房。清順治十三年，僧照忍、采善募修五如來殿，推官席教事捐俸復建。康熙五年，僧宗微等募修遠公影堂，兵巡道蔡協吉捐助。咸豐間，般若臺、鬼壘牆、白蓮池、虎溪橋、三笑亭、無量殿、神運殿均燬，惟存金剛銅塔、王陽明〈游東林寺詩〉石刻。」（臺北：文海出

　　東林寺內的建築，因慧遠傳說而造者眾矣。神運殿之建造，北宋陳舜俞已備述其事，殆亦受宋初話本內容影響所建。而文殊瑞像閣，則始因唐人傳說而建，至宋已殘毀不修。蓮花漏爲慧遠弟子惠要所造，[27]目的在六時行道時，爲講經正時之用，自梁代慧皎《高僧傳》即載述此事，然而，白蓮池之名，自唐末才有。推測白蓮池之說的由來，與慧要所作的芙蓉刻漏不無關係。因此一芙蓉刻漏是置於池中的十二花瓣造型，以現今之時制言之，即每兩小時行進一格，以古時制言之，即每一時辰行進一格。而白蓮池之名，或因蓮社而得名，但也可能是東林寺內置芙蓉造型刻漏之池，原爲芙蓉刻漏而因應蓮社之名，而後更名爲白蓮池。十八賢影堂，已見於唐人詩作之中，可見因民間傳說的影響，而有十八賢影堂之建造。

　　東林寺外因慧遠傳記而馳名的景點，如虎跑泉、聰明泉及擲筆峰。然而，其中僅有一處與慧遠傳記有直接關係。聰明泉爲慧遠與殷仲堪論易體時，因殷仲堪之口才辯給，乃指泉水謂其聰明若流泉湧現，事見於劉宋《世說新語》注引。而虎跑泉，始於宋人陳舜俞載記，未詳出處；擲筆峰，更是因同名之累，誤以長於《涅槃經》的隋淨影寺慧遠事蹟爲盧山慧遠之事，而謬衍出的擲筆峰傳說。然而，毋論景致是否即符於史實，皆無損於歷來遊人懷慕昔賢德範的心境罷。

四、宋代〈虎溪三笑〉圖中的慧遠形象

　　宋代畫家筆下的慧遠，既是唐以來蓮社十八高賢傳說裏的諸賢之首，也是畫家理想世界裏，儒釋道三教合一的釋家代表人物。

版社），頁215。

[27] 《高僧傳》卷六·〈釋道祖傳〉附慧要，大正藏第50冊，頁363上。「遠有弟子名慧要，亦解經律，而尤長巧思。山中無刻漏，乃於泉水中立十二葉芙蓉，因流波轉以定十二時，晷景無差焉。亦嘗作木鳶，飛數百步。」

慧遠送客止於虎溪之，自梁以來即有；但「虎溪三笑」之說，未見於北宋以前的史傳，疑出自北宋畫師之手。陳舜俞《廬山記》曾提到〈三笑圖〉由來典故：

> 流泉臣寺下入虎溪，昔遠師送客過此，虎輒號鳴，故名焉。時陶元亮居栗里山南，陸脩靜亦有道之士，遠師嘗送此二人，與語道合，不覺過之，因相與大笑。今世傳三笑圖，蓋起於此。[28]

然而，就史實來看，〈三笑圖〉中的三位主角：慧遠、陶淵明和陸修靜三人，不太可能因相談契心，令慧遠忘過虎溪而相視大笑的。由地理位置觀之，陶淵明南居潯陽，但地近東林寺，慧遠定居廬山三十年，但早年也曾暫住潯陽龍泉精舍；由時代觀之，慧遠、陶淵明為同一時代之人，慧遠逝於東晉義熙十四年（418），陶淵明逝於劉宋元嘉四年（427）。因此，居住地理相近及同一年代的二人，交遊是有可能的事。陸修靜（406?-467?）是早期中國道教史上重要的人物，對靈寶派經典的整理極有貢獻。但從年齡上看，慧遠師徒在廬山共修念佛時（西元402年），陸修靜尚未出生，自不可能參與結社。即便慧遠去世時，陸修靜不過是十二歲的少年，故而三人在虎溪談契，相視而笑的可能性極低。

北宋畫家李公麟之所以虛擬陶潛、慧遠、陸修靜三人談契於一圖中，欲表達儒釋道三教合一之企圖，呼之欲出。蓋中唐以來，儒釋道三教合一的思潮漸起，五代至宋初繪畫中，表現三教合一題材而繪的素材亦隨之增多，〈三笑圖〉即其中之一。著名的五代畫家石恪（十世紀左右），及宋初白描名家李公麟（1049-1106，字伯時，號龍眠居士，繪有〈廬山蓮社圖記〉[29]），皆傳有〈三笑圖〉名世，惜今已不傳。現藏於南京大學的〈三笑圖〉，判定為宋代所繪，因卷尾無款識，未詳何人所作。

〈三笑圖〉中，名隱陶淵明、高僧慧遠、道士陸修靜三人，於虎溪

---

28 大正藏第 51 冊，頁 1028 上。
29 南宋・宗曉《樂邦遺稿》卷上，載有李棻詳述此圖架構、人物形貌之全文。大正藏第 47 冊，頁 235 下-236 上。

相擁話別，仰天長笑，融冶儒釋道三教於一圖的構圖，被目爲調和儒釋道三教，三教相融無礙的理想境界。三教一致之風雖始自中唐，但以此三人爲代表人物者，則始自宋人，而三人的代表性，亦當是宋時人所肯定的。[30]

　　姑不論陶、陸二人的代表性如何。因唐詩人的蓮社傳說、淨土教的興起、宋話本《盧山遠公話》影響所及，慧遠在宋代的享有極高的知名度。又在修學歷程上，慧遠少爲儒生，精擅莊老，志慕佛理，又在盧山傳授儒、釋兩家經典，聞名當世。在納涵世典的精神上，原亦寬容，被視爲調和儒、道的接引者，亦極爲自然。

五、結語

　　慧遠制定唱導的形制，原爲內循師命整頓僧團秩序，外建規範以宣弘大法，但至南北朝時期，唱導僧所基本具備的聲、辯、才、博四項才能，及知人知時的應機說法訓練，除了用於原在法會中場，暫時休息時，宣講輕鬆的佛本生、佛傳故事、或佛典譬喻等內容之外，漸漸地，爲因應凡俗對佛理的一般理解程度，也改向朝著以應俗爲要，轉向以佛典故事的宣弘爲主。影響所及，爲唐宋佛教文學的形式與題材，注入了源源不斷的活水。

　　南北朝以後，伴隨文人高士履跡所至，留下題詠創作，民間流傳的各種慧遠傳說，逐衍爲二大系統：一爲文人系統的「蓮社」系列傳說，意在推尊慧遠爲「蓮社初祖」，與後世淨土教繫聯；二爲民間俗講系統，旨在涅槃佛性思想的弘廣，以宋話本《盧山遠公話》爲其代表。由於後世許多對慧遠的認識，都不是直接來自慧遠作品本身的瞭解，而是透過文藝作品中的慧遠故事、以及未經證實的口耳相傳的傳說，而得到的印

---

[30] 有關北宋〈虎溪三笑圖〉之相關詳析分析請參考拙稿〈〈虎溪三笑圖〉探微〉，《淡江中文學報》第 8 期，2003 年 5 月，頁 125-142。

象，故而史傳間的載錄，亦存在著積非成是的現象。若由眞實性的角度而言，這些故事、傳說固不足以取；但若由其廣爲文藝表現題材而言，則其屢受爲後人所稱引，並一再詮釋的正面形象，則足可見慧遠在廣大庶民心中，德範永式的重要性。

　　民間傳說神化慧遠故事的結果，不僅止於影響詩文、話本、繪畫等題材上的發揮，事實上與東林道場的建築、景點，也產生交互影響的關係。文人遊跡至東林寺，復加以題銘、刻記，故實、傳說，交互滲發，造就了豐富的文學靈感及作品，進而表現在東林寺內外的神運殿、無量殿、虎溪橋、三笑亭、白蓮池、遠公影堂等的建造上。其中，三笑亭的建造，即由於北宋畫師三教合一的理想藍圖〈三笑圖〉的呈現，爲後人所追建的，而「虎溪三笑」的題材，自此亦成爲畫師們所鍾愛的素材。

第七章　結論

第一節　本文研究重點回顧

　　過去研究慧遠，範圍皆偏重在其佛學著作文本意義的挖掘上，許多關鍵的疑慮，常因文字的歧義性而聚訟未決。實則，慧遠在佛學著作之外，還有佛教文學作品與督建東林寺佛教藝術等方面的多元表現，但這些相關的資料，自來未曾受到應有的重視。事實上，慧遠的佛教文學及東林寺的佛教藝術，對於了解部分未決的問題，諸如慧遠的般若學立場的取向、慧遠被推尊為淨土教初祖等問題的考察，都極有助益。隨著宋代至現代的考古發現，部分出土的文物，如東林寺常　碑、慧璿碑、慧遠墓塔等實物的出現，慧遠的佛學思想已可由更多元而周備的角度，重新進行相關的檢視。

　　易言之，研究慧遠的思想，不能僅片面依賴著作的解讀。慧遠所留下的僧團軌則「遠規」、唱導形制等建置，佛教禪林的構設，各種佛教經變圖的彩繪等，不論在僧團制度、佛教藝術實物上種種表現及取向，都有彌補其佛學文本以釐清問題的價值。本文有別於過去單一面向的研究，而透過多元地對慧遠作全面性的研究，希望完整呈現慧遠各面向的表現，以彌補過去片面研究的單薄不足。

　　本文試圖藉由多元的研究材料、文本層次的釐清，來重新呈現：慧遠以般若學貫穿其佛學思想的基本立場；其依《般若經》系禪典修般舟法門，首重畢竟持戒精神，也完全展現於其生命人格的體踐之中。在重建教內佛學研究的精確要求上，十分反對格義，重視毘曇名相，期以佛法研究佛法，並為積極回應世俗質疑因果報應之說，積極建立受報主體

思想理論。復爲使納攝根器深廣，依憑於儒生時期所學，於不違《十誦》教戒的前提下，乃於廬山以世典化兼道俗。慧遠在佛學方面以外的表現，諸如與門下同遊廬峰勝景，因山水之趣而有所感悟，作詩文以寄情的表現，也與印度沙門的思理苦行，有明顯的不同。慧遠的兼弘儒典與山水品賞、詩文寄情等，在在表現出其中國文人性格的特徵，相較於其師道安的自苦行遊，慧遠雖亦深以戒行聞名，但在因弘法方便而對世典的寬容（其講儒典時並非以釋典涵攝儒典，而是並列的方便，純粹講授儒典）及對以詩文表現對林園山水的詠賞兩方面上，都可看到其佛教中國化的一面。對於後世中國義學僧性格，舖奠下一個具體的典範。

　　而本文主要的研究結果，依慧遠的學術研究立場及其實際弘法精神，可總結爲以下四點：

一、般若學立場的佛學研究

　　過去的研究，偏重在慧遠佛學思想的取向，究竟是毘曇學還是般若學上，進而由此對慧遠進行「判教」式的評價，彷彿即可據此爲慧遠找到了歷史定位。然而，此種研究態度卻忽略般若學和毘曇學在慧遠佛學思想中，佔有不同的分位，並非截然二擇一的對立關係，或是必須折衷融合才能並存。般若學一直是慧遠佛學的思想根本，而毘曇學在慧遠思想中的位置，則可分爲兩部分而論，一是以毘曇學的佛理名相釋義取代格義佛學的不當，其二是慧遠立於般若學基礎下，吸收以成立受報主體的思想根據，其所假名施設的受報主體，仍消納在般若學的實相中道觀下。因此，慧遠仍是以般若學通貫其學思，以東林寺的般舟三昧禪法、般若經變等佛教藝術等佐證之，益足證其思想與修行一致的立場。

　　在羅什來華以前，佛典的漢譯名相並不統一，文質之爭亦時有聞見，甚有以儒家思想詮譯佛典的情形，直到羅什至長安主持道安所遺留下的譯經道場，一時菁英匯集，譯出大量的佛典。中國譯經制度自道安的奠

基，至羅什的確立，自此方臻完備。由於羅什譯本的廣傳，對於漢譯譯語的統一，遂形成相當的助力。而在羅什入關之前，中土所流行的「格義」佛學，仍具有廣大的影響。而兩晉以來，東來的小乘論典漸多，所帶來的聲聞毘曇論典，對慧遠來說，正是以佛法研究佛法，取代「格義」的最好工具；並且基於詮釋業報理論的需求，慧遠吸收毘曇論典施設受報主體的思想，以彌補《般若經》系統中不談受報主體之不足。而慧遠此一吸收轉化的目的，在回應時人對佛教無我教義，是否與因果業報觀存在內在矛盾的質疑。慧遠的形盡神不滅論，也是就世俗諦的方便說明出離分段生死前的六道輪迴中，承受業報的主體並非不存在。而這部分的詮解，與慧遠對《般若經》法的真實性相的理解正是一致的。

　　《法性論》殘文及《大乘大義章》第十三章，是研究慧遠般若思想的重要資料，《法性論》的部分佚文，現分別存於慧達、元康的《肇論疏》中。過去的研究當中，或有誤據慧皎《高僧傳》在《法性論》前雜入《涅槃》等語的錯誤敘述，而判定慧遠法性思想與真常心系有關聯；或直以慧遠的法性思想即是帶實在論取向的極微論等，此等皆未詳察史料而作的誤判，亦本論文所欲突顯的詮釋重點之一。

　　依《法性論》所述，慧遠基本上認為「法性」是與「性空」二詞是同實而異名的，都同樣是在說明諸法實相。只不過，「性空」與「法性」二詞用於詮釋時，有其偏重的差異，但這也都是為詮解方便，勉強所作的區分。慧遠以為「性空」是偏向由緣起性談諸法的當體即空，強調說空的面向；而「法性」，是就著諸法本性寂滅無為、無生滅而常住不變的本來真性「法真性」說的。所以，不論慧遠說「無性之性」是法性，還是說法性是「法真性」，都是可以被涵攝在他自己所說「法性與本無同實而異名」的基本立場中。

　　慧遠在《大乘大義章》第十三章，談到實際修行時，就行者觀力深淺而言，有如、法性、真際的區分。知諸法原來的樣子並不是現在所看到的外貌，則名為諸法「如」；而知道諸法「如」的本來面貌是不生不滅

的，名爲「法性」；由法性證入眞際時，則知諸法原來平等無別，而說證「眞際」。而所謂的「眞際不受證」，是因爲菩薩爲救度眾生，而自願不證眞際，所以說「眞際不受證」，並非說三乘都不證眞際。

《般舟三昧經》是《般若經》系重要的禪經，也是慧遠念佛法門所依的經典。慧遠的禪法一如其佛學研究，貫徹於般若法門，承襲道安禪法的攝小歸大，並開以止觀俱運，禪智相濟，深闇色如不二的中道方便，自度度人，講求禪法師承，求法態度恭謹而堅定。慧遠曾在〈廬山出修行方便禪經統序〉裏盛讚般舟念佛法門的「功高易進」，不但在寺中建制禪林，以作爲禪修清靜之地，並因與僧俗於阿彌陀像前齋集共修，期誓往生西方，而成爲中國佛教史上最早念佛共修的記載。但此一共修的記錄，卻有意地被後世淨土教用以爲推尊其成始祖的證據。

事實上，慧遠雖願生西方，但其淨土思想並非如淨土教的眞實報土觀。中國早期佛教的弘傳中，淨土思想並未單獨受到注意。世俗的信仰以淨土實有，故發願往生。道安、慧遠師徒對於淨土的權、實，看法稍有不同，但基調相同。道安提出心淨土淨，心穢土穢的唯心觀點。慧遠順著《般舟經》的理路，雖然肯定眞實報土的價值，但並不以往生淨土爲唯一目的，而是以體證法性爲究竟，走的仍是道安的路數。可知，後人推尊慧遠爲淨土教初祖，顯非由慧遠淨土思想層面來考量的。《阿彌陀經》強調阿彌陀佛悲願力的救度，與《般舟經》強調自力念佛，二者法門顯有不同；然而，《般舟經》在借助佛威神力定中見佛決疑他力救濟的這一點上，則可見到二經仍有相類之處，故而後人編寫慧遠傳記，才將《阿彌陀經》的彌陀悲願與《般舟經》的念佛思想繫聯起來。

在戒律方面，爲饒益有情而通攝善法，慧遠在不違佛教戒律《十誦律》的條件下，對於儒學的納攝，也不遺餘力，其在廬山兼弘《易》與《毛詩》、《喪服》等儒典，即是爲了使佛法弘披而作的方便加行，即慧遠所謂之「合內外之道」。慧遠在教戒的持守上，也極爲嚴格，只要是對教內有所助益者，乃不惜痛陳教內之弊端，力圖清掃。慧遠有鑑佛門賊

住比丘猥濫，面對桓玄的致書諮求，提出有條件的沙汰僞廁教內者。其致力於建立中國僧團戒軌威儀，重建社會及僧團秩序上，有三大建樹：其一，建立廣行於南北僧團的「遠規」，其二，制定雲水僧之「節度」，其三，確立「唱導」之形制。

慧遠所創唱導之制，唱導僧基本必須具備聲、辯、才、博等四項才能，加以知人知時的應機說法訓練。原在法會中場暫休時，宣講輕鬆的佛本生、佛傳故事、或佛典譬喻等內容，後來漸爲因應凡俗對佛理的一般理解程度，也改向以應俗爲要，轉以佛典故事的宣弘爲主。這間接地影響了唐宋佛教文學形式與題材的發展。

二、隱而不隱的弘法哲學

慧遠雖跡不履俗，棲隱廬山三十載，但對於往來的政教人物，世俗所發質詰之難，並非全然退歸無涉的態度，而是積極地提出其不敬王者等護法言論。遇詰以儒理者，慧遠即藉深厚的儒學素養，以方便法接引之，並融通儒家仁治的政治觀和道家柔軟退守的姿態，試圖解消執政者的誅伐與敵意，以達到勸教弘法的目的。慧遠不同於其師道安的政治理念之處，在於道安認爲不依國主則法事難立，但慧遠卻堅持遵奉不敬王者的戒律要求。慧遠明知在亂世之中，有力的護持者對於佛法的弘傳，將有莫大的幫助，卻仍抗顏堅守戒律，乃其性格使然。慧遠不僅在理論上主張不禮敬王者，實則曾往訪廬山的政治人物，皆曾親領慧遠不卑不亢、平肅自處的「不敬」哲學。就政治人物而言，其與慧遠接觸，目的在借重慧遠的才智之外，考量到慧遠背後的影響力，或許是更重要的目的。然而，對慧遠而言，鑽研義學及宣弘大法，幫助更多的人度脫生死，才是要務。在慧遠來說，政治人物至廬山的拜會，與一般人無二，宗教上的活動，才是慧遠所關切的。

三、佛教藝術中國化的表現

　　基於潛存於內心的中國文人氣質使然，慧遠注解並講授儒典外，也屢與門人遊石門等廬峰名勝，並作有唱和詩集傳世。這是以山水品賞爲目的的集體文學活動。慧遠作山水詩及遊記，乃眾人同行遊賞攬勝，以山水景致爲審美對象的詩文創作活動。慧遠將山水品賞與佛理之感悟結合起來，乃因審美活動與體證法性，皆透過直觀追求超越的神聖存在。慧遠結合二者，由藝術審美及宗教體驗角度領略此種超越的神聖性，藉由文學藝術的表達，即此身而超越有限的時空桎梏，體驗到眞實不朽的美感與眞理。又，慧遠所居住的東林寺，地處茂林崇山，盡地勢優越之便，臨流傍山，寺內建有禪林，曲水繞室，滿室香雲，極具園林美學風格。在此遠離塵俗，自然清淨的峻嶺幽壑中修行，品賞仁者智者所樂之餘，沖豫自得的怡然欣趣，隱然溢出天竺佛學理趣的追求之外，此亦其有別於天竺沙門雲遊、頭陀苦行等修行性格之處。慧遠此種帶有文人氣質之生命情調，亦即中國沙門獨特的修行性格之基底，其攝外典於內學的講經形式，也開展出後世中國學僧融通教內外的獨特典型。

　　此外，東林寺的佛教藝術，亦有可觀之處。道場內依般若經系而造繪的佛教藝術，尤其是佛教壁畫，在佛教史上也有重要的地位。東林寺的佛教經變圖，爲目前所發現中國佛畫史上最早經變圖的記載。其構圖與設色，也有特殊的意義：佛影窟內單幅構圖的彩繪世尊伏龍圖，其淡彩設色的文人畫風，有別於當時所流行用色濃重的天竺畫風。而後世的南宗畫風，是否承自此系統，有進一步考察的價值。其次，般若臺的《般若經》經變圖，是以薩陀波倫菩薩求法故事爲主題，五面情節相繫成一系列的單幅構圖，具有由單幅構圖向長卷型經變圖發展的過度意義。

四、慧遠傳記的影響

　　與慧遠同時的張野、謝靈運，爲慧遠作有原始傳記，至梁時，復有僧祐《出三藏記集》爲慧遠作傳，材料雖有增加的現象，但尙無神異事蹟的記載。但稍晚的慧皎《高僧傳·慧遠傳》，開始記載東林寺得阿育王像等神異事蹟，自此，有關慧遠的種種傳說乃增衍不斷。至北宋初年的民間俗講《廬山遠公話》，此話本中除慧遠、慧持兄弟姓名、籍貫是正確的，其餘所載事蹟，無一與史實相符，殆全爲虛構之故事。而教內的編纂，至元代普度編《蓮宗寶鑑》時，所載慧遠事蹟，幾達謝靈運所撰慧遠事蹟之五倍！可知，高僧傳記經後人的追溯添設，失眞率不斷增高。

　　廬山自古原有仙境、神醫等傳說，慧遠時代復因成爲南方佛教中心，而高士名隱來集，更爲廬山增添不少人文風華。自慧遠逝後，朝訪者的履跡所至，留下題詠創作，流傳世間的各種慧遠傳說，漸衍爲二大系統：一爲文人系統的「蓮社」系列傳說，意在推尊慧遠爲「蓮社初祖」，與後世淨土教繫聯；二爲民間俗講系統，旨在涅槃佛性思想的弘廣，以宋話本《廬山遠公話》爲其代表。前者的出現，與常　改變東林寺定位有關。北宋東林寺的住持常惚，大肆重建東林寺之餘，甚至一改自慧遠建寺以來律寺的傳統，轉而成爲隋唐以來極盛的禪寺定位，此一改變，影響到「蓮社」系列傳說的出現，甚至後世淨土教對慧遠的推尊繫聯上。而後者，則因廣流於民間，極富鄉野神異色彩。這些傳說若非詳考細察，虛實極難分辨。然而，若非興趣於研究，宗教傳說的虛實對一般信徒來說，並無迫切探論的需求。而高僧的人格典範、傳奇的宗教事蹟，才是足以哺養廣大生民的精神食糧。

　　儘管如此，民間傳說神化慧遠故事的結果，影響不止於詩文、話本、繪畫等文藝題材的發揮，這些傳說實際上與東林道場的建築景觀間，也存在著互滲的關係，而造就豐富的文學靈感及著作，進而表現於原本在慧遠時代並不存在的神運殿、無量殿、虎溪橋、三笑亭、白蓮池、遠公影堂等的建造上，足見慧遠人格精神的影響力，間接地表露於東林寺的佛教藝術中。

第二節　研究觀點的後設思考

一、詮釋循環與視域融合

慧遠所面對的時代課題，教內有律典不足、格義風熾，教外有政治人物及儒者在文化、思想方面的問論。兩晉時期，佛典的翻譯才正開始蓬勃起來，道場的譯事制度也自道安開始，才正要步上軌道。佛教的許多制度，在東來譯經僧漸多，廣律始譯之際，也逐步擬定出一套適時適人的規矩來。道安、慧遠師徒以及羅什師徒，正是這個時期佛教重要制度的訂定者。

然而，制度並非固著不可改易的，因時制宜的宗教，才有機會可長可久。宗教傳佈至不同的時空中，必須因應民情文化而作適當的調整，經過一番迂曲完善的重新詮釋，外來宗教較有機會真正在異質的土地上生長茁壯，枝葉繁茂。但是，這裏涉及到一個技術層面的問題：經典的翻譯，是否皆如實無誤？其次，經典的詮釋標準何在？第一個問題，經典的翻譯本身是否如實即難判定，此外，亦極難達到。道安即曾嘆言經典翻譯最易發生「三失本、五不易」的問題。而所謂迂曲完善的再詮釋，自然不是一字不改地「再現」經典本身，經由詮釋者的解詮，自無法離其主觀的取捨及價值判準。因此，釋經之論，自然不全等同於經，而是經典意義豐富化的再挖掘與延伸，而如此意義層級劃分的形成，乃基於經典在歷史漸層中，層層詮釋所遺留下的軌跡。

自迦達默爾提出「視域融合」的詮釋觀點以來[1]，詮釋學已不再只是作為一個獲取真理的方法，「理解」本身即是主體向世界揭露的存有本

---

[1]　漢斯-格奧爾格‧迦達默爾著，洪漢鼎譯：《詮釋學 I：真理與方法－哲學詮釋學的基本特徵》，（臺北：時報出版社，1993 初版），頁 352-400。

身。當迦達默爾將「詮釋循環」以現象學方法轉化爲「視域融合」的詮釋觀點，不僅是方法的轉向，更是觀點上的突破，承認在效果歷史原則的作用下，無法獲致純粹客觀眞理。在此前提下，迦達默爾強調主體在「前理解」的結構中，無法脫離合理的偏見──「前見」，認識的對象也就必然地融於主體的「理解」之中。基於此，倘若吾人可以相信「論」對「經」存在著內在詮釋上的繫聯，諸如《般若經》與《大智度論》之間存在著相繫與延伸的兩種關係，在接受二者義理具有相通貫性的「前見」基礎下，並且清楚地根據語言內在文法結構區分出「論」對「經」的延伸部分，那麼便不致以「論」之詮解爲誤。那是因爲，詮釋者與文本間存在著閱讀的「距離」，這種「時間距離」的超離性使詮釋本身即與文本間存在一種彈性的空間，不論是迂曲迴護還是批判繼承的說明本身即帶有創造的本質，而這個彈性的空間，依詮釋者的智慧理思的高低、文字表達能力的巧拙，而可大可小。

　　舉例而言，就佛教史的發展，倘若吾人承認：佛教在印度原有自初期佛教發展爲部派佛教，再發展爲大乘佛教等事實，那麼，佛教在印度本土即已有大小乘的發展，南北傳的系統亦不全相同，這已是不爭的事實，也爲大眾所接受認可。而這認可的結果，正反映出二事：其一，佛教在印度本土即已有階段性的發展，而此階段性的發展，反映出佛教所依以判定的本質教義，並非在枝末可因時地而修改的事理上，而是根本法理三法印教義的掌握上。其二，不論是佛教在印度即有大、小乘的發展，還是南、北傳的差異，都說明了佛教並非因時地轉移而修正弘法的事理，而被視爲非法。而提出這一點的目的，即在說明：佛教傳佈至東南亞、中國、日、韓等地，雖然都曾有過思想、文化適應上的難題，但卻也都可以在佛教的基本教義的繼承之外，更積極吸收各地思想特質，發展出具有當地特色的佛教文化，使佛教與當地文化兼容並蓄地發揚光大。而這種充滿生機的依法不依人，掌握基本教義的詮釋態度，足以化危機爲轉機的般若智慧，正是佛教所以源源不絕的生命力所在。

在東晉時代，佛教的傳佈即遭遇到弘傳上的困難課題：首先是格義佛學的有待廓清；其次，儒佛兼弘是否違背戒律；其三，爲說明因果業報而不得不強調神不滅論等問題，這些問題也同樣是中國歷代義學僧常遇到的問題。只不過，這些問題在魏晉南北朝，是被視爲外來的異質文化所導致的文化衝突，而在大中華優越感的包容底下，似乎漸漸地「消融」於無形，然而卻忽略了這些問題原先哲學意蘊的基本面。中國文化中此種包容、折衷的特質，一向被視爲中國文化最大的特徵之一。[2]然而，細察南北朝以下的歷代，儒道佛三家之間的衝突，並未因而消弭於無形，所謂的「消融」，也不過是政治角力下的錯覺，眞正的哲學層面的問題，仍然沒有解決；而所謂的「折衷」、「融合」也不過是三教各自要求純粹化心態的棄守、消納。

二、變與不變：變動中的歷史評價

隋唐以後，中國傳統的儒、道文化與外來的佛教文化互滲的結果，趨向三教一致的風潮，也在中唐以後愈明顯。但所謂的一致，已不過是中國人對於三教文化間衝突的衝擊，不再感到如斯巨大，而漸趨和緩。減少強烈的排斥抨擊，相對地就少了敵意的對立。加以宋明以後，知名高僧在宣弘佛法之餘，對外書俗學的愛好鑽研，更有過於慧遠而無不及，諸如：明代憨山德清大師即曾因注《老》、《莊》而名聞後世。此等高譽，殆非慧遠之「連類」所能望及，而所爲之事，又非慧遠之世，能爲人所推崇。此間，顯然存在著弔詭：一者，慧遠雖承師命，力闢「格義」，而以毘曇釋經，但早年以莊子「連類」釋般若學，即遭「格義」之譏。而明代憨山大師的注《莊》，卻爲他贏得高譽，這說明了中國佛教史上對外書價值觀的改變。二者，就義理層面而言，佛教與儒、道的「融冶」爲

---

2 〔日〕中村元著，林太、馬小鶴譯《東方民族的思維方法》上冊，（臺北：淑馨出版社，1999），頁 365-375。

一爐，固然有歷時久遠而互滲的複雜因素，抽離宗教性的一面，固有相通之處，然則落於對應世間各別事理的人生態度上，自各有其不可替代的本質存在。故而，佛教弘法者因於弘法攝機之需要、乃至個人之專長、喜好等因素，在弘法時援用、研究外典，乃至逐漸形成中國佛教弘法兼攝外典的特色。

佛教對外典的態度，自初傳時弘法要求必純以內典，至後世為種種因素而兼授外典，關鍵並非企圖在哲理層面上達到實際的融冶，而是情感接受度上的改變，而此一改變自然也反映在歷代對外典的價值評斷上。歷史上對慧遠不一的評論，除開個別因素的影響，因歷代佛教界對涵攝外典態度的變易，所呈顯高下殊異之價值品評，固可不必以為定論。

若公平地看慧遠對其時代課題的回應，可以發現慧遠是一位稱職的弘法者，也是一位認真的義學研究僧。在區分淺近應機化俗弘法的語言掌握，和嚴謹的佛理名相的切磋研究上，慧遠有其運作自如的應對之道。在回應時人的問難時，慧遠用語偏於平淺近人而不免帶有儒、道語彙，以利於對象的解讀；而在《大乘大義章》中與羅什的書信交談，則完全是深入探討佛理的內典名相，並無半點玄言用詞，顯見慧遠並非沒有分辨佛學與玄學的自覺。只不過在譯典未豐的時代，慧遠所知仍限於前代所得，因此，在譯語的使用上，自然非後代僅熟悉羅什所建立般若系統譯語者所能夠理解的。

早期譯經僧來華傳譯佛經時，常以儒典思想詮譯佛典，其目的在提高聞法者之接受度，故並不完全忠實於經典翻譯，傳之既久，遂成積弊，遂令佛典漢譯的問題，由翻譯的文質之爭延伸衍異為開宗立派的問題，故至兩晉南北朝乃有援外典「格義」之解經方法，並產生「六家七宗」諸說。慧遠繼承道安晚年反對「格義」的態度，積極恢復以教內毗曇學詮釋佛典名相的內學傳統，並不再採取早年以莊老「連類」方式講經後，在晉室強調以孝立國，重申儒教主流地位的同時，積極地在道場內以援授儒典為方便，大量接引道俗。

　　由歷史發展的角度觀之，慧遠的表現，自然有其歷史階段性的局限及成就。然而，慧遠爲攝機弘廣而兼授外學，受重於政教界，屢有政治人物親訪諮詢，亦有名儒高隱造往拜師，此種寬容的弘法風格，爲後世的中國佛教弘法者樹立起兼授內外學的典範，則爲其超越前人所未曾有的弘法特色。此亦慧遠爲因應其時代課題，所形成其特殊的學術性格。

　　慧遠對後世的影響是多元的。在教內，方法上藉重毗曇知識，強調以佛法研究法佛，思想上弘揚般若學、戒律上制定戒規，建立「唱導」講經形制，始創中國集衆念佛共修，並有自此開啓中國佛教蓮社念佛的風氣之弘功，而慧遠師徒登高遠遊的詩文創作及道場佛教藝術的經營上，更可見出佛教藝術中國化的痕跡，此後慧遠傳記與傳說更成爲中國歷代文學創作的常見題材，其影響不可謂不多元而深廣。凡此種種，回應本書篇首所言，與其如世人所說慧遠的成功在影響了中國淨土教的成立，不如說在佛教中國化的過程中，所形塑出中國義學僧所獨有的文人氣質典型。其愛好登高遊覽，重視個體情性生命的抒懷，和東林寺裏空間藝術的設計，藉空間的由凡轉聖，引導主體自覺與空間互動的美學經營，在在都是中國學僧所獨有的文人氣質的展現，也是後世許多中國學僧的共同氣質特徵，這點是與印度佛教僧人不共之處。由此而論，毋寧說慧遠爲佛教的中國化塑造了無可取代的義學僧典型。

參考資料舉要

一、慧遠作品集

慧遠研究（遺文篇）木村英一編	東京：創文社	1960-1962
慧遠大師集	臺北：佛教出版社	1980
廬山慧遠法師文鈔	臺北：佛陀教育基金會	1987
慧遠大師文集	臺北：原泉出版社	1990
增篇廬山慧遠法師文鈔	基隆：法嚴寺	1998
鳩摩羅什法師大義　慧遠問，羅什答	大正藏第 45 冊	

二、大正藏、續正藏、燉煌寶藏

中阿含經	僧伽提婆譯	大正藏第 1 冊
雜阿含經	失譯	大正藏第 2 冊
增一阿含經	僧伽提婆譯	大正藏第 2 冊
大般若波羅蜜多經	玄奘譯	大正藏第 5,6,7 冊

光讚經	竺法護譯	大正藏第 8 冊
摩訶般若波羅蜜經	鳩摩羅什譯	大正藏第 8 冊
道行般若經	支婁迦讖譯	大正藏第 8 冊
大明度經	支謙譯	大正藏第 8 冊
摩訶般若鈔經	曇摩蜱共竺佛念譯	大正藏第 8 冊
小品般若波羅蜜經	鳩摩羅什譯	大正藏第 8 冊
正法華經	竺法護譯	大正藏第 9 冊
無量壽經	康僧鎧譯	大正藏第 12 冊
佛說阿彌陀經	鳩摩羅什譯	大正藏第 12 冊
大般涅槃經	法顯譯	大正藏第 12 冊
佛說方等般涅槃經	竺法護譯	大正藏第 12 冊
寶女所問經	竺法護譯	大正藏第 13 冊
佛說般舟三昧經	支婁迦讖譯	大正藏第 13 冊
般舟三昧經	支婁迦讖譯	大正藏第 13 冊
拔陂菩薩經	失譯	大正藏第 13 冊
佛說海龍王經	竺法護譯	大正藏第 15 冊
安般守意經	安世高譯	大正藏第 15 冊
陰持入經	安世高譯	大正藏第 15 冊
禪祕要法經	鳩摩羅什等譯	大正藏第 15 冊
坐禪三昧經	鳩摩羅什等譯	大正藏第 15 冊
達摩多羅禪經	佛馱跋陀羅	大正藏第 15 冊
四分律	佛陀耶舍等譯	大正藏第 22 冊

十誦律	弗若多羅共羅什譯	大正藏第 23 冊
根本說一切有部毘奈耶雜事	義淨譯	大正藏第 24 冊
大智度論	鳩摩羅什譯	大正藏第 25 冊
四阿鋡暮鈔解	鳩摩羅跋提譯	大正藏第 25 冊
三法度論	僧伽提婆譯	大正藏第 25 冊
阿毘曇心論	僧伽提婆譯	大正藏第 28 冊
鞞婆沙論	僧伽跋澄譯	大正藏第 28 冊
阿毘達磨俱舍論	玄奘譯	大正藏第 29 冊
成唯識論	玄奘譯	大正藏第 31 冊
華嚴經探玄記	法藏述	大正藏第 35 冊
中觀論疏	吉藏	大正藏第 42 冊
肇論	僧肇	大正藏第 45 冊
肇論疏	元康	大正藏第 45 冊
樂邦文類	宗曉編	大正藏第 47 冊
樂邦遺稿	宗曉編	大正藏第 47 冊
廬山蓮宗寶鑑	普度編	大正藏第 47 冊
異部宗輪論	玄奘譯	大正藏第 49 冊
歷代三寶紀	費長房	大正藏第 49 冊
佛祖統紀	志磐	大正藏第 49 冊
釋氏稽古略	覺岸編	大正藏第 49 冊
釋迦譜	僧祐	大正藏第 50 冊

高僧傳	慧皎	大正藏第 50 冊
續高僧傳	道宣	大正藏第 50 冊
比丘尼傳	寶唱	大正藏第 50 冊
高僧法顯傳	法顯	大正藏第 51 冊
大唐西域記	玄奘譯，辯機撰	大正藏第 51 冊
大唐西域求法高僧傳	義淨	大正藏第 51 冊
淨土往生傳	戒珠	大正藏第 51 冊
廬山記	陳舜俞	大正藏第 51 冊
弘明集	僧祐	大正藏第 52 冊
廣弘明集	道宣	大正藏第 52 冊
法苑珠林	道世	大正藏第 53 冊
大宋僧史略	贊寧	大正藏第 54 冊
出三藏記集	僧祐	大正藏第 55 冊
眾經目錄	法經等撰	大正藏第 55 冊
眾經目錄	彥琮	大正藏第 55 冊
大唐內典錄	道宣	大正藏第 55 冊
惠遠外傳	不詳	大正藏第 85 冊
東林十八高賢傳	陳舜俞補正	卍續藏經第 135 冊
淨土聖賢錄	彭希涑述	卍續藏經第 135 冊

肇論疏	慧達	卍續藏第 150 冊
廬山遠公話	黃永武主編	燉煌寶藏第 16 冊
遠公和尚緣起	黃永武主編	燉煌寶藏第 123 冊
名僧傳抄	寶唱	大日本續藏經第壹輯第貳編乙第七套第壹冊

三、古典文獻

周易正義	孔穎達	臺北：藝文	
毛詩正義	孔穎達	臺北：藝文	
論語注疏	刑昺	臺北：藝文	
玉函山房輯佚本	馬國翰	上海：上海古籍	
史記	司馬遷	臺北：鼎文	1990
漢書	班固	臺北：鼎文	1990
後漢書	范曄	臺北：鼎文	1990
三國志	陳壽	臺北：鼎文	1990
晉書	房玄齡	臺北：鼎文	1990
宋書	沈約	臺北：鼎文	1990
魏書	魏收	臺北：鼎文	1990
南史	李延壽	臺北：鼎文	1990

北史	李延壽	臺北：鼎文	1990
隋	魏徵	臺北：鼎文	1990
周易老子王弼注校釋	樓宇烈	臺北：華正	1990
莊子集釋	郭慶藩集釋	臺北：萬卷樓	1993
論衡集解	王充著，劉盼遂集解	臺北：世界	1967
抱朴子	葛洪	臺北：三民	1996
中國畫論類編（上下）		臺北：河洛	1975
先秦漢魏晉南北朝詩	逯欽立輯校	臺北：木鐸	1983
全上古三代秦漢三國六朝文	嚴可均校輯	北京：中華書局	1985
古西行記選注	楊建新主編	銀川：寧夏人民	1987
南朝寺考	劉世珩	臺北：新文豐	1987
廬山紀事	桑喬	臺北：新文豐	1989
廬山紀遊	查慎行	臺北：新文豐	1989
世說新語	劉義慶撰 余嘉錫箋疏	上海：上海古籍	1993
廬山游記選	周鑾書，趙明選注	南昌：江西人民	1996

四、今人論著

（一）慧遠研究專著

盧山慧遠學述	田博元	臺北：文津	1974
中國歷代思想家 (17)	藍吉富等	臺北：臺灣商務	1979
慧遠研究（研究篇）	木村英一主編	東京：創文社	1981
慧遠及其佛學	方立天	北京：中國人民大學	1984
慧遠	區結成	臺北：東大	1987
盧山慧遠大師思想析論	劉貴傑	臺北：圓明	1996

（二）中文佛學研究專著

空之探究	釋印順	臺北：正聞	
印度佛教思想史	釋印順	臺北：正聞	
佛教史地考論	釋印順	臺北：正聞	
漢魏兩晉南北朝佛教思想史	李世傑	臺北：新文豐	1980
淨土與禪	釋印順	臺北：正聞	1981
中國佛學思想概論	呂澂	臺北：天華	1982
印度佛學思想概論	呂澂	臺北：天華	1982
中國佛教史(第二卷)	任繼愈主編	北京：中國社會科學	1985
佛教人物與制度	呂澂	臺北：彙文堂	1987

支道林思想之研究	劉貴傑	臺北：臺灣商務	1987
初期大乘佛教之起源與開展	釋印順	臺北：正聞	1989
說一切有部爲主的論書與論師之研究	釋印順	臺北：正聞	1989
竺道生思想之研究	劉貴傑	臺北：臺灣商務	1990
原始佛教聖典之集成	釋印順	臺北：正聞	1991
漢魏兩晉南北朝佛教史	湯用彤	臺北：臺灣商務	1991
中國沙門外學的研究	曹仕邦	臺北：東初	1994
觀色悟空——佛教中觀哲學	黃德昌	成都：四川人民	1995
佛教般若思想發展源流	姚衛群	北京：北京大學	1996

（三）中文史學及魏晉儒道思想

魏晉思想甲編五種	賀昌群等	臺北：里仁	
論魏晉以來之崇尚談辯及其影響	牟潤孫	香港：香港中文大學	1966
中國經學史	馬宗霍	臺北：臺灣商務	1966
經學源流考	甘鵬雲	臺北：鐘鼎文化	1967
經學通論	皮錫瑞	臺北：臺灣商務	1969

今存三國兩晉經學遺籍考	簡博賢	臺北：三民	1986
魏晉南北朝時期的道教	湯一介	臺北：東大	1991
三國兩晉玄佛道簡論	許抗生	濟南：齊魯書社	1991
中國儒學史	趙吉惠等	鄭州：中州古籍	1991
魏晉清談	唐翼明	臺北：東大	1992
六朝思想史	孫述圻	江蘇：南京出版社	1992
中國古代死亡觀之探究	康韻梅	臺北：國立臺灣大學	1994
西漢經學源流	王葆玹	臺北：東大	1994
魏晉南北朝文化史	萬繩楠	臺北：雲龍	1995
漢魏兩晉南北朝道教倫理論稿	姜生	成都：四川大學	1995
魏晉哲學	周紹賢，劉貴傑	臺北：五南	1996
魏晉南北朝儒學流變之省察	林登順	臺北：文津	1996
郭象與玄學	莊耀郎	臺北：里仁	1998
魏晉南北朝社會生活史	朱大渭等	北京：中國社會科學	1998
陳寅恪魏晉南北朝	萬繩楠整理	臺北：昭明	1999

演講錄

| 魏晉南北朝史稿 | 萬繩楠 | 臺北：昭明 | 1999 |

（四）文學、美學與佛教藝術

佛教藝術論集	張曼濤主編	臺北：大乘文化	1981
禪與中國園林	任曉虹	北京：中國書店	1984
中國書畫論集	黃賓虹等	臺北：華正	1984
中國美學史	李澤厚等	臺北：谷風	1987
中國美學思想史	敏　澤	濟南：齊魯	1987
廬山的傳說	熊侶琴編，蕭士太編	臺北：淑馨	1990
六朝畫論研究	陳傳席	臺北：臺灣學生	1991
佛教禪學與東方文明	陳　兵	上海：上海人民	1992
佛教東傳與中國佛教藝術	吳　焯	臺北：淑馨	1994
中國山水詩史	丁成泉	臺北：文津	1995
山水與古典	林文月	臺北：三民	1996
中國游仙詩概論	熊曉燕	太原：山西人民	1996
由山水到宮體	王力堅	臺北：臺灣商務	1997
佛教美學	祁志祥	上海：上海人民	1997
漢唐佛寺文化史（上下）	張　弓	北京：中國社會科學	1997
禪與中國藝術精神	黃河濤	臺北：正中	1997

的嬗變

觀想佛像	徐政夫編著	臺北：藝術家	1998
中國歷代畫家大觀——兩晉南北朝隋唐五代	曹齊編輯	無錫：上海人民美術	1998
古代中亞絲路藝術探微	張文玲	臺北：國立故宮博物院	1998
差異與差異與實踐	劉千美	臺北：立緒文化	2001

（五）工具書

廬山志	吳宗慈	臺北：文海	1971
敦煌寶藏	黃永武編	臺北：新文豐	1981-1986
釋氏疑年錄	陳援庵	臺北：彌勒	1982
敦煌變文集新書	潘重規	臺北：文津	1994
佛學研究方法論	吳汝鈞	臺北：臺灣學生	1996

（六）外文資料

支那佛教精史	境野黃洋	東京：境野黃洋博士遺稿刊行會	1935
漢魏六朝禪觀發展史論	佐佐木憲德	東京：ピタカ株式会社	1978
唯識學研究（下卷）教義篇	深浦正文	京都：永田文昌堂	1983
中國佛教發展史	中村元等著　余萬居譯	臺北：天華	1984

佛教史雜考	松本文三郎著 許洋主譯	臺北：華宇	1984
中國佛教通史（第二卷）	鎌田茂雄著 關世謙譯	高雄：佛光	1985
六朝思想の研究	中嶋隆藏	京都：平樂寺	1985
簡明中國佛教史	鎌田茂雄著 鄭彭年譯	臺北：谷風	1987
小乘佛教思想論	木村泰賢著 演培譯	臺北：天華	1990
中國淨土教理史	望月信亨著 釋印海譯	臺北：正聞	1991
詮釋學 I：真理與方法－哲學詮釋學的基本特徵	漢斯-格奧爾格‧迦達默爾著　洪漢鼎譯	臺北：時報出版社	1993
大乘佛學—佛教的涅槃概念	舍爾巴茨基著　立人譯	北京：中國社會科學	1994
小乘佛學－佛教的中心概念和法的意義	舍爾巴茨基著　立人譯	北京：中國社會科學	1994
佛教征服中國	許里和著 李四龍等譯	南京：江蘇人民	1998
宇宙與歷史：永恒回歸的神話	Mircea Eliade 著　楊儒賓譯	臺北：聯經	2000
聖與俗──宗教本	Mircea Eliade 著　楊	臺北：桂冠	2001

| 質 | | 素娥譯 | |

五、單篇論文

（一）中文

釋慧遠對佛教的貢獻	黃志民	慧炬第 123 期　頁 6－14	1974 年 5月
佛教淨土宗創始人──廬山慧遠	彭楚珩	生力月刊第 10 卷第 100 期頁 22－25	1976 年11 月
大乘大義章竺道生思想之考察	果　宗	現代佛教學術叢刊第 13 冊頁 203-288 臺北：大乘文化	1980 年10 月
廬山慧遠學風之研究	田博元	現代佛教學術叢刊第 49 冊頁 119-140 臺北：大乘文化	1980 年10 月
慧遠大師之生平及其念佛思想	演　培	現代佛教學術叢刊第 65 冊頁 189-226 臺北：大乘文化	1980 年10 月
慧遠大師年譜	陳　統	現代佛教學術叢刊第 65 冊頁 189-226 臺北：大乘文化	1980 年10 月
佛教各宗對淨土分類的看法	宏　如	現代佛教學術叢刊第 70 冊頁 233-252 臺北：大乘文化	1980 年10 月
慧遠「阿毗曇學」之初探	釋徹利	如學禪師紀念論文集頁 87-102 臺北：法光文教基金會	1982 年 3月
慧遠大師的順正論--高僧高在那裡之三	不　詳	因明第 61 期　頁 41－45	1982 年 3月

慧遠評傳	方立天	魏晉南北朝佛教論叢 頁 51－91 北京：中華書局	1982 年 4 月
慧遠佛教因果報應說批判	方立天	魏晉南北朝佛教論叢 頁 92－110 北京：中華書局	1982 年 4 月
淨土宗先驅——慧遠與蓮社	樸　庵	中華文化復興月刊第 15 卷第 9 期 頁 61－65	1982 年 9 月
慧遠大師的淨土論	崔志仁	慧炬第 218/219 期 頁 4－10	1982 年 9 月
慧遠「沙門不敬王者論」的理論基礎	周伯戡	國立臺灣大學歷史學系學報第 9 期 頁 67－92	1982 年 12 月
釋慧遠	杜斗城	敦煌學輯刊第 4 期 頁 144-150	1983 年 8 月
慧遠大師的三世因果學說	蔡惠明	內明第 157 期 頁 21－23	1985 年 4 月
般舟三昧經中的淨土思想	釋證光	慧炬第 253 期 頁 4-6	1985 年 7 月
慧遠時代的中國佛教	區結成	法言第 3 期 頁 16－21	1986 年 8 月
盧山慧遠之二——慧遠早年的生命方向	區結成	法言第 4 期 頁 21－25	1986 年 12 月
淨土宗初祖慧遠大師	蔡惠明	香港佛教第 325 期 頁 3－5	1987 年 6 月

三法度論初探	周伯戡	東方宗教研究第 1 期　頁 17-30	1987 年 9 月
慧遠與道恒辯難「心無義」之時間的考察	林顯庭	中國文化月刊第 96 期　頁 73-90	1987 年 10 月
形象思維與法性—石窟藝術研究隨筆之二	史葦湘	敦煌研究 1987 年第 4 期　頁 8-12	1987 年 11 月
廬山慧遠	周伯戡	歷史月刊第 9 期 頁 29－37	1988 年 10 月
從般舟三昧經中對念佛見佛法門之探述	陳銀舟	中國佛教第 33 卷第 7 期 頁 3-9	1989 年
慧遠大師：淨土宗始祖	劉昭明	慧炬第 296/297 期頁 11-17	1989 年 3 月
道安、慧遠兩位大師弘揚「般若學法門」	羅　顥	香港佛教第 359 期 頁 26-28	1990 年 4 月
簡述慧遠的佛教與名教關係理論	羅　顥	內明第 217 期 頁 3-10	1990 年 4 月
淨土思想的禪觀性格——《般舟三昧經》念佛法門考	賴隆彥	獅子吼 第 29 卷第 6 期　頁 9-13	1990 年 6 月
般舟三昧為主之念	賴隆彥	上／獅子吼 第 29 卷第 7 期	1990 年

佛法門的成立--印度篇		頁 8-13 中／獅子吼 第 29 卷第 8 期 頁 24-29 下／獅子吼 第 29 卷第 9 期 頁 9-11	7-9 月
早期中國佛教的大乘小乘觀	周伯戡	文史哲學報第 38 期	1990 年 12 月
般舟三昧與中國淨土教--中國篇（上）	賴隆彥	獅子吼第 30 卷第 1 期 頁 9-13	1991 年 1 月
梁武帝「皇帝菩薩」理念形成的時代背景析	顏尚文	佛教的思想與文化—印順導師八秩晉六壽慶論文集頁 123-164,臺北：法光	1991 年 4 月
庫車所出《大智度論》寫本殘卷之研究——兼論鳩摩羅什之翻譯	周伯戡	國立臺灣大學歷史學系學報第 17 期 頁 65-107	1992 年 12 月
慧遠.僧肇之頓悟義	劉果宗	獅子吼第 32 卷第 3 期 頁 22-23	1993 年 3 月
論慧遠大師的禪學思想	業露華	當代宗教研究 1993 年第 3 期 頁 11-16+38	1993 年 9 月
東晉慧遠法師《法性論》義學的還原	賴鵬舉	東方宗教研究新 3 期 頁 29-56	1993 年 10 月
廬山慧遠採行念佛三昧的探討	釋如空	諦觀第 75 期頁 143-178	1993 年 10 月

試論慧遠對佛教因果報應學說的發展	吳定勇	西南民族學院學報第 6 期 頁 46-50	1993 年 12 月
中國各宗名僧——蓮宗初祖慧遠	洪丕謨	香港佛教第 404 期 頁 27-28	1994 年 1 月
慧遠建設廬山教團的理論與實踐	王雷泉	甘露 1994 年第 1 期 頁 13-15	1994 年 1 月
《大乘大義章》析略	杜繼文	世界宗教研究 1994 年第 2 期 頁 17-22	1994 年 6 月
慧遠佛教教育思想探微	張 捷, 陳旭遠	江蘇教育學院學報 1994 年第 2 期 頁 86-87+81	1994 年 4 月
慧遠對佛教禪林建制濫觴的貢獻	歐陽鎮	內明第 272 期 頁 24-25	1994 年 11 月
慧遠禪學思想略論	業露華	禪學研究第 2 輯 頁 69-76	1994 年 11 月
慧遠的教育思想及其現代義蘊	李 軍	中國文化月刊第 184 期 頁 54-64	1995 年 2 月
慧遠法師在廬山	明 棟	閩南佛學院學報 1995 年第 1 期 頁 39-44	1995 年 12 月
慧遠的淨土信仰與謝靈運的山水詩	李炳海	學術研究 第 2 期 頁 78-82	1996 年
慧遠的政教離即論	方立天	文史哲 1996 年第 5 期 頁 3－9	1996 年 11 月
羅什入關以前中國	賴鵬舉	法光學壇第 1 期 頁 73-78	1997 年

的淨土思想

慧遠和鳩摩羅什佛學思想之交涉述論	劉元齊	北京大學研究生學刊 1997 年第 1 期　頁 39-44	1997 年 3 月
陶淵明與東晉佛教	衛紹生	中州學刊 1997 年第 5 期　頁 105-109	1997 年
慧遠同隱士的交游和他的山水詩文	何錫光	西南大學學報(哲學社會科學版) 1997 年第 6 期　頁 81-84	1997 年
略論魏晉南北朝隱逸與士人園林	馬曉京	中南民族學院學報（哲學社會科學版）第 2 期(總第 91 期)頁 79-83	1998 年
佛教思想的傳統與僧團的實踐—以東晉羅什、慧遠兩僧團間的大論辯為觀察	賴鵬舉	「宗教與傳統社會實踐」中型研討會　中央研究院民族學研究所主辦　發表論文	1999 年 3 月 5-6 日
試論魏晉時期的返儒傾向	方　燕	四川師範大學學報（社會科學版）第 26 卷第 2 期　頁 94-99	1999 年 4 月

（二）日文

支那淨土教の展開──漢魏晉南北朝篇	塚本善隆	支那佛教史學特輯（支那淨土教の研究）第 3 卷　頁 1-36	1940 年 3 月
慧遠に於ける禮と戒律	板野長八	支那佛教史學第 4 卷第 2 期頁 1-29	1940 年 8 月
彌勒教學に於ける	武邑尚邦	龍谷學報 333 號　頁 36-84	1942 年 9

法と法性との問題について			月
慧遠僧肇の神明觀を論じて道生の新說に及ぶ	板野長八	東洋學報第 30 卷第 4 期　頁 1-59	1944 年 8 月
慧遠——中國淨土教の背景	高峰了州	龍谷大學論集第 343 期　頁 1-15	1952 年 2 月
般舟三昧經の成立について	色井秀讓	印度學佛教學研究第 11 卷第 1 期　頁 203-206	1956 年 1 月
慧遠の維摩經義記について	橋本芳契	印度學佛教學研究第 5 卷第 1 號　頁 204－207	1957 年 1 月
般舟三昧經における淨土教思想	香川孝雄	佛教大學研究紀要——十周年記念特集號 35　頁 100-117	1958 年 10 月
廬山慧遠の般舟三昧	安藤俊雄	東海佛教第 5 期　頁 1-7	1959 年 6 月 1 日
鳩摩羅什の法身說	橫超慧日	印度學佛教學研究　第 10 卷第 1 號　頁 37-40	1962 年 1 月
般舟三昧と淨土教	色井秀讓	印度學佛教學研究　第 12 卷第 1 號　頁 174-177	1964 年 1 月
廬山慧遠の自然觀念	玉城康四郎	結城教授頌壽記念佛教思想史論集　東京：大藏出版	1964 年
大乘大義章に於ける法身說	橫超慧日	大谷大學研究年報第 17 期　頁 1-77	1965 年 6 月

盧山慧遠の念佛思想	金子真補	印度學佛教學研究第 14 卷第 1 號　頁 197-200	1965 年 12 月
盧山慧遠の檀越について	桐谷征一	印度學佛教學研究第 18 卷第 2 號　頁 363-366	1970 年 3 月
盧山慧遠における「隱道」の意味	桐谷征一	印度學佛教學研究第 19 卷第 2 號　頁 319-321	1971 年 3 月
宗炳の神不滅論の一考察	小林正美	哲學年誌第 59 期　頁 91-123	1971 年 12 月
般舟三昧の研究資料と其の意義に就いて	西義雄	惠谷隆戎先生記念會編集，惠谷先生古稀記念「淨土教の思想と文化」，佛教大學發行，頁 1265-1285	1972 年 3 月
盧山慧遠の『佛影銘』における「罽賓禪師」について	金子寬哉	印度學佛教學研究第 21 卷第 1 號　頁 138-139	1972 年 12 月
盧山慧遠の三昧の綜合性―インドと中國	玉城康四郎	奧田慈應先生喜壽紀念『佛教思想論集』　京都：平樂寺	1976 年 10 月
般若經に於ける誓願	岸一英	佛教大學大學院研究紀要 第 5 号 佛教大學大學院 頁 162-193	1977 年 3 月
慧遠	牧田諦亮	現代佛教學術叢刊第 13 冊頁 103-126　臺北市：大乘文化	1980 年 10 月
禪　淨土盧山慧遠	中山正晃	印度學佛教學研究第 29 卷第	1980 年

とその宗教体験		1 號　頁 314-317	12 月
中國に於ける無我の論理──第十八章の研究	梶山雄一	中村元編　自我と無我　京都：平樂寺書店	1981 年 2 月
《大乘大義章》における空の論議について	Robert Rhodes	佛教學セミナ第 35 期　頁 31-43	1982 年 5 月 30 日
般舟三昧と浄土教	大田利生	龍谷大學論集第 423 期　頁 134-158	1983 年 10 月
法華經をめぐる仏性論争	横超慧日	《法華思想の研究》第二　平樂寺書店　頁 142-157	1986 年
盧山の慧遠と東林寺	稲岡誓純	佛教大學佛教文化研究所所報第 3 期　頁 14-16	1987 年 3 月
中國佛教に於ける佛身論の變遷	藤本晃	龍谷大學大學院紀要文學研究科　第 9 期　頁 84-87	1988 年 3 月
盧山慧遠の淨土教	大田利生	龍谷大學論集──創立三百五十周年記念特集第 434/435 期　頁 47-66	1989 年 11 月
格義佛教考──初期中國佛教の形成	伊藤隆壽	東洋學報　第 71 卷第 3 期　頁 57-89	1990 年 03 月
禪の山河	鎌田茂雄	印度哲學佛教學第 6 號　頁 240-257	1991 年 10 月
般舟三昧經管見──一卷本と三卷本	櫻部建	同朋佛教第 12 號 頁 127-138	1978 年 7 月 1 日

の関連再説につい
て

| 如來藏思想におけ る buddhatva につ いて《法性論》に 見る特 | 渡邊郁子 | 東洋大學大學院紀要 27 頁 171-188 | 1991 年 2 月 28 日 |
| 中國に於ける無我 の論理——第十八 章の研究 | 梶山雄一 | 《自我と無我》中村元編　京 都：平樂寺 | 1981 年 2 月 |

（三）英文

慧遠及鳩摩羅什之 《大乘大義章論四 相》註	Robinson, Richard H. 著; 大容譯	諦觀第 10 期　頁 1-8	1984 年 2 月
慧遠與鳩摩羅什 《大乘大義章》之 「論如、法性、真 際」	同上	諦觀第 11 期　頁 10-17	1984 年 3 月
羅什與慧遠《大乘 大義章》「論分破 空」註	同上	諦觀第 13 期　頁 16-23	1984 年 5 月
羅什與慧遠《大乘 大義章》「論實法 有」註	Robinson, Richard H. 著;	諦觀第 13 期　頁 24-33	1984 年 5 月

	曇昕譯			
慧遠〈沙門不敬王者論形盡神不滅〉註	同上	諦觀第 16 期	頁 24-32	1984 年 8 月
釋慧遠〈大智度論抄序〉註	Richard H. 著;大容譯	諦觀第 22 期	頁 17-31	1985 年 2 月
釋慧遠	Robinson, Richard H. 著;曇昕譯	諦觀第 47 期	頁 20-43	1987 年 3 月

六、學位論文

（一）博士論文

中國格義佛教之研究	蘇順子	臺北：私立中國文化大學哲學研究所博士論文	1987 年
鳩摩羅什與大乘般若空慧	胡梅子	台中：私立東海大學哲學研究所博士論文	1993 年
慧遠僧肇聖人學研究	盧桂珍	臺北：國立臺灣大學中國文學研究所博士論文	1999 年
神聖的顯現：重構艾良德宗教學論	王鏡玲	臺北：國立臺灣大學哲學研究所博士論文	2000 年

（二）碩士論文

慧遠佛教思想研究	盧笑芳	香港：能仁書院哲學研究所碩士論文	1983 年
論部派佛教的輪迴主體觀念——從自我、無我到補特伽羅	黃俊威	臺北：國立臺灣大學哲學研究所碩士論文	1987 年
佛教輪迴觀念與中國社會「生之肯定思想」相對成義並交互影響之研究	陳正大	香港：香港大學新亞研究所史學組碩士論文	1990 年
兩晉佛學之流傳與傳統文化之交流	楊俊誠	臺北：國立臺灣師範大學國文研究所碩士論文	1991 年
慧遠思想中般若學與毗曇學之關涉	陳廣芬	高雄：中山大學中國文學研究所碩士論文	1993 年
六朝神滅不滅論與佛教輪迴主體之研究	李幸玲	臺北：國立臺灣師範大學國文研究所碩士論文	1994 年
慧遠與僧肇般若學的比較研究	陶文本	臺北：國立臺灣師範大學國文研究所碩士論文	1995 年
東晉南北朝的形神問題	賈忠婷	中壢：國立中央大學哲學研究所碩士論文	1995 年
慧遠形神思想之研究	林素瑜	臺北：私立中國文化大學哲學研究所碩士論文	1997 年

國家圖書館出版品預行編目資料

廬山慧遠研究／李幸玲著. -- 初版. -- 臺北市：萬
卷樓, 2007.09
　面；　　公分
　參考書目：面
　ISBN 978－957－739－612－9 (平裝)
　1.(晉)釋慧遠 2.學術思想 3.佛教
220.9203　　　　　　　　　　　96017094

廬山慧遠研究

著　　　者：李幸玲

發 行 人：陳滿銘

出 版 者：萬卷樓圖書股份有限公司

　　　　　臺北市羅斯福路二段 41 號 6 樓之 3

　　　　　電話(02)23216565．23952992

　　　　　傳真(02)23944113

　　　　　劃撥帳號 15624015

出版登記證：新聞局局版臺業字第 5655 號

網　　　址：http://www.wanjuan.com.tw

E －mail ：wanjuan@tpts5.seed.net.tw

承 印 廠 商：中茂分色製版印刷事業股份有限公司

定　　　價：520 元

出 版 日 期：2007 年 9 月初版

（如有缺頁或破損，請寄回本公司更換，謝謝）

◎版權所有　翻印必究◎

ISBN 978－957－739－612－9